INFORMATIVOS EM FRASES

INFORMATIVOS **STF 653 a 859**

INFORMATIVOS **STJ 511 a 599**

INFORMATIVOS EM FRASES

INFORMATIVOS **STF 653 a 859**

INFORMATIVOS **STJ 511 a 599**

MILA GOUVEIA

4ª Edição

2017

EDITORA *Jus*PODIVM
www.editorajuspodivm.com.br

EDITORA
*Jus*PODIVM
www.editorajuspodivm.com.br

Rua Mato Grosso, 164, Ed. Marfina, 1º Andar – Pituba, CEP: 41830-151 – Salvador – Bahia
Tel: (71) 3045.9051
• Contato: https://www.editorajuspodivm.com.br/sac

Capa: Rene Bueno e Daniela Jardim *(www.buenojardim.com.br)*

G719i Gouveia, Mila.
Informativos em Frases do STF e STJ / Mila Gouveia - Salvador: JusPODIVM, 2017.
416 p.

Bibliografia.
ISBN 978-85-442-1602-6.

1. Direito I. Gouveia, Mila. II. Título.

CDD 340

ESTRUTURA DO LIVRO

Nos últimos anos, a jurisprudência, tanto do Supremo Tribunal Federal como do Superior Tribunal de Justiça, ganhou relevante espaço nas provas de concursos públicos.

Pensando nisso, o livro traduz o esforço de resumir as principais decisões dos últimos 3 anos das duas Cortes mais importantes do país de forma racionalizada, objetiva e especialmente voltada para os concurseiros que precisam revisar, de maneira rápida e bastante focada, os temas mais relevantes tratados nesses Tribunais.

O diferencial do livro é a máxima simplificação das decisões, o que motiva o seu título *Informativos em Frases*.

A ideia em compilar os julgados em curtas sentenças surgiu por conta de uma rede social: o Twitter.

Foi exatamente nesse espaço virtual que, ao longo dos últimos anos, desenvolvi uma técnica de "enxugar" os informativos e deles extrair a essência, aquilo que realmente interessa na hora da prova.

Confiram alguns exemplos divulgados no meu perfil *@gouveiamila*:

Info 609/STF: São válidos os julgamentos realizados pelos tribunais com juízes convocados, ainda que estes sejam maioria na sua composição.

Info 779/STF: Os contratos de emprego firmados pela Adm. Pública, sem o prévio concurso público, embora nulos, geram direito ao FGTS.

Info 521/STJ: É possível a utilização, em PAD, de prova emprestada vinda de processo criminal, independentemente do trânsito em julgado.

Com esse intuito, a leitura, mais confortável e estruturada "no papel", propicia aos concurseiros uma excelente ferramenta de revisão, ideal para rememorar em pouco espaço de tempo os julgamentos que efetivamente poderão ser cobrados nas provas.

Mila Gouveia

O QUE MUDOU ?

Acolhendo sugestões dos leitores, foram alterados os seguintes pontos da obra:

- nesta edição, você pode testar seus conhecimentos ao final do livro com um simulado de questões inéditas, estilo CESPE. Nele constam 110 enunciados (com gabarito) retirados de importantes julgados dos anos 2016 e 2017 (até o momento) do STJ e do STF, distribuídos entre diversas disciplinas!
- o sumário também foi modificado. Para que o leitor saiba quais são exatamente os temas mais explorados pelas Cortes Superiores, resolvemos destacá-los conforme apareciam nos Informativos, sem necessariamente seguir a ordem que a disciplina é vista na doutrina. Isso contribuirá com a revisão anterior às provas, pois basta uma rápida olhada no sumário para se verificar quais os assuntos mais abordados nos últimos 3 anos e meio tanto no STF como no STJ.

Esperamos que a obra seja muito útil aos estudos de todos!

Mila Gouveia

SUMÁRIO

DIREITO CIVIL 67

DIREITO DO CONSUMIDOR 111

DIREITO PROCESSUAL CIVIL 123

DIREITO ELEITORAL 353

DIREITO MILITAR 357

QUESTÕES INÉDITAS 361

DIREITO ADMINISTRATIVO

▼ AGENTES E CONCURSOS PÚBLICOS

DIREITO DE GREVE. POLICIAIS.

STF É inconstitucional o exercício do direito de greve por parte de policiais civis e demais servidores públicos que atuem diretamente na área de segurança pública. • ARE 654432/GO (Info 860)

GREVE DE SERVIDOR PÚBLICO E DESCONTO DE DIAS NÃO TRABALHADOS

STF A administração pública deve proceder ao desconto dos dias de paralisação decorrentes do exercício do direito de greve pelos servidores públicos, em virtude da suspensão do vínculo funcional que dela decorre. É permitida a compensação em caso de acordo. O desconto será, contudo, incabível se ficar demonstrado que a greve foi provocada por conduta ilícita do Poder Público. • RE 693456/RJ. 2016. (Info 845)

CONTRATAÇÃO TEMPORÁRIA E AUTORIZAÇÃO LEGISLATIVA GENÉRICA

STF São inconstitucionais, por violarem o artigo 37, IX (*), da CF, a autorização legislativa genérica para contratação temporária e a permissão de prorrogação indefinida do prazo de contratações temporárias. • ADI 3662/MT. (Info 858)

APOSENTADORIA COMPULSÓRIA E TITULARES DE SERVENTIAS JUDICIAIS NÃO ESTATIZADAS

STF Não se aplica a aposentadoria compulsória prevista no art. 40, § 1º, II, da CF aos titulares de serventias judiciais não estatizadas, desde que não sejam ocupantes de cargo público efetivo e não recebam remuneração proveniente dos cofres públicos. • RE 647827/PR. (Info 854)

CONCURSO PÚBLICO E TATUAGEM.

STF Editais de concurso público não podem estabelecer restrição a pessoas com tatuagem, salvo situações excepcionais em razão de conteúdo que viole valores constitucionais. • RE 898450/SP. 2016. (Info 835)

PENSÃO POR MORTE À COMPANHEIRA E À EX-ESPOSA.

STF Não constitui requisito legal para a concessão de pensão por morte à companheira que a união estável seja declarada judicialmente, mesmo que vigente formalmente o casamento. • MS 33008/DF. 2016. (Info 824)

EXERCÍCIO DO CARGO DE MINISTRO DE ESTADO POR MEMBRO DO MINISTÉRIO PÚBLICO E VEDAÇÕES CONSTITUCIONAIS.

STF Membros do Ministério Público não podem ocupar cargos públicos fora do âmbito da instituição salvo cargo de professor e funções de magistério. • ADPF 388/DF. 2016. (Info 817)

CONCURSO PÚBLICO: DIREITO SUBJETIVO À NOMEAÇÃO E SURGIMENTO DE VAGAS.

STF O surgimento de novas vagas ou a abertura de novo concurso para o mesmo cargo, durante o prazo de validade do certame anterior, não gera automaticamente o direito à nomeação dos candidatos aprovados fora das vagas previstas no edital, ressalvadas as hipóteses de preterição arbitrária e imotivada por parte da administração, caracterizada por comportamento tácito ou expresso do Poder Público capaz de revelar a inequívoca necessidade de nomeação do aprovado durante o período de validade do certame, a ser demonstrada de forma cabal pelo candidato. Assim, o direito subjetivo à nomeação do candidato aprovado em concurso público exsurge nas seguintes hipóteses: a) quando a aprovação ocorrer dentro do número de vagas dentro do edital; b) quando houver preterição na nomeação por não observância da ordem de classificação; e c) quando surgirem novas vagas, ou for aberto novo concurso durante a validade do certame anterior, e ocorrer a preterição de candidatos de forma arbitrária e imotivada por parte da administração nos termos acima. • RE 837311/PI. 2015. (Info 811)

CONCURSO PÚBLICO E NOMEAÇÃO PRECÁRIA.

STF O candidato que toma posse em concurso público por força de decisão judicial precária assume o risco de posterior reforma desse julgado que, em razão do efeito "ex tunc", inviabiliza a aplicação da teoria do fato consumado em tais hipóteses. • RMS 31538/DF . 2015. (Info 808)

TETO REMUNERATÓRIO: EC 41/2003 E VANTAGENS PESSOAIS. REPERCUSSÃO GERAL.

STF Computam-se, para efeito de observância do teto remuneratório do art. 37, XI, da CF, também os valores percebidos anteriormente à vigência da EC 41/2003 a título de vantagens pessoais pelo servidor público, dispensada a restituição de valores eventualmente recebidos em excesso e de boa-fé até o dia 18.11.2015. • RE 606358/SP . 2015. (Info 808)

CONTRATAÇÃO DE SERVIDORES TEMPORÁRIOS E COMPETÊNCIA.

STF A justiça comum é competente para processar e julgar causas em que se discuta a validade de vínculo jurídico-administrativo entre o poder público e servidores temporários. • Rcl 4351 MC-AgR/PE . 2015. (Info 807)

PRINCÍPIO DO CONCURSO PÚBLICO E PROVIMENTO DERIVADO.

STF É inconstitucional a Lei Amazonense 2.917/2004; bem assim das expressões "e de Comissário de Polícia", do inciso V, art. 5º; do parágrafo único do art. 10; da expressão e

"Comissário de Polícia", constante do Anexo III; e da parte do Anexo IV que determina a transposição dos servidores do antigo cargo de Comissário de Polícia para o novo cargo de Comissário de Polícia de Classe Única (PC.COM-U), contidos na Lei amazonense 2.875/2004. No caso, os dois diplomas impugnados, ao promoverem a reestruturação do quadro de pessoas da polícia civil estadual, teriam engendrado uma espécie de ascensão funcional de servidores investidos no cargo de comissário de polícia, içando-os à carreira de delegado de polícia sem concurso público. • ADI 3415/AM . 2015. (Info 800)

CONCURSO PÚBLICO: PROCURADOR DA REPÚBLICA E ATIVIDADE JURÍDICA.

STF A referência a "três anos de atividade jurídica", contida no art. 129 da CF, não se limita à atividade privativa de bacharel em direito. • MS 27601/DF . 2015. (Info 800)

GREVE DE SERVIDOR PÚBLICO E DESCONTO DE DIAS NÃO TRABALHADOS

STF A deflagração de greve por servidor público civil corresponde à suspensão do trabalho e, ainda que a greve não seja abusiva, como regra geral, a remuneração dos dias de paralisação não deve ser paga. E o desconto somente não se realizará se a greve tiver sido provocada por atraso no pagamento aos servidores públicos civis ou se houver outras circunstâncias excepcionais que justifiquem o afastamento da premissa da suspensão da relação funcional ou de trabalho, como aquelas em que o ente da Administração ou o empregador tenha contribuído, mediante conduta recriminável, para que a greve ocorra ou em que haja negociação sobre a compensação dos dias parados ou mesmo o parcelamento dos descontos. • RE 693456/RJ . 2015. (Info 797)

QUESTÕES DE CONCURSO PÚBLICO E CONTROLE JURISDICIONAL.

STF Os critérios adotados por banca examinadora de concurso público não podem ser revistos pelo Poder Judiciário. • RE 632853. 2015. (Info 782)

SERVIDOR PÚBLICO E DIVULGAÇÃO DE VENCIMENTOS.

STF É legítima a publicação, inclusive em sítio eletrônico mantido pela Administração Pública, dos nomes de seus servidores e do valor dos correspondentes vencimentos e vantagens pecuniárias. • ARE 652777. 2015. (Info 782)

POLICIAIS TEMPORÁRIOS E PRINCÍPIO DO CONCURSO PÚBLICO.

STF É inconstitucional lei Estadual que institui o Serviço de Interesse Militar Voluntário Estadual – SIMVE na Polícia Militar e no Corpo de Bombeiros Militar do Estado-Membro. Ao possibilitar que voluntários tivessem função de policiamento preventivo e repressivo, além de terem o direito de usar os uniformes, insígnias e emblemas utilizados pela corporação, com a designação "SV", recebendo subsídio, a lei objetivara criar policiais temporários, disfarçados sob a classificação de voluntários, para a execução de atividades militares, em detrimento da exigência constitucional de concurso público. • ADI 5163. 2015. (Info 780)

CONTRATO NULO E DIREITO AO FGTS.

STF Os contratos de emprego firmados pela Administração Pública, sem o prévio concurso público, embora nulos, geram direitos em relação ao recolhimento e levantamento do FGTS. • ADI 3127/DF. 2015. (Info 779)

ESTATUTO DO IDOSO E CRITÉRIOS DE DESEMPATE EM CONCURSO PÚBLICO.

STF O Estatuto do Idoso, por ser lei geral, não se aplica como critério de desempate, no concurso público de remoção para outorga de delegação notarial e de registro, porque existente lei estadual específica reguladora do certame, a tratar das regras aplicáveis em caso de empate. • MS 33046. 2015. (Info 777)

REVISÃO DE REMUNERAÇÃO DE SERVIDORES PÚBLICOS E INICIATIVA LEGISLATIVA.

STF É inconstitucional o dispositivo de Constituição estadual que disponha sobre a revisão concomitante e automática de valores incorporados à remuneração de servidores públicos em razão do exercício de função ou mandato quando reajustada a remuneração atinente à função ou ao cargo paradigma, matéria cuja iniciativa de projeto é reservada ao Governador. • ADI 3848. 2015. (Info 774)

AUMENTO DE JORNADA DE TRABALHO E IRREDUTIBILIDADE DE VENCIMENTOS.

STF A ampliação de jornada de trabalho sem alteração da remuneração do servidor consiste em violação da regra constitucional da irredutibilidade de vencimentos (CF, art. 37, XV). • ARE 660010. 2014. (Info 765)

ART. 84, § 2º, DA LEI 8.112/90: LICENÇA PARA ACOMPANHAR CÔNJUGE E PROVIMENTO ORIGINÁRIO.

STF A licença para o acompanhamento de cônjuge ou companheiro de que trata o § 2º do art. 84 da Lei 8.112/90 (servidor deslocado para outro ponto do território nacional, para o exterior ou para o exercício de mandato eletivo dos Poderes Executivo e Legislativo) não se aplica aos casos de provimento originário de cargo público. • MS 28620. 2014. (Info 760)

SERVIÇOS SOCIAIS AUTÔNOMOS E EXIGÊNCIA DE CONCURSO PÚBLICO.

STF Os serviços sociais autônomos, por possuírem natureza jurídica de direito privado e não integrarem a Administração Pública, mesmo que desempenhem atividade de interesse público em cooperação com o ente estatal, não estão sujeitos à observância da regra de concurso público (CF, art. 37, II) para contratação de seu pessoal. • RE 789874. 2014. (Info 759)

AUMENTO DE VENCIMENTO E ISONOMIA.

STF Não cabe ao Poder Judiciário, que não tem a função legislativa, aumentar vencimentos de servidores públicos sob o fundamento de isonomia. •RE 592317. 2014. (Info 756)

ADI E ADICIONAL DE FÉRIAS A SERVIDOR EM INATIVIDADE.

STF O servidor público em inatividade não pode gozar de férias, porquanto deixou de exercer cargo ou função pública, razão pela qual a ele não se estende adicional de férias concedido a servidores em atividade. • ADI 1158. 2014. (Info 755)

VANTAGEM DE CARÁTER GERAL E EXTENSÃO A INATIVOS.

STF As vantagens remuneratórias de caráter geral conferidas a servidores públicos, por serem genéricas, são extensíveis a inativos e pensionistas. • RE 596962. 2014. (Info 755)

POSSE OU EXERCÍCIO POR FORÇA DE DECISÃO.

STF A posse ou o exercício em cargo público por força de decisão judicial de caráter provisório não implica a manutenção, em definitivo, do candidato que não atende a exigência de prévia aprovação em concurso público (CF, art. 37, II), valor constitucional que prepondera sobre o interesse individual do candidato, que não pode invocar, na hipótese, o princípio da proteção da confiança legítima, pois conhece a precariedade da medida judicial. • RE 608482. 2014. (Info 753)

AUTONOMIA DOS ENTES FEDERADOS E VINCULAÇÃO DE SUBSÍDIOS.

STF A vinculação automática de subsídios de agentes políticos de distintos entes federativos é inconstitucional. • ADI 3461. 2014. (Info 747)

ART. 170 DA LEI 8.112/90: REGISTRO DE INFRAÇÃO PRESCRITA E PRESUNÇÃO DE INOCÊNCIA.

STF O art. 170 da Lei 8.112/90 ("Extinta a punibilidade pela prescrição, a autoridade julgadora determinará o registro do fato nos assentamentos individuais do servidor") é inconstitucional. O registro, em si, já seria uma punição, que acarretaria efeitos deletérios na carreira do servidor, em ofensa também ao princípio da razoabilidade. • MS 23262. 2014. (Info 743)

CONTRATAÇÃO TEMPORÁRIA DE SERVIDOR PÚBLICO SEM CONCURSO

STF É inconstitucional lei que institua hipóteses abrangentes e genéricas de contratações temporárias sem concurso público e tampouco especifique a contingência fática que evidencie situação de emergência. • RE 658026. 2014. (Info 742)

SERVENTIA EXTRAJUDICIAL E CONCURSO PÚBLICO.

STF Inexiste direito adquirido à efetivação na titularidade de cartório quando a vacância do cargo ocorre na vigência da Constituição de 1988, que exige a submissão a concurso público, de modo a afastar a incidência do art. 54 da Lei 9.784/99 ("O direito da Administração de anular os atos administrativos de que decorram efeitos favoráveis para os destinatários decai em cinco anos, contados da data em que foram praticados, salvo comprovada má-fé") a situações flagrantemente inconstitucionais. • MS 26860. 2014. (Info 741)

CARGO EM COMISSÃO E PROVIMENTO POR PESSOA FORA DA CARREIRA.

STF O cargo em comissão de Diretor do Departamento de Gestão da Dívida Ativa da Procuradoria-Geral da Fazenda Nacional - PGFN, não privativo de bacharel em direito, pode ser ocupado por pessoa estranha a esse órgão. • RMS 29403 AgR. 2014. (Info 740)

CONCURSO PÚBLICO E CLÁUSULA DE BARREIRA.

STF É constitucional a regra denominada "cláusula de barreira", inserida em edital de concurso público, que limita o número de candidatos participantes de cada fase da disputa, com o intuito de selecionar apenas os concorrentes mais bem classificados para prosseguir no certame. • RE 635739. 2014. (Info 736)

SINDICÂNCIA ADMINISTRATIVA E SÚMULA VINCULANTE.

STF O Verbete 14 da Súmula Vinculante do STF (É direito do defensor, no interesse do representado, ter acesso amplo aos elementos de prova que, já documentados em procedimento investigatório realizado por órgão com competência de polícia judiciária, digam respeito ao exercício do direito de defesa) não alcança sindicância que objetiva elucidação de fatos sob o ângulo do cometimento de infração administrativa. • Rcl 10771 AgR. 2014. (Info 734)

GRATIFICAÇÃO DE DESEMPENHO A ATIVOS E INATIVOS.

STF Os servidores inativos e pensionistas do Departamento Nacional de Obras Contra as Secas - DNOCS têm direito à Gratificação de Desempenho do Plano Geral de Cargos do Poder Executivo - GDPGPE, prevista na Lei 11.357/06, em percentual igual ao dos servidores ativos, até a implantação do primeiro ciclo de avaliação de desempenho. • RE 631389. 2013. (Info 721)

CONCURSO: CRIAÇÃO DE CARGOS E NÃO INSTALAÇÃO DO ÓRGÃO.

STF O fato de haver o esgotamento do prazo de validade do concurso antes da instalação do órgão a que vinculadas vagas obstaculiza o reconhecimento do direito do candidato à nomeação. • RE 748105 AgR. 2013. (Info 720)

CONCURSO PÚBLICO: ISONOMIA.

STF A imposição de discrímen de gênero para fins de participação em concurso público somente é compatível com a Constituição nos excepcionais casos em que demonstradas a fundamentação proporcional e a legalidade da imposição, sob pena de ofensa ao princípio da isonomia. • RE 528684. 2013. (Info 718)

ADI E VEDAÇÃO AO NEPOTISMO.

STF O Plenário julgou procedente pedido formulado em ação direta para declarar a inconstitucionalidade do parágrafo único do art. 1º da Lei 13.145/97, do Estado de Goiás. Entendeu-se que o dispositivo questionado, ao permitir a nomeação, admissão ou permanência de até dois parentes das autoridades mencionadas no caput do preceito, além do cônjuge do Chefe do Poder Executivo, criaria hipóteses que excepcionariam a vedação ao nepotismo. • ADI 3745. 2013. (Info 706)

CONCURSO PÚBLICO E SEGUNDA CHAMADA EM TESTE DE APTIDÃO FÍSICA.

STF Os candidatos em concurso público não têm direito à prova de segunda chamada nos testes de aptidão física em razão de circunstâncias pessoais, ainda que de caráter fisiológico ou de força maior, salvo contrária disposição editalícia. • RE 630733. 2013. (Info 706)

ASCENSÃO FUNCIONAL E EFEITOS DE JULGAMENTO DE ADI.

STF A promoção de servidor por ascensão funcional constitui forma de provimento derivado incompatível com a determinação prevista no art. 37, II, da CF, no sentido de que os cargos públicos devem ser providos por concurso. • RE 602264 AgR. 2013. (Info 705)

REMOÇÃO. RESISTÊNCIA DA ADMINISTRAÇÃO PÚBLICA. TEORIA DO FATO CONSUMADO. INAPLICABILIDADE.

STJ A "teoria do fato consumado" não pode ser aplicada para consolidar remoção de servidor público destinada a acompanhamento de cônjuge, em hipótese que não se adequa à legalidade estrita, ainda que tal situação haja perdurado por vários anos em virtude de decisão liminar não confirmada por ocasião do julgamento de mérito. • EREsp 1.157.628-RJ. 2017 (Info 598)

PISO SALARIAL PROFISSIONAL NACIONAL. MAGISTÉRIO.

STJ A Lei n. 11.738/2008, em seu art. 2º, § 1º, ordena que o vencimento inicial das carreiras do magistério público da educação básica deve corresponder ao piso salarial profissional nacional, sendo vedada a fixação do vencimento básico em valor inferior, não havendo determinação de incidência automática em toda a carreira e reflexo imediato sobre as demais vantagens e gratificações, o que somente ocorrerá se estas determinações estiverem previstas nas legislações locais. • REsp 1.426.210-RS. 2017. (Info 594)

PENSÃO ESPECIAL DE EX-COMBATENTE.

STJ Em se tratando de dependente incapaz, o termo inicial para o pagamento do benefício da pensão especial de ex-combatente é o óbito do instituidor. • EREsp 1.141.037-SC. 2017. (Info 595)

GREVE DE SERVIDOR PÚBLICO. DIAS NÃO COMPENSADOS. DESCONTO EM FOLHA. PARCELAMENTO.

STJ Não se mostra razoável a possibilidade de desconto em parcela única sobre a remuneração do servidor público dos dias parados e não compensados provenientes do exercício do direito de greve. • RMS 49.339-SP. 2016. (Info 592)

REQUISITO PARA INTEGRAR TRIBUNAL DE CONTAS.

STJ Membro do Ministério Público junto ao Tribunal de Contas de Estados ou do Distrito Federal que ocupa esse cargo há menos de dez anos pode ser indicado para compor lista tríplice destinada à escolha de conselheiro da referida corte. • RMS 35.403-DF. 2016. (Info 584)

REDUÇÃO DA DURAÇÃO MÁXIMA DE JORNADA DE TRABALHO DE SERVIDORES DA UNIÃO QUE OPERAM DIRETAMENTE COM RAIOS X.

STJ Independentemente da categoria profissional, todos os servidores da União, civis e militares, e os empregados de entidades paraestatais de natureza autárquica que operam, de forma habitual, diretamente com raios X e substâncias radioativas, próximo às fontes de irradiação, têm o direito à redução da duração máxima da jornada de trabalho de 40 para 24 horas semanais prevista no art. 1º da Lei n. 1.234/1950. • AgInt no REsp 1.569.119-SP . 2016. (Info 581)

RESTITUIÇÃO À ADMINISTRAÇÃO PÚBLICA DE PROVENTOS DEPOSITADOS A SERVIDOR PÚBLICO FALECIDO.

STJ Os herdeiros devem restituir os proventos que, por erro operacional da Administração Pública, continuaram sendo depositados em conta de servidor público após o seu falecimento. • AgRg no REsp 1.387.971-DF. 2016. (Info 579)

PRAZO DECADENCIAL PARA IMPETRAR MANDADO DE SEGURANÇA CONTRA REDUÇÃO DE VANTAGEM DE SERVIDOR PÚBLICO.

STJ O prazo decadencial para impetrar mandado de segurança contra redução do valor de vantagem integrante de proventos ou de remuneração de servidor público renova-se mês a mês. • EREsp 1.164.514-AM. 2016. (Info 578)

EFEITOS FINANCEIROS DA CONCESSÃO DE ORDEM MANDAMENTAL CONTRA ATO DE REDUÇÃO DE VANTAGEM DE SERVIDOR PÚBLICO.

STJ Em mandado de segurança impetrado contra redução do valor de vantagem integrante de proventos ou de remuneração de servidor público, os efeitos financeiros da concessão da ordem retroagem à data do ato impugnado. • EREsp 1.164.514-AM. 2016. (Info 578)

FORMAÇÃO EXIGIDA EM EDITAL DE CONCURSO AO CARGO DE PERITO DATILOSCOPISTA DE POLÍCIA CIVIL ESTADUAL.

STJ É legal a cláusula de edital que prescreva que as atividades do cargo de perito datiloscopista são de nível médio, desde que, à época da publicação do edital do concurso para o referido cargo, haja previsão legislativa estatual nesse sentido. • AgRg no RMS 32.892-RO. 2016. (Info 576)

MONITORAMENTO DE E-MAIL CORPORATIVO DE SERVIDOR PÚBLICO.

STJ As informações obtidas por monitoramento de e-mail corporativo de servidor público não configuram prova ilícita quando atinentes a aspectos não pessoais e de interesse da Administração Pública e da própria coletividade, sobretudo quando exista, nas disposições normativas acerca do seu uso, expressa menção da sua destinação somente para assuntos e matérias afetas ao serviço, bem como advertência sobre monitoramento e acesso ao conteúdo das comunicações dos usuários para cumprir disposições legais ou instruir procedimento administrativo. • RMS 48.665-SP . 2016. (Info 576)

MANDADO DE SEGURANÇA IMPETRADO POR SERVIDOR PÚBLICO E REGIME DE PAGAMENTO PELA FAZENDA PÚBLICA.

STJ No mandado de segurança impetrado por servidor público contra a Fazenda Pública, as parcelas devidas entre a data de impetração e a de implementação da concessão da segurança devem ser pagas por meio de precatórios, e não via folha suplementar. • REsp 1.522.973-MG . 2016. (Info 576)

INADMISSIBILIDADE DE ACUMULAÇÃO DE CARGOS PÚBLICOS CUJAS JORNADAS SOMEM MAIS DE SESSENTA HORAS SEMANAIS.

STJ É vedada a acumulação de um cargo de professor com outro técnico ou científico quando a jornada de trabalho semanal ultrapassar o limite máximo de sessenta horas semanais. • REsp 1.565.429-SE . 2016. (Info 576)

POSSE EM CARGO PÚBLICO POR MENOR DE IDADE.

STJ Ainda que o requisito da idade mínima de 18 anos conste em lei e no edital de concurso público, é possível que o candidato menor de idade aprovado no concurso tome posse no cargo de auxiliar de biblioteca no caso em que ele, possuindo 17 anos e 10 meses na data da sua posse, já havia sido emancipado voluntariamente por seus pais há 4 meses. • REsp 1.462.659-RS. 2016. (Info 576)

ACUMULAÇÃO LÍCITA DE CARGOS PÚBLICOS.

STJ É possível a acumulação de um cargo público de professor com outro de intérprete e tradutor da Língua Brasileira de Sinais (LIBRAS). • REsp 1.569.547-RN. 2016. (Info 575)

REQUISIÇÃO DE SERVIDOR PÚBLICO PELA DPU.

STJ A Administração Pública Federal não está mais obrigada a atender toda e qualquer requisição de servidor público efetuada pelo Defensor Público-Geral da União na forma do art. 4º da Lei n. 9.020/1995. • MS 17.500-DF. 2016. (Info 575)

IMPROBIDADE ADMINISTRATIVA E CONDUTA DIRECIONADA A PARTICULAR.

STJ Não ensejam o reconhecimento de ato de improbidade administrativa (Lei 8.429/1992) eventuais abusos perpetrados por agentes públicos durante abordagem policial, caso os ofendidos pela conduta sejam particulares que não estavam no exercício de função pública. • REsp 1.558.038-PE . 2015. (Info 573)[1]

REQUISIÇÃO PELO MP DE INFORMAÇÕES BANCÁRIAS DE ENTE DA ADMINISTRAÇÃO PÚBLICA.

STJ Não são nulas as provas obtidas por meio de requisição do Ministério Público de informações bancárias de titularidade de prefeitura municipal para fins de apurar supostos crimes praticados por agentes públicos contra a Administração Pública. • HC 308.493-CE . 2015. (Info 572)

PERCEPÇÃO DE PENSÃO MILITAR POR FILHO MENOR DE 24 ANOS.

STJ O falecimento de militar após o advento da Lei 6.880/1980 e antes da vigência da Medida Provisória 2.215-10/2001 gera direito à percepção de pensão por morte a filho universitário menor de 24 anos e não remunerado. • EREsp 1.181.974-MG . 2015. (Info 571)

POSSE DE MEMBRO DO MINISTÉRIO PÚBLICO NO CARGO DE DESEMBARGADOR FEDERAL E DIREITO À TRANSFERÊNCIA UNIVERSITÁRIA DE DEPENDENTE.

STJ O filho de membro do Ministério Público do Trabalho tem, em razão da mudança de domicílio de seu pai para tomar posse no cargo de Desembargador Federal do Trabalho, direito a ser transferido para instituição de ensino superior congênere nos termos do art. 49 da Lei 9.394/1996, c/c art. 1º da Lei 9.536/1997. • REsp 1.536.723-RS . 2015. (Info 571)

---

1. Atenção: Complemente o estudo do julgado acima com o seguinte entendimento que foi posteriormente publicado no Info 577/STJ – "O ato que apenas atingir bem privado e individual jamais terá a qualificação de ímprobo, nos termos do ordenamento em vigor. O mesmo não ocorre, entretanto, com o ato que atingir bem/interesse privado e público ao mesmo tempo. Aqui, sim, haverá potencial ocorrência de ato de improbidade"(REsp 1.177.910-SE).

FIXAÇÃO DE LIMITAÇÃO TEMPORAL PARA O RECEBIMENTO DE NOVA AJUDA DE CUSTO. RECURSO REPETITIVO

STJ A fixação de limitação temporal para o recebimento da indenização prevista no art. 51, I, da Lei 8.112/1990, por meio de normas infralegais, não ofende o princípio da legalidade. • REsp 1.257.665-CE . 2015. (Info 569)

DESISTÊNCIA DE CANDIDATO APROVADO EM CONCURSO PÚBLICO DENTRO DO NÚMERO DE VAGAS.

STJ O candidato aprovado fora do número de vagas previstas no edital de concurso público tem direito subjetivo à nomeação quando o candidato imediatamente anterior na ordem de classificação, aprovado dentro do número de vagas, for convocado e manifestar desistência. • AgRg no ROMS 48.266-TO. 2015. (Info 567)

FÉRIAS GOZADAS EM PERÍODO COINCIDENTE COM O DA LICENÇA À GESTANTE.

STJ A Lei 8.112/1990 não assegura à servidora pública o direito de usufruir, em momento posterior, os dias de férias já gozados em período coincidente com o da licença à gestante. • AgRg no RMS 39.563-PE . 2015. (Info 566)

INCONSTITUCIONALIDADE DO ART. 170 DA LEI 8.112/1990.

STJ Não deve constar dos assentamentos individuais de servidor público federal a informação de que houve a extinção da punibilidade de determinada infração administrativa pela prescrição (STF declarou incidentalmente a inconstitucionalidade do artigo art. 170 da Lei 8.112/1990 no julgamento do MS 23.262-DF). • MS 21.598-DF . 2015. (Info 564)

HIPÓTESE DE SUSPENSÃO DE EXECUÇÃO DE DECISÃO LIMINAR IMPEDITIVA DE DESCONTO SALARIAL DE SERVIDORES GREVISTAS.

STJ Deve ser suspensa a execução da decisão liminar (art. 25, § 3º, da Lei 8.038/1990) proibitiva de desconto salarial dos dias de paralisação decorrentes de greve dos professores do Estado de São Paulo, movimento paredista que durava mais de 60 dias até a análise do pedido de suspensão de segurança, sem êxito nas tentativas de acordo e sem notícia de decisão judicial sobre as relações obrigacionais entre grevistas e o Estado, e que, além disso, já havia levado ao dispêndio de vultosos recursos na contratação de professores substitutos, como forma de impedir a iminente interrupção da prestação do serviço público educacional do Estado. • AgRg na SS 2.784-SP . 2015. (Info 563)

PENSÃO ESPECIAL DE EX-COMBATENTE A CRIANÇA OU ADOLESCENTE SOB SUA GUARDA.

STJ Na hipótese de morte do titular de pensão especial de ex-combatente, o menor de dezoito anos que estava sob sua guarda deve ser enquadrado como dependente (art. 5º da Lei 8.059/1990) para efeito de recebimento, na proporção que lhe couber, da pensão especial (art. 53, II, do ADCT) que recebia o seu guardião. • REsp 1.339.645-MT . 2015. (Info 561)

CONTRATAÇÃO TEMPORÁRIA DE SERVIDOR PÚBLICO PARA ATIVIDADES DE CARÁTER PERMANENTE.

STJ Ainda que para o exercício de atividades permanentes do órgão ou entidade, admite-se a contratação por tempo determinado para atender a necessidade temporária de excepcional interesse público (arts. 37, IX, da CF e 2º da Lei 8.745/1993) - qual seja, o crescente número de demandas e o elevado passivo de procedimentos administrativos parados junto ao órgão, que se encontra com o quadro de pessoal efetivo completo, enquanto pendente de análise no Congresso Nacional projeto de lei para a criação de vagas adicionais. • MS 20.335-DF . 2015. (Info 560)

AUXÍLIO-RECLUSÃO A SERVIDORES OCUPANTES DE CARGO EFETIVO.

STJ Para concessão de auxílio-reclusão, não se aplica aos servidores públicos estatutários ocupantes de cargos efetivos a exigência de baixa renda prevista no art. 13 da EC 20/1998. • AgRg no REsp 1.510.425-RJ . 2015. (Info 560)

EXECUÇÃO IMEDIATA DE PENALIDADE IMPOSTA EM PAD.

STJ Não há ilegalidade na imediata execução de penalidade administrativa imposta em PAD a servidor público, ainda que a decisão não tenha transitado em julgado administrativamente. • MS 19.488-DF . 2015. (Info 559)

PENSÃO POR MORTE DE SERVIDOR PÚBLICO FEDERAL.

STJ Para fins de concessão da pensão por morte de servidor público federal, a designação do beneficiário nos assentos funcionais do servidor é prescindível se a vontade do instituidor em eleger o dependente como beneficiário da pensão houver sido comprovada por outros meios idôneos. • REsp 1.486.261-SE. 2015. (Info 557)

INAPLICABILIDADE DO DIREITO A RECONDUÇÃO PREVISTO NO ART. 29, I, DA LEI 8.112/1990 A SERVIDOR PÚBLICO ESTADUAL.

STJ Não é possível a aplicação, por analogia, do instituto da recondução previsto no art. 29, I, da Lei 8.112/1990 a servidor público estadual na hipótese em que o ordenamento jurídico do estado for omisso acerca desse direito. • RMS 46.438-MG . 2015. (Info 553)

AGREGAÇÃO DE MILITAR QUE PARTICIPA DE CURSO DE FORMAÇÃO.

STJ O militar aprovado em concurso público tem direito a ser agregado durante o prazo de conclusão de curso de formação, com direito à opção pela respectiva remuneração. • AgRg no REsp 1.470.618-RN . 2015. (Info 551)

INADMISSIBILIDADE DE JORNADA SEMANAL SUPERIOR A SESSENTA HORAS NA HIPÓTESE DE ACUMULAÇÃO DE CARGOS PRIVATIVOS DE PROFISSIONAIS DE SAÚDE.

STJ É vedada a acumulação de dois cargos públicos privativos de profissionais de saúde quando a soma da carga horária referente aos dois cargos ultrapassar o limite máximo de sessenta horas semanais. • MS 19.336-DF . 2014. (Info 549)[2]

2. Comparar com o seguinte julgado:

INADMISSIBILIDADE DE ACUMULAÇÃO DE CARGOS PÚBLICOS CUJAS JORNADAS SOMEM MAIS DE SESSENTA HORAS SEMANAIS.

É vedada a acumulação de um cargo de professor com outro técnico ou científico quando a jornada de trabalho semanal ultrapassar o limite máximo de sessenta horas semanais. • REsp 1.565.429-SE . 2016. (Info 576)

RESTITUIÇÃO AO ERÁRIO DOS VALORES RECEBIDOS POR FORÇA DE DECISÃO JUDICIAL PRECÁRIA POSTERIORMENTE REVOGADA.

STJ É devida a restituição ao erário dos valores de natureza alimentar pagos pela Administração Pública a servidores públicos em cumprimento a decisão judicial precária posteriormente revogada. • EAREsp 58.820-AL . 2014. (Info 549)

HIPÓTESE DE NÃO LEVANTAMENTO DE FGTS. RECURSO REPETITIVO.

STJ A suspensão do contrato de trabalho em decorrência de nomeação em cargo em comissão não autoriza o levantamento do saldo da conta vinculada ao FGTS. • REsp 1.419.112-SP. 2014. (Info 548)

TERMO INICIAL DO PRAZO DECADENCIAL PARA IMPETRAR MS CONTRA ATO ADMINISTRATIVO QUE EXCLUI CANDIDATO DE CONCURSO PÚBLICO.

STJ O termo inicial do prazo decadencial para a impetração de mandado de segurança no qual se discuta regra editalícia que tenha fundamentado eliminação em concurso público é a data em que o candidato toma ciência do ato administrativo que determina sua exclusão do certame, e não a da publicação do edital. • REsp 1.124.254-PI . 2014. (Info 545)

TERMO INICIAL DA PRESCRIÇÃO DA PRETENSÃO PUNITIVA DE AÇÃO DISCIPLINAR.

STJ No âmbito de ação disciplinar de servidor público federal, o prazo de prescrição da pretensão punitiva estatal começa a fluir na data em que a irregularidade praticada pelo servidor tornou-se conhecida por alguma autoridade do serviço público, e não, necessariamente, pela autoridade competente para a instauração do processo administrativo disciplinar. • MS 20.162-DF . 2014. (Info 543)

EXIGÊNCIA DO CUMPRIMENTO DO PRAZO DE DOZE MESES DE EXERCÍCIO PARA A PRIMEIRA FRUIÇÃO DE FÉRIAS DE MAGISTRADO.

STJ Para o primeiro período aquisitivo de férias de juiz federal substituto serão exigidos doze meses de exercício. • REsp 1.421.612-PB . 2014. (Info 543)

APLICABILIDADE DO ART. 1º DO DECRETO 20.910/1932 AOS CASOS DE REVISÃO DE APOSENTADORIA DE SERVIDOR PÚBLICO.

STJ Nos casos em que o servidor público busque a revisão do ato de aposentadoria, ocorre a prescrição do próprio fundo de direito após o transcurso de mais de cinco anos - e não de dez anos - entre o ato de concessão e o ajuizamento da ação. • Pet 9.156-RJ . 2014. (Info 542)

CONTRATAÇÃO TEMPORÁRIA DE SERVIDOR QUE JÁ POSSUIU CONTRATO COM ÓRGÃO DIVERSO.

STJ É possível nova contratação temporária, também com fundamento na Lei 8.745/1993, precedida por processo seletivo equiparável a concurso público, para outra função pública e para órgão sem relação de dependência com aquele para o qual fora contratado anteriormente, ainda que a nova contratação tenha ocorrido em período inferior a 24 meses do encerramento do contrato temporário anterior. • REsp 1.433.037-DF . 2014. (Info 540)

DEPENDÊNCIA ECONÔMICA E PENSÃO POR MORTE DE SERVIDOR PÚBLICO FEDERAL.

STJ Não se exige prova de dependência econômica para a concessão de pensão por morte a filho inválido de servidor público federal. • REsp 1.440.855-PB . 2014. (Info 539)

EXAME MÉDICO PARA INGRESSO EM CARGO PÚBLICO.

STJ O candidato a cargo público federal pode ser eliminado em exame médico admissional, ainda que a lei que discipline a carreira não confira caráter eliminatório ao referido exame. • AgRg no REsp 1414990. 2014. (Info 538)

GRATIFICAÇÃO ELEITORAL DEVIDA AOS ESCRIVÃES ELEITORAIS E AOS CHEFES DE CARTÓRIO DAS ZONAS ELEITORAIS DO INTERIOR DOS ESTADOS. RECURSO REPETITIVO

STJ Os servidores da Justiça Estadual que tenham exercido as funções de chefe de cartório ou de escrivão eleitoral das zonas eleitorais do interior dos estados não têm direito a receber a gratificação mensal pro labore(gratificação eleitoral) referente ao período de 1996 a 2004 no valor correspondente à integralidade das Funções Comissionadas FC-01 e FC-03 pagas a servidores do Poder Judiciário Federal. • REsp 1.258.303-PB. 2014. (Info 537)

SUSPENSÃO CAUTELAR DO PORTE DE ARMA DE FOGO DE SERVIDOR MILITAR POR DECISÃO ADMINISTRATIVA.

STJ A Polícia Militar pode, mediante decisão administrativa fundamentada, determinar a suspensão cautelar do porte de arma de policial que responde a processo criminal. • RMS 42.620-PB. 2014. (Info 537)

INVESTIGAÇÃO SOCIAL EM CONCURSO PÚBLICO.

STJ Na fase de investigação social em concurso público, o fato de haver instauração de inquérito policial ou propositura de ação penal contra candidato, por si só, não pode implicar a sua eliminação. • AgRg no RMS 39.580-PE . 2014. (Info 535)

SURDEZ UNILATERAL EM CONCURSO PÚBLICO.

STJ Candidato em concurso público com surdez unilateral não tem direito a participar do certame na qualidade de deficiente auditivo. MS 18.966-DF • REsp 1.440.855-PB . 2014. (Info 535)

EXAME PSICOLÓGICO EM CONCURSO PÚBLICO.

STJ É admitida a realização de exame psicotécnico em concursos públicos se forem atendidos os seguintes requisitos: previsão em lei, previsão no edital com a devida publicidade dos critérios objetivos fixados e possibilidade de recurso. • RMS 43.416-AC . 2014. (Info 535)

CARÁTER GERAL DE GRATIFICAÇÃO DE DESEMPENHO DE SERVIDOR PÚBLICO.

STJ Devem ser estendidas a todos os aposentados e pensionistas as gratificações de desempenho pagas indistintamente a todos os servidores da ativa, no mesmo percentual, ainda que possuam caráter pro "labore faciendo". Isso porque as referidas vantagens, quando pagas indistintamente a todos os servidores na ativa, no mesmo percentual, assumem natureza genérica. • AgRg no REsp 1.372.058-CE. 2014. (Info 534)

MANDADO DE SEGURANÇA CONTRA LIMITE DE IDADE EM CONCURSO PÚBLICO.

STJ O prazo decadencial para impetrar mandado de segurança contra limitação de idade em concurso público conta-se da ciência do ato administrativo que determina a eliminação do candidato pela idade, e não da publicação do edital que prevê a regra da limitação. • AgRg no AREsp 213.264-BA. 2014. (Info 533)

LIMITE ETÁRIO EM CONCURSO PÚBLICO PARA INGRESSO NA CARREIRA DE POLICIAL MILITAR.

STJ Não tem direito a ingressar na carreira de policial militar o candidato à vaga em concurso público que tenha ultrapassado, no momento da matrícula no curso de formação, o limite máximo de idade previsto em lei específica e em edital. • RMS 44.127-AC. 2014. (Info 533)

RESERVA DE COTA-PARTE DE PENSÃO POR MORTE DE SERVIDOR PÚBLICO.

STJ Não é possível reservar cota-parte de pensão por morte a fim de resguardar eventual beneficiário que ainda não tenha se habilitado. • AgRg no REsp 1.273.009-RJ . 2013. (Info 532)

LEGITIMIDADE DO MP EM AÇÃO CIVIL PÚBLICA.

STJ O Ministério Público tem legitimidade para ajuizar ação civil pública com o objetivo de garantir o acesso a critérios de correção de provas de concurso público. • REsp 1.362.269-CE. 2013. (Info 532)

DESVIO DE FUNÇÃO NO SERVIÇO PÚBLICO.

STJ A Administração Pública não pode, sob a simples alegação de insuficiência de servidores em determinada unidade, designar servidor para o exercício de atribuições diversas daquelas referentes ao cargo para o qual fora nomeado após aprovação em concurso. • RMS 37.248-SP. 2013. (Info 530)

MOTIVAÇÃO POSTERIOR DO ATO DE REMOÇÃO *EX OFFICIO* DE SERVIDOR.

STJ O vício consistente na falta de motivação de portaria de remoção *ex officio* de servidor público pode ser convalidado, de forma excepcional, mediante a exposição, em momento posterior, dos motivos idôneos e preexistentes que foram a razão determinante para a prática do ato, ainda que estes tenham sido apresentados apenas nas informações prestadas pela autoridade coatora em mandado de segurança impetrado pelo servidor removido. • AgRg no RMS 40.427-DF. 2013. (Info 529)

REMOÇÃO PARA ACOMPANHAR CÔNJUGE APROVADO EM CONCURSO DE REMOÇÃO.

STJ O servidor público federal não tem direito de ser removido a pedido, independentemente do interesse da Administração, para acompanhar seu cônjuge, também servidor público, que fora removido em razão de aprovação em concurso de remoção • AgRg no REsp 1.290.031-PE . 2013. (Info 527)

AFASTAMENTO DAS CONCLUSÕES DA COMISSÃO EM PAD.

STJ No processo administrativo disciplinar, quando o relatório da comissão processante for contrário às provas dos autos, admite-se que a autoridade julgadora decida em sentido diverso daquele apontado nas conclusões da referida comissão, desde que o faça motivadamente. • MS 17.811-DF. 2013. (Info 526)

DESTITUIÇÃO DE CARGO EM COMISSÃO.

STJ Deve ser aplicada a penalidade de destituição de cargo em comissão na hipótese em que se constate que servidor não ocupante de cargo efetivo, valendo-se do cargo, tenha indicado irmão, nora, genro e sobrinhos para contratação por empresas recebedoras de verbas públicas, ainda que não haja dano ao erário ou proveito pecuniário e independentemente da análise de antecedentes funcionais. • MS 17.811-DF. 2013. (Info 526)

AUXÍLIO-ALIMENTAÇÃO REFERENTE A PERÍODO DE FÉRIAS.

STJ O servidor público tem direito ao recebimento de auxílio-alimentação referente a período de férias. • AgRg no REsp 1.360.774-RS. 2013. (Info 526)

▼ PROCESSOS ADMINISTRATIVOS - TCU

AUDITORIA DO TCU E PARTICIPAÇÃO DE SERVIDOR INDIRETAMENTE AFETADO.

STF Tratando-se de auditoria do TCU, considerada a gestão administrativa do Poder Legislativo, não há como concluir pelo direito dos servidores indiretamente afetados de serem ouvidos no processo fiscalizatório. • MS 32540/DF. 2016. (Info 818)

TCU: ANULAÇÃO DE ACORDO EXTRAJUDICIAL E TOMADA DE CONTAS ESPECIAL.

STF O TCU tem legitimidade para anular acordo extrajudicial firmado entre particulares e a Administração Pública, quando não homologado judicialmente. • MS 24379. 2015. (Info 780)

TCU: AUDITORIA E DECADÊNCIA.

STF O disposto no art. 54 da Lei 9.784/99 ("Art. 54. O direito da Administração de anular os atos administrativos de que decorram efeitos favoráveis para os destinatários decai em cinco anos, contados da data em que foram praticados, salvo comprovada má-fé") aplica-se às hipóteses de auditorias realizadas pelo TCU em âmbito de controle de legalidade administrativa. • MS 31344. 2013. (Info 703)

PRAZO PARA O TCU EXIGIR COMPROVAÇÃO DE REGULAR APLICAÇÃO DE VERBAS FEDERAIS POR MEIO DE TOMADA DE CONTAS ESPECIAL.

STJ É de cinco anos o prazo para o TCU, por meio de tomada de contas especial (Lei n. 8.443/1992), exigir do ex gestor público municipal a comprovação da regular aplicação de verbas federais repassadas ao respectivo Município. • REsp 1.480.350-RS . 2016. (Info 581)

▼ BENS PÚBLICOS E CONTRATOS ADMINISTRATIVOS

LICITAÇÕES. COMPETÊNCIA PARA LEGISLAR.

STF Por competir privativamente à União legislar sobre normas gerais de licitação e contratos (art. 22, XXVII, da CF/88) lei estadual que exija Certidão Negativa de Violação aos Direitos do Consumidor dos interessados em participar de licitações é inconstitucional. • ADI 3.735/MS. 2016. (Info 838)

ENTE FEDERATIVO: PRINCÍPIO DA INTRANSCENDÊNCIA E INSCRIÇÃO EM CADASTROS FEDERAIS DE INADIMPLÊNCIA

STF É necessária a observância da garantia do devido processo legal, em especial, do contraditório e da ampla defesa, relativamente à inscrição de entes públicos em cadastros federais de inadimplência. • ACO 732/AP. 2016. (Info 825)

PRAZO PARA O TCU EXIGIR COMPROVAÇÃO DE REGULAR APLICAÇÃO DE VERBAS FEDERAIS POR MEIO DE TOMADA DE CONTAS ESPECIAL.

STJ É de cinco anos o prazo para o TCU, por meio de tomada de contas especial (Lei n. 8.443/1992), exigir do ex-gestor público municipal a comprovação da regular aplicação de verbas federais repassadas ao respectivo Município. • REsp 1.480.350-RS. 2016. (Info 581)

PRINCÍPIO DA INTRANSCENDÊNCIA DAS SANÇÕES E ENTIDADE INTEGRANTE DE CONSÓRCIO PÚBLICO COM PENDÊNCIA NO CAUC.

STJ O fato de ente integrante de consórcio público possuir pendência no Serviço Auxiliar de Informações para Transferências Voluntárias (CAUC) não impede que o consórcio faça jus, após a celebração de convênio, à transferência voluntária a que se refere o art. 25 da LC n. 101/2000. • REsp 1.463.921-PR . 2016. (Info 577)

VALIDADE DA CLÁUSULA CONTRATUAL QUE TRANSFERE O PAGAMENTO DO LAUDÊMIO PARA O PROMITENTE-COMPRADOR.

STJ É válida cláusula inserta em contrato de promessa de compra e venda de imóvel situado em terreno de marinha que estipule ser da responsabilidade do promitente-adquirente o pagamento do laudêmio devido à União, embora a referida cláusula não seja oponível ao ente público. • REsp 888.666-SE. 2016. (Info 575)

LEVANTAMENTO DA ÁREA A SER DEMARCADA EM PROCEDIMENTO DE DEMARCAÇÃO DE TERRAS INDÍGENAS.

STJ No procedimento administrativo de demarcação das terras indígenas, regulado pelo Decreto 1.775/1996, é imprescindível a realização da etapa de levantamento da área a ser demarcada, ainda que já tenham sido realizados trabalhos de identificação e delimitação da terra indígena de maneira avançada. • REsp 1.551.033-PR. 2016. (Info 571)

IMPOSSIBILIDADE DE REMARCAÇÃO AMPLIATIVA DE TERRA INDÍGENA.

STJ A alegação de que a demarcação da terra indígena não observou os parâmetros estabelecidos pela CF/1988 não justifica a remarcação ampliativa de áreas originariamente demarcadas em período anterior à sua promulgação. • MS 21.572. 2015. (Info 564)

INCOMPETÊNCIA DO PODER JUDICIÁRIO PARA AUTORIZAR O FUNCIONAMENTO DE RÁDIO EDUCATIVA.

STJ O Poder Judiciário não tem competência para autorizar, ainda que a título precário, a prestação de serviço de radiodifusão com finalidade exclusivamente educativa. • REsp 1.353.341-PE. 2015. (Info 562)

IMPOSSIBILIDADE DE CONDENAÇÃO DE RESSARCIMENTO AO ERÁRIO FUNDADA EM LESÃO PRESUMIDA.

STJ Ainda que procedente o pedido formulado em ação popular para declarar a nulidade de contrato administrativo e de seus posteriores aditamentos, não se admite reconhecer a existência de lesão presumida para condenar os réus a ressarcir ao erário se não houve comprovação de lesão aos cofres públicos, mormente quando o objeto do contrato já tenha sido executado e existam laudo pericial e parecer do Tribunal de Contas que concluam pela inocorrência de lesão ao erário. • REsp 1.447.237-MG . 2015. (Info 557)

OBTENÇÃO DE RECEITA ALTERNATIVA EM CONTRATO DE CONCESSÃO DE RODOVIA.

STJ Concessionária de rodovia pode cobrar de concessionária de energia elétrica pelo uso de faixa de domínio de rodovia para a instalação de postes e passagem de cabos aéreos efetivadas com o intuito de ampliar a rede de energia, na hipótese em que o contrato de concessão da rodovia preveja a possibilidade de obtenção de receita alternativa decorrente de atividades vinculadas à exploração de faixas marginais. • EREsp 985.695-RJ . 2015. (Info 554)

INEXISTÊNCIA DE DIREITO A INDENIZAÇÃO PELAS ACESSÕES E DE RETENÇÃO PELAS BENFEITORIAS EM BEM PÚBLICO IRREGULARMENTE OCUPADO.

STJ Quando irregularmente ocupado o bem público, não há que se falar em direito de retenção pelas benfeitorias realizadas, tampouco em direito a indenização pelas acessões, ainda que as benfeitorias tenham sido realizadas de boa-fé. Isso porque nesta hipótese não há posse, mas mera detenção, de natureza precária. Dessa forma, configurada a ocupação indevida do bem público, resta afastado o direito de retenção por benfeitorias e o pleito indenizatório à luz da alegada boa-fé. AgRg no REsp 1.470.182-RN. 2014. (Info 551)

OBJETO DE AÇÃO CIVIL PÚBLICA PARA ANULAR PERMISSÕES PRECÁRIAS.

STJ Em ação civil pública movida para anular permissões para a prestação de serviços de transporte coletivo concedidas sem licitação e para condenar o Estado a providenciar as licitações cabíveis, não cabe discutir eventual indenização devida pelo Estado ao permissionário.• AgRg no REsp 1.435.347-RJ. 2014. (Info 546)

TERMO FINAL DE CONTRATO DE PERMISSÃO NULO.

STJ Declarada a nulidade de permissão outorgada sem licitação pública ainda antes da Constituição Federal de 1988, é possível ao magistrado estabelecer, independentemente de eventual direito a indenização do permissionário, prazo máximo para o termo final do contrato de adesão firmado precariamente. • AgRg no REsp 1.435.347-RJ . 2014. (Info 546)

IMPOSSIBILIDADE DE MANUTENÇÃO POR LONGO PRAZO DE PERMISSÃO PRECÁRIA.

STJ A não adoção pelo poder concedente das providências do § 3º do art. 42 da Lei 8.987/1995 não justifica a permanência por prazo muito longo de permissões para a prestação de serviços de transporte coletivo concedidas sem licitação antes da Constituição Federal de 1988. • AgRg no REsp 1.435.347-RJ . 2014. (Info 546)

EQUILÍBRIO ECONÔMICO-FINANCEIRO EM CONTRATO DE PERMISSÃO DE SERVIÇO PÚBLICO.

STJ Não há garantia da manutenção do equilíbrio econômico-financeiro do contrato de permissão de serviço de transporte público realizado sem prévia licitação. • REsp 1.352.497-DF . 2014. (Info 546)

LOCAÇÃO COMERCIAL DE IMÓVEL DE EMPRESA PÚBLICA FEDERAL.

STJ Empresa pública federal que realize contrato de locação comercial de imóvel de sua propriedade não pode escusar-se de renovar o contrato na hipótese em que o locatário tenha cumprido todos os requisitos exigidos pela Lei de Locações (Lei 8.245/1991) para garantir o direito à renovação. • REsp 1.224.007-RJ. 2014. (Info 542)

CONTRATAÇÃO TEMPORÁRIA DE SERVIDOR QUE JÁ POSSUIU CONTRATO COM ÓRGÃO DIVERSO.

STJ É possível nova contratação temporária, também com fundamento na Lei 8.745/1993, precedida por processo seletivo equiparável a concurso público, para outra função pública e para órgão sem relação de dependência com aquele para o qual fora contratado anteriormente, ainda que a nova contratação tenha ocorrido em período inferior a 24 meses do encerramento do contrato temporário anterior. • REsp 1.433.037-DF. 2014. (Info 540)

EQUILÍBRIO ECONÔMICO-FINANCEIRO EM CONTRATO DE PERMISSÃO DE SERVIÇO PÚBLICO.

STJ Não há garantia da manutenção do equilíbrio econômico-financeiro do contrato de permissão de serviço de transporte público realizado sem prévia licitação. • REsp 1.352.497-DF. 2014. (Info 535)

EXIGÊNCIA DE QUALIFICAÇÃO TÉCNICA EM LICITAÇÃO.

STJ É lícita cláusula em edital de licitação exigindo que o licitante, além de contar, em seu acervo técnico, com um profissional que tenha conduzido serviço de engenharia similar àquele em licitação, já tenha atuado em serviço similar. • RMS 39.883-MT . 2014. (Info 533)

INDENIZAÇÃO POR SERVIÇOS PRESTADOS NO CASO DE CONTRATO ADMINISTRATIVO NULO.

STJ Reconhecida a nulidade de contrato administrativo por ausência de prévia licitação, a Administração Pública não tem o dever de indenizar os serviços prestados pelo contratado na hipótese em que este tenha agido de má-fé ou concorrido para a nulidade do contrato. • AgRg no REsp 1.394.161-SC. 2013. (Info 529)

COBRANÇA DE LAUDÊMIO NA HIPÓTESE DE DESAPROPRIAÇÃO DO DOMÍNIO ÚTIL DE IMÓVEL AFORADO DA UNIÃO.

STJ A transferência, para fins de desapropriação, do domínio útil de imóvel aforado da União constitui operação apta a gerar o recolhimento de laudêmio. • REsp 1.296.044-RN. 2013. (Info 528)

▼ ENTES DA ADMINISTRAÇÃO

OAB. AUTARQUIA CORPORATIVISTA.

STF Compete à justiça federal processar e julgar ações em que a Ordem dos Advogados do Brasil (OAB), quer mediante o conselho federal, quer seccional, figure na relação processual. • RE 595332/PR. 2016. (Info 837)

APLICAÇÃO DE MULTA POR EXCESSO DE VELOCIDADE PELO DNIT.

STJ O Departamento Nacional de Infraestrutura de Transporte (DNIT) tem competência para autuar e aplicar sanções por excesso de velocidade em rodovias e estradas federais. • REsp 1.583.822-RS. 2016. (Info 586)

RETENÇÃO DE HONORÁRIOS ADVOCATÍCIOS CONTRATUAIS SOBRE A DIFERENÇA DE VALORES DE REPASSE AO FUNDEF.

STJ No caso em que Município obtenha êxito em ação judicial destinada à complementação de repasses efetuados pela União ao Fundo de Manutenção e Desenvolvimento do Ensino Fundamental e de Valorização do Magistério (FUNDEF), será legítima a retenção de parte das referidas verbas complementares para o pagamento de honorários advocatícios contratuais (art. 22, §4º, da Lei n. 8.906/1994). • REsp 1.604.440-PE. 2016. (Info 585)

ATRIBUIÇÃO PARA CLASSIFICAR COMO MEDICAMENTO PRODUTO IMPORTADO.

STJ Se a ANVISA classificou determinado produto importado como "cosmético", a autoridade aduaneira não poderá alterar essa classificação para defini-lo como "medicamento". • REsp 1.555.004-SC . 2016. (Info 577)

HONORÁRIOS SUCUMBENCIAIS EM DESFAVOR DO INPI EM AÇÃO DE NULIDADE DE REGISTRO DE MARCA.

STJ Na ação de nulidade de registro de marca em que o INPI foi indicado como réu ao lado de sociedade empresária em virtude da concessão indevida do registro e do não processamento do procedimento administrativo para anular o registro indevidamente concedido, a autarquia federal responde solidariamente pelos honorários advocatícios sucumbenciais, na hipótese em que se reconheceu a omissão do instituto quanto à citada inércia, ainda que o ente federal tenha reconhecido a procedência do pedido judicial. • REsp 1.258.662-PR. 2015. (Info 576)

NÃO SUJEIÇÃO DE BANCO POSTAL ÀS REGRAS DE SEGURANÇA PREVISTAS NA LEI N. 7.102/1983.

STJ A imposição legal de adoção de recursos de segurança específicos para proteção dos estabelecimentos que constituam sedes de instituições financeiras (Lei n. 7.102/1983) não alcança o serviço de correspondente bancário (Banco Postal) realizado pela Empresa Brasileira de Correios e Telégrafos (ECT). • REsp 1.497.235-SE. 2015. (Info 574)

REQUISIÇÃO PELO MP DE INFORMAÇÕES BANCÁRIAS DE ENTE DA ADMINISTRAÇÃO PÚBLICA.

STJ Não são nulas as provas obtidas por meio de requisição do Ministério Público de informações bancárias de titularidade de prefeitura municipal para fins de apurar supostos crimes praticados por agentes públicos contra a Administração Pública. • HC 308.493-CE. 2015. (Info 572)

INCOMPETÊNCIA DO INMETRO PARA FISCALIZAR BALANÇAS GRATUITAMENTE DISPONIBILIZADAS POR FARMÁCIAS.

STJ O Instituto Nacional de Metrologia, Normatização e Qualidade Industrial (INMETRO) não é competente para fiscalizar as balanças de pesagem corporal disponibilizadas gratuitamente aos clientes nas farmácias. • REsp 1.384.205-SC. 2015. (Info 557)

TERMO INICIAL DA PRESCRIÇÃO DA PRETENSÃO PUNITIVA DE PROFISSIONAL LIBERAL POR INFRAÇÃO ÉTICO-PROFISSIONAL.

STJ Conta-se do conhecimento do respectivo fato pelo conselho profissional o prazo de prescrição da sua pretensão de punir profissional liberal por infração ética sujeita a processo disciplinar. • REsp 1.263.157-PE. 2015. (Info 557)

INDENIZAÇÃO PARA FINS DE DESAPROPRIAÇÃO QUANDO A ÁREA MEDIDA FOR MAIOR DO QUE A ESCRITURADA.

STJ Se, em procedimento de desapropriação por interesse social, constatar-se que a área medida do bem é maior do que a escriturada no Registro de Imóveis, o expropriado receberá indenização correspondente à área registrada, ficando a diferença depositada em Juízo até que, posteriormente, se complemente o registro ou se defina a titularidade para o pagamento a quem de direito • REsp 1.466.747-PE . 2015. (Info 556)

COMPETÊNCIA PARA FISCALIZAR PRESENÇA DE FARMACÊUTICO EM DROGARIAS E FARMÁCIAS. RECURSO REPETITIVO.

STJ Os Conselhos Regionais de Farmácia possuem competência para fiscalização e autuação das farmácias e drogarias, quanto ao cumprimento da exigência de manterem profissional legalmente habilitado (farmacêutico) durante todo o período de funcionamento dos respectivos estabelecimentos, sob pena de esses incorrerem em infração passível de multa, nos termos do art. 24 da Lei 3.820/1960, c/c o art. 15 da Lei 5.991/1973. • REsp 1.382.751-MG . 2015. (Info 554)

OBTENÇÃO DE RECEITA ALTERNATIVA EM CONTRATO DE CONCESSÃO DE RODOVIA.

STJ Concessionária de rodovia pode cobrar de concessionária de energia elétrica pelo uso de faixa de domínio de rodovia para a instalação de postes e passagem de cabos aéreos efetivadas com o intuito de ampliar a rede de energia, na hipótese em que o contrato de concessão da rodovia preveja a possibilidade de obtenção de receita alternativa decorrente de atividades vinculadas à exploração de faixas marginais. • EREsp 985.695-RJ. 2015. (Info 554)

DESNECESSIDADE DE INSCRIÇÃO DE DETERMINADOS PROFISSIONAIS NO CONSELHO REGIONAL DE EDUCAÇÃO FÍSICA.

STJ Não é obrigatória a inscrição, nos Conselhos de Educação Física, dos professores e mestres de dança, ioga e artes marciais (karatê, judô, tae-kwon-do, kickboxing, jiu-jitsu, capoeira e outros) para o exercício de suas atividades profissionais. • REsp 1.450.564-SE. 2015. (Info 554)

NÃO OBRIGATORIEDADE DE CONTRATAÇÃO DE NUTRICIONISTAS E DE REGISTRO EM CONSELHOS DE NUTRIÇÃO.

STJ Bares, restaurantes e similares não são obrigados a se registrarem em Conselhos de Nutrição nem a contratarem nutricionistas. • REsp 1.330.279-BA. 2015. (Info 553)

ACESSO A INFORMAÇÕES DE CARTÃO CORPORATIVO DO GOVERNO FEDERAL.

STJ O não fornecimento pela União do extrato completo - incluindo tipo, data, valor das transações efetuadas e CNPJ dos fornecedores - do cartão de pagamentos (cartão corporativo) do Governo Federal utilizado por chefe de Escritório da Presidência da República constitui ilegal violação ao direito de acesso à informação de interesse coletivo, quando não há evidência de que a publicidade desses elementos atentaria contra a segurança do Presidente e Vice-Presidente da República ou de suas famílias. • MS 20.895-DF. 2014. (Info 552)

PRESCRIÇÃO DA PRETENSÃO DE REAVER VALORES DESPENDIDOS PELO INSS COM PENSÃO POR MORTE.

STJ Nas demandas ajuizadas pelo INSS contra o empregador do segurado falecido em acidente laboral, visando ao ressarcimento dos valores decorrentes do pagamento da pensão por morte, o termo a quo da prescrição quinquenal é a data da concessão do referido benefício previdenciário. • REsp 1.457.646-PR. 2014. (Info 550)

EXIGIBILIDADE DE PARECER FAVORÁVEL DE CONSELHO MUNICIPAL DE SAÚDE PARA CREDENCIAMENTO NO SUS.

STJ É lícita a exigência de parecer favorável de Conselho Municipal de Saúde para o credenciamento de laboratório de propriedade particular no SUS. • RMS 45.638-RS. 2014. (Info 545)

PUBLICIDADE ACERCA DE PASSAPORTES DIPLOMÁTICOS.

STJ O Ministério das Relações Exteriores não pode sonegar o nome de quem recebe passaporte diplomático emitido na forma do parágrafo 3º do art. 6º do Anexo do Decreto 5.978/2006. • MS 16.179-DF. 2014. (Info 543)

LOCAÇÃO COMERCIAL DE IMÓVEL DE EMPRESA PÚBLICA FEDERAL.

STJ Empresa pública federal que realize contrato de locação comercial de imóvel de sua propriedade não pode escusar-se de renovar o contrato na hipótese em que o locatário tenha cumprido todos os requisitos exigidos pela Lei de Locações (Lei 8.245/1991) para garantir o direito à renovação. • REsp 1.224.007-RJ. 2014. (Info 543)

RESPONSABILIDADE DA CEF PELA SEGURANÇA DE CASA LOTÉRICA.

STJ A Caixa Econômica Federal - CEF não tem responsabilidade pela segurança de agência com a qual tenha firmado contrato de permissão de loterias. • REsp 1.224.236-RS. 2014. (Info 536)

INSCRIÇÃO DE INDÚSTRIA DE LATICÍNIOS NO CONSELHO DE QUÍMICA.

STJ A pessoa jurídica cuja finalidade precípua é a industrialização e o comércio de laticínios e derivados não é obrigada a registrar-se no Conselho Regional de Química. • REsp 1.410.594-PR. 2014. (Info 534)

▼ IMPROBIDADE ADMINISTRATIVA

POSSIBILIDADE DE DUPLA CONDENAÇÃO AO RESSARCIMENTO AO ERÁRIO PELO MESMO FATO.

STJ Não configura bis in idem a coexistência de título executivo extrajudicial (acórdão do TCU) e sentença condenatória em ação civil pública de improbidade administrativa que determinam o ressarcimento ao erário e se referem ao mesmo fato, desde que seja observada a dedução do valor da obrigação que primeiramente foi executada no momento da execução do título remanescente. • REsp 1.413.674-SE . 2016. (Info 584)

PRAZO PARA O TCU EXIGIR COMPROVAÇÃO DE REGULAR APLICAÇÃO DE VERBAS FEDERAIS POR MEIO DE TOMADA DE CONTAS ESPECIAL.

STJ É de cinco anos o prazo para o TCU, por meio de tomada de contas especial (Lei n. 8.443/1992), exigir do ex-gestor público municipal a comprovação da regular aplicação de verbas federais repassadas ao respectivo Município. • REsp 1.480.350-RS. 2016. (Info 581)

INAPLICABILIDADE DAS SANÇÕES POR ATO DE IMPROBIDADE ADMINISTRATIVA ABAIXO DO MÍNIMO LEGAL.

STJ No caso de condenação pela prática de ato de improbidade administrativa que atenta contra os princípios da administração pública, as penalidades de suspensão dos direitos políticos e de proibição de contratar com o Poder Público ou receber benefícios ou incentivos fiscais ou creditícios não podem ser fixadas aquém do mínimo previsto no art. 12, III, da Lei n. 8.429/1992. • REsp 1.582.014-CE. 2016. (Info 581)

DESNECESSIDADE DE LESÃO AO PATRIMÔNIO PÚBLICO EM ATO DE IMPROBIDADE ADMINISTRATIVA QUE IMPORTA ENRIQUECIMENTO ILÍCITO.

STJ Ainda que não haja dano ao erário, é possível a condenação por ato de improbidade administrativa que importe enriquecimento ilícito (art. 9º da Lei n. 8.429/1992), excluindo-se, contudo, a possibilidade de aplicação da pena de ressarcimento ao erário. • REsp 1.412.214-PR. 2016. (Info 580)

CARACTERIZAÇÃO DE TORTURA COMO ATO DE IMPROBIDADE ADMINISTRATIVA.

STJ A tortura de preso custodiado em delegacia praticada por policial constitui ato de improbidade administrativa que atenta contra os princípios da administração pública. • REsp 1.177.910-SE. 2016. (Info 577)

APLICAÇÃO DE MULTA ELEITORAL E SANÇÃO POR ATO DE IMPROBIDADE ADMINISTRATIVA.

STJ A condenação pela Justiça Eleitoral ao pagamento de multa por infringência às disposições contidas na Lei n. 9.504/1997 (Lei das Eleições) não impede a imposição de nenhuma das sanções previstas na Lei n. 8.429/1992 (Lei de Improbidade Administrativa-LIA), inclusive da multa civil, pelo ato de improbidade decorrente da mesma conduta. • AgRg no AREsp 606.352-SP. 2016. (Info 576)

APLICAÇÃO DO PRINCÍPIO DA FUNGIBILIDADE A RECURSO EM AÇÃO DE IMPROBIDADE ADMINISTRATIVA.

STJ Pode ser conhecida a apelação que, sem má-fé e em prazo compatível com o previsto para o agravo de instrumento, foi interposta contra decisão que, em juízo prévio de admissibilidade em ação de improbidade administrativa, reconheceu a ilegitimidade passiva ad causam de alguns dos réus. • AgRg no REsp 1.305.905-DF. 2016. (Info 574)

IMPROBIDADE ADMINISTRATIVA E CONDUTA DIRECIONADA A PARTICULAR.

STJ Não ensejam o reconhecimento de ato de improbidade administrativa (Lei 8.429/1992) eventuais abusos perpetrados por agentes públicos durante abordagem policial, caso os ofendidos pela conduta sejam particulares que não estavam no exercício de função pública. • REsp 1.558.038-PE. 2015. (Info 573)[3]

TERMO INICIAL DO PRAZO PRESCRICIONAL DA AÇÃO DE IMPROBIDADE ADMINISTRATIVA NO CASO DE REELEIÇÃO.

STJ O prazo prescricional em ação de improbidade administrativa movida contra prefeito reeleito só se inicia após o término do segundo mandato, ainda que tenha havido descontinuidade entre o primeiro e o segundo mandato em razão da anulação de pleito eleitoral, com posse provisória do Presidente da Câmara, por determinação da Justiça Eleitoral, antes da reeleição do prefeito em novas eleições convocadas. • REsp 1.414.757-RN. 2015. (Info 571)

POSSIBILIDADE DE APLICAÇÃO DA LEI DE IMPROBIDADE ADMINISTRATIVA A ESTAGIÁRIO.

STJ O estagiário que atua no serviço público, ainda que transitoriamente, remunerado ou não, está sujeito a responsabilização por ato de improbidade administrativa (Lei 8.429/1992) REsp 1.352.035-RS . 2016. (Info 568)

---

3. Comparar com o seguinte julgado acima citado:

CARACTERIZAÇÃO DE TORTURA COMO ATO DE IMPROBIDADE ADMINISTRATIVA.

STJ A tortura de preso custodiado em delegacia praticada por policial constitui ato de improbidade administrativa que atenta contra os princípios da administração pública. • REsp 1.177.910-SE. 2016. (Info 577)

APLICAÇÃO DA PENA DE PERDA DA FUNÇÃO PÚBLICA A MEMBRO DO MP EM AÇÃO DE IMPROBIDADE ADMINISTRATIVA.

STJ É possível, no âmbito de ação civil pública de improbidade administrativa, a condenação de membro do Ministério Público à pena de perda da função pública prevista no art. 12 da Lei 8.429/1992. • REsp 1.191.613-MG. 2015. (Info 560)

COMPETÊNCIA PARA PROCESSAR E JULGAR AÇÃO DE IMPROBIDADE ADMINISTRATIVA.

STJ Compete à Justiça Estadual - e não à Justiça Federal - processar e julgar ação civil pública de improbidade administrativa na qual se apure irregularidades na prestação de contas, por ex-prefeito, relacionadas a verbas federais transferidas mediante convênio e incorporadas ao patrimônio municipal, a não ser que exista manifestação de interesse na causa por parte da União, de autarquia ou empresa pública federal. • CC 131.323-TO. 2015. (Info 559)

REVISÃO EM RECURSO ESPECIAL DAS PENAS IMPOSTAS EM RAZÃO DA PRÁTICA DE ATO DE IMPROBIDADE ADMINISTRATIVA.

STJ As penalidades aplicadas em decorrência da prática de ato de improbidade administrativa, caso seja patente a violação aos princípios da proporcionalidade e da razoabilidade, podem ser revistas em recurso especial. • EREsp 1.215.121-RS. 2014. (Info 549)

PREJUÍZO AO ERÁRIO IN RE IPSA NA HIPÓTESE DO ART. 10, VIII, DA LEI DE IMPROBIDADE ADMINISTRATIVA.

STJ É cabível a aplicação da pena de ressarcimento ao erário nos casos de ato de improbidade administrativa consistente na dispensa ilegal de procedimento licitatório (art. 10, VIII, da Lei 8.429/1992) mediante fracionamento indevido do objeto licitado. • REsp 1.376.524-RJ. 2014. (Info 549)

REQUISITOS DA MEDIDA CAUTELAR DE INDISPONIBILIDADE DE BENS PREVISTA NO ART. 7º DA LEI 8.429/1992. RECURSO REPETITIVO

STJ É possível decretar, de forma fundamentada, medida cautelar de indisponibilidade de bens do indiciado na hipótese em que existam fortes indícios acerca da prática de ato de improbidade lesivo ao erário. • REsp 1.366.721-BA. 2014. (Info 547)

REQUISITO PARA A CONFIGURAÇÃO DE ATO DE IMPROBIDADE ADMINISTRATIVA QUE ATENTE CONTRA OS PRINCÍPIOS DA ADMINISTRAÇÃO PÚBLICA.

STJ Para a configuração dos atos de improbidade administrativa que atentam contra os princípios da administração pública (art. 11 da Lei 8.429/1992), é dispensável a comprovação de efetivo prejuízo aos cofres públicos. • REsp 1.192.758-MG. 2014. (Info 547)

REQUISITOS PARA A REJEIÇÃO SUMÁRIA DE AÇÃO DE IMPROBIDADE ADMINISTRATIVA (ART. 17, § 8º, DA LEI 8.429/1992).

STJ Após o oferecimento de defesa prévia prevista no § 7º do art. 17 da Lei 8.429/1992 - que ocorre antes do recebimento da petição inicial -, somente é possível a pronta rejeição da pretensão deduzida na ação de improbidade administrativa se houver prova hábil a evidenciar, de plano, a inexistência de ato de improbidade, a improcedência da ação ou a inadequação da via eleita. • REsp 1.192.758-MG. 2014. (Info 547)

AÇÃO DE IMPROBIDADE ADMINISTRATIVA E REEXAME NECESSÁRIO.

STJ A sentença que concluir pela carência ou pela improcedência de ação de improbidade administrativa não está sujeita ao reexame necessário previsto no art. 19 da Lei de Ação Popular (Lei 4.717/1965). • REsp 1.220.667-MG. 2014. (Info 546)

INTERRUPÇÃO DO PRAZO PRESCRICIONAL NAS AÇÕES DE IMPROBIDADE ADMINISTRATIVA.

STJ Nas ações civis por ato de improbidade administrativa, interrompe-se a prescrição da pretensão condenatória com o mero ajuizamento da ação dentro do prazo de cinco anos contado a partir do término do exercício de mandato, de cargo em comissão ou de função de confiança, ainda que a citação do réu seja efetivada após esse prazo. • REsp 1.391.212-PE. 2014. (Info 546)

COMPETÊNCIA PARA PROCESSAR E JULGAR ATO DE IMPROBIDADE ADMINISTRATIVA DECORRENTE DO DESVIO DE VERBA FEDERAL TRANSFERIDA PARA MUNICÍPIO MEDIANTE CONVÊNIO.

STJ O simples fato de verba federal ter sido transferida da União, mediante convênio, para a implementação de política pública em Município não afasta a competência da Justiça Federal para processar e julgar suposto ato de improbidade administrativa decorrente do desvio da referida quantia. • REsp 1.391.212-PE. 2014. (Info 546)

LEGITIMIDADE DO MP PARA AJUIZAR ACP CUJA CAUSA DE PEDIR SEJA FUNDADA EM CONTROVÉRSIA TRIBUTÁRIA.

STJ O Ministério Público tem legitimidade para ajuizar ação civil pública cujo pedido seja a condenação por improbidade administrativa de agente público que tenha cobrado taxa por valor superior ao custo do serviço prestado, ainda que a causa de pedir envolva questões tributárias. • REsp 1.387.960-SP. 2014. (Info 543)

NÃO CONFIGURAÇÃO DE ATO DE IMPROBIDADE ADMINISTRATIVA.

STJ Não configura improbidade administrativa a contratação, por agente político, de parentes e afins para cargos em comissão ocorrida em data anterior à lei ou ao ato administrativo do respectivo ente federado que a proibisse e à vigência da Súmula Vinculante 13 do STF. • REsp 1.193.248-MG. 2014. (Info 540)

INDISPONIBILIDADE DE BENS EM AÇÃO DE IMPROBIDADE ADMINISTRATIVA.

STJ Os valores investidos em aplicações financeiras cuja origem remonte a verbas trabalhistas não podem ser objeto de medida de indisponibilidade em sede de ação de improbidade administrativa. • REsp 1.164.037-RS. 2014. (Info 539)

AÇÃO POR ATO DE IMPROBIDADE ADMINISTRATIVA.

STJ Não comete ato de improbidade administrativa o médico que cobre honorários por procedimento realizado em hospital privado que também seja conveniado à rede pública de saúde, desde que o atendimento não seja custeado pelo próprio sistema público de saúde. • REsp 1.414.669-SP. 2014. (Info 537)

AÇÃO DE IMPROBIDADE ADMINISTRATIVA AJUIZADA APENAS EM FACE DE PARTICULAR.

STJ Não é possível o ajuizamento de ação de improbidade administrativa exclusivamente em face de particular, sem a concomitante presença de agente público no polo passivo da demanda. • REsp 1.171.017-PA. 2014. (Info 535)

REDUÇÃO DO VALOR DE MULTA POR ATO DE IMPROBIDADE EM APELAÇÃO.

STJ O tribunal pode reduzir o valor evidentemente excessivo ou desproporcional da pena de multa por ato de improbidade administrativa (art. 12 da Lei 8.429/1992), ainda que na apelação não tenha havido pedido expresso para sua redução. • REsp 1.293.624-DF. 2014. (Info 533)

BLOQUEIO DE BENS EM VALOR SUPERIOR AO INDICADO NA INICIAL DA AÇÃO DE IMPROBIDADE.

STJ Em ação de improbidade administrativa é possível que se determine a indisponibilidade de bens (art. 7º da Lei 8.429/1992) - inclusive os adquiridos anteriormente ao suposto ato de improbidade - em valor superior ao indicado na inicial da ação visando a garantir o integral ressarcimento de eventual prejuízo ao erário, levando-se em consideração, até mesmo, o valor de possível multa civil como sanção autônoma. • REsp 1.176.440-RO. 2014. (Info 533)

CONCESSÃO DE LIMINAR INAUDITA ALTERA PARTE EM AÇÃO DE IMPROBIDADE ADMINISTRATIVA.

STJ Em ação de improbidade administrativa é possível a concessão de liminar "inaudita altera parte" a fim de obstar o recebimento pelo demandado de novas verbas do poder público e de benefícios fiscais e creditícios. • REsp 1.385.582-RS. 2013. (Info 531)

IMPROBIDADE ADMINISTRATIVA POR VIOLAÇÃO AOS PRINCÍPIOS DA ADMINISTRAÇÃO PÚBLICA.

STJ O atraso do administrador na prestação de contas, sem que exista dolo, não configura, por si só, ato de improbidade administrativa que atente contra os princípios da Administração Pública (art. 11 da Lei n. 8.429/92). • AgRg no REsp 1.382.436-RN. 2013. (Info 529)

ATO DE IMPROBIDADE ADMINISTRATIVA QUE CAUSE LESÃO AO ERÁRIO.

STJ Para a configuração dos atos de improbidade administrativa que causem prejuízo ao erário (art. 10 da Lei 8.429/1992), é indispensável a comprovação de efetivo prejuízo aos cofres públicos. • REsp 1.173.677-MG. 2013. (Info 528)

FORO POR PRERROGATIVA DE FUNÇÃO NAS AÇÕES DE IMPROBIDADE ADMINISTRATIVA.

STJ Os Conselheiros dos Tribunais de Contas dos Estados não possuem foro por prerrogativa de função nas ações de improbidade administrativa. • AgRg na Rcl 12.514-MT. 2013. (Info 527)

APLICABILIDADE DA LEI DE IMPROBIDADE ADMINISTRATIVA A GOVERNADOR DE ESTADO.

STJ É possível o ajuizamento de ação de improbidade administrativa em face de Governador de Estado. • EDcl no AgRg no REsp 1.216.168-RS. 2013. (Info 527)

▼ INTERVENÇÃO DO ESTADO NA PROPRIEDADE

DESAPROPRIAÇÃO. FATO IMPEDITIVO DO DIREITO DE DESISTÊNCIA. ÔNUS DA PROVA.

STJ É ônus do expropriado provar a existência de fato impeditivo do direito de desistência da desapropriação. •REsp 1.368.773-MS. 2017. (Info 596)

INDENIZAÇÃO PARA FINS DE DESAPROPRIAÇÃO QUANDO A ÁREA MEDIDA FOR MAIOR DO QUE A ESCRITURADA.

STJ Se, em procedimento de desapropriação por interesse social, constatar-se que a área medida do bem é maior do que a escriturada no Registro de Imóveis, o expropriado receberá indenização correspondente à área registrada, ficando a diferença depositada em Juízo até que, posteriormente, se complemente o registro ou se defina a titularidade para o pagamento a quem de direito. • REsp 1.466.747-PE. 2015. (Info 556)

DELIMITAÇÃO DO VALOR DE INDENIZAÇÃO POR DESAPROPRIAÇÃO PARA FINS DE REFORMA AGRÁRIA.

STJ Nas desapropriações para fins de reforma agrária, o valor da indenização deve ser contemporâneo à avaliação efetivada em juízo, tendo como base o laudo adotado pelo juiz para a fixação do justo preço, pouco importando a data da imissão na posse ou mesmo a da avaliação administrativa. • AgRg no REsp 1.459.124-CE. 2014. (Info 549)

DISPENSA DE CITAÇÃO DO CÔNJUGE NA DESAPROPRIAÇÃO POR UTILIDADE PÚBLICA.

STJ Na ação de desapropriação por utilidade pública, a citação do proprietário do imóvel desapropriado dispensa a do respectivo cônjuge. • REsp 1.404.085-CE. 2014. (Info 547)

DIVERGÊNCIA ENTRE A ÁREA REGISTRADA E A MEDIDA PELOS PERITOS NO ÂMBITO DE DESAPROPRIAÇÃO PARA FINS DE REFORMA AGRÁRIA.

STJ No procedimento de desapropriação para fins de reforma agrária, caso se constate que a área registrada em cartório é inferior à medida pelos peritos, o expropriado poderá levantar somente o valor da indenização correspondente à área registrada, devendo o depósito indenizatório relativo ao espaço remanescente ficar retido em juízo até que o expropriado promova a retificação do registro ou até que seja decidida, em ação própria, a titularidade do domínio. • REsp 1.286.886-MT. 2014. (Info 540)

CONSIDERAÇÃO DE RESERVA FLORESTAL NO CÁLCULO DA PRODUTIVIDADE DO IMÓVEL RURAL PARA FINS DE DESAPROPRIAÇÃO.

STJ Não se encontrando averbada no registro imobiliário antes da vistoria, a reserva florestal não poderá ser excluída da área total do imóvel desapropriando para efeito de cálculo da produtividade do imóvel rural. • AgRg no REsp 1.301.751-MT. 2014. (Info 539)

INCIDÊNCIA DE CORREÇÃO MONETÁRIA, INCLUÍDOS EXPURGOS INFLACIONÁRIOS, E JUROS NA COMPLEMENTAÇÃO DE TDA.

STJ Em desapropriação para fins de reforma agrária, é possível a incidência de juros e de correção monetária, com a inclusão dos expurgos inflacionários, no cálculo de complementação de título da dívida agrária (TDA). • AgRg no REsp 1.293.895-MG. 2014. (Info 535)

▼ RESPONSABILIDADE CIVIL DO ESTADO

RESPONSABILIDADE CIVIL DO ESTADO: SUPERPOPULAÇÃO CARCERÁRIA E DEVER DE INDENIZAR

STF Considerando que é dever do Estado, imposto pelo sistema normativo, manter em seus presídios os padrões mínimos de humanidade previstos no ordenamento jurídico, é de sua responsabilidade, nos termos do art. 37, § 6º, da Constituição, a obrigação de ressarcir os danos, inclusive morais, comprovadamente causados aos detentos em decorrência da falta ou insuficiência das condições legais de encarceramento. • RE 580252/MS. 2017 (Info 854)

REPARAÇÃO ECONÔMICA DE ANISTIADO POLÍTICO E DISPONIBILIDADE ORÇAMENTÁRIA.

STF Reconhecido o direito à anistia política, a falta de cumprimento de requisição ou determinação de providências por parte da União, por intermédio do órgão competente, no prazo previsto nos arts. 12, § 4º, e 18, "caput" e parágrafo único, da Lei 10.599/2002, caracteriza ilegalidade e violação de direito líquido e certo. Havendo rubricas no orçamento destinadas ao pagamento das indenizações devidas aos anistiados políticos e não demonstrada a ausência de disponibilidade de caixa, a União há de promover o pagamento do valor ao anistiado no prazo de 60 dias. Na ausência ou na insuficiência de disponibilidade orçamentária no exercício em curso, cumpre à União promover sua previsão no projeto de lei orçamentária imediatamente seguinte. • RE 553710/DF. 2016. (Info 847)

AÇÃO DE REPARAÇÃO DE DANOS À FAZENDA PÚBLICA. PRESCRITIBILIDADE.

STF É prescritível a ação de reparação de danos à Fazenda Pública decorrente de ilícito civil. • RE 669069/MG . 2016. (Info 830)

MORTE DE DETENTO E RESPONSABILIDADE CIVIL DO ESTADO

STF Em caso de inobservância do seu dever específico de proteção previsto no art. 5º, XLIX, da CF, o Estado é responsável pela morte de detento. • RE 841526/RS. 2016. (Info 819)

AÇÃO DE RESSARCIMENTO E IMPRESCRITIBILIDADE

STF É prescritível a ação de reparação de danos à Fazenda Pública decorrente de ilícito civil. • RE 669069/MG. 2016. (Info 813)

POSSE EM CARGO PÚBLICO POR DETERMINAÇÃO JUDICIAL E DEVER DE INDENIZAR

STF Na hipótese de posse em cargo público determinada por decisão judicial, o servidor não faz jus à indenização, sob fundamento de que deveria ter sido investido em momento anterior, salvo situação de arbitrariedade flagrante. • RE 724347. 2015. (Info 775)

RESPONSABILIDADE CIVIL DO ESTADO E INSTITUIÇÃO DE PENSÃO ESPECIAL PARA VÍTIMAS DE CRIMES

STF São inconstitucionais as normas distritais que instituíram pensão especial a ser concedida pelo Governo do Distrito Federal em benefício dos cônjuges de pessoas vítimas de determinados crimes hediondos - independentemente de o autor do crime ser ou não agente do Estado. Estes ampliariam, de modo desmesurado, a responsabilidade prevista no art. 37, § 6º, da CF. • ADI 1358. 2015. (Info 773)

CORREÇÃO MONETÁRIA E JUROS DE MORA EM CONDENAÇÃO IMPOSTA À FAZENDA PÚBLICA POR DANO MORAL.

STJ Na condenação imposta à Fazenda Pública a título de danos morais decorrentes de perseguição política durante a ditadura militar instalada no Brasil após 1964, para fins de atualização monetária e compensação da mora, a partir da data do arbitramento da indenização em segunda instância, haverá a incidência dos índices oficiais de remuneração básica e juros aplicados à caderneta de poupança. • REsp 1.485.260-PR. 2016. (Info 581)

INDENIZAÇÃO POR DANOS MORAIS A ANISTIADO POLÍTICO.

STJ O anistiado político que obteve, na via administrativa, a reparação econômica prevista na Lei n. 10.559/2002 (Lei de Anistia) não está impedido de pleitear, na esfera judicial, indenização por danos morais pelo mesmo episódio político. • REsp 1.485.260-PR. 2016. (Info 581)

DANO MORAL IN RE IPSA NO CASO DE EXTRAVIO DE CARTA REGISTRADA.

STJ Se a Empresa Brasileira de Correios e Telégrafos (ECT) não comprovar a efetiva entrega de carta registrada postada por consumidor nem demonstrar causa excludente de responsabilidade, há de se reconhecer o direito a reparação por danos morais *in re ipsa*, desde que o consumidor comprove minimamente a celebração do contrato de entrega da carta registrada. • EREsp 1.097.266-PB. 2015. (Info 556)

TERMO INICIAL DA PRESCRIÇÃO DE PRETENSÃO INDENIZATÓRIA DECORRENTE DE TORTURA E MORTE DE PRESO.

STJ O termo inicial da prescrição de pretensão indenizatória decorrente de suposta tortura e morte de preso custodiado pelo Estado, nos casos em que não chegou a ser ajuizada ação penal para apurar os fatos, é a data do arquivamento do inquérito policial. • REsp 1.443.038-MS. 2015. (Info 556)

RESPONSABILIDADE CIVIL DO ESTADO EM RAZÃO DA EXISTÊNCIA DE CADÁVER EM DECOMPOSIÇÃO EM RESERVATÓRIO DE ÁGUA.

STJ O consumidor faz jus a reparação por danos morais caso comprovada a existência de cadáver em avançado estágio de decomposição no reservatório do qual a concessionária de serviço público extrai a água fornecida à população. • REsp 1.492.710-MG. 2014. (Info 553)

RESPONSABILIDADE CIVIL DO ESTADO.

STJ Na fixação do valor da indenização, não se deve aplicar o critério referente à teoria da perda da chance, e sim o da efetiva extensão do dano causado (art. 944 do CC), na hipótese em que o Estado tenha sido condenado por impedir servidor público, em razão de interpretação equivocada, de continuar a exercer de forma cumulativa dois cargos públicos regularmente acumuláveis. • REsp 1.308.719-MG. 2013. (Info 530)

▼ INFRAÇÕES DE TRÂNSITO

RESPONSABILIDADE POR INFRAÇÃO RELACIONADA À CONDUÇÃO E À PROPRIEDADE E REGULARIDADE DE VEÍCULO.

STJ Devem ser impostas tanto ao condutor quanto ao proprietário do veículo as penalidades de multa e de registro de pontos aplicadas em decorrência da infração de trânsito consistente em conduzir veículo que não esteja registrado e devidamente licenciado (art. 230, V, do CTB). • REsp 1.524.626-SP. 2015. (Info 561)

PENA DE PERDA DE VEÍCULO CONDUTOR DE MERCADORIA SUJEITA À PENA DE PERDIMENTO.

STJ Dá ensejo à pena de perda do veículo a conduta dolosa do transportador que utiliza veículo próprio para conduzir ao território nacional mercadoria estrangeira sujeita à pena de perdimento, independentemente de o valor do veículo ser desproporcional ao valor das mercadorias apreendidas. • REsp 1.498.870-PR. 2015. (Info 556)

PRESCINDIBILIDADE DE PRÉVIO PROCESSO ADMINISTRATIVO PARA NEGAR EXPEDIÇÃO DE CNH DEFINITIVA.

STJ Não depende de prévio procedimento administrativo a recusa à expedição da CNH definitiva motivada pelo cometimento de infração de trânsito de natureza grave durante o prazo anual de permissão provisória para dirigir (art. 148, § 3º, do CTB). • REsp 1.483.845-RS. 2014. (Info 550)

▼ TARIFAS

ILEGALIDADE DA COBRANÇA DE TARIFA DE ÁGUA REALIZADA POR ESTIMATIVA DE CONSUMO.

STJ Na falta de hidrômetro ou defeito no seu funcionamento, a cobrança pelo fornecimento de água deve ser realizada pela tarifa mínima, sendo vedada a cobrança por estimativa. • REsp 1.513.218-RJ. 2015. (Info 557)

TARIFA DE ESGOTAMENTO SANITÁRIO. RECURSO REPETITIVO.

STJ É legal a cobrança de tarifa de esgoto na hipótese em que a concessionária realize apenas uma - e não todas - das quatro etapas em que se desdobra o serviço de esgotamento sanitário (a coleta, o transporte, o tratamento e a disposição final de dejetos). • REsp 1.339.313-RJ. 2013. (Info 530)

DIREITO CONSTITUCIONAL

DIREITOS E DEVERES INDIVIDUAIS E COLETIVOS

LICENÇA-MATERNIDADE E DISCRIMINAÇÃO ENTRE GESTAÇÃO E ADOÇÃO

STF Os prazos da licença-adotante não podem ser inferiores aos prazos da licença-gestante, o mesmo valendo para as respectivas prorrogações. Em relação à licença-adotante, não é possível fixar prazos diversos em função da idade da criança adotada. • RE 778889/PE. 2016. (Info 817)

INVIOLABILIDADE DE DOMICÍLIO E FLAGRANTE DELITO. REPERCUSSÃO GERAL.

STF A entrada forçada em domicílio sem mandado judicial só é lícita, mesmo em período noturno, quando amparada em fundadas razões, devidamente justificadas "a posteriori", que indiquem que dentro da casa ocorre situação de flagrante delito, sob pena de responsabilidade disciplinar, civil e penal do agente ou da autoridade, e de nulidade dos atos praticados. • RE 603616/RO . 2015. (Info 806)

BIOGRAFIAS: AUTORIZAÇÃO PRÉVIA E LIBERDADE DE EXPRESSÃO.

STF É inexigível o consentimento de pessoa biografada relativamente a obras biográficas literárias ou audiovisuais, sendo por igual desnecessária a autorização de pessoas retratadas como coadjuvantes ou de familiares, em caso de pessoas falecidas ou ausentes. • ADI 4815/DF. 2015. (Info 789)

ASSOCIAÇÕES: LEGITIMIDADE PROCESSUAL E AUTORIZAÇÃO EXPRESSA

STF A autorização estatutária genérica conferida a associação não é suficiente para legitimar a sua atuação em juízo na defesa de direitos de seus filiados, sendo indispensável que a declaração expressa exigida no inciso XXI do art. 5º da CF ("as entidades associativas, quando expressamente autorizadas, têm legitimidade para representar seus filiados judicial ou extrajudicialmente") seja manifestada por ato individual do associado ou por assembleia geral da entidade. • RE 573232. 2014. (Info 746)

▼ ORGANIZAÇÃO DO ESTADO E COMPETÊNCIAS

COMPETÊNCIA LEGISLATIVA DOS MUNICÍPIOS E DIREITO AMBIENTAL

STF Os Municípios podem legislar sobre direito ambiental, desde que o façam fundamentadamente. • ARE 748206 AgR/SC. 2017. (iNFO 857)

VIOLAÇÃO DO PRINCÍPIO DA LIVRE INICIATIVA.

STF É inconstitucional lei estadual que estabelece regras para a cobrança em estacionamento de veículos. • ADI 4862/PR. 2016. (Info 835)

COMPETÊNCIA DA UNIÃO EM TELEFONIA

STF Compete à União explorar os serviços de telecomunicações, bem como legislar privativamente sobre essa matéria (CF, artigos 21, XI e 22, IV). Com base nessa orientação, o Plenário reafirmou sua reiterada jurisprudência sobre o tema e julgou procedente pedido formulado em ação direta de inconstitucionalidade ajuizada em face da Lei 12.239/2006 do Estado de São Paulo. A norma estadual declarada inconstitucional dispõe sobre a instituição de cadastro com os números das linhas telefônicas dos assinantes do serviço de telefonia interessados no sistema de venda por via telefônica. • ADI 3959/SP. 2016. (Info 822)

COMPETÊNCIA CONCORRENTE PARA LEGISLAR SOBRE EDUCAÇÃO

STF Lei editada por Estado-membro, que disponha sobre número máximo de alunos em sala de aula na educação infantil, fundamental e média, não usurpa a competência da União para legislar sobre normas gerais de educação (CF, art. 24, IX, e § 3º). • ADI 4060. 2015. (Info 775)

AGROTÓXICO: LEI ESTADUAL E COMPETÊNCIA PRIVATIVA DA UNIÃO

STF Por reputar usurpada a competência privativa da União para legislar sobre comércio exterior (CF, art. 22, VIII), o Plenário julgou procedente pedido formulado em ação direita para declarar a inconstitucionalidade de lei estadual que previa vedações à comercialização, estocagem e ao trânsito de arroz, trigo, feijão, cebola, cevada e aveia e seus derivados importados de outros países, para consumo e comercialização no Estado em questão. • ADI 3813. 2015. (Info 774)

ENERGIA ELÉTRICA E COMPETÊNCIA PARA LEGISLAR

STF As competências para legislar sobre energia elétrica e para definir os termos da exploração do serviço de seu fornecimento, inclusive sob regime de concessão, cabem privativamente à União (CF, artigos 21, XII, b; 22, IV e 175). • ADI 4925. 2015. (Info 774)

ADI: LEI ESTADUAL E REGRAS PARA EMPRESAS DE PLANOS DE SAÚDE.

STF Afronta a regra de competência privativa da União para legislar sobre direito civil e comercial, e sobre política de seguros (CF, art. 22, I e VII, respectivamente), a norma estadual que determina prazos máximos para a autorização de exames, que necessitem de análise prévia, a serem cumpridos por empresas de planos de saúde, de acordo com a faixa etária do usuário. • ADI 4701. 2014. (Info 754)

FORNECIMENTO DE ÁGUA E OBRIGATORIEDADE.

STF É inconstitucional a lei estadual que determine o fornecimento gratuito de água potável à população, por meio de caminhão-pipa, todas as vezes que haja a interrupção do fornecimento normal. • ADI 2340. 2013. (Info 697)

▼ RECURSO ORDINÁRIO

INTERPOSIÇÃO DE RECURSO ORDINÁRIO CONTRA DECISÃO CONCESSIVA DE ORDEM DE HABEAS CORPUS.

STJ É admissível a interposição de recurso ordinário para impugnar acórdão de Tribunal de Segundo Grau concessivo de ordem de *habeas corpus* na hipótese em que se pretenda questionar eventual excesso de medidas cautelares fixadas por ocasião de deferimento de liberdade provisória. • RHC 65.974-SC. 2016. (Info 579)

▼ CONGRESSO NACIONAL

LEI 1.079/1950: PROCEDIMENTO DE "IMPEACHMENT" E RECEPÇÃO – parte 1

STF Quanto à recepção, pela CF/1988, dos aspectos materiais da Lei 1.079/1950 não existiria dúvida. Já em relação aos seus aspectos processuais, no entanto, tendo em vista as modificações em relação ao papel da Câmara dos Deputados e do Senado Federal no processo de "impeachment" em relação às ordens jurídicas anteriores, seria preciso realizar a sua leitura à luz dos mandamentos constitucionais. O sistema processual do "impeachment", portanto, estaria hoje previsto na imbricação entre a Constituição e a citada lei, que dariam as linhas mestras e estruturantes a serem seguidas. Então, no cenário jurídico-político, a Constituição consagraria na matéria a necessidade da existência de um processo ao conferir essa atribuição ao Senado Federal quanto aos crimes de responsabilidade imputados ao Presidente da República (CF, art 52, I). Essa exigência deveria ser lida à luz da vedação do abuso de poder e das garantias processuais constitucionais, assinalando-se que o processo funcionaria como instrumento a subtrair a possibilidade de que o Chefe do Poder Executivo fosse submetido a julgamento arbitrário, garantia constitucional atinente à cláusula do "due process of law", a ser assegurada aos acusados em geral. • ADPF 378/DF . 2015. (Info 812)

LEI 1.079/1950: PROCEDIMENTO DE "IMPEACHMENT" E RECEPÇÃO – parte 2

STF Definiu o STF: não há direito à defesa prévia ao ato do Presidente da Câmara (recebimento da denúncia), ante a ausência de violação ao devido processo legal; é possível a aplicação subsidiária dos Regimentos Internos da Câmara e do Senado ao processo de "impeachment", desde que fossem compatíveis com os preceitos legais e constitucionais pertinentes; o interrogatório deve ser o ato final da instrução probatória; no processo de impeachment, a defesa tem o direito de se manifestar após a acusação. Deu-se interpretação conforme a Constituição ao art. 24 da Lei 1.079/1950, a fim de declarar que, com o advento da CF/1988, o recebimento da denúncia no processo de "impeachment" ocorre apenas após a decisão do Plenário do Senado Federal, e declarar que a votação nominal deverá ser tomada por maioria simples e presente a maioria absoluta de seus membros. Declarou-se constitucionalmente legítima a aplicação analógica dos artigos 44, 45, 46, 47, 48 e 49 da Lei 1.079/1950 — os quais determinam o rito do processo de "impeachment" contra Ministros do STF e o PGR — ao processamento no Senado Federal de crime de responsabilidade contra o Presidente da República. Entendeu-se que os senadores não precisam se apartar da função acusatória. Reconheceu-se a impossibilidade de aplicação subsidiária das hipóteses de impedimento e suspeição do CPP relativamente ao Presidente da Câmara dos Deputados. Por fim, disse-se que não é possível a apresentação de candidaturas ou chapas avulsas para a formação da comissão especial. ADPF 378/DF . 2015. (Info 812)

IMUNIDADE PARLAMENTAR DE VEREADOR E EXERCÍCIO DO MANDATO

STF Nos limites da circunscrição do Município e havendo pertinência com o exercício do mandato, garante-se a imunidade prevista no art. 29, VIII, da CF aos vereadores ("Art. 29. O Município reger-se-á por lei orgânica, votada em dois turnos, com o interstício mínimo de dez dias, e aprovada por dois terços dos membros da Câmara Municipal, que a promulgará, atendidos os princípios estabelecidos nesta Constituição, na Constituição do respectivo Estado e os seguintes preceitos:... VIII - inviolabilidade dos Vereadores por suas opiniões, palavras e votos no exercício do mandato e na circunscrição do Município"). • RE 600063. 2015. (Info 775)

IMUNIDADE MATERIAL DE PARLAMENTAR: CALÚNIA E PUBLICAÇÃO EM BLOGUE

STF A imunidade material de parlamentar (CF, art. 53, "caput"), quanto a crimes contra a honra, alcança as supostas ofensas irrogadas fora do Parlamento, quando guardarem conexão com o exercício da atividade parlamentar. • Inq 3672. 2014. (Info 763)

SESSÃO EXTRAORDINÁRIA E PAGAMENTO DE REMUNERAÇÃO

STF É inconstitucional o pagamento de remuneração a parlamentares em virtude de convocação de sessão extraordinária. • ADI 4587. 2014. (Info 747)

▼ PROCESSO LEGISLATIVO

EMENDA À CONSTITUIÇÃO. ART. 61, CF. DEFENSORIA PÚBLICA.

STF É possível uma emenda à Constituição Federal, proposta por iniciativa parlamentar, tratar sobre as matérias previstas no art. 61, § 1º da CF/88. As regras de reserva de iniciativa estabelecidas no art. 61, § 1º da CF/88 não são aplicáveis ao processo de emenda à Constituição Federal, que é disciplinado em seu art. 60. Dessa maneira, a EC 74/2013, que conferiu autonomia às Defensorias Públicas da União e do Distrito Federal, não viola o art. 61, § 1º, II, alínea "c", da CF/88 bem como o princípio da separação dos poderes, ainda que tenha sido proposta por iniciativa parlamentar. • ADI 5296 MC/DF. 2016. (Info 826)

MEDIDA PROVISÓRIA: EMENDA PARLAMENTAR E "CONTRABANDO LEGISLATIVO"

STF É incompatível com a Constituição a apresentação de emendas sem relação de pertinência temática com medida provisória submetida a sua apreciação. • ADI 5127/DF . 2015. (Info 803)

▼ CONTROLE DE CONSTITUCIONALIDADE

ADI ESTADUAL E SUBSÍDIO

STF Tribunais de Justiça podem exercer controle abstrato de constitucionalidade de leis municipais utilizando como parâmetro normas da Constituição Federal, desde que se trate de normas de reprodução obrigatória pelos Estados. O art. 39, § 4º, da Constituição Federal não é incompatível com o pagamento de terço de férias e décimo terceiro salário. • RE 650898/RS. 2017. (Info 852)

ADPF: ASSOCIAÇÃO E LEGITIMIDADE ATIVA

STF STF As associações que representam fração de categoria profissional não são legitimadas para instaurar controle concentrado de constitucionalidade de norma que extrapole o universo de seus representados. • ADPF 254 AgR/DF. 2016. (Info 826)

ADPF: ASSOCIAÇÃO E LEGITIMIDADE ATIVA

STF STF A Associação Nacional dos Procuradores dos Estados e do Distrito Federal (ANAPE) tem legitimidade ativa para, via arguição de descumprimento de preceito fundamental (ADPF), questionar dispositivos de lei estadual que estabelece a isonomia de vencimentos entre as carreiras de Procurador estadual e de Delegado de Polícia. • ADPF 328 AgR/MA. 2016. (Info 835)

DECLARAÇÃO DE INCONSTITUCIONALIDADE POR ÓRGÃO FRACIONÁRIO E CLÁUSULA DE RESERVA DE PLENÁRIO

STF A existência de pronunciamento anterior, emanado do Plenário do STF ou do órgão competente do tribunal de justiça local, sobre a inconstitucionalidade de determinado ato estatal, autoriza o julgamento imediato, monocrático ou colegiado, de causa que envolva essa mesma inconstitucionalidade, sem que isso implique violação à cláusula da reserva de plenário (CF, art. 97). • Rcl 17185 AgR/MT. 2014. (Info 761)

NÃO CONFIGURAÇÃO DE OFENSA AO PRINCÍPIO DA RESERVA DE PLENÁRIO.

STJ É válida a decisão de órgão fracionário de tribunal que reconhece, com fundamento na CF e em lei federal, a nulidade de ato administrativo fundado em lei estadual, ainda que esse órgão julgador tenha feito menção, mas apenas como reforço de argumentação, à inconstitucionalidade da lei estadual. • AgRg no REsp 1.435.347-RJ. 2014. (Info 546)

▼ SUPREMO TRIBUNAL FEDERAL

DELIBERAÇÃO NEGATIVA DO CNJ E COMPETÊNCIA DO STF

STF Não compete ao Supremo Tribunal Federal (STF) apreciar originariamente pronunciamento do Conselho Nacional de Justiça (CNJ) que tenha julgado improcedente pedido de cassação de ato normativo editado por vara judicial. • MS 33085/DF. 2016. (Info 840)

PORTE DE ARMA DE MAGISTRADO E COMPETÊNCIA

STF O STF tem competência para processar e julgar causas em que se discute prerrogativa dos juízes de portar arma de defesa pessoal, por se tratar de ação em que todos os membros da magistratura são direta ou indiretamente interessados (CF, art. 102, I, n). • Rcl 11323 AgR. 2015. (Info 782)

AÇÃO PENAL ORIGINÁRIA: RENÚNCIA DE PARLAMENTAR E COMPETÊNCIA DO STF

STF Nas ações penais originárias do STF, eventual renúncia de parlamentar ao cargo eletivo - após o final da instrução criminal - não gera o efeito de cessar a competência do Supremo para julgar o processo. • AP 606 QO. 2014. (Info 754)

▼ CONSELHO NACIONAL DE JUSTIÇA

CNJ E REVISÃO DE PROCESSO DISCIPLINAR.

STF O Conselho Nacional de Justiça (CNJ) pode proceder à revisão disciplinar de juízes e membros de tribunais desde que observado o requisito temporal: processos disciplinares julgados há menos de um ano. Assim, nos termos do art. 103-B, § 4º, V, da Constituição, referida medida pode ser instaurada de ofício ou mediante provocação de qualquer interessado e admite agravamento ou abrandamento da decisão disciplinar revista. • MS 33565/DF. 2016. (Info 830)

PROCEDIMENTO DE CONTROLE ADMINISTRATIVO E NOTIFICAÇÃO PESSOAL.

STF Reveste-se de nulidade a decisão do Conselho Nacional do Ministério Público - CNMP que, em procedimento de controle administrativo (PCA) notifica o interessado por meio de edital publicado no Diário Oficial da União para restituir valores aos cofres públicos. • MS 26419/DF . 2015. (Info 805)

CNJ: SINDICÂNCIA E DELEGAÇÃO DE COMPETÊNCIA.

STF É regular a designação de juiz auxiliar, seja ele originário do Judiciário estadual ou federal, para a condução de sindicância, por delegação do CNJ, ainda que o investigado seja magistrado federal. • MS 28513/DF. 2015. (Info 799)

CNJ: PAD E PUNIÇÃO DE MAGISTRADO

STF É desnecessário esgotar as vias ordinárias para que o CNJ instaure processo de revisão disciplinar. • MS 28918 AgR. 2014. (Info 766)

ATO PRATICADO PELO CNJ E COMPETÊNCIA

STF Em regra, à justiça federal compete, nos termos do art. 109, I, da CF, processar e julgar demanda que envolva ato praticado pelo CNJ. Ao STF compete julgar apenas as ações tipicamente constitucionais movidas em face desse mesmo órgão. • AO 1814 QO. 2014. (Info 760)

AÇÕES CONTRA ATOS DO CNJ E COMPETÊNCIA DO STF

STF A competência originária do STF para as ações ajuizadas contra o CNJ se restringe ao mandado de segurança, mandado de injunção, "habeas data" e "habeas corpus". As demais ações em que questionado ato do CNJ ou do CNMP submetem-se consequentemente ao regime de competência estabelecido pelas normas comuns de direito processual. • ACO 2373 AgR. 2014. (Info 755)

COMPETÊNCIA DO STF: ATO DO CNJ E INTERESSE DE TODA A MAGISTRATURA

STF Compete ao STF julgar mandado de segurança contra ato do Presidente do TJDFT que, na condição de mero executor, apenas dá cumprimento à resolução do CNJ. • Rcl 4731. 2014. (Info 753)

CNJ: PROCESSO DE REVISÃO DISCIPLINAR E PRAZO DE INSTAURAÇÃO

STF O despacho do Corregedor Nacional de Justiça que instaura processo de revisão disciplinar é mero ato de execução material da decisão do Plenário do CNJ e não deve ser considerado na contagem do prazo previsto no inciso V do § 4º do art. 103-B da CF ("§ 4º Compete ao Conselho o controle da atuação administrativa e financeira do Poder Judiciário e do cumprimento dos deveres funcionais dos juízes, cabendo-lhe, além de outras atribuições que lhe forem conferidas pelo Estatuto da Magistratura:... V – rever, de ofício ou mediante provocação, os processos disciplinares de juízes e membros de tribunais julgados há menos de um ano"). • MS 28127. 2014. (Info 752)

MANDADO DE SEGURANÇA: CNJ E PARTICIPAÇÃO DA UNIÃO

STF A União pode intervir em mandado de segurança no qual o ato apontado como coator for do Conselho Nacional de Justiça – CNJ. • MS 25962 AgR. 2013. (Info 701)

▼ EXPROPRIAÇÃO

EXPROPRIAÇÃO. CULTIVO ILEGAL DE PLANTAS PSICOTRÓPICAS: EXPROPRIAÇÃO E RESPONSABILIDADE DO PROPRIETÁRIO

STF A expropriação prevista no art. 243 da CF pode ser afastada, desde que o proprietário comprove que não incorreu em culpa, ainda que "in vigilando" ou "in elegendo". Com essa orientação, o Plenário negou provimento a recurso extraordinário em que se discutia a natureza jurídica da responsabilidade do proprietário de terras nas quais localizada cultura ilegal de plantas psicotrópicas. • RE 635336/PE. 2017. (Info 851).

▼ TRIBUNAIS REGIONAIS FEDERAIS E DOS JUÍZES FEDERAIS

ART. 109, § 2º, DA CF E AUTARQUIAS FEDERAIS.

STF A regra prevista no § 2º do art. 109 da CF ("§ 2º As causas intentadas contra a União poderão ser aforadas na seção judiciária em que for domiciliado o autor, naquela onde houver ocorrido o ato ou fato que deu origem à demanda ou onde esteja situada a coisa, ou, ainda, no Distrito Federal") também se aplica às ações movidas em face de autarquias federais. • RE 627709. 2014. (Info 755)

TRAMITAÇÃO DIRETA DE INQUÉRITO POLICIAL ENTRE A POLÍCIA FEDERAL E O MINISTÉRIO PÚBLICO FEDERAL.

STJ Não é ilegal a portaria editada por Juiz Federal que, fundada na Res. CJF n. 63/2009, estabelece a tramitação direta de inquérito policial entre a Polícia Federal e o Ministério Público Federal. • RMS 46.165-SP. 2015. (Info 574)

EXIGÊNCIA DO CUMPRIMENTO DO PRAZO DE DOZE MESES DE EXERCÍCIO PARA A PRIMEIRA FRUIÇÃO DE FÉRIAS DE MAGISTRADO.

STJ Para o primeiro período aquisitivo de férias de juiz federal substituto serão exigidos doze meses de exercício. • REsp 1.421.612-PB . 2014. (Info 543)

▼ MINISTÉRIO PÚBLICO

CONFLITO DE ATRIBUIÇÕES E SUPERFATURAMENTO EM CONSTRUÇÃO DE CONJUNTOS HABITACIONAIS.

STF Compete ao PGR, na condição de órgão nacional do Ministério Público, dirimir conflitos de atribuições entre membros do MPF e de Ministérios Públicos estaduais. • ACO 924/PR. 2016. (Info 826)

ADI E DESIGNAÇÃO DE PROMOTOR ELEITORAL

STF O Procurador-Geral da República detém a prerrogativa, ao lado daquela atribuída ao Chefe do Poder Executivo, de iniciar os projetos de lei que versem sobre a organização e as atribuições do Ministério Público Eleitoral. • ADI 3802/DF. 2016. (Info 817)

CONTROLE EXTERNO DA ATIVIDADE POLICIAL PELO MINISTÉRIO PÚBLICO.

STJ O Ministério Público, no exercício do controle externo da atividade policial, pode ter acesso a ordens de missão policial. • REsp 1.365.910-RS. 2016. (Info 590)

ACESSO DO MPF A PROCEDIMENTOS DO TRIBUNAL DE ÉTICA E DISCIPLINA DA OAB.

STJ O acesso do MPF às informações inseridas em procedimentos disciplinares conduzidos pela OAB depende de prévia autorização judicial. • REsp 1.217.271-PR. 2016. (Info 589)

CONTROLE EXTERNO DA ATIVIDADE DE INTELIGÊNCIA DA POLÍCIA FEDERAL.

STJ O controle externo da atividade policial exercido pelo Ministério Público Federal não lhe garante o acesso irrestrito a todos os relatórios de inteligência produzidos pela Diretoria de Inteligência do Departamento de Polícia Federal, mas somente aos de natureza persecutório-penal. • REsp 1.439.193-RJ. 2016. (Info 587)

COMPETÊNCIA PARA JULGAR MANDADO DE SEGURANÇA CONTRA ATO DO CHEFE DO MPDFT NO EXERCÍCIO DE ATIVIDADE SUBMETIDA À JURISDIÇÃO ADMINISTRATIVA FEDERAL.

STJ É do TRF da 1ª Região - e não do TJDFT - a competência para processar e julgar mandado de segurança impetrado contra ato do Procurador-Geral de Justiça do Distrito Federal que determinou a retenção de Imposto de Renda (IR) e de contribuição ao Plano de Seguridade Social (PSS) sobre valores decorrentes da conversão em pecúnia de licenças-prêmio. • REsp 1.303.154-DF. 2016. (Info 586)

NECESSIDADE DE DEMONSTRAÇÃO DE MOTIVOS PARA A FORMAÇÃO DE LITISCONSÓRCIO ATIVO FACULTATIVO ENTRE O MINISTÉRIO PÚBLICO ESTADUAL E O FEDERAL.

STJ Em ação civil pública, a formação de litisconsórcio ativo facultativo entre o Ministério Público Estadual e o Federal depende da demonstração de alguma razão específica que justifique a presença de ambos na lide. • REsp 1.254.428-MG. 2016. (Info 585)

REQUISITO PARA INTEGRAR TRIBUNAL DE CONTAS.

STJ Membro do Ministério Público junto ao Tribunal de Contas de Estados ou do Distrito Federal que ocupa esse cargo há menos de dez anos pode ser indicado para compor lista tríplice destinada à escolha de conselheiro da referida corte. • RMS 35.403-DF. 2016. (Info 584)

OBRIGAÇÃO DE REMESSA DA REPRESENTAÇÃO FISCAL PARA FINS PENAIS.

STJ A Delegacia da Receita Federal deve enviar ao Ministério Público Federal os autos das representações fiscais para fins penais relativas aos crimes contra a ordem tributária previstos na Lei n. 8.137/1990 e aos crimes contra a previdência social (arts. 168-A e 337-A do CP), após proferida a decisão final, na esfera administrativa, sobre a exigência fiscal do crédito tributário correspondente, mesmo quando houver afastamento de multa agravada. • REsp 1.569.429-SP. 2016. (Info 584)

POSSIBILIDADE DE ATUAÇÃO DO MP ESTADUAL NO ÂMBITO DO STJ.

STJ O Ministério Público Estadual (MP Estadual) tem legitimidade para atuar diretamente no STJ nos processos em que figurar como parte. • EREsp 1.236.822-PR. 2016. (Info 576)

LEGITIMIDADE DO MP PARA PROPOR ACP OBJETIVANDO A LIBERAÇÃO DE SALDO DE CONTAS PIS/PASEP DE PESSOAS COM INVALIDEZ.

STJ O Ministério Público tem legitimidade para propor ação civil pública objetivando a liberação do saldo de contas PIS/PASEP, na hipótese em que o titular da conta - independentemente da obtenção de aposentadoria por invalidez ou de benefício assistencial - seja incapaz e insusceptível de reabilitação para o exercício de atividade que lhe garanta a subsistência, bem como na hipótese em que o próprio titular da conta ou quaisquer de seus dependentes for acometido das doenças ou afecções listadas na Portaria Interministerial MPAS/MS 2.998/2001. • REsp 1.480.250-RS. 2015. (Info 568)

▼ DEFENSORIA PÚBLICA

INTIMAÇÃO DA DEFENSORIA PÚBLICA E SESSÃO DE JULGAMENTO DE HC.

STF A intimação pessoal da Defensoria Pública quanto à data de julgamento de "habeas corpus" só é necessária se houver pedido expresso para a realização de sustentação oral. • HC 134.904/SP. 2016. (Info 839)

LEI ESTADUAL. ATRIBUIÇÕES DE COMPETÊNCIAS ADMINISTRATIVAS EM RELAÇÃO À DEFENSORIA.

STF É inconstitucional lei estadual que atribui ao chefe do Poder Executivo estadual competências administrativas no âmbito da Defensoria Pública. Plenário. • ADI 5286/AP. 2016. (Info 826)

REDUÇÃO DE PROPOSTA ORÇAMENTÁRIA DA DEFENSORIA POR GOVERNADOR.

STF Governador do Estado não pode reduzir a proposta orçamentária elaborada pela Defensoria Pública e que estava de acordo com a LDO ao encaminhar para a Assembleia Legislativa o projeto de lei. • ADI 5287/PB. 2016. (Info 826)

LEI DE DIRETRIZES ORÇAMENTÁRIAS SEM PARTICIPAÇÃO DA DEFENSORIA PÚBLICA

STF É inconstitucional a Lei de Diretrizes Orçamentárias que seja elaborada sem contar com a participação da Defensoria Pública para elaborar as respectivas propostas orçamentárias. • ADI 5381 . 2016. (Info 826)

DEFENSORIA PÚBLICA E AÇÃO CIVIL PÚBLICA.

STF A Defensoria Pública tem legitimidade para a propositura de ação civil pública em ordem a promover a tutela judicial de direitos difusos e coletivos de que sejam titulares, em tese, as pessoas necessitadas. • RE 733433/MG. 2015. (Info 806)

INTIMAÇÃO DA DEFENSORIA PÚBLICA E PRINCÍPIO GERAL DAS NULIDADES

STF A Defensoria Pública, ao tomar ciência de que o processo será julgado em data determinada ou nas sessões subsequentes, não pode alegar cerceamento de defesa ou nulidade de julgamento quando a audiência ocorrer no dia seguinte ao que tiver sido intimada. • HC 126081/RS. 2015. (Info 796)

LEGITIMIDADE DA DEFENSORIA PÚBLICA PARA PROPOR AÇÃO CIVIL PÚBLICA EM DEFESA DE JURIDICAMENTE NECESSITADOS.

STJ A Defensoria Pública tem legitimidade para propor ação civil pública em defesa de interesses individuais homogêneos de consumidores idosos que tiveram plano de saúde reajustado em razão da mudança de faixa etária, ainda que os titulares não sejam carentes de recursos econômicos. • EREsp 1.192.577-RS. 2015. (Info 573)

INTERVENÇÃO DA DPU COMO *AMICUS CURIAE* EM PROCESSO REPETITIVO.

STJ A eventual atuação da Defensoria Pública da União (DPU) em muitas ações em que se discuta o mesmo tema versado no recurso representativo de controvérsia não é suficiente para justificar a sua admissão como *amicus curiae*. • REsp 1.371.128-RS. 2014. (Info 547)[1]

1. Atenção em relação a estes dois julgados, pois a DPU e as Defensorias Públicas estaduais já foram admitidas como *amici curiae* em outros processos tanto no STF (ADI 4.636, ADPF 186) e como no STJ (REsp

INTERVENÇÃO COMO AMICUS CURIAE EM PROCESSO REPETITIVO.

STJ Não se admite a intervenção da Defensoria Pública como *amicus curiae*, ainda que atue em muitas ações de mesmo tema, no processo para o julgamento de recurso repetitivo em que se discutem encargos de crédito rural, destinado ao fomento de atividade comercial. • REsp 1.333.977-MT. 2014. (Info 537)

▼ SISTEMA FINANCEIRO NACIONAL

MEDIDA PROVISÓRIA: SISTEMA FINANCEIRO NACIONAL E REQUISITOS DO ART. 62 DA CF.

STF É constitucional o art. 5º da Medida Provisória 2.170-36/2001 ("Nas operações realizadas pelas instituições integrantes do Sistema Financeiro Nacional, é admissível a capitalização de juros com periodicidade inferior a um ano"). • RE 592377. 2015. (Info 773)

RESPONSABILIDADE DA CEF PELA SEGURANÇA DE CASA LOTÉRICA.

STJ A Caixa Econômica Federal - CEF não tem responsabilidade pela segurança de agência com a qual tenha firmado contrato de permissão de loterias. • REsp 1224236. 2014. (Info 536)

▼ ORDEM SOCIAL, ASSISTÊNCIA SOCIAL, FAMÍLIA E ÍNDIOS

PESSOAS COM DEFICIÊNCIA. ESCOLAS PRIVADAS. LEI Nº 13.146/2015.

STF São constitucionais o art. 28, § 1º e o art. 30 da Lei nº 13.146/2015, os quais determinam que escolas privadas ofereçam atendimento educacional adequado e inclusivo às pessoas com deficiência sem que possam cobrar valores adicionais de qualquer natureza em suas mensalidades, anuidades e matrículas para cumprimento dessa obrigação. • ADI 5357 . 2016. (Info 829)

DIREITO À EDUCAÇÃO. VAGA EM CRECHE.

STF É possível, ao Poder Judiciário, obrigar Município a fornecer vaga em creche à criança de até 5 anos de idade. • RE 956475. 2016. (Info 826)

REMARCAÇÃO DE TERRA INDÍGENA DEMARCADA ANTERIORMENTE À CF/88

STF É vedada a remarcação de terras indígenas demarcadas em período anterior à CF/1988. • RMS 29542. 2014. (Info 761)

ENSINO PÚBLICO: GRATUIDADE E "TAXA DE ALIMENTAÇÃO"

STF A cobrança de "taxa de alimentação" por instituição federal de ensino profissionalizante é inconstitucional. • RE 357148. 2014. (Info 737)

1.339.313, REsp 1.133.869).

ENTES PÚBLICOS E ACESSIBILIDADE

STF É dever do Estado-membro remover toda e qualquer barreira física, bem como proceder a reformas e adaptações necessárias, de modo a permitir o acesso de pessoas com restrição locomotora à escola pública. • RE 440028. 2013. (Info 726)

ED E DEMARCAÇÃO DA TERRA INDÍGENA RAPOSA SERRA DO SOL

STF As condições (expostas nas frases a seguir) estipuladas para a Raposa Serra do Sol fazem coisa julgada, porém não vinculam os juízes e tribunais quando forem julgar questões envolvendo outras terras indígenas. Vale ressaltar, entretanto, que é natural que o entendimento do STF sobre o tema sirva de força argumentativa para outros casos semelhantes. • Pet 3388 ED-Terceiros. 2013. (Info 725)

ED E DEMARCAÇÃO DA TERRA INDÍGENA RAPOSA SERRA DO SOL (CONDIÇÕES)

STF Pessoas miscigenadas, ou que vivam maritalmente com índios, podem permanecer na área denominada Raposa Serra do Sol. • Pet 3388 ED-Terceiros. 2013. (Info 725)

ED E DEMARCAÇÃO DA TERRA INDÍGENA RAPOSA SERRA DO SOL (CONDIÇÕES)

STF Quanto à presença de autoridades religiosas e templos: cabe às comunidades indígenas o direito de decidir se, como, e em quais circunstâncias seria admissível a presença (na área em questão) dos missionários e seus templos; sobre escolas públicas: as entidades federadas devem continuar a prestar serviços públicos nas terras indígenas, desde que sob a liderança da União (CF, art. 22, XIV). • Pet 3388 ED-Terceiros. 2013. (Info 725)

ED E DEMARCAÇÃO DA TERRA INDÍGENA RAPOSA SERRA DO SOL (CONDIÇÕES)

STF Quanto à passagem de não índios pelas rodovias: os índios não exercem poder de polícia e não podem obstar a passagem de outras pessoas pelas vias públicas que cruzem a área demarcada. • Pet 3388 ED-Terceiros. 2013. (Info 725)

ED E DEMARCAÇÃO DA TERRA INDÍGENA RAPOSA SERRA DO SOL (CONDIÇÕES)

STF Sobre as ações individuais: quanto às que questionam a boa-fé dos portadores de títulos de propriedade, proveu-se o recurso para explicitar que ao STF não foram submetidos outros processos a respeito de questões individuais relacionadas à área, devendo eles ainda serem julgados pelos juízes naturais. • Pet 3388 ED-Terceiros. 2013. (Info 725)

ED E DEMARCAÇÃO DA TERRA INDÍGENA RAPOSA SERRA DO SOL (CONDIÇÕES)

STF Quanto à posse das fazendas desocupadas: eventuais disputas do tipo devem ser resolvidas pelas comunidades interessadas, com a participação da FUNAI e da União, sem prejuízo da intervenção do MP e do Judiciário. • Pet 3388 ED-Terceiros. 2013. (Info 725)

INDIGENATO: AÇÃO DECLARATÓRIA DE NULIDADE

STF A posse indígena sobre a terra, fundada no indigenato, tem relação com o "ius possessionis" e com o "ius possidendi", a abranger a relação material do sujeito com a coisa e o direito de seus titulares a possuírem-na como seu habitat. A região em conflito consubstancia morada do povo Pataxó, que ocupar a área em litígio desde 1651, apesar de confirmada a ocorrência de algumas diásporas de índios, bem como o arrendamento de certas frações da reserva pelo Serviço de Proteção aos Índios - SPI. • ACO 312. 2012. (Info 664)

IMPOSSIBILIDADE DE REMARCAÇÃO AMPLIATIVA DE TERRA INDÍGENA.

STJ A alegação de que a demarcação da terra indígena não observou os parâmetros estabelecidos pela CF/1988 não justifica a remarcação ampliativa de áreas originariamente demarcadas em período anterior à sua promulgação. • MS 21.572-AL . 2015. (Info 564)

▼ *QUERELA NULLITATIS*

IMPOSSIBILIDADE DE RELATIVIZAR COISA JULGADA FUNDADA EM LEI POSTERIORMENTE DECLARADA NÃO RECEPCIONADA PELA CF.

STJ Não é possível utilizar ação declaratória de nulidade (*querela nullitatis*) contra título executivo judicial fundado em lei declarada não recepcionada pelo STF em decisão proferida em controle incidental que transitou em julgado após a constituição definitiva do referido título. • REsp 1.237.895-ES. 2016. (Info 576)

▼ EXPULSÃO E EXTRADIÇÃO DE ESTRANGEIRO

EXTRADIÇÃO E BRASILEIRO NATURALIZADO.

STF É possível conceder extradição para brasileiro naturalizado envolvido em tráfico de droga (art. 5º, LI, da CF/88). • Ext 1244/República Francesa. 2016. (Info 834)

EXTRADIÇÃO E DUPLA TIPICIDADE.

STF A falta de tratado de extradição entre Brasil e Suécia não impede a extradição; desde que o requisito da reciprocidade seja satisfeito mediante pedido formalmente transmitido por via diplomática. • Ext 1354/DF. 2015. (Info 784)

PEDIDO DE REEXTRADIÇÃO E PREJUDICIALIDADE.

STF O anterior deferimento de extradição a outro Estado não prejudica pedido de extradição por fatos diversos, mas garante preferência ao primeiro Estado requerente na entrega do extraditando. • Ext 1276. 2014. (Info 740)

EXTRADIÇÃO E CONSTITUIÇÃO DE CRÉDITO TRIBUTÁRIO.

STF Não há que se falar na exigência de comprovação da constituição definitiva do crédito tributário para se conceder extradição. • Ext 1222. 2013. (Info 716)

EXTRADIÇÃO E HONORÁRIOS ADVOCATÍCIOS.

STF O exame de eventual descumprimento contratual por parte do extraditando com o seu advogado, bem como a confissão de dívida firmada em favor de seu defensor, se destituídos de elementos probatórios suficientes da licitude dos valores bloqueados, não podem ser apreciados em sede de extradição. • Ext 1125 QO. 2013. (Info 703)

CONDIÇÃO PARA EXPULSÃO DE REFUGIADO.

STJ A expulsão de estrangeiro que ostente a condição de refugiado não pode ocorrer sem a regular perda dessa condição. • HC 333.902-DF. 2015. (Info 571)

▼ INTERVENÇÃO FEDERAL

HIPÓTESE DE DEFERIMENTO DE PEDIDO DE INTERVENÇÃO FEDERAL.

STJ Deve ser deferido pedido de intervenção federal quando verificado o descumprimento pelo Estado, sem justificativa plausível e por prazo desarrazoado, de ordem judicial que tenha requisitado força policial (art. 34, VI, da CF) para promover reintegração de posse em imóvel rural ocupado pelo MST, mesmo que, no caso, tenha se consolidado a invasão por um grande número de famílias e exista, sem previsão de conclusão, procedimento administrativo de aquisição da referida propriedade pelo Incra para fins de reforma agrária. • IF 107-PR. 2014. (Info 551)

HIPÓTESE DE INDEFERIMENTO DE PEDIDO DE INTERVENÇÃO FEDERAL.

STJ Pode ser indeferido pedido de intervenção federal fundado no descumprimento de ordem judicial que tenha requisitado força policial para promover reintegração de posse em imóvel rural produtivo ocupado pelo MST caso, passados vários anos desde que prolatada a decisão transgredida, verifique-se que a remoção das diversas famílias que vivem no local irá, dada a inexistência de lugar para acomodar de imediato as pessoas de forma digna, causar estado de conflito social contrastante com a própria justificação institucional da medida de intervenção. • IF 111-PR. 2014. (Info 545)

▼ POLÍTICAS PÚBLICAS[2]

ENTES PÚBLICOS E ACESSIBILIDADE

STF É dever do Estado-membro remover toda e qualquer barreira física, bem como proceder a reformas e adaptações necessárias, de modo a permitir o acesso de pessoas com restrição locomotora à escola pública. • RE 440028/SP. 2014. (Info 726)

2. Sobre o tema "políticas públicas", há diversas medidas cautelares – como a ADPF 347 sobre o Estado de Coisas Inconstitucional – que merecem a atenção do leitor e que não foram abordadas neste obra devido ao não julgamento do mérito. Também não foram abordadas neste volume as decisões que estão na parte "transcrições" dos informativos do STF (por serem temas complexos e que exigiriam mais do que um ou dois parágrafos para serem resumidos). Portanto, a título de complementação dos estudos, recomendo que pesquisem pelo termo políticas públicas tanto no site do STJ como no site do STF.

CONTROLE JURISDICIONAL DE POLÍTICAS PÚBLICAS RELACIONADO A INÚMERAS IRREGULARIDADES ESTRUTURAIS E SANITÁRIAS EM CADEIA PÚBLICA.

STJ Constatando-se inúmeras irregularidades em cadeia pública - superlotação, celas sem condições mínimas de salubridade para a permanência de presos, notadamente em razão de defeitos estruturais, de ausência de ventilação, de iluminação e de instalações sanitárias adequadas, desrespeito à integridade física e moral dos detentos, havendo, inclusive, relato de que as visitas íntimas seriam realizadas dentro das próprias celas e em grupos, e que existiriam detentas acomodadas improvisadamente -, a alegação de ausência de previsão orçamentária não impede que seja julgada procedente ação civil publica que, entre outras medidas, objetive obrigar o Estado a adotar providências administrativas e respectiva previsão orçamentária para reformar a referida cadeia pública ou construir nova unidade, mormente quando não houver comprovação objetiva da incapacidade econômico-financeira da pessoa estatal. • REsp 1.389.952-MT. 2014. (Info 543)

▼ PRECATÓRIOS

SOCIEDADE DE ECONOMIA MISTA E REGIME DE PRECATÓRIO

STF As sociedades de economia mista prestadoras de serviço público de atuação própria do Estado e de natureza não concorrencial submetem-se ao regime de precatório. Com base nessa orientação, a Segunda Turma negou provimento a agravo regimental em que se pleiteava a aplicação do regime jurídico de execução das empresas privadas às sociedade de economia mista. A Turma afirmou que sociedade de economia mista prestadora de serviços de abastecimento de água e saneamento que prestasse serviço público primário e em regime de exclusividade - o qual corresponderia à própria atuação do Estado, sem obtenção de lucro e de capital social majoritariamente estatal - teria direito ao processamento da execução por meio de precatório. • RE 852302 AgR/AL. 2015. (Info 812)

PRECATÓRIO: REGIME ESPECIAL E EC 62/09

STF São inconstitucionais: a) a expressão "na data de expedição do precatório", contida no § 2º do art. 100 da CF; b) os §§ 9º e 10 do art. 100 da CF; c) a expressão "índice oficial de remuneração básica da caderneta de poupança", constante do § 12 do art. 100 da CF, do inciso II do § 1º e do § 16, ambos do art. 97 do ADCT; d) o fraseado "independentemente de sua natureza", inserido no § 12 do art. 100 da CF, para que aos precatórios de natureza tributária se apliquem os mesmos juros de mora incidentes sobre o crédito tributário; e) por arrastamento, o art. 5º da Lei 11.960/09; e f) o § 15 do art. 100 da CF e de todo o art. 97 do ADCT (especificamente o caput e os §§ 1º, 2º, 4º, 6º, 8º, 9º, 14 e 15, sendo os demais por arrastamento ou reverberação normativa). • ADI 4357. 2013. (Info 698)

MODULAÇÃO: PRECATÓRIO E EC 62/2009 – PARTE 1

STF Foram modulados os efeitos da decisão para: 1) Dar sobrevida ao regime especial de pagamento de precatórios, instituído pela EC 62/2009, por cinco exercícios financeiros a contar de 1º.1.2016. • ADI 4357 QO. 2015. (Info 779)

MODULAÇÃO: PRECATÓRIO E EC 62/2009 – PARTE 2

STF 2) conferiu eficácia prospectiva à declaração de inconstitucionalidade dos seguintes aspectos da ADI, fixado como marco inicial a data de conclusão do julgamento da questão de ordem (25.3.2015) e mantendo-se válidos os precatórios expedidos ou pagos até esta data, a saber: 2.1.) seria mantida a aplicação do índice oficial de remuneração básica da caderneta de poupança (TR), nos termos da EC 62/2009, até 25.3.2015, data após a qual (i) os créditos em precatórios deveriam ser corrigidos pelo Índice de Preços ao Consumidor Amplo Especial (IPCA-E) e (ii) os precatórios tributários deveriam observar os mesmos critérios pelos quais a Fazenda Pública corrige seus créditos tributários; e 2.2.) seriam resguardados os precatórios expedidos, no âmbito da Administração Pública Federal, com base nos artigos 27 das Leis 12.919/2013 e Lei 13.080/2015, que fixam o IPCA-E como índice de correção monetária. • ADI 4357 QO. 2015. (Info 779)

MODULAÇÃO: PRECATÓRIO E EC 62/2009 – PARTE 3

STF 3) quanto às formas alternativas de pagamento previstas no regime especial: 3.1) seriam consideradas válidas as compensações, os leilões e os pagamentos à vista por ordem crescente de crédito previstos na EC 62/2009, desde que realizados até 25.3.2015, data a partir da qual não seria possível a quitação de precatórios por essas modalidades; 3.2) seria mantida a possibilidade de realização de acordos diretos, observada a ordem de preferência dos credores e de acordo com lei própria da entidade devedora, com redução máxima de 40% do valor do crédito atualizado. • ADI 4357 QO. 2015. (Info 779)

MODULAÇÃO: PRECATÓRIO E EC 62/2009 – PARTE 4

STF 4) durante o período fixado no item 1, seria mantida a vinculação de percentuais mínimos da receita corrente líquida ao pagamento dos precatórios (ADCT, art. 97, § 10), bem como as sanções para o caso de não liberação tempestiva dos recursos destinados ao pagamento de precatórios (ADCT, art. 97, § 10). • ADI 4357 QO. 2015. (Info 779)

MODULAÇÃO: PRECATÓRIO E EC 62/2009 – PARTE 5

STF 5) delegação de competência ao CNJ para que considerasse a apresentação de proposta normativa que disciplinasse (i) a utilização compulsória de 50% dos recursos da conta de depósitos judiciais tributários para o pagamento de precatórios e (ii) a possibilidade de compensação de precatórios vencidos, próprios ou de terceiros, com o estoque de créditos inscritos em dívida ativa até 25.3.2015, por opção do credor do precatório. • ADI 4357 QO. 2015. (Info 779)

MODULAÇÃO: PRECATÓRIO E EC 62/2009 – PARTE 6

STF 6) atribuição de competência ao CNJ para que monitorasse e supervisionasse o pagamento dos precatórios pelos entes públicos na forma da decisão proferida na questão de ordem em comento. • ADI 4357 QO. 2015. (Info 779)

RPV E CORREÇÃO MONETÁRIA

STF É devida correção monetária no período compreendido entre a data de elaboração do cálculo da requisição de pequeno valor – RPV e sua expedição para pagamento. • ARE 638195. 2013. (Info 708)

PAGAMENTO DE PRECATÓRIO PREFERENCIAL.

STJ A limitação de valor para o direito de preferência previsto no art. 100, § 2º, da CF aplica-se para cada precatório de natureza alimentar, e não para a totalidade dos precatórios alimentares de titularidade de um mesmo credor preferencial, ainda que apresentados no mesmo exercício financeiro e perante o mesmo devedor. • RMS 46.155-RO. 2015. (Info 570)

DIREITO DE PREFERÊNCIA DOS IDOSOS NO PAGAMENTO DE PRECATÓRIOS.

STJ O direito de preferência em razão da idade no pagamento de precatórios, previsto no art. 100, § 2º, da CF, não pode ser estendido aos sucessores do titular originário do precatório, ainda que também sejam idosos. • RMS 44.836-MG. 2014. (Info 535)

IMPOSSIBILIDADE DE COMPENSAÇÃO DE PRECATÓRIO ESTADUAL COM CRÉDITO TRIBUTÁRIO FEDERAL.

STJ Não é possível a compensação de precatórios estaduais com dívidas oriundas de tributos federais. • AgRg no AREsp 334.227-RS. 2013. (Info 528)

INEXISTÊNCIA DE QUEBRA DA ORDEM DE PRECEDÊNCIA NO CASO DE PAGAMENTO DE PRECATÓRIOS DE CLASSES DIFERENTES.

STJ No caso em que a data de vencimento do precatório comum seja anterior à data de vencimento do precatório de natureza alimentar, o pagamento daquele realizado antes do pagamento deste não representa, por si só, ofensa ao direito de precedência constitucionalmente estabelecido. • RMS 35.089-MG. 2013. (Info 521)

▼ HOMOLOGAÇÃO DE SENTENÇA ESTRANGEIRA[3]

HOMOLOGAÇÃO DE SENTENÇA ESTRANGEIRA E CONFISCO DE IMÓVEL SITUADO NO BRASIL.

STJ É possível a homologação de sentença penal estrangeira que determine o perdimento de imóvel situado no Brasil em razão de o bem ser produto do crime de lavagem de dinheiro. • SEC 10.612-FI. 2016. (Info 586)

---

3. ***IMPORTANTE!*** Conforme publicado no site do STJ: "A sentença estrangeira de divórcio consensual, que não precisa mais ser homologada pelo Superior Tribunal de Justiça (STJ), deve ser levada diretamente ao cartório de registro civil, pelo próprio interessado, para averbação. O procedimento dispensa a assistência de advogado ou defensor público. As normas para averbação direta do divórcio foram baixadas pela Corregedoria Nacional de Justiça por meio do Provimento 53, dia 16 de maio de 2016. Com a entrada em vigor do novo Código de Processo Civil (CPC), em 18 de março, o STJ deixou de processar pedidos de homologação de sentença estrangeira de divórcio consensual simples ou puro – isto é, que trata apenas da dissolução do casamento. Quando há envolvimento de guarda de filhos, alimentos ou partilha de bens, a homologação continua necessária para que a sentença estrangeira tenha efeitos no Brasil. Divórcios litigiosos também exigem homologação". Sugiro que se aprofundem nesta alteração.
   Link da notícia acima:
   http://www.stj.jus.br/sites/STJ/default/pt_BR/Comunica%C3%A7%C3%A3o/Not%C3%ADcias/Not%C3%ADcias/Averba%C3%A7%C3%A3o-de-senten%C3%A7a-estrangeira-de-div%C3%B3rcio-agora-%C3%A9-direto-no-cart%C3%B3rio

HOMOLOGAÇÃO DE SENTENÇA ECLESIÁSTICA DE ANULAÇÃO DE MATRIMÔNIO.

STJ É possível a homologação pelo STJ de sentença eclesiástica de anulação de matrimônio, confirmada pelo órgão de controle superior da Santa Sé. • SEC 11.962-EX. 2015. (Info 574)

HIPÓTESE EM QUE NÃO É POSSÍVEL A HOMOLOGAÇÃO DE SENTENÇA ESTRANGEIRA.

STJ A sentença estrangeira - ainda que preencha adequadamente os requisitos indispensáveis à sua homologação, previstos no art. 5° da Resolução 9/2005 do RISTJ - não pode ser homologada na parte em que verse sobre guarda ou alimentos quando já exista decisão do Judiciário Brasileiro acerca do mesmo assunto, mesmo que esta decisão tenha sido proferida em caráter provisório e após o trânsito em julgado daquela. • SEC 6.485-EX. 2014. (Info 548)

IRREGULARIDADE NA CITAÇÃO COMO ÓBICE À HOMOLOGAÇÃO DE SENTENÇA ESTRANGEIRA.

STJ Não pode ser homologada sentença estrangeira que decrete divórcio de brasileira que, apesar de residir no Brasil em local conhecido, tenha sido citada na ação que tramitou no exterior apenas mediante publicação de edital em jornal estrangeiro, sem que tenha havido a expedição de carta rogatória para chamá-la a integrar o processo. • SEC 10.154-EX. 2014. (Info 543)

HOMOLOGAÇÃO DE SENTENÇA ESTRANGEIRA QUE DETERMINE A SUBMISSÃO DE CONFLITO À ARBITRAGEM.

STJ Pode ser homologada no Brasil a sentença judicial de estado estrangeiro que, considerando válida cláusula compromissória constante de contrato firmado sob a expressa regência da lei estrangeira, determine - em face do anterior pedido de arbitragem realizado por uma das partes - a submissão à justiça arbitral de conflito existente entre os contratantes, ainda que decisão proferida por juízo estatal brasileiro tenha, em momento posterior ao trânsito em julgado da sentença a ser homologada, reconhecido a nulidade da cláusula com fundamento em exigências formais típicas da legislação brasileira pertinentes ao contrato de adesão. • SEC 854-US. 2013. (Info 533)

HOMOLOGAÇÃO DE SENTENÇA ESTRANGEIRA.

STJ Não é possível a homologação de sentença estrangeira na parte em que ordene, sob pena de responsabilização civil e criminal, a desistência de ação judicial proposta no Brasil. • SEC 854-US. 2013. (Info 533)

DESNECESSIDADE DE COMPROVAÇÃO DO TRÂNSITO EM JULGADO PARA A HOMOLOGAÇÃO DE SENTENÇA ESTRANGEIRA DE DIVÓRCIO CONSENSUAL.

STJ É possível a homologação de sentença estrangeira de divórcio, ainda que não exista prova de seu trânsito em julgado, na hipótese em que, preenchidos os demais requisitos, tenha sido comprovado que a parte requerida foi a autora da ação de divórcio e que o provimento judicial a ser homologado teve caráter consensual. • SEC 7.746-US. 2013. (Info 521)

▼ SERVIÇOS NOTARIAIS

ESTATUTO DO IDOSO E CRITÉRIOS DE DESEMPATE EM CONCURSO PÚBLICO.

STF O Estatuto do Idoso, por ser lei geral, não se aplica como critério de desempate, no concurso público de remoção para outorga de delegação notarial e de registro, porque existente lei estadual específica reguladora do certame, a tratar das regras aplicáveis em caso de empate. • MS 33046. 2015. (Info 777)

DESMEMBRAMENTO DE SERVENTIAS.

STJ Na hipótese de desmembramento de serventias, não há necessidade de consulta prévia aos titulares atingidos pela medida. Não há direito adquirido ao não desmembramento de serviços notariais e de registro, conforme consolidado na Súmula 46 do STF. • RMS 41.465-RO. 2013. (Info 530)

▼ PRERROGATIVAS INSTITUCIONAIS, MAGISTRATURA E MINISTÉRIO PÚBLICO

FORO POR PRERROGATIVA DE FUNÇÃO.

STF Ao se aposentar, desembargador, em regra, deixa de ter foro por prerrogativa de função no STJ e passa a ser julgado em 1ª instância. Caso haja, todavia, outros réus com foro por prerrogativa de função no STJ, é possível que esse Tribunal reconheça a conexão entre os fatos bem como a utilidade ao deslinde da causa que os réus continuem a ser julgados conjuntamente. Hipótese essa em que não haverá desmembramento e o réu sem foro privativo será julgado também no Tribunal com os demais. • HC 131164/TO. 2016. (Info 827)

MAGISTRATURA: TRIÊNIO PARA INGRESSO NA CARREIRA E MOMENTO DE COMPROVAÇÃO

STF A comprovação do triênio de atividade jurídica exigida para o ingresso no cargo de juiz substituto, nos termos do art. 93, I, da CF, deve ocorrer no momento da inscrição definitiva no concurso público. • RE 655265/DF. 2016. (Info 821)

ADI E DESIGNAÇÃO DE PROMOTOR ELEITORAL

STF O Procurador-Geral da República detém a prerrogativa, ao lado daquela atribuída ao Chefe do Poder Executivo, de iniciar os projetos de lei que versem sobre a organização e as atribuições do Ministério Público Eleitoral. • ADI 3802/DF. 2016. (Info 817)

PRINCÍPIO DA INAMOVIBILIDADE E ELEVAÇÃO DE ENTRÂNCIA DE COMARCA

STF O princípio da inamovibilidade, assegurado aos magistrados, não admite a abertura de concurso – seja para promoção, seja para remoção – sem que o cargo a ser ocupado esteja vago. • MS 26366. 2014. (Info 752)

INCORPORAÇÃO DE QUINTOS E REGIME JURÍDICO ANTERIOR

STF É vedada a incorporação de quintos, aos vencimentos de magistrados, decorrente de exercício de função comissionada em cargo público, ocorrido em data anterior ao ingresso na magistratura. • RE 587371. 2014. (Info 728)

PRERROGATIVA INSTITUCIONAL DO MP DE TOMAR ASSENTO À DIREITA DO MAGISTRADO.

STJ É prerrogativa institucional dos membros do Ministério Público sentar-se à direita dos juízes singulares ou presidentes dos órgãos judiciários perante os quais oficiem, independentemente de estarem atuando como parte ou fiscal da lei. • RMS 23.919-SP. 2013. (Info 529)

DIREITO CIVIL

▼ NOME E SOBRENOME

DIREITO AO RECONHECIMENTO DE PATERNIDADE BIOLÓGICA.

STJ O filho tem direito de desconstituir a denominada "adoção à brasileira" para fazer constar o nome de seu pai biológico em seu registro de nascimento, ainda que preexista vínculo socioafetivo de filiação com o pai registral. • REsp 1.417.598-CE. 2016. (Info 577)

RETIFICAÇÃO DO SOBRENOME DOS FILHOS EM RAZÃO DE DIVÓRCIO.

STJ É admissível a averbação, no registro de nascimento do filho, da alteração do sobrenome de um dos genitores que, em decorrência do divórcio, optou por utilizar novamente o nome de solteiro, contanto que ausentes quaisquer prejuízos a terceiros. • REsp 1.279.952-MG. 2015. (Info 556)

EXCLUSÃO DOS SOBRENOMES PATERNOS EM RAZÃO DO ABANDONO PELO GENITOR.

STJ Pode ser deferido pedido formulado por filho que, no primeiro ano após atingir a maioridade, pretende excluir completamente de seu nome civil os sobrenomes de seu pai, que o abandonou em tenra idade. • REsp 1.304.718-SP. 2015. (Info 555)

▼ DESCONSIDERAÇÃO DA PERSONALIDADE JURÍDICA

LIMITES À APLICABILIDADE DO ART. 50 DO CC.

STJ O encerramento das atividades da sociedade ou sua dissolução, ainda que irregulares, não são causas, por si sós, para a desconsideração da personalidade jurídica a que se refere o art. 50 do CC. • EREsp 1.306.553-SC. 2015. (Info 554)

IMPENHORABILIDADE DO BEM DE FAMÍLIA FRENTE A HIPÓTESE DE DESCONSIDERAÇÃO DA PERSONALIDADE JURÍDICA.

STJ A desconsideração da personalidade jurídica de sociedade empresária falida que tenha sido decretada em decorrência de fraude contra a massa falida não implica, por si só, o afastamento da impenhorabilidade dos bens de família dos sócios. • REsp 1.433.636-SP. 2014. (Info 549)

RESPONSABILIDADE CIVIL POR DANOS DECORRENTES DE ABUSO DO DIREITO DE AÇÃO EXECUTIVA.

STJ O advogado que ajuizou ação de execução de honorários de sucumbência não só contra a sociedade limitada que exclusivamente constava como sucumbente no título judicial, mas também, sem qualquer justificativa, contra seus sócios dirigentes, os quais tiveram valores de sua conta bancária bloqueados sem aplicação da teoria da desconsideração da personalidade jurídica, deve aos sócios indenização pelos danos materiais e morais que sofreram. • REsp 1.245.712-MT. 2014. (Info 539)

LEGITIMIDADE ATIVA PARA REQUERER DESCONSIDERAÇÃO INVERSA DE PERSONALIDADE JURÍDICA.

STJ Se o sócio controlador de sociedade empresária transferir parte de seus bens à pessoa jurídica controlada com o intuito de fraudar partilha em dissolução de união estável, a companheira prejudicada, ainda que integre a sociedade empresária na condição de sócia minoritária, terá legitimidade para requerer a desconsideração inversa da personalidade jurídica de modo a resguardar sua meação. • REsp 1.236.916-RS . 2013. (Info 533)

DESCONSIDERAÇÃO DA PERSONALIDADE JURÍDICA DE SOCIEDADE LIMITADA.

STJ Na hipótese em que tenha sido determinada a desconsideração da personalidade jurídica de sociedade limitada modesta na qual as únicas sócias sejam mãe e filha, cada uma com metade das quotas sociais, é possível responsabilizar pelas dívidas dessa sociedade a sócia que, de acordo com o contrato social, não exerça funções de gerência ou administração. • REsp 1.315.110-SE. 2013. (Info 524)

▼ DIREITOS AUTORAIS

PAGAMENTO DE DIREITOS AUTORAIS PELA EXECUÇÃO PÚBLICA DE FONOGRAMAS INSERIDOS EM TRILHAS SONORAS DE FILMES.

STJ É possível a suspensão ou a interrupção da transmissão ou retransmissão públicas de obra audiovisual por sociedade empresária do ramo cinematográfico no caso em que não houver o prévio pagamento dos direitos autorais referentes à transmissão ou à retransmissão dos fonogramas que componham a trilha sonora da obra cinematográfica, ainda que os detentores dos direitos autorais dos fonogramas tenham concedido, ao diretor ou ao produtor da obra cinematográfica, autorizações para inserção das suas obras na trilha sonora do filme. • AgRg no AgRg no REsp 1.484.566-SP. 2015. (Info 566)

INAPLICABILIDADE DE PROTEÇÃO DO DIREITO AUTORAL A MODELO FOTOGRAFADO.

STJ O modelo fotografado não é titular de direitos autorais oponíveis contra a editora da revista que divulga suas fotos. • REsp 1.322.704-SP. 2015. (Info 554)

MULTA PELA UTILIZAÇÃO INDEVIDA DE OBRA MUSICAL.

STJ Para a aplicação da multa prevista no art. 109 da Lei 9.610/1998 - incidente quando há utilização indevida de obra musical -, é necessária a existência de má-fé e a intenção ilícita de usurpar os direitos autorais. • REsp 1.152.820-SP. 2014. (Info 542)

SEMELHANÇA TEMÁTICA ENTRE OBRAS ARTÍSTICAS.

STJ Não configura violação de direitos autorais a produção e veiculação de minissérie que utilize o mesmo título, derivado da música brasileira mais conhecida da época retratada pela criação, bem como a mesma ideia central contida em roteiro anteriormente produzido e registrado por terceiro, na hipótese em que não tenham sido substancialmente utilizados a habilidade técnica e o labor intelectual da obra anterior. • REsp 1.189.692-RJ. 2013. (Info 527)

RESPONSABILIDADE PELO PAGAMENTO DE TAXA AO ECAD NA HIPÓTESE DE EXECUÇÃO DE MÚSICAS, SEM AUTORIZAÇÃO DOS AUTORES, DURANTE FESTA DE CASAMENTO REALIZADA EM CLUBE.

STJ Os nubentes são responsáveis pelo pagamento ao ECAD de taxa devida em razão da execução de músicas, sem autorização dos autores, na festa de seu casamento realizada em clube, ainda que o evento não vise à obtenção de lucro direto ou indireto. • REsp 1.306.907-SP. 2013. (Info 526)

SUSPENSÃO OU INTERRUPÇÃO DA TRANSMISSÃO DE OBRAS MUSICAIS EM RAZÃO DA FALTA DE PAGAMENTO DO VALOR DOS RESPECTIVOS DIREITOS AUTORAIS.

STJ A autoridade judicial competente pode determinar, como medida de tutela inibitória fundada no art. 105 da Lei 9.610/1998, a suspensão ou a interrupção da transmissão de determinadas obras musicais por emissora de radiodifusão em razão da falta de pagamento ao ECAD do valor correspondente aos respectivos direitos autorais, ainda que pendente ação judicial destinada à cobrança desse valor. • REsp 1.190.841-SC. 2013. (Info 526)

LEGITIMIDADE DO ECAD PARA A FIXAÇÃO DO VALOR A SER RECEBIDO A TÍTULO DE DIREITOS AUTORAIS.

STJ O ECAD tem legitimidade para reduzir o valor a ser recebido, a título de direitos autorais, pelos autores de obras musicais de *background* (músicas de fundo), bem como estabelecer, para a remuneração desse tipo de obra, valor diferente do que o recebido pelos compositores das demais composições, de forma a corrigir distorções na remuneração pela execução das diversas obras musicais. • REsp 1.331.103-RJ. 2013. (Info 524)

LIMITES À UTILIZAÇÃO DE TRECHOS DE OBRA MUSICAL.

STJ Constitui ofensa aos direitos autorais a reprodução, sem autorização ou menção aos seus autores, em periódico de cunho erótico, de trechos de determinada obra musical - que vinha sendo explorada comercialmente, em segmento mercadológico diverso, pelos titulares de seus direitos patrimoniais - no caso em que o trecho tenha sido utilizado para dar completude ao ensaio fotográfico publicado, proporcionando maior valorização do produto comercializado. • REsp 1.217.567-SP. 2013. (Info 524)

▼ BEM DE FAMÍLIA

HIPÓTESE DE IMPENHORABILIDADE DE IMÓVEL COMERCIAL.

STJ É impenhorável o único imóvel comercial do devedor quando o aluguel daquele está destinado unicamente ao pagamento de locação residencial por sua entidade familiar. • REsp 1.616.475-PE. 2016. (Info 591)

PENHORABILIDADE DE BEM DE FAMÍLIA IMÓVEL DADO EM HIPOTECA NÃO REGISTRADA.

STJ A ausência de registro da hipoteca em cartório de registro de imóveis não afasta a exceção à regra de impenhorabilidade prevista no art. 3º, V, da Lei n. 8.009/1990, a qual autoriza a penhora de bem de família dado em garantia hipotecária na hipótese de dívida constituída em favor de entidade familiar. • REsp 1.455.554-RN. 2016. (Info 585)

IMPENHORABILIDADE DO BEM DE FAMÍLIA.

STJ A impenhorabilidade do bem de família no qual reside o sócio devedor não é afastada pelo fato de o imóvel pertencer à sociedade empresária. • EDcl no AREsp 511.486-SC. 2016. (Info 579)

EXCEÇÃO À IMPENHORABILIDADE DO BEM DE FAMÍLIA.

STJ Na execução civil movida pela vítima, não é oponível a impenhorabilidade do bem de família adquirido com o produto do crime, ainda que a punibilidade do acusado tenha sido extinta em razão do cumprimento das condições estipuladas para a suspensão condicional do processo. • REsp 1.091.236-RJ . 2016. (Info 575)

IMPENHORABILIDADE DA PEQUENA PROPRIEDADE RURAL.

STJ A pequena propriedade rural, trabalhada pela família, é impenhorável, ainda que dada pelos proprietários em garantia hipotecária para financiamento da atividade produtiva. • REsp 1.368.404-SP. 2016. (Info 574)

POSSIBILIDADE DE PENHORA DE BEM DE FAMÍLIA POR MÁ-FÉ DO DEVEDOR.

STJ Não se deve desconstituir a penhora de imóvel sob o argumento de se tratar de bem de família na hipótese em que, mediante acordo homologado judicialmente, o executado tenha pactuado com o exequente a prorrogação do prazo para pagamento e a redução do valor de dívida que contraíra em benefício da família, oferecendo o imóvel em garantia e renunciando expressamente ao oferecimento de qualquer defesa, de modo que, descumprido o acordo, a execução prosseguiria com a avaliação e praça do imóvel. • REsp 1.461.301-MT. 2015. (Info 558)

PENHORABILIDADE DO BEM DE FAMÍLIA PERTENCENTE A FIADOR. RECURSO REPETITIVO.

STJ É legítima a penhora de apontado bem de família pertencente a fiador de contrato de locação, ante o que dispõe o art. 3º, VII, da Lei 8.009/1990. • REsp 1.363.368-MS . 2014. (Info 552)

IMPENHORABILIDADE DO BEM DE FAMÍLIA FRENTE A HIPÓTESE DE DESCONSIDERAÇÃO DA PERSONALIDADE JURÍDICA.

STJ A desconsideração da personalidade jurídica de sociedade empresária falida que tenha sido decretada em decorrência de fraude contra a massa falida não implica, por si só, o afastamento da impenhorabilidade dos bens de família dos sócios. • REsp 1.433.636-SP. 2014. (Info 549)

AFASTAMENTO DA PROTEÇÃO DADA AO BEM DE FAMÍLIA.

STJ Deve ser afastada a impenhorabilidade do único imóvel pertencente à família na hipótese em que os devedores, com o objetivo de proteger o seu patrimônio, doem em fraude à execução o bem a seu filho menor impúbere após serem intimados para o cumprimento espontâneo da sentença exequenda. • REsp 1.364.509-RS. 2014. (Info 545)

CARACTERIZAÇÃO COMO BEM DE FAMÍLIA DO ÚNICO IMÓVEL RESIDENCIAL DO DEVEDOR CEDIDO A FAMILIARES.

STJ Constitui bem de família, insuscetível de penhora, o único imóvel residencial do devedor em que resida seu familiar, ainda que o proprietário nele não habite. • EREsp 1.216.187-SC. 2014. (Info 543)

▼ CONTRATOS EM GERAL

CONTRATO DE MÚTUO. REVISÃO DE CONTRATO. JUROS CAPITALIZADOS. COBRANÇA. EXPRESSA PACTUAÇÃO. POSSIBILIDADE.

STJ Não se aplica a teoria do adimplemento substancial aos contratos de alienação fiduciária em garantia regidos pelo Decreto-Lei 911/69. • Resp 1.622.555-MG. 2017. (Info 599)

PERÍODO DE LEGALIDADE DA COBRANÇA DE TARIFA DE RENOVAÇÃO DE CADASTRO (TRC).

STJ É válida cláusula contratual que prevê a cobrança da tarifa de renovação de cadastro (TRC) em contrato bancário celebrado ainda no período de vigência da Circular n. 3.371/2007 do BACEN (isto é, antes da vigência da Circular n. 3.466/2009 do BACEN, que passou a impossibilitar a cobrança da TRC). • REsp 1.303.646-RJ. 2016. (Info 584)

SOBRE-ESTADIA (*DEMURRAGE*) NO CASO DE APREENSÃO DE CONTÊINER PELA ALFÂNDEGA.

STJ Mesmo que o valor devido a título de pagamento de sobre-estadias (*demurrages*) seja muito maior do que o preço médio de venda de um contêiner idêntico ao locado, não é será possível limitar esse valor se o seu patamar elevado apenas foi atingido em razão da desídia do locatário do bem, o qual, diante da apreensão alfandegária do contêiner e das mercadorias contidas neste, quedou-se inerte. • REsp 1.286.209-SP. 2016. (Info 579)

VEDAÇÃO DE REPASSE AO SACADO DE DESPESAS REFERENTES A TARIFA DE EMISSÃO DE BOLETO BANCÁRIO.

STJ É abusiva a cobrança ou o repasse, pelo atacadista (beneficiário) ao varejista (pagador), de despesa referente a tarifa de emissão de boleto bancário. • REsp 1.568.940-RJ. 2016. (Info 578)

VALIDADE DA CLÁUSULA CONTRATUAL QUE TRANSFERE O PAGAMENTO DO LAUDÊMIO PARA O PROMITENTE-COMPRADOR.

STJ É válida cláusula inserta em contrato de promessa de compra e venda de imóvel situado em terreno de marinha que estipule ser da responsabilidade do promitente-adquirente o pagamento do laudêmio devido à União, embora a referida cláusula não seja oponível ao ente público. • REsp 888.666-SE. 2016. (Info 578)

DESPROPORÇÃO ENTRE A QUANTIA PAGA INICIALMENTE E O PREÇO AJUSTADO.

STJ Se a proporção entre a quantia paga inicialmente e o preço total ajustado evidenciar que o pagamento inicial englobava mais do que o sinal, não se pode declarar a perda integral daquela quantia inicial como se arras confirmatórias fosse, sendo legítima a redução equitativa do valor a ser retido. • REsp 1.513.259-MS. 2016. (Info 577)

INAPLICABILIDADE DO DIREITO DE PREFERÊNCIA EM CONTRATO DE COMPRA E VENDA CELEBRADO ENTRE CONDÔMINOS.

STJ O direito de preferência previsto no art. 504 do CC aplica-se ao contrato de compra e venda celebrado entre condômino e terceiro, e não àquele ajustado entre condôminos. • REsp 1.137.176-PR. 2016. (Info 577)

PURGAÇÃO DA MORA EM CONTRATO DE ARRENDAMENTO MERCANTIL DE VEÍCULO AUTOMOTOR.

STJ Em contrato de arrendamento mercantil de veículo automotor - com ou sem cláusula resolutiva expressa -, a purgação da mora realizada nos termos do art. 401, I, do CC deixou de ser possível somente a partir de 14/11/2014, data de vigência da Lei 13.043/2014, que incluiu o § 15º do art. 3º do Decreto-Lei 911/1969. • REsp 1.381.832-PR. 2015. (Info 573)

CONTRATO DE COMPRA E VENDA COM RESERVA DE DOMÍNIO E PROTEÇÃO POSSESSÓRIA REQUERIDA POR VENDEDOR.

STJ Ainda que sem prévia ou concomitante rescisão do contrato de compra e venda com reserva de domínio, o vendedor pode, ante o inadimplemento do comprador, pleitear a proteção possessória sobre o bem móvel objeto da avença. • REsp 1.056.837-RN. 2015. (Info 573)

AUSÊNCIA DE PRAZO PARA O EXERCÍCIO DO DIREITO DE ADJUDICAR COMPULSORIAMENTE IMÓVEL OBJETO DE COMPROMISSO DE COMPRA E VENDA.

STJ O promitente comprador, amparado em compromisso de compra e venda de imóvel cujo preço já tenha sido integralmente pago, tem o direito de requerer judicialmente, a qualquer tempo, a adjudicação compulsória do imóvel. • REsp 1.216.568-MG. 2015. (Info 570)

TERMO INICIAL DE JUROS DE MORA EM COBRANÇA DE MENSALIDADE POR SERVIÇO EDUCACIONAL.

STJ Se o contrato de prestação de serviço educacional especifica o valor da mensalidade e a data de pagamento, os juros de mora fluem a partir do vencimento das mensalidades não pagas - e não da citação válida. • REsp 1.513.262-SP. 2015. (Info 567)

IRRETROATIVIDADE DE REGRA QUE PROÍBE REAJUSTE PARA SEGURADOS MAIORES DE SESSENTA ANOS.

STJ No contrato de seguro de vida celebrado antes da Lei 9.656/1998, é a partir da vigência dessa Lei que se contam os 10 anos de vínculo contratual exigidos, por analogia, pelo parágrafo único do artigo 15 para que se considere abusiva, para o segurado maior de 60 anos, a cláusula que prevê o aumento do prêmio do seguro de acordo com a faixa etária. • EDcl no REsp 1.376.550-RS. 2015. (Info 566)

PAGAMENTO DE INDENIZAÇÃO SECURITÁRIA NA AUSÊNCIA DE INDICAÇÃO DE BENEFICIÁRIO NO CONTRATO DE SEGURO DE VIDA.

STJ Na hipótese em que o segurado tenha contratado seguro de vida sem indicação de beneficiário e, na data do óbito, esteja separado de fato e em união estável, o capital segurado deverá ser pago metade aos herdeiros, segundo a ordem da vocação hereditária, e a outra metade à cônjuge não separada judicialmente e à companheira. • REsp 1.401.538-RJ. 2015. (Info 566)

CONTRATO DE DEPÓSITO BANCÁRIO E TERMO FINAL DE INCIDÊNCIA DOS JUROS REMUNERATÓRIOS.

STJ Na execução individual de sentença proferida em ação civil pública que reconhece o direito de poupadores aos expurgos inflacionários relativos ao período de junho de 1987 e janeiro de 1989 (Planos Bresser e Verão), os juros remuneratórios são devidos até a data de encerramento da conta poupança, mas se a instituição bancária deixar de demonstrar precisamente o momento em que a conta bancária chegou ao seu termo, os juros remuneratórios deverão incidir até a citação ocorrida nos autos da ação civil pública objeto da execução. • REsp 1.535.990-MS. 2015. (Info 566)

PRORROGAÇÃO AUTOMÁTICA DE FIANÇA EM CONTRATO DE MÚTUO BANCÁRIO.

STJ É lícita cláusula em contrato de mútuo bancário que preveja expressamente que a fiança prestada prorroga-se automaticamente com a prorrogação do contrato principal. • REsp 1.253.411-CE. 2015. (Info 565)

DEVOLUÇÃO DA RESERVA TÉCNICA EM SEGURO DE VIDA NO CASO DE SUICÍDIO PREMEDITADO.

STJ Se o segurado se suicidar dentro dos dois primeiros anos de vigência de contrato de seguro de vida, o segurador, a despeito de não ter que pagar o valor correspondente à indenização, será obrigado a devolver ao beneficiário o montante da reserva técnica já formada, mesmo diante da prova mais cabal de premeditação do suicídio. • REsp 1.334.005-GO. 2015. (Info 564)

PREVALÊNCIA DO VALOR ATRIBUÍDO PELO FISCO PARA APLICAÇÃO DO ART. 108 DO CC.

STJ Para a aferição do valor do imóvel para fins de enquadramento no patamar definido no art. 108 do CC - o qual exige escritura pública para os negócios jurídicos acima de trinta salários mínimos -, deve-se considerar o valor atribuído pelo Fisco, e não o declarado pelos particulares no contrato de compra e venda. • REsp 1.099.480-MG. 2015. (Info 562)

REAJUSTE DO VALOR DO PRÊMIO NOS CONTRATOS DE SEGURO DE VIDA.

STJ A cláusula de contrato de seguro de vida que estabelece o aumento do prêmio do seguro de acordo com a faixa etária mostra-se abusiva quando imposta ao segurado maior de 60 anos de idade e que conte com mais de 10 anos de vínculo contratual. • REsp 1.376.550-RS. 2015. (Info 561)

ALCANCE DE OBRIGAÇÃO DE SOCIEDADE EMPRESÁRIA DE VIGILÂNCIA ARMADA EM FACE DE INSTITUIÇÃO FINANCEIRA.

STJ A cláusula de contrato de prestação de serviço de vigilância armada que impõe o dever de obstar assaltos e de garantir a preservação do patrimônio de instituição financeira não acarreta à contratada automática responsabilização por roubo contra agência bancária da contratante, especialmente quando praticado por grupo fortemente armado. • REsp 1.329.831-MA. 2015. (Info 561)

DEVER DE UTILIZAÇÃO DO SISTEMA BRAILLE POR INSTITUIÇÕES FINANCEIRAS.

STJ As instituições financeiras devem utilizar o sistema braille na confecção dos contratos bancários de adesão e todos os demais documentos fundamentais para a relação de consumo estabelecida com indivíduo portador de deficiência visual. • REsp 1.315.822-RJ. 2015. (Info 559)

DEVOLUÇÃO DOS VALORES PAGOS A TÍTULO DE TAXA DE ARRENDAMENTO EM VIRTUDE DE DEFEITOS NA CONSTRUÇÃO DE IMÓVEL INCLUÍDO NO PROGRAMA DE ARRENDAMENTO RESIDENCIAL.

STJ Havendo vícios de construção que tornem precárias as condições de habitabilidade de imóvel incluído no Programa de Arrendamento Residencial (PAR), não configura enriquecimento sem causa a condenação da CEF a devolver aos arrendatários que optaram pela resolução do contrato o valor pago a título de taxa de arrendamento. • REsp 1.352.227-RN. 2015. (Info 556)

MAXIDESVALORIZAÇÃO DO REAL EM FACE DO DÓLAR AMERICANO E TEORIAS DA IMPREVISÃO E DA ONEROSIDADE EXCESSIVA.

STJ Tratando-se de relação contratual paritária - a qual não é regida pelas normas consumeristas -, a maxidesvalorização do real em face do dólar americano ocorrida a partir de janeiro de 1999 não autoriza a aplicação da teoria da imprevisão ou da teoria da onerosidade excessiva, com intuito de promover a revisão de cláusula de indexação ao dólar americano. • REsp 1.321.614-SP. 2015. (Info 556)

NECESSIDADE DE INFORMAR QUE O CÔMPUTO DA ÁREA TOTAL DO IMÓVEL RESIDENCIAL VENDIDO CONSIDERA A VAGA DE GARAGEM.

STJ Na compra e venda de imóvel, a vaga de garagem, ainda que individualizada e de uso exclusivo do proprietário da unidade residencial, não pode ser considerada no cômputo da área total do imóvel vendido ao consumidor caso esse fato não tenha sido exposto de forma clara na publicidade e no contrato. • REsp 1.139.285-DF. 2014. (Info 552)

REAJUSTE DE MENSALIDADE DE SEGURO-SAÚDE EM RAZÃO DE ALTERAÇÃO DE FAIXA ETÁRIA DO SEGURADO.

STJ É válida a cláusula, prevista em contrato de seguro-saúde, que autoriza o aumento das mensalidades do seguro quando o usuário completar sessenta anos de idade, desde que haja respeito aos limites e requisitos estabelecidos na Lei 9.656/1998 e, ainda, que não se apliquem índices de reajuste desarrazoados ou aleatórios, que onerem em demasia o segurado. • REsp 1.381.606-DF. 2014. (Info 551)

CLÁUSULA CONTRATUAL QUE INSTITUI PRAZO DE CARÊNCIA PARA DEVOLUÇÃO DE VALORES APLICADOS EM TÍTULO DE CAPITALIZAÇÃO.

STJ Desde que redigida em estrita obediência ao previsto na legislação vigente, é válida a cláusula contratual que prevê prazo de carência para resgate antecipado dos valores aplicados em título de capitalização. • EREsp 1.354.963-SP. 2014. (Info 550)

RESPONSABILIDADE PELO SALDO DEVEDOR RESIDUAL DE FINANCIAMENTO CELEBRADO NO ÂMBITO DO SFH. RECURSO REPETITIVO.

STJ Nos contratos de financiamento celebrados no âmbito do Sistema Financeiro de Habitação (SFH), sem cláusula de garantia de cobertura do Fundo de Compensação das Variações Salariais (FCVS), o saldo devedor residual deverá ser suportado pelo mutuário. • REsp 1.447.108-CE e REsp 1.443.870-PE. 2014. (Info 550)

REGIME DE PENALIDADES GRADATIVAS NO CONTRATO DE CONCESSÃO DE VEÍCULOS AUTOMOTORES.

STJ Nos contratos regidos pela Lei Ferrari (Lei 6.729/1979), ainda que não tenha sido celebrada convenção de marca dispondo sobre penalidades gradativas (art. 19, XV), é inválida cláusula que prevê a resolução unilateral do contrato como única penalidade para as infrações praticadas pela concessionária de veículos automotores. • REsp 1.338.292-SP. 2014. (Info 550)

VALORAÇÃO JUDICIAL DA GRAVIDADE DA INFRAÇÃO NO CONTRATO DE CONCESSÃO DE VEÍCULOS AUTOMOTORES.

STJ Nos contratos regidos pela Lei Ferrari (Lei 6.729/1979), não havendo convenção de marca (art. 19, XV) nem cláusulas contratuais válidas sobre penalidades gradativas, poderá o juiz decidir, em cada caso concreto, se a infração, ou sequência de infrações, é grave o suficiente para justificar a resolução do contrato, observado o caráter protetivo da referida Lei. • REsp 1.338.292-SP. 2014. (Info 550)

INDENIZAÇÃO POR BENFEITORIAS OU ACESSÕES REALIZADAS SEM LICENÇA.

STJ Em ação que busque a rescisão de contrato de compra e venda de imóvel urbano, antes de afastar a indenização pelas benfeitorias ou acessões realizadas sem a obtenção de licença da prefeitura municipal (art. 34, parágrafo único, da Lei 6.766/1979), é necessário apurar se a irregularidade é insanável. • REsp 1.191.862-PR. 2014. (Info 542)

NÃO ACIONAMENTO DO MECANISMO *STOP LOSS* PREVISTO EM CONTRATO DE INVESTIMENTO.

STJ A instituição financeira que, descumprindo o que foi oferecido a seu cliente, deixa de acionar mecanismo denominado "stop loss" pactuado em contrato de investimento incorre em infração contratual passível de gerar a obrigação de indenizar o investidor pelos prejuízos causados. • REsp 656.932-SP. 2014. (Info 541)

IMPOSSIBILIDADE DE PURGAÇÃO DA MORA EM CONTRATOS DE ALIENAÇÃO FIDUCIÁRIA FIRMADOS APÓS A VIGÊNCIA DA LEI 10.931/2004. RECURSO REPETITIVO.

STJ Nos contratos firmados na vigência da Lei 10.931/2004, que alterou o art. 3º, §§ 1º e 2º, do Decreto-lei 911/1969, compete ao devedor, no prazo de cinco dias após a execução da liminar na ação de busca e apreensão, pagar a integralidade da dívida - entendida esta como os valores apresentados e comprovados pelo credor na inicial -, sob pena de consolidação da propriedade do bem móvel objeto de alienação fiduciária. • REsp 1.418.593-MS. 2014. (Info 540)

JUROS REMUNERATÓRIOS NÃO PREVISTOS NO CONTRATO DE MÚTUO FIRMADO ENTRE A COOPERATIVA DE CRÉDITO E O COOPERADO.

STJ A cooperativa de crédito pode exigir de seu cooperado juros remuneratórios em percentual não superior à taxa média de mercado, quando o percentual do encargo tiver sido estipulado pelo conselho de administração da cooperativa, conforme previsão estatutária, e tenha ocorrido a ampla divulgação da referida taxa, mesmo que o contrato de mútuo seja silente em relação ao percentual dos juros remuneratórios. • REsp 1.141.219-MG. 2014. (Info 539)

CRITÉRIO PARA A CONVERSÃO DA OBRIGAÇÃO DE SUBSCREVER AÇÕES EM PERDAS E DANOS. RECURSO REPETITIVO.

STJ No âmbito de demanda de complementação de ações relativas a contrato de participação financeira para a aquisição de linha telefônica, converte-se a obrigação de subscrever ações em perdas e danos multiplicando-se o número de ações devidas pela cotação destas no fechamento do pregão da Bolsa de Valores no dia do trânsito em julgado, com juros de mora desde a citação; ressalvada a manutenção de outros critérios definidos em título executivo ante a existência de coisa julgada. • REsp 1.301.989-RS. 2014. (Info 538)

CÁLCULO DE DIVIDENDOS NO ÂMBITO DE DEMANDA DE COMPLEMENTAÇÃO DE AÇÕES RELATIVAS A CONTRATO DE PARTICIPAÇÃO FINANCEIRA. RECURSO REPETITIVO.

STJ No âmbito de demanda de complementação de ações relativas a contrato de participação financeira para a aquisição de linha telefônica, deve-se observar - ressalvada a manutenção de critérios diversos nas hipóteses de coisa julgada - os seguintes critérios no que diz respeito à obrigação de pagar dividendos: a) os dividendos são devidos durante todo o período em que o consumidor integrou ou deveria ter integrado os quadros societários; b) sobre o valor dos dividendos não pagos, incide correção monetária desde a data de vencimento da obrigação e juros de mora desde a citação; e, c) no caso das ações convertidas em perdas e danos, é devido o pagamento de dividendos desde a data em que as ações deveriam ter sido subscritas até a data do trânsito em julgado do processo de conhecimento, incidindo juros de mora e correção monetária segundo os critérios do item anterior. • REsp 1.301.989-RS. 2014. (Info 538)

DISPENSABILIDADE DA EMISSÃO DA APÓLICE PARA O APERFEIÇOAMENTO DO CONTRATO DE SEGURO.

STJ A seguradora de veículos não pode, sob a justificativa de não ter sido emitida a apólice de seguro, negar-se a indenizar sinistro ocorrido após a contratação do seguro junto à corretora de seguros se não houve recusa da proposta pela seguradora em um prazo razoável, mas apenas muito tempo depois e exclusivamente em razão do sinistro. • REsp 1.306.367-SP. 2014. (Info 537)

NECESSIDADE DE DEPÓSITO DOS VALORES VENCIDOS E INCONTROVERSOS EM AÇÃO DE CONSIGNAÇÃO EM PAGAMENTO.

STJ Em ação de consignação em pagamento, ainda que cumulada com revisional de contrato, é inadequado o depósito tão somente das prestações que forem vencendo no decorrer do processo, sem o recolhimento do montante incontroverso e vencido. • REsp 1.170.188-DF. 2014. (Info 537)

PRESCRIÇÃO DA PRETENSÃO FUNDADA EM CONTRATO DE RESSEGURO.

STJ Prescreve em 1 ano a pretensão de sociedade seguradora em face de ressegurador baseada em contrato de resseguro. • REsp 1.170.057-MG. 2013. (Info 535)

ABUSIVIDADE DE CLÁUSULA PENAL EM CONTRATO DE PACOTE TURÍSTICO.

STJ É abusiva a cláusula penal de contrato de pacote turístico que estabeleça, para a hipótese de desistência do consumidor, a perda integral dos valores pagos antecipadamente. • REsp 1.321.655-MG. 2014. (Info 533)

TARIFAS DE ABERTURA DE CRÉDITO E DE EMISSÃO DE CARNÊ ATÉ 30/4/2008. RECURSO REPETITIVO.

STJ Nos contratos bancários celebrados até 30/4/2008 (fim da vigência da Resolução 2.303/1996 do CMN), era válida a pactuação de Tarifa de Abertura de Crédito (TAC) e de Tarifa de Emissão de Carnê (TEC), ressalvado o exame de abusividade em cada caso concreto. • REsp 1.251.331-RS e REsp 1.255.573-RS. 2013. (Info 531)

ABUSIVIDADE DE CLÁUSULA DE DISTRATO.

STJ É abusiva a cláusula de distrato - fixada no contexto de compra e venda imobiliária mediante pagamento em prestações - que estabeleça a possibilidade de a construtora vendedora promover a retenção integral ou a devolução ínfima do valor das parcelas adimplidas pelo consumidor distratante. • REsp 1.132.943-PE. 2013. (Info 530)

RETENÇÃO DE PARTE DO VALOR DAS PRESTAÇÕES NA HIPÓTESE DE DISTRATO.

STJ Na hipótese de distrato referente à compra e venda de imóvel, é justo e razoável admitir-se a retenção, pela construtora vendedora, como forma de indenização pelos prejuízos suportados, de parte do valor correspondente às prestações já pagas, compensação que poderá abranger, entre outras, as despesas realizadas com divulgação, comercialização, corretagem e tributos, bem como o pagamento de quantia que corresponda à eventual utilização do imóvel pelo adquirente distratante. • REsp 1.132.943-PE. 2013. (Info 530)

INDENIZAÇÃO DECORRENTE DE CONTRATO DE SEGURO.

STJ No contrato de seguro de vida e acidentes pessoais, o segurado não tem direito à indenização caso, agindo de má-fé, silencie a respeito de doença preexistente que venha a ocasionar o sinistro, ainda que a seguradora não exija exames médicos no momento da contratação. • AgRg no REsp 1.286.741-SP. 2013. (Info 529)

PRAZO PRESCRICIONAL DE PRETENSÃO DE REPARAÇÃO POR DANOS DECORRENTES DA NÃO RENOVAÇÃO DE CONTRATO DE SEGURO DE VIDA COLETIVO.

STJ Prescreve em três anos a pretensão do segurado relativa à reparação por danos sofridos em decorrência da não renovação, sem justificativa plausível, de contrato de seguro de vida em grupo, após reiteradas renovações automáticas. • REsp 1.273.311-SP. 2013. (Info 529)

NÃO CARACTERIZAÇÃO DA "FERRUGEM ASIÁTICA" COMO FATO EXTRAORDINÁRIO E IMPREVISÍVEL PARA FINS DE RESOLUÇÃO DO CONTRATO.

STJ A ocorrência de "ferrugem asiática" na lavoura de soja não enseja, por si só, a resolução de contrato de compra e venda de safra futura em razão de onerosidade excessiva. • REsp 866.414-GO. 2013. (Info 526)

▼ CONTRATOS DE SEGURO

ABRANGÊNCIA DE CLÁUSULA SECURITÁRIA DE INVALIDEZ TOTAL PERMANENTE.

STJ O fato de o beneficiário de seguro de vida em grupo ter sido reformado pelo Exército em razão de incapacidade total para sua atividade habitual (serviço militar) não implica, por si só, o direito à percepção de indenização securitária em seu grau máximo quando a apólice de seguro estipula que esse grau máximo é devido no caso de invalidez total permanente para qualquer atividade laboral. • REsp 1.318.639-MS. 2016. (Info 582)

COBERTURA SECURITÁRIA EM CASO DE PERDA TOTAL DO BEM.

STJ Ainda que o sinistro tenha ocasionado a perda total do bem, a indenização securitária deve ser calculada com base no prejuízo real suportado pelo segurado, sendo o valor previsto na apólice, salvo expressa disposição em contrário, mero teto indenizatório. • REsp 1.473.828-RJ. 2014. (Info 573)

SEGURO DE AUTOMÓVEL COM COBERTURA DE RESPONSABILIDADE CIVIL FACULTATIVA DE VEÍCULOS - DANOS CORPORAIS.

STJ No contrato de seguro de automóvel, a cobertura de Responsabilidade Civil Facultativa de Veículos (RCF-V) - Danos Corporais - não assegura o pagamento de indenização pelas lesões sofridas pelo condutor e por passageiros do automóvel sinistrado, compreendendo apenas a indenização a ser paga pelo segurado a terceiros envolvidos no acidente. • REsp 1.311.407-SP. 2015. (Info 560)

SEGURO DE VIDA EM GRUPO COM GARANTIA ADICIONAL DE INVALIDEZ TOTAL E PERMANENTE POR DOENÇA.

STJ Na hipótese de seguro de vida em grupo com garantia adicional de invalidez total e permanente por doença (IPD), a seguradora não deve pagar nova indenização securitária após a ocorrência do evento morte natural do segurado caso já tenha pagado integralmente a indenização securitária quando da configuração do sinistro invalidez total e permanente por doença. • REsp 1.178.616-PR. 2015. (Info 560)

SEGURO DE RESPONSABILIDADE CIVIL DO TRANSPORTADOR RODOVIÁRIO DE CARGAS COM APÓLICE EM ABERTO.

STJ No Seguro de Responsabilidade Civil do Transportador Rodoviário de Cargas (RCTR-C) com apólice em aberto, ou seja, quando as averbações são feitas após o início dos riscos, o segurado perde o direito à garantia securitária na hipótese de não averbar todos os embarques e mercadorias transportadas, exceto se, comprovadamente, a omissão do transportador se der por mero lapso, a evidenciar a boa-fé. • REsp 1.318.021-RS. 2015. (Info 555)

INEXISTÊNCIA DE INDENIZAÇÃO SECURITÁRIA ANTE O ENVIO DA PROPOSTA DE SEGURO APÓS A OCORRÊNCIA DE FURTO.

STJ O proprietário de automóvel furtado não terá direito a indenização securitária se a proposta de seguro do seu veículo somente houver sido enviada à seguradora após a ocorrência do furto. • REsp 1.273.204-SP. 2014. (Info 551)

CONTRATAÇÃO DE SEGURO COM COBERTURA PARA MORTE ACIDENTAL E POSTERIOR MORTE DO SEGURADO POR CAUSAS NATURAIS.

STJ Contratado apenas o seguro de acidentes pessoais (garantia por morte acidental), não há falar em obrigação da seguradora em indenizar o beneficiário quando a morte do segurado decorre de causa natural, a exemplo da doença conhecida como Acidente Vascular Cerebral (AVC). • REsp 1.443.115-SP. 2014. (Info 550)

MANUTENÇÃO DA GARANTIA SECURITÁRIA APESAR DE TRANSAÇÃO JUDICIAL REALIZADA ENTRE SEGURADO E TERCEIRO PREJUDICADO.

STJ No seguro de responsabilidade civil de veículo, não perde o direito à indenização o segurado que, de boa-fé e com probidade, realize, sem anuência da seguradora, transação judicial com a vítima do acidente de trânsito (terceiro prejudicado), desde que não haja prejuízo efetivo à seguradora. • REsp 1.133.459-RS. 2014. (Info 548)

▼ PLANO DE SAÚDE

COPARTICIPAÇÃO DO USUÁRIO DE PLANO DE SAÚDE EM PERCENTUAL SOBRE O CUSTO DE TRATAMENTO MÉDICO SEM INTERNAÇÃO.

STJ Não é abusiva cláusula contratual de plano privado de assistência à saúde que estabeleça a coparticipação do usuário nas despesas médico-hospitalares em percentual sobre o custo de tratamento médico realizado sem internação, desde que a coparticipação não caracterize financiamento integral do procedimento por parte do usuário, ou fator restritor severo ao acesso aos serviços. • REsp 1.566.062-RS. 2016. (Info 586)

EQUIPARAÇÃO DE COMPANHEIRO A CÔNJUGE PARA FINS DE COBERTURA DE CLÁUSULA DE REMISSÃO DE PLANO DE SAÚDE.

STJ O companheiro faz jus à cobertura de cláusula de remissão por morte de titular de plano de saúde na hipótese em que a referida disposição contratual faça referência a cônjuge, sendo omissa quanto a companheiro. • REsp 1.457.254-SP. 2016. (Info 581)

POSSIBILIDADE DE O DEPENDENTE ASSUMIR A TITULARIDADE DE PLANO DE SAÚDE APÓS O PERÍODO DE REMISSÃO.

STJ Após o transcurso do período previsto em cláusula de remissão por morte de titular de plano de saúde, o dependente já inscrito pode assumir, nos mesmos moldes e custos avençados, a titularidade do plano. • REsp 1.457.254-SP. 2016. (Info 581)

REEMBOLSO DE DESPESAS MÉDICAS REALIZADAS EM HOSPITAL NÃO CONVENIADO AO PLANO.

STJ O plano de saúde deve reembolsar o segurado pelas despesas que pagou com tratamento médico realizado em situação de urgência ou emergência por hospital não credenciado, ainda que o referido hospital integre expressamente tabela contratual que exclui da cobertura os hospitais de alto custo, limitando-se o reembolso, no mínimo, ao valor da tabela de referência de preços de serviços médicos e hospitalares praticados pelo plano de saúde. • REsp 1.286.133-MG. 2016. (Info 580)

MIGRAÇÃO DE PLANO DE SAÚDE COLETIVO EMPRESARIAL PARA PLANO INDIVIDUAL OU FAMILIAR.

STJ A migração de beneficiário de plano de saúde coletivo empresarial extinto para plano individual ou familiar não enseja a manutenção dos valores das mensalidades previstos no plano primitivo. • REsp 1.471.569-RJ. 2016. (Info 578)

MODIFICAÇÃO DE PLANO DE SAÚDE COLETIVO EMPRESARIAL COM O FIM DE EVITAR A INEXEQUIBILIDADE DO MODELO ANTIGO (EXCEÇÃO DE RUÍNA).

STJ Os empregados demitidos sem justa causa e os aposentados que contribuíram para plano de saúde coletivo empresarial que tenha sido extinto não têm direito de serem mantidos nesse plano se o estipulante (ex-empregador) e a operadora redesenharam o sistema estabelecendo um novo plano de saúde coletivo a fim de evitar o seu colapso (exceção da ruína) ante prejuízos crescentes, desde que tenham sido asseguradas aos inativos as mesmas condições de cobertura assistencial proporcionadas aos empregados ativos. • REsp 1.479.420-SP. 2015. (Info 569)

LEGITIMIDADE ATIVA DE USUÁRIO DE PLANO DE SAÚDE COLETIVO.

STJ O usuário de plano de saúde coletivo tem legitimidade ativa para ajuizar individualmente ação contra a operadora pretendendo discutir a validade de cláusulas contratuais, não sendo empecilho o fato de a contratação ter sido intermediada por caixa de assistência de categoria profissional. • REsp 1.510.697-SP. 2015. (Info 564)

CLÁUSULA DE CONTRATO DE PLANO DE SAÚDE QUE EXCLUA A COBERTURA RELATIVA À IMPLANTAÇÃO DE "STENT".

STJ É nula a cláusula de contrato de plano de saúde que exclua a cobertura relativa à implantação de *stent*. • REsp 1.364.775-MG. 2013. (Info 526)

DANO MORAL DECORRENTE DA INJUSTA RECUSA DE COBERTURA POR PLANO DE SAÚDE DAS DESPESAS RELATIVAS À IMPLANTAÇÃO DE "STENT".

STJ Gera dano moral a injusta recusa de cobertura por plano de saúde das despesas relativas à implantação de "stent". • REsp 1.364.775-MG. 2013. (Info 526)

▼ FIANÇA

TERMO INICIAL DO PRAZO PARA HERDEIRO PLEITEAR ANULAÇÃO DE FIANÇA.

STJ O prazo decadencial para herdeiro do cônjuge prejudicado pleitear a anulação da fiança firmada sem a devida outorga conjugal é de dois anos, contado a partir do falecimento do consorte que não concordou com a referida garantia. • REsp 1.273.639-SP. 2016. (Info 581)

PRORROGAÇÃO AUTOMÁTICA DE FIANÇA EM CONTRATO DE MÚTUO BANCÁRIO.

STJ É lícita cláusula em contrato de mútuo bancário que preveja expressamente que a fiança prestada prorroga-se automaticamente com a prorrogação do contrato principal. • REsp 1.253.411-CE. 2015. (Info 565)

INAPLICABILIDADE DA SÚMULA 332 DO STJ À UNIÃO ESTÁVEL.

STJ Ainda que a união estável esteja formalizada por meio de escritura pública, é válida a fiança prestada por um dos conviventes sem a autorização do outro. • REsp 1.299.866-DF. 2014. (Info 535)

PRORROGAÇÃO AUTOMÁTICA DE FIANÇA EM CONTRATO DE MÚTUO BANCÁRIO.

STJ Havendo expressa e clara previsão contratual da manutenção da fiança prestada em contrato de mútuo bancário em caso de prorrogação do contrato principal, o pacto acessório também é prorrogado automaticamente. • REsp 1.374.836-MG. 2014. (Info 534)

▼ DIREITO DE PREFERÊNCIA

EMPRESA RURAL DE GRANDE PORTE NÃO TEM DIREITO DE PREFERÊNCIA PREVISTO NO ESTATUTO DA TERRA.

STJ O direito de preferência para a aquisição do imóvel arrendado, previsto no art. 92, § 3º, do Estatuto da Terra, não é aplicável à empresa rural de grande porte (arrendatária rural). • REsp 1.447.082-TO. 2016. (Info 583)

INAPLICABILIDADE DO DIREITO DE PREFERÊNCIA EM CONTRATO DE COMPRA E VENDA CELEBRADO ENTRE CONDÔMINOS.

STJ O direito de preferência previsto no art. 504 do CC aplica-se ao contrato de compra e venda celebrado entre condômino e terceiro, e não àquele ajustado entre condôminos. • REsp 1.137.176-PR. 2016. (Info 577)

DIREITO DE PREFERÊNCIA NA ALIENAÇÃO DE IMÓVEL EM ESTADO DE INDIVISÃO.

STJ O condômino que desejar alienar a fração ideal de bem imóvel divisível em estado de indivisão deverá dar preferência na aquisição ao comunheiro. • REsp 1.207.129-MG. 2015. (Info 564)

PREÇO A SER DEPOSITADO PARA O EXERCÍCIO DO DIREITO DE PREFERÊNCIA EM ARRENDAMENTO RURAL.

STJ Em ação de adjudicação compulsória proposta por arrendatário rural que teve desrespeitado o seu direito de preferência para a aquisição do imóvel, o preço a ser depositado para que o autor obtenha a transferência forçada do bem (art. 92, § 4°, da Lei 4.505/1964) deve corresponder àquele consignado na escritura pública de compra e venda registrada no cartório de registro de imóveis, ainda que inferior ao constante do contrato particular de compra e venda firmado entre o arrendador e o terceiro que tenha comprado o imóvel. • REsp 1.175.438-PR. 2014. (Info 538)

▼ LOCAÇÃO

LIMITES DAS OBRIGAÇÕES DO LOCADOR DE IMÓVEL COMERCIAL.

STJ Na hipótese de locação de imóvel comercial, salvo disposição contratual em sentido contrário, a obrigação do locador restringe-se tão somente à higidez e à compatibilidade do imóvel ao uso comercial e não abrange a adaptação do bem às peculiaridades da atividade a ser explorada pelo locatário ou mesmo o dever de diligenciar perante os órgãos públicos para obter alvará de funcionamento ou qualquer outra licença necessária ao desenvolvimento do negócio. • REsp 1.317.731-SP. 2016. (Info 583)

VALIDADE DA CLÁUSULA DE 13º ALUGUEL EM CONTRATO DE LOCAÇÃO DE ESPAÇO EM SHOPPING CENTER.

STJ Não é abusiva a mera previsão contratual que estabelece a duplicação do valor do aluguel no mês de dezembro em contrato de locação de espaço em shopping center. • REsp 1.409.849-PR. 2016. (Info 582)

PERÍODO DE INCIDÊNCIA DO VALOR ESTIPULADO EM AÇÃO REVISIONAL DE ALUGUEL DE IMÓVEL NÃO RESIDENCIAL.

STJ O valor estabelecido em ação revisional de aluguel de imóvel não residencial não tem sua incidência limitada ao período compreendido entre a citação e o termo final do contrato original de locação, devendo incidir até a efetiva entrega das chaves caso a locação venha a ser prorrogada por prazo indeterminado em razão da permanência do locatário no imóvel (art. 56, parágrafo único, da Lei n. 8.245/1991). • REsp 1.566.231-PE. 2016. (Info 578)

BASE DE CÁLCULO DE MULTA EM CONTRATO DE ALUGUEL.

STJ Na hipótese em que, na data de vencimento, o valor do aluguel seja cobrado com incidência de desconto de bonificação, a multa prevista para o caso de atraso no pagamento deverá incidir sobre o valor do aluguel com o referido desconto. • REsp 832.293-PR. 2015. (Info 573)

LEGITIMIDADE PARA COBRANÇA DE ALUGUÉIS VENCIDOS EM DATA ANTERIOR À DA ALIENAÇÃO DO IMÓVEL.

STJ O antigo proprietário - alienante - tem legitimidade para cobrar os aluguéis que tenham vencido em data anterior à alienação do imóvel, somente cabendo ao novo proprietário - adquirente - direito sobre tais parcelas caso disposto no contrato de compra e venda do imóvel. • REsp 1.228.266-RS. 2015. (Info 558)

PENHORABILIDADE DO BEM DE FAMÍLIA PERTENCENTE A FIADOR. RECURSO REPETITIVO.

STJ É legítima a penhora de apontado bem de família pertencente a fiador de contrato de locação, ante o que dispõe o art. 3º, VII, da Lei 8.009/1990. • REsp 1.363.368-MS . 2014. (Info 552)

INTERPRETAÇÃO DO ART. 53 DA LEI DE LOCAÇÕES.

STJ Pode haver denúncia vazia de contrato de locação de imóvel não residencial ocupado por instituição de saúde apenas para o desempenho de atividades administrativas, como marcação de consultas e captação de clientes, não se aplicando o benefício legal previsto no art. 53 da Lei de Locações. • REsp 1.310.960-SP. 2014. (Info 547)

▼ JUROS

TERMO INICIAL DE JUROS MORATÓRIOS QUANDO FIXADA PENSÃO MENSAL A TÍTULO DE RESPONSABILIDADE CIVIL EXTRACONTRATUAL.

STJ Na responsabilidade civil extracontratual, se houver a fixação de pensionamento mensal, os juros moratórios deverão ser contabilizados a partir do vencimento de cada prestação, e não da data do evento danoso ou da citação. • REsp 1.270.983-SP. 2016. (Info 580)

CORREÇÃO MONETÁRIA E JUROS COMPENSATÓRIOS.

STJ Incidem correção monetária e juros compensatórios sobre os depósitos judiciais decorrentes de processos originários do STJ. • Pet 10.326-RJ. 2015. (Info 569)

TERMO INICIAL DE JUROS DE MORA EM COBRANÇA DE MENSALIDADE POR SERVIÇO EDUCACIONAL.

STJ Se o contrato de prestação de serviço educacional especifica o valor da mensalidade e a data de pagamento, os juros de mora fluem a partir do vencimento das mensalidades não pagas - e não da citação válida. • REsp 1.513.262-SP. 2015. (Info 567)

CONTRATO DE DEPÓSITO BANCÁRIO E TERMO FINAL DE INCIDÊNCIA DOS JUROS REMUNERATÓRIOS.

STJ Na execução individual de sentença proferida em ação civil pública que reconhece o direito de poupadores aos expurgos inflacionários relativos ao período de junho de 1987 e janeiro de 1989 (Planos Bresser e Verão), os juros remuneratórios são devidos até a data de encerramento da conta poupança, mas se a instituição bancária deixar de demonstrar precisamente o momento em que a conta bancária chegou ao seu termo, os juros remuneratórios deverão incidir até a citação ocorrida nos autos da ação civil pública objeto da execução. • REsp 1.535.990-MS. 2015. (Info 566)

TERMO INICIAL DOS JUROS MORATÓRIOS EM AÇÃO CIVIL PÚBLICA. RECURSO REPETITIVO.

STJ Os juros de mora incidem a partir da citação do devedor no processo de conhecimento da ação civil pública quando esta se fundar em responsabilidade contratual, cujo inadimplemento já produza a mora, salvo a configuração da mora em momento anterior. • REsp 1.370.899-SP. 2014. (Info 549)

TERMO INICIAL DOS JUROS DE MORA RELATIVOS À EXECUÇÃO DESAUTORIZADA DE OBRA MUSICAL.

STJ Contam-se da execução pública não autorizada de obra musical - e não da data da citação - os juros de mora devidos em razão do não recolhimento de direitos ao Escritório Central de Arrecadação e Distribuição (ECAD). • REsp 1.424.004-GO. 2014. (Info 539)

JUROS REMUNERATÓRIOS NÃO PREVISTOS NO CONTRATO DE MÚTUO FIRMADO ENTRE A COOPERATIVA DE CRÉDITO E O COOPERADO.

STJ A cooperativa de crédito pode exigir de seu cooperado juros remuneratórios em percentual não superior à taxa média de mercado, quando o percentual do encargo tiver sido estipulado pelo conselho de administração da cooperativa, conforme previsão estatutária, e tenha ocorrido a ampla divulgação da referida taxa, mesmo que o contrato de mútuo seja silente em relação ao percentual dos juros remuneratórios. • REsp 1.141.219-MG. 2014. (Info 539)

▼ DPVAT

SEGURO DPVAT E LEGITIMIDADE DO MINISTÉRIO PÚBLICO

STF A tutela dos direitos e interesses de beneficiários do seguro DPVAT, nos casos de indenização paga, pela seguradora, em valor inferior ao determinado no art. 3º da Lei 6.914/1974, reveste-se de relevante natureza social (interesse social qualificado), de modo a conferir legitimidade ativa ao MP para defendê-los em juízo mediante ação civil coletiva. • RE 631111. 2014. (Info 753)

APLICAÇÃO DA TEORIA DA APARÊNCIA EM PAGAMENTO DE INDENIZAÇÃO DO SEGURO DPVAT.

STJ É válido o pagamento de indenização do Seguro DPVAT aos pais - e não ao filho - do *de cujus* no caso em que os genitores, apresentando-se como únicos herdeiros, entregaram os documentos exigidos pela Lei n. 6.194/1974 para o aludido pagamento (art. 5º, § 1º), dentre os quais certidão de óbito a qual afirmava que o falecido era solteiro e não tinha filhos. • REsp 1.601.533-MG. 2016. (Info 585)

HIPÓTESE DE AUSÊNCIA DE COBERTURA DO DPVAT.

STJ O Seguro Obrigatório de Danos Pessoais causados por veículos automotores de via terrestre (DPVAT) não cobre os danos de acidente ocasionado por trem. • REsp 1.285.647-SC. 2016. (Info 582)

TERMO INICIAL DA ATUALIZAÇÃO MONETÁRIA DAS INDENIZAÇÕES RELATIVAS AO SEGURO DPVAT. RECURSO REPETITIVO.

STJ A incidência de atualização monetária nas indenizações por morte ou invalidez do seguro DPVAT, prevista no § 7º do art. 5º da Lei 6.194/1974, redação dada pela Lei 11.482/2007, opera-se desde a data do evento danoso. • REsp 1.483.620-SC . 2015. (Info 563)

CESSÃO DE CRÉDITO RELATIVO AO SEGURO DPVAT.

STJ É possível a cessão de crédito relativo à indenização do seguro DPVAT decorrente de morte. • REsp 1.275.391-RS . 2015. (Info 562)

PRAZO PRESCRICIONAL PARA COBRANÇA OU COMPLEMENTAÇÃO DE VALOR DO SEGURO DPVAT. RECURSO REPETITIVO.

STJ A pretensão de cobrança e a pretensão a diferenças de valores do seguro obrigatório (DPVAT) prescrevem em três anos, sendo o termo inicial, no último caso, o pagamento administrativo considerado a menor. • REsp 1.418.347-MG. 2015. (Info 559)

CIÊNCIA INEQUÍVOCA DE INVALIDEZ PERMANENTE EM DEMANDAS POR INDENIZAÇÃO DO SEGURO DPVAT. RECURSO REPETITIVO.

STJ Em julgamento de embargos de declaração opostos contra acórdão que julgou representativo da controvérsia (543-C do CPC) relativo ao termo inicial do prazo prescricional nas demandas por indenização do seguro DPVAT que envolvem invalidez permanente da vítima, houve alteração da tese 1.2 do acórdão embargado, nos seguintes termos: "Exceto nos casos de invalidez permanente notória, ou naqueles em que o conhecimento anterior resulte comprovado na fase de instrução, a ciência inequívoca do caráter permanente da invalidez depende de laudo médico". • EDcl no REsp 1.388.030-MG . 2014. (Info 555)

COBERTURA, PELO DPVAT, DE ACIDENTE COM COLHEITADEIRA.

STJ A invalidez permanente decorrente de acidente com máquina colheitadeira, ainda que ocorra no exercício de atividade laboral, não deverá ser coberta pelo seguro obrigatório de danos pessoais causados por veículos automotores de via terrestre (DPVAT) se o veículo não for suscetível de trafegar por via pública. • REsp 1.342.178-MT . 2014. (Info 550)

INDENIZAÇÃO REFERENTE AO SEGURO DPVAT EM DECORRÊNCIA DE MORTE DE NASCITURO.

STJ A beneficiária legal de seguro DPVAT que teve a sua gestação interrompida em razão de acidente de trânsito tem direito ao recebimento da indenização prevista no art. 3º, I, da Lei 6.194/1974, devida no caso de morte. • REsp 1.415.727-SC. 2014. (Info 547)

TERMO INICIAL DA PRESCRIÇÃO NAS DEMANDAS POR INDENIZAÇÃO DO SEGURO DPVAT NOS CASOS DE INVALIDEZ PERMANENTE DA VÍTIMA. RECURSO REPETITIVO.

STJ No que diz respeito ao termo inicial do prazo prescricional nas demandas por indenização do seguro DPVAT que envolvem invalidez permanente da vítima: a) o termo inicial do prazo prescricional é a data em que o segurado teve ciência inequívoca do caráter permanente da invalidez; e b) exceto nos casos de invalidez permanente notória, a ciência inequívoca do caráter permanente da invalidez depende de laudo médico, sendo relativa a presunção de ciência. • REsp 1.388.030-MG. 2014. (Info 544)

DEDUÇÃO DO DPVAT DO VALOR DE INDENIZAÇÃO POR DANOS MORAIS.

STJ O valor correspondente à indenização do seguro de danos pessoais causados por veículos automotores de via terrestre (DPVAT) pode ser deduzido do valor da indenização por danos exclusivamente morais fixada judicialmente, quando os danos psicológicos derivem de morte ou invalidez permanente causados pelo acidente. • REsp 1.365.540-DF. 2014. (Info 540)

UTILIZAÇÃO DA TABELA DO CNSP NA DEFINIÇÃO DO VALOR DE INDENIZAÇÃO PAGA PELO SEGURO DPVAT. RECURSO REPETITIVO.

STJ Em caso de invalidez permanente parcial de beneficiário de Seguro DPVAT, é válida a utilização de tabela do Conselho Nacional de Seguros Privados (CNSP) para se estabelecer proporcionalidade entre a indenização a ser paga e o grau da invalidez, na hipótese de sinistro anterior a 16/12/2008; o que não impede o magistrado de, diante das peculiaridades do caso concreto, fixar indenização segundo outros critérios. • REsp 1.303.038-RS. 2014. (Info 537)

COBERTURA DO SEGURO DPVAT.

STJ A vítima de dano pessoal causado por veículo automotor de via terrestre tem direito ao recebimento da indenização por invalidez permanente prevista no art. 3º da Lei 6.194/1974 - a ser coberta pelo seguro DPVAT - na hipótese em que efetivamente constatada a referida invalidez, mesmo que, na data do evento lesivo, a espécie de dano corporal sofrido - hoje expressamente mencionada na lista anexa à Lei 6.194/1974 (incluída pela MP 456/2009) - ainda não constasse da tabela que, na época, vinha sendo utilizada como parâmetro para o reconhecimento da invalidez permanente (elaborada pelo Conselho Nacional de Seguros Privados - CNSP). • REsp 1.381.214-SP. 2013. (Info 530)

▼ PROTESTO

PROTESTO POR TABELIONATO DE COMARCA DIVERSA DO DOMICÍLIO DO DEVEDOR E ESGOTAMENTO DOS MEIOS DE LOCALIZAÇÃO PARA A INTIMAÇÃO DO DEVEDOR POR EDITAL. RECURSO REPETITIVO.

STJ O tabelião, antes de intimar o devedor por edital, deve esgotar os meios de localização, notadamente por meio do envio de intimação por via postal, no endereço fornecido por aquele que procedeu ao apontamento do protesto; 2- é possível, à escolha do credor, o protesto de cédula de crédito bancário garantida por alienação fiduciária, no tabelionato em que se situa a praça de pagamento indicada no título ou no domicílio do devedor. • REsp 1.398.356-MG. 2016. (Info 579)

PROTESTO E INSCRIÇÃO DO NOME DO DEVEDOR DE ALIMENTOS EM CADASTROS DE INADIMPLENTES.

STJ Em execução de alimentos devidos a filho menor de idade, é possível o protesto e a inscrição do nome do devedor em cadastros de proteção ao crédito. • REsp 1.469.102-SP. 2016. (Info 579)

SUSTAÇÃO DE PROTESTO E PRESTAÇÃO DE CONTRACAUTELA. RECURSO REPETITIVO.

STJ A legislação de regência estabelece que o documento hábil a protesto extrajudicial é aquele que caracteriza prova escrita de obrigação pecuniária líquida, certa e exigível. Portanto, a sustação de protesto de título, por representar restrição a direito do credor, exige prévio oferecimento de contracautela, a ser fixada conforme o prudente arbítrio do magistrado. • REsp 1.340.236-SP. 2015. (Info 571)

ÔNUS DO CANCELAMENTO DE PROTESTO. RECURSO REPETITIVO.

STJ No regime próprio da Lei 9.492/1997, legitimamente protestado o título de crédito ou outro documento de dívida, salvo inequívoca pactuação em sentido contrário, incumbe ao devedor, após a quitação da dívida, providenciar o cancelamento do protesto. • REsp 1.339.436-SP. 2014. (Info 550)

▼ CONDOMÍNIO EDILÍCIO

APLICAÇÃO DE MULTAS SANCIONATÓRIA E MORATÓRIA POR INADIMPLÊNCIA CONDOMINIAL CONTUMAZ.

STJ No caso de descumprimento reiterado do dever de contribuir para as despesas do condomínio (inciso I do art. 1.336 do CC), pode ser aplicada a multa sancionatória em razão de comportamento "antissocial" ou "nocivo" (art. 1.337 do CC), além da aplicação da multa moratória (§ 1º do art. 1.336 do CC). • REsp 1.247.020-DF. 2015. (Info 573)

APLICAÇÃO DE MULTA A CONDÔMINO ANTISSOCIAL.

STJ A sanção prevista para o comportamento antissocial reiterado de condômino (art. 1.337, parágrafo único, do CC) não pode ser aplicada sem que antes lhe seja conferido o direito de defesa. • REsp 1.365.279-SP. 2015. (Info 570)

ALTERAÇÃO DE FACHADA SEM AUTORIZAÇÃO DA TOTALIDADE DOS CONDÔMINOS.

STJ O condômino não pode, sem a anuência de todos os condôminos, alterar a cor das esquadrias externas de seu apartamento para padrão distinto do empregado no restante da fachada do edifício, ainda que a modificação esteja posicionada em recuo, não acarrete prejuízo direto ao valor dos demais imóveis e não possa ser vista do térreo, mas apenas de andares correspondentes de prédios vizinhos. • REsp 1.483.733-RJ. 2015. (Info 568)

COBRANÇA DE TAXA DE MANUTENÇÃO EM CONDOMÍNIO DE FATO. RECURSO REPETITIVO.

STJ As taxas de manutenção criadas por associações de moradores não obrigam os não associados ou os que a elas não anuíram. • REsp 1.280.871-SP e REsp 1.439.163-SP. 2015. (Info 562)

LEGITIMIDADE PASSIVA EM AÇÃO DE COBRANÇA DE DÍVIDAS CONDOMINIAIS. RECURSO REPETITIVO.

STJ A respeito da legitimidade passiva em ação de cobrança de dívidas condominiais, firmaram-se as seguintes teses: a) o que define a responsabilidade pelo pagamento das obrigações condominiais não é o registro do compromisso de compra e venda, mas a relação jurídica material com o imóvel, representada pela imissão na posse pelo promissário comprador e pela ciência inequívoca do condomínio acerca da transação; b) havendo compromisso de compra e venda não levado a registro, a responsabilidade pelas despesas de condomínio pode recair tanto sobre o promitente vendedor quanto sobre o promissário comprador, dependendo das circunstâncias de cada caso concreto; e c) se ficar comprovado (i) que o promissário comprador se imitira na posse e (ii) o condomínio teve ciência inequívoca da transação, afasta-se a legitimidade passiva do promitente vendedor para responder por despesas condominiais relativas a período em que a posse foi exercida pelo promissário comprador. • REsp 1.345.331-RS . 2015. (Info 560)

INSUBSISTÊNCIA DE CLÁUSULA DE IRREVOGABILIDADE E DE IRRETRATABILIDADE EM CONVENÇÃO DE CONDOMÍNIO.

STJ Ainda que, na vigência do CC/1916, tenha sido estipulado, na convenção original de condomínio, ser irrevogável e irretratável cláusula que prevê a divisão das despesas do condomínio em partes iguais, admite-se ulterior alteração da forma de rateio, mediante aprovação de 2/3 dos votos dos condôminos, para que as expensas sejam suportadas na proporção das frações ideais. • REsp 1.447.223-RS. 2015. (Info 554)

RESPONSABILIDADE DE CONDÔMINO PELAS DESPESAS PROVENIENTES DE AÇÃO AJUIZADA PELO CONDOMÍNIO EM FACE DAQUELE.

STJ O condômino que tenha sido demandado pelo condomínio em ação de cobrança deve participar do rateio das despesas do litígio contra si proposto. • REsp 1.185.061-SP. 2014. (Info 549)

DIREITO DE VOTO EM ASSEMBLEIA DE CONDOMÍNIO.

STJ Em assembleia condominial, o condômino proprietário de diversas unidades autônomas, ainda que inadimplente em relação a uma ou algumas destas, terá direito de participação e de voto relativamente às suas unidades que estejam em dia com as taxas do condomínio. • REsp 1.375.160-SC. 2013. (Info 530)

QUÓRUM PARA A MODIFICAÇÃO DE REGIMENTO INTERNO DE CONDOMÍNIO EDILÍCIO.

STJ A alteração de regimento interno de condomínio edilício depende de votação com observância do quórum estipulado na convenção condominial. • REsp 1.169.865-DF. 2013. (Info 523)

▼ RESPONSABILIDADE CIVIL

INDENIZAÇÃO DEVIDA PELO USO EXCLUSIVO DE IMÓVEL DE PROPRIEDADE COMUM DE EX-CÔNJUGES. TERMO INICIAL. INFLUÊNCIA NO VALOR DE ALIMENTOS.

STJ Requerida a indenização pelo uso exclusivo de bem comum por um dos ex-cônjuges na partilha, o termo inicial para o ressarcimento ao outro é a data da intimação da pretensão e o valor correspondente pode influir no valor da prestação de alimentos. • REsp 1.250.362-RS. 2017. (Info 598)

RESPONSABILIDADE CIVIL DE INSTITUIÇÃO FINANCEIRA POR DANOS MATERIAIS DECORRENTES DE DESVIOS DE VALORES POR GERENTE DE CONTA BANCÁRIA.

STJ A instituição financeira deverá restituir os valores desviados por gerente que, conquanto tivesse autorização do correntista para realizar aplicações financeiras, utilizou-se das facilidades de sua função para desviar em proveito próprio valores constantes da conta bancária do cliente. • REsp 1.569.767-RS. 2016. (Info 579)

TERMO FINAL DE PENSÃO MENSAL POR ATO ILÍCITO COM RESULTADO MORTE.

STJ O fato de a vítima de ato ilícito com resultado morte possuir, na data do óbito, idade superior à expectativa média de vida do brasileiro não afasta o direito de seu dependente econômico ao recebimento de pensão mensal, que será devida até a data em que a vítima atingiria a expectativa de vida prevista na tabela de sobrevida (Tábua Completa de Mortalidade) do IBGE vigente na data do óbito, considerando-se, para os devidos fins, o gênero e a idade da vítima. • REsp 1.311.402-SP. 2016. (Info 578)

HIPÓTESE DE INEXISTÊNCIA DE RESPONSABILIDADE CIVIL DA MÃE DE MENOR DE IDADE CAUSADOR DE ACIDENTE.

STJ A mãe que, à época de acidente provocado por seu filho menor de idade, residia permanentemente em local distinto daquele no qual morava o menor - sobre quem apenas o pai exercia autoridade de fato - não pode ser responsabilizada pela reparação civil advinda do ato ilícito, mesmo considerando que ela não deixou de deter o poder familiar sobre o filho. • REsp 1.232.011-SC. 2016. (Info 575)

SAQUE INDEVIDO EM CONTA BANCÁRIA E DANO MORAL.

STJ O banco deve compensar os danos morais sofridos por consumidor vítima de saque fraudulento que, mesmo diante de grave e evidente falha na prestação do serviço bancário, teve que intentar ação contra a instituição financeira com objetivo de recompor o seu patrimônio, após frustradas tentativas de resolver extrajudicialmente a questão. • AgRg no AREsp 395.426-DF . 2016. (Info 574)

DEVOLUÇÃO DE CHEQUE SEM PROVISÃO DE FUNDOS E RESPONSABILIDADE CIVIL DE INSTITUIÇÃO BANCÁRIA.

STJ O banco sacado não é parte legítima para figurar no polo passivo de ação ajuizada com o objetivo de reparar os prejuízos decorrentes da devolução de cheque sem provisão de fundos emitido por correntista. • REsp 1.509.178-SC. 2016. (Info 574)

VALOR DE INDENIZAÇÃO PELO EXTRAVIO DE MERCADORIAS EM TRANSPORTE AÉREO.

STJ Independentemente da existência de relação jurídica consumerista, a indenização pelo extravio de mercadoria transportada por via aérea, prévia e devidamente declarada, com inequívoca ciência do transportador acerca de seu conteúdo, deve corresponder ao valor integral declarado, não se aplicando, por conseguinte, as limitações tarifadas prevista no Código Brasileiro de Aeronáutica e na Convenção de Varsóvia. • REsp 1.289.629-SP. 2015. (Info 574)

RESPONSABILIDADE CIVIL DOS GENITORES PELOS DANOS CAUSADOS POR SEU FILHO ESQUIZOFRÊNICO.

STJ Os pais de portador de esquizofrenia paranoide que seja solteiro, maior de idade e more sozinho tem responsabilidade civil pelos danos causados durante os recorrentes surtos agressivos de seu filho, no caso em que eles, plenamente cientes dessa situação, tenham sido omissos na adoção de quaisquer medidas com o propósito de evitar a repetição desses fatos, deixando de tomar qualquer atitude para interditá-lo ou mantê-lo sob sua guarda e companhia. • REsp 1.101.324-RJ . 2015. (Info 573)

SENTENÇA PENAL CONDENATÓRIA E SENTENÇA CÍVEL QUE RECONHECE A OCORRÊNCIA DE CULPA RECÍPROCA.

STJ Diante de sentença penal condenatória que tenha reconhecido a prática de homicídio culposo, o juízo cível, ao apurar responsabilidade civil decorrente do delito, não pode, com fundamento na concorrência de culpas, afastar a obrigação de reparar, embora possa se valer da existência de culpa concorrente da vítima para fixar o valor da indenização. • REsp 1.354.346-PR. 2015. (Info 572)

PENSÃO CIVIL POR INCAPACIDADE PARCIAL PARA O TRABALHO.

STJ Pode ser incluída pensão civil em indenização por debilidade permanente de membro inferior causada a soldado por acidente de trânsito, ainda que se possa presumir capacidade para atividades administrativas no próprio Exército Brasileiro ou para outras ocupações. • REsp 1.344.962-DF. 2015. (Info 568)

VALOR DA PENSÃO CIVIL POR INCAPACIDADE PARCIAL PARA O TRABALHO.

STJ A pensão civil incluída em indenização por debilidade permanente de membro inferior causada a soldado do Exército Brasileiro por acidente de trânsito pode ser fixada em 100% do soldo que recebia quando em atividade. • REsp 1.344.962-DF. 2015. (Info 568)

RESPONSABILIDADE CIVIL DOS ADMINISTRADORES DE REDE SOCIAL POR VIOLAÇÃO DE DIREITO AUTORAL CAUSADA POR SEUS USUÁRIOS.

STJ A Google não é responsável pelos prejuízos decorrentes de violações de direito autoral levadas a efeito por usuários que utilizavam a rede social Orkut para comercializar obras sem autorização dos respectivos titulares, uma vez verificado (a) que o provedor de internet não obteve lucro ou contribuiu decisivamente com a prática ilícita e (b) que os danos sofridos antecederam a notificação do provedor acerca da existência do conteúdo infringente. • REsp 1.512.647-MG. 2015. (Info 565)

RESPONSABILIDADE CIVIL DE TRANSPORTADORA DE PASSAGEIROS E CULPA EXCLUSIVA DO CONSUMIDOR.

STJ A sociedade empresária de transporte coletivo interestadual não deve ser responsabilizada pela partida do veículo, após parada obrigatória, sem a presença do viajante que, por sua culpa exclusiva, não compareceu para reembarque mesmo após a chamada dos passageiros, sobretudo quando houve o embarque tempestivo dos demais. • REsp 1.354.369-RJ. 2015. (Info 562)

FORMA DE PAGAMENTO DE PENSÃO FIXADA NOS CASOS DE RESPONSABILIDADE CIVIL DERIVADA DE INCAPACITAÇÃO DA VÍTIMA PARA O TRABALHO.

STJ Nos casos de responsabilidade civil derivada de incapacitação para o trabalho (art. 950 do CC), a vítima não tem o direito absoluto de que a indenização por danos materiais fixada em forma de pensão seja arbitrada e paga de uma só vez, podendo o magistrado avaliar, em cada caso concreto, sobre a conveniência da aplicação da regra que autoriza a estipulação de parcela única (art. 950, parágrafo único, do CC), a fim de evitar, de um lado, que a satisfação do crédito do beneficiário fique ameaçada e, de outro, que haja risco de o devedor ser levado à ruína. • REsp 1.349.968-DF. 2015. (Info 561)

POSSIBILIDADE DE ABSOLUTAMENTE INCAPAZ SOFRER DANO MORAL.

STJ O absolutamente incapaz, ainda quando impassível de detrimento anímico, pode sofrer dano moral. • REsp 1.245.550-MG. 2015. (Info 559)

RESPONSABILIDADE POR OFENSAS PROFERIDAS POR INTERNAUTA E VEICULADAS EM PORTAL DE NOTÍCIAS.

STJ A sociedade empresária gestora de portal de notícias que disponibilize campo destinado a comentários de internautas terá responsabilidade solidária por comentários, postados nesse campo, que, mesmo relacionados à matéria jornalística veiculada, sejam ofensivos a terceiro e que tenham ocorrido antes da entrada em vigor do marco civil da internet (Lei 12.965/2014). • REsp 1.352.053-AL. 2015. (Info 558)

DIREITO DE PROPRIEDADE DE SUBSOLO.

STJ No caso em que o subsolo de imóvel tenha sido invadido por tirantes (pinos de concreto) provenientes de obra de sustentação do imóvel vizinho, o proprietário do imóvel invadido não terá legítimo interesse para requerer, com base no art. 1.229 do CC, a remoção dos tirantes nem indenização por perdas e danos, desde que fique constatado que a invasão não acarretou prejuízos comprovados a ele, tampouco impossibilitou o perfeito uso, gozo e fruição do seu imóvel. • REsp 1.256.825-SP. 2015. (Info 557)

DIREITO EXCLUSIVO DO PESQUISADOR À EXPLORAÇÃO DA JAZIDA.

STJ O terceiro que explorou clandestinamente área objeto de outorga para pesquisa de viabilidade de lavra de minérios deve indenizar o particular que possuía o direito de pesquisa e de lavra. • REsp 1.471.571-RO. 2015. (Info 556)

DANO MORAL DECORRENTE DE DIVULGAÇÃO DE IMAGEM EM PROPAGANDA POLÍTICA.

STJ Configura dano moral indenizável a divulgação não autorizada da imagem de alguém em material impresso de propaganda político-eleitoral, independentemente da comprovação de prejuízo. • REsp 1.217.422-MG. 2014. (Info 549)

APLICABILIDADE DA TEORIA DA PERDA DE UMA CHANCE NO CASO DE DESCUMPRIMENTO DE CONTRATO DE COLETA DE CÉLULAS-TRONCO EMBRIONÁRIAS.

STJ Tem direito a ser indenizada, com base na teoria da perda de uma chance, a criança que, em razão da ausência do preposto da empresa contratada por seus pais para coletar o material no momento do parto, não teve recolhidas as células-tronco embrionárias. • REsp 1.291.247-RJ. 2014. (Info 549)

DANO MORAL DECORRENTE DA UTILIZAÇÃO NÃO AUTORIZADA DE IMAGEM EM CAMPANHA PUBLICITÁRIA.

STJ Configura dano moral a divulgação não autorizada de foto de pessoa física em campanha publicitária promovida por sociedade empresária com o fim de, mediante incentivo à manutenção da limpeza urbana, incrementar a sua imagem empresarial perante a população, ainda que a fotografia tenha sido capturada em local público e sem nenhuma conotação ofensiva ou vexaminosa. • REsp 1.307.366-RJ. 2014. (Info 546)

RESPONSABILIDADE CIVIL DE INSTITUIÇÃO DE ENSINO PELA EXTINÇÃO DE CURSO SUPERIOR.

STJ É cabível indenização por danos morais ao aluno universitário que fora compelido a migrar para outra instituição educacional pelo fato de a instituição contratada ter extinguido de forma abrupta o curso, ainda que esta tenha realizado convênio, com as mesmas condições e valores, com outra instituição para continuidade do curso encerrado. • REsp 1.341.135-SP. 2014. (Info 549)

METODOLOGIA DE FIXAÇÃO DE DANOS MORAIS DEVIDOS A PARENTES DE VÍTIMAS DE DANO MORTE NA HIPÓTESE DE NÚCLEOS FAMILIARES COM DIFERENTE NÚMERO DE MEMBROS.

STJ Na fixação do valor da reparação pelos danos morais sofridos por parentes de vítimas mortas em um mesmo evento, não deve ser estipulada de forma global a mesma quantia reparatória para cada grupo familiar se, diante do fato de uma vítima ter mais parentes que outra, for conferido tratamento desigual a lesados que se encontrem em idêntica situação de abalo psíquico, devendo, nessa situação, ser adotada metodologia de arbitramento que leve em consideração a situação individual de cada parente de cada vítima do dano morte. • EREsp 1.127.913-RS. 2014. (Info 544)

PENA CONVENCIONAL E INDENIZAÇÃO POR PERDAS E DANOS.

STJ Não se pode cumular multa compensatória prevista em cláusula penal com indenização por perdas e danos decorrentes do inadimplemento da obrigação. • REsp 1.335.617-SP. 2014. (Info 540)

RESPONSABILIDADE CIVIL POR DANOS DECORRENTES DE ABUSO DO DIREITO DE AÇÃO EXECUTIVA.

STJ O advogado que ajuizou ação de execução de honorários de sucumbência não só contra a sociedade limitada que exclusivamente constava como sucumbente no título judicial, mas também, sem qualquer justificativa, contra seus sócios dirigentes, os quais tiveram valores de sua conta bancária bloqueados sem aplicação da teoria da desconsideração da personalidade jurídica, deve aos sócios indenização pelos danos materiais e morais que sofreram. • REsp 1.245.712-MT. 2014. (Info 539)

FORMA DE PAGAMENTO DE PENSÃO POR INDENIZAÇÃO DECORRENTE DE MORTE.

STJ Os credores de indenização por dano morte fixada na forma de pensão mensal não têm o direito de exigir que o causador do ilícito pague de uma só vez todo o valor correspondente. • REsp 1.393.577-PR. 2014. (Info 536)

INDENIZAÇÃO POR DANOS MORAIS A PESSOA JURÍDICA DE DIREITO PÚBLICO.

STJ A pessoa jurídica de direito público não tem direito à indenização por danos morais relacionados à violação da honra ou da imagem. • REsp 1.258.389-PB. 2014. (Info 534)

LEGITIMIDADE PARA BUSCAR REPARAÇÃO DE PREJUÍZOS DECORRENTES DE VIOLAÇÃO DA IMAGEM E DA MEMÓRIA DE FALECIDO.

STJ Diferentemente do que ocorre em relação ao cônjuge sobrevivente, o espólio não tem legitimidade para buscar reparação por danos morais decorrentes de ofensa *post mortem* à imagem e à memória de pessoa. • REsp 1.209.474-SP. 2013. (Info 532)

AÇÃO CIVIL EX DELICTO.

STJ O termo inicial do prazo de prescrição para o ajuizamento da ação de indenização por danos decorrentes de crime (ação civil *ex delicto*) é a data do trânsito em julgado da sentença penal condenatória, ainda que se trate de ação proposta contra empregador em razão de crime praticado por empregado no exercício do trabalho que lhe competia. • REsp 1.135.988-SP. 2013. (Info 530)

APLICABILIDADE DA TEORIA DA PERDA DA CHANCE.

STJ A emissora responsável pela veiculação de programa televisivo de perguntas e respostas deve indenizar, pela perda de uma chance, o participante do programa que, apesar de responder corretamente a pergunta sobre determinado time de futebol, tenha sido indevidamente desclassificado, ao ter sua resposta considerada errada por estar em desacordo com parte fantasiosa de livro adotado como bibliografia básica para as perguntas formuladas. • REsp 1.383.437-SP. 2013. (Info 528)

RESPONSABILIDADE CIVIL DO TITULAR DE BLOG PELOS DANOS DECORRENTES DA PUBLICAÇÃO EM SEU SITE DE ARTIGO DE AUTORIA DE TERCEIRO.

STJ O titular de *blog* é responsável pela reparação dos danos morais decorrentes da inserção, em seu *site*, por sua conta e risco, de artigo escrito por terceiro. • REsp 1.381.610-RS. 2013. (Info 527)

DIREITO AO ESQUECIMENTO.

STJ A exibição não autorizada de uma única imagem da vítima de crime amplamente noticiado à época dos fatos não gera, por si só, direito de compensação por danos morais aos seus familiares. • REsp 1.335.153-RJ. 2013. (Info 527)

DIREITO AO ESQUECIMENTO.

STJ Gera dano moral a veiculação de programa televisivo sobre fatos ocorridos há longa data, com ostensiva identificação de pessoa que tenha sido investigada, denunciada e, posteriormente, inocentada em processo criminal. • REsp 1.334.097-RJ. 2013. (Info 527)

RESPONSABILIDADE DE HOSPITAL PARTICULAR POR EVENTO DANOSO OCORRIDO NA VIGÊNCIA DO CC/1916 E ANTES DO INÍCIO DA VIGÊNCIA DO CDC/1990.

STJ Para que hospital particular seja civilmente responsabilizado por dano a paciente em razão de evento ocorrido na vigência do CC/1916 e antes do início da vigência do CDC/1990, é necessário que sua conduta tenha sido, ao menos, culposa. • REsp 1.307.032-PR. 2013. (Info 526)

RESPONSABILIDADE CIVIL POR ERRO NÃO INTENCIONAL DE ARBITRAGEM.

STJ Não gera dano moral indenizável ao torcedor, pela entidade responsável pela organização da competição, o erro não intencional de arbitragem, ainda que resulte na eliminação do time do campeonato e mesmo que o árbitro da partida tenha posteriormente reconhecido o erro cometido. • REsp 1.296.944-RJ. 2013. (Info 526)

RESPONSABILIDADE CIVIL DOS CORREIOS POR EXTRAVIO DE CARTA REGISTRADA.

STJ A Empresa Brasileira de Correios e Telégrafos (ECT) deve reparar os danos morais decorrentes de extravio de correspondência registrada. • REsp 1.097.266-PB. 2013. (Info 524)

RESPONSABILIDADE CIVIL POR VEICULAÇÃO DE MATÉRIA JORNALÍSTICA.

STJ A entidade responsável por prestar serviços de comunicação não tem o dever de indenizar pessoa física em razão da publicação de matéria de interesse público em jornal de grande circulação a qual tenha apontado a existência de investigações pendentes sobre ilícito supostamente cometido pela referida pessoa, ainda que posteriormente tenha ocorrido absolvição quanto às acusações, na hipótese em que a entidade busque fontes fidedignas, ouça as diversas partes interessadas e afaste quaisquer dúvidas sérias quanto à veracidade do que divulga. • REsp 1.297.567-RJ. 2013. (Info 524)

▼ TESTAMENTO, HERANÇA E PARTILHA

PARTILHA. INDENIZAÇÃO PELO USO EXCLUSIVO DE IMÓVEL DE PROPRIEDADE COMUM DOS EX-CÔNJUGES AINDA NÃO PARTILHADO FORMALMENTE. POSSIBILIDADE A DEPENDER DAS CIRCUNSTÂNCIAS DO CASO CONCRETO.

STJ Na separação e no divórcio, o fato de certo bem comum ainda pertencer indistintamente aos ex-cônjuges, por não ter sido formalizada a partilha, não representa automático empecilho ao pagamento de indenização pelo uso exclusivo do bem por um deles, desde que a parte que toca a cada um tenha sido definida por qualquer meio inequívoco. • REsp 1.250.362-RS. 2017. (Info 598)

TERMO INICIAL DO PRAZO PRESCRICIONAL DA AÇÃO DE PETIÇÃO DE HERANÇA EM RECONHECIMENTO PÓSTUMO DE PATERNIDADE.

STJ Na hipótese em que ação de investigação de paternidade *post mortem* tenha sido ajuizada após o trânsito em julgado da decisão de partilha de bens deixados pelo *de cujus*, o termo inicial do prazo prescricional para o ajuizamento de ação de petição de herança é a data do trânsito em julgado da decisão que reconheceu a paternidade, e não o trânsito em julgado da sentença que julgou a ação de inventário. • REsp 1.475.759-DF. 2016. (Info 583)

HERANÇA DE BEM GRAVADO COM CLÁUSULA DE INCOMUNICABILIDADE.

STJ A cláusula de incomunicabilidade imposta a um bem transferido por doação ou testamento só produz efeitos enquanto viver o beneficiário, sendo que, após a morte deste, o cônjuge sobrevivente poderá se habilitar como herdeiro do referido bem, observada a ordem de vocação hereditária. • REsp 1.552.553-RJ. 2016. (Info 576)

ILEGITIMIDADE DA VIÚVA MEEIRA PARA FIGURAR NO POLO PASSIVO DE AÇÃO DE PETIÇÃO DE HERANÇA.

STJ A viúva meeira que não ostente a condição de herdeira é parte ilegítima para figurar no polo passivo de ação de petição de herança na qual não tenha sido questionada a meação, ainda que os bens integrantes de sua fração se encontrem em condomínio *pro indiviso* com os bens pertencentes ao quinhão hereditário. • REsp 1.500.756-GO. 2015. (Info 573)

PRETENSÃO ANULATÓRIA DE DOAÇÃO-PARTILHA.

STJ Na hipótese em que o autor da herança tenha promovido em vida a partilha da integralidade de seus bens em favor de todos seus descendentes e herdeiros necessários, por meio de escrituras públicas de doação nas quais ficou consignado o consentimento de todos eles e, ainda, a dispensa de colação futura, a alegação de eventual prejuízo à legítima em decorrência da referida partilha deve ser pleiteada pela via anulatória apropriada, e não por meio de ação de inventário. • REsp 1.523.552-PR. 2015. (Info 573)

DIREITO DE HERDEIRO DE EXIGIR A COLAÇÃO DE BENS.

STJ O filho do autor da herança tem o direito de exigir de seus irmãos a colação dos bens que receberam via doação a título de adiantamento da legítima, ainda que sequer tenha sido concebido ao tempo da liberalidade. • REsp 1.298.864-SP. 2015. (Info 563)

RESPONSABILIDADE DOS HERDEIROS PELO PAGAMENTO DE DÍVIDA DIVISÍVEL DO AUTOR DA HERANÇA.

STJ Em execução de dívida divisível do autor da herança ajuizada após a partilha, cada herdeiro beneficiado pela sucessão responde na proporção da parte que lhes coube na herança. • REsp 1.367.942-SP. 2015. (Info 563)

CÔNJUGE SUPÉRSTITE CASADO EM REGIME DE SEPARAÇÃO CONVENCIONAL E SUCESSÃO "CAUSA MORTIS".

STJ No regime de separação convencional de bens, o cônjuge sobrevivente concorre na sucessão *causa mortis* com os descendentes do autor da herança. • REsp 1.382.170-SP. 2015. (Info 562)

NECESSIDADE DE OBSERVÂNCIA, NA PARTILHA, DAS NORMAS VIGENTES AO TEMPO DA AQUISIÇÃO DOS BENS.

STJ Ainda que o término do relacionamento e a dissolução da união estável tenham ocorrido durante a vigência da Lei 9.278/1996, não é possível aplicar à partilha do patrimônio formado antes da vigência da referida lei a presunção legal de que os bens adquiridos onerosamente foram fruto de esforço comum dos conviventes (art. 5º da Lei 9.278/1996), devendo-se observar o ordenamento jurídico vigente ao tempo da aquisição de cada bem a partilhar. • REsp 1.124.859-MG. 2015. (Info 556)

ASSINATURA DO TESTADOR COMO REQUISITO ESSENCIAL DE VALIDADE DE TESTAMENTO PARTICULAR.

STJ Será inválido o testamento particular redigido de próprio punho quando não for assinado pelo testador. • REsp 1.444.867-DF. 2014. (Info 551)

INOPONIBILIDADE DO DIREITO REAL DE HABITAÇÃO NO CASO DE COPROPRIEDADE ANTERIOR À ABERTURA DA SUCESSÃO.

STJ A viúva não pode opor o direito real de habitação aos irmãos de seu falecido cônjuge na hipótese em que eles forem, desde antes da abertura da sucessão, coproprietários do imóvel em que ela residia com o marido. • REsp 1.184.492-SE. 2014. (Info 541)

LEGITIMIDADE PARA PLEITEAR DECLARAÇÃO DE NULIDADE EM DOAÇÃO INOFICIOSA.

STJ O herdeiro que cede seus direitos hereditários possui legitimidade para pleitear a declaração de nulidade de doação inoficiosa (arts. 1.176 do CC/1916 e 549 do CC/2002) realizada pelo autor da herança em benefício de terceiros. • REsp 1.361.983-SC. 2014. (Info 539)

▼ ALIMENTOS

ACORDO DE ALIMENTOS SEM A PARTICIPAÇÃO DO ADVOGADO DO ALIMENTANTE.

STJ É válido o acordo de alimentos celebrado pelos interessados na presença do magistrado e do Ministério Público, mas sem a participação do advogado do alimentante capaz. • REsp 1.584.503-SP. 2016. (Info 583)

PROTESTO E INSCRIÇÃO DO NOME DO DEVEDOR DE ALIMENTOS EM CADASTROS DE INADIMPLENTES.

STJ Em execução de alimentos devidos a filho menor de idade, é possível o protesto e a inscrição do nome do devedor em cadastros de proteção ao crédito. • REsp 1.469.102-SP. 2016. (Info 579)

PRAZO PRESCRICIONAL DA PRETENSÃO DE REEMBOLSO DE DESPESAS DE CARÁTER ALIMENTAR.

STJ Se a mãe, ante o inadimplemento do pai obrigado a prestar alimentos a seu filho, assume essas despesas, o prazo prescricional da pretensão de cobrança do reembolso é de 10 anos, e não de 2 anos. • REsp 1.453.838-SP. 2015. (Info 574)

PENHORA DE QUOTAS SOCIAIS NA PARTE RELATIVA À MEAÇÃO.

STJ A existência de dívida alimentar não autoriza a penhora imediata de cotas sociais pertencentes à atual companheira do devedor na parte relativa à meação, sem que antes tenha sido verificada a viabilidade de constrição do lucro relativo às referidas cotas e das demais hipóteses que devam anteceder a penhora (art. 1.026, c/c art. 1.053, ambos do CC). • REsp 1.284.988-RS. 2015. (Info 559)

DIREITO A ALIMENTOS PELO ROMPIMENTO DE UNIÃO ESTÁVEL ENTRE PESSOAS DO MESMO SEXO.

STJ É juridicamente possível o pedido de alimentos decorrente do rompimento de união estável homoafetiva. • REsp 1.302.467-SP. 2015. (Info 558)

VALOR DA PRESTAÇÃO ALIMENTAR EM FACE DE CONSTITUIÇÃO DE NOVA UNIDADE FAMILIAR PELO ALIMENTANTE.

STJ A constituição de nova família pelo devedor de alimentos não acarreta, por si só, revisão da quantia estabelecida a título de alimentos em favor dos filhos advindos de anterior unidade familiar formada pelo alimentante, sobretudo se não houver prova da diminuição da capacidade financeira do devedor em decorrência da formação do novo núcleo familiar. • REsp 1.496.948-SP. 2015. (Info 557)

PENSÃO ALIMENTÍCIA DEVIDA A EX-CÔNJUGE E FIXAÇÃO, OU NÃO, DE TERMO FINAL.

STJ Em regra, a pensão alimentícia devida a ex-cônjuge deve ser fixada por tempo determinado, sendo cabível o pensionamento alimentar sem marco final tão somente quando o alimentado (ex-cônjuge) se encontrar em circunstâncias excepcionais, como de incapacidade laboral permanente, saúde fragilizada ou impossibilidade prática de inserção no mercado de trabalho. • REsp 1.496.948-SP. 2015. (Info 557)

ÓBITO DE EX-COMPANHEIRO ALIMENTANTE E RESPONSABILIDADE DO ESPÓLIO PELOS DÉBITOS ALIMENTARES NÃO QUITADOS.

STJ Extingue-se, com o óbito do alimentante, a obrigação de prestar alimentos a sua ex-companheira decorrente de acordo celebrado em razão do encerramento da união estável, transmitindo-se ao espólio apenas a responsabilidade pelo pagamento dos débitos alimentares que porventura não tenham sido quitados pelo devedor em vida (art. 1.700 do CC). • REsp 1.354.693-SP. 2015. (Info 555)

IRRENUNCIABILIDADE, NA CONSTÂNCIA DO VÍNCULO FAMILIAR, DOS ALIMENTOS DEVIDOS.

STJ Tendo os conviventes estabelecido, no início da união estável, por escritura pública, a dispensa à assistência material mútua, a superveniência de moléstia grave na constância do relacionamento, reduzindo a capacidade laboral e comprometendo, ainda que temporariamente, a situação financeira de um deles, autoriza a fixação de alimentos após a dissolução da união. • REsp 1.178.233-RJ. 2015. (Info 553)

DÉCIMO TERCEIRO SALÁRIO COMO BASE DE CÁLCULO DE PENSÃO ALIMENTÍCIA.

STJ Desde que não haja disposição transacional ou judicial em sentido contrário, o décimo terceiro salário não compõe a base de cálculo da pensão alimentícia quando esta é estabelecida em valor fixo. • REsp 1.332.808-SC. 2015. (Info 553)

PARTICIPAÇÃO NOS LUCROS E RESULTADOS COMO BASE DE CÁLCULO DE PENSÃO ALIMENTÍCIA.

STJ Desde que não haja disposição transacional ou judicial em sentido contrário, as parcelas percebidas a título de participação nos lucros e resultados integram a base de cálculo da pensão alimentícia quando esta é fixada em percentual sobre os rendimentos. • REsp 1.332.808-SC. 2015. (Info 553)

AVISO PRÉVIO COMO BASE DE CÁLCULO DE PENSÃO ALIMENTÍCIA.

STJ Desde que não haja disposição transacional ou judicial em sentido contrário, o aviso prévio não integra a base de cálculo da pensão alimentícia. • REsp 1.332.808-SC. 2015. (Info 553)

ADJUDICAÇÃO DE DIREITOS HEREDITÁRIOS DO HERDEIRO DEVEDOR DE ALIMENTOS.

STJ É possível a adjudicação em favor do alimentado dos direitos hereditários do alimentante, penhorados no rosto dos autos do inventário, desde que observado os interesses dos demais herdeiros, nos termos dos arts. 1.793 a 1.795 do CC. • REsp 1.330.165-RJ. 2015. (Info 544)

OBRIGAÇÃO DE PRESTAR ALIMENTOS.

STJ O espólio de genitor do autor de ação de alimentos não possui legitimidade para figurar no polo passivo da ação na hipótese em que inexista obrigação alimentar assumida pelo genitor por acordo ou decisão judicial antes da sua morte. • REsp 1.337.862-SP. 2014. (Info 534)

BASE DE CÁLCULO DA PENSÃO ALIMENTÍCIA.

STJ As verbas auxílio-acidente, vale-cesta e vale-alimentação não integram a base de cálculo para fins de desconto de pensão alimentícia. • REsp 1.159.408-PB. 2014. (Info 533)

IMPOSSIBILIDADE DE PRISÃO CIVIL DO INVENTARIANTE PELO INADIMPLEMENTO DE PENSÃO ALIMENTÍCIA.

STJ Não cabe prisão civil do inventariante em razão do descumprimento do dever do espólio de prestar alimentos. • HC 256.793-RN. 2014. (Info 531)

▼ REGIME DE BENS

INEXISTÊNCIA DE MEAÇÃO DE VALORES DEPOSITADOS EM CONTA VINCULADA AO FGTS ANTES DA CONSTÂNCIA DA SOCIEDADE CONJUGAL SOB O REGIME DA COMUNHÃO PARCIAL.

STJ Diante do divórcio de cônjuges que viviam sob o regime da comunhão parcial de bens, não deve ser reconhecido o direito à meação dos valores que foram depositados em conta vinculada ao FGTS em datas anteriores à constância do casamento e que tenham sido utilizados para aquisição de imóvel pelo casal durante a vigência da relação conjugal. • REsp 1.399.199-RS . 2016. (Info 581)

PARTILHA DE QUOTAS DE SOCIEDADE DE ADVOGADOS.

STJ Na separação judicial, sujeitam-se a partilha as quotas de sociedade de advogados adquiridas por um dos cônjuges, sob o regime da comunhão universal de bens, na constância do casamento. • REsp 1.531.288-RS. 2016. (Info 575)

SUCESSÃO CAUSA MORTIS E REGIME DE COMUNHÃO PARCIAL DE BENS.

STJ O cônjuge sobrevivente casado sob o regime de comunhão parcial de bens concorrerá com os descendentes do cônjuge falecido apenas quanto aos bens particulares eventualmente constantes do acervo hereditário. • REsp 1.368.123-SP. 2015. (Info 563)

IRRETROATIVIDADE DOS EFEITOS DE CONTRATO DE UNIÃO ESTÁVEL.

STJ Não é lícito aos conviventes atribuírem efeitos retroativos ao contrato de união estável, a fim de eleger o regime de bens aplicável ao período de convivência anterior à sua assinatura. • REsp 1.383.624-MG. 2015. (Info 563)

CÔNJUGE SUPÉRSTITE CASADO EM REGIME DE SEPARAÇÃO CONVENCIONAL E SUCESSÃO "CAUSA MORTIS".

STJ No regime de separação convencional de bens, o cônjuge sobrevivente concorre na sucessão *causa mortis* com os descendentes do autor da herança. • REsp 1.382.170-SP. 2015. (Info 562)

INCOMUNICABILIDADE DA VALORIZAÇÃO DE COTAS SOCIAIS NO ÂMBITO DE DISSOLUÇÃO DE UNIÃO ESTÁVEL.

STJ Na hipótese de dissolução de união estável subordinada ao regime da comunhão parcial de bens, não deve integrar o patrimônio comum, a ser partilhado entre os companheiros, a valorização patrimonial das cotas sociais de sociedade limitada adquiridas antes do início do período de convivência do casal. • REsp 1.173.931-RS. 2014. (Info 533)

INCOMUNICABILIDADE DE BEM RECEBIDO A TÍTULO DE DOAÇÃO NO REGIME DA COMUNHÃO PARCIAL DE BENS.

STJ No regime de comunhão parcial de bens, não integra a meação o valor recebido por doação na constância do casamento - ainda que inexistente cláusula de incomunicabilidade - e utilizado para a quitação de imóvel adquirido sem a contribuição do cônjuge não donatário. • REsp 1.318.599-SP. 2013. (Info 526)

▼ UNIÃO ESTÁVEL

PAGAMENTO DE INDENIZAÇÃO SECURITÁRIA NA AUSÊNCIA DE INDICAÇÃO DE BENEFICIÁRIO NO CONTRATO DE SEGURO DE VIDA.

STJ Na hipótese em que o segurado tenha contratado seguro de vida sem indicação de beneficiário e, na data do óbito, esteja separado de fato e em união estável, o capital segurado deverá ser pago metade aos herdeiros, segundo a ordem da vocação hereditária, e a outra metade à cônjuge não separada judicialmente e à companheira. • REsp 1.401.538-RJ. 2015. (Info 566)

DIREITO A ALIMENTOS PELO ROMPIMENTO DE UNIÃO ESTÁVEL ENTRE PESSOAS DO MESMO SEXO.

STJ É juridicamente possível o pedido de alimentos decorrente do rompimento de união estável homoafetiva. • REsp 1.302.467-SP. 2015. (Info 558)

DEFINIÇÃO DE PROPÓSITO DE CONSTITUIR FAMÍLIA PARA EFEITO DE RECONHECIMENTO DE UNIÃO ESTÁVEL.

STJ O fato de namorados projetarem constituir família no futuro não caracteriza união estável, ainda que haja coabitação. • REsp 1.454.643-RJ. 2015. (Info 557)

NECESSIDADE DE OBSERVÂNCIA, NA PARTILHA, DAS NORMAS VIGENTES AO TEMPO DA AQUISIÇÃO DOS BENS.

STJ Ainda que o término do relacionamento e a dissolução da união estável tenham ocorrido durante a vigência da Lei 9.278/1996, não é possível aplicar à partilha do patrimônio formado antes da vigência da referida lei a presunção legal de que os bens adquiridos onerosamente foram fruto de esforço comum dos conviventes (art. 5º da Lei 9.278/1996), devendo-se observar o ordenamento jurídico vigente ao tempo da aquisição de cada bem a partilhar. • REsp 1.124.859-MG. 2015. (Info 556)

ÓBITO DE EX-COMPANHEIRO ALIMENTANTE E RESPONSABILIDADE DO ESPÓLIO PELOS DÉBITOS ALIMENTARES NÃO QUITADOS.

STJ Extingue-se, com o óbito do alimentante, a obrigação de prestar alimentos a sua ex-companheira decorrente de acordo celebrado em razão do encerramento da união estável, transmitindo-se ao espólio apenas a responsabilidade pelo pagamento dos débitos alimentares que porventura não tenham sido quitados pelo devedor em vida (art. 1.700 do CC). • REsp 1.354.693-SP. 2015. (Info 555)

ALIENAÇÃO, SEM CONSENTIMENTO DO COMPANHEIRO, DE BEM IMÓVEL ADQUIRIDO NA CONSTÂNCIA DA UNIÃO ESTÁVEL.

STJ A invalidação da alienação de imóvel comum, fundada na falta de consentimento do companheiro, dependerá da publicidade conferida à união estável, mediante a averbação de contrato de convivência ou da decisão declaratória da existência de união estável no Ofício do Registro de Imóveis em que cadastrados os bens comuns, ou da demonstração de má-fé do adquirente. • REsp 1.424.275-MT. 2014. (Info 554)

IRRENUNCIABILIDADE, NA CONSTÂNCIA DO VÍNCULO FAMILIAR, DOS ALIMENTOS DEVIDOS.

STJ Tendo os conviventes estabelecido, no início da união estável, por escritura pública, a dispensa à assistência material mútua, a superveniência de moléstia grave na constância do relacionamento, reduzindo a capacidade laboral e comprometendo, ainda que temporariamente, a situação financeira de um deles, autoriza a fixação de alimentos após a dissolução da união. • REsp 1.178.233-RJ. 2015. (Info 553)

LEGITIMIDADE ATIVA PARA REQUERER DESCONSIDERAÇÃO INVERSA DE PERSONALIDADE JURÍDICA.

STJ Se o sócio controlador de sociedade empresária transferir parte de seus bens à pessoa jurídica controlada com o intuito de fraudar partilha em dissolução de união estável, a companheira prejudicada, ainda que integre a sociedade empresária na condição de sócia minoritária, terá legitimidade para requerer a desconsideração inversa da personalidade jurídica de modo a resguardar sua meação. • REsp 1.236.916-RS . 2013. (Info 533)

▼ INTERDIÇÃO

ENUMERAÇÃO DOS LEGITIMADOS ATIVOS PARA AÇÃO DE INTERDIÇÃO.

STJ Não é preferencial a ordem de legitimados para o ajuizamento de ação de interdição. • REsp 1.346.013-MG. 2015. (Info 571)

ATUAÇÃO DO MINISTÉRIO PÚBLICO COMO DEFENSOR DO INTERDITANDO.

STJ Nas ações de interdição não ajuizadas pelo MP, a função de defensor do interditando deverá ser exercida pelo próprio órgão ministerial, não sendo necessária, portanto, nomeação de curador à lide. • REsp 1.099.458-PR. 2014. (Info 553)

INTERNAÇÃO COMPULSÓRIA NO ÂMBITO DE AÇÃO DE INTERDIÇÃO.

STJ É possível determinar, no âmbito de ação de interdição, a internação compulsória de quem tenha acabado de cumprir medida socioeducativa de internação, desde que comprovado o preenchimento dos requisitos para a aplicação da medida mediante laudo médico circunstanciado, diante da efetiva demonstração da insuficiência dos recursos extra-hospitalares. • HC 135.271-SP. 2014. (Info 533)

EFEITOS DA SENTENÇA DE INTERDIÇÃO SOBRE MANDATO JUDICIAL.

STJ A sentença de interdição não tem como efeito automático a extinção do mandato outorgado pelo interditando ao advogado para sua defesa na demanda, sobretudo no caso em que o curador nomeado integre o polo ativo da ação de interdição. • REsp 1.251.728-PE. 2013. (Info 524)

▼ PATERNIDADE E ADOÇÃO

TERMO INICIAL DO PRAZO PRESCRICIONAL DA AÇÃO DE PETIÇÃO DE HERANÇA EM RECONHECIMENTO PÓSTUMO DE PATERNIDADE.

STJ Na hipótese em que ação de investigação de paternidade *post mortem* tenha sido ajuizada após o trânsito em julgado da decisão de partilha de bens deixados pelo *de cujus*, o termo inicial do prazo prescricional para o ajuizamento de ação de petição de herança é a data do trânsito em julgado da decisão que reconheceu a paternidade, e não o trânsito em julgado da sentença que julgou a ação de inventário. • REsp 1.475.759-DF. 2016. (Info 583)

RECONHECIMENTO DE PATERNIDADE SOCIOAFETIVA *POST MORTEM*.

STJ Será possível o reconhecimento da paternidade socioafetiva após a morte de quem se pretende reconhecer como pai. • REsp 1.500.999-RJ. 2016. (Info 581)

LEGITIMIDADE DA VIÚVA PARA IMPUGNAR AÇÃO DE INVESTIGAÇÃO DE PATERNIDADE POST MORTEM.

STJ Mesmo nas hipóteses em que não ostente a condição de herdeira, a viúva poderá impugnar ação de investigação de paternidade *post mortem*, devendo receber o processo no estado em que este se encontra. • REsp 1.466.423-GO. 2016. (Info 578)

DIREITO AO RECONHECIMENTO DE PATERNIDADE BIOLÓGICA.

STJ O filho tem direito de desconstituir a denominada "adoção à brasileira" para fazer constar o nome de seu pai biológico em seu registro de nascimento, ainda que preexista vínculo socioafetivo de filiação com o pai registral. • REsp 1.417.598-CE. 2016. (Info 577)

ADOÇÃO DE CRIANÇA POR PESSOA HOMOAFETIVA.

STJ É possível a inscrição de pessoa homoafetiva no registro de pessoas interessadas na adoção (art. 50 do ECA), independentemente da idade da criança a ser adotada. • REsp 1.540.814-PR. 2015. (Info 567)

ADOÇÃO DE PESSOA MAIOR DE IDADE SEM O CONSENTIMENTO DE SEU PAI BIOLÓGICO.

STJ Ante o abandono do adotando pelo pai biológico e o estabelecimento de relação paterno-filial (vínculo afetivo) entre adotante e adotando, a adoção de pessoa maior de idade não pode ser refutada sem apresentação de justa causa por parte do pai biológico. • REsp 1.444.747-DF. 2015. (Info 558)

INAPLICABILIDADE DE PRAZO DECADENCIAL NOS CASOS DE INVESTIGAÇÃO DE PATERNIDADE.

STJ O prazo decadencial de 4 anos estabelecido nos arts. 178, § 9º, VI e 362 do CC/1916 (correspondente ao art. 1.614 do CC/2002) aplica-se apenas aos casos em que se pretende, exclusivamente, desconstituir o reconhecimento de filiação, não tendo incidência nas investigações de paternidade, nas quais a anulação do registro civil constitui mera consequência lógica da procedência do pedido. • AgRg no REsp 1.259.703-MS. 2015. (Info 556)

DESCONSTITUIÇÃO DE PATERNIDADE REGISTRAL.

STJ Admitiu-se a desconstituição de paternidade registral no seguinte caso: (a) o pai registral, na fluência de união estável estabelecida com a genitora da criança, fez constar o seu nome como pai no registro de nascimento, por acreditar ser o pai biológico do infante; (b) estabeleceu-se vínculo de afetividade entre o pai registral e a criança durante os primeiros cinco anos de vida deste; (c) o pai registral solicitou, ao descobrir que fora traído, a realização de exame de DNA e, a partir do resultado negativo do exame, não mais teve qualquer contato com a criança, por mais de oito anos até a atualidade; e (d) o pedido de desconstituição foi formulado pelo próprio pai registral. • REsp 1.330.404-RS. 2015. (Info 555)

PROVA EM AÇÃO NEGATÓRIA DE PATERNIDADE.

STJ Em ação negatória de paternidade, não é possível ao juiz declarar a nulidade do registro de nascimento com base, exclusivamente, na alegação de dúvida acerca do vínculo biológico do pai com o registrado, sem provas robustas da ocorrência de erro escusável quando do reconhecimento voluntário da paternidade. • REsp 1.272.691-SP. 2014. (Info 533)

EFEITOS DO NÃO COMPARECIMENTO DO FILHO MENOR DE IDADE PARA SUBMETER-SE A EXAME DE DNA.

STJ Em ação negatória de paternidade, o não comparecimento do filho menor de idade para submeter-se ao exame de DNA não induz presunção de inexistência de paternidade. • REsp 1.272.691-SP. 2013. (Info 533)

RECUSA À SUBMISSÃO A EXAME DE DNA.

STJ No âmbito de ação declaratória de inexistência de parentesco cumulada com nulidade de registro de nascimento na qual o autor pretenda comprovar que o réu não é seu irmão, apesar de ter sido registrado como filho pelo seu falecido pai, a recusa do demandado a se submeter a exame de DNA não gera presunção de inexistência do parentesco, sobretudo na hipótese em que reconhecido o estado de filiação socioafetivo do réu. • REsp 1.115.428-SP. 2013. (Info 530)

▼ DOAÇÃO

REQUISITOS DO INSTRUMENTO PROCURATÓRIO PARA A VALIDADE DA DOAÇÃO.

STJ É inválida a doação realizada por meio de procurador se o instrumento procuratório concedido pelo proprietário do bem não mencionar o donatário, sendo insuficiente a declaração de poderes gerais na procuração. • REsp 1.575.048-SP. 2016. (Info 577)

HERANÇA DE BEM GRAVADO COM CLÁUSULA DE INCOMUNICABILIDADE.

STJ A cláusula de incomunicabilidade imposta a um bem transferido por doação ou testamento só produz efeitos enquanto viver o beneficiário, sendo que, após a morte deste, o cônjuge sobrevivente poderá se habilitar como herdeiro do referido bem, observada a ordem de vocação hereditária. • REsp 1.552.553-RJ. 2016. (Info 576)

PRETENSÃO ANULATÓRIA DE DOAÇÃO-PARTILHA.

STJ Na hipótese em que o autor da herança tenha promovido em vida a partilha da integralidade de seus bens em favor de todos seus descendentes e herdeiros necessários, por meio de escrituras públicas de doação nas quais ficou consignado o consentimento de todos eles e, ainda, a dispensa de colação futura, a alegação de eventual prejuízo à legítima em decorrência da referida partilha deve ser pleiteada pela via anulatória apropriada, e não por meio de ação de inventário. • REsp 1.523.552-PR. 2015. (Info 573)

DIREITO DE HERDEIRO DE EXIGIR A COLAÇÃO DE BENS.

STJ O filho do autor da herança tem o direito de exigir de seus irmãos a colação dos bens que receberam via doação a título de adiantamento da legítima, ainda que sequer tenha sido concebido ao tempo da liberalidade. • REsp 1.298.864-SP. 2015. (Info 563)

LEGITIMIDADE PARA PLEITEAR DECLARAÇÃO DE NULIDADE EM DOAÇÃO INOFICIOSA.

STJ O herdeiro que cede seus direitos hereditários possui legitimidade para pleitear a declaração de nulidade de doação inoficiosa (arts. 1.176 do CC/1916 e 549 do CC/2002) realizada pelo autor da herança em benefício de terceiros. • REsp 1.361.983-SC. 2014. (Info 539)

INCOMUNICABILIDADE DE BEM RECEBIDO A TÍTULO DE DOAÇÃO NO REGIME DA COMUNHÃO PARCIAL DE BENS.

STJ No regime de comunhão parcial de bens, não integra a meação o valor recebido por doação na constância do casamento - ainda que inexistente cláusula de incomunicabilidade

- e utilizado para a quitação de imóvel adquirido sem a contribuição do cônjuge não donatário. • REsp 1.318.599-SP. 2013. (Info 526)

▼ USUCAPIÃO

USUCAPIÃO DE IMÓVEL URBANO E NORMA MUNICIPAL DE PARCELAMENTO DO SOLO.

STF Preenchidos os requisitos do art. 183 da CF ("Aquele que possuir como sua área urbana de até duzentos e cinquenta metros quadrados, por cinco anos, ininterruptamente e sem oposição, utilizando-a para sua moradia ou de sua família, adquirir-lhe-á o domínio, desde que não seja proprietário de outro imóvel urbano ou rural"), o reconhecimento do direito à usucapião especial urbana não pode ser obstado por legislação infraconstitucional que estabeleça módulos urbanos na respectiva área em que situado o imóvel (dimensão do lote). • RE 422349. 2015. (Info 783)

USUCAPIÃO ESPECIAL URBANA E ÁREA DE IMÓVEL INFERIOR AO "MÓDULO URBANO".

STJ Não obsta o pedido declaratório de usucapião especial urbana o fato de a área do imóvel ser inferior à correspondente ao "módulo urbano" (a área mínima a ser observada no parcelamento de solo urbano por determinação infraconstitucional). • REsp 1.360.017-RJ. 2016. (Info 584)

POSSIBILIDADE DE USUCAPIÃO DE IMÓVEL RURAL DE ÁREA INFERIOR AO MÓDULO RURAL.

STJ Presentes os requisitos exigidos no art. 191 da CF, o imóvel rural cuja área seja inferior ao "módulo rural" estabelecido para a região (art. 4º, III, da Lei 4.504/1964) poderá ser adquirido por meio de usucapião especial rural. • REsp 1.040.296-ES. 2015. (Info 566)

REQUISITO PARA REGISTRO DA SENTENÇA DECLARATÓRIA DE USUCAPIÃO.

STJ Para que a sentença declaratória de usucapião de imóvel rural sem matrícula seja registrada no Cartório de Registro de Imóveis, é necessário o prévio registro da reserva legal no Cadastro Ambiental Rural (CAR). • REsp 1.356.207-SP. 2015. (Info 561)

IMPOSSIBILIDADE DE DECLARAÇÃO DE OFÍCIO DA USUCAPIÃO.

STJ O § 5º do art. 219 do CPC ("O juiz pronunciará, de ofício, a prescrição") não autoriza a declaração, de ofício, da usucapião. • REsp 1.106.809-RS . 2015. (Info 560)

PREVALÊNCIA DA USUCAPIÃO SOBRE A HIPOTECA JUDICIAL DE IMÓVEL.

STJ A decisão que reconhece a aquisição da propriedade de bem imóvel por usucapião prevalece sobre a hipoteca judicial que anteriormente tenha gravado o referido bem. • REsp 620.610-DF. 2013. (Info 527)

USUCAPIÃO DE TERRENO QUE A UNIÃO ALEGA SER INTEGRANTE DE FAIXA DE MARINHA.

STJ A alegação da União de que determinada área constitui terreno de marinha, sem que tenha sido realizado processo demarcatório específico e conclusivo pela Delegacia de

Patrimônio da União, não obsta o reconhecimento de usucapião. • REsp 1.090.847-SP. 2013. (Info 524)

▼ POSSE E PROPRIEDADE

AJUIZAMENTO DE AÇÃO POSSESSÓRIA POR INVASOR DE TERRA PÚBLICA CONTRA OUTROS PARTICULARES.

STJ É cabível o ajuizamento de ações possessórias por parte de invasor de terra pública contra outros particulares. • REsp 1.484.304-DF. 2016. (Info 579)

CONTRATO DE COMPRA E VENDA COM RESERVA DE DOMÍNIO E PROTEÇÃO POSSESSÓRIA REQUERIDA POR VENDEDOR.

STJ Ainda que sem prévia ou concomitante rescisão do contrato de compra e venda com reserva de domínio, o vendedor pode, ante o inadimplemento do comprador, pleitear a proteção possessória sobre o bem móvel objeto da avença. • REsp 1.056.837-RN. 2015. (Info 573)

LEGITIMIDADE PASSIVA EM AÇÃO DE COBRANÇA DE DÍVIDAS CONDOMINIAIS. RECURSO REPETITIVO.

STJ A respeito da legitimidade passiva em ação de cobrança de dívidas condominiais, firmaram-se as seguintes teses: a) o que define a responsabilidade pelo pagamento das obrigações condominiais não é o registro do compromisso de compra e venda, mas a relação jurídica material com o imóvel, representada pela imissão na posse pelo promissário comprador e pela ciência inequívoca do condomínio acerca da transação; b) havendo compromisso de compra e venda não levado a registro, a responsabilidade pelas despesas de condomínio pode recair tanto sobre o promitente vendedor quanto sobre o promissário comprador, dependendo das circunstâncias de cada caso concreto; e c) se ficar comprovado (i) que o promissário comprador se imitira na posse e (ii) o condomínio teve ciência inequívoca da transação, afasta-se a legitimidade passiva do promitente vendedor para responder por despesas condominiais relativas a período em que a posse foi exercida pelo promissário comprador. • REsp 1.345.331-RS . 2015. (Info 560)

DIREITO DE PROPRIEDADE DE SUBSOLO.

STJ No caso em que o subsolo de imóvel tenha sido invadido por tirantes (pinos de concreto) provenientes de obra de sustentação do imóvel vizinho, o proprietário do imóvel invadido não terá legítimo interesse para requerer, com base no art. 1.229 do CC, a remoção dos tirantes nem indenização por perdas e danos, desde que fique constatado que a invasão não acarretou prejuízos comprovados a ele, tampouco impossibilitou o perfeito uso, gozo e fruição do seu imóvel. • REsp 1.256.825-SP. 2015. (Info 557)

RECONHECIMENTO DO DIREITO REAL DE HABITAÇÃO DO COMPANHEIRO SOBREVIVENTE EM AÇÃO POSSESSÓRIA.

STJ Ainda que o companheiro supérstite não tenha buscado em ação própria o reconhecimento da união estável antes do falecimento, é admissível que invoque o direito real de habitação em ação possessória, a fim de ser mantido na posse do imóvel em que residia com o falecido. • REsp 1.203.144-RS . 2014. (Info 543)

▼ SISTEMA FINANCEIRO DA HABITAÇÃO (SFH)

TERMO INICIAL DA TAXA DE OCUPAÇÃO DE IMÓVEL ALIENADO FIDUCIARIAMENTE NO ÂMBITO DO SFH.

STJ Na hipótese em que frustrados os públicos leilões promovidos pelo fiduciário para a alienação do imóvel objeto de alienação fiduciária no âmbito do Sistema Financeiro da Habitação (SFH), a taxa de ocupação será exigível do fiduciante em mora a partir da data na qual se considera extinta a dívida (art. 27, § 5º, da Lei n. 9.514/1997), e não desde a data da consolidação da propriedade em nome do fiduciário (art. 27, *caput*, da Lei n. 9.514/1997). • REsp 1.401.233-RS . 2015. (Info 574)

RESPONSABILIDADE PELO SALDO DEVEDOR RESIDUAL DE FINANCIAMENTO CELEBRADO NO ÂMBITO DO SFH. RECURSO REPETITIVO.

STJ Nos contratos de financiamento celebrados no âmbito do Sistema Financeiro de Habitação (SFH), sem cláusula de garantia de cobertura do Fundo de Compensação das Variações Salariais (FCVS), o saldo devedor residual deverá ser suportado pelo mutuário. • REsp 1.447.108-CE e REsp 1.443.870-PE. 2014. (Info 550)

▼ SISTEMA FINANCEIRO IMOBILIÁRIO (SFI)

ALIENAÇÃO FIDUCIÁRIA DE IMÓVEL EM GARANTIA DE QUALQUER OPERAÇÃO DE CRÉDITO.

STJ É possível a constituição de alienação fiduciária de bem imóvel para garantia de operação de crédito não vinculada ao Sistema Financeiro Imobiliário (SFI). • REsp 1.542.275-MS. 2015. (Info 574)

▼ PRESCRIÇÃO E DECADÊNCIA

TERMO INICIAL DO PRAZO PARA HERDEIRO PLEITEAR ANULAÇÃO DE FIANÇA.

STJ O prazo decadencial para herdeiro do cônjuge prejudicado pleitear a anulação da fiança firmada sem a devida outorga conjugal é de dois anos, contado a partir do falecimento do consorte que não concordou com a referida garantia. • REsp 1.273.639-SP. 2016. (Info 581)

PRAZO PRESCRICIONAL DA PRETENSÃO DE COBRANÇA DE SERVIÇO DE CONSERTO DE VEÍCULO POR MECÂNICO.

STJ Prescreve em 10 anos (art. 205 do CC) a pretensão de cobrar dívida decorrente de conserto de automóvel por mecânico que não tenha conhecimento técnico e formação intelectual suficiente para ser qualificado como profissional liberal. • REsp 1.546.114-ES . 2015. (Info 574)

EXTINÇÃO DA GARANTIA HIPOTECÁRIA E PRESCRIÇÃO DA OBRIGAÇÃO PRINCIPAL.

STJ A prescrição da pretensão de cobrança da dívida extingue o direito real de hipoteca estipulado para garanti-la. • REsp 1.408.861-RJ. 2015. (Info 572)

PRAZO PRESCRICIONAL DA PRETENSÃO INDENIZATÓRIA EXERCIDA CONTRA PESSOA JURÍDICA DE DIREITO PRIVADO PRESTADORA DE SERVIÇO PÚBLICO.

STJ É quinquenal o prazo prescricional para a propositura de ação indenizatória ajuizada por vítima de acidente de trânsito contra concessionária de serviço público de transporte coletivo. • REsp 1.277.724-PR. 2015. (Info 563)

TERMO INICIAL DA PRESCRIÇÃO DA PRETENSÃO DE COBRANÇA DE HONORÁRIOS AD *EXITUM*.

STJ O termo inicial do prazo de prescrição da pretensão ao recebimento de honorários advocatícios contratados sob a condição de êxito da demanda judicial, no caso em que o mandato foi revogado por ato unilateral do mandante antes do término do litígio judicial, é a data do êxito da demanda, e não a da revogação do mandato. • REsp 805.151-SP. 2015. (Info 560)

PRAZO PRESCRICIONAL PARA COBRANÇA DE SOBRE-ESTADIA DE CONTÊINER.

STJ Prescreve em um ano a pretensão de cobrar despesas de sobre-estadia de contêiner (*demurrage*), quer se trate de transporte multimodal, quer se trate de transporte unimodal. • REsp 1.355.095-SP. 2015. (Info 557)

PRESCRIÇÃO DA PRETENSÃO DE COBRANÇA, ENTRE ADVOGADOS, DE HONORÁRIOS ADVOCATÍCIOS.

STJ Prescreve em dez anos a pretensão do advogado autônomo de cobrar de outro advogado o valor correspondente à divisão de honorários advocatícios contratuais e de sucumbência referentes a ação judicial na qual ambos trabalharam em parceria. • REsp 1.504.969-SP. 2015. (Info 557)

INAPLICABILIDADE DE PRAZO DECADENCIAL NOS CASOS DE INVESTIGAÇÃO DE PATERNIDADE.

STJ O prazo decadencial de 4 anos estabelecido nos arts. 178, § 9º, VI e 362 do CC/1916 (correspondente ao art. 1.614 do CC/2002) aplica-se apenas aos casos em que se pretende, exclusivamente, desconstituir o reconhecimento de filiação, não tendo incidência nas investigações de paternidade, nas quais a anulação do registro civil constitui mera consequência lógica da procedência do pedido. • AgRg no REsp 1.259.703-MS. 2015. (Info 556)

VÍCIO REDIBITÓRIO E PRAZO DECADENCIAL.

STJ Quando o vício oculto, por sua natureza, só puder ser conhecido mais tarde (art. 445, § 1°, CC), o adquirente de bem móvel terá o prazo de trinta dias (art. 445, *caput*, do CC), a partir da ciência desse defeito, para exercer o direito de obter a redibição ou abatimento no preço, desde que o conhecimento do vício ocorra dentro do prazo de cento e oitenta dias da aquisição do bem. • REsp 1.095.882-SP. 2015. (Info 554)

AÇÃO DEMOLITÓRIA E PRAZO DECADENCIAL.

STJ O prazo decadencial de ano e dia para a propositura da ação demolitória previsto no art. 576 do CC/1916 não tem aplicação quando a construção controvertida - uma escada - tiver sido edificada integralmente em terreno alheio. • REsp 1.218.605-PR. 2014. (Info 553)

PRESCRIÇÃO DA PRETENSÃO FUNDADA EM CONTRATO DE RESSEGURO.

STJ Prescreve em 1 ano a pretensão de sociedade seguradora em face de ressegurador baseada em contrato de resseguro. • REsp 1.170.057-MG. 2013. (Info 535)

FORMA PRESCRITA EM LEI PARA A CESSÃO GRATUITA DE MEAÇÃO.

STJ A lavratura de escritura pública é essencial à validade do ato praticado por viúva consistente na cessão gratuita, em favor dos herdeiros do falecido, de sua meação sobre imóvel inventariado cujo valor supere trinta salários mínimos, sendo insuficiente, para tanto, a redução a termo do ato nos autos do inventário. • REsp 1.196.992-MS. 2013. (Info 529)

PRAZO PRESCRICIONAL APLICÁVEL À PRETENSÃO DE COBRANÇA DE PARCELAS INADIMPLIDAS ESTABELECIDAS EM CONTRATO DE MÚTUO PARA CUSTEIO DE ESTUDOS UNIVERSITÁRIOS.

STJ A pretensão de cobrança de parcelas inadimplidas estabelecidas em contrato de crédito rotativo para custeio de estudos universitários prescreve em vinte anos na vigência do CC/1916 e em cinco anos na vigência do CC/2002, respeitada a regra de transição prevista no art. 2.028 do CC/2002. • REsp 1.188.933-RS. 2013. (Info 529)

PRAZO DE PRESCRIÇÃO DA PRETENSÃO DE COBRANÇA DE COTAS CONDOMINIAIS.

STJ Prescreve em cinco anos, contados do vencimento de cada parcela, a pretensão, nascida sob a vigência do CC/2002, de cobrança de cotas condominiais. • REsp 1.366.175-SP. 2013. (Info 527)

TERMO INICIAL DO PRAZO PRESCRICIONAL PARA PLEITEAR INDENIZAÇÃO DECORRENTE DO USO DE MARCA INDUSTRIAL QUE IMITE OUTRA PREEXISTENTE.

STJ O termo inicial do prazo prescricional de cinco anos (art. 225 da Lei 9.279/1996) para pleitear indenização pelos prejuízos decorrentes do uso de marca industrial que imite outra preexistente, suscetível de causar confusão ou associação com marca alheia registrada (art. 124, XIX), é a data da violação do direito à propriedade industrial e se renova enquanto houver o indevido uso. • REsp 1.320.842-PR. 2013. (Info 525)

▼ OUTROS TEMAS

DÍVIDA DE JOGO CONTRAÍDA EM CASA DE BINGO.

STJ A dívida de jogo contraída em casa de bingo é inexigível, ainda que seu funcionamento tenha sido autorizado pelo Poder Judiciário. • REsp 1.406.487-SP. 2015. (Info 566)

INCLUSÃO NO DÉBITO JUDICIAL DE EXPURGOS INFLACIONÁRIOS SUBSEQUENTES. RECURSO REPETITIVO.

STJ Na execução de sentença que reconhece o direito de poupadores aos expurgos inflacionários decorrentes do Plano Verão (janeiro de 1989), incidem os expurgos inflacionários posteriores a título de correção monetária plena do débito judicial, que terá como base de cálculo o saldo existente ao tempo do referido plano econômico, e não os valores de eventuais depósitos da época de cada plano subsequente. • REsp 1.314.478-RS. 2015. (Info 563)

DEVER DE RETRANSMISSÃO POR TELEVISÃO A CABO DA PROGRAMAÇÃO E SINAL GERADOS POR EMISSORA LOCAL.

STJ A empresa de TV a cabo, ao distribuir os canais básicos de utilização gratuita, deve veicular os sinais de radiodifusão e imagens gerados pelas emissoras locais afiliadas regionais de emissora nacional que tenham programação própria. • REsp 1.234.153-SC. 2015. (Info 559)

ÍNDICE DE CORREÇÃO DOS DEPÓSITOS DE CADERNETA DE POUPANÇA NO PLANO COLLOR II. RECURSO REPETITIVO.

STJ Fixou-se o percentual de 20,21%, relativo ao BTN, como índice de correção dos depósitos de caderneta de poupança para o Plano Collor II, em vez do IPC. • EDcl no REsp 1.147.595-RS. 2014. (Info 552)

RESTITUIÇÃO DO VALOR INVESTIDO NA EXTENSÃO DE REDE DE TELEFONIA PELO MÉTODO PCT. RECURSO REPETITIVO.

STJ É válida, no sistema de planta comunitária de telefonia - PCT, a previsão contratual ou regulamentar que desobrigue a companhia de subscrever ações em nome do consumidor ou de lhe restituir o valor investido. • REsp 1.391.089-RS. 2014. (Info 536)

TARIFAS DE ABERTURA DE CRÉDITO E DE EMISSÃO DE CARNÊ E TARIFA DE CADASTRO APÓS 30/4/2008. RECURSO REPETITIVO.

STJ Não é possível a pactuação de Tarifa de Abertura de Crédito (TAC) e de Tarifa de Emissão de Carnê (TEC) após 30/4/2008 (início da vigência da Resolução 3.518/2007 do CMN), permanecendo válida a pactuação de Tarifa de Cadastro expressamente tipificada em ato normativo padronizador da autoridade monetária, a qual somente pode ser cobrada no início do relacionamento entre o consumidor e a instituição financeira. • REsp 1.251.331-RS e REsp 1.255.573-RS. 2013. (Info 531)

POSSIBILIDADE DE FINANCIAMENTO DO IOF. RECURSO REPETITIVO.

STJ Podem as partes convencionar o pagamento do Imposto sobre Operações Financeiras e de Crédito (IOF) por meio de financiamento acessório ao mútuo principal, sujeitando-o aos mesmos encargos contratuais. • REsp 1.251.331-RS e REsp 1.255.573-RS. 2013. (Info 531)

DIREITO DO CONSUMIDOR

▼ APLICAÇÃO DO CDC

CASO DE INAPLICABILIDADE DO CDC.

STJ Não há relação de consumo entre o fornecedor de equipamento médico-hospitalar e o médico que firmam contrato de compra e venda de equipamento de ultrassom com cláusula de reserva de domínio e de indexação ao dólar americano, na hipótese em que o profissional de saúde tenha adquirido o objeto do contrato para o desempenho de sua atividade econômica. • REsp 1.321.614-SP. 2015. (Info 556)

HIPÓTESE DE INAPLICABILIDADE DA TEORIA DA BASE OBJETIVA OU DA BASE DO NEGÓCIO JURÍDICO.

STJ A teoria da base objetiva ou da base do negócio jurídico tem sua aplicação restrita às relações jurídicas de consumo, não sendo aplicável às contratuais puramente civis. • REsp 1.321.614-SP. 2015. (Info 556)

APLICAÇÃO DO CDC A CONTRATO DE SEGURO EMPRESARIAL.

STJ Há relação de consumo entre a seguradora e a concessionária de veículos que firmam seguro empresarial visando à proteção do patrimônio desta (destinação pessoal) - ainda que com o intuito de resguardar veículos utilizados em sua atividade comercial -, desde que o seguro não integre os produtos ou serviços oferecidos por esta. • REsp 1.352.419-SP. 2014. (Info 548)

CONFIGURAÇÃO DE RELAÇÃO DE CONSUMO ENTRE PESSOAS JURÍDICAS.

STJ Há relação de consumo entre a sociedade empresária vendedora de aviões e a sociedade empresária administradora de imóveis que tenha adquirido avião com o objetivo de facilitar o deslocamento de sócios e funcionários. • AgRg no REsp 1.321.083-PR. 2014. (Info 548)

INCIDÊNCIA DO CDC AOS CONTRATOS DE APLICAÇÃO FINANCEIRA EM FUNDOS DE INVESTIMENTO.

STJ O CDC é aplicável aos contratos referentes a aplicações em fundos de investimento firmados entre as instituições financeiras e seus clientes, pessoas físicas e destinatários finais, que contrataram o serviço da instituição financeira par investir economias amealhadas ao longo da vida. • REsp 656.932-SP. 2014. (Info 541)

INAPLICABILIDADE DO CDC AO CONTRATO DE TRANSPORTE INTERNACIONAL DE MERCADORIA DESTINADA A INCREMENTAR A ATIVIDADE COMERCIAL DA CONTRATANTE.

STJ Para efeito de fixação de indenização por danos à mercadoria ocorridos em transporte aéreo internacional, o CDC não prevalece sobre a Convenção de Varsóvia quando o contrato de transporte tiver por objeto equipamento adquirido no exterior para incrementar a atividade comercial de sociedade empresária que não se afigure vulnerável na relação jurídico-obrigacional. • REsp 1.162.649-SP. 2014. (Info 541)

CONSUMIDOR POR EQUIPARAÇÃO.

STJ Em uma relação contratual avençada com fornecedor de grande porte, uma sociedade empresária de pequeno porte não pode ser considerada vulnerável, de modo a ser equiparada à figura de consumidor (art. 29 do CDC), na hipótese em que o fornecedor não tenha violado quaisquer dos dispositivos previstos nos arts. 30 a 54 do CDC. • REsp 567.192-SP. 2013. (Info 530)

APLICABILIDADE DO CDC AOS CONTRATOS DE ADMINISTRAÇÃO IMOBILIÁRIA.

STJ É possível a aplicação do CDC à relação entre proprietário de imóvel e a imobiliária contratada por ele para administrar o bem. • REsp509.304-PR. 2013. (Info 524)

▼ VÍCIO E FATO DO PRODUTO/SERVIÇO

INTERMEDIAÇÃO ENTRE CLIENTE E SERVIÇO DE ASSISTÊNCIA TÉCNICA.

STJ O comerciante não tem o dever de receber e de encaminhar produto viciado à assistência técnica, a não ser que esta não esteja localizada no mesmo município do estabelecimento comercial. • REsp 1.411.136-RS. 2015. (Info 557)

HIPÓTESE DE CONFIGURAÇÃO DE FATO DO PRODUTO E PRAZO PRESCRICIONAL APLICÁVEL.

STJ O aparecimento de grave vício em revestimento (pisos e azulejos), quando já se encontrava devidamente instalado na residência do consumidor, configura fato do produto, sendo, portanto, de cinco anos o prazo prescricional da pretensão reparatória (art. 27 do CDC). • REsp 1.176.323-SP. 2015. (Info 557)

VÍCIO DO PRODUTO DECORRENTE DA INCOMPATIBILIDADE ENTRE O VEÍCULO ADQUIRIDO E A QUALIDADE DO COMBUSTÍVEL COMERCIALIZADO NO BRASIL.

STJ O consumidor pode exigir a restituição do valor pago em veículo projetado para uso *off-road* adquirido no mercado nacional na hipótese em que for obrigado a retornar à concessionária, recorrentemente por mais de 30 dias, para sanar panes decorrentes da incompatibilidade, não informada no momento da compra, entre a qualidade do combustível necessário ao adequado funcionamento do veículo e a do combustível disponibilizado nos postos nacionais, persistindo a obrigação de restituir ainda que o consumidor tenha abastecido o veículo com combustível de baixa qualidade recomendado para a utilização em meio rural. • REsp 1.443.268-DF. 2014. (Info 545)

INCIDÊNCIA DO ART. 27 DO CDC ANTE A CARACTERIZAÇÃO DE FATO DO SERVIÇO.

STJ Prescreve em cinco anos a pretensão de correntista de obter reparação dos danos causados por instituição financeira decorrentes da entrega, sem autorização, de talonário de cheques a terceiro que, em nome do correntista, passa a emitir várias cártulas sem provisão de fundos, gerando inscrição indevida em órgãos de proteção ao crédito. • REsp 1.254.883-PR. 2014. (Info 542)

PRAZO PARA RECLAMAR DE VÍCIOS APARENTES OU DE FÁCIL CONSTATAÇÃO PRESENTES EM VESTIDO DE NOIVA.

STJ Decai em noventa dias, a contar do dia da entrega do produto, o direito do consumidor de reclamar pelos vícios aparentes ou de fácil constatação presentes em vestido de noiva. • REsp 1.161.941-DF. 2014. (Info 533)

RESPONSABILIDADE PELO FATO DO SERVIÇO.

STJ O restaurante que ofereça serviço de manobrista (*valet parking*) prestado em via pública não poderá ser civilmente responsabilizado na hipótese de roubo de veículo de cliente deixado sob sua responsabilidade, caso não tenha concorrido para o evento danoso. • REsp 1.321.739-SP. 2013. (Info 532)

VÍCIO DE QUANTIDADE DE PRODUTO NO CASO DE REDUÇÃO DO VOLUME DE MERCADORIA.

STJ Ainda que haja abatimento no preço do produto, o fornecedor responderá por vício de quantidade na hipótese em que reduzir o volume da mercadoria para quantidade diversa da que habitualmente fornecia no mercado, sem informar na embalagem, de forma clara, precisa e ostensiva, a diminuição do conteúdo. • REsp 1.364.915-MG. 2013. (Info 524)

▼ PUBLICIDADE E PRÁTICAS ABUSIVAS

PUBLICIDADE ENGANOSA POR OMISSÃO.

STJ É enganosa a publicidade televisiva que omite o preço e a forma de pagamento do produto, condicionando a obtenção dessas informações à realização de ligação telefônica tarifada. • REsp 1.428.801-RJ. 2015. (Info 573)

ABUSIVIDADE NA DISTINÇÃO DE PREÇO PARA PAGAMENTO EM DINHEIRO, CHEQUE OU CARTÃO DE CRÉDITO.

STJ Caracteriza prática abusiva no mercado de consumo a diferenciação do preço do produto em função de o pagamento ocorrer em dinheiro, cheque ou cartão de crédito. • REsp 1.479.039-MG. 2015. (Info 571)

CLÁUSULA-MANDATO VOLTADA À EMISSÃO DE CAMBIAL CONTRA O USUÁRIO DE CARTÃO DE CRÉDITO.

STJ Nos contratos de cartão de crédito, é abusiva a previsão de cláusula-mandato que permita à operadora emitir título cambial contra o usuário do cartão. • REsp 1.084.640-SP. 2015. (Info 570)

FIXAÇÃO DE MULTA POR INFRAÇÃO DAS NORMAS DE DEFESA DO CONSUMIDOR.

STJ A pena de multa aplicável às hipóteses de infração das normas de defesa do consumidor (art. 56, I, do CDC) pode ser fixada em reais, não sendo obrigatória a sua estipulação em Unidade Fiscal de Referência (Ufir). • AgRg no REsp 1.466.104-PE. 2015. (Info 567)

ABUSIVIDADE DE CLÁUSULA DE CONTRATO DE PROMESSA DE COMPRA E VENDA DE IMÓVEL. RECURSO REPETITIVO.

STJ Em contrato de promessa de compra e venda de imóvel submetido ao CDC, é abusiva a cláusula contratual que determine, no caso de resolução, a restituição dos valores devidos somente ao término da obra ou de forma parcelada, independentemente de qual das partes tenha dado causa ao fim do negócio. • REsp 1.300.418-SC. 2014. (Info 533)

ABUSIVIDADE DE CLÁUSULA EM CONTRATO DE CONSUMO.

STJ É abusiva a cláusula contratual que atribua exclusivamente ao consumidor em mora a obrigação de arcar com os honorários advocatícios referentes à cobrança extrajudicial da dívida, sem exigir do fornecedor a demonstração de que a contratação de advogado fora efetivamente necessária e de que os serviços prestados pelo profissional contratado sejam privativos da advocacia. • REsp 1.274.629-AP. 2013. (Info 524)

▼ RESPONSABILIDADE CIVIL

HIPÓTESE EM QUE A INSCRIÇÃO INDEVIDA EM CADASTRO DE INADIMPLENTES NÃO ENSEJA INDENIZAÇÃO POR DANO MORAL. RECURSO REPETITIVO.

STJ A inscrição indevida comandada pelo credor em cadastro de proteção ao crédito, quando preexistente legítima inscrição, não enseja indenização por dano moral, ressalvado o direito ao cancelamento. • REsp 1.386.424-MG. 2016. (Info 583)

RESPONSABILIDADE CIVIL DOS PROVEDORES DE BUSCA.

STJ Não há dano moral quando o provedor de busca, mesmo após cientificado pelo consumidor, exibe associação indevida entre o argumento de pesquisa (o nome desse consumidor) e o resultado de busca (o sítio eletrônico cujo conteúdo nocivo ao consumidor já tenha sido corrigido pelo responsável da página eletrônica). • REsp 1.582.981-RJ. 2016. (Info 583)

NECESSIDADE DE CORRESPONDÊNCIA ENTRE O ARGUMENTO E O RESULTADO DE PESQUISA EM PROVEDOR DE BUSCA.

STJ O provedor de busca cientificado pelo consumidor sobre vínculo virtual equivocado entre o argumento de pesquisa (nome de consumidor) e o resultado de busca (sítio eletrônico) é obrigado a desfazer a referida indexação, ainda que esta não tenha nenhum potencial ofensivo. • REsp 1.582.981-RJ. 2016. (Info 583)

COMPETÊNCIA INTERNACIONAL E RELAÇÃO DE CONSUMO.

STJ A Justiça brasileira é absolutamente incompetente para processar e julgar demanda indenizatória fundada em serviço fornecido de forma viciada por sociedade empresária estrangeira a brasileiro que possuía domicílio no mesmo Estado estrangeiro em que situada a fornecedora, quando o contrato de consumo houver sido celebrado e executado nesse local, ainda que o conhecimento do vício ocorra após o retorno do consumidor ao território nacional. • REsp 1.571.616-MT. 2016. (Info 580)

AUSÊNCIA DE DANO MORAL IN RE IPSA PELA MERA INCLUSÃO DE VALOR INDEVIDO NA FATURA DE CARTÃO DE CRÉDITO.

STJ Não há dano moral *in re ipsa* quando a causa de pedir da ação se constitui unicamente na inclusão de valor indevido na fatura de cartão de crédito de consumidor. • REsp 1.550.509-RJ. 2016. (Info 579)

RESPONSABILIZAÇÃO DE CONSUMIDOR POR PAGAMENTO DE HONORÁRIOS ADVOCATÍCIOS EXTRAJUDICIAIS.

STJ Não é abusiva a cláusula prevista em contrato de adesão que impõe ao consumidor em mora a obrigação de pagar honorários advocatícios decorrentes de cobrança extrajudicial. • REsp 1.002.445-DF. 2015. (Info 574)

DIREITO À REPARAÇÃO DE DANOS POR VÍCIO DO PRODUTO.

STJ Não tem direito à reparação de perdas e danos decorrentes do vício do produto o consumidor que, no prazo decadencial, não provocou o fornecedor para que este pudesse sanar o vício. • REsp 1.520.500-SP. 2015. (Info 573)

RESPONSABILIZAÇÃO CIVIL DE FRANQUEADORA EM FACE DE CONSUMIDOR.

STJ A franqueadora pode ser solidariamente responsabilizada por eventuais danos causados a consumidor por franqueada. • REsp 1.426.578-SP. 2015. (Info 570)

RESPONSABILIDADE DA INSTITUIÇÃO FINANCEIRA PERANTE SOCIEDADE EMPRESÁRIA QUE RECEBEU CHEQUE INTEGRANTE DE TALIONÁRIO PREVIAMENTE CANCELADO.

STJ A instituição financeira não deve responder pelos prejuízos suportados por sociedade empresária que, no exercício de sua atividade empresarial, recebera como pagamento cheque que havia sido roubado durante o envio ao correntista e que não pôde ser descontado em razão do prévio cancelamento do talonário (motivo 25 da Resolução 1.631/1989 do Bacen). • REsp 1.324.125-DF. 2015. (Info 564)

RESPONSABILIDADE DO FABRICANTE QUE GARANTE NA PUBLICIDADE A QUALIDADE DOS PRODUTOS OFERTADOS.

STJ Responde solidariamente por vício de qualidade do automóvel adquirido o fabricante de veículos automotores que participa de propaganda publicitária garantindo com sua marca a excelência dos produtos ofertados por revendedor de veículos usados. • REsp 1.365.609-SP. 2015. (Info 562)

RESPONSABILIDADE CIVIL DA EMPRESA BRASILEIRA DE CORREIOS E TELÉGRAFOS (ECT) POR ASSALTO OCORRIDO NO INTERIOR DE BANCO POSTAL.

STJ A ECT é responsável pelos danos sofridos por consumidor que foi assaltado no interior de agência dos Correios na qual é fornecido o serviço de banco postal. • REsp 1.183.121-SC. 2015. (Info 559)

VENDA CASADA E DANO MORAL COLETIVO *IN RE IPSA*.

STJ Configura dano moral coletivo *in re ipsa* a realização de venda casada por operadora de telefonia consistente na prática comercial de oferecer ao consumidor produto com significativa vantagem - linha telefônica com tarifas mais interessantes do que as outras ofertadas pelo mercado - e, em contrapartida, condicionar a aquisição do referido produto à compra de aparelho telefônico. • REsp 1.397.870-MG. 2015. (Info 554)

HIPÓTESE DE DANO MORAL *IN RE IPSA* PROVOCADO POR COMPANHIA AÉREA.

STJ No caso em que companhia aérea, além de atrasar desarrazoadamente o voo de passageiro, deixe de atender aos apelos deste, furtando-se a fornecer tanto informações claras acerca do prosseguimento da viagem (em especial, relativamente ao novo horário de embarque e ao motivo do atraso) quanto alimentação e hospedagem (obrigando-o a pernoitar no próprio aeroporto), tem-se por configurado dano moral indenizável in re ipsa, independentemente da causa originária do atraso do voo. • REsp 1.280.372-SP. 2015. (Info 550)

HIPÓTESE DE DESCABIMENTO DE CONDENAÇÃO EM INDENIZAÇÃO POR DANO MORAL COLETIVO.

STJ Não cabe condenação a reparar dano moral coletivo quando, de cláusula de contrato de plano de saúde que excluiu a cobertura de próteses cardíacas indispensáveis a procedimentos cirúrgicos cobertos pelo plano, não tenham decorrido outros prejuízos além daqueles experimentados por quem, concretamente, teve o tratamento embaraçado ou teve de desembolsar os valores ilicitamente sonegados pelo plano. • REsp 1.293.606-MG. 2045. (Info 547)

DANO MORAL NO CASO DE VEÍCULO ZERO QUILÔMETRO QUE RETORNA À CONCESSIONÁRIA POR DIVERSAS VEZES PARA REPAROS.

STJ É cabível reparação por danos morais quando o consumidor de veículo automotor zero quilômetro necessita retornar à concessionária por diversas vezes para reparar defeitos apresentados no veículo adquirido. • REsp 1.443.268-DF. 2014. (Info 544)

RESPONSABILIDADE DE SHOPPING CENTER POR TENTATIVA DE ROUBO EM SEU ESTACIONAMENTO.

STJ O *shopping center* deve reparar o cliente pelos danos morais decorrentes de tentativa de roubo, não consumado apenas em razão de comportamento do próprio cliente, ocorrida nas proximidades da cancela de saída de seu estacionamento, mas ainda em seu interior. • REsp 1.269.691-PB. 2014. (Info 534)

RESPONSABILIDADE DE HOSPITAL POR DANOS DECORRENTES DE TRANSFUSÃO DE SANGUE.

STJ O hospital que realiza transfusão de sangue com a observância de todas as cautelas exigidas por lei não é responsável pelos danos causados a paciente por futura manifestação de hepatite C, ainda que se considere o fenômeno da janela imunológica. • REsp 1.322.387-RS. 2013. (Info 533)

VIOLAÇÃO DO DEVER DE INFORMAÇÃO PELO FORNECEDOR.

STJ No caso em que consumidor tenha apresentado reação alérgica ocasionada pela utilização de sabão em pó, não apenas para a lavagem de roupas, mas também para a limpeza doméstica, o fornecedor do produto responderá pelos danos causados ao consumidor na hipótese em que conste, na embalagem do produto, apenas pequena e discreta anotação de que deve ser evitado o "contato prolongado com a pele" e que, "depois de utilizar" o produto, o usuário deve lavar e secar as mãos. • REsp 1.358.615-SP. 2013. (Info 524)

▼ PLANO DE SAÚDE

DEVER DE ASSISTÊNCIA AO NEONATO DURANTE OS TRINTA PRIMEIROS DIAS APÓS O SEU NASCIMENTO.

STJ Quando o contrato de plano de saúde incluir atendimento obstétrico, a operadora tem o dever de prestar assistência ao recém-nascido durante os primeiros trinta dias após o parto (art. 12, III, "a", da Lei n. 9.656/1998), independentemente de a operadora ter autorizado a efetivação da cobertura, ter ou não custeado o parto, tampouco de inscrição do neonato como dependente nos trinta dias seguintes ao nascimento. • REsp 1.269.757-MG. 2016. (Info 584)

NULIDADE DE CLÁUSULA DE RENÚNCIA À ENTREVISTA QUALIFICADA PARA CONTRATAR PLANO DE SAÚDE.

STJ É nula a cláusula inserta por operadora de plano privado de assistência à saúde em formulário de Declaração de Doenças ou Lesões Preexistentes (Declaração de Saúde) prevendo a renúncia pelo consumidor contratante à entrevista qualificada orientada por um médico, seguida apenas de espaço para aposição de assinatura, sem qualquer menção ao fato de tal entrevista se tratar de faculdade do beneficiário. • REsp 1.554.448-PE. 2016. (Info 578)

COBERTURA DE *HOME CARE* POR PLANO DE SAÚDE.

STJ Ainda que, em contrato de plano de saúde, exista cláusula que vede de forma absoluta o custeio do serviço de *home care* (tratamento domiciliar), a operadora do plano, diante da ausência de outras regras contratuais que disciplinem a utilização do serviço, será obrigada a custeá-lo em substituição à internação hospitalar contratualmente prevista, desde que haja: (*i*) condições estruturais da residência; (*ii*) real necessidade do atendimento domiciliar, com verificação do quadro clínico do paciente; (*iii*) indicação do médico assistente; (*iv*) solicitação da família; (*v*) concordância do paciente; e (*vi*) não afetação do equilíbrio contratual, como nas hipóteses em que o custo do atendimento domiciliar por dia não supera o custo diário em hospital. • REsp 1.537.301-RJ. 2015. (Info 571)

COBERTURA DE *HOME CARE* POR PLANO DE SAÚDE.

STJ No caso em que o serviço de *home care* (tratamento domiciliar) não constar expressamente do rol de coberturas previsto no contrato de plano de saúde, a operadora ainda assim é obrigada a custeá-lo em substituição à internação hospitalar contratualmente prevista, desde que observados certos requisitos como a indicação do médico assistente, a concordância do paciente e a não afetação do equilíbrio contratual, como nas hipóteses em que o custo do atendimento domiciliar por dia supera a despesa diária em hospital. • REsp 1.378.707-RJ. 2015. (Info 564)

MANUTENÇÃO DE PLANO DE SAÚDE POR EMPREGADO APOSENTADO DEMITIDO SEM JUSTA CAUSA.

STJ O empregado que, mesmo após a sua aposentadoria, continuou a trabalhar e a contribuir, em decorrência de vínculo empregatício, para o plano de saúde oferecido pelo empregador, totalizando, durante todo o período de trabalho, mais de dez anos de contribuições, e que, após esse período de contribuições, tenha sido demitido sem justa causa por iniciativa do empregador, tem assegurado o direito de manutenção no plano da empresa, na condição de beneficiário aposentado, nas mesmas condições de cobertura assistencial de que gozava quando da vigência do contrato de trabalho. • REsp 1.305.861-RS. 2015. (Info 557)

POSSIBILIDADE DE SEGURADORA OU OPERADORA DE PLANO DE SAÚDE CUSTEAR TRATAMENTO EXPERIMENTAL.

STJ A seguradora ou operadora de plano de saúde deve custear tratamento experimental existente no País, em instituição de reputação científica reconhecida, de doença listada na CID-OMS, desde que haja indicação médica para tanto, e os médicos que acompanhem o quadro clínico do paciente atestem a ineficácia ou a insuficiência dos tratamentos indicados convencionalmente para a cura ou controle eficaz da doença. • REsp 1.279.241-SP. 2015. (Info 551)

COBRANÇA POR HOSPITAL DE VALOR ADICIONAL PARA ATENDIMENTOS FORA DO HORÁRIO COMERCIAL.

STJ O hospital não pode cobrar, ou admitir que se cobre, dos pacientes conveniados a planos de saúde valor adicional por atendimentos realizados por seu corpo médico fora do horário comercial. • REsp 1.324.712-MG. 2013. (Info 532)

EXIGÊNCIA DE CAUÇÃO PARA ATENDIMENTO MÉDICO DE EMERGÊNCIA.

STJ É incabível a exigência de caução para atendimento médico-hospitalar emergencial. • REsp 1.324.712-MG. 2013. (Info 532)

CLÁUSULA DE CONTRATO DE PLANO DE SAÚDE QUE EXCLUA A COBERTURA RELATIVA À IMPLANTAÇÃO DE "STENT".

STJ É nula a cláusula de contrato de plano de saúde que exclua a cobertura relativa à implantação de *stent*. • REsp 1.364.775-MG. 2013. (Info 526)

▼ TEMAS DIVERSOS

VIOLAÇÃO DO PRINCÍPIO DA LIVRE INICIATIVA.

STF É inconstitucional lei estadual que estabelece regras para a cobrança em estacionamento de veículos. • ADI 4862/PR. 2016. (Info 835)

ADI E VENDA DE PRODUTOS DE CONVENIÊNCIA EM FARMÁCIAS E DROGARIAS

STF A Lei 2.149/2009 do Estado do Acre é constitucional. Essa norma permite a comercialização de artigos de conveniência em farmácias e drogarias. Ao autorizar a venda de artigos de conveniência por farmácias e drogarias, o legislador estadual não dispõe sobre saúde, e sim acerca do comércio local. Desse modo, remanesce a competência dos Estados-membros para legislar sobre o tema (CF, art. 25, § 1º), permitido aos Municípios disporem de forma complementar, caso imprescindível diante de particularidades e interesses locais, em observância a normas federais e estaduais. • ADI 4954/AC. 2014. (Info 755)

VALIDADE DO DESCONTO DE PONTUALIDADE INSERIDO EM CONTRATO DE PRESTAÇÃO DE SERVIÇOS EDUCACIONAIS.

STJ O denominado "desconto de pontualidade", concedido pela instituição de ensino aos alunos que efetuarem o pagamento das mensalidades até a data do vencimento ajustada, não configura prática comercial abusiva. • REsp 1.424.814-SP. 2016. (Info 591)

COBRANÇA POR EMISSÃO DE BOLETO BANCÁRIO.

STJ No caso em que foi concedida ao consumidor a opção de realizar o pagamento pela aquisição do produto por meio de boleto bancário, débito em conta corrente ou em cartão de crédito, não é abusiva a cobrança feita ao consumidor pela emissão de boletos bancários, quando a quantia requerida pela utilização dessa forma de pagamento não foi excessivamente onerosa, houve informação prévia de sua cobrança e o valor pleiteado correspondeu exatamente ao que o fornecedor recolheu à instituição financeira responsável pela emissão do boleto bancário. • REsp 1.339.097-SP. 2015. (Info 555)

REPRODUÇÃO DE REGISTRO ORIUNDO DE CARTÓRIO DE PROTESTO EM BANCO DE DADOS DE ÓRGÃO DE PROTEÇÃO AO CRÉDITO. RECURSO REPETITIVO.

STJ Diante da presunção legal de veracidade e publicidade inerente aos registros de cartório de protesto, a reprodução objetiva, fiel, atualizada e clara desses dados na base de órgão de proteção ao crédito - ainda que sem a ciência do consumidor - não tem o condão de ensejar obrigação de reparação de danos. • REsp 1.444.469-DF. 2015. (Info 554)

REPRODUÇÃO DE REGISTRO ORIUNDO DE CARTÓRIO DE DISTRIBUIÇÃO EM BANCO DE DADOS DE ÓRGÃO DE PROTEÇÃO AO CRÉDITO. RECURSO REPETITIVO.

STJ Diante da presunção legal de veracidade e publicidade inerente aos registros do cartório de distribuição judicial, a reprodução objetiva, fiel, atualizada e clara desses dados na base de órgão de proteção ao crédito - ainda que sem a ciência do consumidor - não tem o condão de ensejar obrigação de reparação de danos. REsp 1.344.352-SP. 2015. (Info 554)

RESCISÃO DE CONTRATO DE ARRENDAMENTO MERCANTIL VINCULADO A CONTRATO DE COMPRA E VENDA DE AUTOMÓVEL.

STJ Na hipótese de rescisão de contrato de compra e venda de automóvel firmado entre consumidor e concessionária em razão de vício de qualidade do produto, deverá ser também rescindido o contrato de arrendamento mercantil do veículo defeituoso firmado com instituição financeira pertencente ao mesmo grupo econômico da montadora do veículo (banco de montadora). • REsp 1.379.839-SP. 2015. (Info 554)

REQUISITOS PARA A PROPOSITURA DE AÇÃO DE EXIBIÇÃO DE DOCUMENTOS RELATIVOS AO CREDISCORE.

STJ Em ação cautelar de exibição de documentos ajuizada por consumidor com o objetivo de obter extrato contendo sua pontuação no sistema *Crediscore*, exige-se, para a caracterização do interesse de agir, que o requerente comprove: (i) que a recusa do crédito almejado se deu em razão da pontuação que lhe foi atribuída pela dita ferramenta de *scoring;* e (ii) que tenha havido resistência da instituição responsável pelo sistema na disponibilização das informações requeridas pelo consumidor em prazo razoável. • REsp 1.268.478-RS. 2015. (Info 553)

LEGALIDADE DO SISTEMA *CREDIT SCORING*. RECURSO REPETITIVO.

STJ No que diz respeito ao sistema *credit scoring*, definiu-se que: a) é um método desenvolvido para avaliação do risco de concessão de crédito, a partir de modelos estatísticos, considerando diversas variáveis, com atribuição de uma pontuação ao consumidor avaliado (nota do risco de crédito); b) essa prática comercial é lícita, estando autorizada pelo art. 5º, IV, e pelo art. 7º, I, da Lei 12.414/2011 (Lei do Cadastro Positivo); c) na avaliação do risco de crédito, devem ser respeitados os limites estabelecidos pelo sistema de proteção do consumidor no sentido da tutela da privacidade e da máxima transparência nas relações negociais, conforme previsão do CDC e da Lei 12.414/2011; d) apesar de desnecessário o consentimento do consumidor consultado, devem ser a ele fornecidos esclarecimentos, caso solicitados, acerca das fontes dos dados considerados (histórico de crédito), bem como as informações pessoais valoradas; e) o desrespeito aos limites legais na utilização do sistema *credit scoring*, configurando abuso no exercício desse direito (art. 187 do CC), pode ensejar a responsabilidade objetiva e solidária do fornecedor do serviço, do responsável pelo banco de dados, da fonte e do consulente (art. 16 da Lei 12.414/2011) pela ocorrência de danos morais nas hipóteses de utilização de informações excessivas ou sensíveis (art. 3º, § 3º, I e

II, da Lei 12.414/2011), bem como nos casos de comprovada recusa indevida de crédito pelo uso de dados incorretos ou desatualizados. • REsp 1.419.697-RS. 2014. (Info 551)

PRAZO PARA O CREDOR EXCLUIR DE CADASTRO DE PROTEÇÃO AO CRÉDITO A INSCRIÇÃO DO NOME DE DEVEDOR. RECURSO REPETITIVO.

STJ Diante das regras previstas no CDC, mesmo havendo regular inscrição do nome do devedor em cadastro de órgão de proteção ao crédito, após o integral pagamento da dívida, incumbe ao credor requerer a exclusão do registro desabonador, no prazo de cinco dias úteis, a contar do primeiro dia útil subsequente à completa disponibilização do numerário necessário à quitação do débito vencido. • REsp 1.424.792-BA. 2015. (Info 550)

RESTITUIÇÃO DE TEB EM SEDE DE AÇÃO CIVIL PÚBLICA AJUIZADA POR ASSOCIAÇÃO CIVIL DE DEFESA DO CONSUMIDOR.

STJ Em sede de ação civil pública ajuizada por associação civil de defesa do consumidor, instituição financeira pode ser condenada a restituir os valores indevidamente cobrados a título de Taxa de Emissão de Boleto Bancário (TEB) dos usuários de seus serviços. • REsp 1.304.953-RS. 2014. (Info 546)

COMERCIALIZAÇÃO DE VEÍCULO REESTILIZADO.

STJ O consumidor que, em determinado ano, adquire veículo cujo modelo seja do ano ulterior não é vítima de prática comercial abusiva ou propaganda enganosa pelo simples fato de, durante o ano correspondente ao modelo do seu veículo, ocorrer nova reestilização para um modelo do ano subsequente. • REsp 1.330.174-MG. 2014. (Info 533)

LEGITIMIDADE DO MP NA DEFESA DE DIREITOS DE CONSUMIDORES DE SERVIÇOS MÉDICOS.

STJ O Ministério Público tem legitimidade para propor ação civil pública cujos pedidos consistam em impedir que determinados hospitais continuem a exigir caução para atendimento médico-hospitalar emergencial e a cobrar, ou admitir que se cobre, dos pacientes conveniados a planos de saúde valor adicional por atendimentos realizados por seu corpo médico fora do horário comercial. • REsp 1.324.712-MG. 2013. (Info 532)

LIMITAÇÃO DO VALOR DA INDENIZAÇÃO EM CONTRATO DE PENHOR.

STJ Em contrato de penhor firmado por consumidor com instituição financeira, é nula a cláusula que limite o valor da indenização na hipótese de eventual furto, roubo ou extravio do bem empenhado. • REsp 1.155.395-PR. 2013. (Info 529)

DANOS MORAIS NO CASO DE FURTO DE BEM EMPENHADO.

STJ É possível que instituição financeira seja condenada a compensar danos morais na hipótese de furto de bem objeto de contrato de penhor. • REsp 1.155.395-PR. 2013. (Info 529)

APLICAÇÃO DE MULTA A FORNECEDOR EM RAZÃO DO REPASSE AOS CONSUMIDORES DOS VALORES DECORRENTES DO EXERCÍCIO DO DIREITO DE ARREPENDIMENTO.

STJ O Procon pode aplicar multa a fornecedor em razão do repasse aos consumidores, efetivado com base em cláusula contratual, do ônus de arcar com as despesas postais decorrentes do exercício do *direito de arrependimento* previsto no art. 49 do CDC. • REsp 1.340.604-RJ. 2013. (Info 528)

PRAZO DE PRESCRIÇÃO DA PRETENSÃO DE RESSARCIMENTO POR DANOS DECORRENTES DA QUEDA DE AERONAVE.

STJ É de cinco anos o prazo de prescrição da pretensão de ressarcimento de danos sofridos pelos moradores de casas atingidas pela queda, em 1996, de aeronave pertencente a pessoa jurídica nacional e de direito privado prestadora de serviço de transporte aéreo. • REsp 1.202.013-SP. 2013. (Info 525)

DIREITO PROCESSUAL CIVIL

▼ COMPETÊNCIA

DEVER DE REMESSA DOS AUTOS AO JUÍZO COMPETENTE E PROCESSO ELETRÔNICO.

STJ Implica indevido obstáculo ao acesso à tutela jurisdicional a decisão que, após o reconhecimento da incompetência absoluta do juízo, em vez de determinar a remessa dos autos ao juízo competente, extingue o feito sem exame do mérito, sob o argumento de impossibilidade técnica do Judiciário em remeter os autos para o órgão julgador competente, ante as dificuldades inerentes ao processamento eletrônico. • REsp 1.526.914-PE. 2016. (Info 586)

INCOMPETÊNCIA PARA CANCELAR GRAVAME EM MATRÍCULA DE IMÓVEL ARREMATADO.

STJ Arrematado bem imóvel, o Juízo da execução que conduziu a arrematação não pode determinar o cancelamento automático de constrições determinadas por outros Juízos de mesma hierarquia e registradas na matrícula do bem, mesmo que o edital de praça e o auto de arrematação tivessem sido silentes quanto à existência dos referidos gravames. • RMS 48.609-MT. 2016. (Info 585)

COMPETÊNCIA PARA PROCESSAR E JULGAR AÇÃO DE DIVÓRCIO ADVINDA DE VIOLÊNCIA SUPORTADA POR MULHER NO ÂMBITO FAMILIAR E DOMÉSTICO.

STJ A extinção de medida protetiva de urgência diante da homologação de acordo entre as partes não afasta a competência da Vara Especializada de Violência Doméstica ou Familiar contra a Mulher para julgar ação de divórcio fundada na mesma situação de agressividade vivenciada pela vítima e que fora distribuída por dependência à medida extinta. • REsp 1.496.030-MT. 2015. (Info 572)

COMPETÊNCIA PARA O JULGAMENTO DE AÇÃO DE CONSIGNAÇÃO EM PAGAMENTO PROPOSTA PELA UNIÃO PARA AFASTAR EVENTUAL RESPONSABILIZAÇÃO TRABALHISTA SUBSIDIÁRIA.

STJ A Justiça do Trabalho é competente para processar e julgar ação de consignação em pagamento movida pela União contra sociedade empresária por ela contratada para a prestação de serviços terceirizados, caso a demanda tenha sido proposta com o intuito de evitar futura responsabilização trabalhista subsidiária da Administração nos termos da Súmula 331 do TST. • CC 136.739-RS. 2015. (Info 571)

COMPETÊNCIA PARA JULGAR DISSOLUÇÃO PARCIAL DE SOCIEDADE LIMITADA COM APURAÇÃO DE HAVERES.

STJ Compete ao juízo cível - e não ao juízo de sucessões no qual tramita o inventário - julgar, com consequente apuração de haveres do *de cujus*, dissolução parcial de sociedade limitada que demande extensa dilação probatória. • REsp 1.459.192-CE. 2015. (Info 566)

COMPETÊNCIA PARA PROCESSAR E JULGAR AÇÃO DE IMPROBIDADE ADMINISTRATIVA.

STJ Compete à Justiça Estadual - e não à Justiça Federal - processar e julgar ação civil pública de improbidade administrativa na qual se apure irregularidades na prestação de contas, por ex-prefeito, relacionadas a verbas federais transferidas mediante convênio e incorporadas ao patrimônio municipal, a não ser que exista manifestação de interesse na causa por parte da União, de autarquia ou empresa pública federal. • CC 131.323-TO. 2015. (Info 559)

HIPÓTESE DE CONEXÃO ENTRE PROCESSO DE CONHECIMENTO E DE EXECUÇÃO.

STJ Pode ser reconhecida a conexão e determinada a reunião para julgamento conjunto de um processo executivo com um processo de conhecimento no qual se pretenda a declaração da inexistência da relação jurídica que fundamenta a execução, desde que não implique modificação de competência absoluta. • REsp 1.221.941-RJ. 2015. (Info 559)

INAPLICABILIDADE DA CLÁUSULA DE ELEIÇÃO DE FORO PREVISTA EM CONTRATO SEM ASSINATURA DAS PARTES.

STJ Na hipótese em que a própria validade do contrato esteja sendo objeto de apreciação judicial pelo fato de que não houve instrumento de formalização assinado pelas partes, a cláusula de eleição de foro não deve prevalecer, ainda que prevista em contratos semelhantes anteriormente celebrados entre as partes. • REsp 1.491.040-RJ. 2015. (Info 557)

EFEITO ERGA OMNES DA SENTENÇA CIVIL PROFERIDA EM AÇÃO CIVIL PÚBLICA.

STJ O art. 16 da LACP (Lei 7.347/1985), que restringe o alcance subjetivo de sentença civil aos limites da competência territorial do órgão prolator, tem aplicabilidade nas ações civis públicas que envolvam direitos individuais homogêneos. • REsp 1.114.035-PR. 2014. (Info 552)

COMPETÊNCIA PARA PROCESSAR E JULGAR AÇÃO DE DIVÓRCIO QUANDO O MARIDO FOR INCAPAZ.

STJ Compete ao foro do domicílio do representante do marido interditado por deficiência mental - e não ao foro da residência de sua esposa capaz e produtiva - processar e julgar ação de divórcio direto litigioso, independentemente da posição que o incapaz ocupe na relação processual (autor ou réu). • REsp 875.612-MG. 2014. (Info 552)

COMPETÊNCIA DE JUIZADO DE VIOLÊNCIA DOMÉSTICA E FAMILIAR CONTRA A MULHER PARA JULGAR EXECUÇÃO DE ALIMENTOS POR ELE FIXADOS.

STJ O Juizado de Violência Doméstica e Familiar contra a Mulher tem competência para julgar a execução de alimentos que tenham sido fixados a título de medida protetiva de urgência fundada na Lei Maria da Penha em favor de filho do casal em conflito. • REsp 1.475.006-MT. 2014. (Info 550)

COMPETÊNCIA PARA JULGAR AÇÃO CUJA CONTROVÉRSIA SE REFIRA À VALIDADE E À EXECUÇÃO DE DECISÕES DA JUSTIÇA DESPORTIVA ACERCA DE CAMPEONATO DE FUTEBOL DE CARÁTER NACIONAL (APLICAÇÃO ANALÓGICA DO ART. 543-C DO CPC).

STJ O Juízo do local em que está situada a sede da Confederação Brasileira de Futebol (CBF) é o competente para processar e julgar todas e quaisquer ações cujas controvérsias se refiram apenas à validade e à execução de decisões da Justiça Desportiva acerca de campeonato de futebol de caráter nacional, de cuja organização a CBF participe, independentemente de as ações serem ajuizadas em vários Juízos ou Juizados Especiais (situados em diversos lugares do país) por clubes, entidades, instituições, torcedores ou, até mesmo, pelo Ministério Público ou pela Defensoria Pública. • CC 133.244-RJ. 2014. (Info 549)

COMPETÊNCIA PARA PROCESSAR E JULGAR INTERVENÇÃO FEDERAL.

STJ Compete ao STJ julgar pedido de Intervenção Federal baseado no descumprimento de ordem de reintegração de posse de imóvel rural ocupado pelo MST expedida por Juiz Estadual e fundada exclusivamente na aplicação da legislação infraconstitucional civil possessória. • IF 111-PR. 2014. (Info 545)

COMPETÊNCIA PARA RECONHECIMENTO DE DIREITO A MEAÇÃO DE BENS LOCALIZADOS FORA DO BRASIL.

STJ Em ação de divórcio e partilha de bens de brasileiros, casados e residentes no Brasil, a autoridade judiciária brasileira tem competência para, reconhecendo o direito à meação e a existência de bens situados no exterior, fazer incluir seus valores na partilha. • REsp 1.410.958-RS. 2014. (Info 544)

COMPETÊNCIA PARA PROCESSAR E JULGAR AÇÃO DECLARATÓRIA DE NULIDADE DE ESCRITURA PÚBLICA DE CESSÃO E TRANSFERÊNCIA DE DIREITOS POSSESSÓRIOS.

STJ O foro do domicílio do réu é competente para processar e julgar ação declaratória de nulidade, por razões formais, de escritura pública de cessão e transferência de direitos possessórios de imóvel, ainda que esse seja diferente do da situação do imóvel. • CC 111.572-SC. 2014. (Info 543)

COMPETÊNCIA PARA PROCESSAR E JULGAR AÇÃO INDENIZATÓRIA PROMOVIDA POR ALUNO UNIVERSITÁRIO CONTRA ESTABELECIMENTO DE ENSINO E INSTITUIÇÃO MINISTRADORA DE ESTÁGIO OBRIGATÓRIO.

STJ Pelos danos ocorridos durante o estágio obrigatório curricular, a Justiça Comum Estadual - e não a Justiça do Trabalho - é competente para processar e julgar ação de reparação de danos materiais e morais promovida por aluno universitário contra estabelecimento de ensino superior e instituição hospitalar autorizada a ministrar o estágio. • CC 131.195-MG. 2014. (Info 543)

COMPETÊNCIA PARA JULGAR PEDIDO DE PENSÃO POR MORTE DECORRENTE DE ÓBITO DE EMPREGADO ASSALTADO NO EXERCÍCIO DO TRABALHO.

STJ Compete à Justiça Estadual - e não à Justiça Federal - processar e julgar ação que tenha por objeto a concessão de pensão por morte decorrente de óbito de empregado ocorrido em razão de assalto sofrido durante o exercício do trabalho. • CC 132.034-SP. 2014. (Info 542)

COMPETÊNCIA PARA O JULGAMENTO DE AÇÃO PROPOSTA POR CONSUMIDOR POR EQUIPARAÇÃO.

STJ O foro do domicílio do autor da demanda é competente para processar e julgar ação de inexigibilidade de título de crédito e de indenização por danos morais proposta contra o fornecedor de serviços que, sem ter tomado qualquer providência para verificar a autenticidade do título e da assinatura dele constante, provoca o protesto de cheque clonado emitido por falsário em nome do autor da demanda, causando indevida inscrição do nome deste em cadastros de proteção ao crédito. • CC 128.079-MT. 2014. (Info 542)

MS PARA CONTROLE DE COMPETÊNCIA DOS JUIZADOS ESPECIAIS FEDERAIS.

STJ É possível a impetração de Mandado de Segurança nos Tribunais Regionais Federais com a finalidade de promover o controle da competência dos Juizados Especiais Federais. • RMS 37.959-BA. 2014. (Info 533)

COMPETÊNCIA PARA JULGAMENTO DE AÇÃO CIVIL PÚBLICA AJUIZADA PELO MPF.

STJ Compete à Justiça Federal processar e julgar ação civil pública quando o Ministério Público Federal figurar como autor. • REsp 1.283.737-DF. 2014. (Info 533)

FORO COMPETENTE PARA APRECIAR COBRANÇA DE INDENIZAÇÃO DECORRENTE DE SEGURO DPVAT. RECURSO REPETITIVO.

STJ Em ação de cobrança objetivando indenização decorrente de Seguro Obrigatório de Danos Pessoais Causados por Veículos Automotores de Vias Terrestres - DPVAT, constitui faculdade do autor escolher entre os seguintes foros para ajuizamento da ação: o do local do acidente ou o do seu domicílio (parágrafo único do art. 100 do Código de Processo Civil) e, ainda, o do domicílio do réu (art. 94 do mesmo diploma). • REsp 1.357.813-RJ. 2014. (Info 532)

COMPETÊNCIA PARA PROCESSAR E JULGAR EXECUÇÃO FISCAL. RECURSO REPETITIVO.

STJ Na hipótese em que, em razão da inexistência de vara da Justiça Federal na localidade do domicílio do devedor, execução fiscal tenha sido ajuizada pela União ou por suas autarquias em vara da Justiça Federal sediada em local diverso, o juiz federal poderá declinar, de ofício, da competência para processar e julgar a demanda, determinando a remessa dos autos para o juízo de direito da comarca do domicílio do executado. • REsp 1.146.194-SC. 2013. (Info 531)

COMPETÊNCIA DO JUÍZO DEPRECADO PARA A DEGRAVAÇÃO DE DEPOIMENTOS COLHIDOS.

STJ O juízo deprecado - e não o deprecante - é o competente para a degravação dos depoimentos testemunhais colhidos e registrados por método não convencional (como taquigrafia, estenotipia ou outro método idôneo de documentação) no cumprimento da carta precatória. • CC 126.747-RS. 2013. (Info 531)

COMPETÊNCIA PARA O PROCESSAMENTO DE EXECUÇÃO DE PRESTAÇÃO ALIMENTÍCIA.

STJ Na definição da competência para o processamento de execução de prestação alimentícia, cabe ao alimentando a escolha entre: a) o foro do seu domicílio ou de sua residência; b) o juízo que proferiu a sentença exequenda; c) o juízo do local onde se encontram bens do alimentante sujeitos à expropriação; ou d) o juízo do atual domicílio do alimentante. • CC 118.340-MS. 2013. (Info 531)

COMPETÊNCIA PARA O JULGAMENTO DE AÇÃO CIVIL PÚBLICA.

STJ Em ação civil pública ajuizada na Justiça Federal, não é cabível a cumulação subjetiva de demandas com o objetivo de formar um litisconsórcio passivo facultativo comum, quando apenas um dos demandados estiver submetido, em razão de regra de competência *ratione personae*, à jurisdição da Justiça Federal, ao passo que a Justiça Estadual seja a competente para apreciar os pedidos relacionados aos demais demandados. • REsp 1.120.169-RJ. 2013. (Info 530)

EMENDA À PETIÇÃO DE MANDADO DE SEGURANÇA PARA RETIFICAÇÃO DA AUTORIDADE COATORA.

STJ Deve ser admitida a emenda à petição inicial para corrigir equívoco na indicação da autoridade coatora em mandado de segurança, desde que a retificação do polo passivo não implique alteração de competência judiciária e desde que a autoridade erroneamente indicada pertença à mesma pessoa jurídica da autoridade de fato coatora. • AgRg no AREsp 368.159-PE. 2013. (Info 529)

ALEGAÇÃO DE INEXISTÊNCIA DE CONEXÃO EM EXCEÇÃO DE INCOMPETÊNCIA.

STJ A exceção de incompetência é meio adequado para que a parte ré impugne distribuição por prevenção requerida pela parte autora com base na existência de conexão. • REsp 1.156.306-DF. 2013. (Info 529)

COMPETÊNCIA INTERNA PARA JULGAR AÇÃO DISCRIMINATÓRIA DE TERRAS PÚBLICAS.

STJ Compete à Primeira Seção do STJ e a suas respectivas Turmas julgar feito referente a ação discriminatória de terras públicas. • CC 124.063-DF. 2013. (Info 529)

▼ SUSPEIÇÃO

SUSPEIÇÃO POR MOTIVO SUPERVENIENTE.

STJ A autodeclaração de suspeição realizada por magistrado em virtude de motivo superveniente não importa em nulidade dos atos processuais praticados em momento anterior ao fato ensejador da suspeição. • PET no REsp 1.339.313-RJ. 2016. (Info 587)

MOMENTO ADEQUADO PARA A ALEGAÇÃO DE SUSPEIÇÃO DO PERITO.

STJ A parte não pode deixar para arguir a suspeição de perito apenas após a apresentação de laudo pericial que lhe foi desfavorável. • AgRg naMC 21.336-RS. 2013. (Info 532)

INAPLICABILIDADE DO ART. 191 DO CPC EM EXCEÇÃO DE SUSPEIÇÃO.

STJ O autor da ação principal que, em exceção de suspeição, tenha sido admitido como assistente simples do perito excepto não pode ser considerado "litisconsorte" para efeito de aplicação do art. 191 do CPC - prazo em dobro para recorrer no caso de litisconsortes com diferentes procuradores -, ainda que o referido incidente tenha sido acolhido para anular decisão favorável ao autor da demanda originária. • REsp 909.940-ES. 2013. (Info 528)

▼ HONORÁRIOS ADVOCATÍCIOS

EMBARGOS DE DECLARAÇÃO E CONDENAÇÃO EM HONORÁRIOS ADVOCATÍCIOS

STF Após18 de março de 2016, data do início da vigência do Novo Código de Processo Civil, é possível condenar a parte sucumbente em honorários advocatícios na hipótese de o recurso de embargos de declaração não atender os requisitos previstos no art. 1.022 do referido diploma e tampouco se enquadrar em situações excepcionais que autorizem a concessão de efeitos infringentes. • RE 929925 AgR-ED/RS. 2016. (Info 829)

EXECUÇÃO DE HONORÁRIOS SUCUMBENCIAIS E FRACIONAMENTO

STF É legítima a execução de honorários sucumbenciais proporcional à respectiva fração de cada um dos É legítima a execução de honorários sucumbenciais proporcional à respectiva fração de cada um dos substituídos processuais em ação coletiva contra a Fazenda Pública. • RE 919269 AgR/RS. 2015. (Info 812)

HONORÁRIOS ADVOCATÍCIOS E EXECUÇÃO AUTÔNOMA

STF É possível o fracionamento de precatório para pagamento de honorários advocatícios. • RE 564132/RS. 2014. (Info 765)

HIPÓTESE DE NÃO CABIMENTO DE HONORÁRIOS SUCUMBENCIAIS EM DESFAVOR DO INPI EM AÇÃO DE NULIDADE DE REGISTRO DE MARCA.

STJ Em ação de nulidade de registro de marca a que o INPI não deu causa nem após resistência direta, não cabe condenação do instituto em honorários advocatícios sucumbenciais. • REsp 1.378.699-PR. 2016. (Info 585)

HONORÁRIOS SUCUMBENCIAIS EM DESFAVOR DO INPI EM AÇÃO DE NULIDADE DE REGISTRO DE MARCA.

STJ Na ação de nulidade de registro de marca em que o INPI foi indicado como réu ao lado de sociedade empresária em virtude da concessão indevida do registro e do não processamento do procedimento administrativo para anular o registro indevidamente concedido, a autarquia federal responde solidariamente pelos honorários advocatícios sucumbenciais, na hipótese em que se reconheceu a omissão do instituto quanto à citada inércia, ainda que o ente federal tenha reconhecido a procedência do pedido judicial. • REsp 1.258.662-PR. 2016. (Info 576)

FIXAÇÃO PROVISÓRIA DE HONORÁRIOS ADVOCATÍCIOS EM EXECUÇÃO E POSTERIOR HOMOLOGAÇÃO DE ACORDO.

STJ O advogado não tem direito à percepção dos honorários fixados no despacho de recebimento da inicial de execução por quantia certa (art. 652-A do CPC), na hipótese em que a cobrança for extinta em virtude de homologação de acordo entre as partes em que se estabeleceu que cada parte arcaria com os honorários de seus respectivos patronos. • REsp 1.414.394-DF. 2015. (Info 570)

IMPOSSIBILIDADE DE CONDENAÇÃO IMPLÍCITA EM HONORÁRIOS ADVOCATÍCIOS.

STJ Não cabe a execução de honorários advocatícios com base na expressão "invertidos os ônus da sucumbência" empregada por acórdão que, anulando sentença de mérito que fixara a verba honorária em percentual sobre o valor da condenação, extinguiu o processo sem resolução de mérito. • REsp 1.285.074-SP. 2015. (Info 565)

DESCABIMENTO DE FIXAÇÃO DE HONORÁRIOS ADVOCATÍCIOS EM EXECUÇÃO INVERTIDA.

STJ Não cabe a condenação da Fazenda Pública em honorários advocatícios no caso em que o credor simplesmente anui com os cálculos apresentados em "execução invertida", ainda que se trate de hipótese de pagamento mediante Requisição de Pequeno Valor (RPV). • AgRg no AREsp 630.235-RS. 2015. (Info 563)

IMPOSSIBILIDADE DE COBRAR DO EXEQUENTE HONORÁRIOS SUCUMBENCIAIS FIXADOS NO DESPACHO INICIAL DE EXECUÇÃO DE TÍTULO EXTRAJUDICIAL (ART. 652-A DO CPC).

STJ Os honorários sucumbenciais fixados no despacho inicial de execução de título extrajudicial (art. 652-A do CPC) não podem ser cobrados do exequente, mesmo que, no decorrer do processo executivo, este tenha utilizado parte de seu crédito na arrematação de bem antes pertencente ao executado, sem reservar parcela para o pagamento de verba honorária. • REsp 1.120.753-RJ. 2015. (Info 561)

LEGITIMIDADE PARA COBRANÇA DE HONORÁRIOS ADVOCATÍCIOS SUCUMBENCIAIS.

STJ O advogado substabelecido com reserva de poderes que atuara na fase de conhecimento não possui legitimidade para postular, sem a intervenção do substabelecente, os honorários de sucumbência fixados nessa fase, ainda que tenha firmado contrato de prestação de serviços, na fase de cumprimento da sentença, com a parte vencedora da ação. • REsp 1.214.790-SP. 2015. (Info 560)

INAPLICABILIDADE DA TEORIA DA RELATIVIZAÇÃO DA COISA JULGADA.

STJ A mera alegação de que houve um erro de julgamento não é apta a justificar a aplicação da teoria da relativização da coisa julgada com vistas a desconstituir decisão que, em sede de incidente de habilitação de crédito, fixou equivocadamente os honorários advocatícios com base no § 3º do art. 20 do CPC - quando deveria ter utilizado o § 4º do referido dispositivo -, ainda que o valor dos honorários seja excessivo e possa prejudicar os demais credores concursais. • REsp 1.163.649-SP. 2015. (Info 556)

ILEGITIMIDADE PASSIVA DE SOCIEDADES EMPRESÁRIAS INTEGRANTES DE GRUPO ECONÔMICO EM EXECUÇÃO DE HONORÁRIOS ADVOCATÍCIOS.

STJ Não estão legitimadas a integrar o polo passivo de ação de execução de honorários advocatícios as sociedades empresárias que não figurarem no título executivo extrajudicial, ainda que sejam integrantes do mesmo grupo econômico da sociedade empresária que firmou o contrato de prestação de serviços advocatícios.• REsp 1.404.366-RS. 2015. (Info 555)

POSSIBILIDADE DE PENHORA SOBRE HONORÁRIOS ADVOCATÍCIOS.

STJ Excepcionalmente é possível penhorar parte dos honorários advocatícios - contratuais ou sucumbenciais - quando a verba devida ao advogado ultrapassar o razoável para o seu sustento e de sua família. • REsp 1.264.358-SC. 2015. (Info 553)

RENÚNCIA DO CREDOR AO SEU CRÉDITO E JUNTADA DO CONTRATO DE HONORÁRIOS ADVOCATÍCIOS AOS AUTOS.

STJ A juntada do contrato de honorários advocatícios aos autos antes de determinada a expedição de precatório ou de mandado de levantamento (art. 22, § 4º, da Lei 8.906/1994) não impede que o credor renuncie ao pagamento do montante que lhe era devido, inviabilizando, assim, o pagamento direto ao advogado - por dedução da quantia que seria recebida pelo constituinte - dos honorários contratuais. • REsp 1.330.611-DF. 2014. (Info 550)

HIPÓTESE DE NÃO SUJEIÇÃO DE SENTENÇA A REEXAME NECESSÁRIO.

STJ Não se sujeita ao reexame necessário, ainda que a Fazenda Pública tenha sido condenada a pagar honorários advocatícios, a sentença que extinguiu execução fiscal em razão do acolhimento de exceção de pré-executividade pela qual se demonstrara o cancelamento, pelo Fisco, da inscrição em dívida ativa que lastreava a execução. • REsp 1.415.603-CE. 2014. (Info 544)

PRECLUSÃO DA FACULDADE DE REQUERER HONORÁRIOS SUCUMBENCIAIS EM PROCESSO EXECUTIVO. RECURSO REPETITIVO.

STJ Há preclusão lógica (art. 503 do CPC) em relação à faculdade de requerer o arbitramento dos honorários sucumbenciais relativos à execução na hipótese em que a parte exequente, mesmo diante de despacho citatório que desconsidera o pedido de fixação da verba feito na petição inicial, limita-se a peticionar a retenção do valor correspondente aos honorários contratuais, voltando a reiterar o pleito de fixação de honorários sucumbenciais apenas após o pagamento da execução e o consequente arquivamento do feito. • REsp 1.252.412-RN. 2014. (Info 543)

ÔNUS DO PAGAMENTO DE HONORÁRIOS PERICIAIS EM LIQUIDAÇÃO POR CÁLCULOS DO CREDOR. RECURSO REPETITIVO.

STJ Na liquidação por cálculos do credor, descabe transferir do exequente para o executado o ônus do pagamento de honorários devidos ao perito que elabora a memória de cálculos. • REsp 1.274.466-SC. 2014. (Info 541)

PAGAMENTO DE HONORÁRIOS PERICIAIS EM LIQUIDAÇÃO DE SENTENÇA. RECURSO REPETITIVO.

STJ Na fase autônoma de liquidação de sentença (por arbitramento ou por artigos), incumbe ao devedor a antecipação dos honorários periciais. • REsp 1.274.466-SC. 2014. (Info 541)

CLASSIFICAÇÃO DE CRÉDITO REFERENTE A HONORÁRIOS ADVOCATÍCIOS NO PROCESSO DE FALÊNCIA. RECURSO REPETITIVO.

STJ Os créditos resultantes de honorários advocatícios, sucumbenciais ou contratuais, têm natureza alimentar e equiparam-se aos trabalhistas para efeito de habilitação em falência, seja pela regência do Decreto-lei 7.661/1945, seja pela forma prevista na Lei 11.101/2005, observado o limite de valor previsto no art. 83, I, do referido diploma legal. • REsp 1.152.218-RS. 2014. (Info 540)

CLASSIFICAÇÃO DE CRÉDITO REFERENTE A HONORÁRIOS ADVOCATÍCIOS POR SERVIÇOS PRESTADOS À MASSA FALIDA. RECURSO REPETITIVO.

STJ São créditos extraconcursais os honorários de advogado resultantes de trabalhos prestados à massa falida, depois do decreto de falência, nos termos dos arts. 84 e 149 da Lei 11.101/2005. • REsp 1.152.218-RS. 2014. (Info 540)

GARANTIA DO JUÍZO NO ÂMBITO DE EXECUÇÃO FISCAL.

STJ A garantia do juízo no âmbito da execução fiscal (arts. 8º e 9º da Lei 6.830/1980) deve abranger honorários advocatícios que, embora não constem da Certidão de Dívida Ativa (CDA), venham a ser arbitrados judicialmente. • REsp 1.409.688-SP. 2014. (Info 539)

HONORÁRIOS ADVOCATÍCIOS EM AÇÃO DE INDENIZAÇÃO POR DANOS AMBIENTAIS DECORRENTES DE ACIDENTE CAUSADO POR SUBSIDIÁRIA DA PETROBRAS. RECURSO REPETITIVO.

STJ Relativamente ao acidente ocorrido no dia 5 de outubro de 2008, quando a indústria Fertilizantes Nitrogenados de Sergipe (Fafen), subsidiária da Petrobras, deixou vazar para as águas do rio Sergipe cerca de 43 mil litros de amônia, que resultou em dano ambiental provocando a morte de peixes, camarões, mariscos, crustáceos e moluscos e consequente quebra da cadeia alimentar do ecossistema fluvial local: no caso concreto, os honorários advocatícios, fixados em 20% do valor da condenação arbitrada para o acidente - em atenção às características específicas da demanda e à ampla dilação probatória - não se justifica a sua revisão, em sede de recurso especial. • REsp 1.354.536-SE. 2014. (Info 538)

HONORÁRIOS ADVOCATÍCIOS EM EXECUÇÃO POR QUANTIA CERTA CONTRA A FAZENDA PÚBLICA. RECURSO REPETITIVO.

STJ A Fazenda Pública executada não pode ser condenada a pagar honorários advocatícios nas execuções por quantia certa não embargadas em que o exequente renuncia parte de seu crédito para viabilizar o recebimento do remanescente por requisição de pequeno valor (RPV). • REsp 1.406.296-RS. 2014. (Info 537)

HONORÁRIOS ADVOCATÍCIOS EM EXCEÇÃO DE PRÉ-EXECUTIVIDADE PARCIALMENTE PROCEDENTE.

STJ Julgada procedente em parte a exceção de pré-executividade, são devidos honorários de advogado na medida do respectivo proveito econômico. • REsp 1.276.956-RS. 2014. (Info 534)

HONORÁRIOS ADVOCATÍCIOS EM SEDE DE EXECUÇÃO PROVISÓRIA. RECURSO REPETITIVO (ART. 543-C DO CPC E RES. 8/2008-STJ).

STJ Em execução provisória, descabe o arbitramento de honorários advocatícios em benefício do exequente. • REsp 1.291.736-PR. 2014. (Info 533)

EXECUÇÃO DE HONORÁRIOS ADVOCATÍCIOS SUCUMBENCIAIS NO CASO DE TRANSAÇÃO ENTRE AS PARTES NA FASE DE EXECUÇÃO.

STJ Na hipótese de transação realizada pelas partes em sede de execução de sentença, envolvendo os honorários sucumbenciais dos respectivos patronos e sem a anuência do advogado substabelecido com reserva de poderes, esse pode executar a verba em face da parte vencida. • REsp 1.068.355-PR. 2014. (Info 533)

EXECUÇÃO DE HONORÁRIOS ADVOCATÍCIOS PELO ADVOGADO SUBSTABELECIDO.

STJ A intervenção do procurador substabelecente é imprescindível para a execução de honorários advocatícios sucumbenciais pelo advogado substabelecido com reserva de poderes. • REsp 1.068.355-PR. 2014. (Info 533)

REGULARIZAÇÃO DO POLO ATIVO EM EXECUÇÃO DE HONORÁRIOS SUCUMBENCIAIS.

STJ Em caso de execução de honorários advocatícios sucumbenciais iniciada exclusivamente pelo advogado substabelecido com reserva de poderes, o magistrado deve, em vez de extinguir a execução sem resolução de mérito, determinar a cientificação do advogado substabelecente para que esse componha o polo ativo da ação. • REsp 1.068.355-PR. 2014. (Info 533)

CONSECTÁRIOS LEGAIS NA TUTELA DO INCONTROVERSO EM ANTECIPAÇÃO DOS EFEITOS DA TUTELA.

STJ O valor correspondente à parte incontroversa do pedido pode ser levantado pelo beneficiado por decisão que antecipa os efeitos da tutela (art. 273, § 6º, do CPC), mas o montante não deve ser acrescido dos respectivos honorários advocatícios e juros de mora, os quais deverão ser fixados pelo juiz na sentença. • REsp 1.234.887-RJ. 2013. (Info 532)

SUJEIÇÃO DE CRÉDITO DERIVADO DE HONORÁRIOS ADVOCATÍCIOS SUCUMBENCIAIS À RECUPERAÇÃO JUDICIAL.

STJ Os créditos derivados de honorários advocatícios sucumbenciais estão sujeitos aos efeitos da recuperação judicial, mesmo que decorrentes de condenação proferida após o pedido de recuperação. • REsp 1.377.764-MS. 2013. (Info 531)

CRITÉRIO DE FIXAÇÃO DE HONORÁRIOS ADVOCATÍCIOS NA FASE EXECUTIVA DO CUMPRIMENTO DE SENTENÇA.

STJ A multa do art. 475-J do CPC não necessariamente integra o cálculo dos honorários advocatícios na fase executiva do cumprimento de sentença. • REsp 1.291.738-RS. 2013. (Info 530)

APLICABILIDADE DOS ARTS. 19 E 33 DO CPC À AÇÃO DE INDENIZAÇÃO POR DESAPROPRIAÇÃO INDIRETA.

STJ No âmbito de ação de indenização por desapropriação indireta, os honorários periciais devem ser adiantados pela parte que requer a realização da perícia. • REsp 1.343.375-BA. 2013. (Info 530)

INADEQUAÇÃO DO USO DE CRITÉRIOS SUBJETIVOS PARA CONCESSÃO DE ASSISTÊNCIA JUDICIÁRIA GRATUITA.

STJ O julgador não pode estipular, como único critério para a concessão de assistência judiciária gratuita, o recebimento de rendimentos líquidos em valor inferior a 10 salários mínimos, sem considerar, antes do deferimento do benefício, provas que demonstrem a capacidade financeira do requerente para arcar com as despesas do processo e com os honorários advocatícios sem prejuízo próprio ou de sua família. • AgRg no AREsp 239.341-PR. 2013. (Info 528)

ABUSIVIDADE DE CLÁUSULA EM CONTRATO DE CONSUMO.

STJ É abusiva a cláusula contratual que atribua exclusivamente ao consumidor em mora a obrigação de arcar com os honorários advocatícios referentes à cobrança extrajudicial da dívida, sem exigir do fornecedor a demonstração de que a contratação de advogado fora efetivamente necessária e de que os serviços prestados pelo profissional contratado sejam privativos da advocacia. • REsp 1.274.629-AP. 2013. (Info 524)

▼ PRESCRIÇÃO

PRÉVIA INTIMAÇÃO NA PRESCRIÇÃO INTERCORRENTE.

STJ Em execução de título extrajudicial, o credor deve ser intimado para opor fato impeditivo à incidência da prescrição intercorrente antes de sua decretação de ofício. • REsp 1.589.753-PR. 2016. (Info 584)

▼ LITISCONSÓRCIO

HIPÓTESE DE INEXISTÊNCIA DE LITISCONSÓRCIO PASSIVO NECESSÁRIO EM AÇÃO DEMARCATÓRIA.

STJ Em ação demarcatória de parte de imóvel, é facultativo - e não necessário - o litisconsórcio passivo entre o réu e os confinantes da área do bem que não é objeto de demarcação. • REsp 1.599.403-MT. 2016. (Info 586)

NECESSIDADE DE DEMONSTRAÇÃO DE MOTIVOS PARA A FORMAÇÃO DE LITISCONSÓRCIO ATIVO FACULTATIVO ENTRE O MINISTÉRIO PÚBLICO ESTADUAL E O FEDERAL.

STJ Em ação civil pública, a formação de litisconsórcio ativo facultativo entre o Ministério Público Estadual e o Federal depende da demonstração de alguma razão específica que justifique a presença de ambos na lide. • REsp 1.254.428-MG. 2016. (Info 585)

LITISCONSÓRCIO PASSIVO NECESSÁRIO EM AÇÃO DEMOLITÓRIA.

STJ Os cônjuges casados em regime de comunhão de bens devem ser necessariamente citados em ação demolitória. • REsp 1.374.593-SC. 2016. (Info 565)

LITISCONSÓRCIO ATIVO FACULTATIVO ENTRE MINISTÉRIO PÚBLICO FEDERAL, ESTADUAL E DO TRABALHO.

STJ Pode ser admitido litisconsórcio ativo facultativo entre o Ministério Público Federal, o Ministério Público Estadual e o Ministério Público do Trabalho em ação civil pública que vise tutelar pluralidade de direitos que legitimem a referida atuação conjunta em juízo. • REsp 1.444.484-RN. 2014. (Info 549)

REUNIÃO DE PROCESSOS CONEXOS.

STJ O magistrado não pode, com fundamento no art. 105 do CPC, determinar a extinção do processo e condicionar o ajuizamento de nova demanda à formação de litisconsórcio. • AgRg no AREsp 410.980-SE. 2013. (Info 537)

INEXISTÊNCIA DE LITISCONSÓRCIO PASSIVO NECESSÁRIO NO ÂMBITO DE AÇÃO DE NUNCIAÇÃO DE OBRA NOVA.

STJ No âmbito de ação de nunciação de obra nova movida por condomínio contra condômino objetivando a paralisação e a demolição de construção irregular erguida pelo condômino em área comum para transformar seu apartamento, localizado no último andar do edifício, em um apartamento com cobertura, não há litisconsórcio passivo necessário com os condôminos proprietários dos demais apartamentos localizados no último andar do edifício. • REsp 1.374.456-MG. 2013. (Info 531)

▼ INTERVENÇÃO DE TERCEIROS

DESCABIMENTO DE INTERVENÇÃO DE TERCEIROS EM PROCEDIMENTO DE DÚVIDA REGISTRÁRIA.

STJ Não é cabível a intervenção de terceiros em procedimento de dúvida registral suscitada por Oficial de Registro de Imóveis (arts. 198 a 207 da Lei n. 6.015/1973). • RMS 39.236-SP. 2016. (Info 582)

IMPOSSIBILIDADE DE OPOSIÇÃO DO SIGILO DO ACORDO DE LENIÊNCIA AO JUDICIÁRIO.

STJ O sigilo do acordo de leniência celebrado com o CADE não pode ser oposto ao Poder Judiciário para fins de acesso aos documentos que instruem o respectivo procedimento administrativo. • REsp 1.554.986-SP. 2016. (Info 580)

INTERVENÇÃO DA DPU COMO *AMICUS CURIAE* EM PROCESSO REPETITIVO.

STJ A eventual atuação da Defensoria Pública da União (DPU) em muitas ações em que se discuta o mesmo tema versado no recurso representativo de controvérsia não é suficiente para justificar a sua admissão como *amicus curiae*. • REsp 1.371.128-RS. 2014. (Info 547)

MOMENTO PARA HABILITAÇÃO COMO AMICUS CURIAE EM JULGAMENTO DE RECURSO SUBMETIDO AO RITO DO ART. 543-C DO CPC.

STJ O pedido de intervenção, na qualidade de *amicus curiae*, em recurso submetido ao rito do art. 543-C do CPC, deve ser realizado antes do início do julgamento pelo órgão colegiado. • QO no REsp 1.152.218-RS. 2014. (Info 540)

ASSISTÊNCIA SIMPLES EM PROCESSO SUBMETIDO AO RITO DO ART. 543-C DO CPC.

STJ Não configura interesse jurídico apto a justificar o ingresso de terceiro como assistente simples em processo submetido ao rito do art. 543-C do CPC o fato de o requerente ser parte em outro feito no qual se discute tese a ser firmada em recurso repetitivo. • REsp 1.418.593-MS. 2014. (Info 540)

AUSÊNCIA DE NULIDADE PROCESSUAL NO JULGAMENTO DA AÇÃO PRINCIPAL ANTES DA OPOSIÇÃO.

STJ Não configura nulidade apreciar, em sentenças distintas, a ação principal antes da oposição, quando ambas forem julgadas na mesma data, com base nos mesmos elementos de prova e nos mesmos fundamentos. • REsp 1.221.369-RS. 2013. (Info 531)

CHAMAMENTO AO PROCESSO EM AÇÃO DE FORNECIMENTO DE MEDICAMENTO MOVIDA CONTRA ENTE FEDERATIVO. RECURSO REPETITIVO.

STJ Não é adequado o chamamento ao processo (art. 77, III, do CPC) da União em demanda que verse sobre fornecimento de medicamento proposta contra outro ente federativo. • REsp 1.203.244-SC. 2014. (Info 539)

INTERVENÇÃO COMO *AMICUS CURIAE* EM PROCESSO REPETITIVO.

STJ Não se admite a intervenção da Defensoria Pública como *amicus curiae*, ainda que atue em muitas ações de mesmo tema, no processo para o julgamento de recurso repetitivo em que se discutem encargos de crédito rural, destinado ao fomento de atividade comercial. • REsp 1.333.977-MT. 2014. (Info 537)

CABIMENTO DE DENUNCIAÇÃO DA LIDE.

STJ Não cabe a denunciação da lide prevista no art. 70, III, do CPC quando demandar a análise de fato diverso dos envolvidos na ação principal. • REsp 701.868-PR. 2014. (Info 535)

▼ ATUAÇÃO DO MINISTÉRIO PÚBLICO

CONFLITO DE ATRIBUIÇÕES E SUPERFATURAMENTO EM CONSTRUÇÃO DE CONJUNTOS HABITACIONAIS

STF Compete ao PGR, na condição de órgão nacional do Ministério Público, dirimir conflitos de atribuições entre membros do MPF e de Ministérios Públicos estaduais. • ACO 924/PR. 2016. (Info 826)

NECESSIDADE DE DEMONSTRAÇÃO DE MOTIVOS PARA A FORMAÇÃO DE LITISCONSÓRCIO ATIVO FACULTATIVO ENTRE O MINISTÉRIO PÚBLICO ESTADUAL E O FEDERAL.

STJ Em ação civil pública, a formação de litisconsórcio ativo facultativo entre o Ministério Público Estadual e o Federal depende da demonstração de alguma razão específica que justifique a presença de ambos na lide. • REsp 1.254.428-MG. 2016. (Info 585)

ACORDO DE ALIMENTOS SEM A PARTICIPAÇÃO DO ADVOGADO DO ALIMENTANTE.

STJ É válido o acordo de alimentos celebrado pelos interessados na presença do magistrado e do Ministério Público, mas sem a participação do advogado do alimentante capaz. • REsp 1.584.503-SP. 2016. (Info 583)

REQUISIÇÃO PELO MP DE INFORMAÇÕES BANCÁRIAS DE ENTE DA ADMINISTRAÇÃO PÚBLICA.

STJ Não são nulas as provas obtidas por meio de requisição do Ministério Público de informações bancárias de titularidade de prefeitura municipal para fins de apurar supostos crimes praticados por agentes públicos contra a Administração Pública. • HC 308.493-CE . 2015. (Info 572)

APLICAÇÃO DA PENA DE PERDA DA FUNÇÃO PÚBLICA A MEMBRO DO MP EM AÇÃO DE IMPROBIDADE ADMINISTRATIVA.

STJ É possível, no âmbito de ação civil pública de improbidade administrativa, a condenação de membro do Ministério Público à pena de perda da função pública prevista no art. 12 da Lei 8.429/1992. • REsp 1.191.613-MG. 2015. (Info 560)

ATUAÇÃO DO MINISTÉRIO PÚBLICO COMO DEFENSOR DO INTERDITANDO.

STJ Nas ações de interdição não ajuizadas pelo MP, a função de defensor do interditando deverá ser exercida pelo próprio órgão ministerial, não sendo necessária, portanto, nomeação de curador à lide. • REsp 1.099.458-PR. 2014. (Info 553)

INTERVENÇÃO DO MP EM AÇÕES DE RESSARCIMENTO AO ERÁRIO.

STJ O Ministério Público não deve obrigatoriamente intervir em todas as ações de ressarcimento ao erário propostas por entes públicos. • EREsp 1.151.639-GO. 2014. (Info 548)

LEGITIMIDADE DO MP NA DEFESA DE DIREITOS DE CONSUMIDORES DE SERVIÇOS MÉDICOS.

STJ O Ministério Público tem legitimidade para propor ação civil pública cujos pedidos consistam em impedir que determinados hospitais continuem a exigir caução para atendimento médico-hospitalar emergencial e a cobrar, ou admitir que se cobre, dos pacientes conveniados a planos de saúde valor adicional por atendimentos realizados por seu corpo médico fora do horário comercial. • REsp 1.324.712-MG. 2013. (Info 532)

PRERROGATIVA INSTITUCIONAL DO MP DE TOMAR ASSENTO À DIREITA DO MAGISTRADO.

STJ É prerrogativa institucional dos membros do Ministério Público sentar-se à direita dos juízes singulares ou presidentes dos órgãos judiciários perante os quais oficiem, independentemente de estarem atuando como parte ou fiscal da lei. • RMS 23.919-SP. 2013. (Info 529)

LEGITIMIDADE ATIVA DO MP EM AÇÃO CIVIL PÚBLICA PARA DEFESA DE DIREITOS DA CRIANÇA E DO ADOLESCENTE.

STJ O Ministério Público tem legitimidade para promover ação civil pública a fim de obter compensação por dano moral difuso decorrente da submissão de adolescentes a tratamento desumano e vexatório levado a efeito durante rebeliões ocorridas em unidade de internação. • AgRg no REsp 1.368.769-SP. 2013. (Info 526)

▼ FAZENDA PÚBLICA EM JUÍZO

CORREÇÃO MONETÁRIA E JUROS DE MORA EM CONDENAÇÃO IMPOSTA À FAZENDA PÚBLICA POR DANO MORAL.

STJ Na condenação imposta à Fazenda Pública a título de danos morais decorrentes de perseguição política durante a ditadura militar instalada no Brasil após 1964, para fins de atualização monetária e compensação da mora, a partir da data do arbitramento da indenização em segunda instância, haverá a incidência dos índices oficiais de remuneração básica e juros aplicados à caderneta de poupança. • REsp 1.485.260-PR. 2016. (Info 581)

PRAZO DECADENCIAL PARA PARTICULAR ANULAR ACORDO FIRMADO COM A FAZENDA PÚBLICA.

STJ No caso em que particular e Fazenda Pública firmaram, sem a participação judicial, acordo que tenha sido meramente homologado por decisão judicial - a qual, por sua vez, apenas extinguiu a relação jurídica processual existente entre as partes, sem produzir efeitos sobre a relação de direito material existente entre elas -, o prazo decadencial para anular o ajuste por meio de ação ajuizada pelo particular é de 5 anos, contados da data da celebração da transação, e não da decisão homologatória. • REsp 866.197-RS. 2016. (Info 581)

COMPROVAÇÃO DA TEMPESTIVIDADE DO AGRAVO DE INSTRUMENTO MEDIANTE APRESENTAÇÃO DE CERTIDÃO DE VISTA PESSOAL DA FAZENDA NACIONAL. RECURSO REPETITIVO.

STJ O termo de abertura de vista e remessa dos autos à Fazenda Nacional substitui, para efeito de demonstração da tempestividade do agravo de instrumento (art. 522 do CPC) por ela interposto, a apresentação de certidão de intimação da decisão agravada (art. 525, I, do CPC). • REsp 1.383.500-SP. 2016. (Info 577)

MANDADO DE SEGURANÇA IMPETRADO POR SERVIDOR PÚBLICO E REGIME DE PAGAMENTO PELA FAZENDA PÚBLICA.

STJ No mandado de segurança impetrado por servidor público contra a Fazenda Pública, as parcelas devidas entre a data de impetração e a de implementação da concessão da segurança devem ser pagas por meio de precatórios, e não via folha suplementar. • REsp 1.522.973-MG. 2016. (Info 576)

INCIDÊNCIA DE ENCARGO LEGAL EM EXECUÇÃO FISCAL PROMOVIDA CONTRA PESSOA JURÍDICA DE DIREITO PÚBLICO.

STJ O encargo previsto no art. 1º do DL n. 1.025/1969 incide nas execuções fiscais promovidas pela União contra pessoas jurídicas de direito público. • REsp 1.540.855-RS. 2016. (Info 575)

EXECUÇÃO FISCAL E SUBSTITUIÇÃO DE FIANÇA BANCÁRIA POR PENHORA DE DEPÓSITO DE QUANTIA DESTINADA À DISTRIBUIÇÃO DE DIVIDENDOS.

STJ Em sede de execução fiscal, a Fazenda Pública não tem direito de substituir a fiança bancária prestada pela sociedade empresária executada e anteriormente aceita pelo ente público por penhora de depósito de quantia destinada à distribuição de dividendos aos acionistas da devedora, a não ser que a fiança bancária se mostre inidônea. • EREsp 1.163.553-RJ. 2015. (Info 569)

NATUREZA JURÍDICA DO TERMO DE ACORDO DE PARCELAMENTO PARA FINS DE EXECUÇÃO.

STJ O Termo de Acordo de Parcelamento que tenha sido subscrito pelo devedor e pela Fazenda Pública deve ser considerado documento público para fins de caracterização de título executivo extrajudicial, apto à promoção de ação executiva, na forma do art. 585, II, do CPC. • REsp 1.521.531-SE. 2015. (Info 568)

JUIZADO ESPECIAL DA FAZENDA PÚBLICA E REQUISITOS PARA ADMISSIBILIDADE DE RECLAMAÇÃO E DE PEDIDO DE UNIFORMIZAÇÃO DE JURISPRUDÊNCIA.

STJ Não é cabível reclamação, tampouco pedido de uniformização de jurisprudência, ao STJ contra acórdão de Turma Recursal do Juizado Especial da Fazenda Pública sob a alegação de que a decisão impugnada diverge de orientação fixada em precedentes do STJ. • Rcl 22.033-SC. 2015. (Info 559)

SUBMISSÃO DA FAZENDA PÚBLICA À NECESSIDADE DE DEPÓSITO PRÉVIO PRESCRITA PELO § 2º DO ART. 557 DO CPC.

STJ Havendo condenação da Fazenda Pública ao pagamento da multa prevista no art. 557, § 2º, do CPC, a interposição de qualquer outro recurso fica condicionada ao depósito prévio do respectivo valor. • AgRg no AREsp 553.788-DF. 2014. (Info 551)

PRESCINDIBILIDADE DE REQUERIMENTO DO RÉU PARA A EXTINÇÃO DE EXECUÇÃO FISCAL POR ABANDONO DA CAUSA.

STJ Se a Fazenda Pública - tendo sido intimada pessoalmente para se manifestar sobre seu interesse no prosseguimento de execução fiscal não embargada - permanecer inerte por mais de trinta dias, não será necessário requerimento do executado para que o juiz determine, *ex officio*, a extinção do processo sem julgamento de mérito (art. 267, III, do CPC), afastando-se, nesse caso, a incidência da Súmula 240 do STJ. • AgRg no REsp 1.450.799-RN. 2014. (Info 549)

LIQUIDAÇÃO DE SENTENÇA QUE CONDENE A UNIÃO A INDENIZAR PREJUÍZOS DECORRENTES DA FIXAÇÃO DE PREÇOS PARA O SETOR SUCROALCOOLEIRO. RECURSO REPETITIVO.

STJ No que diz respeito à aferição do prejuízo experimentado pelas empresas do setor sucroalcooleiro em razão do tabelamento de preços estabelecido pelo Governo Federal por intermédio da Lei 4.870/1965, definiu-se que: a) cabe à Administração interveniente no domínio econômico arcar com os prejuízos efetivamente suportados pelas usinas, uma vez que não foram considerados os valores apurados pela Fundação Getúlio Vargas - FGV para o custo da cana-de-açúcar e seus derivados, consoante prevê os arts. 9º, 10 e 11 da Lei 4.870/1965; b) tratando-se de hipótese de responsabilidade civil objetiva do Estado, necessária a demonstração da *ação* governamental, *nexo de causalidade* e *dano*; c) não é admissível a utilização do simples cálculo da diferença entre o preço praticado pelas empresas e os valores estipulados pelo IAA/FGV, como único parâmetro de definição do *quantum debeatur*; d) o suposto prejuízo sofrido pela empresa possui natureza jurídica dupla: danos emergentes (dano positivo) e lucros cessantes (dano negativo), que exigem efetiva comprovação; e) nos casos em que a ação de conhecimento é julgada procedente, o *quantum* da indenização pode ser discutido em liquidação da sentença por arbitramento, em conformidade com o art. 475-C do CPC, podendo, inclusive, chegar a dano em valor *zero*; f) simples critério jurídico (descumprimento da Lei 4.870/1965) não pode servir como único parâmetro para definição do *quantum debeatur*, limitando-se a reconhecer o *an debeatur*; e g) só há pertinência lógica-jurídica em se questionar a fixação de preços no setor sucroalcooleiro, por descumprimento do critério legal previsto no art. 10 da Lei 4.870/1965, durante o período de eficácia dessa norma, ou seja, até o advento da Lei 8.178/1991 (4/3/1991). • REsp 1.347.136-DF. 2014. (Info 543)

INOCORRÊNCIA DE PRECLUSÃO PARA A FAZENDA PÚBLICA EM EXECUÇÃO FISCAL.

STJ Não implica preclusão a falta de imediata impugnação pela Fazenda Pública da alegação deduzida em embargos à execução fiscal de que o crédito tributário foi extinto pelo pagamento integral. • REsp 1.364.444-RS. 2014. (Info 542)

EXECUÇÃO DE HONORÁRIOS ADVOCATÍCIOS MEDIANTE RPV. RECURSO REPETITIVO.

STJ É possível que a execução de honorários advocatícios devidos pela Fazenda Pública se faça mediante Requisição de Pequeno Valor (RPV) na hipótese em que os honorários não excedam o valor limite a que se refere o art. 100, § 3º, da CF, ainda que o crédito dito "principal" seja executado por meio do regime de precatórios. • REsp 1.347.736-RS. 2014. (Info 539)

HONORÁRIOS ADVOCATÍCIOS EM EXECUÇÃO POR QUANTIA CERTA CONTRA A FAZENDA PÚBLICA. RECURSO REPETITIVO.

STJ A Fazenda Pública executada não pode ser condenada a pagar honorários advocatícios nas execuções por quantia certa não embargadas em que o exequente renuncia parte de seu crédito para viabilizar o recebimento do remanescente por requisição de pequeno valor (RPV). • REsp 1.406.296-RS. 2014. (Info 537)

JUROS DE MORA DEVIDOS PELA FAZENDA PÚBLICA.

STJ Nas ações previdenciárias em curso, tem aplicação imediata a alteração no regramento dos juros de mora devidos pela Fazenda Pública efetivada pela Lei 11.960/2009 no art. 1º-F da Lei 9.494/1997. • AgRg nos EAg 1.159.781-SP. 2014. (Info 536)

CORREÇÃO MONETÁRIA EM CONDENAÇÕES DA FAZENDA PÚBLICA APÓS DECLARAÇÃO DE INCONSTITUCIONALIDADE PARCIAL DO ART. 1º-F DA LEI 9.494/1997.

STJ Nas condenações impostas à Fazenda Pública, cabe o afastamento, pelo STJ, para os cálculos da correção monetária, da aplicação dos índices oficiais de remuneração básica e juros aplicados à caderneta de poupança, mesmo que a decisão do STF que declarou a inconstitucionalidade parcial por arrastamento do art. 5º da Lei 11.960/2009, seguida pelo STJ em julgamento de recurso repetitivo, ainda não tenha sido publicada. • AgRg no AREsp 18.272-SP. 2014. (Info 535)

LIQUIDAÇÃO POR ARTIGOS EM REPETIÇÃO DE INDÉBITO DE CONTRIBUIÇÃO AO PIS PAGA A MAIOR.

STJ Em sede de execução contra a fazenda pública, far-se-á a liquidação por artigos na hipótese em que, diante da insuficiência de documentos nos autos, for necessária a realização de análise contábil para se chegar ao valor a ser restituído a título de contribuição ao PIS paga a maior. • EREsp 1.245.478-AL. 2013. (Info 529)

JUROS DE MORA EM CONDENAÇÕES IMPOSTAS À FAZENDA PÚBLICA. RECURSO REPETITIVO.

STJ Na hipótese de condenação da Fazenda Pública ao pagamento de diferenças remuneratórias devidas a servidor público, os juros de mora deverão ser contados a partir da data em que efetuada a citação no processo respectivo, independentemente da nova redação conferida pela Lei 11.960/2009 ao art. 1º-F da Lei 9.494/1997. • REsp 1.356.120-RS. 2013. (Info 528)

▼ REVELIA

LIMITES DOS EFEITOS DA REVELIA.

STJ Reconhecida a revelia, a presunção de veracidade quanto aos danos narrados na petição inicial não alcança a definição do *quantum* indenizatório indicado pelo autor. • REsp 1.520.659-RJ. 2015. (Info 574)

APRESENTAÇÃO APENAS DE RECONVENÇÃO SEM CONTESTAÇÃO EM PEÇA AUTÔNOMA E POSSIBILIDADE DE SE AFASTAR OS EFEITOS DA REVELIA.

STJ Ainda que não ofertada contestação em peça autônoma, a apresentação de reconvenção na qual o réu efetivamente impugne o pedido do autor pode afastar a presunção de veracidade decorrente da revelia (art. 302 do CPC). • REsp 1.335.994-SP. 2014. (Info 546)

▼ LITIGÂNCIA DE MÁ-FÉ

LITIGÂNCIA DE MÁ-FÉ E DESNECESSIDADE DE PROVA DE PREJUÍZO.

STJ É desnecessária a comprovação de prejuízo para que haja condenação ao pagamento de indenização por litigância de má-fé (art. 18, *caput* e § 2º, do CPC). • EREsp 1.133.262-ES. 2015. (Info 565)

PREJUDICIALIDADE EXTERNA ENTRE AÇÃO REIVINDICATÓRIA E AÇÃO DE NULIDADE DE NEGÓCIO JURÍDICO.

STJ Deve ser suspensa a ação reivindicatória de bem imóvel, pelo prazo máximo de um ano (art. 265, IV, "a", do CPC), enquanto se discute, em outra ação, a nulidade do próprio negócio jurídico que ensejou a transferência do domínio aos autores da reivindicatória. • EREsp 1.409.256-PR. 2014. (Info 563)

LEGITIMIDADE E INTERESSE PROCESSUAL DO USUFRUTUÁRIO PARA A PROPOSITURA DE AÇÃO DE CARÁTER PETITÓRIO.

STJ O usufrutuário possui legitimidade e interesse para propor ação reivindicatória - de caráter petitório - com o objetivo de fazer prevalecer o seu direito de usufruto sobre o bem, seja contra o nu-proprietário, seja contra terceiros. • REsp 1.202.843-PR. 2014. (Info 550)

CUMULAÇÃO DA MULTA DO ART. 538, PARÁGRAFO ÚNICO, DO CPC COM A INDENIZAÇÃO PELO RECONHECIMENTO DA LITIGÂNCIA DE MÁ-FÉ (ARTS. 17, VII, E 18, § 2º, DO CPC). RECURSO REPETITIVO.

STJ A multa prevista no art. 538, parágrafo único, do CPC tem caráter eminentemente administrativo - punindo conduta que ofende a dignidade do tribunal e a função pública do processo -, sendo possível sua cumulação com a sanção prevista nos arts. 17, VII, e 18, § 2º, do CPC, de natureza reparatória. • REsp 1.250.739-PA. 2014. (Info 541)

▼ PROVAS

EXTINÇÃO DE PROCESSO POR AUSÊNCIA DE INÍCIO DE PROVA MATERIAL DE ATIVIDADE RURAL E POSSIBILIDADE DE AJUIZAMENTO DE NOVA DEMANDA. RECURSO REPETITIVO.

STJ Se a petição inicial de ação em que se postula a aposentadoria rural por idade não for instruída com documentos que demonstre início de prova material quanto ao exercício de atividade rural, o processo deve ser extinto sem resolução de mérito (art. 267, VI, do CPC/1973), sendo facultado ao segurado o ajuizamento de nova ação (art. 268 do CPC/1973), caso reúna os elementos necessários a essa iniciativa. • REsp 1.352.721-SP. 2016. (Info 581)

CONTRATO DE ARRENDAMENTO RURAL COMO PROVA ESCRITA PARA AÇÃO MONITÓRIA.

STJ O contrato de arrendamento rural que, a despeito da vedação prevista no art. 18, parágrafo único, do Decreto n. 59.566/1966, estabelece pagamento em quantidade de produtos agrícolas pode ser usado como prova escrita para instruir ação monitória. • REsp 1.266.975-MG. 2016. (Info 580)

SUSTAÇÃO DE PROTESTO E PRESTAÇÃO DE CONTRACAUTELA. RECURSO REPETITIVO.

STJ A legislação de regência estabelece que o documento hábil a protesto extrajudicial é aquele que caracteriza prova escrita de obrigação pecuniária líquida, certa e exigível. Portanto, a sustação de protesto de título, por representar restrição a direito do credor, exige prévio oferecimento de contracautela, a ser fixada conforme o prudente arbítrio do magistrado. • REsp 1.340.236-SP. 2015. (Info 571)

AÇÃO DE COBRANÇA DE DIREITOS AUTORAIS PROPOSTA PELO ECAD.

STJ Na ação de cobrança de direitos autorais proposta pelo ECAD em desfavor de sociedade empresária executante de serviço de radiodifusão, o Termo de Comprovação de Utilização Musical não é fonte de prova imprescindível para comprovação do fato constitutivo do direito do autor. • REsp 1.391.090-MT. 2015. (Info 570)

DESNECESSIDADE DE EXAURIMENTO DAS VIAS EXTRAJUDICIAIS PARA A UTILIZAÇÃO DO SISTEMA RENAJUD.

STJ A utilização do sistema RENAJUD com o propósito de identificar a existência de veículos penhoráveis em nome do executado não pressupõe a comprovação do insucesso do exequente na obtenção dessas informações mediante consulta ao DETRAN. • REsp 1.347.222-RS. 2015. (Info 568)

COMPROVAÇÃO DE PAGAMENTO DE PREPARO RECURSAL VIA RECIBO EXTRAÍDO DA INTERNET.

STJ O pagamento do preparo recursal pode ser comprovado por intermédio de recibo extraído da internet, desde que esse meio de constatação de quitação possibilite a aferição da regularidade do recolhimento. • EAREsp 423.679-SC. 2015. (Info 565)

NECESSIDADE DE DISPONIBILIZAÇÃO DE MEIOS PARA IDENTIFICAÇÃO DE USUÁRIO QUE PRATICA ILÍCITO EM REDE SOCIAL.

STJ O titular que teve direito autoral violado pela comercialização desautorizada de sua obra em rede social deve indicar a URL específica da página na qual o ilícito foi praticado, caso pretenda que o provedor torne indisponível o conteúdo e forneça o IP do usuário responsável pela violação. • REsp 1.512.647-MG. 2015. (Info 565)

HIPÓTESE EM QUE AO MAGISTRADO NÃO É POSSÍVEL INDEFERIR PEDIDO DE REALIZAÇÃO DE EXAME DE DNA.

STJ Uma vez deferida a produção de prova pericial pelo magistrado - exame de DNA sobre os restos mortais daquele apontado como o suposto pai do autor da ação -, caso o laudo tenha sido inconclusivo, ante a inaptidão dos elementos materiais periciados, não pode o juiz indeferir o refazimento da perícia requerida por ambas as partes, quando posteriormente houver sido disponibilizado os requisitos necessários à realização da prova técnica - materiais biológicos dos descendentes ou colaterais do suposto pai -, em conformidade ao consignado pelo perito por ocasião da lavratura do primeiro laudo pericial. • REsp 1.229.905-MS. 2014. (Info 545)

PROVA EMPRESTADA ENTRE PROCESSOS COM PARTES DIFERENTES.

STJ É admissível, assegurado o contraditório, prova emprestada de processo do qual não participaram as partes do processo para o qual a prova será trasladada. • EREsp 617.428-SP. 2014. (Info 543)

UTILIZAÇÃO DE PROVA EMPRESTADA.

STJ Desde que observado o devido processo legal, é possível a utilização de provas colhidas em processo criminal como fundamento para reconhecer, no âmbito de ação de conhecimento no juízo cível, a obrigação de reparação dos danos causados, ainda que a sentença penal condenatória não tenha transitado em julgado. • AgRg no AREsp 24.940-RJ. 2014. (Info 536)

▼ RECONVENÇÃO

IMPOSSIBILIDADE DE OFERECIMENTO DE RECONVENÇÃO EM EMBARGOS À EXECUÇÃO.

STJ É incabível o oferecimento de reconvenção em embargos à execução. • REsp 1.528.049-RS. 2015. (Info 567)

APRESENTAÇÃO APENAS DE RECONVENÇÃO SEM CONTESTAÇÃO EM PEÇA AUTÔNOMA E POSSIBILIDADE DE SE AFASTAR OS EFEITOS DA REVELIA.

STJ Ainda que não ofertada contestação em peça autônoma, a apresentação de reconvenção na qual o réu efetivamente impugne o pedido do autor pode afastar a presunção de veracidade decorrente da revelia (art. 302 do CPC). • REsp 1.335.994-SP. 2014. (Info 546)

▼ LEGITIMIDADE PARA SER PARTE

LEGITIMIDADE ATIVA DE ASSOCIAÇÃO PARA DEFENDER OS INTERESSES DE SEUS FILIADOS.

STJ Associação não tem legitimidade ativa para defender os interesses dos associados que vierem a se agregar somente após o ajuizamento da ação de conhecimento. • REsp 1.468.734-SP. 2016. (Info 579)

POSSIBILIDADE DE ATUAÇÃO DO MP ESTADUAL NO ÂMBITO DO STJ.

STJ O Ministério Público Estadual (MP Estadual) tem legitimidade para atuar diretamente no STJ nos processos em que figurar como parte. • EREsp 1.236.822-PR. 2016. (Info 576)

APLICAÇÃO DO PRINCÍPIO DA FUNGIBILIDADE A RECURSO EM AÇÃO DE IMPROBIDADE ADMINISTRATIVA.

STJ Pode ser conhecida a apelação que, sem má-fé e em prazo compatível com o previsto para o agravo de instrumento, foi interposta contra decisão que, em juízo prévio de admissibilidade em ação de improbidade administrativa, reconheceu a ilegitimidade passiva *ad causam* de alguns dos réus. • AgRg no REsp 1.305.905-DF. 2015. (Info 574)

LEGITIMIDADE DE PARENTE PARA PROPOR AÇÃO DE INTERDIÇÃO.

STJ Qualquer pessoa que se enquadre no conceito de parente do Código Civil é parte legítima para propor ação de interdição. • REsp 1.346.013-MG. 2015. (Info 571)

LEGITIMIDADE DO MP PARA PROPOR ACP OBJETIVANDO A LIBERAÇÃO DE SALDO DE CONTAS PIS/PASEP DE PESSOAS COM INVALIDEZ.

STJ O Ministério Público tem legitimidade para propor ação civil pública objetivando a liberação do saldo de contas PIS/PASEP, na hipótese em que o titular da conta - independentemente da obtenção de aposentadoria por invalidez ou de benefício assistencial - seja incapaz e insusceptível de reabilitação para o exercício de atividade que lhe garanta a subsistência, bem como na hipótese em que o próprio titular da conta ou quaisquer de seus dependentes for acometido das doenças ou afecções listadas na Portaria Interministerial MPAS/MS 2.998/2001. • REsp 1.480.250-RS. 2015. (Info 568)

LEGITIMIDADE DO PROMITENTE COMPRADOR E DO PROMITENTE VENDEDOR EM AÇÃO DE COBRANÇA DE DÉBITOS CONDOMINIAIS.

STJ O promitente comprador e o promitente vendedor de imóvel têm legitimidade passiva concorrente em ação de cobrança de débitos condominiais posteriores à imissão daquele na posse do bem, admitindo-se a penhora do imóvel, como garantia da dívida, quando o titular do direito de propriedade (promitente vendedor) figurar no polo passivo da demanda. • REsp 1.442.840-PR. 2015. (Info 567)

ILEGITIMIDADE DO ESPÓLIO PARA PLEITEAR INDENIZAÇÃO DO SEGURO OBRIGATÓRIO DPVAT NO CASO DE MORTE DA VÍTIMA.

STJ O espólio, ainda que representado pelo inventariante, não possui legitimidade ativa para ajuizar ação de cobrança do seguro obrigatório (DPVAT) em caso de morte da vítima no acidente de trânsito. • REsp 1.419.814-SC. 2015. (Info 565)

HIPÓTESE DE ILEGITIMIDADE PASSIVA DA UNIÃO EM DEMANDA QUE ENVOLVE O SUS.

STJ A União não tem legitimidade passiva em ação de indenização por danos decorrentes de erro médico ocorrido em hospital da rede privada durante atendimento custeado pelo Sistema Único de Saúde (SUS). • EREsp 1.388.822-RN. 2015. (Info 563)

ILEGITIMIDADE ATIVA DO FIADOR PARA PLEITEAR EM JUÍZO A REVISÃO DO CONTRATO PRINCIPAL.

STJ O fiador de mútuo bancário não tem legitimidade para, exclusivamente e em nome próprio, pleitear em juízo a revisão e o afastamento de cláusulas e encargos abusivos constantes do contrato principal. • REsp 926.792-SC. 2015. (Info 560)

LEGITIMIDADE DO MINISTÉRIO PÚBLICO ESTADUAL PARA ATUAR NO ÂMBITO DO STJ.

STJ O Ministério Público Estadual tem legitimidade para atuar diretamente como parte em recurso submetido a julgamento perante o STJ. • EREsp 1.327.573-RJ. 2015. (Info 556)

CARÊNCIA DE AÇÃO NO ÂMBITO DE EMBARGOS DE TERCEIRO.

STJ O proprietário sem posse a qualquer título não tem legitimidade para ajuizar, com fundamento no direito de propriedade, embargos de terceiro contra decisão transitada em julgado proferida em ação de reintegração de posse, da qual não participou, e na qual sequer foi aventada discussão em torno da titularidade do domínio. • REsp 1.417.620-DF. 2015. (Info 553)

LEGITIMIDADE PARA A EXECUÇÃO DE TÍTULO EXECUTIVO EXTRAJUDICIAL PROVENIENTE DE DECISÃO DO TRIBUNAL DE CONTAS.

STJ A execução de título executivo extrajudicial decorrente de condenação patrimonial proferida por tribunal de contas somente pode ser proposta pelo ente público beneficiário da condenação, não possuindo o Ministério Público legitimidade ativa para tanto. • REsp 1.464.226-MA. 2014. (Info 552)

LEGITIMIDADE DO MP PARA PROPOR AÇÃO CIVIL PÚBLICA EM DEFESA DE INTERESSES COLETIVOS E INDIVIDUAIS HOMOGÊNEOS DOS MUTUÁRIOS DO SFH.

STJ O Ministério Público tem legitimidade ad causam para propor ação civil pública com a finalidade de defender interesses coletivos e individuais homogêneos dos mutuários do Sistema Financeiro da Habitação. • REsp 1.114.035-PR. 2014. (Info 552)

LEGITIMIDADE E INTERESSE PROCESSUAL DO USUFRUTUÁRIO PARA A PROPOSITURA DE AÇÃO DE CARÁTER PETITÓRIO.

STJ O usufrutuário possui legitimidade e interesse para propor ação reivindicatória - de caráter petitório - com o objetivo de fazer prevalecer o seu direito de usufruto sobre o bem, seja contra o nu-proprietário, seja contra terceiros. • REsp 1.202.843-PR. 2014. (Info 550)

ILEGITIMIDADE DO CONDÔMINO PARA PROPOR AÇÃO DE PRESTAÇÃO DE CONTAS.

STJ O condômino, isoladamente, não possui legitimidade para ajuizar ação de prestação de contas contra o condomínio. • REsp 1.046.652-RJ. 2014. (Info 549)

LEGITIMIDADE E COISA JULGADA EM EXECUÇÃO INDIVIDUAL DE SENTENÇA COLETIVA QUE JULGOU QUESTÃO REFERENTE A EXPURGOS INFLACIONÁRIOS SOBRE CADERNETAS DE POUPANÇA. RECURSO REPETITIVO.

STJ A sentença proferida pelo Juízo da 12ª Vara Cível da Circunscrição Especial Judiciária de Brasília-DF, na ação civil coletiva n. 1998.01.1.016798-9, que condenou o Banco do Brasil ao pagamento de diferenças decorrentes de expurgos inflacionários sobre cadernetas de poupança ocorridos em janeiro de 1989 (Plano Verão), é aplicável, por força da coisa julgada, indistintamente a todos os detentores de caderneta de poupança do Banco do Brasil, independentemente de sua residência ou domicílio no Distrito Federal, reconhecendo-se ao beneficiário o direito de ajuizar o cumprimento individual da sentença coletiva no Juízo de seu domicílio ou no Distrito Federal; os poupadores ou seus sucessores detêm legitimidade ativa - também por força da coisa julgada -, independentemente de fazerem parte ou não dos quadros associativos do IDEC, de ajuizarem o cumprimento individual da sentença coletiva proferida na ação civil pública n. 1998.01.1.016798-9, pelo Juízo da 12ª Vara Cível da Circunscrição Especial Judiciária de Brasília-DF. • REsp 1.391.198-RS. 2014. (Info 544)

LEGITIMIDADE DE PESSOA JURÍDICA PARA IMPUGNAR DECISÃO QUE DESCONSIDERE A SUA PERSONALIDADE.

STJ A pessoa jurídica tem legitimidade para impugnar decisão interlocutória que desconsidera sua personalidade para alcançar o patrimônio de seus sócios ou administradores, desde que o faça com o intuito de defender a sua regular administração e autonomia - isto é, a proteção da sua personalidade -, sem se imiscuir indevidamente na esfera de direitos dos sócios ou administradores incluídos no polo passivo por força da desconsideração. • REsp 1.421.464-SP. 2014. (Info 544)

LEGITIMIDADE DO MP PARA AJUIZAR ACP CUJA CAUSA DE PEDIR SEJA FUNDADA EM CONTROVÉRSIA TRIBUTÁRIA.

STJ O Ministério Público tem legitimidade para ajuizar ação civil pública cujo pedido seja a condenação por improbidade administrativa de agente público que tenha cobrado taxa por valor superior ao custo do serviço prestado, ainda que a causa de pedir envolva questões tributárias. • REsp 1.387.960-SP. 2014. (Info 543)

LEGITIMIDADE PASSIVA DA UNIÃO EM DEMANDAS QUE ENVOLVEM O SUS.

STJ A União - e não só Estados, Distrito Federal e Municípios - tem legitimidade passiva em ação de indenização por erro médico ocorrido em hospital da rede privada durante atendimento custeado pelo Sistema Único de Saúde (SUS). • REsp 1.388.822-RN. 2014. (Info 543)

LEGITIMIDADE ATIVA DO ESPÓLIO EM DEMANDA NA QUAL SE BUSQUE INDENIZAÇÃO SECURITÁRIA POR INVALIDEZ PERMANENTE.

STJ O espólio possui legitimidade para ajuizar ação de cobrança de indenização securitária decorrente de invalidez permanente ocorrida antes da morte do segurado. • REsp 1.335.407-RS. 2014. (Info 542)

LEGITIMIDADE DO MINISTÉRIO PÚBLICO PARA AJUIZAR AÇÃO DE ALIMENTOS EM PROVEITO DE CRIANÇA OU ADOLESCENTE. RECURSO REPETITIVO.

STJ O Ministério Público tem legitimidade ativa para ajuizar ação de alimentos em proveito de criança ou adolescente, independentemente do exercício do poder familiar dos pais, ou de o infante se encontrar nas situações de risco descritas no art. 98 do Estatuto da Criança e do Adolescente (ECA), ou de quaisquer outros questionamentos acerca da existência ou eficiência da Defensoria Pública na comarca. • REsp 1.265.821-BAe REsp 1.327.471-MT. 2014. (Info 541)

LEGITIMIDADE ATIVA EM AÇÃO DE COMPLEMENTAÇÃO DE AÇÕES FUNDAMENTADA EM CESSÃO DE DIREITOS RELACIONADA A CONTRATO DE PARTICIPAÇÃO FINANCEIRA. RECURSO REPETITIVO (ART. 543-C DO CPC E RES. 8/2008-STJ).

STJ O cessionário de contrato de participação financeira para a aquisição de linha telefônica tem legitimidade para ajuizar ação de complementação de ações somente na hipótese em que o instrumento de cessão lhe conferir, expressa ou tacitamente, o direito à subscrição de ações, conforme apurado nas instâncias ordinárias. • REsp 1.301.989-RS. 2014. (Info 538)

PERSONALIDADE JUDICIÁRIA DAS CÂMARAS MUNICIPAIS.

STJ A Câmara Municipal não tem legitimidade para propor ação com objetivo de questionar suposta retenção irregular de valores do Fundo de Participação dos Municípios. • REsp 1.429.322-AL. 2014. (Info 537)

LEGITIMIDADE DE AGENTE PÚBLICO PARA RESPONDER DIRETAMENTE POR ATOS PRATICADOS NO EXERCÍCIO DE SUA FUNÇÃO.

STJ Na hipótese de dano causado a particular por agente público no exercício de sua função, há de se conceder ao lesado a possibilidade de ajuizar ação diretamente contra o agente, contra o Estado ou contra ambos. • REsp 1.325.862-PR. 2013. (Info 532)

LEGITIMIDADE DO MP NA DEFESA DE DIREITOS DE CONSUMIDORES DE SERVIÇOS MÉDICOS.

STJ O Ministério Público tem legitimidade para propor ação civil pública cujos pedidos consistam em impedir que determinados hospitais continuem a exigir caução para atendimento médico-hospitalar emergencial e a cobrar, ou admitir que se cobre, dos pacientes conveniados a planos de saúde valor adicional por atendimentos realizados por seu corpo médico fora do horário comercial. REsp 1.324.712-MG. 2013. (Info 532)

CABIMENTO DE AÇÃO DE NUNCIAÇÃO DE OBRA NOVA MOVIDA POR CONDOMÍNIO CONTRA CONDÔMINO.

STJ O condomínio tem legitimidade ativa para ajuizar contra o condômino ação de nunciação de obra nova com pedidos de paralisação e de demolição de construção irregular erguida pelo condômino em área comum para transformar seu apartamento, localizado no último andar do edifício, em um apartamento com cobertura, sem o consentimento expresso e formal de todos os proprietários do condomínio, nem licença da Prefeitura Municipal, causando danos à estética do prédio e colocando em perigo as suas fundações. • REsp 1.374.456-MG. 2013. (Info 531)

ILEGITIMIDADE DE PESSOA JURÍDICA PARA RECORRER, EM NOME PRÓPRIO, EM FAVOR DOS SEUS SÓCIOS. RECURSO REPETITIVO.

STJ Em execução fiscal, a sociedade empresária executada não possui legitimidade para recorrer, em nome próprio, na defesa de interesse de sócio que teve contra si redirecionada a execução. • REsp 1.347.627-SP. 2013. (Info 530)

LEGITIMIDADE DO MP EM AÇÃO CIVIL PÚBLICA.

STJ O Ministério Público tem legitimidade para ajuizar ação civil pública com o objetivo de garantir o acesso a critérios de correção de provas de concurso público. • REsp 1.362.269-CE. 2013. (Info 532)

LEGITIMIDADE PARA A PROPOSITURA DE AÇÃO CIVIL PÚBLICA EM DEFESA DE ZONA DE AMORTECIMENTO DE PARQUE NACIONAL.

STJ O MPF possui legitimidade para propor, na Justiça Federal, ação civil pública que vise à proteção de zona de amortecimento de parque nacional, ainda que a referida área não seja de domínio da União. • AgRg no REsp 1.373.302-CE. 2013. (Info 526)

▼ INTERESSE DE AGIR

INTERESSE DE AGIR EM AÇÃO DE CANCELAMENTO DE DIVERSAS INSCRIÇÕES EM CADASTRO NEGATIVO DE PROTEÇÃO AO CRÉDITO.

STJ Há interesse de agir na ação em que o consumidor postula o cancelamento de múltiplas inscrições de seu nome em cadastro negativo de proteção ao crédito, mesmo que somente uma ou algumas delas ultrapassem os prazos de manutenção dos registros previstos no art. 43, §§ 1º e 5º, do CDC. • REsp 1.196.699-RS. 2015. (Info 571)

AUSÊNCIA DE INTERESSE DE AGIR EM AÇÃO DE PRESTAÇÃO DE CONTAS DE CONTRATOS DE MÚTUO E FINANCIAMENTO. RECURSO REPETITIVO (ART. 543-C DO CPC E RES. 8/2008-STJ).

STJ Nos contratos de mútuo e financiamento, o devedor não possui interesse de agir para a ação de prestação de contas. • REsp 1.293.558-PR. 2015. (Info 558)

REQUISITOS PARA CONFIGURAÇÃO DO INTERESSE DE AGIR NAS AÇÕES CAUTELARES DE EXIBIÇÃO DE DOCUMENTOS BANCÁRIOS. RECURSO REPETITIVO

STJ A propositura de ação cautelar de exibição de documentos bancários (cópias e segunda via de documentos) é cabível como medida preparatória a fim de instruir a ação principal, bastando a demonstração da existência de relação jurídica entre as partes, a comprovação de prévio pedido à instituição financeira não atendido em prazo razoável e o pagamento do custo do serviço conforme previsão contratual e normatização da autoridade monetária. • REsp 1.349.453-MS. 2015. (Info 553)

REQUISITOS PARA A PROPOSITURA DE AÇÃO DE EXIBIÇÃO DE DOCUMENTOS RELATIVOS AO CREDISCORE.

STJ Em ação cautelar de exibição de documentos ajuizada por consumidor com o objetivo de obter extrato contendo sua pontuação no sistema *Crediscore*, exige-se, para a caracterização do interesse de agir, que o requerente comprove: (i) que a recusa do crédito almejado se deu em razão da pontuação que lhe foi atribuída pela dita ferramenta de *scoring;* e (ii) que tenha havido resistência da instituição responsável pelo sistema na disponibilização das informações requeridas pelo consumidor em prazo razoável. • REsp 1.268.478-RS. 2015. (Info 553)

FALTA DE INTERESSE DE AGIR EM AÇÃO DE PRESTAÇÃO DE CONTAS.

STJ Falta interesse de agir em ação de prestação de contas ajuizada contra condomínio, quando as contas já tiverem sido prestadas extrajudicialmente. • REsp 1.046.652-RJ. 2014. (Info 549)

▼ ASSISTÊNCIA JUDICIÁRIA GRATUITA

ASSISTÊNCIA JUDICIÁRIA GRATUITA: ART. 12 DA LEI 1.060/1950 E RECEPÇÃO.

STF O art. 12 da Lei 1.060/1950 ("A parte beneficiada pela isenção do pagamento das custas ficará obrigada a pagá-las, desde que possa fazê-lo, sem prejuízo do sustento próprio ou da família, se dentro de cinco anos, a contar da sentença final, o assistido não puder satisfazer tal pagamento, a obrigação ficará prescrita") foi recepcionado pela presente ordem constitucional. • RE 249003 ED-RS . 2015. (Info 811)

PRESCINDIBILIDADE DE PREPARO PARA A ANÁLISE DE ASSISTÊNCIA JUDICIÁRIA GRATUITA EM SEDE RECURSAL.

STJ Não se aplica a pena de deserção a recurso interposto contra o indeferimento do pedido de justiça gratuita. • AgRg nos EREsp 1.222.355-MG. 2015. (Info 574)

PEDIDO DE ASSISTÊNCIA JUDICIÁRIA GRATUITA EM SEDE RECURSAL.

STJ É possível a formulação de pedido de assistência judiciária gratuita na própria petição recursal, dispensando-se a exigência de petição avulsa, quando não houver prejuízo ao trâmite normal do processo. • AgRg nos EREsp 1.222.355-MG. 2015. (Info 574)

DESERÇÃO E ASSISTÊNCIA JUDICIÁRIA.

STJ Não se aplica a pena de deserção a recurso interposto contra julgado que indeferiu o pedido de justiça gratuita. • AgRg no AREsp 600.215-RS. 2015. (Info 564)

EFICÁCIA DA CONCESSÃO DE ASSISTÊNCIA JUDICIÁRIA GRATUITA.

STJ Quando a assistência judiciária gratuita for deferida, a eficácia da concessão do benefício prevalecerá, independentemente de renovação de seu pedido, em todas as instâncias e para todos os atos do processo - alcançando, inclusive, as ações incidentais ao processo de conhecimento, os recursos, as rescisórias, assim como o subsequente processo de execução e eventuais embargos à execução -, somente perdendo sua eficácia por expressa revogação pelo Juiz ou Tribunal. • AgRg nos EAREsp 86.915-SP. 2015. (Info 557)

UTILIZAÇÃO DA CONTADORIA JUDICIAL POR BENEFICIÁRIO DA ASSISTÊNCIA JUDICIÁRIA. RECURSO REPETITIVO.

STJ Se o credor for beneficiário da gratuidade da justiça, pode-se determinar a elaboração dos cálculos pela contadoria judicial. • REsp 1.274.466-SC. 2014. (Info 541)

UTILIZAÇÃO DA CONTADORIA JUDICIAL POR BENEFICIÁRIO DA ASSISTÊNCIA JUDICIÁRIA.

STJ O beneficiário da assistência judiciária, ainda que seja representado pela Defensoria Pública, pode se utilizar do serviço de contador judicial para apuração do crédito que será objeto de execução, independentemente da complexidade dos cálculos. • REsp 1.200.099-SP. 2014. (Info 540)

GARANTIA DO JUÍZO PARA EMBARGOS À EXECUÇÃO FISCAL.

STJ Não devem ser conhecidos os embargos à execução fiscal opostos sem a garantia do juízo, mesmo que o embargante seja beneficiário da assistência judiciária gratuita. • REsp 1.437.078-RS. 2014. (Info 538)

MODO DE REALIZAÇÃO DO PEDIDO DE REVOGAÇÃO DE ASSISTÊNCIA JUDICIÁRIA GRATUITA.

STJ Não deve ser apreciado o pedido de revogação de assistência judiciária gratuita formulado nos próprios autos da ação principal. • EREsp 1.286.262-ES. 2013. (Info 529)

INADEQUAÇÃO DO USO DE CRITÉRIOS SUBJETIVOS PARA CONCESSÃO DE ASSISTÊNCIA JUDICIÁRIA GRATUITA.

STJ O julgador não pode estipular, como único critério para a concessão de assistência judiciária gratuita, o recebimento de rendimentos líquidos em valor inferior a 10 salários mínimos, sem considerar, antes do deferimento do benefício, provas que demonstrem a capacidade financeira do requerente para arcar com as despesas do processo e com os honorários advocatícios sem prejuízo próprio ou de sua família. • AgRg no AREsp 239.341-PR. 2013. (Info 528)

▼ AÇÃO DE CONSIGNAÇÃO EM PAGAMENTO

HIPÓTESE DE IMPROCEDÊNCIA DE AÇÃO DE CONSIGNAÇÃO EM PAGAMENTO AJUIZADA POR MUTUÁRIO DE CONTRATO DO SFH.

STJ Deverá ser julgada improcedente a ação de consignação em pagamento no caso em que o autor - mutuário de contrato de financiamento habitacional celebrado no âmbito do SFH em conformidade com o Plano de Comprometimento da Renda (Lei n. 8.692/1993) que, em razão da redução de sua renda, a viu comprometida em percentual superior ao máximo estabelecido no contrato - a tenha ajuizado buscando a quitação e extinção de suas obrigações tão somente por meio da consignação dos valores que ele unilateralmente entende como devidos. • REsp 886.846-DF. 2016. (Info 586)

COMPETÊNCIA PARA O JULGAMENTO DE AÇÃO DE CONSIGNAÇÃO EM PAGAMENTO PROPOSTA PELA UNIÃO PARA AFASTAR EVENTUAL RESPONSABILIZAÇÃO TRABALHISTA SUBSIDIÁRIA.

STJ A Justiça do Trabalho é competente para processar e julgar ação de consignação em pagamento movida pela União contra sociedade empresária por ela contratada para a prestação de serviços terceirizados, caso a demanda tenha sido proposta com o intuito de evitar futura responsabilização trabalhista subsidiária da Administração nos termos da Súmula 331 do TST. • CC 136.739-RS. 2015. (Info 571)

NECESSIDADE DE DEPÓSITO DOS VALORES VENCIDOS E INCONTROVERSOS EM AÇÃO DE CONSIGNAÇÃO EM PAGAMENTO.

STJ Em ação de consignação em pagamento, ainda que cumulada com revisional de contrato, é inadequado o depósito tão somente das prestações que forem vencendo no decorrer do processo, sem o recolhimento do montante incontroverso e vencido. • REsp 1.170.188-DF. 2014. (Info 537)

▼ AÇÕES COLETIVAS

EXTENSÃO DOS EFEITOS DE COISA JULGADA COLETIVA A AUTORES DE AÇÕES INDIVIDUAIS NÃO SUSPENSAS.

STJ Os autores de ações individuais em cujos autos não foi dada ciência do ajuizamento de ação coletiva e que não requereram a suspensão das demandas individuais podem se beneficiar dos efeitos da coisa julgada formada na ação coletiva. • REsp 1.593.142-DF. 2016. (Info 585)

AFASTAMENTO DE OFÍCIO DA PRESUNÇÃO DE LEGITIMAÇÃO DE ASSOCIAÇÃO PARA A PROPOSITURA DE AÇÃO COLETIVA.

STJ Quando houver sintomas de que a legitimação coletiva vem sendo utilizada de forma indevida ou abusiva, o magistrado poderá, de ofício, afastar a presunção legal de legitimação de associação regularmente constituída para propositura de ação coletiva. • REsp 1.213.614-RJ. 2015. (Info 572)

ALTERAÇÃO DE POLO ATIVO DE AÇÃO CIVIL PÚBLICA PROMOVIDA POR ASSOCIAÇÃO.

STJ Caso ocorra dissolução da associação que ajuizou ação civil pública, não é possível sua substituição no polo ativo por outra associação, ainda que os interesses discutidos na ação coletiva sejam comuns a ambas. • REsp 1.405.697-MG. 2015. (Info 570)

IMPOSSIBILIDADE DE EXECUÇÃO INDIVIDUAL DE SENTENÇA COLETIVA POR PESSOA NÃO FILIADA À ASSOCIAÇÃO AUTORA DA AÇÃO COLETIVA.

STJ O servidor não filiado não detém legitimidade para executar individualmente a sentença de procedência oriunda de ação coletiva - diversa de mandado de segurança coletivo - proposta por associação de servidores. • REsp 1.374.678-RJ. 2015. (Info 565)

LEGITIMIDADE DO MP PARA AJUIZAR AÇÃO COLETIVA EM DEFESA DE DIREITOS INDIVIDUAIS HOMOGÊNEOS DOS BENEFICIÁRIOS DO SEGURO DPVAT.

STJ O Ministério Público tem legitimidade para ajuizar ação civil pública em defesa dos direitos individuais homogêneos dos beneficiários do seguro DPVAT. • REsp 858.056-GO. 2015. (Info 563)

RETENÇÃO DE HONORÁRIOS CONTRATUAIS EM EXECUÇÃO DE DEMANDA COLETIVA.

STJ Na execução de título judicial oriundo de ação coletiva promovida por sindicato na condição de substituto processual, não é possível destacar os honorários contratuais do montante da condenação sem que haja autorização expressa dos substituídos ou procuração outorgada por eles aos advogados. • REsp 1.464.567-PB. 2015. (Info 555)

TUTELA DE INTERESSES INDIVIDUAIS HOMOGÊNEOS, COLETIVOS E DIFUSOS POR UMA MESMA AÇÃO COLETIVA.

STJ Em uma mesma ação coletiva, podem ser discutidos os interesses dos consumidores que possam ter tido tratamento de saúde embaraçado com base em determinada cláusula de contrato de plano de saúde, a ilegalidade em abstrato dessa cláusula e a necessidade de sua alteração em consideração a futuros consumidores do plano de saúde. • REsp 1.293.606-MG. 2014. (Info 547)

COMPETÊNCIA DA JUSTIÇA FEDERAL DO DISTRITO FEDERAL PARA O JULGAMENTO DE AÇÃO COLETIVA.

STJ A entidade associativa, ainda que possua abrangência local - e não âmbito nacional -, poderá, a seu critério, ajuizar ação coletiva em face da União na Justiça Federal do DF, independentemente do lugar do território nacional onde tenha ocorrido a lesão ao direito vindicado. • CC 133.536-SP. 2014. (Info 546)

LEGITIMIDADE DA DEFENSORIA PÚBLICA EM AÇÕES COLETIVAS EM SENTIDO ESTRITO.

STJ A Defensoria Pública não possui legitimidade extraordinária para ajuizar ação coletiva em favor de consumidores de determinado plano de saúde particular que, em razão da mudança de faixa etária, teriam sofrido reajustes abusivos em seus contratos. • REsp 1.192.577-RS. 2014. (Info 541)

CAUSA DE PEDIR EM AÇÃO COLETIVA.

STJ Na hipótese em que sindicato atue como substituto processual em ação coletiva para a defesa de direitos individuais homogêneos, não é necessário que a causa de pedir, na primeira fase cognitiva, contemple descrição pormenorizada das situações individuais de todos os substituídos. • REsp 1.395.875-PE. 2013. (Info 538)

SUSPENSÃO DE PROCESSOS INDIVIDUAIS EM FACE DO AJUIZAMENTO DE AÇÃO COLETIVA. RECURSO REPETITIVO.

STJ É possível determinar a suspensão do andamento de processos individuais até o julgamento, no âmbito de ação coletiva, da questão jurídica de fundo neles discutida relativa à obrigação de estado federado de implementar, nos termos da Lei 11.738/2008, piso salarial nacional para os profissionais do magistério público da educação básica do respectivo ente. • REsp 1.353.801-RS. 2013. (Info 538)

▼ AÇÃO DE PRESTAÇÃO DE CONTAS

AUSÊNCIA DE PREJUDICIALIDADE ENTRE A MORTE DO INTERDITANDO E A AÇÃO DE PRESTAÇÃO DE CONTAS AJUIZADA POR ELE.

STJ A morte do interditando no curso de ação de interdição não implica, por si só, a extinção do processo sem resolução de mérito da ação de prestação de contas por ele ajuizada mediante seu curador provisório, tendo o espólio legitimidade para prosseguir com a ação de prestação de contas. • REsp 1.444.677-SP. 2016. (Info 583)

▼ ALIENAÇÃO FIDUCIÁRIA

ALIENAÇÃO FIDUCIÁRIA DE VEÍCULOS E REGISTRO EM CARTÓRIO. REPERCUSSÃO GERAL.

STF É desnecessário o registro do contrato de alienação fiduciária de veículos em cartório. • RE 611639/RJ . 2015. (Info 804)

ALIENAÇÃO FIDUCIÁRIA DE BEM IMÓVEL E NECESSIDADE DE INTIMAÇÃO PESSOAL DO DEVEDOR PARA OPORTUNIZAR A PURGAÇÃO DE MORA.

STJ Em alienação fiduciária de bem imóvel (Lei n. 9.514/1997), é nula a intimação do devedor para oportunizar a purgação de mora realizada por meio de carta com aviso de recebimento quando esta for recebida por pessoa desconhecida e alheia à relação jurídica. • REsp 1.531.144-PB. 2016. (Info 580)

ALIENAÇÃO FIDUCIÁRIA DE IMÓVEL EM GARANTIA DE QUALQUER OPERAÇÃO DE CRÉDITO.

STJ É possível a constituição de alienação fiduciária de bem imóvel para garantia de operação de crédito não vinculada ao Sistema Financeiro Imobiliário (SFI). • REsp 1.542.275-MS. 2015. (Info 574)

TERMO INICIAL DA TAXA DE OCUPAÇÃO DE IMÓVEL ALIENADO FIDUCIARIAMENTE NO ÂMBITO DO SFH.

STJ Na hipótese em que frustrados os públicos leilões promovidos pelo fiduciário para a alienação do imóvel objeto de alienação fiduciária no âmbito do Sistema Financeiro da Habitação (SFH), a taxa de ocupação será exigível do fiduciante em mora a partir da data na qual se considera extinta a dívida (art. 27, § 5º, da Lei n. 9.514/1997), e não desde a data da consolidação da propriedade em nome do fiduciário (art. 27, *caput*, da Lei n. 9.514/1997). • REsp 1.401.233-RS . 2015. (Info 574)

IMPOSSIBILIDADE DE PURGAÇÃO DA MORA EM CONTRATOS DE ALIENAÇÃO FIDUCIÁRIA FIRMADOS APÓS A VIGÊNCIA DA LEI 10.931/2004. RECURSO REPETITIVO.

STJ Nos contratos firmados na vigência da Lei 10.931/2004, que alterou o art. 3º, §§ 1º e 2º, do Decreto-lei 911/1969, compete ao devedor, no prazo de cinco dias após a execução da liminar na ação de busca e apreensão, pagar a integralidade da dívida - entendida esta como os valores apresentados e comprovados pelo credor na inicial -, sob pena de consolidação da propriedade do bem móvel objeto de alienação fiduciária. • REsp 1.418.593-MS. 2014. (Info 540)

▼ AÇÕES CAUTELARES

CREDISCORE E INTERESSE DE AGIR EM AÇÃO CAUTELAR DE EXIBIÇÃO DE DOCUMENTOS. RECURSO REPETITIVO.

STJ Em relação ao sistema *credit scoring*, o interesse de agir para a propositura da ação cautelar de exibição de documentos exige, no mínimo, a prova de: i) requerimento para obtenção dos dados ou, ao menos, a tentativa de fazê-lo à instituição responsável pelo sistema de pontuação, com a fixação de prazo razoável para atendimento; e ii) que a recusa do crédito almejado ocorreu em razão da pontuação que lhe foi atribuída pelo sistema *Scoring*. • REsp 1.304.736-RS. 2016. (Info 579)

IMPOSSIBILIDADE DE UTILIZAÇÃO DE AÇÃO EXIBITÓRIA COMO SUBSTITUTIVA DE HABEAS DATA.

STJ Não é cabível ação de exibição de documentos que tenha por objeto a obtenção de informações detidas pela Administração Pública que não foram materializadas em documentos (eletrônicos ou não), ainda que se alegue demora na prestação dessas informações pela via administrativa. • REsp 1.415.741-MG. 2015. (Info 575)

CABIMENTO DE EMBARGOS DE TERCEIRO EM MEDIDA CAUTELAR.

STJ São admissíveis embargos de terceiro em ação cautelar. • REsp 837.546-MT. 2015. (Info 571)

POSSIBILIDADE DE DISPENSA DA CAUÇÃO PREVISTA NO ART. 835 DO CPC.

STJ A caução prevista no art. 835 do CPC não tem natureza cautelar, sendo exigível no caso em que se verificar a presença dos requisitos objetivos e cumulativos elencados no referido dispositivo, podendo ser dispensada nas hipóteses previstas no art. 836 do CPC ou quando, com base na prova dos autos, as peculiaridades do caso concreto indicarem que a sua exigência irá obstaculizar o acesso à jurisdição. • REsp 1.479.051-RJ. 2015. (Info 563)

REQUISITOS PARA CONFIGURAÇÃO DO INTERESSE DE AGIR NAS AÇÕES CAUTELARES DE EXIBIÇÃO DE DOCUMENTOS BANCÁRIOS. RECURSO REPETITIVO

STJ A propositura de ação cautelar de exibição de documentos bancários (cópias e segunda via de documentos) é cabível como medida preparatória a fim de instruir a ação principal, bastando a demonstração da existência de relação jurídica entre as partes, a comprovação de prévio pedido à instituição financeira não atendido em prazo razoável e o pagamento do custo do serviço conforme previsão contratual e normatização da autoridade monetária. • REsp 1.349.453-MS. 2015. (Info 553)

MEDIDAS PROTETIVAS ACAUTELATÓRIAS DE VIOLÊNCIA CONTRA A MULHER.

STJ As medidas protetivas de urgência da Lei 11.340/2006 (Lei Maria da Penha) podem ser aplicadas em ação cautelar cível satisfativa, independentemente da existência de inquérito policial ou processo criminal contra o suposto agressor. • REsp 1.419.421-GO. 2014. (Info 535)

▼ AÇÃO MONITÓRIA

CONTRATO DE ARRENDAMENTO RURAL COMO PROVA ESCRITA PARA AÇÃO MONITÓRIA.

STJ O contrato de arrendamento rural que, a despeito da vedação prevista no art. 18, parágrafo único, do Decreto n. 59.566/1966, estabelece pagamento em quantidade de produtos agrícolas pode ser usado como prova escrita para instruir ação monitória. • REsp 1.266.975-MG. 2016. (Info 580)

NATUREZA JURÍDICA DA CONVERSÃO DO MANDADO MONITÓRIO EM TÍTULO EXECUTIVO.

STJ Em ação monitória, após o decurso do prazo para pagamento ou entrega da coisa sem a oposição de embargos pelo réu, o juiz não poderá analisar matérias de mérito, ainda que conhecíveis de ofício. • REsp 1.432.982-ES. 2015. (Info 574)

INSTRUÇÃO DA PETIÇÃO INICIAL DA AÇÃO MONITÓRIA. RECURSO REPETITIVO.

STJ A petição inicial da ação monitória para cobrança de soma em dinheiro deve ser instruída com demonstrativo de débito atualizado até a data do ajuizamento, assegurando-se, na sua ausência ou insuficiência, o direito da parte de supri-la, nos termos do art. 284 do CPC. • REsp 1.154.730-PE. 2015. (Info 559)

INEXIGIBILIDADE DE RECOLHIMENTO DE CUSTAS EM EMBARGOS À MONITÓRIA.

STJ Não se exige o recolhimento de custas iniciais para oferecer embargos à ação monitória. • REsp 1.265.509-SP. 2015. (Info 558)

PRAZO PRESCRICIONAL PARA AJUIZAMENTO DE AÇÃO MONITÓRIA FUNDADA EM NOTA PROMISSÓRIA PRESCRITA. RECURSO REPETITIVO.

STJ O prazo para ajuizamento de ação monitória em face do emitente de nota promissória sem força executiva é quinquenal, a contar do dia seguinte ao vencimento do título. • REsp 1.262.056-SP. 2014. (Info 533)

PRAZO PRESCRICIONAL PARA AJUIZAMENTO DE AÇÃO MONITÓRIA FUNDADA EM CHEQUE PRESCRITO. RECURSO REPETITIVO.

STJ O prazo para ajuizamento de ação monitória em face do emitente de cheque sem força executiva é quinquenal, a contar do dia seguinte à data de emissão estampada na cártula. • REsp 1.101.412-SP. 2014. (Info 533)

▼ AÇÕES RELACIONADAS À PATERNIDADE

VÍNCULO DE FILIAÇÃO E RECONHECIMENTO DE PATERNIDADE BIOLÓGICA

STF A paternidade socioafetiva, declarada ou não em registro público, não impede o reconhecimento do vínculo de filiação concomitante baseado na origem biológica, com os efeitos jurídicos próprios. • RE 898060/SC. 2016. (Info 840)

AÇÃO DE INVESTIGAÇÃO DE PATERNIDADE PROPOSTA PELO MP E REALIZAÇÃO DE CITAÇÃO EDITÁLICIA DO RÉU EM JORNAL LOCAL.

STJ Na hipótese em que o Ministério Público Estadual tenha proposto ação de investigação de paternidade como substituto processual de criança, a citação editalícia do réu não poderá ser realizada apenas em órgão oficial. • REsp 1.377.675-SC. 2015. (Info 557)

AÇÃO DE INVESTIGAÇÃO DE PATERNIDADE PROPOSTA PELO MP E DISPENSA DE ADIANTAMENTO DE DESPESA.

STJ O Ministério Público Estadual, ao propor ação de investigação de paternidade como substituto processual de criança, não é obrigado a adiantar as despesas decorrentes da citação editalícia do réu em jornal local, devendo o adiantamento dos gastos da referida diligência ser realizado pela Fazenda Pública Estadual. • REsp 1.377.675-SC. 2015. (Info 557)

▼ AÇÃO DE ALIMENTOS

EXECUÇÃO DE ALIMENTOS SEGUNDO O ART. 733 DO CPC/73. PRISÃO CIVIL. ESCUSA. PRODUÇÃO DE PROVA TESTEMUNHAL. POSSIBILIDADE NO TRÍDUO PARA A JUSTIFICAÇÃO.

STJ Na execução de alimentos pelo rito do art. 733 do CPC/73, o executado pode comprovar a impossibilidade de pagamento por meio de prova testemunhal, desde que a oitiva ocorra no tríduo previsto para a justificação. • REsp 1.601.338-SP. 2017 (Info 599)

EXECUÇÃO DE ALIMENTOS E IMPOSSIBILIDADE DE EFETUAR O PAGAMENTO DAS PRESTAÇÕES.

STJ Em execução de alimentos pelo rito do art. 733 do CPC, o acolhimento da justificativa da impossibilidade de efetuar o pagamento das prestações alimentícias executadas desautoriza a decretação da prisão do devedor, mas não acarreta a extinção da execução. • REsp 1.185.040-SP. 2015. (Info 573)

FORO COMPETENTE PARA APRECIAR AÇÃO DE DISSOLUÇÃO DE UNIÃO ESTÁVEL CUMULADA COM ALIMENTOS.

STJ A autora pode optar entre o foro de seu domicílio e o foro de domicílio do réu para propor ação de reconhecimento e dissolução de união estável cumulada com pedido de alimentos, quando o litígio não envolver interesse de incapaz. • REsp 1.290.950-SP. 2015. (Info 568)

POSSIBILIDADE DE ALTERAÇÃO DA FORMA DE PAGAMENTO DOS ALIMENTOS EM AÇÃO REVISIONAL.

STJ Em sede de ação revisional de alimentos, é possível a modificação da forma da prestação alimentar (em espécie ou *in natura*), desde que demonstrada a razão pela qual a modalidade anterior não mais atende à finalidade da obrigação, ainda que não haja alteração na condição financeira das partes nem pretensão de modificação do valor da pensão. • REsp 1.505.030-MG. 2015. (Info 567)

LIMITES DOS EFEITOS DA SENTENÇA PROFERIDA EM AÇÃO REVISIONAL DE ALIMENTOS.

STJ Os efeitos da sentença proferida em ação de revisão de alimentos - seja em caso de redução, majoração ou exoneração - retroagem à data da citação (art. 13, § 2º, da Lei 5.478/1968), ressalvada a irrepetibilidade dos valores adimplidos e a impossibilidade de compensação do excesso pago com prestações vincendas. • EREsp 1.181.119-RJ. 2014. (Info 543)

RITO ADEQUADO A EXECUÇÃO DE ALIMENTOS TRANSITÓRIOS.

STJ Ainda que o valor fixado a título de alimentos transitórios supere o indispensável à garantia de uma vida digna ao alimentando, é adequada a utilização do rito previsto no art. 733 do CPC - cujo teor prevê possibilidade de prisão do devedor de alimentos - para a execução de decisão que estabeleça a obrigação em valor elevado tendo em vista a conduta do alimentante que, após a separação judicial, protela a partilha dos bens que administra, privando o alimentando da posse da parte que lhe cabe no patrimônio do casal. • REsp 1.362.113-MG. 2014. (Info 536)

PRISÃO CIVIL DE DEVEDOR DE ALIMENTOS.

STJ Na hipótese de superveniência de sentença que fixa alimentos em quantia inferior aos provisórios, a prisão civil do devedor somente pode ser admitida diante do não pagamento do valor resultante do cômputo das prestações vencidas com base no novo valor estabelecido pela sentença. • HC 271.637-RJ. 2013. (Info 531)

▼ AÇÃO DE DIVÓRCIO

DESNECESSIDADE DE AUDIÊNCIA DE CONCILIAÇÃO OU RATIFICAÇÃO NA AÇÃO DE DIVÓRCIO DIRETO CONSENSUAL.

STJ Na ação de divórcio direto consensual, é possível a imediata homologação do divórcio, sendo dispensável a realização de audiência de conciliação ou ratificação (art. 1.122 do CPC), quando o magistrado tiver condições de aferir a firme disposição dos cônjuges em se divorciarem, bem como de atestar que as demais formalidades foram atendidas. • REsp 1.483.841-RS. 2015. (Info 558)

▼ EXECUÇÃO FISCAL

DISPENSABILIDADE DA INDICAÇÃO DO CPF E/OU RG DO DEVEDOR (PESSOA FÍSICA) NAS AÇÕES DE EXECUÇÃO FISCAL. RECURSO REPETITIVO.

STJ Em ações de execução fiscal, descabe indeferir a petição inicial sob o argumento da falta de indicação do CPF e/ou RG da parte executada, visto tratar-se de requisito não previsto no art. 6º da Lei 6.830/1980 (LEF), cujo diploma, por sua especialidade, ostenta primazia sobre a legislação de cunho geral, como ocorre em relação à exigência contida no art. 15 da Lei 11.419/2006. • REsp 1.450.819-AM. 2014. (Info 553)

DISPENSABILIDADE DA INDICAÇÃO DO CNPJ DO DEVEDOR (PESSOA JURÍDICA) NAS AÇÕES DE EXECUÇÃO FISCAL. RECURSO REPETITIVO.

STJ Em ações de execução fiscal, descabe indeferir a petição inicial sob o argumento da falta de indicação do CNPJ da parte executada, visto tratar-se de requisito não previsto no art. 6º da Lei 6.830/1980 (LEF), cujo diploma, por sua especialidade, ostenta primazia sobre a legislação de cunho geral, como ocorre em relação à exigência contida no art. 15 da Lei 11.419/2006. • REsp 1.455.091-AM. 2014. (Info 553)

PERMANÊNCIA DA RESPONSABILIDADE DA PESSOA JURÍDICA APESAR DO REDIRECIONAMENTO DE EXECUÇÃO FISCAL PARA SÓCIO-GERENTE.

STJ Nos casos de dissolução irregular da sociedade empresária, o redirecionamento da Execução Fiscal para o sócio-gerente não constitui causa de exclusão da responsabilidade tributária da pessoa jurídica. • REsp 1.455.490-PR. 2014. (Info 550)

PRESCINDIBILIDADE DE REQUERIMENTO DO RÉU PARA A EXTINÇÃO DE EXECUÇÃO FISCAL POR ABANDONO DA CAUSA.

STJ Se a Fazenda Pública - tendo sido intimada pessoalmente para se manifestar sobre seu interesse no prosseguimento de execução fiscal não embargada - permanecer inerte por mais de trinta dias, não será necessário requerimento do executado para que o juiz determine, *ex officio*, a extinção do processo sem julgamento de mérito (art. 267, III, do CPC), afastando-se, nesse caso, a incidência da Súmula 240 do STJ. • AgRg no REsp 1.450.799-RN. 2014. (Info 549)

HIPÓTESE DE REDIRECIONAMENTO DE EXECUÇÃO FISCAL DE DÍVIDA ATIVA NÃO-TRIBUTÁRIA CONTRA REPRESENTANTE LEGAL DA SOCIEDADE EMPRESÁRIA EXECUTADA. RECURSO REPETITIVO.

STJ Quando a sociedade empresária for dissolvida irregularmente, é possível o redirecionamento de execução fiscal de dívida ativa não-tributária contra o sócio-gerente da pessoa jurídica executada, independentemente da existência de dolo. • REsp 1.371.128-RS. 2014. (Info 547)

ARREMATAÇÃO DE IMÓVEL EM EXECUÇÃO FISCAL DE DÉBITOS PREVIDENCIÁRIOS POR VALOR ABAIXO AO DA AVALIAÇÃO.

STJ Em segundo leilão realizado no âmbito de execução fiscal de Dívida Ativa originalmente do INSS e agora da União, é válida a arrematação de bem imóvel por valor abaixo ao da avaliação, exceto por preço vil. • REsp 1.431.155-PB. 2014. (Info 542)

ARREMATAÇÃO DE IMÓVEL MEDIANTE PAGAMENTO PARCELADO EM EXECUÇÃO FISCAL DE DÉBITOS PREVIDENCIÁRIOS.

STJ Em segundo leilão realizado no âmbito de execução fiscal de Dívida Ativa originalmente do INSS e agora da União, é válida a arrematação de bem imóvel mediante pagamento parcelado, podendo a primeira parcela ser inferior a 30% do valor da avaliação. • REsp 1.431.155-PB. 2014. (Info 542)

ARREMATAÇÃO DE IMÓVEL EM EXECUÇÃO FISCAL EM CONDIÇÕES NÃO PUBLICADAS EM EDITAL DE LEILÃO.

STJ Em segundo leilão realizado no âmbito de execução fiscal de Dívida Ativa originalmente do INSS e agora da União, caso não publicadas as condições do parcelamento no edital do leilão, é nula a arrematação de bem imóvel por valor abaixo ao da avaliação e mediante o pagamento da primeira parcela em montante inferior a 30% ao da avaliação. • REsp 1.431.155-PB. 2014. (Info 542)

EXECUÇÃO FISCAL DE CONTRIBUIÇÕES DEVIDAS AOS CONSELHOS PROFISSIONAIS.

STJ O art. 8° da Lei 12.514/2011, segundo o qual "Os Conselhos não executarão judicialmente dívidas referentes a anuidades inferiores a 4 (quatro) vezes o valor cobrado anualmente da pessoa física ou jurídica inadimplente", é inaplicável às execuções ficais propostas antes da vigência do referido diploma legal. • REsp 1.404.796-SP. 2014 (Info 538)

EXECUÇÃO FISCAL AJUIZADA CONTRA PESSOA JURÍDICA FALIDA. RECURSO REPETITIVO.

STJ A constatação posterior ao ajuizamento da execução fiscal de que a pessoa jurídica executada tivera sua falência decretada antes da propositura da ação executiva não implica a extinção do processo sem resolução de mérito. • REsp 1.372.243-SE. 2014. (Info 538)

IMUNIDADE DE JURISDIÇÃO DE ESTADO ESTRANGEIRO.

STJ Antes de se extinguir a execução fiscal para a cobrança de taxa decorrente de prestação de serviço individualizado e específico, deve-se cientificar o Estado estrangeiro executado, para lhe oportunizar eventual renúncia à imunidade de jurisdição. • RO 138-RJ. 2014. (Info 538)

EXECUÇÃO FISCAL PROMOVIDA EM FACE DE HOMÔNIMO.

STJ Deve ser extinta a execução fiscal que, por erro na CDA quanto à indicação do CPF do executado, tenha sido promovida em face de pessoa homônima. • REsp 1.279.899-MG. 2014 (Info 536)

APLICABILIDADE DO ART. 20 DA LEI 10.522/2002 EM EXECUÇÃO FISCAL PROMOVIDA PELA PROCURADORIA-GERAL FEDERAL. RECURSO REPETITIVO.

STJ As execuções fiscais de crédito de autarquia federal promovidas pela Procuradoria-Geral Federal para cobrança de débitos iguais ou inferiores a R$ 10 mil não devem, com base no art. 20 da Lei 10.522/2002, ter seus autos arquivados sem baixa na distribuição. • REsp 1.343.591-MA. 2013. (Info 533)

HONORÁRIOS DE SUCUMBÊNCIA NO ÂMBITO DE EMBARGOS À EXECUÇÃO FISCAL NO CASO DE RENÚNCIA PARA ADESÃO A PARCELAMENTO.

STJ São cabíveis honorários de sucumbência no âmbito de embargos à execução fiscal ajuizada para a cobrança de valores inscritos em Dívida Ativa pelo INSS, ainda que extintos com resolução de mérito em decorrência de renúncia ao direito sobre o qual se funda a ação para fins de adesão ao parcelamento de que trata a Lei 11.941/2009. • REsp 1.392.607-RS. 2013. (Info 533)

VALOR DOS HONORÁRIOS DE SUCUMBÊNCIA NO ÂMBITO DE EMBARGOS À EXECUÇÃO FISCAL NO CASO DE RENÚNCIA PARA ADESÃO A PARCELAMENTO.

STJ No âmbito de embargos à execução fiscal ajuizada para a cobrança de valores inscritos em Dívida Ativa pelo INSS, extintos com resolução de mérito em decorrência de renúncia ao direito sobre o qual se funda a ação para fins de adesão ao parcelamento de que trata a Lei 11.941/2009, a verba de sucumbência deve ser de 1% do valor consolidado do débito parcelado. • REsp 1.392.607-RS. 2013. (Info 533)

COMPETÊNCIA PARA PROCESSAR E JULGAR EXECUÇÃO FISCAL. RECURSO REPETITIVO.

STJ Na hipótese em que, em razão da inexistência de vara da Justiça Federal na localidade do domicílio do devedor, execução fiscal tenha sido ajuizada pela União ou por suas autarquias em vara da Justiça Federal sediada em local diverso, o juiz federal poderá declinar, de ofício, da competência para processar e julgar a demanda, determinando a remessa dos autos para o juízo de direito da comarca do domicílio do executado. • REsp 1.146.194-SC. 2013. (Info 531)

INAPLICABILIDADE DO ART. 20 DA LEI 10.522/2002 ÀS EXECUÇÕES FISCAIS PROPOSTAS POR CONSELHOS REGIONAIS DE FISCALIZAÇÃO PROFISSIONAL. RECURSO REPETITIVO.

STJ Nas execuções fiscais propostas por Conselhos Regionais de Fiscalização Profissional, não é possível a aplicação do art. 20 da Lei 10.522/2002, cujo teor determina o arquivamento, sem baixa das execuções fiscais referentes aos débitos com valor inferior a dez mil reais. • REsp 1.363.163-SP. 2013. (Info 527)

▼ MANDADO DE SEGURANÇA

MS: ADMISSÃO DE "AMICUS CURIAE" E TETO REMUNERATÓRIO EM SERVENTIAS EXTRAJUDICIAIS.

STF Não é cabível a intervenção de "amicus curiae" em mandado de segurança. • MS 29192. 2014. (Info 755)

CONFLITO DE COMPETÊNCIA E ATO ADMINISTRATIVO PRATICADO POR MEMBRO DO MINISTÉRIO PÚBLICO FEDERAL.

STF Compete ao juízo da vara federal com atuação na cidade de domicílio do impetrante processar e julgar mandado de segurança impetrado por promotor de justiça contra ato administrativo de procurador regional eleitoral, desde que não se trate de matéria eleitoral. • CC 7698. 2014. (Info 746)

MANDADO DE SEGURANÇA: CNJ E PARTICIPAÇÃO DA UNIÃO.

STF A União pode intervir em mandado de segurança no qual o ato apontado como coator for do Conselho Nacional de Justiça - CNJ. • MS 25962 AgR. 2013. (Info 701)

INDICAÇÃO EQUIVOCADA DA AUTORIDADE COATORA EM INICIAL DE MS.

STJ Nos casos de equívoco facilmente perceptível na indicação da autoridade coatora, o juiz competente para julgar o mandado de segurança pode autorizar a emenda da petição inicial ou determinar a notificação, para prestar informações, da autoridade adequada - aquela de fato responsável pelo ato impugnado -, desde que seja possível identificá-la pela simples leitura da petição inicial e exame da documentação anexada. • RMS 45495. 2014. (Info 551)

MANDADO DE SEGURANÇA PARA ATRIBUIÇÃO DE EFEITO SUSPENSIVO A RECURSO EM SENTIDO ESTRITO.

STJ Não cabe, na análise de pedido liminar de mandado de segurança, atribuir efeito suspensivo ativo a recurso em sentido estrito interposto contra a rejeição de denúncia, sobretudo sem a prévia oitiva do réu. • HC 296848. 2014. (Info 547)

TERMO INICIAL DO PRAZO DECADENCIAL.

STJ O termo inicial do prazo decadencial para a impetração de mandado de segurança no qual se discuta regra editalícia que tenha fundamentado eliminação em concurso público é a data em que o candidato toma ciência do ato administrativo que determina sua exclusão do certame, e não a da publicação do edital. • REsp 1124254. 2014. (Info 545)

DESISTÊNCIA DE MANDADO DE SEGURANÇA.

STJ O impetrante pode desistir de mandado de segurança sem a anuência do impetrado mesmo após a prolação da sentença de mérito. • REsp 1405532. 2014. (Info 533)

MANDADO DE SEGURANÇA CONTRA LIMITE DE IDADE EM CONCURSO PÚBLICO.

STJ O prazo decadencial para impetrar mandado de segurança contra limitação de idade em concurso público conta-se da ciência do ato administrativo que determina a eliminação do candidato pela idade, e não da publicação do edital que prevê a regra da limitação. • AgRg no AREsp 213264. 2014. (Info 533)

PRAZO PARA IMPETRAÇÃO DE MS CONTRA DECISÃO JUDICIAL IRRECORRÍVEL.

STJ Em regra, o prazo para a impetração de mandado de segurança em face de decisão que converte agravo de instrumento em agravo retido é de 5 dias, a contar da data da publicação da decisão. • RMS 43.439-MG. 2014. (Info 533)

MS PARA CONTROLE DE COMPETÊNCIA DOS JUIZADOS ESPECIAIS FEDERAIS.

STJ É possível a impetração de Mandado de Segurança nos Tribunais Regionais Federais com a finalidade de promover o controle da competência dos Juizados Especiais Federais. • RMS 37959. 2014. (Info 533)

EMENDA À PETIÇÃO DE MANDADO DE SEGURANÇA.

STJ Deve ser admitida a emenda à petição inicial para corrigir equívoco na indicação da autoridade coatora em mandado de segurança, desde que a retificação do polo passivo não implique alteração de competência judiciária e desde que a autoridade erroneamente indicada pertença à mesma pessoa jurídica da autoridade de fato coatora. • AgRg no AREsp 368159. 2013. (Info 529)

SUCESSÃO PROCESSUAL EM MANDADO DE SEGURANÇA.

STJ Não é possível a sucessão de partes em processo de mandado de segurança. EDcl no MS 11.581-DF. 2013. (Info 528)

DESNECESSIDADE DE SOBRESTAMENTO DE MANDADO DE SEGURANÇA.

STJ O reconhecimento da repercussão geral pelo STF não implica, necessariamente, a suspensão de mandado de segurança em trâmite no STJ, mas unicamente o sobrestamento de eventual recurso extraordinário interposto em face de acórdão proferido pelo STJ ou por outros tribunais. • MS 11044. 2013. (Info 519)

ILEGITIMIDADE DO GOVERNADOR DE ESTADO.

STJ O Governador do Estado é parte ilegítima para figurar como autoridade coatora em mandado de segurança no qual o impetrante busque a atribuição da pontuação referente à questão de concurso público realizado para o provimento de cargos do quadro de pessoal da respectiva unidade federativa. • AgRg no RMS 37924. 2013. (Info 519)

▼ AÇÃO RESCISÓRIA

EFEITOS DA DECLARAÇÃO DE INCONSTITUCIONALIDADE E AÇÃO RESCISÓRIA.

STF A decisão do Supremo Tribunal Federal que declara a constitucionalidade ou a inconstitucionalidade de preceito normativo não produz a automática reforma ou rescisão das decisões anteriores que tenham adotado entendimento diferente. Para que haja essa reforma ou rescisão, será indispensável a interposição do recurso próprio ou, se for o caso, a propositura da ação rescisória própria, nos termos do art. 485, V, do CPC, observado o respectivo prazo decadencial (CPC, art. 495). • RE 730462/SP. 2015. (Info 787)

AÇÃO RESCISÓRIA E EXECUTORIEDADE AUTÔNOMA DE JULGADOS

STF Conta-se o prazo decadencial de ação rescisória, nos casos de existência de capítulos autônomos, do trânsito em julgado de cada decisão. • RE 666589. 2014. (Info 740)

CABIMENTO DE AÇÃO RESCISÓRIA E ALTERAÇÃO DE JURISPRUDÊNCIA

STF Não cabe ação rescisória em face de acórdão que, à época de sua prolação, estiver em conformidade com a jurisprudência predominante do STF. • RE 590809. 2014. (Info 764)

CONFLITO ENTRE COISAS JULGADAS.

STJ Havendo conflito entre duas coisas julgadas, prevalecerá a que se formou por último, enquanto não desconstituída mediante ação rescisória. • REsp 1.524.123-SC. 2015. (Info 565)

CAPACIDADE PROCESSUAL DO FALIDO.

STJ O falido tem capacidade para propor ação rescisória para desconstituir a sentença transitada em julgado que decretou a sua falência. • REsp 1.126.521-MT. 2015. (Info 558)

IMPUGNAÇÃO AO VALOR DA CAUSA EM AÇÃO RESCISÓRIA.

STJ Em sede de ação rescisória, o valor da causa, em regra, deve corresponder ao da ação principal, devidamente atualizado monetariamente, exceto se houver comprovação de que o benefício econômico pretendido está em descompasso com o valor atribuído à causa, hipótese em que o impugnante deverá demonstrar, com precisão, o valor correto que entende devido para a ação rescisória, instruindo a inicial da impugnação ao valor da causa com os documentos necessários à comprovação do alegado. • PET 9.892-SP. 2015. (Info 556)

PRORROGAÇÃO DO TERMO FINAL DO PRAZO PARA AJUIZAMENTO DA AÇÃO RESCISÓRIA. RECURSO REPETITIVO.

STJ O termo final do prazo decadencial para propositura de ação rescisória deve ser prorrogado para o primeiro dia útil subsequente quando recair em data em que não haja funcionamento da secretaria do juízo competente. • REsp 1.112.864-MG. 2015. (Info 553)

APLICABILIDADE DA SÚMULA 343 DO STF.

STJ Após a prolação da decisão rescindenda, a pacificação da jurisprudência em sentido contrário ao entendimento nela adotado não afasta a aplicação da Súmula 343 do STF, segundo a qual "Não cabe ação rescisória por ofensa a literal disposição de lei, quando a decisão rescindenda se tiver baseado em texto legal de interpretação controvertida nos tribunais". • REsp 736.650-MT. 2014. (Info 547)

TERMO INICIAL DO PRAZO DECADENCIAL PARA O AJUIZAMENTO DE AÇÃO RESCISÓRIA.

STJ A contagem do prazo decadencial para a propositura de ação rescisória se inicia com o trânsito em julgado da última decisão proferida no processo, ainda que algum dos capítulos da sentença ou do acórdão tenha se tornado irrecorrível em momento anterior. • REsp 736.650-MT. 2014. (Info 547)

DOCUMENTOS APTOS A RESPALDAR AÇÃO RESCISÓRIA. RECURSO REPETITIVO.

STJ Configuram documentos aptos a respaldar ação rescisória os microfilmes de cheques nominais emitidos por empresa de consórcio que comprovem a efetiva restituição aos consorciados de valores por estes cobrados na ação rescindenda, na hipótese em que esses microfilmes, apesar de já existirem na época da prolação da sentença rescindenda, não puderam ser utilizados em tempo hábil, considerando a situação peculiar estabelecida na comarca, na qual mais de duas mil ações foram ajuizadas contra a referida empresa por consorciados, em sua maioria, domiciliados em outras partes do território nacional, tendo sido a maior parte dos contratos firmado em outras unidades da Federação. • REsp 1.114.605-PR. 2013. (Info 530)

▼ AÇÃO CIVIL PÚBLICA

DEFENSORIA PÚBLICA E AÇÃO CIVIL PÚBLICA.

STF A Defensoria Pública tem legitimidade para a propositura de ação civil pública em ordem a promover a tutela judicial de direitos difusos e coletivos de que sejam titulares, em tese, as pessoas necessitadas. • RE 733433/MG. 2015. (Info 806)

NECESSIDADE DE DEMONSTRAÇÃO DE MOTIVOS PARA A FORMAÇÃO DE LITISCONSÓRCIO ATIVO FACULTATIVO ENTRE O MINISTÉRIO PÚBLICO ESTADUAL E O FEDERAL.

STJ Em ação civil pública, a formação de litisconsórcio ativo facultativo entre o Ministério Público Estadual e o Federal depende da demonstração de alguma razão específica que justifique a presença de ambos na lide. • REsp 1.254.428-MG. 2016. (Info 585)

LEGITIMIDADE DA DEFENSORIA PÚBLICA PARA PROPOR AÇÃO CIVIL PÚBLICA EM DEFESA DE JURIDICAMENTE NECESSITADOS.

STJ A Defensoria Pública tem legitimidade para propor ação civil pública em defesa de interesses individuais homogêneos de consumidores idosos que tiveram plano de saúde reajustado em razão da mudança de faixa etária, ainda que os titulares não sejam carentes de recursos econômicos. • EREsp 1.192.577-RS. 2015. (Info 573)

ALTERAÇÃO DE POLO ATIVO DE AÇÃO CIVIL PÚBLICA PROMOVIDA POR ASSOCIAÇÃO.

STJ Caso ocorra dissolução da associação que ajuizou ação civil pública, não é possível sua substituição no polo ativo por outra associação, ainda que os interesses discutidos na ação coletiva sejam comuns a ambas. • REsp 1.405.697-MG. 2015. (Info 570)

LEGITIMIDADE DO MP PARA AJUIZAR AÇÃO COLETIVA EM DEFESA DE DIREITOS INDIVIDUAIS HOMOGÊNEOS DOS BENEFICIÁRIOS DO SEGURO DPVAT.

STJ O Ministério Público tem legitimidade para ajuizar ação civil pública em defesa dos direitos individuais homogêneos dos beneficiários do seguro DPVAT. • REsp 858.056-GO. 2015. (Info 563)

EFEITO *ERGA OMNES* DA SENTENÇA CIVIL PROFERIDA EM AÇÃO CIVIL PÚBLICA.

STJ O art. 16 da LACP (Lei 7.347/1985), que restringe o alcance subjetivo de sentença civil aos limites da competência territorial do órgão prolator, tem aplicabilidade nas ações civis públicas que envolvam direitos individuais homogêneos. • REsp 1.114.035-PR. 2014. (Info 552)

EFEITO *ERGA OMNES* DA SENTENÇA CIVIL PROFERIDA EM AÇÃO CIVIL PÚBLICA.

STJ Tem abrangência nacional a eficácia da coisa julgada decorrente de ação civil pública ajuizada pelo Ministério Público, com assistência de entidades de classe de âmbito nacional, perante a Seção Judiciária do Distrito Federal, e sendo o órgão prolator da decisão final de procedência o STJ. • REsp 1.319.232-DF. 2014. (Info 552)

TERMO INICIAL DOS JUROS MORATÓRIOS EM AÇÃO CIVIL PÚBLICA. RECURSO REPETITIVO.

STJ Os juros de mora incidem a partir da citação do devedor no processo de conhecimento da ação civil pública quando esta se fundar em responsabilidade contratual, cujo inadimplemento já produza a mora, salvo a configuração da mora em momento anterior. • REsp 1.370.899-SP. 2014. (Info 549)

TUTELA ESPECÍFICA EM SENTENÇA PROFERIDA EM AÇÃO CIVIL PÚBLICA NA QUAL SE DISCUTA DIREITO INDIVIDUAL HOMOGÊNEO.

STJ É possível que sentença condenatória proferida em ação civil pública em que se discuta direito individual homogêneo contenha determinações explícitas da forma de liquidação e/ou estabeleça meios tendentes a lhe conferir maior efetividade, desde que essas medidas se voltem uniformemente para todos os interessados. • REsp 1.304.953-RS. 2014. (Info 546)

EFICÁCIA DA SENTENÇA EM AÇÃO CIVIL PÚBLICA.

STJ Em ação civil pública, a falta de publicação do edital destinado a possibilitar a intervenção de interessados como litisconsortes (art. 94 do CDC) não impede, por si só, a produção de efeitos *erga omnes* de sentença de procedência relativa a direitos individuais homogêneos.• REsp 1.377.400-SC. 2014. (Info 536)

LEGITIMIDADE DO MP EM AÇÃO CIVIL PÚBLICA.

STJ O Ministério Público tem legitimidade para ajuizar ação civil pública com o objetivo de garantir o acesso a critérios de correção de provas de concurso público. • REsp 1.362.269-CE. 2013. (Info 532)

LEGITIMIDADE DO MP NA DEFESA DE DIREITOS DE CONSUMIDORES DE SERVIÇOS MÉDICOS.

STJ O Ministério Público tem legitimidade para propor ação civil pública cujos pedidos consistam em impedir que determinados hospitais continuem a exigir caução para atendimento médico-hospitalar emergencial e a cobrar, ou admitir que se cobre, dos pacientes conveniados a planos de saúde valor adicional por atendimentos realizados por seu corpo médico fora do horário comercial. REsp 1.324.712-MG. 2013. (Info 532)

ÔNUS SUCUMBENCIAIS NA HIPÓTESE DE HABILITAÇÃO DE LITISCONSORTE EM AÇÃO CIVIL PÚBLICA.

STJ Em ação civil pública que busque a tutela de direitos individuais homogêneos, a mera habilitação de interessado como litisconsorte do demandante não enseja, por si só, a condenação do demandado a pagar ônus sucumbenciais antes do julgamento final. • REsp 1.116.897-PR. 2013. (Info 532)

LEGITIMIDADE PARA A PROPOSITURA DE AÇÃO CIVIL PÚBLICA EM DEFESA DE ZONA DE AMORTECIMENTO DE PARQUE NACIONAL.

STJ O MPF possui legitimidade para propor, na Justiça Federal, ação civil pública que vise à proteção de zona de amortecimento de parque nacional, ainda que a referida área não seja de domínio da União. • AgRg no REsp 1.373.302-CE. 2013. (Info 526)

LEGITIMIDADE ATIVA DO MP EM AÇÃO CIVIL PÚBLICA PARA DEFESA DE DIREITOS DA CRIANÇA E DO ADOLESCENTE.

STJ O Ministério Público tem legitimidade para promover ação civil pública a fim de obter compensação por dano moral difuso decorrente da submissão de adolescentes a tratamento desumano e vexatório levado a efeito durante rebeliões ocorridas em unidade de internação. • AgRg no REsp 1.368.769-SP. 2013. (Info 526)

▼ QUESTÕES PREJUDICIAIS

AUSÊNCIA DE PREJUDICIALIDADE ENTRE A MORTE DO INTERDITANDO E A AÇÃO DE PRESTAÇÃO DE CONTAS AJUIZADA POR ELE.

STJ A morte do interditando no curso de ação de interdição não implica, por si só, a extinção do processo sem resolução de mérito da ação de prestação de contas por ele ajuizada mediante seu curador provisório, tendo o espólio legitimidade para prosseguir com a ação de prestação de contas. • REsp 1.444.677-SP. 2016. (Info 583)

PREJUDICIALIDADE EXTERNA ENTRE AÇÃO REIVINDICATÓRIA E AÇÃO DE NULIDADE DE NEGÓCIO JURÍDICO.

STJ Deve ser suspensa a ação reivindicatória de bem imóvel, pelo prazo máximo de um ano (art. 265, IV, "a", do CPC), enquanto se discute, em outra ação, a nulidade do próprio negócio jurídico que ensejou a transferência do domínio aos autores da reivindicatória. • EREsp 1.409.256-PR. 2014. (Info 563)

LIMITAÇÃO DA SUSPENSÃO DO PROCESSO CÍVEL PARA QUE HAJA A APRECIAÇÃO DE QUESTÃO PREJUDICIAL NA ESFERA CRIMINAL.

STJ A suspensão do processo determinada com base no art. 110 do CPC não pode superar um ano, de modo que, ultrapassado esse prazo, pode o juiz apreciar a questão prejudicial. • REsp 1.198.068-MS. 2015. (Info 555)

▼ SENTENÇA

EXEQUIBILIDADE DE SENTENÇAS NÃO CONDENATÓRIAS (ART. 475-N, I, DO CPC/1973). RECURSO REPETITIVO. TEMA 889.

STJ A sentença, qualquer que seja sua natureza, de procedência ou improcedência do pedido, constitui título executivo judicial, desde que estabeleça obrigação de pagar quantia, de fazer, não fazer ou entregar coisa, admitida sua prévia liquidação e execução nos próprios autos. • REsp 1.324.152-SP. 2016. (Info 585)

IMPUGNAÇÃO AO CUMPRIMENTO DE SENTENÇA E NECESSIDADE DE GARANTIA DO JUÍZO.

STJ Na fase de cumprimento de sentença, não é cabível a apresentação de impugnação fundada em excesso de execução (art. 475-L, V, do CPC) antes do depósito da quantia devida (art. 475-J, *caput*, do CPC); contudo, se mesmo assim ela for apresentada, não haverá preclusão da faculdade de apresentar nova impugnação a partir da intimação da penhora realizada nos autos (art. 475-J, §1º, do CPC). • REsp 1.455.937-SP. 2015. (Info 573)

MULTA DO ART. 475-J DO CPC EM CUMPRIMENTO DE SENTENÇA ARBITRAL. RECURSO REPETITIVO.

STJ No âmbito do cumprimento de sentença arbitral condenatória de prestação pecuniária, a multa de 10% (dez por cento) do artigo 475-J do CPC deverá incidir se o executado não proceder ao pagamento espontâneo no prazo de 15 (quinze) dias contados da juntada do mandado de citação devidamente cumprido aos autos (em caso de título executivo contendo quantia líquida) ou da intimação do devedor, na pessoa de seu advogado, mediante publicação na imprensa oficial (em havendo prévia liquidação da obrigação certificada pelo juízo arbitral). • REsp 1.102.460-RJ. 2015. (Info 569)

IMPOSSIBILIDADE DE EXECUÇÃO INDIVIDUAL DE SENTENÇA COLETIVA POR PESSOA NÃO FILIADA À ASSOCIAÇÃO AUTORA DA AÇÃO COLETIVA.

STJ O servidor não filiado não detém legitimidade para executar individualmente a sentença de procedência oriunda de ação coletiva - diversa de mandado de segurança coletivo - proposta por associação de servidores. • REsp 1.374.678-RJ. 2015. (Info 565)

IMPOSSIBILIDADE DE PROLAÇÃO DE SENTENÇA PARCIAL DE MÉRITO.

STJ Mesmo após as alterações promovidas pela Lei 11.232/2005 no conceito de sentença (arts. 162, § 1º, 269 e 463 do CPC), não se admite a resolução definitiva fracionada da causa mediante prolação de sentenças parciais de mérito. • REsp 1.281.978-RS. 2015. (Info 562)

CANCELAMENTO DE DISTRIBUIÇÃO DE IMPUGNAÇÃO AO CUMPRIMENTO DE SENTENÇA OU DE EMBARGOS À EXECUÇÃO. RECURSO REPETITIVO.

STJ Cancela-se a distribuição da impugnação ao cumprimento de sentença ou dos embargos à execução na hipótese de não recolhimento das custas no prazo de 30 dias, independentemente de prévia intimação da parte; não se determina o cancelamento se o recolhimento das custas, embora intempestivo, estiver comprovado nos autos. • REsp 1.361.811-RS. 2015. (Info 561)

REQUISITOS PARA A IMPOSIÇÃO DA MULTA PREVISTA NO ART. 475-J DO CPC NO CASO DE SENTENÇA ILÍQUIDA. RECURSO REPETITIVO.

STJ No caso de sentença ilíquida, para a imposição da multa prevista no art. 475-J do CPC, revela-se indispensável (i) a prévia liquidação da obrigação; e, após o acertamento, (ii) a intimação do devedor, na figura do seu advogado, para pagar o *quantum* ao final definido no prazo de 15 dias. • REsp 1.147.191-RS. 2015. (Info 561)

CONFLITO ENTRE DUAS SENTENÇAS TRANSITADAS EM JULGADO.

STJ É possível acolher alegação de coisa julgada formulada em sede de exceção de pré-executividade caso se verifique, na fase de execução, que o comando da sentença exequenda transitada em julgado conflita com o comando de outra sentença, anteriormente transitada em julgado, proferida em idêntica demanda. • REsp 1.354.225-RS. 2015. (Info 557)

CUMPRIMENTO DE SENTENÇA DE IMPROCEDÊNCIA DE PEDIDO DECLARATÓRIO.

STJ No caso em que, em ação declaratória de nulidade de notas promissórias, a sentença, ao reconhecer subsistente a obrigação cambial entre as partes, atestando a existência de obrigação líquida, certa e exigível, defina a improcedência da ação, o réu poderá pleitear o cumprimento dessa sentença, independentemente de ter sido formalizado pedido de satisfação do crédito na contestação. • REsp 1.481.117-PR. 2015. (Info 556)

AÇÃO DE IMPROBIDADE ADMINISTRATIVA E REEXAME NECESSÁRIO.

STJ A sentença que concluir pela carência ou pela improcedência de ação de improbidade administrativa não está sujeita ao reexame necessário previsto no art. 19 da Lei de Ação Popular (Lei 4.717/1965). • REsp 1.220.667-MG. 2014. (Info 546)

HIPÓTESE DE IMPOSSIBILIDADE DE ALTERAÇÃO DE OFÍCIO PELO TRIBUNAL DE PRAZO PRESCRICIONAL DEFINIDO NA SENTENÇA.

STJ O Tribunal não pode, sem provocação, fundado na aplicabilidade de prazo prescricional maior do que o definido em primeira instância, aumentar o alcance dos efeitos da sentença que reconheceu o direito a ressarcimento de valores cobrados indevidamente ao longo do tempo. • REsp 1.304.953-RS. 2014. (Info 546)

DEFINIÇÃO DO TERMO INICIAL DOS JUROS MORATÓRIOS EM SEDE DE LIQUIDAÇÃO.

STJ Quando não houver, na sentença condenatória, definição do termo inicial para a contabilização dos juros moratórios decorrentes do inadimplemento de obrigação contratual, dever-se-á adotar na liquidação, como marco inicial, a citação válida do réu no processo de conhecimento. • REsp 1.374.735-RS. 2014. (Info 545)

IMPUGNAÇÃO AO CUMPRIMENTO DE SENTENÇA POR EXCESSO DE EXECUÇÃO. RECURSO REPETITIVO.

STJ Na hipótese do art. 475-L, § 2º, do CPC, é indispensável apontar, na petição de impugnação ao cumprimento de sentença, a parcela incontroversa do débito, bem como as incorreções encontradas nos cálculos do credor, sob pena de rejeição liminar da petição, não se admitindo emenda à inicial. • REsp 1.387.248-SC. 2014. (Info 540)

LIQUIDAÇÃO DE SENTENÇA EM AÇÃO COM PEDIDO DE COMPLEMENTAÇÃO DE AÇÕES. RECURSO REPETITIVO.

STJ O cumprimento de sentença condenatória de complementação de ações dispensa, em regra, a fase de liquidação de sentença. • REsp 1.387.249-SC. 2013. (Info 536)

▼ TRÂNSITO EM JULGADO E COISA JULGADA

EFEITOS DA DECLARAÇÃO DE INCONSTITUCIONALIDADE E AÇÃO RESCISÓRIA.

STF A decisão do Supremo Tribunal Federal que declara a constitucionalidade ou a inconstitucionalidade de preceito normativo não produz a automática reforma ou rescisão das decisões anteriores que tenham adotado entendimento diferente. Para que haja essa reforma ou rescisão, será indispensável a interposição do recurso próprio ou, se for o caso, a propositura da ação rescisória própria, nos termos do art. 485, V, do CPC, observado o respectivo prazo decadencial (CPC, art. 495). • RE 730462/SP. 2015. (Info 787)

EXTENSÃO DOS EFEITOS DE SENTENÇA TRANSITADA EM JULGADA QUE RECONHECE RELAÇÃO DE PARENTESCO.

STJ Os efeitos da sentença transitada em julgado que reconhece o vínculo de parentesco entre filho e pai em ação de investigação de paternidade alcançam o avô, ainda que este não tenha participado da relação jurídica processual. • REsp 1.331.815-SC. 2016. (Info 587)

TERMO A QUO DO PRAZO PRESCRICIONAL DAS EXECUÇÕES INDIVIDUAIS DE SENTENÇA COLETIVA. RECURSO REPETITIVO.

STJ O prazo prescricional para a execução individual é contado do trânsito em julgado da sentença coletiva, sendo desnecessária a providência de que trata o art. 94 da Lei n. 8.078/1990. • REsp 1.388.000-PR. 2016. (Info 580)

IMPOSSIBILIDADE DE RELATIVIZAR COISA JULGADA FUNDADA EM LEI POSTERIORMENTE DECLARADA NÃO RECEPCIONADA PELA CF.

STJ Não é possível utilizar ação declaratória de nulidade (*querela nullitatis*) contra título executivo judicial fundado em lei declarada não recepcionada pelo STF em decisão proferida em controle incidental que transitou em julgado após a constituição definitiva do referido título. • REsp 1.237.895-ES. 2016. (Info 576)

IMPROCEDÊNCIA DE DEMANDA COLETIVA PROPOSTA EM DEFESA DE DIREITOS INDIVIDUAIS HOMOGÊNEOS E IMPOSSIBILIDADE DE NOVO AJUIZAMENTO DE AÇÃO COLETIVA POR OUTRO LEGITIMADO.

STJ Após o trânsito em julgado de decisão que julga improcedente ação coletiva proposta em defesa de direitos individuais homogêneos, independentemente do motivo que tenha fundamentado a rejeição do pedido, não é possível a propositura de nova demanda com o mesmo objeto por outro legitimado coletivo, ainda que em outro Estado da federação. • REsp 1.302.596-SP. 2016. (Info 575)

PRAZO DECADENCIAL PARA AJUIZAMENTO DE AÇÃO ANULATÓRIA NO PROCEDIMENTO ARBITRAL.

STJ No procedimento arbitral, o prazo decadencial de noventa dias para o ajuizamento de ação anulatória (art. 33, § 1º, da Lei 9.307/1996) em face de sentença arbitral parcial conta-se a partir do trânsito em julgado desta, e não do trânsito em julgado da sentença arbitral final. • REsp 1.519.041-RJ. 2015. (Info 568)

CONFLITO ENTRE COISAS JULGADAS.

STJ Havendo conflito entre duas coisas julgadas, prevalecerá a que se formou por último, enquanto não desconstituída mediante ação rescisória. • REsp 1.524.123-SC. 2015. (Info 565)

EFICÁCIA SUBJETIVA DA COISA JULGADA.

STJ Não está sujeito aos efeitos de decisão reintegratória de posse proferida em processo do qual não participou o terceiro de boa-fé que, antes da citação, adquirira do réu o imóvel objeto do litígio. • REsp 1.458.741-GO. 2015. (Info 560)

HIPÓTESE EM QUE NÃO É POSSÍVEL A HOMOLOGAÇÃO DE SENTENÇA ESTRANGEIRA.

STJ A sentença estrangeira - ainda que preencha adequadamente os requisitos indispensáveis à sua homologação, previstos no art. 5° da Resolução 9/2005 do RISTJ - não pode ser homologada na parte em que verse sobre guarda ou alimentos quando já exista decisão do Judiciário Brasileiro acerca do mesmo assunto, mesmo que esta decisão tenha sido proferida em caráter provisório e após o trânsito em julgado daquela. • SEC 6.485-EX. 2014. (Info 548)

CORREÇÃO DE ERRO MATERIAL APÓS O TRÂNSITO EM JULGADO.

STJ O magistrado pode corrigir de ofício, mesmo após o trânsito em julgado, erro material consistente no desacordo entre o dispositivo da sentença que julga procedente o pedido e a fundamentação no sentido da improcedência da ação. • RMS 43.956-MG. 2014. (Info 547)

TERMO INICIAL DO PRAZO DECADENCIAL PARA O AJUIZAMENTO DE AÇÃO RESCISÓRIA.

STJ A contagem do prazo decadencial para a propositura de ação rescisória se inicia com o trânsito em julgado da última decisão proferida no processo, ainda que algum dos capítulos da sentença ou do acórdão tenha se tornado irrecorrível em momento anterior. • REsp 736.650-MT. 2014. (Info 547)

HOMOLOGAÇÃO DE SENTENÇA ESTRANGEIRA QUE DETERMINE A SUBMISSÃO DE CONFLITO À ARBITRAGEM.

STJ Pode ser homologada no Brasil a sentença judicial de estado estrangeiro que, considerando válida cláusula compromissória constante de contrato firmado sob a expressa regência da lei estrangeira, determine - em face do anterior pedido de arbitragem realizado por uma das partes - a submissão à justiça arbitral de conflito existente entre os contratantes, ainda que decisão proferida por juízo estatal brasileiro tenha, em momento posterior ao trânsito em julgado da sentença a ser homologada, reconhecido a nulidade da cláusula com fundamento em exigências formais típicas da legislação brasileira pertinentes ao contrato de adesão. • SEC 854-US . 2014. (Info 533)

▼ EMBARGOS DE DECLARAÇÃO

EMBARGOS DE DECLARAÇÃO E CONDENAÇÃO EM HONORÁRIOS ADVOCATÍCIOS

STF Após18 de março de 2016, data do início da vigência do Novo Código de Processo Civil, é possível condenar a parte sucumbente em honorários advocatícios na hipótese de o recurso de embargos de declaração não atender os requisitos previstos no art. 1.022 do referido diploma e tampouco se enquadrar em situações excepcionais que autorizem a concessão de efeitos infringentes. • RE 929925 AgR-ED/RS. 2016. (Info 829)

HIPÓTESE DE NÃO CABIMENTO DE EMBARGOS DE DECLARAÇÃO.

STJ Mesmo após a vigência do CPC/2015, não cabem embargos de declaração contra decisão que não se pronuncie tão somente sobre argumento incapaz de infirmar a conclusão adotada. • EDcl no MS 21.315-DF. 2016. (Info 585)

EMBARGOS DE DECLARAÇÃO COM EFEITOS INFRINGENTES E PEDIDO DE RECONSIDERAÇÃO.

STJ Os embargos de declaração, ainda que contenham pedido de efeitos infringentes, não devem ser recebidos como "pedido de reconsideração". • REsp 1.522.347-ES, Rel. Min. Raul Araújo, julgado em 16/9/2015, DJe 16/12/2015. 2015. (Info 575)

DESNECESSIDADE DE RATIFICAÇÃO DO RECURSO INTERPOSTO NA PENDÊNCIA DE JULGAMENTO DE EMBARGOS DECLARATÓRIOS.

STJ Não é necessária a ratificação do recurso interposto na pendência de julgamento de embargos de declaração quando, pelo julgamento dos aclaratórios, não houver modificação do jugado embargado. • REsp 1.129.215-DF. 2015. (Info 572)

PRAZO PARA OPOSIÇÃO DE EMBARGOS DE DECLARAÇÃO CONTRA ACÓRDÃO QUE ANALISA ASTREINTES IMPOSTAS POR JUÍZO CRIMINAL.

STJ É de 5 dias (art. 536 do CPC/1973) - e não de 2 dias (art. 619 do CPP) - o prazo para a oposição, por quem não seja parte na relação processual penal, de embargos de declaração contra acórdão que julgou agravo de instrumento manejado em face de decisão, proferida por juízo criminal, que determinara, com base no art. 3º do CPP, o pagamento de multa diária prevista no CPC/1973 em razão de atraso no cumprimento de ordem judicial de fornecimento de informações decorrentes de quebra de sigilo no âmbito de inquérito policial. • REsp 1.455.000-PR. 2014. (Info 559)

CIÊNCIA INEQUÍVOCA DE INVALIDEZ PERMANENTE EM DEMANDAS POR INDENIZAÇÃO DO SEGURO DPVAT. RECURSO REPETITIVO.

STJ Em julgamento de embargos de declaração opostos contra acórdão que julgou representativo da controvérsia (543-C do CPC) relativo ao termo inicial do prazo prescricional nas demandas por indenização do seguro DPVAT que envolvem invalidez permanente da vítima, houve alteração da tese 1.2 do acórdão embargado, nos seguintes termos: "Exceto nos casos de invalidez permanente notória, ou naqueles em que o conhecimento anterior resulte comprovado na fase de instrução, a ciência inequívoca do caráter permanente da invalidez depende de laudo médico". • EDcl no REsp 1.388.030-MG . 2014. (Info 555)

PREJUÍZOS DECORRENTES DA FIXAÇÃO DE PREÇOS PARA O SETOR SUCROALCOOLEIRO. RECURSO REPETITIVO.

STJ Em julgamento de embargos de declaração opostos contra acórdão que julgou recurso representativo da controvérsia (543-C do CPC) relativo ao prejuízo experimentado pelas empresas do setor sucroalcooleiro em razão do tabelamento de preços estabelecido pelo Governo Federal por intermédio da Lei 4.870/1965, reconheceu-se a existência de omissão e obscuridade no acórdão embargado para se esclarecer, em seguida, que: (a) nos casos em que já há sentença transitada em julgado, no processo de conhecimento, a forma de apuração do valor devido deve observar o respectivo título executivo; e (b) a eficácia da Lei 4.870/1965 findou em 31/1/1991, em virtude da publicação, em 1/2/1991, da Medida Provisória 295, de 31/1/1991, posteriormente convertida na Lei 8.178, de 1/3/1991. • EDcl no REsp 1.347.136-DF. 2014. (Info 555)

CARACTERIZAÇÃO DO INTUITO PROTELATÓRIO EM EMBARGOS DE DECLARAÇÃO. RECURSO REPETITIVO.

STJ Caracterizam-se como protelatórios os embargos de declaração que visam rediscutir matéria já apreciada e decidida pela Corte de origem em conformidade com súmula do STJ ou STF ou, ainda, precedente julgado pelo rito dos artigos 543-C e 543-B do CPC. • REsp 1.410.839-SC. 2014. (Info 541)

AFASTAMENTO DE NULIDADE CAUSADA POR OFENSA AO PRINCÍPIO DO CONTRADITÓRIO.

STJ A nulidade da decisão do relator que julgara agravo de instrumento do art. 522 do CPC sem prévia intimação do agravado para resposta não deve ser declarada quando suscitada apenas em embargos de declaração opostos em face de acórdão que, após a intimação para contrarrazões, julgou agravo regimental interposto pela outra parte. • REsp 1.372.802-RJ. 2014. (Info 539)

EMBARGOS DE DECLARAÇÃO CONTRA DECISÃO QUE NEGA SEGUIMENTO AO RESP DE MANEIRA GENÉRICA.

STJ Os embargos de declaração opostos em face de decisão do Tribunal de origem que nega seguimento a recurso especial podem, excepcionalmente, interromper o prazo recursal quando a decisão embargada for tão genérica que sequer permita a interposição de agravo (art. 544 do CPC). • EAREsp 275.615-SP. 2014. (Info 537)

▼ PENHORA E ARREMATAÇÃO DE BENS

MOMENTO PARA REQUERIMENTO DA ADJUDICAÇÃO.

STJ A adjudicação poderá ser requerida após resolvidas as questões relativas à avaliação do bem penhorado e antes de realizada a hasta pública. • REsp 1.505.399-RS. 2016. (Info 583)

FORMA PREFERENCIAL DE PAGAMENTO AO CREDOR.

STJ A adjudicação do bem penhorado deve ser assegurada ao legitimado que oferecer preço não inferior ao da avaliação. • REsp 1.505.399-RS. 2016. (Info 583)

EXCEÇÃO À IMPENHORABILIDADE DO BEM DE FAMÍLIA.

STJ Na execução civil movida pela vítima, não é oponível a impenhorabilidade do bem de família adquirido com o produto do crime, ainda que a punibilidade do acusado tenha sido extinta em razão do cumprimento das condições estipuladas para a suspensão condicional do processo. • REsp 1.091.236-RJ . 2016. (Info 575)

IMPENHORABILIDADE DA PEQUENA PROPRIEDADE RURAL.

STJ A pequena propriedade rural, trabalhada pela família, é impenhorável, ainda que dada pelos proprietários em garantia hipotecária para financiamento da atividade produtiva. • REsp 1.368.404-SP. 2015. (Info 574)

COBRANÇA DE COTA CONDOMINIAL E PENHORA SOBRE DIREITO AQUISITIVO DECORRENTE DE COMPROMISSO DE COMPRA E VENDA.

STJ Em ação de cobrança de cotas condominiais proposta somente contra o promissário comprador, não é possível a penhora do imóvel que gerou a dívida - de propriedade do promissário vendedor -, admitindo-se, no entanto, a constrição dos direitos aquisitivos decorrentes do compromisso de compra e venda. • REsp 1.273.313-SP. 2015. (Info 573)

EXECUÇÃO FISCAL E SUBSTITUIÇÃO DE FIANÇA BANCÁRIA POR PENHORA DE DEPÓSITO DE QUANTIA DESTINADA À DISTRIBUIÇÃO DE DIVIDENDOS.

STJ Em sede de execução fiscal, a Fazenda Pública não tem direito de substituir a fiança bancária prestada pela sociedade empresária executada e anteriormente aceita pelo ente público por penhora de depósito de quantia destinada à distribuição de dividendos aos acionistas da devedora, a não ser que a fiança bancária se mostre inidônea. • EREsp 1.163.553-RJ. 2015. (Info 569)

IMPOSSIBILIDADE DE INDEFERIMENTO DE PEDIDO DE PENHORA COM FUNDAMENTO NA POTENCIAL ILIQUIDEZ DO BEM.

STJ Na ação de execução fiscal, frustradas as diligências para localização de outros bens em nome do devedor e obedecida a ordem legal de nomeação de bens à penhora, não cabe ao magistrado recusar a constrição de bens nomeados pelo credor fundamentando a decisão apenas na assertiva de que a potencial iliquidez deles poderia conduzir à inutilidade da penhora. • REsp 1.523.794-RS. 2015. (Info 563)

IMPENHORABILIDADE ABSOLUTA DE VALORES DO FUNDO PARTIDÁRIO.

STJ Os recursos do fundo partidário são absolutamente impenhoráveis, inclusive na hipótese em que a origem do débito esteja relacionada às atividades previstas no art. 44 da Lei 9.096/1995. • REsp 1.474.605-MS. 2015. (Info 562)

ARREMATAÇÃO DE BEM POR OFICIAL DE JUSTIÇA APOSENTADO.

STJ A vedação contida no art. 497, III, do CC não impede o oficial de justiça aposentado de arrematar bem em hasta pública. • REsp 1.399.916-RS. 2015. (Info 561)

RESPONSABILIDADE DO ADJUDICANTE POR DÍVIDAS CONDOMINIAIS PRETÉRITAS.

STJ O exequente que adjudicou o imóvel penhorado após finda praça sem lançador deve arcar com as despesas condominiais anteriores à praça, ainda que omitidas no edital da hasta pública. • REsp 1.186.373-MS. 2015. (Info 559)

POSSIBILIDADE DE PENHORA DE BEM DE FAMÍLIA POR MÁ-FÉ DO DEVEDOR.

STJ Não se deve desconstituir a penhora de imóvel sob o argumento de se tratar de bem de família na hipótese em que, mediante acordo homologado judicialmente, o executado tenha pactuado com o exequente a prorrogação do prazo para pagamento e a redução do valor de dívida que contraíra em benefício da família, oferecendo o imóvel em garantia e renunciando expressamente ao oferecimento de qualquer defesa, de modo que, descumprido o acordo, a execução prosseguiria com a avaliação e praça do imóvel. • REsp 1.461.301-MT. 2015. (Info 558)

LIMITES DA IMPENHORABILIDADE DE QUANTIA TRANSFERIDA PARA APLICAÇÃO FINANCEIRA.

STJ É impenhorável a quantia oriunda do recebimento, pelo devedor, de verba rescisória trabalhista posteriormente poupada em mais de um fundo de investimento, desde que a soma dos valores não seja superior a quarenta salários mínimos. • EREsp 1.330.567-RS. 2015. (Info 554)

PENHORA DIRETAMENTE SOBRE BENS DO ESPÓLIO.

STJ Em ação de execução de dívida contraída pessoalmente pelo autor da herança, a penhora pode ocorrer diretamente sobre os bens do espólio, em vez de no rosto dos autos do inventário. • REsp 1.318.506-RS. 2015. (Info 552)

PENHORABILIDADE DO BEM DE FAMÍLIA PERTENCENTE A FIADOR. RECURSO REPETITIVO.

STJ É legítima a penhora de apontado bem de família pertencente a fiador de contrato de locação, ante o que dispõe o art. 3º, VII, da Lei 8.009/1990. • REsp 1.363.368-MS . 2014. (Info 552)

HIPÓTESE DE PENHORABILIDADE DE VALORES RECEBIDOS A TÍTULO DE INDENIZAÇÃO TRABALHISTA.

STJ A regra de impenhorabilidade prevista no inciso IV do art. 649 do CPC não alcança a quantia aplicada por longo período em fundo de investimento, a qual não foi utilizada para suprimento de necessidades básicas do devedor e sua família, ainda que originária de indenização trabalhista. • REsp 1.230.060-PR. 2014. (Info 547)

IMPENHORABILIDADE DE QUANTIA DEPOSITADA EM FUNDO DE INVESTIMENTO ATÉ O LIMITE DE 40 SALÁRIOS MÍNIMOS.

STJ Sendo a única aplicação financeira do devedor e não havendo indícios de má-fé, abuso, fraude, ocultação de valores ou sinais exteriores de riqueza, é absolutamente impenhorável, até o limite de 40 salários mínimos, a quantia depositada em fundo de investimento. • REsp 1.230.060-PR. 2014. (Info 547)

ALCANCE DE PENHORA DE VALORES DEPOSITADOS EM CONTA BANCÁRIA CONJUNTA SOLIDÁRIA.

STJ A penhora de valores depositados em conta bancária conjunta solidária somente poderá atingir a parte do numerário depositado que pertença ao correntista que seja sujeito passivo do processo executivo, presumindo-se, ante a inexistência de prova em contrário, que os valores constantes da conta pertencem em partes iguais aos correntistas. • REsp 1.184.584-MG. 2014. (Info 539)

PENHORA EFETIVADA APÓS ADESÃO A PARCELAMENTO TRIBUTÁRIO.

STJ Não cabe a efetivação da penhora pelo sistema BacenJud após a adesão ao parcelamento tributário disposto pela Lei 11.419/2009, ainda que o pedido de bloqueio de valores tenha sido deferido antes da referida adesão. • REsp 1.421.580-SP. 2013. (Info 537)

FORMALIZAÇÃO DA PENHORA ON-LINE.

STJ A falta de lavratura de auto da penhora realizada por meio eletrônico, na fase de cumprimento de sentença, pode não configurar nulidade procedimental quando forem juntadas aos autos peças extraídas do sistema BacenJud contendo todas as informações sobre o bloqueio do numerário, e em seguida o executado for intimado para oferecer impugnação. • REsp 1.195.976-RN. 2014. (Info 536)

IMPENHORABILIDADE DE FUNDO DE PREVIDÊNCIA PRIVADA COMPLEMENTAR.

STJ O saldo de depósito em fundo de previdência privada complementar na modalidade Plano Gerador de Benefícios Livres (PGBL) é impenhorável, a menos que sua natureza previdenciária seja desvirtuada pelo participante. • EREsp 1.121.719-SP. 2014. (Info 535)

ARRESTO EXECUTIVO POR MEIO ELETRÔNICO.

STJ Será admissível o arresto de bens penhoráveis na modalidade *online* quando não localizado o executado para citação em execução de título extrajudicial. • REsp 1.338.032-SP. 2013. (Info 533)

ORDEM PREFERENCIAL DE PENHORA ESTABELECIDA PELO ART. 655 DO CPC.

STJ É lícito ao credor recusar a substituição de penhora incidente sobre bem imóvel por debêntures, ainda que emitidas por companhia de sólida posição no mercado mobiliário, desde que não exista circunstância excepcionalíssima cuja inobservância acarrete ofensa à dignidade da pessoa humana ou ao paradigma da boa-fé objetiva. • REsp 1.186.327-SP. 2013. (Info 531)

▼ FRAUDE À EXECUÇÃO

REQUISITOS PARA RECONHECIMENTO DA FRAUDE À EXECUÇÃO. RECURSO REPETITIVO.

STJ No que diz respeito à fraude de execução, definiu-se que: (i) é indispensável citação válida para configuração da fraude de execução, ressalvada a hipótese prevista no § 3º do art. 615-A do CPC; (ii) o reconhecimento da fraude de execução depende do registro da penhora do bem alienado ou da prova de má-fé do terceiro adquirente (Súmula 375/STJ); (iii) a presunção de boa-fé é princípio geral de direito universalmente aceito, sendo milenar a parêmia: a boa-fé se presume, a má-fé se prova; (iv) inexistindo registro da penhora na matrícula do imóvel, é do credor o ônus da prova de que o terceiro adquirente tinha conhecimento de demanda capaz de levar o alienante à insolvência, sob pena de tornar-se letra morta o disposto no art. 659, § 4º, do CPC; e (v) conforme previsto no § 3º do art. 615-A do CPC, presume-se em fraude de execução a alienação ou oneração de bens realizada após a averbação referida no dispositivo. • REsp 956.943-PR. 2014. (Info 552)

AFASTAMENTO DA PROTEÇÃO DADA AO BEM DE FAMÍLIA.

STJ Deve ser afastada a impenhorabilidade do único imóvel pertencente à família na hipótese em que os devedores, com o objetivo de proteger o seu patrimônio, doem em fraude à execução o bem a seu filho menor impúbere após serem intimados para o cumprimento espontâneo da sentença exequenda. • REsp 1.364.509-RS. 2014. (Info 545)

▼ PRAZOS PROCESSUAIS

PROCESSAMENTO DE AÇÃO DE DESPEJO CUMULADA COM COBRANÇA DE ALUGUÉIS NO CURSO DE RECESSO FORENSE.

STJ Nos casos de cumulação da ação de despejo com cobrança de aluguéis, o prazo recursal fica suspenso durante o recesso forense. • REsp 1.414.092-PR. 2016. (Info 578)

NÃO INCIDÊNCIA DO PRAZO DO ART. 892 DO CPC EM EXECUÇÃO FISCAL.

STJ O prazo de cinco dias previsto no art. 892 do CPC não é aplicável aos depósitos judiciais referentes a créditos tributários, de tal sorte que são exigíveis multa e juros caso o depósito não seja realizado dentro do prazo para o pagamento do tributo. • AgRg no REsp 1.365.761-RS. 2015. (Info 564)

TERMO INICIAL DO PRAZO PARA O OFERECIMENTO DE EMBARGOS À EXECUÇÃO FISCAL QUANDO AFASTADA A NECESSIDADE DE GARANTIA PRÉVIA.

STJ No caso em que a garantia à execução fiscal tenha sido totalmente dispensada de forma expressa pelo juízo competente - inexistindo, ainda que parcialmente, a prestação de qualquer garantia (penhora, fiança, depósito, seguro-garantia) -, o prazo para oferecer embargos à execução deverá ter início na data da intimação da decisão que dispensou a apresentação de garantia, não havendo a necessidade, na intimação dessa dispensa, de se informar expressamente o prazo para embargar. • REsp 1.440.639-PE. 2015. (Info 563)

APLICABILIDADE DO ART. 191 DO CPC/1973 AOS PROCESSOS JUDICIAIS ELETRÔNICOS.

STJ Aplica-se o art. 191 do CPC/1973 à contagem de prazo nos processos judiciais eletrônicos. • REsp 1.488.590-PR. 2015. (Info 560)

PRORROGAÇÃO DO TERMO FINAL DO PRAZO PARA AJUIZAMENTO DA AÇÃO RESCISÓRIA. RECURSO REPETITIVO.

STJ O termo final do prazo decadencial para propositura de ação rescisória deve ser prorrogado para o primeiro dia útil subsequente quando recair em data em que não haja funcionamento da secretaria do juízo competente. • REsp 1.112.864-MG. 2015. (Info 553)

MANDADO DE INTIMAÇÃO E NECESSIDADE DE EXPRESSA MENÇÃO DO PRAZO PARA INTERPOSIÇÃO DE EMBARGOS À EXECUÇÃO FISCAL.

STJ Em sede de execução fiscal, é necessário que o mandado de intimação da penhora contenha expressa menção do prazo legal para o oferecimento de embargos à execução. • EREsp 1.269.069-CE. 2014. (Info 546)

PRAZO PARA IMPETRAÇÃO DE MS CONTRA DECISÃO JUDICIAL IRRECORRÍVEL.

STJ Em regra, o prazo para a impetração de mandado de segurança em face de decisão que converte agravo de instrumento em agravo retido é de 5 dias, a contar da data da publicação da decisão. • RMS 43.439-MG. 2014. (Info 533)

▼ MULTAS PROCESSUAIS

MULTA: JUSTIÇA GRATUITA E SUSPENSÃO DO RECOLHIMENTO

STF As partes beneficiárias da justiça gratuita não estão isentas do pagamento da multa do art. 557, § 2º do CPC (contra recurso manifestamente inadmissível ou infundado), porém, o recolhimento do numerário deve ficar suspenso, nos termos do art. 12 da Lei 1.060/1950

("Art. 12. A parte beneficiada pela isenção do pagamento das custas ficará obrigada a pagá-las, desde que possa fazê-lo, sem prejuízo do sustento próprio ou da família, se dentro de cinco anos, a contar da sentença final, o assistido não puder satisfazer tal pagamento, a obrigação ficará prescrita"). • RE 775685 AgR-ED/BA. 2015. (Info 808)

APLICAÇÃO DA MULTA POR ATO ATENTATÓRIO À DIGNIDADE DA JUSTIÇA (ART. 600, III, DO CPC/1973).

STJ A multa por ato atentatório à dignidade da Justiça previsto no art. 600, III, do CPC/1973 constitui punição cuja aplicabilidade restringe-se aos atos do executado em procedimento executivo. • REsp 1.231.981-RS. 2016. (Info 578)

EXEQUIBILIDADE DE MULTA COMINATÓRIA DE VALOR SUPERIOR AO DA OBRIGAÇÃO PRINCIPAL.

STJ O valor de multa cominatória pode ser exigido em montante superior ao da obrigação principal. • REsp 1.352.426-GO. 2015. (Info 562)

EXECUÇÃO PROVISÓRIA DE MULTA COMINATÓRIA FIXADA EM ANTECIPAÇÃO DE TUTELA. RECURSO REPETITIVO.

STJ A multa diária prevista no § 4º do art. 461 do CPC, devida desde o dia em que configurado o descumprimento, quando fixada em antecipação de tutela, somente poderá ser objeto de execução provisória após a sua confirmação pela sentença de mérito e desde que o recurso eventualmente interposto não seja recebido com efeito suspensivo. • REsp 1.200.856-RS. 2014. (Info 546)

CUMULAÇÃO DA MULTA DO ART. 538, PARÁGRAFO ÚNICO, DO CPC COM A INDENIZAÇÃO PELO RECONHECIMENTO DA LITIGÂNCIA DE MÁ-FÉ (ARTS. 17, VII, E 18, § 2º, DO CPC). RECURSO REPETITIVO.

STJ A multa prevista no art. 538, parágrafo único, do CPC tem caráter eminentemente administrativo - punindo conduta que ofende a dignidade do tribunal e a função pública do processo -, sendo possível sua cumulação com a sanção prevista nos arts. 17, VII, e 18, § 2º, do CPC, de natureza reparatória. • REsp 1.250.739-PA. 2014. (Info 541)

DESCABIMENTO DE ASTREINTES PELA RECUSA DE EXIBIÇÃO DE DOCUMENTOS. RECURSO REPETITIVO.

STJ Tratando-se de pedido deduzido contra a parte adversa - não contra terceiro -, descabe multa cominatória na exibição, incidental ou autônoma, de documento relativo a direito disponível. • REsp 1.333.988-SP. 2014. (Info 539)

AUSÊNCIA DE PRECLUSÃO DA DECISÃO QUE FIXA MULTA COMINATÓRIA. RECURSO REPETITIVO.

STJ A decisão que comina *astreintes* não preclui, não fazendo tampouco coisa julgada. • REsp 1.333.988-SP. 2014. (Info 539)

DESCUMPRIMENTO DE DETERMINAÇÃO DE EXIBIÇÃO INCIDENTAL DE DOCUMENTOS.

STJ Não é cabível a aplicação de multa cominatória na hipótese em que a parte, intimada a exibir documentos em ação de conhecimento, deixa de fazê-lo no prazo estipulado. • EREsp 1.097.681-RS. 2014. (Info 537)

MULTA DO ART. 475-J DO CPC.

STJ Se o devedor for intimado, antes da realização de cálculo inicial pelo credor, para efetuar o pagamento de sentença ilíquida, não incidirá automaticamente a multa do art. 475-J do CPC sobre o saldo remanescente apurado posteriormente. • REsp 1.320.287-SP. 2014. (Info 533)

RECLAMAÇÃO PARA DIMINUIÇÃO DO VALOR DA ASTREINTE FIXADA POR TURMA RECURSAL.

STJ Cabe reclamação ao STJ, em face de decisão de Turma Recursal dos Juizados Especiais dos Estados ou do Distrito Federal, com o objetivo de reduzir o valor de multa cominatória demasiadamente desproporcional em relação ao valor final da condenação. • Rcl 7.861-SP. 2013. (Info 527)

▼ DESPESAS DO PROCESSO (CUSTAS, PREPARO, EMOLUMENTOS, ETC)

ISENÇÃO DE CUSTAS AO INPI.

STJ Em ação de nulidade de registro de marca, o INPI é isento de pagamento de custas. • REsp 1.258.662-PR. 2016. (Info 576)

REEMBOLSO PELO INPI DE DESPESAS JUDICIAIS.

STJ Em ação de nulidade de registro de marca em que o INPI for sucumbente, cabe a ele reembolsar as despesas judiciais feitas pela parte autora. • REsp 1.258.662-PR. 2016. (Info 576)

ALCANCE DA EXPRESSÃO INSUFICIÊNCIA DO VALOR DO PREPARO CONTIDA NO § 2º DO ART. 511 DO CPC.

STJ O recolhimento, no ato da interposição do recurso, de apenas uma das verbas indispensáveis ao seu processamento (custas, porte de remessa e retorno, taxas ou outras) acarreta a intimação do recorrente para suprir o preparo no prazo de cinco dias, e não deserção. • REsp 844.440-MS. 2015. (Info 563)

CANCELAMENTO DE DISTRIBUIÇÃO DE IMPUGNAÇÃO AO CUMPRIMENTO DE SENTENÇA OU DE EMBARGOS À EXECUÇÃO. RECURSO REPETITIVO.

STJ Cancela-se a distribuição da impugnação ao cumprimento de sentença ou dos embargos à execução na hipótese de não recolhimento das custas no prazo de 30 dias, independentemente de prévia intimação da parte; não se determina o cancelamento se o recolhimento das custas, embora intempestivo, estiver comprovado nos autos. • REsp 1.361.811-RS. 2015. (Info 561)

APLICABILIDADE DO ART. 18 DA LACP A AÇÃO CIVIL PÚBLICA MOVIDA POR SINDICATO.

STJ O art. 18 da Lei 7.347/1985 (LACP) - "Nas ações de que trata esta lei, não haverá adiantamento de custas, emolumentos, honorários periciais e quaisquer outras despesas, nem condenação da associação autora, salvo comprovada má-fé, em honorários de advogado, custas e despesas processuais" - é aplicável à ação civil pública movida por sindicato na defesa de direitos individuais homogêneos da categoria que representa. • EREsp 1.322.166-PR . 2015. (Info 558)

INEXIGIBILIDADE DE RECOLHIMENTO DE CUSTAS EM EMBARGOS À MONITÓRIA.

STJ Não se exige o recolhimento de custas iniciais para oferecer embargos à ação monitória. • REsp 1.265.509-SP. 2015. (Info 558)

ALCANCE DA REGRA DE ISENÇÃO DE CUSTAS PROCESSUAIS DA LACP E DO CDC.

STJ Não é possível estender a regra de isenção prevista no art. 18 da Lei 7.347/1985 (LACP) e no art. 87 da Lei 8.078/1990 (CDC) à propositura de ações ou incidentes processuais que não estão previstos nos referidos artigos. • PET 9.892-SP. 2015. (Info 556)

INCIDENTE PROCESSUAL DE IMPUGNAÇÃO AO VALOR DA CAUSA E RECOLHIMENTO DE CUSTAS JUDICIAIS NO ÂMBITO DO STJ.

STJ Não se pode exigir, no âmbito do STJ, o recolhimento de custas judiciais quando se tratar de incidente processual de impugnação ao valor da causa, conforme a Lei 11.636/2007. • PET 9.892-SP. 2015. (Info 556)

▼ JUROS E CORREÇÃO MONETÁRIA

IMPOSSIBILIDADE DE AUTOMÁTICA CAPITALIZAÇÃO DE JUROS POR MERA DECORRÊNCIA DA APLICAÇÃO DA IMPUTAÇÃO DO PAGAMENTO PREVISTA NO ART. 354 DO CC.

STJ No caso de dívida composta de capital e juros, a imputação de pagamento (art. 354 do CC) insuficiente para a quitação da totalidade dos juros vencidos não acarreta a capitalização do que restou desses juros. • REsp 1.518.005-PR. 2015. (Info 572)

TERMO INICIAL DE JUROS DE MORA EM COBRANÇA DE MENSALIDADE POR SERVIÇO EDUCACIONAL.

STJ Se o contrato de prestação de serviço educacional especifica o valor da mensalidade e a data de pagamento, os juros de mora fluem a partir do vencimento das mensalidades não pagas - e não da citação válida. • REsp 1.513.262-SP. 2015. (Info 567)

EXECUÇÃO INDIVIDUAL DE SENTENÇA COLETIVA E INCIDÊNCIA DE JUROS REMUNERATÓRIOS E EXPURGOS INFLACIONÁRIOS. RECURSO REPETITIVO.

STJ Na execução individual de sentença proferida em ação civil pública que reconhece o direito de poupadores aos expurgos inflacionários decorrentes do Plano Verão (janeiro de 1989): (i) descabe a inclusão de juros remuneratórios nos cálculos de liquidação se inexistir condenação expressa, sem prejuízo de, quando cabível, o interessado ajuizar ação individual de conhecimento; (ii) incidem os expurgos inflacionários posteriores a título de correção monetária plena do débito judicial, que terá como base de cálculo o saldo existente ao tempo do referido plano econômico, e não os valores de eventuais depósitos da época de cada plano subsequente. • REsp 1.392.245-DF. 2015. (Info 561)

DEFINIÇÃO DO TERMO INICIAL DOS JUROS MORATÓRIOS EM SEDE DE LIQUIDAÇÃO.

STJ Quando não houver, na sentença condenatória, definição do termo inicial para a contabilização dos juros moratórios decorrentes do inadimplemento de obrigação contratual, dever-se-á adotar na liquidação, como marco inicial, a citação válida do réu no processo de conhecimento. • REsp 1.374.735-RS. 2014. (Info 545)

DESNECESSIDADE DE AJUIZAMENTO DE AÇÃO PRÓPRIA PARA DISCUTIR REMUNERAÇÃO DOS DEPÓSITOS JUDICIAIS. RECURSO REPETITIVO.

STJ A discussão quanto à aplicação de juros e correção monetária nos depósitos judiciais independe de ação específica contra o banco depositário. • REsp 1.360.212-SP. 2014. (Info 543)

APLICABILIDADE DOS ÍNDICES DE DEFLAÇÃO NA CORREÇÃO MONETÁRIA DE CRÉDITO ORIUNDO DE TÍTULO EXECUTIVO JUDICIAL. RECURSO REPETITIVO.

STJ Aplicam-se os índices de deflação na correção monetária de crédito oriundo de título executivo judicial, preservado o seu valor nominal. • REsp 1.361.191-RS. 2014. (Info 543)

CUMULAÇÃO DE DIVIDENDOS E JUROS SOBRE CAPITAL PRÓPRIO EM AÇÃO POR COMPLEMENTAÇÃO DE AÇÕES DE TELEFÔNICAS. RECURSO REPETITIVO.

STJ É cabível a cumulação de dividendos e juros sobre capital próprio nas demandas por complementação de ações de empresas de telefonia. • REsp 1.373.438-RS. 2014. (Info 542)

PAGAMENTO DE DIVIDENDOS E JUROS SOBRE CAPITAL PRÓPRIO COMO PEDIDOS IMPLÍCITOS. RECURSO REPETITIVO.

STJ Nas demandas por complementação de ações de empresas de telefonia, admite-se a condenação ao pagamento de dividendos e juros sobre capital próprio independentemente de pedido expresso. • REsp 1.373.438-RS. 2014. (Info 542)

IMPOSSIBILIDADE DE PAGAMENTO DE DIVIDENDOS E JUROS SOBRE CAPITAL PRÓPRIO NÃO PREVISTOS NO TÍTULO EXECUTIVO. RECURSO REPETITIVO.

STJ Não é cabível a inclusão dos dividendos ou dos juros sobre capital próprio no cumprimento da sentença condenatória à complementação de ações sem expressa previsão no título executivo. • REsp 1.373.438-RS. 2014. (Info 542)

INCIDÊNCIA DE CORREÇÃO MONETÁRIA, INCLUÍDOS EXPURGOS INFLACIONÁRIOS, E JUROS NA COMPLEMENTAÇÃO DE TDA.

STJ Em desapropriação para fins de reforma agrária, é possível a incidência de juros e de correção monetária, com a inclusão dos expurgos inflacionários, no cálculo de complementação de título da dívida agrária (TDA). • AgRg no REsp 1.293.895-MG. 2014. (Info 535)

▼ TRANSAÇÃO JUDICIAL

TRANSAÇÃO JUDICIAL APÓS PUBLICAÇÃO DO ACÓRDÃO.

STJ A publicação do acórdão que decide a lide não impede que as partes transacionem o objeto do litígio. • REsp 1.267.525-DF. 2015. (Info 572)

MANUTENÇÃO DA GARANTIA SECURITÁRIA APESAR DE TRANSAÇÃO JUDICIAL REALIZADA ENTRE SEGURADO E TERCEIRO PREJUDICADO.

STJ No seguro de responsabilidade civil de veículo, não perde o direito à indenização o segurado que, de boa-fé e com probidade, realize, sem anuência da seguradora, transação judicial com a vítima do acidente de trânsito (terceiro prejudicado), desde que não haja prejuízo efetivo à seguradora. • REsp 1.133.459-RS. 2014. (Info 548)

EXECUÇÃO DE HONORÁRIOS ADVOCATÍCIOS SUCUMBENCIAIS NO CASO DE TRANSAÇÃO ENTRE AS PARTES NA FASE DE EXECUÇÃO.

STJ Na hipótese de transação realizada pelas partes em sede de execução de sentença, envolvendo os honorários sucumbenciais dos respectivos patronos e sem a anuência do advogado substabelecido com reserva de poderes, esse pode executar a verba em face da parte vencida. • REsp 1.068.355-PR. 2014. (Info 533)

▼ RECURSOS - REGRAS GERAIS

PROTOCOLIZAÇÃO EM SETOR INDEVIDO E TEMPESTIVIDADE.

STF O recebimento de recurso em setor indevido não poderá dar ensejo à declaração de intempestividade, caso este tenha sido protocolizado dentro do prazo assinado em lei. • RE 755613 AgR-ED/ES . 2015. (Info 800)

ED: INTERPOSIÇÃO ANTES DA PUBLICAÇÃO DO ACÓRDÃO E ADMISSIBILIDADE.

STF Admite-se a interposição de embargos declaratórios oferecidos antes da publicação do acórdão embargado e dentro do prazo recursal. • AI 703269 AgR-ED-ED-EDv-ED. 2015. (Info 776)

INCONSTITUCIONALIDADE DE LEI E DECISÃO MONOCRÁTICA.

STF É possível o julgamento de recurso extraordinário por decisão monocrática do relator nas hipóteses oriundas de ação de controle concentrado de constitucionalidade em âmbito estadual de dispositivo de reprodução obrigatória, quando a decisão impugnada refletir pacífica jurisprudência do STF sobre o tema. • RE 376440 ED. 2014. (Info 759)

RE INTERPOSTO DE REPRESENTAÇÃO DE INCONSTITUCIONALIDADE E PRAZO EM DOBRO.

STF A Fazenda Pública possui prazo em dobro para interpor recurso extraordinário de acórdão proferido em sede de representação de inconstitucionalidade (CF, art. 125, § 2º). • ARE 661288. 2014. (Info 745)

ED: REPERCUSSÃO GERAL E ART. 543-B DO CPC.

STF O Plenário do STF, em deliberação presencial, pode não conhecer de recurso extraordinário ao fundamento de tratar-se de matéria de índole infraconstitucional, ainda que tenha reconhecido, anteriormente, a existência de repercussão geral por meio do Plenário Virtual. • RE 607607 ED. 2013. (Info 722)

LIMITES DO JULGAMENTO SUBMETIDO AO RITO DO ART. 543-C DO CPC.

STJ Em julgamentos submetidos ao rito do art. 534-C do CPC, cabe ao STJ traçar as linhas gerais acerca da tese aprovada, descabendo a inserção de soluções episódicas ou exceções que porventura possam surgir em outros indetermináveis casos, sob pena de se ter de redigir verdadeiros tratados sobre todos os temas conexos ao objeto do recurso. • EDcl no REsp 1.124.552-RS. 2015. (Info 562)

IMPOSSIBILIDADE DE PRORROGAÇÃO DO TERMO INICIAL DE PRAZO RECURSAL DIANTE DE ENCERRAMENTO PREMATURO DO EXPEDIENTE FORENSE.

STJ O disposto no art. 184, § 1º, II, do CPC - que trata da possibilidade de prorrogação do prazo recursal em caso de encerramento prematuro do expediente forense - aplica-se quando o referido encerramento tiver ocorrido no termo final para interposição do recurso, e não no termo inicial. • EAREsp 185.695-PB. 2015. (Info 557)

INADMISSIBILIDADE DA UTILIZAÇÃO DE ASSINATURA DIGITALIZADA PARA INTERPOR RECURSO.

STJ Não se admite o recurso interposto mediante aposição de assinatura digitalizada do advogado. • REsp 1.442.887-BA. 2014. (Info 541)

JURISPRUDÊNCIA DOMINANTE PARA FINS DE JULGAMENTO MONOCRÁTICO DE RECURSO.

STJ Não há ofensa ao art. 557 do CPC quando o Relator nega seguimento a recurso com base em orientação reiterada e uniforme do órgão colegiado que integra, ainda que sobre o tema não existam precedentes de outro órgão colegiado - do mesmo Tribunal - igualmente competente para o julgamento da questão recorrida. • AgRg no REsp 1.423.160-RS. 2014. (Info 539)

INAPLICABILIDADE DO PRINCÍPIO DA FUNGIBILIDADE RECURSAL.

STJ É inviável o conhecimento de apelação interposta contra decisão que resolva incidentalmente a questão da alienação parental. • REsp 1.330.172-MS. 2014. (Info 538)

JUNTADA DE DOCUMENTOS EM SEDE DE APELAÇÃO.

STJ Em sede de apelação, é possível a juntada de documentos que não sejam indispensáveis à propositura da ação, desde que garantido o contraditório e ausente qualquer indício de má-fé. • REsp 1.176.440-RO. 2013. (Info 533)

TEORIA DA CAUSA MADURA.

STJ No exame de apelação interposta contra sentença que tenha julgado o processo sem resolução de mérito, o Tribunal pode julgar desde logo a lide, mediante a aplicação do procedimento previsto no art. 515, § 3º, do CPC, na hipótese em que não houver necessidade de produção de provas (causa madura), ainda que, para a análise do recurso, seja inevitável a apreciação do acervo probatório contido nos autos. • EREsp 874.507-SC. 2013. (Info 528)

▼ RECURSO ESPECIAL

TRÂMITE DO AGRAVO EM RECURSO ESPECIAL INTERPOSTO CONTRA DECISÃO FUNDAMENTADA NO ART. 543-C, § 7°, I, DO CPC.

STJ Na hipótese em que for interposto agravo em recurso especial (art. 544 do CPC) contra decisão que nega seguimento a recurso especial com base no art. 543-C, § 7°, I, do CPC, o STJ remeterá o agravo do art. 544 do CPC ao Tribunal de origem para sua apreciação como agravo interno. • AgRg no AREsp 260.033-PR. 2015. (Info 569)

CONHECIMENTO PELO STJ DE RESP EM PARTE INADMITIDO NA ORIGEM.

STJ O recurso especial que foi em parte admitido pelo Tribunal de origem pode ser conhecido pelo STJ na totalidade, ainda que à parte inadmitida tenha sido aplicado o art. 543-C, § 7º, I, do CPC e o recorrente não tenha interposto agravo regimental na origem para combater essa aplicação. • AgRg no REsp 1.472.853-SC. 2015. (Info 567)

UTILIZAÇÃO DE GRU SIMPLES PARA O PREPARO DE RECURSO ESPECIAL.

STJ O recolhimento do valor correspondente ao porte de remessa e de retorno por meio de GRU Simples, enquanto resolução do STJ exigia que fosse realizado por meio de GRU Cobrança, não implica a deserção do recurso se corretamente indicados na guia o STJ como unidade de destino, o nome e o CNPJ do recorrente e o número do processo. • REsp 1.498.623-RJ. 2015. (Info 557)

CABIMENTO DE RECURSO ESPECIAL SOB ALEGAÇÃO DE OFENSA A DIREITO ADQUIRIDO E ATO JURÍDICO PERFEITO.

STJ Cabe recurso especial - e não recurso extraordinário - para examinar se ofende o art. 6º da Lei de Introdução às normas do Direito Brasileiro (LINDB) a interpretação feita pelo acórdão recorrido dos conceitos legais de direito adquirido e de ato jurídico perfeito a qual ensejou a aplicação de lei nova a situação jurídica já constituída quando de sua edição. REsp 1.124.859-MG. 2014. (Info 552)

EXAME MERITÓRIO PELO STJ EM SEDE RECURSAL E LIMITES SUBJETIVOS DA CAUSA.

STJ O simples fato de a causa ter sido submetida à apreciação do STJ, por meio de recurso especial, não tem a aptidão para conferir alcance nacional à sentença proferida em ação civil pública. • REsp 1.114.035-PR. 2014. (Info 552)

EMBARGOS DE DECLARAÇÃO CONTRA DECISÃO QUE NEGA SEGUIMENTO AO RESP DE MANEIRA GENÉRICA.

STJ Os embargos de declaração opostos em face de decisão do Tribunal de origem que nega seguimento a recurso especial podem, excepcionalmente, interromper o prazo recursal quando a decisão embargada for tão genérica que sequer permita a interposição de agravo (art. 544 do CPC). • EAREsp 275.615-SP. 2014. (Info 537)

EFEITOS SOBRE O PROCESSAMENTO DE RESP NA PENDÊNCIA DE JULGAMENTO NO STF.

STJ Não enseja o sobrestamento do recurso especial a pendência de julgamento no STF sobre a modulação dos efeitos de decisão proferida em ação direta de inconstitucionalidade. AgRg no AREsp 18.272-SP. 2014. (Info 535)

▼ AGRAVO DE INSTRUMENTO E REGIMENTAL

ED: CONVERSÃO EM REGIMENTAL E MULTA

STF É possível a aplicação da multa prevista no art. 557, § 2º, do CPC ("§ 2º Quando manifestamente inadmissível ou infundado o agravo, o tribunal condenará o agravante a pagar ao agravado multa entre um e dez por cento do valor corrigido da causa, ficando a interposição de qualquer outro recurso condicionada ao depósito do respectivo valor") nas hipóteses de conversão de embargos declaratórios em agravo regimental. • RE 501726 ED. 2013. (Info 709)

POSSIBILIDADE DE APLICAÇÃO DA TEORIA DA CAUSA MADURA EM JULGAMENTO DE AGRAVO DE INSTRUMENTO.

STJ Admite-se a aplicação da teoria da causa madura (art. 515, § 3º, do CPC/1973) em julgamento de agravo de instrumento. • REsp 1.215.368-ES‹2016. (Info 590)

COMPROVAÇÃO DA TEMPESTIVIDADE DO AGRAVO DE INSTRUMENTO MEDIANTE APRESENTAÇÃO DE CERTIDÃO DE VISTA PESSOAL DA FAZENDA NACIONAL. RECURSO REPETITIVO.

STJ O termo de abertura de vista e remessa dos autos à Fazenda Nacional substitui, para efeito de demonstração da tempestividade do agravo de instrumento (art. 522 do CPC) por ela interposto, a apresentação de certidão de intimação da decisão agravada (art. 525, I, do CPC). • REsp 1.383.500-SP. 2016. (Info 577)

APLICAÇÃO DO PRINCÍPIO DA FUNGIBILIDADE A RECURSO EM AÇÃO DE IMPROBIDADE ADMINISTRATIVA.

STJ Pode ser conhecida a apelação que, sem má-fé e em prazo compatível com o previsto para o agravo de instrumento, foi interposta contra decisão que, em juízo prévio de admissibilidade em ação de improbidade administrativa, reconheceu a ilegitimidade passiva ad causam de alguns dos réus. • AgRg no REsp 1.305.905-DF. 2016. (Info 574)

PERDA DO OBJETO DE AGRAVO DE INSTRUMENTO INTERPOSTO CONTRA DECISÃO PROFERIDA EM ANTECIPAÇÃO DE TUTELA.

STJ A superveniência de sentença de mérito implica a perda do objeto de agravo de instrumento interposto contra decisão anteriormente proferida em tutela antecipada. • EAREsp 488.188-SP. 2015. (Info 573)

FALTA DE CITAÇÃO E MANIFESTAÇÃO DO RÉU EM AGRAVO DE INSTRUMENTO.

STJ Não supre a falta de citação em ação revisional de alimentos o comparecimento do réu para contraminutar agravo de instrumentos contra decisão denegatória de tutela antecipada, sem que haja qualquer pronunciamento na ação principal por parte do demandado. • REsp 1.310.704-MS. 2015. (Info 573)

POSSIBILIDADE DE SE CONHECER DE AGRAVO DE INSTRUMENTO NÃO INSTRUÍDO COM A CERTIDÃO DE INTIMAÇÃO DA DECISÃO AGRAVADA.

STJ O termo de abertura de vista e remessa dos autos à Fazenda Nacional substitui, para efeito de demonstração da tempestividade do agravo de instrumento (art. 522 do CPC) por ela interposto, a apresentação de certidão de intimação da decisão agravada (art. 525, I, do CPC). • REsp 1.376.656-SP. 2015. (Info 554)

CONHECIMENTO DE AGRAVO DE INSTRUMENTO NÃO INSTRUÍDO COM CÓPIA DA CERTIDÃO DE INTIMAÇÃO DA DECISÃO AGRAVADA. RECURSO REPETITIVO.

STJ A ausência da cópia da certidão de intimação da decisão agravada não é óbice ao conhecimento do agravo de instrumento quando, por outros meios inequívocos, for possível aferir a tempestividade do recurso, em atendimento ao princípio da instrumentalidade das formas. • REsp 1.409.357-SC. 2014. (Info 541)

INAPLICABILIDADE DO RECURSO ESPECIAL CONTRA ACÓRDÃO QUE INDEFERE EFEITO SUSPENSIVO AO AGRAVO DE INSTRUMENTO.

STJ Não cabe recurso especial contra acórdão que indefere a atribuição de efeito suspensivo a agravo de instrumento. • REsp 1.289.317-DF. 2014. (Info 541)

▼ RECURSO ADESIVO

RECURSO ADESIVO PARA MAJORAR QUANTIA INDENIZATÓRIA DECORRENTE DE DANO MORAL. RECURSO REPETITIVO.

STJ O recurso adesivo pode ser interposto pelo autor da demanda indenizatória, julgada procedente, quando arbitrado, a título de danos morais, valor inferior ao que era almejado, uma vez configurado o interesse recursal do demandante em ver majorada a condenação, hipótese caracterizadora de sucumbência material. • REsp 1.102.479-RJ. 2015. (Info 562)

IMPOSSIBILIDADE DE DESISTÊNCIA DO RECURSO PRINCIPAL APÓS A CONCESSÃO DE ANTECIPAÇÃO DOS EFEITOS DA TUTELA EM SEDE DE RECURSO ADESIVO.

STJ Concedida antecipação dos efeitos da tutela em recurso adesivo, não se admite a desistência do recurso principal de apelação, ainda que a petição de desistência tenha sido apresentada antes do julgamento dos recursos. • REsp 1.285.405-SP. 2014. (Info 554)

▼ OUTROS TEMAS

REDISCUSSÃO DE REPERCUSSÃO GERAL EM PLENÁRIO FÍSICO

STF O reconhecimento da repercussão geral no Plenário Virtual não impede sua rediscussão no Plenário físico, notadamente, quando tal reconhecimento tenha ocorrido por falta de manifestações suficientes. • RE 584247/RR. 2016. (Info 845)

EXECUÇÃO DE MULTA APLICADA POR TRIBUNAL DE CONTAS ESTADUAL A AGENTE POLÍTICO MUNICIPAL E LEGITIMIDADE.

STF O estado-membro não tem legitimidade para promover execução judicial para cobrança de multa imposta por Tribunal de Contas estadual à autoridade municipal, uma vez que a titularidade do crédito é do próprio ente público prejudicado, a quem compete a cobrança, por meio de seus representantes judiciais. • RE 580943 AgR. 2013. (Info 711)

JUIZADOS ESPECIAIS FEDERAIS E INTIMAÇÃO PESSOAL.

STF A regra prevista no art. 17 da Lei 10.910/04 ("Nos processos em que atuem em razão das atribuições de seus cargos, os ocupantes dos cargos das carreiras de Procurador Federal e de Procurador do Banco Central do Brasil serão intimados e notificados pessoalmente") não se aplica a procuradores federais que atuam no âmbito dos Juizados Especiais Federais. • ARE 648629. 2013. (Info 703)

VALIDADE DE CLÁUSULA ARBITRAL QUE RESERVE A SOLUÇÃO DE DETERMINADAS SITUAÇÕES PARA A VIA JUDICIAL.

STJ É válida a cláusula compromissória que excepcione do juízo arbitral certas situações especiais a serem submetidas ao Poder Judiciário. • REsp 1.331.100-BA. 2016. (Info 577)

ARGUIÇÃO DE COMPENSAÇÃO EM CONTESTAÇÃO.

STJ A compensação de dívida pode ser alegada em contestação. • REsp 1.524.730-MG. 2015. (Info 567)

HIPÓTESE EM QUE NÃO SE EXIGE INTERVENÇÃO DO MP.

STJ O fato de a ré residir com seus filhos menores no imóvel não torna, por si só, obrigatória a intervenção do Ministério Público (MP) em ação de reintegração de posse. • REsp 1.243.425-RS. 2015. (Info 567)

EXECUÇÃO DE TÍTULO EXTRAJUDICIAL QUE CONTENHA CLÁUSULA COMPROMISSÓRIA.

STJ Ainda que possua cláusula compromissória, o contrato assinado pelo devedor e por duas testemunhas pode ser levado a execução judicial relativamente a cláusula de confissão de dívida líquida, certa e exigível. • REsp 1.373.710-MG. 2015. (Info 560)

ATUAÇÃO DA PROCURADORIA-GERAL DA FAZENDA NACIONAL (PGFN) EM CAUSA DE COMPETÊNCIA DA PROCURADORIA-GERAL DA UNIÃO (PGU).

STJ O fato de a PGFN ter atuado em defesa da União em causa não fiscal de atribuição da PGU não justifica, por si só, a invalidação de todos os atos de processo no qual não se evidenciou - e sequer se alegou - qualquer prejuízo ao ente federado, que exercitou plenamente o seu direito ao contraditório e à ampla defesa, mediante oportuna apresentação de diversas teses jurídicas eloquentes e bem articuladas, desde a primeira instância e em todos os momentos processuais apropriados. • REsp 1.037.563-SC. 2015. (Info 554)

PUBLICAÇÃO DE INTIMAÇÃO COM ERRO NA GRAFIA DO SOBRENOME DO ADVOGADO.

STJ Não há nulidade na publicação de ato processual em razão do acréscimo de uma letra ao sobrenome do advogado no caso em que o seu prenome, o nome das partes e o número do processo foram cadastrados corretamente, sobretudo se, mesmo com a existência de erro idêntico nas intimações anteriores, houve observância aos prazos processuais passados, de modo a demonstrar que o erro gráfico não impediu a exata identificação do processo. • EREsp 1.356.168-RS. 2014. (Info 553)

IMPOSSIBILIDADE DE FIXAÇÃO, *EX OFFICIO*, DE INDENIZAÇÃO POR DANOS SOCIAIS EM AÇÃO INDIVIDUAL. RECURSO REPETITIVO.

STJ É nula, por configurar julgamento extra petita, a decisão que condena a parte ré, de ofício, em ação individual, ao pagamento de indenização a título de danos sociais em favor de terceiro estranho à lide. • Rcl 12.062-GO. 2014. (Info 552)

DIREITO PENAL

▼ ARREPENDIMENTO POSTERIOR

ESTELIONATO CONTRA A PREVIDÊNCIA SOCIAL E DEVOLUÇÃO DA VANTAGEM INDEVIDA ANTES DO RECEBIMENTO DA DENÚNCIA.

STJ Não extingue a punibilidade do crime de estelionato previdenciário (art. 171, § 3º, do CP) a devolução à Previdência Social, antes do recebimento da denúncia, da vantagem percebida ilicitamente, podendo a iniciativa, eventualmente, caracterizar arrependimento posterior, previsto no art. 16 do CP. • REsp 1.380.672-SC. 2015. (Info 559)

INAPLICABILIDADE DO ARREPENDIMENTO POSTERIOR AO CRIME DE MOEDA FALSA.

STJ Não se aplica o instituto do arrependimento posterior ao crime de moeda falsa. • REsp 1.242.294-PR. 2015. (Info 554)

COMUNICABILIDADE DO ARREPENDIMENTO POSTERIOR.

STJ Uma vez reparado o dano integralmente por um dos autores do delito, a causa de diminuição de pena do arrependimento posterior, prevista no art. 16 do CP, estende-se aos demais coautores, cabendo ao julgador avaliar a fração de redução a ser aplicada, conforme a atuação de cada agente em relação à reparação efetivada. • REsp 1.187.976-SP. 2013. (Info 531)

▼ COAÇÃO MORAL IRRESISTÍVEL

PORTE DE ARMA DE FOGO POR VIGIA APÓS O HORÁRIO DE EXPEDIENTE.

STJ O fato de o empregador obrigar seu empregado a portar arma de fogo durante o exercício das atribuições de vigia não caracteriza coação moral irresistível (art. 22 do CP) capaz de excluir a culpabilidade do crime de "porte ilegal de arma de fogo de uso permitido" (art. 14 da Lei n. 10.826/2003) atribuído ao empregado que tenha sido flagrado portando, em via pública, arma de fogo, após o término do expediente laboral, no percurso entre o trabalho e a sua residência. • REsp 1.456.633-RS. 2016. (Info 581)

▼ PENAS PRIVATIVAS DE LIBERDADE

EXECUÇÃO DA PENA APÓS CONDENAÇÃO EM SEGUNDA INSTÂNCIA

STF Por maioria, o Plenário do Supremo Tribunal Federal (STF) entendeu que o artigo 283 do Código de Processo Penal (CPP) não impede o início da execução da pena após condenação em segunda instância e indeferiu liminares pleiteadas nas Ações Declaratórias de Constitucionalidade (ADCs) 43 e 44 . 2016. (Info 841)

SUBSTITUIÇÃO DE PENA E LESÃO CORPORAL PRATICADA EM AMBIENTE DOMÉSTICO.

STF Não é possível a substituição de pena privativa de liberdade por restritiva de direitos ao condenado pela prática do crime de lesão corporal praticado em ambiente doméstico (CP, art. 129, § 9º, na redação dada pela Lei 11.340/2006). • HC 129446/MS, . 2015. (Info 804)

CRIME COMETIDO COM VIOLÊNCIA E SUBSTITUIÇÃO DE PENA

STF Não cabe a substituição de pena privativa de liberdade por restritiva de direito quando o crime for cometido com violência. • HC 114703. 2013. (Info 702)

REMIÇÃO DE PENA POR LEITURA E RESENHA DE LIVROS.

STJ O fato de o estabelecimento penal assegurar acesso a atividades laborais e a educação formal não impede a remição por leitura e resenha de livros. • HC 353.689-SP. 2016. (Info 587)

IMPOSSIBILIDADE DE RECONVERSÃO DE PENA A PEDIDO DO SENTENCIADO.

STJ Não é possível, em razão de pedido feito por condenado que sequer iniciou o cumprimento da pena, a reconversão de pena de prestação de serviços à comunidade e de prestação pecuniária (restritivas de direitos) em pena privativa de liberdade a ser cumprida em regime aberto. • REsp 1.524.484-PE. 2016. (Info 584)

SISTEMA VICARIANTE E IMPOSSIBILIDADE DE CONVERSÃO DE PENA PRIVATIVA DE LIBERDADE EM MEDIDA DE SEGURANÇA POR FATOS DIVERSOS.

STJ Durante o cumprimento de pena privativa de liberdade, o fato de ter sido imposta ao réu, em outra ação penal, medida de segurança referente a fato diverso não impõe a conversão da pena privativa de liberdade que estava sendo executada em medida de segurança. • HC 275.635-SP. 2016. (Info 579)

INDULTO E DETRAÇÃO.

STJ O período compreendido entre a publicação do decreto concessivo de indulto pleno e a decisão judicial que reconheça o benefício não pode ser subtraído na conta de liquidação das novas execuções penais, mesmo que estas se refiram a condenações por fatos anteriores ao decreto indulgente. • REsp 1.557.408-DF. 2016. (Info 577)

EXTINÇÃO DA PUNIBILIDADE INDEPENDENTEMENTE DO ADIMPLEMENTO DA PENA DE MULTA. RECURSO REPETITIVO.

STJ Nos casos em que haja condenação a pena privativa de liberdade e multa, cumprida a primeira (ou a restritiva de direitos que eventualmente a tenha substituído), o inadimplemento da sanção pecuniária não obsta o reconhecimento da extinção da punibilidade. • REsp 1.519.777-SP. 2015. (Info 568)

SUBSTITUIÇÃO DE PENA E CRIMES MILITARES.

STJ Não cabe substituir por pena restritiva de direitos, com fundamento no art. 44 do CP, a pena privativa de liberdade aplicada aos crimes militares. • HC 286.802-RJ. 2015. (Info 551)

NECESSIDADE DE FUNDAMENTAÇÃO DA SENTENÇA PENAL QUE DETERMINE A PERDA DO CARGO PÚBLICO.

STJ A determinação da perda de cargo público fundada na aplicação de pena privativa de liberdade superior a 4 anos (art. 92, I, b, do CP) pressupõe fundamentação concreta que justifique o cabimento da medida. • REsp 1.044.866-MG. 2015. (Info 549)

SUBSTITUIÇÃO DA PENA NO CRIME DE TRÁFICO DE DROGAS.

STJ O fato de o tráfico de drogas ser praticado com o intuito de introduzir substâncias ilícitas em estabelecimento prisional não impede, por si só, a substituição da pena privativa de liberdade por restritivas de direitos, devendo essa circunstância ser ponderada com os requisitos necessários para a concessão do benefício. • AgRg no REsp 1.359.941-DF. 2014. (Info 536)

▼ LIVRAMENTO CONDICIONAL

TRÁFICO PRIVILEGIADO E CRIME HEDIONDO.

STF O crime de tráfico privilegiado de drogas não tem natureza hedionda. Por conseguinte, não são exigíveis requisitos mais severos para o livramento condicional (Lei 11.343/2006, art. 44, parágrafo único) e tampouco incide a vedação à progressão de regime (Lei 8.072/1990, art. 2º, § 2º) para os casos em que aplicada a causa de diminuição prevista no art. 33, §4°, Lei 11.343/2006. • HC 118533/MS . 2016. (Info 831)

LIVRAMENTO CONDICIONAL NO CRIME DE ASSOCIAÇÃO PARA O TRÁFICO.

STJ O condenado por associação para o tráfico (art. 35 da Lei 11.343/2006), caso não seja reincidente específico, deve cumprir 2/3 da pena para fazer jus ao livramento condicional. • HC 311.656-RJ. 2015. (Info 568)

PRÁTICA DE FALTA GRAVE E LIVRAMENTO CONDICIONAL. RECURSO REPETITIVO.

STJ A prática de falta grave não interrompe o prazo para a obtenção de livramento condicional. • REsp 1.364.192-RS. 2015. (Info 546)

PRÁTICA DE CRIME DURANTE LIVRAMENTO CONDICIONAL.

STJ O cometimento de crime durante o período de prova do livramento condicional não implica a perda dos dias remidos. • HC 271.907-SP. 2014. (Info 539)

CONDIÇÃO SUBJETIVA PARA LIVRAMENTO CONDICIONAL.

STJ Para a concessão de livramento condicional, a avaliação da satisfatoriedade do comportamento do executado não pode ser limitada a um período absoluto e curto de tempo. • REsp 1.325.182-DF. 2014. (Info 535)

▼ MAUS ANTECEDENTES

PRESUNÇÃO DE INOCÊNCIA E ELIMINAÇÃO DE CONCURSO PÚBLICO. REPERCUSSÃO GERAL.

STF Como regra geral, a simples existência de inquéritos ou processos penais em curso não autoriza a eliminação de candidatos em concursos públicos, o que pressupõe: (i) condenação por órgão colegiado ou definitiva; e (ii) relação de incompatibilidade entre a natureza do crime em questão e as atribuições do cargo concretamente pretendido, a ser demonstrada de forma motivada por decisão da autoridade competente. A lei pode instituir, no entanto, requisitos mais rigorosos para determinados cargos, em razão da relevância das atribuições envolvidas, como é o caso, por exemplo, das carreiras da magistratura, das funções essenciais à justiça e da segurança pública (CRFB/1988, art. 144), sendo vedada, em qualquer caso, a valoração negativa de simples processo em andamento, salvo situações excepcionalíssimas e de indiscutível gravidade. As duas proposições acima correspondem às teses do presente julgado, para fins de repercussão geral. Por se tratar de mudança de jurisprudência, a orientação ora firmada não se aplica a certames já realizados e que não tenham sido objeto de impugnação até a data do presente julgamento. • HC - 130883. 2016. (Info 828)

ART. 64, I, DO CP E MAUS ANTECEDENTES

STF A existência de condenação anterior, ocorrida em prazo superior a cinco anos, contado da extinção da pena, não pode ser considerada como maus antecedentes. • HC 119200. 2014. (Info 735)

POSSIBILIDADE DE DESCONSIDERAR CONDENAÇÕES ANTERIORES PARA FINS DE MAUS ANTECEDENTES.

STJ Mostrou-se possível a aplicação da minorante prevista no § 4º do art. 33 da Lei n. 11.343/2006 em relação a réu que, apesar de ser tecnicamente primário ao praticar o crime de tráfico, ostentava duas condenações (a primeira por receptação culposa e a segunda em razão de furto qualificado pelo concurso de pessoas) cujas penas foram aplicadas no mínimo legal para ambos os delitos anteriores (respectivamente, 1 mês em regime fechado e 2 anos em regime aberto, havendo sido concedido *sursis* por 2 anos), os quais foram perpetrados sem violência ou grave ameaça contra pessoa, considerando-se ainda, para afastar os maus antecedentes, o fato de que, até a data da prática do crime de tráfico de drogas, passaram mais de 8 anos da extinção da punibilidade do primeiro crime e da baixa dos autos do segundo crime, sem que tenha havido a notícia de condenação do réu por qualquer outro delito, de que ele se dedicava a atividades delituosas ou de que integrava organização criminosa. • REsp 1.160.440-MG. 2016. (Info 580)

NÃO CARACTERIZAÇÃO DE ATENUANTE INOMINADA.

STJ Não caracteriza circunstância relevante anterior ao crime (art. 66 do CP) o fato de o condenado possuir bons antecedentes criminais. • REsp 1.405.989-SP. 2015. (Info 569)

▼ REINCIDÊNCIA

REINCIDÊNCIA E RECEPÇÃO PELA CF/88

STF É constitucional a aplicação da reincidência como agravante da pena em processos criminais (CP, art. 61, I). • RE 453000. 2013. (Info 700)

INFLUÊNCIA DA REINCIDÊNCIA NO CÁLCULO DE BENEFÍCIOS NO DECORRER DA EXECUÇÃO PENAL.

STJ Na definição do requisito objetivo para a concessão de livramento condicional, a condição de reincidente em crime doloso deve incidir sobre a somatória das penas impostas ao condenado, ainda que a agravante da reincidência não tenha sido reconhecida pelo juízo sentenciante em algumas das condenações. • HC 307.180-RS. 2015. (Info 561)

COMPENSAÇÃO ENTRE REINCIDÊNCIA E CONFISSÃO ESPONTÂNEA.

STJ Tratando-se de réu multirreincidente, não é possível promover a compensação entre a atenuante da confissão espontânea e a agravante da reincidência. • AgRg no REsp 1.424.247-DF. 2015. (Info 555)

REINCIDÊNCIA DECORRENTE DE CONDENAÇÃO POR PORTE DE DROGAS PARA CONSUMO PRÓPRIO.

STJ A condenação por porte de drogas para consumo próprio (art. 28 da Lei 11.343/2006) transitada em julgado gera reincidência. • HC 275.126-SP. 2015. (Info 549)

COMPENSAÇÃO DA ATENUANTE DA CONFISSÃO ESPONTÂNEA COM A AGRAVANTE DA REINCIDÊNCIA. RECURSO REPETITIVO.

STJ É possível, na segunda fase da dosimetria da pena, a compensação da atenuante da confissão espontânea com a agravante da reincidência. • REsp 1.341.370-MT. 2013. (Info 522)

▼ CONFISSÃO

EMPREGO DA CONFISSÃO QUALIFICADA COMO ATENUANTE.

STJ A confissão, mesmo que qualificada, dá ensejo à incidência da atenuante prevista no art. 65, III, *d*, do CP, quando utilizada para corroborar o acervo probatório e fundamentar a condenação. • EREsp 1.416.247-GO. 2016. (Info 586)

COMPENSAÇÃO DA ATENUANTE DA CONFISSÃO ESPONTÂNEA COM A AGRAVANTE DA PROMESSA DE RECOMPENSA.

STJ É possível compensar a atenuante da confissão espontânea (art. 65, III, "d", do CP) com a agravante da promessa de recompensa (art. 62, IV). • HC 318.594-SP. 2016. (Info 579)

INCIDÊNCIA DA ATENUANTE DA CONFISSÃO ESPONTÂNEA.

STJ O fato de o denunciado por furto qualificado pelo rompimento de obstáculo ter confessado a subtração do bem, apesar de ter negado o arrombamento, é circunstância suficiente para a incidência da atenuante da confissão espontânea (art. 65, III, "d", do CP). • HC 328.021-SC. 2015. (Info 570)

NÃO INCIDÊNCIA DA ATENUANTE DA CONFISSÃO ESPONTÂNEA.

STJ O fato de o denunciado por roubo ter confessado a subtração do bem, negando, porém, o emprego de violência ou grave ameaça, é circunstância que não enseja a aplicação da atenuante da confissão espontânea (art. 65, III, "d", do CP). • HC 301.063-SP. 2015. (Info 569)

COMPENSAÇÃO ENTRE A ATENUANTE DA CONFISSÃO ESPONTÂNEA E A AGRAVANTE DE VIOLÊNCIA CONTRA A MULHER.

STJ Compensa-se a atenuante da confissão espontânea (art. 65, III, "d", do CP) com a agravante de ter sido o crime praticado com violência contra a mulher (art. 61, II, "f", do CP). • AgRg no AREsp 689.064-RJ. 2015. (Info 568)

CONFISSÃO QUALIFICADA.

STJ A confissão qualificada - aquela na qual o agente agrega teses defensivas discriminantes ou exculpantes -, quando efetivamente utilizada como elemento de convicção, enseja a aplicação da atenuante prevista na alínea d do inciso III do artigo 65 do CP. • AgRg no REsp 1.198.354-ES. 2015. (Info 551)

▼ PRESCRIÇÃO

PRESCRIÇÃO: CONDENADO COM MAIS DE 70 ANOS E SENTENÇA CONDENATÓRIA

STF A prescrição da pretensão punitiva de condenado com mais de 70 anos se consuma com a prolação da sentença e não com o trânsito em julgado, conforme estatui o art. 115 do CP ["Art. 115 - São reduzidos de metade os prazos de prescrição quando o criminoso era, ao tempo do crime, menor de 21 (vinte e um) anos, ou, na data da sentença, maior de 70 (setenta) anos"]. Com base nesse entendimento, a Primeira Turma denegou a ordem de "habeas corpus" em que se discutia a extinção da punibilidade de paciente que completara 70 anos após a sentença condenatória, porém, antes do trânsito em julgado. • HC 129696/SP. 2016. (Info 822)

PRAZO PRESCRICIONAL E SUSPENSÃO CONDICIONAL DA PENA

STF Durante a suspensão condicional da pena, não corre prazo prescricional (CP, art. 77 c/c o art. 112). • Ext 1254. 2014. (Info 744)

PRESCRIÇÃO TRIBUTÁRIA EM EXECUÇÃO FISCAL E TRANCAMENTO DA AÇÃO PENAL POR CRIME MATERIAL CONTRA A ORDEM TRIBUTÁRIA.

STJ O reconhecimento de prescrição tributária em execução fiscal não é capaz de justificar o trancamento de ação penal referente aos crimes contra a ordem tributária previstos nos incisos II e IV do art. 1º da Lei n. 8.137/1990. • RHC 67.771-MG. 2016. (Info 579)

INTERRUPÇÃO DE PRESCRIÇÃO DE PRETENSÃO PUNITIVA EM CRIMES CONEXOS.

STJ No caso de crimes conexos que sejam objeto do mesmo processo, havendo sentença condenatória para um dos crimes e acórdão condenatório para o outro delito, tem-se que a prescrição da pretensão punitiva de ambos é interrompida a cada provimento jurisdicional (art. 117, § 1º, do CP). • RHC 40.177-PR. 2015. (Info 568)

EFEITOS DA SUSPENSÃO DA EXIGIBILIDADE DE CRÉDITO TRIBUTÁRIO NA PRESCRIÇÃO DA PRETENSÃO PUNITIVA.

STJ A prescrição da pretensão punitiva do crime de apropriação indébita previdenciária (art. 168-A do CP) permanece suspensa enquanto a exigibilidade do crédito tributário estiver suspensa em razão de decisão de antecipação dos efeitos da tutela no juízo cível. • RHC 51.596-SP. 2015. (Info 556)

RECEBIMENTO DE DENÚNCIA POR AUTORIDADE INCOMPETENTE E PRESCRIÇÃO.

STJ Quando a autoridade que receber a denúncia for incompetente em razão de prerrogativa de foro do réu, o recebimento da peça acusatória será ato absolutamente nulo e, portanto, não interromperá a prescrição. • APn 295-RR. 2015. (Info 555)

PRESCRIÇÃO DE MEDIDA DE SEGURANÇA.

STJ A prescrição da medida de segurança imposta em sentença absolutória imprópria é regulada pela pena máxima abstratamente prevista para o delito. • RHC 39.920-RJ. 2014. (Info 535)

PENAS ACESSÓRIAS PARA CRIMES DE RESPONSABILIDADE DE PREFEITO FRENTE À PRESCRIÇÃO.

STJ Ocorrida a prescrição da pretensão punitiva de crime de responsabilidade de prefeito municipal, não podem ser aplicadas as penas de perda de cargo e de inabilitação para o exercício de cargo ou função pública previstas no § 2º do art. 1º do Decreto-lei 201/1967. • AgRg no REsp 1.381.728-SC. 2014. (Info 533)

TERMO INICIAL DA PRESCRIÇÃO DA PRETENSÃO EXECUTÓRIA.

STJ O termo inicial da prescrição da pretensão executória é a data do trânsito em julgado da sentença condenatória para a acusação, ainda que pendente de apreciação recurso interposto pela defesa que, em face do princípio da presunção de inocência, impeça a execução da pena. • HC 254.080-SC. 2014. (Info 532)

PRESCRIÇÃO DA PRETENSÃO EXECUTÓRIA.

STJ A possibilidade de ocorrência da prescrição da pretensão executória surge somente com o trânsito em julgado da condenação para ambas as partes. • HC 254.080-SC. 2014. (Info 532)

RECONHECIMENTO DA PRESCRIÇÃO ENQUANTO NÃO HOUVER TRÂNSITO EM JULGADO PARA AMBAS AS PARTES.

STJ Deve ser reconhecida a extinção da punibilidade com fundamento na prescrição da pretensão punitiva, e não com base na prescrição da pretensão executória, na hipótese em que os prazos correspondentes a ambas as espécies de prescrição tiverem decorrido quando ainda pendente de julgamento agravo interposto tempestivamente em face de decisão que tenha negado, na origem, seguimento a recurso especial ou extraordinário. • REsp 1.255.240-DF. 2014. (Info 532)

MARCO INTERRUPTIVO DA PRESCRIÇÃO DA PRETENSÃO PUNITIVA.

STJ Para efeito de configuração do marco interruptivo do prazo prescricional a que se refere o art. 117, IV, do CP, considera-se como publicado o "acórdão condenatório recorrível" na data da sessão pública de julgamento, e não na data de sua veiculação no Diário da Justiça ou em meio de comunicação congênere. • HC 233.594-SP. 2013. (Info 521)

▼ ATIPICIDADE

ATIPICIDADE DA FALSA DECLARAÇÃO DE HIPOSSUFICIÊNCIA PARA OBTENÇÃO DE JUSTIÇA GRATUITA.

STJ É atípica a mera declaração falsa de estado de pobreza realizada com o intuito de obter os benefícios da justiça gratuita. • HC 261.074-MS. 2014. (Info 546)

▼ CAUSA DE AUMENTO DE PENA

INAPLICABILIDADE DA CAUSA DE AUMENTO DESCRITA NO ART. 302, § 1º, I, DO CTB EM VIRTUDE DE CNH VENCIDA.

STJ O fato de o autor de homicídio culposo na direção de veículo automotor estar com a CNH vencida não justifica a aplicação da causa especial de aumento de pena descrita no § 1º, I, do art. 302 do CTB. • HC 226.128-TO. 2016. (Info 581)

APLICAÇÃO DE CAUSA DE AUMENTO DE PENA DA LEI DE DROGAS AO CRIME DE ASSOCIAÇÃO PARA O TRÁFICO DE DROGAS COM CRIANÇA OU ADOLESCENTE.

STJ A participação do menor pode ser considerada para configurar o crime de associação para o tráfico (art. 35) e, ao mesmo tempo, para agravar a pena como causa de aumento do art. 40, VI, da Lei n. 11.343/2006. • HC 250.455-RJ. 2016. (Info 576)

APLICAÇÃO DE CAUSA DE AUMENTO DE PENA DA LEI DE DROGAS ACIMA DO PATAMAR MÍNIMO.

STJ O fato de o agente ter envolvido um menor na prática do tráfico e, ainda, tê-lo retribuído com drogas, para incentivá-lo à traficância ou ao consumo e dependência, justifica a aplicação, em patamar superior ao mínimo, da causa de aumento de pena do art. 40, VI, da Lei n. 11.343/2006, ainda que haja fixação de pena-base no mínimo legal. • HC 250.455-RJ. 2016. (Info 576)

APLICAÇÃO DA MESMA CAUSA DE AUMENTO DE PENA DA LEI DE DROGAS A MAIS DE UM CRIME.

STJ A causa de aumento de pena do art. 40, VI, da Lei n. 11.343/2006 pode ser aplicada tanto para agravar o crime de tráfico de drogas (art. 33) quanto para agravar o de associação para o tráfico (art. 35) praticados no mesmo contexto. • HC 250.455-RJ. 2016. (Info 576)

VENDA DE MEDICAMENTOS VENCIDOS COMO CAUSA DE AUMENTO DE PENA PREVISTA NO ART. 12, III, DA LEI 8.137/1990.

STJ Quando o produto vendido for medicamento vencido, será possível aplicar a causa de aumento prevista no art. 12, III, da Lei n. 8.137/1990 na dosimetria da pena do crime previsto no art. 7º, IX, da mesma Lei ("vender, ter em depósito para vender ou expor à venda ou, de qualquer forma, entregar matéria-prima ou mercadoria, em condições impróprias ao consumo"). • REsp 1.207.442-SC. 2016. (Info 575)

MORTE INSTANTÂNEA DA VÍTIMA E OMISSÃO DE SOCORRO COMO CAUSA DE AUMENTO DE PENA.

STJ No homicídio culposo, a morte instantânea da vítima não afasta a causa de aumento de pena prevista no art. 121, § 4°, do CP - deixar de prestar imediato socorro à vítima -, a não ser que o óbito seja evidente, isto é, perceptível por qualquer pessoa. • HC 269.038-RS. 2015. (Info 554)

CAUSA DE AUMENTO DE PENA PREVISTA NA PRIMEIRA PARTE DO ART. 18, III, DA LEI 6.368/1976.

STJ Com o advento da nova Lei de Tóxicos (Lei 11.343/2006), não subsiste a causa de aumento de pena prevista na primeira parte do art. 18, III, da Lei 6.368/1976, cujo teor previa o concurso eventual de agentes como majorante. • HC 202.760-SP. 2014. (Info 532)

▼ CONTINUIDADE DELITIVA

HIPÓTESE QUE NÃO CARACTERIZA CONTINUIDADE DELITIVA.

STJ Não há continuidade delitiva entre os crimes do art. 6º da Lei 7.492/1986 (Lei dos Crimes contra o Sistema Financeiro Nacional) e os crimes do art. 1º da Lei 9.613/1998 (Lei dos Crimes de "Lavagem" de Dinheiro). • REsp 1.405.989-SP. 2015. (Info 569)

AUMENTO DE PENA NO MÁXIMO PELA CONTINUIDADE DELITIVA EM CRIME SEXUAL.

STJ Constatando-se a ocorrência de diversos crimes sexuais durante longo período de tempo, é possível o aumento da pena pela continuidade delitiva no patamar máximo de 2/3 (art. 71 do CP), ainda que sem a quantificação exata do número de eventos criminosos. • HC 311.146-SP. 2015. (Info 559)

CONTINUIDADE DELITIVA. ROUBO E EXTORSÃO.

STJ Não há continuidade delitiva entre os crimes de roubo e extorsão, ainda que praticados em conjunto. • HC 77.467-SP. 2015. (Info 549)

▼ AGRAVANTES

COMPATIBILIDADE ENTRE A AGRAVANTE DO ART. 62, I, DO CP E A CONDIÇÃO DE MANDANTE DO DELITO.

STJ Em princípio, não é incompatível a incidência da agravante do art. 62, I, do CP ao autor intelectual do delito (mandante). • REsp 1.563.169-DF. 2016. (Info 580)

INCIDÊNCIA DE AGRAVANTE GENÉRICA NO CRIME DE CONCUSSÃO.

STJ Não configura bis in idem a aplicação da agravante genérica prevista no art. 70, II, l, do CPM - incidente nos casos em que o militar pratica o delito estando de serviço - nos crimes de concussão (art. 305 do CPM) praticados em serviço. • HC 286.802-RJ. 2015. (Info 551)

AGRAVANTES NO CRIME DE INTRODUÇÃO DE MOEDA FALSA EM CIRCULAÇÃO.

STJ Nos casos de prática do crime de introdução de moeda falsa em circulação (art. 289, § 1º, do CP), é possível a aplicação das agravantes dispostas nas alíneas "e" e "h" do inciso II do art. 61 do CP, incidentes quando o delito é cometido "contra ascendente, descendente, irmão ou cônjuge" ou "contra criança, maior de 60 (sessenta) anos, enfermo ou mulher grávida". • HC 211.052-RO. 2015. (Info 547)

APLICAÇÃO DE AGRAVANTE GENÉRICA NO CASO DE CRIME PRETERDOLOSO.

STJ É possível a aplicação da agravante genérica do art. 61, II, "c", do CP nos crimes preterdolosos, como o delito de lesão corporal seguida de morte (art. 129, § 3º, do CP). • REsp 1.254.749-SC. 2014. (Info 541)

INCIDÊNCIA DE AGRAVANTE GENÉRICA NO CRIME DE CONCUSSÃO. MILITAR.

STJ Não configura bis in idem a aplicação da agravante genérica prevista no art. 70, II, l, do CPM – incidente nos casos em que o militar pratica o delito estando de serviço – nos crimes de concussão (art. 305 do CPM) praticados em serviço. • HC 286.802-RJ. 2014. (Info 551)

▼ CRIMES CONTRA A PESSOA

CRIAÇÃO DE NOVA VARA E "PERPETUATIO JURISDICTIONIS"

STF A criação superveniente de vara federal na localidade de ocorrência de crime doloso contra a vida não enseja a incompetência do juízo em que já se tenha iniciado a ação penal. • HC 117871/MG. 2015. (Info 783)

HIPÓTESE DE INEXISTÊNCIA DE MOTIVO FÚTIL EM HOMICÍDIO DECORRENTE DA PRÁTICA DE "RACHA".

STJ Não incide a qualificadora de motivo fútil (art. 121, § 2°, II, do CP), na hipótese de homicídio supostamente praticado por agente que disputava "racha", quando o veículo por ele conduzido - em razão de choque com outro automóvel também participante do "racha" - tenha atingido o veículo da vítima, terceiro estranho à disputa automobilística. • HC 307.617-SP. 2016. (Info 583)

INCOMPATIBILIDADE ENTRE DOLO EVENTUAL E A QUALIFICADORA DE MOTIVO FÚTIL.

STJ É incompatível com o dolo eventual a qualificadora de motivo fútil (art. 121, § 2°, II, do CP). • HC 307.617-SP. 2016. (Info 583)

QUALIFICADORA DO MOTIVO TORPE EM RELAÇÃO AO MANDANTE DE HOMICÍDIO MERCENÁRIO.

STJ O reconhecimento da qualificadora da "paga ou promessa de recompensa" (inciso I do § 2º do art. 121) em relação ao executor do crime de homicídio mercenário não qualifica automaticamente o delito em relação ao mandante, nada obstante este possa incidir no referido dispositivo caso o motivo que o tenha levado a empreitar o óbito alheio seja torpe. • REsp 1.209.852-PR. 2016. (Info 575)

INDEVIDA EXASPERAÇÃO DA PENA-BASE DE HOMICÍDIO E DE LESÕES CORPORAIS CULPOSOS PRATICADOS NA DIREÇÃO DE VEÍCULO AUTOMOTOR.

STJ Na primeira fase da dosimetria da pena, o excesso de velocidade não deve ser considerado na aferição da culpabilidade (art. 59 do CP) do agente que pratica delito de homicídio e de lesões corporais culposos na direção de veículo automotor. • AgRg no HC 153.549-DF. 2015. (Info 563)

MOTIVOS PARA EXASPERAÇÃO DA PENA-BASE DE HOMICÍDIO E DE LESÕES CORPORAIS CULPOSOS PRATICADOS NA DIREÇÃO DE VEÍCULO AUTOMOTOR.

STJ O juiz, na análise dos motivos do crime (art. 59 do CP), pode fixar a pena-base acima do mínimo legal em razão de o autor ter praticado delito de homicídio e de lesões corporais culposos na direção de veículo automotor, conduzindo-o com imprudência a fim de levar droga a uma festa. • AgRg no HC 153.549-DF. 2015. (Info 563)

CRIME DE LESÃO CORPORAL QUALIFICADO PELA DEFORMIDADE PERMANENTE.

STJ A qualificadora "deformidade permanente" do crime de lesão corporal (art. 129, § 2º, IV, do CP) não é afastada por posterior cirurgia estética reparadora que elimine ou minimize a deformidade na vítima. • HC 306.677-RJ. 2015. (Info 562)

APLICABILIDADE DO PERDÃO JUDICIAL NO CASO DE HOMICÍDIO CULPOSO NA DIREÇÃO DE VEÍCULO AUTOMOTOR.

STJ O perdão judicial não pode ser concedido ao agente de homicídio culposo na direção de veículo automotor (art. 302 do CTB) que, embora atingido moralmente de forma grave pelas consequências do acidente, não tinha vínculo afetivo com a vítima nem sofreu sequelas físicas gravíssimas e permanentes. • REsp 1.455.178-DF. 2014. (Info 542)

HOMICÍDIO CULPOSO COMETIDO NO EXERCÍCIO DE ATIVIDADE DE TRANSPORTE DE PASSAGEIROS.

STJ Para a incidência da causa de aumento de pena prevista no art. 302, parágrafo único, IV, do CTB, é irrelevante que o agente esteja transportando passageiros no momento do homicídio culposo cometido na direção de veículo automotor. • AgRg no REsp 1.255.562-RS. 2014. (Info 537)

QUALIFICADORA DO MOTIVO FÚTIL NO CRIME DE HOMICÍDIO.

STJ A anterior discussão entre a vítima e o autor do homicídio, por si só, não afasta a qualificadora do motivo fútil. • AgRg no REsp 1.113.364-PE. 2013. (Info 525)

NÃO CARACTERIZAÇÃO DE BIS IN IDEM NO CASO DE APLICAÇÃO DE CAUSA DE AUMENTO DE PENA REFERENTE AO DESCUMPRIMENTO DE REGRA TÉCNICA NO EXERCÍCIO DA PROFISSÃO.

STJ É possível a aplicação da causa de aumento de pena prevista no art. 121, § 4º, do CP no caso de homicídio culposo cometido por médico e decorrente do descumprimento de regra técnica no exercício da profissão. • HC 181.847-MS. 2013. (Info 521)

▼ CRIMES CONTRA A HONRA

PARLAMENTAR E IMUNIDADE.

STF A imunidade parlamentar é uma proteção adicional ao direito fundamental de todas as pessoas à liberdade de expressão, previsto no art. 5º, IV e IX, da Constituição. Assim, mesmo quando desbordem e se enquadrem em tipos penais, as palavras dos congressistas, desde que guardem alguma pertinência com suas funções parlamentares, estarão cobertas pela imunidade material do art. 53, "caput", da Constituição ("Art. 53. Os Deputados e Senadores são invioláveis, civil e penalmente, por quaisquer de suas opiniões, palavras e votos"). • Inq 4088/DF. 2015. (Info 811)

POSSIBILIDADE DA PRÁTICA DE CALÚNIA, DIFAMAÇÃO E INJÚRIA POR MEIO DA DIVULGAÇÃO DE UMA ÚNICA CARTA.

STJ É possível que se impute de forma concomitante a prática dos crimes de calúnia, de difamação e de injúria ao agente que divulga em uma única carta dizeres aptos a configurar os referidos delitos, sobretudo no caso em que os trechos utilizados para caracterizar o crime de calúnia forem diversos dos empregados para demonstrar a prática do crime de difamação. • RHC 41.527-RJ. 2015. (Info 557)

REJEIÇÃO DE QUEIXA-CRIME RELACIONADA À SUPOSTA PRÁTICA DE CRIME CONTRA A HONRA.

STJ A queixa-crime que impute ao querelado a prática de crime contra a honra deve ser rejeitada na hipótese em que o querelante se limite a transcrever algumas frases, escritas pelo querelado em sua rede social, segundo as quais o querelante seria um litigante habitual do Poder Judiciário (fato notório, publicado em inúmeros órgãos de imprensa), sem esclarecimentos que possibilitem uma análise do elemento subjetivo da conduta do querelado consistente no intento positivo e deliberado de lesar a honra do ofendido. • AP 724-DF. 2015. (Info 547)

ELEMENTO SUBJETIVO DO CRIME DE CALÚNIA.

STJ A manifestação do advogado em juízo para defender seu cliente não configura crime de calúnia se emitida sem a intenção de ofender a honra. • Rcl 15.574-RJ. 2014. (Info 540)

COMPETÊNCIA PENAL RELACIONADA A INJÚRIA MOTIVADA POR DIVERGÊNCIAS POLÍTICAS ÀS VÉSPERAS DE ELEIÇÃO.

STJ Compete à Justiça Comum Estadual - e não à Justiça Eleitoral - processar e julgar injúria cometida no âmbito doméstico, desvinculada, direta ou indiretamente, de propaganda eleitoral, ainda que motivada por divergências políticas às vésperas de eleição. • CC 134.005-PR. 2014. (Info 545)

▼ CRIMES CONTRA O PATRIMÔNIO

RECEPTAÇÃO QUALIFICADA E CONSTITUCIONALIDADE.

STF É constitucional o § 1º do art. 180 do CP, que versa sobre o delito de receptação qualificada ("§ 1º Adquirir, receber, transportar, conduzir, ocultar, ter em depósito, desmontar, montar, remontar, vender, expor à venda, ou de qualquer forma utilizar, em proveito próprio ou alheio, no exercício de atividade comercial ou industrial, coisa que deve saber ser produto de crime"). • RHC 117143. 2013. (Info 712)

HIPÓTESE DE INAPLICABILIDADE DA MAJORANTE DESCRITA NO ART. 168, § 1°, II, DO CP.

STJ O fato de síndico de condomínio edilício ter se apropriado de valores pertencentes ao condomínio para efetuar pagamento de contas pessoais não implica o aumento de pena descrito no art. 168, § 1°, II, do CP (o qual incide em razão de o agente de apropriação indébita ter recebido a coisa na qualidade de "síndico"). • REsp 1.552.919-SP. 2016. (Info 584)

RECONHECIMENTO DE PROTEÇÃO JURÍDICA A PROFISSIONAIS DO SEXO.

STJ Ajusta-se à figura típica prevista no art. 345 do CP (exercício arbitrário das próprias razões) - e não à prevista no art. 157 do CP (roubo) - a conduta da prostituta maior de dezoito anos e não vulnerável que, ante a falta do pagamento ajustado com o cliente pelo serviço sexual prestado, considerando estar exercendo pretensão legítima, arrancou um cordão com pingente folheado a ouro do pescoço dele como forma de pagamento pelo serviço sexual praticado mediante livre disposição de vontade dos participantes e desprovido de violência não consentida ou grave ameaça. • HC 211.888-TO. 2016. (Info 584)

AUMENTO DE PENA-BASE FUNDADO NA CONFIANÇA DA VÍTIMA NO AUTOR DE ESTELIONATO.

STJ O cometimento de estelionato em detrimento de vítima que conhecia o autor do delito e lhe depositava total confiança justifica a exasperação da pena-base. • HC 332.676-PE. 2016. (Info 576)

MOMENTO CONSUMATIVO DO CRIME DE ROUBO. RECURSO REPETITIVO.

STJ Consuma-se o crime de roubo com a inversão da posse do bem, mediante emprego de violência ou grave ameaça, ainda que por breve tempo e em seguida a perseguição imediata ao agente e recuperação da coisa roubada, sendo prescindível a posse mansa e pacífica ou desvigiada. • REsp 1.499.050-RJ. 2015. (Info 572)

MOMENTO CONSUMATIVO DO CRIME DE FURTO. RECURSO REPETITIVO.

STJ Consuma-se o crime de furto com a posse de fato da *res furtiva*, ainda que por breve espaço de tempo e seguida de perseguição ao agente, sendo prescindível a posse mansa e pacífica ou desvigiada. • REsp 1.524.450-RJ. 2015. (Info 572)

APLICABILIDADE DO PRINCÍPIO DO NE BIS IN IDEM.

STJ O agente que, numa primeira ação penal, tenha sido condenado pela prática de crime de roubo contra uma instituição bancária não poderá ser, numa segunda ação penal, condenado por crime de roubo supostamente cometido contra o gerente do banco no mesmo contexto fático considerado na primeira ação penal, ainda que a conduta referente a este suposto roubo contra o gerente não tenha sido sequer levada ao conhecimento do juízo da primeira ação penal, vindo à tona somente no segundo processo. • HC 285.589-MG. 2015. (Info 570)

NÃO INCIDÊNCIA DA ATENUANTE DA CONFISSÃO ESPONTÂNEA.

STJ O fato de o denunciado por roubo ter confessado a subtração do bem, negando, porém, o emprego de violência ou grave ameaça, é circunstância que não enseja a aplicação da atenuante da confissão espontânea (art. 65, III, "d", do CP). • HC 301.063-SP. 2015. (Info 569)

DIFERENÇA ENTRE ESTELIONATO E CRIME CONTRA O SISTEMA FINANCEIRO NACIONAL.

STJ Configura o crime contra o Sistema Financeiro do art. 6º da Lei 7.492/1986 - e não estelionato, do art. 171 do CP - a falsa promessa de compra de valores mobiliários feita por falsos representantes de investidores estrangeiros para induzir investidores internacionais a transferir antecipadamente valores que diziam ser devidos para a realização das operações. • REsp 1.405.989-SP. 2015. (Info 569)

CRIME DE DANO PRATICADO CONTRA A CEF.

STJ O crime de dano (art. 163 do CP) não será qualificado (art. 163, parágrafo único, III) pelo fato de ser praticado contra o patrimônio da Caixa Econômica Federal (CEF). • RHC 57.544-SP. 2015. (Info 567)

HIPÓTESE DE INAPLICABILIDADE DO PRINCÍPIO DA CONSUNÇÃO.

STJ O delito de estelionato não será absorvido pelo de roubo na hipótese em que o agente, dias após roubar um veículo e os objetos pessoais dos seus ocupantes, entre eles um talonário de cheques, visando obter vantagem ilícita, preenche uma de suas folhas e, diretamente na agência bancária, tenta sacar a quantia nela lançada. • HC 309.939-SP. 2015. (Info 562)

VEDAÇÃO DA FIXAÇÃO DE REGIME PRISIONAL MAIS SEVERO DO QUE AQUELE ABSTRATAMENTE IMPOSTO.

STJ No crime de roubo, o emprego de arma de fogo não autoriza, por si só, a imposição do regime inicial fechado se, primário o réu, a pena-base foi fixada no mínimo legal. • HC 309.939-SP. 2015. (Info 562)

FURTO PRATICADO NO INTERIOR DE ESTABELECIMENTO COMERCIAL GUARNECIDO POR MECANISMO DE VIGILÂNCIA E DE SEGURANÇA. RECURSO REPETITIVO.

STJ A existência de sistema de segurança ou de vigilância eletrônica não torna impossível, por si só, o crime de furto cometido no interior de estabelecimento comercial. • REsp 1.385.621-MG. 2015. (Info 563)

HIPÓTESE DE CONFIGURAÇÃO DE CRIME ÚNICO DE ROUBO.

STJ No delito de roubo, se a intenção do agente é direcionada à subtração de um único patrimônio, estará configurado apenas um crime, ainda que, no *modus operandi*, seja utilizada violência ou grave ameaça contra mais de uma pessoa para a consecução do resultado pretendido. • AgRg no REsp 1.490.894-DF. 2015. (Info 556)

INOCORRÊNCIA DA EXTINÇÃO DA PUNIBILIDADE PELO PAGAMENTO DO DÉBITO PREVIDENCIÁRIO APÓS O TRÂNSITO EM JULGADO DA CONDENAÇÃO.

STJ Nos crimes de apropriação indébita previdenciária (art. 168-A do CP), o pagamento do débito previdenciário após o trânsito em julgado da sentença condenatória não acarreta a extinção da punibilidade. • HC 302.059-SP. 2015. (Info 556)

QUALIFICADORA DA DESTREZA NO CRIME DE FURTO.

STJ No crime de furto, não deve ser reconhecida a qualificadora da "destreza" (art. 155, § 4º, II, do CP) caso inexista comprovação de que o agente tenha se valido de excepcional

- incomum - habilidade para subtrair a coisa que se encontrava na posse da vítima sem despertar-lhe a atenção. • REsp 1.478.648-PR. 2015. (Info 554)

ESTELIONATO JUDICIAL E USO DE DOCUMENTO FALSO.

STJ Não se adequa ao tipo penal de estelionato (art. 171, § 3º, do CP) - podendo, contudo, caracterizar o crime de uso de documento falso (art. 304 do CP) - a conduta do advogado que, utilizando-se de procurações com assinatura falsa e comprovantes de residência adulterados, propôs ações indenizatórias em nome de terceiros com objetivo de obter para si vantagens indevidas, tendo as irregularidades sido constadas por meio de perícia determinada na própria demanda indenizatória. • RHC 53.471-RJ. 2015. (Info 554)

FURTO QUALIFICADO PRATICADO DURANTE O REPOUSO NOTURNO.

STJ A causa de aumento de pena prevista no § 1° do art. 155 do CP - que se refere à prática do crime durante o repouso noturno - é aplicável tanto na forma simples (caput) quanto na forma qualificada (§ 4°) do delito de furto. • HC 306.450-SP. 2015. (Info 554)

CONFIGURAÇÃO DE CRIME ÚNICO EM ROUBO PRATICADO NO INTERIOR DE ÔNIBUS.

STJ Em roubo praticado no interior de ônibus, o fato de a conduta ter ocasionado violação de patrimônios distintos - o da empresa de transporte coletivo e o do cobrador - não descaracteriza a ocorrência de crime único se todos os bens subtraídos estavam na posse do cobrador. • AgRg no REsp 1.396.144-DF. 2015. (Info 551)

CAUSA DE AUMENTO DE PENA RELATIVA AO TRANSPORTE DE VALORES.

STJ Deve incidir a majorante prevista no inciso III do § 2º do art. 157 do CP na hipótese em que o autor pratique o roubo ciente de que as vítimas, funcionários da Empresa Brasileira de Correios e Telégrafos (ECT), transportavam grande quantidade de produtos cosméticos de expressivo valor econômico e liquidez. • REsp 1.309.966-RJ. 2015. (Info 549)

IMPOSSIBILIDADE DE RECONHECIMENTO DA CONTINUIDADE DELITIVA ENTRE CRIMES DE ESPÉCIES DIVERSAS.

STJ Não há continuidade delitiva entre os crimes de roubo e extorsão, ainda que praticados em conjunto. • HC 77.467-SP. 2015. (Info 549)

POSSIBILIDADE DE ESTABELECIMENTO DE REGIME PRISIONAL MAIS GRAVOSO EM RAZÃO DA GRAVIDADE CONCRETA DA CONDUTA DELITUOSA.

STJ Ainda que consideradas favoráveis as circunstâncias judiciais (art. 59 do CP), é admissível a fixação do regime prisional fechado aos não reincidentes condenados por roubo a pena superior a quatro anos e inferior a oito anos se constatada a gravidade concreta da conduta delituosa, aferível, principalmente, pelo uso de arma de fogo. • HC 294.803-SP. 2015. (Info 549)

HIPÓTESE DE APLICAÇÃO DO PRINCÍPIO DA INSIGNIFICÂNCIA.

STJ Aplica-se o princípio da insignificância à conduta formalmente tipificada como furto tentado consistente na tentativa de subtração de chocolates, avaliados em R$ 28,00, pertencentes a um supermercado e integralmente recuperados, ainda que o réu tenha, em seus antecedentes criminais, registro de uma condenação transitada em julgado pela prática de crime da mesma natureza. • HC 299.185-SP. 2015. (Info 548)

CARACTERIZAÇÃO DO TIPO PENAL DO ART. 102 DO ESTATUTO DO IDOSO.

STJ Incorre no tipo penal previsto no art. 102 da Lei 10.741/2003 (Estatuto do Idoso) - e não no tipo penal de furto (art. 155 do CP) - o estagiário de instituição financeira que se utiliza do cartão magnético e da senha de acesso à conta de depósitos de pessoa idosa para realizar transferências de valores para sua conta pessoal. • REsp 1.358.865-RS. 2015. (Info 547)

APLICABILIDADE DO PRINCÍPIO DA INSIGNIFICÂNCIA.

STJ Aplica-se o princípio da insignificância à conduta formalmente tipificada como furto consistente na subtração, por réu primário e sem antecedentes, de um par de óculos avaliado em R$ 200,00. • AgRg no RHC 44.461-RS. 2014. (Info 542)

ATIPICIDADE MATERIAL DA CONDUTA NO CRIME DE FURTO.

STJ Aplica-se o princípio da insignificância à conduta formalmente tipificada como furto consistente na subtração, por réu primário, de bijuterias avaliadas em R$ 40 pertencentes a estabelecimento comercial e restituídas posteriormente à vítima. • HC 208.569-RJ. 2014. (Info 540)

TIPICIDADE DA CONDUTA DESIGNADA COMO "ROUBO DE USO".

STJ É típica a conduta denominada "roubo de uso". • REsp 1.323.275-GO. 2014. (Info 540)

RESSARCIMENTO DE DANO DECORRENTE DE EMISSÃO DE CHEQUE FURTADO.

STJ Não configura óbice ao prosseguimento da ação penal - mas sim causa de diminuição de pena (art. 16 do CP) - o ressarcimento integral e voluntário, antes do recebimento da denúncia, do dano decorrente de estelionato praticado mediante a emissão de cheque furtado sem provisão de fundos. • HC 280.089-SP. 2014. (Info 537)

APLICABILIDADE DO PRINCÍPIO DA INSIGNIFICÂNCIA.

STJ Não se aplica o princípio da insignificância ao furto de uma máquina de cortar cerâmica avaliada em R$ 130 que a vítima utilizava usualmente para exercer seu trabalho e que foi recuperada somente alguns dias depois da consumação do crime praticado por agente que responde a vários processos por delitos contra o patrimônio. • HC 241.713-DF. 2014. (Info 534)

FURTO DE OBJETO LOCALIZADO NO INTERIOR DE VEÍCULO.

STJ A subtração de objeto localizado no interior de veículo automotor mediante o rompimento do vidro qualifica o furto (art. 155, § 4º, I, do CP). • AgRg no REsp 1.364.606-DF. 2014. (Info 532)

CARACTERIZAÇÃO DO CRIME DE EXTORSÃO.

STJ Pode configurar o crime de extorsão a exigência de pagamento em troca da devolução do veículo furtado, sob a ameaça de destruição do bem. • REsp 1.207.155-RS. 2013. (Info 531)

REGIME PRISIONAL MAIS GRAVOSO ESTABELECIDO COM BASE EM CIRCUNSTÂNCIAS PRÓPRIAS DO CRIME DE ROUBO.

STJ No crime de roubo, a circunstância de a arma de fogo ter sido apontada contra o rosto da vítima não pode ser utilizada como fundamento para fixar regime prisional mais severo do que aquele previsto no art. 33, § 2º, do CP. • AgRg no AREsp 349.732-RJ. 2013. (Info 531)

DOLO NO DELITO DE APROPRIAÇÃO INDÉBITA PREVIDENCIÁRIA.

STJ Para a caracterização do crime de apropriação indébita de contribuição previdenciária (art. 168-A do CP), não há necessidade de comprovação de dolo específico. Trata-se de crime omissivo próprio, que se perfaz com a mera omissão de recolhimento de contribuição previdenciária no prazo e na forma legais. Desnecessária, portanto, a demonstração do *animus rem sibi habendi*, bem como a comprovação do especial fim de fraudar a Previdência Social. • EREsp 1.296.631-RN. 2013. (Info 528)

▼ CRIMES CONTRA A SAÚDE PÚBLICA

ATIPICIDADE PENAL DO EXERCÍCIO DA ACUPUNTURA.

STJ O exercício da acupuntura não configura o delito previsto no art. 282 do CP (exercício ilegal da medicina, arte dentária ou farmacêutica). • RHC 66.641-SP. 2016. (Info 579)

INCONSTITUCIONALIDADE DO PRECEITO SECUNDÁRIO DO ART. 273, § 1º-B, V, DO CP.

STJ É inconstitucional o preceito secundário do art. 273, § 1º-B, V, do CP - "reclusão, de 10 (dez) a 15 (quinze) anos, e multa" -, devendo-se considerar, no cálculo da reprimenda, a pena prevista no *caput* do art. 33 da Lei 11.343/2006 (Lei de Drogas), com possibilidade de incidência da causa de diminuição de pena do respectivo § 4º. • AI no HC 239.363-PR. 2015. (Info 559)

▼ CRIMES PRATICADOS POR FUNCIONÁRIO PÚBLICO CONTRA A ADMINISTRAÇÃO EM GERAL

GOVERNADOR E § 2º DO ART. 327 DO CP.

STF Aplica-se ao Chefe do Poder Executivo a causa de aumento de pena prevista no § 2º do art. 327 do CP ("Art. 327. Considera-se funcionário público, para os efeitos penais, quem, embora transitoriamente ou sem remuneração, exerce cargo, emprego ou função pública. § 2º. A pena será aumentada da terça parte quando os autores dos crimes previstos neste Capítulo forem ocupantes de cargos em comissão ou de função de direção ou assessoramento de órgão da administração direta, sociedade de economia mista, empresa pública ou fundação instituída pelo poder público"). • Inq 2606. 2014. (Info 757)

HIPÓTESE EM QUE O FALSO PODE SER ABSORVIDO PELO CRIME DE DESCAMINHO. RECURSO REPETITIVO.

STJ Quando o falso se exaure no descaminho, sem mais potencialidade lesiva, é por este absorvido, como crime-fim, condição que não se altera por ser menor a pena a este cominada. • REsp 1.378.053-PR. 2016. (Info 587)

FLAGRANTE NO CRIME DE CONCUSSÃO.

STJ No crime de concussão, a situação de flagrante delito configura-se pela exigência - e não pela entrega - da vantagem indevida. • HC 266.460-ES. 2015. (Info 564)

MAIOR GRAU DE REPROVABILIDADE DA CONDUTA DE PROMOTOR DE JUSTIÇA EM CRIME DE CORRUPÇÃO PASSIVA.

STJ O fato de o crime de corrupção passiva ter sido praticado por Promotor de Justiça no exercício de suas atribuições institucionais pode configurar circunstância judicial desfavorável na dosimetria da pena. • REsp 1.251.621-AM. 2015. (Info 552)

PROCEDIMENTO PARA DECLARAR A PERDA DO CARGO DE MEMBRO VITALÍCIO DO MINISTÉRIO PÚBLICO ESTADUAL.

STJ Em ação penal decorrente da prática de corrupção passiva praticada por membro vitalício do Ministério Público Estadual, não é possível determinar a perda do cargo com fundamento no art. 92, I, a, do CP. • REsp 1.251.621-AM. 2015. (Info 552)

▼ CRIMES PRATICADOS POR PARTICULAR CONTRA A ADMINISTRAÇÃO EM GERAL

DENUNCIAÇÃO CALUNIOSA E ELEMENTO SUBJETIVO DO TIPO

STF Para a configuração do tipo penal de denunciação caluniosa (CP: "Art. 339. Dar causa à instauração de investigação policial, de processo judicial, instauração de investigação administrativa, inquérito civil ou ação de improbidade administrativa contra alguém, imputando-lhe crime de que o sabe inocente: Pena – reclusão, de dois a oito anos, e multa) é necessária a demonstração do dolo direto de imputar-se a outrem, que efetivamente se sabe inocente, a prática de fato definido como crime. • Inq 3133. 2014. (Info 753)

PATROCÍNIO INFIEL E OUTORGA DE PODERES

STF O crime de patrocínio infiel pressupõe que o profissional da advocacia tenha recebido outorga de poderes para representar seu cliente. • HC 110196. 2013. (Info 706)

NÃO CONFIGURAÇÃO DO CRIME DE DESOBEDIÊNCIA NA HIPÓTESE DE NÃO ATENDIMENTO POR DEFENSOR PÚBLICO GERAL DE REQUISIÇÃO JUDICIAL DE NOMEAÇÃO DE DEFENSOR.

STJ Não configura o crime de desobediência (art. 330 do CP) a conduta de Defensor Público Geral que deixa de atender à requisição judicial de nomeação de defensor público para atuar em determinada ação penal. • HC 310.901-SC. 2016. (Info 586)

CRIME DE CONTRABANDO E IMPORTAÇÃO DE COLETE À PROVA DE BALAS.

STJ Configura crime de contrabando a importação de colete à prova de balas sem prévia autorização do Comando do Exército. • RHC 62.851-PR. 2016. (Info 577)

DESCAMINHO E EXTINÇÃO DA PUNIBILIDADE.

STJ O pagamento do tributo devido não extingue a punibilidade do crime de descaminho (art. 334 do CP). • RHC 43.558-SP. 2015. (Info 555)

DESNECESSIDADE DE PRÉVIA CONSTITUIÇÃO DO CRÉDITO TRIBUTÁRIO PARA CONFIGURAÇÃO DO CRIME DE DESCAMINHO.

STJ É desnecessária a constituição definitiva do crédito tributário por processo administrativo fiscal para a configuração do delito de descaminho (art. 334 do CP). • REsp 1.343.463-BA. 2015. (Info 548)

▼ CRIMES SEXUAIS CONTRA VULNERÁVEL

CONFIGURAÇÃO DO TIPO DE FAVORECIMENTO DA PROSTITUIÇÃO DE ADOLESCENTE.

STJ O *cliente* que conscientemente se serve da prostituição de adolescente, com ele praticando conjunção carnal ou outro ato libidinoso, incorre no tipo previsto no inciso I do § 2º do art. 218-B do CP (favorecimento da prostituição ou de outra forma de exploração sexual de criança ou adolescente ou de vulnerável), ainda que a vítima seja atuante na prostituição e que a relação sexual tenha sido eventual, sem habitualidade. • HC 288.374-AM. 2014. (Info 543)

ATOS LIBIDINOSOS DIVERSOS DA CONJUNÇÃO CARNAL CONTRA VULNERÁVEL.

STJ Na hipótese em que tenha havido a prática de ato libidinoso diverso da conjunção carnal contra vulnerável, não é possível ao magistrado - sob o fundamento de aplicação do princípio da proporcionalidade - desclassificar o delito para a forma tentada em razão de eventual menor gravidade da conduta. • REsp 1.353.575-PR. 2014. (Info 533)

▼ CRIMES CONTRA A LIBERDADE SEXUAL

CONFIGURAÇÃO DO CRIME DE ESTUPRO DE VULNERÁVEL. RECURSO REPETITIVO.

STJ Para a caracterização do crime de estupro de vulnerável previsto no art. 217-A, *caput*, do Código Penal, basta que o agente tenha conjunção carnal ou pratique qualquer ato libidinoso com pessoa menor de 14 anos; o consentimento da vítima, sua eventual experiência sexual anterior ou a existência de relacionamento amoroso entre o agente e a vítima não afastam a ocorrência do crime. • REsp 1.480.881-PI. 2015. (Info 569)

CRIME SEXUAL PRATICADO CONTRA MENOR DE 14 ANOS E REDUÇÃO DA PENA-BASE PAUTADA NO COMPORTAMENTO DA VÍTIMA.

STJ Em se tratando de crime sexual praticado contra menor de 14 anos, a experiência sexual anterior e a eventual homossexualidade do ofendido não servem para justificar a diminuição da pena-base a título de comportamento da vítima. • REsp 897.734-PR. 2015. (Info 555)

CONSUMAÇÃO DO CRIME DE ATENTADO VIOLENTO AO PUDOR MEDIANTE VIOLÊNCIA PRESUMIDA.

STJ Considera-se consumado o delito de atentado violento ao pudor cometido por agente que, antes da vigência da Lei 12.015/2009, com o intuito de satisfazer sua lascívia, levou menor de 14 anos a um quarto, despiu-se e começou a passar as mãos no corpo da vítima enquanto lhe retirava as roupas, ainda que esta tenha fugido do local antes da prática de atos mais invasivos. • REsp 1.309.394-RS. 2015. (Info 555)

APLICAÇÃO RETROATIVA DA LEI 12.015/2009.

STJ O condenado por estupro e atentado violento ao pudor, praticados no mesmo contexto fático e contra a mesma vítima, tem direito à aplicação retroativa da Lei 12.015/2009, de modo a ser reconhecida a ocorrência de crime único, devendo a prática de ato libidinoso diverso da conjunção carnal ser valorada na aplicação da pena-base referente ao crime de estupro. • HC 212.305-DF. 2014. (Info 543)

▼ CRIMES CONTRA A ORDEM TRIBUTÁRIA, ECONÔMICA E CONTRA AS RELAÇÕES DE CONSUMO - LEI 8137/90

SONEGAÇÃO FISCAL E PRESUNÇÃO DE INOCÊNCIA.

STF Não ofende o princípio constitucional da presunção de inocência a exigência de comprovação da origem de valores estabelecida no art. 42 da Lei 9.430/96 ("Caracterizam-se também omissão de receita ou de rendimento os valores creditados em conta de depósito ou de investimento mantida junto a instituição financeira, em relação aos quais o titular, pessoa física ou jurídica, regularmente intimado, não comprove, mediante documentação hábil e idônea, a origem dos recursos utilizados nessas operações"). • HC 121125. 2014. (Info 750)

EXTINÇÃO DA PUNIBILIDADE E PAGAMENTO INTEGRAL DE DÉBITO.

STF O pagamento integral de débito fiscal - devidamente comprovado nos autos - empreendido pelo paciente em momento anterior ao trânsito em julgado da condenação que lhe foi imposta é causa de extinção de sua punibilidade, conforme opção político-criminal do legislador pátrio (Lei 10.684/03 - Art. 9º). • HC 116828. 2013. (Info 715)

TIPICIDADE DA OMISSÃO NA APRESENTAÇÃO DE DECLARAÇÃO AO FISCO.

STJ A omissão na entrega da Declaração de Informações Econômico-Fiscais da Pessoa Jurídica (DIPJ) consubstancia conduta apta a firmar a tipicidade do crime de sonegação fiscal previsto no art. 1º, I, da Lei n. 8.137/1990, ainda que o FISCO disponha de outros meios para constituição do crédito tributário. • REsp 1.561.442-SP. 2016. (Info 579)

TERMO INICIAL DO PRAZO PRESCRICIONAL DO CRIME PREVISTO NO ART. 2º, I, DA LEI 8.137/1990.

STJ O termo inicial do prazo prescricional da pretensão punitiva do crime previsto no art. 2º, I, da Lei 8.137/1990 ("fazer declaração falsa ou omitir declaração sobre rendas, bens ou fatos, ou empregar outra fraude, para eximir-se, total ou parcialmente, de pagamento de tributo") é a data em que a fraude é perpetrada, e não a data em que ela é descoberta. • RHC 36.024-ES. 2015. (Info 568)

NECESSIDADE DE PERÍCIA PARA DEMONSTRAR QUE A MERCADORIA ESTÁ IMPRÓPRIA PARA O CONSUMO EM CRIME CONTRA A RELAÇÃO DE CONSUMO.

STJ Para caracterizar o delito previsto no art. 7º, IX, da Lei 8.137/1990 (crime contra relação de consumo), é imprescindível a realização de perícia a fim de atestar se as mercadorias apreendidas estão em condições impróprias para o consumo, não sendo suficiente, para a comprovação da materialidade delitiva, auto de infração informando a inexistência de registro do Serviço de Inspeção Estadual (SIE) nas mercadorias expostas à venda (art. 18, § 6º, II, do CDC, c/c decreto estadual que conceitua os requisitos da propriedade ao consumo de alimentos e bebidas para fins de comercialização). • RHC 49.752-SC. 2015. (Info 561)

CONFIGURAÇÃO DO DELITO DE DUPLICATA SIMULADA.

STJ O delito de duplicata simulada, previsto no art. 172 do CP (redação dada pela Lei 8.137/1990), configura-se quando o agente emite duplicata que não corresponde à efetiva transação comercial, sendo típica a conduta ainda que não haja qualquer venda de mercadoria ou prestação de serviço. • REsp 1.267.626-PR. 2014. (Info 534)

DEMONSTRAÇÃO DA MATERIALIDADE DO CRIME PREVISTO NO ART. 7º, IX, DA LEI 8.137/1990.

STJ Para a demonstração da materialidade do crime previsto no art. 7º, IX, da Lei 8.137/1990, é imprescindível a realização de perícia para atestar se as mercadorias apreendidas estavam em condições impróprias para o consumo. • AgRg no Resp 1.111.736-RS. 2014. (Info 533)

▼ CRIMES CONTRA O MERCADO DE CAPITAIS

USO INDEVIDO DE INFORMAÇÃO PRIVILEGIADA.

STJ Subsume-se à figura típica prevista no art. 27-D da Lei n. 6.385/1976 a conduta de quem, em função do cargo de alta relevância que exercia em sociedade empresária, obteve informação sigilosa acerca da futura aquisição do controle acionário de uma companhia por outra (operação cujo estudo de viabilidade já se encontrava em estágio avançado) - dado capaz de influir de modo ponderável nas decisões dos investidores do mercado, gerando apetência pela compra dos ativos da sociedade que seria adquirida - e, em razão dessa notícia, adquiriu, no mesmo dia, antes da divulgação do referido dado no mercado de capitais, ações desta sociedade, ainda que antes da conclusão da operação de aquisição do controle acionário. • REsp 1.569.171-SP. 2016. (Info 577)

USO INDEVIDO DE INFORMAÇÃO PRIVILEGIADA E AUMENTO DE PENA-BASE.

STJ Representa circunstância judicial idônea a exasperar a pena-base do condenado pelo crime de uso indevido de informação privilegiada (art. 27-D da Lei n. 6.385/1976) o exercício de cargo de alta importância que possibilitou o acesso à "informação relevante". • REsp 1.569.171-SP. 2016. (Info 577)

▼ CRIMES CONTRA A PROPRIEDADE INTELECTUAL

COMPROVAÇÃO DA MATERIALIDADE DO DELITO DE VIOLAÇÃO DE DIREITO AUTORAL. RECURSO REPETITIVO.

STJ É suficiente, para a comprovação da materialidade do delito previsto no art. 184, § 2º, do CP, a perícia realizada, por amostragem, sobre os aspectos externos do material apreendido, sendo desnecessária a identificação dos titulares dos direitos autorais violados ou de quem os represente. • REsp 1.456.239-MG e REsp 1.485.832-MG. 2015. (Info 568)

▼ CRIMES CONTRA A FAUNA E FLORA

ADI. PRÁTICA DA VAQUEJADA.

STF A lei 15.299/2013, do estado do Ceará, que regulamenta a vaquejada como prática desportiva e cultural no estado é inconstitucional. O sentido da expressão "crueldade" constante no inciso vii do parágrafo 1º do artigo 225 da constituição federal alcança a tortura e os maus-tratos infringidos aos bois durante a prática da vaquejada. Assim, revela-se intolerável a conduta humana autorizada pela norma estadual atacada. • ADI 4983 . 2016. (Info 842)

CONFIGURAÇÃO DO CRIME DO ART. 48 DA LEI 9.605/1998.

STJ A tipificação da conduta descrita no art. 48 da Lei 9.605/1998 prescinde de a área ser de preservação permanente. • AgRg no REsp 1.498.059-RS. 2015. (Info 570)

IMPORTAÇÃO E TRANSPORTE ILEGAIS DE AGROTÓXICO.

STJ A conduta consistente em transportar, no território nacional, em desacordo com as exigências estabelecidas na legislação pertinente, agrotóxicos importados por terceiro de forma clandestina não se adequa ao tipo de importação ilegal de substância tóxica (art. 56 da Lei 9.605/1998) caso o agente não tenha ajustado ou posteriormente aderido à importação ilegal antes da entrada do produto no país, ainda que o autor saiba da procedência estrangeira e ilegal do produto, subsumindo-se ao tipo de transporte ilegal de agrotóxicos (art. 15 da Lei 7.802/1989). • REsp 1.449.266-PR. 2015. (Info 568)

DESNECESSIDADE DE DUPLA IMPUTAÇÃO EM CRIMES AMBIENTAIS.

STJ É possível a responsabilização penal da pessoa jurídica por delitos ambientais independentemente da responsabilização concomitante da pessoa física que agia em seu nome. • RMS 39.173-BA. 2015. (Info 566)

▼ CRIMES NA LEI DE LICITAÇÕES

NÃO OBRIGATORIEDADE DE LICITAÇÃO POR PARTE DE CONDOMÍNIO EDILÍCIO EM QUE ENTE PÚBLICO SEJA PROPRIETÁRIO DE FRAÇÃO IDEAL.

STJ O síndico de condomínio edilício formado por frações ideais pertencentes a entes públicos e particulares, ao conceder a sociedade empresária o direito de explorar serviço de estacionamento em área de uso comum do prédio sem procedimento licitatório, não comete o delito previsto no art. 90 da Lei 8.666/1993 ("Frustrar ou fraudar, mediante ajuste, combinação ou qualquer outro expediente, o caráter competitivo do procedimento licitatório, com o intuito de obter, para si ou para outrem, vantagem decorrente da adjudicação do objeto da licitação"). • REsp 1.413.804-MG. 2015. (Info 569)

CONCURSO DE CRIMES PREVISTOS NA LEI 8.666/1993.

STJ Não configura *bis in idem* a condenação pela prática da conduta tipificada no art. 90 da Lei 8.666/1993 (fraudar o caráter competitivo do procedimento licitatório) em concurso formal com a do art. 96, I, da mesma lei (fraudar licitação mediante elevação arbitraria dos preços). • REsp 1.315.619-RJ. 2013. (Info 531)

▼ CRIMES DE TRÂNSITO

TIPICIDADE

STF A conduta de adulterar a placa de veículo automotor mediante a colocação de fita adesiva é típica, nos termos do art. 311 do CP ("Adulterar ou remarcar número de chassi ou qualquer sinal identificador de veículo automotor, de seu componente ou equipamento: Pena - reclusão, de três a seis anos, e multa"). • RHC 116371. 2013. (Info 715)

CARACTERIZAÇÃO DO CRIME DE ENTREGA DE DIREÇÃO DE VEÍCULO AUTOMOTOR A PESSOA NÃO HABILITADA. RECURSO REPETITIVO.

STJ É de perigo abstrato o crime previsto no art. 310 do Código de Trânsito Brasileiro. Assim, não é exigível, para o aperfeiçoamento do crime, a ocorrência de lesão ou de perigo de dano concreto na conduta de quem permite, confia ou entrega a direção de veículo automotor a pessoa não habilitada, com habilitação cassada ou com o direito de dirigir suspenso, ou ainda a quem, por seu estado de saúde, física ou mental, ou por embriaguez, não esteja em condições de conduzi-lo com segurança. • REsp 1.485.830-MG. 2015. (Info 563)

CARACTERIZAÇÃO DO CRIME DE ENTREGA DE DIREÇÃO DE VEÍCULO AUTOMOTOR A PESSOA NÃO HABILITADA.

STJ Para a configuração do crime consistente em "permitir, confiar ou entregar a direção de veículo automotor a pessoa não habilitada, com habilitação cassada ou com o direito de dirigir suspenso" (art. 310 do CTB), não é exigida a demonstração de perigo concreto de dano. • REsp 1.468.099-MG. 2015. (Info 559)

▼ CRIMES CONTRA O SISTEMA FINANCEIRO NACIONAL

SUJEITO ATIVO DE CRIME CONTRA O SISTEMA FINANCEIRO NACIONAL.

STJ Podem ser sujeitos ativos do crime previsto no art. 6º da Lei 7.492/1986 pessoas naturais que se fizeram passar por membro ou representante de pessoa jurídica que não tinha autorização do Bacen para funcionar como instituição financeira. • REsp 1.405.989-SP. 2015. (Info 569)

▼ CRIMES CONTRA A INVIOLABILIDADE DO DOMICÍLIO

INVASÃO DE GABINETE DE DELEGADO DE POLÍCIA.

STJ Configura o crime de violação de domicílio (art. 150 do CP) o ingresso e a permanência, sem autorização, em gabinete de Delegado de Polícia, embora faça parte de um prédio ou de uma repartição públicos. • HC 298.763-SC. 2015. (Info 550)

▼ CRIMES CONTRA A LIBERDADE PESSOAL

REQUISITOS PARA CONFIGURAÇÃO DO CRIME DE REDUÇÃO A CONDIÇÃO ANÁLOGA À DE ESCRAVO.

STJ Para configuração do delito de "redução a condição análoga à de escravo" (art. 149 do CP) - de competência da Justiça Federal - é desnecessária a restrição à liberdade de locomoção do trabalhador. • CC 127.937-GO. 2014. (Info 543)

▼ ESTATUTO DE DESARMAMENTO

PORTE DE ARMA DE MAGISTRADO E COMPETÊNCIA

STF O STF tem competência para processar e julgar causas em que se discute prerrogativa dos juízes de portar arma de defesa pessoal, por se tratar de ação em que todos os membros da magistratura são direta ou indiretamente interessados (CF, art. 102, I, n). • Rcl 11323 AgR/SP. 2015. (Info 782)

"ABOLITIO CRIMINIS" E PRORROGAÇÃO DE PRAZO PARA REGISTRO DE ARMA

STF A reabertura de prazo para registro ou renovação de registro de arma de fogo de uso permitido prevista pela Lei 11.706/08, que deu nova redação ao art. 30 da Lei 10.826/03, não constitui abolitio criminis. • RE 768494. 2013. (Info 720)

GUARDA DE ARMA DE FOGO DE USO PERMITIDO COM REGISTRO VENCIDO.

STJ Manter sob guarda, no interior de sua residência, arma de fogo de uso permitido com registro vencido não configura o crime do art. 12 da Lei 10.826/2003 (Estatuto do Desarmamento). • APn 686-AP. 2015. (Info 572)

GUARDA DE MUNIÇÃO DE ARMA DE USO RESTRITO POR CONSELHEIRO DE TRIBUNAL DE CONTAS.

STJ O Conselheiro do Tribunal de Contas Estadual que mantém sob sua guarda munição de arma de uso restrito não comete o crime do art. 16 da Lei 10.826/2003 (Estatuto do Desarmamento). • APn 657-PB. 2015. (Info 572)

TIPICIDADE DA CONDUTA DE POSSE ILEGAL DE ARMA DE FOGO DE USO PERMITIDO COM REGISTRO VENCIDO.

STJ A conduta do agente de possuir, no interior de sua residência, armas de fogo e munições de uso permitido com os respectivos registros vencidos pode configurar o crime previsto no art. 12 do Lei 10.826/2003 (Estatuto do Desarmamento). • RHC 60.611-DF. 2015. (Info 570)

ATIPICIDADE DA CONDUTA DE PORTE ILEGAL DE ARMA DE FOGO INEFICAZ.

STJ Demonstrada por laudo pericial a total ineficácia da arma de fogo e das munições apreendidas, deve ser reconhecida a atipicidade da conduta do agente que detinha a posse do referido artefato e das aludidas munições de uso proibido, sem autorização e em desacordo com a determinação legal/regulamentar. • REsp 1.451.397-MG. 2015. (Info 570)

PORTE DE ARMA DE FOGO POR POLICIAL CIVIL APOSENTADO.

STJ O porte de arma de fogo a que têm direito os policiais civis (arts. 6º da Lei 10.826/2003 e 33 do Decreto 5.123/2014) não se estende aos policiais aposentados. • HC 267.058-SP. 2015. (Info 554)

PORTE ILEGAL DE ARMA DE FOGO E CONCEITO TÉCNICO DE ARMA DE FOGO.

STJ Não está caracterizado o crime de porte ilegal de arma de fogo quando o instrumento apreendido sequer pode ser enquadrado no conceito técnico de arma de fogo, por estar quebrado e, de acordo com laudo pericial, totalmente inapto para realizar disparos. • AgRg no AREsp 397.473-DF. 2014. (Info 545)

TIPICIDADE DA CONDUTA NO CRIME DE PORTE ILEGAL DE ARMA DE FOGO DE USO PERMITIDO.

STJ É típica (art. 14 da Lei 10.826/2003) a conduta do praticante de tiro desportivo que transportava, municiada, arma de fogo de uso permitido em desacordo com os termos de sua guia de tráfego, a qual autorizava apenas o transporte de arma desmuniciada. • RHC 34.579-RS. 2014. (Info 540)

▼ DROGAS - TRÁFICO E DEMAIS CRIMES

TRÁFICO PRIVILEGIADO E CRIME HEDIONDO.

STF O crime de tráfico privilegiado de drogas não tem natureza hedionda. Por conseguinte, não são exigíveis requisitos mais severos para o livramento condicional (Lei 11.343/2006, art. 44, parágrafo único) e tampouco incide a vedação à progressão de regime (Lei 8.072/1990, art. 2º, § 2º) para os casos em que aplicada a causa de diminuição prevista no art. 33, §4°, Lei 11.343/2006. • HC 118533/MS. 2016. (Info 831)

TRÁFICO DE ENTORPECENTES: FIXAÇÃO DO REGIME E SUBSTITUIÇÃO DA PENA

STF Não se tratando de réu reincidente, ficando a pena no patamar de quatro anos e sendo as circunstâncias judiciais positivas, cumpre observar o regime aberto e apreciar a possibilidade da substituição da pena privativa de liberdade pela restritiva de direitos. • HC 130411/SP. 2016. (Info 821)

TRÁFICO DE ENTORPECENTES: FIXAÇÃO DO REGIME E SUBSTITUIÇÃO DA PENA

STF Não sendo o paciente reincidente, nem tendo contra si circunstâncias judiciais desfavoráveis (CP, art. 59), a gravidade em abstrato do crime do art. 33, "caput", da Lei 11.343/2006, não constitui motivação idônea para justificar a fixação do regime mais gravoso. • HC 133028/SP. 2016. (Info 821)

REGIME INICIAL E TRÁFICO DE DROGAS.

STF É legítima a fixação de regime inicial semiaberto, tendo em conta a quantidade e a natureza do entorpecente, na hipótese em que ao condenado por tráfico de entorpecentes tenha sido aplicada pena inferior a 4 anos de reclusão. • HC 131887/SC. 2016. (Info 819)

PORTE DE DROGAS PARA CONSUMO PRÓPRIO E MEDIDA SOCIOEDUCATIVA DE INTERNAÇÃO.

STF É incabível a imposição da medida socioeducativa de internação ao adolescente que pratique ato infracional equiparado ao porte de drogas para consumo próprio, tipificado no art. 28 da Lei 11.343/2006. • HC 124682/SP. 2014. (Info 772)

TRÁFICO DE DROGAS: INTERROGATÓRIO DO RÉU E PRINCÍPIO DA ESPECIALIDADE

STF O rito previsto no art. 400 do CPP - com a redação conferida pela Lei 11.719/08 - não se aplica à Lei de Drogas, de modo que o interrogatório do réu processado com base na Lei 11.343/06 deve observar o procedimento nela descrito (artigos 54 a 59). • HC 121953. 2014. (Info 750)

DOSIMETRIA: TRÁFICO DE DROGA E "BIS IN IDEM".

STF Caracteriza bis in idem considerar, na terceira etapa do cálculo da pena do crime de tráfico ilícito de entorpecentes, a natureza e a quantidade da substância ou do produto apreendido, quando essas circunstâncias já tiverem sido apontadas na fixação da pena-base, ou seja, na primeira etapa da dosimetria, para graduação da minorante prevista no art. 33, § 4º, da Lei 11.343/2006. Por outro lado, não há impedimento a que essas circunstâncias recaiam, alternadamente, na primeira ou na terceira fase da dosimetria, a critério do magistrado, em observância ao princípio da individualização da pena. • HC 112776/MS . 2014. (Info 733)

LEI PENAL NO TEMPO E COMBINAÇÃO DE DISPOSITIVOS

STF É vedada a incidência da causa de diminuição do art. 33, § 4º, da Lei 11.343/06 ("§ 4º Nos delitos definidos no caput e no § 1º deste artigo, as penas poderão ser reduzidas de um sexto a dois terços, desde que o agente seja primário, de bons antecedentes, não se dedique às atividades criminosas nem integre organização criminosa"), combinada com as penas previstas na Lei 6.368/76, no tocante a crimes praticados durante a vigência desta norma. • RE 600817. 2014. (Info 727)

TRÁFICO ILÍCITO DE DROGAS NA SUA FORMA PRIVILEGIADA. ART. 33, § 4º, DA LEI N. 11.343/2006. CRIME NÃO EQUIPARADO A HEDIONDO. ENTENDIMENTO RECENTE DO SUPREMO TRIBUNAL FEDERAL, NO JULGAMENTO DO HC 118.533-MS. REVISÃO DO TEMA ANALISADO PELA TERCEIRA SEÇÃO SOB O RITO DOS RECURSOS REPETITIVOS.

STJ O tráfico ilícito de drogas na sua forma privilegiada (art. 33, § 4º, da Lei n. 11.343/2006) não é crime equiparado a hediondo e, por conseguinte, deve ser cancelado o Enunciado 512 da Súmula do Superior Tribunal de Justiça. • Pet 11.796-DF. 2017. (Info 595)

BIS IN IDEM E TRÁFICO COMETIDO NAS DEPENDÊNCIAS DE ESTABELECIMENTO PRISIONAL.

STJ É indevido o emprego da circunstância de o crime ter sido cometido nas dependências de estabelecimento prisional para fundamentar tanto o *quantum* de redução na aplicação da minorante prevista no art. 33, § 4º, da Lei n. 11.343/2006 como a incidência da majorante prevista no art. 40, III, da mesma lei. • HC 313.677-RS. 2016. (Info 586)

HIPÓTESE DE INAPLICABILIDADE SIMULTÂNEA DE TRANSNACIONALIDADE E DE INTERESTADUALIDADE EM TRÁFICO DE DROGAS.

STJ No tráfico ilícito de entorpecentes, é inadmissível a aplicação simultânea das causas especiais de aumento de pena relativas à transnacionalidade e à interestadualidade do delito (art. 40, I e V, da Lei n. 11.343/2006), quando não comprovada a intenção do importador da droga de difundi-la em mais de um estado do território nacional, ainda que, para chegar ao destino final pretendido, imperativos de ordem geográfica façam com que o importador transporte a substância através de estados do país. • HC 214.942-MT. 2016. (Info 586)

CLASSIFICAÇÃO DE SUBSTÂNCIA COMO DROGA PARA FINS DA LEI N. 11.343/2006.

STJ Classifica-se como "droga", para fins da Lei n. 11.343/2006 (Lei de Drogas), a substância apreendida que possua *canabinoides* - característica da espécie vegetal *Cannabis sativa* -, ainda que naquela não haja *tetrahidrocanabinol* (THC). • REsp 1.444.537-RS. 2016. (Info 582)

INAPLICABILIDADE DA MINORANTE PREVISTA NO ART. 33, § 4º, DA LEI DE DROGAS.

STJ Ainda que a dedicação a atividades criminosas ocorra concomitantemente com o exercício de atividade profissional lícita, é inaplicável a causa especial de diminuição de pena prevista no art. 33, § 4º, da Lei n. 11.343/2006 (Lei de Drogas). • REsp 1.380.741-MG. 2016. (Info 582)

CONSUMAÇÃO DO CRIME DE TRÁFICO DE DROGAS NA MODALIDADE ADQUIRIR.

STJ A conduta consistente em negociar por telefone a aquisição de droga e também disponibilizar o veículo que seria utilizado para o transporte do entorpecente configura o crime de tráfico de drogas em sua forma consumada - e não tentada -, ainda que a polícia, com base em indícios obtidos por interceptações telefônicas, tenha efetivado a apreensão do material entorpecente antes que o investigado efetivamente o recebesse. • HC 212.528-SC. 2015. (Info 569)

CAUSA DE AUMENTO DA PENA DO CRIME DE TRÁFICO DE DROGAS EM TRANSPORTE PÚBLICO.

STJ A utilização de transporte público com a única finalidade de levar a droga ao destino, de forma oculta, sem o intuito de disseminá-la entre os passageiros ou frequentadores do local, não implica a incidência da causa de aumento de pena do inciso III do artigo 40 da Lei 11.343/2006. • REsp 1.443.214-MS. 2015. (Info 547)

NECESSIDADE DE GRADAÇÃO DA CAUSA DE DIMINUIÇÃO DE PENA PREVISTA NO ART. 46 DA LEI 11.343/2006 CONFORME O GRAU DE INCAPACIDADE DO RÉU.

STJ Reconhecida a semi-imputabilidade do réu, o Juiz não pode aplicar a causa de diminuição de pena prevista no art. 46 da Lei 11.343/2006 em seu grau mínimo (1/3) sem expor qualquer dado substancial, em concreto, que justifique a adoção dessa fração. • HC 167.376-SP. 2015. (Info 547)

UTILIZAÇÃO DE TRANSPORTE PÚBLICO PARA CONDUZIR DROGA ILÍCITA.

STJ O simples fato de o agente utilizar-se de transporte público para conduzir a droga não atrai a incidência da majorante prevista no art. 40, III, da Lei de Drogas (11.343/2006), que deve ser aplicada somente quando constatada a efetiva comercialização da substância em seu interior. • AgRg no REsp 1.295.786-MS. 2014. (Info 543)

SUBSTITUIÇÃO DA PENA NO CRIME DE TRÁFICO DE DROGAS.

STJ O fato de o tráfico de drogas ser praticado com o intuito de introduzir substâncias ilícitas em estabelecimento prisional não impede, por si só, a substituição da pena privativa de liberdade por restritivas de direitos, devendo essa circunstância ser ponderada com os requisitos necessários para a concessão do benefício. • AgRg no REsp 1.359.941-DF. 2014. (Info 536)

AUTOFINANCIAMENTO PARA O TRÁFICO DE DROGAS.

STJ Na hipótese de autofinanciamento para o tráfico ilícito de drogas, não há concurso material entre os crimes de tráfico (art. 33, *caput*, da Lei 11.343/2006) e de financiamento ao tráfico (art. 36), devendo, nessa situação, ser o agente condenado às penas do crime de tráfico com incidência da causa de aumento de pena prevista no art. 40, VII. • REsp 1.290.296-PR. 2014. (Info 534)

ABSORÇÃO DO CRIME DE POSSE DE MAQUINÁRIO PELO CRIME DE TRÁFICO DE DROGAS.

STJ Responderá apenas pelo crime de tráfico de drogas - e não pelo mencionado crime em concurso com o de posse de objetos e maquinário para a fabricação de drogas, previsto no art. 34 da Lei 11.343/2006 - o agente que, além de preparar para venda certa quantidade de drogas ilícitas em sua residência, mantiver, no mesmo local, uma balança de precisão e um alicate de unha utilizados na preparação das substâncias. • REsp 1.196.334-PR. 2013. (Info 531)

AUTONOMIA DE CONDUTA SUBSUMIDA AO CRIME DE POSSUIR MAQUINÁRIO DESTINADO À PRODUÇÃO DE DROGAS.

STJ Responderá pelo crime de tráfico de drogas - art. 33 da Lei 11.343/2006 - em concurso com o crime de posse de objetos e maquinário para a fabricação de drogas - art. 34 da Lei 11.343/2006 - o agente que, além de ter em depósito certa quantidade de drogas ilícitas em sua residência para fins de mercancia, possuir, no mesmo local e em grande escala, objetos, maquinário e utensílios que constituam laboratório utilizado para a produção, preparo, fabricação e transformação de drogas ilícitas em grandes quantidades. • AgRg no AREsp 303.213-SP. 2013. (Info 531)

SUBSIDIARIEDADE DO TIPO DO ART. 37 EM RELAÇÃO AO DO ART. 35 DA LEI 11.343/2006.

STJ Responderá apenas pelo crime de associação do art. 35 da Lei 11.343/2006 - e não pelo mencionado crime em concurso com o de colaboração como informante, previsto no art. 37 da mesma lei - o agente que, já integrando associação que se destine à prática do tráfico de drogas, passar, em determinado momento, a colaborar com esta especificamente na condição de informante. • HC 224.849-RJ. 2013. (Info 528)

CONTINUIDADE NORMATIVO-TÍPICA DA CONDUTA PREVISTA NO ART. 12, § 2º, III, DA LEI 6.368/1976.

STJ O advento da Lei 11.343/2006 não implicou *abolitio criminis* quanto à conduta prevista no art. 12, § 2º, III, da Lei 6.368/1976, consistente em contribuir "de qualquer forma para incentivar ou difundir o uso indevido ou o tráfico ilícito de substância entorpecente ou que determine dependência física ou psíquica". • HC 163.545-RJ. 2013. (Info 527)

▼ LEI DE EXECUÇÃO PENAL

SAÍDA TEMPORÁRIA. CONTAGEM.

STF A contagem do prazo do benefício de saída temporária de preso é feita em dias e não em horas. • HC 130883/SC. 2016. (Info 828)

TRABALHO EXTERNO E CUMPRIMENTO MÍNIMO DE PENA

STF A exigência objetiva de prévio cumprimento do mínimo de 1/6 da pena, para fins de trabalho externo, não se aplica aos condenados que se encontrarem em regime semiaberto. • EP 2 TrabExt-AgR. 2014. (Info 752)

PROGRESSÃO DE REGIME EM CRIMES HEDIONDOS E LEI PENAL NO TEMPO

STF A exigência de cumprimento de um sexto da pena para a progressão de regime se aplica a crimes hediondos praticados antes da vigência da Lei 11.464/07, que, ao alterar a redação do art. 2º da Lei 8.072/90, exigiria o cumprimento de dois quintos da pena, para condenado primário, e três quintos, para reincidente. • RE 579167. 2013. (Info 706)

POSSIBILIDADE DE FIXAÇÃO DE CALENDÁRIO ANUAL DE SAÍDAS TEMPORÁRIAS POR ATO JUDICIAL ÚNICO. RECURSO REPETITIVO.

STJ É recomendável que cada autorização de saída temporária do preso seja precedida de decisão judicial motivada. Entretanto, se a apreciação individual do pedido estiver, por deficiência exclusiva do aparato estatal, a interferir no direito subjetivo do apenado e no escopo ressocializador da pena, deve ser reconhecida, excepcionalmente, a possibilidade de fixação de calendário anual de saídas temporárias por ato judicial único, observadas as hipóteses de revogação automática do art. 125 da LEP. • REsp 1.544.036-RJ . 2016. (Info 590)

COMPETÊNCIA PARA FIXAÇÃO DE CALENDÁRIO PRÉVIO DE SAÍDAS TEMPORÁRIAS. RECURSO REPETITIVO.

STJ O calendário prévio das saídas temporárias deverá ser fixado, obrigatoriamente, pelo Juízo das execuções, não se lhe permitindo delegar à autoridade prisional a escolha das datas específicas nas quais o apenado irá usufruir os benefícios. Inteligência da Súmula n. 520 do STJ. • REsp 1.544.036-RJ. 2016. (Info 590)

POSSIBILIDADE DE CONCESSÃO DE MAIS DE CINCO SAÍDAS TEMPORÁRIAS POR ANO. RECURSO REPETITIVO.

STJ Respeitado o limite anual de 35 dias, estabelecido pelo art. 124 da LEP, é cabível a concessão de maior número de autorizações de curta duração. • REsp 1.544.036-RJ. 2016. (Info 590)

PRAZO MÍNIMO ENTRE SAÍDAS TEMPORÁRIAS. RECURSO REPETITIVO. TEMA 445.

STJ As autorizações de saída temporária para visita à família e para participação em atividades que concorram para o retorno ao convívio social, se limitadas a cinco vezes durante o ano, deverão observar o prazo mínimo de 45 dias de intervalo entre uma e outra. Na hipótese de maior número de saídas temporárias de curta duração, já intercaladas durante os doze meses do ano e muitas vezes sem pernoite, não se exige o intervalo previsto no art. 124, § 3º, da LEP. • REsp 1.544.036-RJ. 2016. (Info 590)

PERDA DOS DIAS EM RAZÃO DE COMETIMENTO DE FALTA GRAVE.

STJ Reconhecida falta grave, a perda de até 1/3 do tempo remido (art. 127 da LEP) pode alcançar dias de trabalho anteriores à infração disciplinar e que ainda não tenham sido declarados pelo juízo da execução no cômputo da remição. • REsp 1.517.936-RS. 2015. (Info 572)

CONCESSÃO DE TRABALHO EXTERNO EM EMPRESA DA FAMÍLIA.

STJ O fato de o irmão do apenado ser um dos sócios da empresa empregadora não constitui óbice à concessão do benefício do trabalho externo, ainda que se argumente sobre o risco de ineficácia da realização do trabalho externo devido à fragilidade na fiscalização. • HC 310.515-RS. 2015. (Info 569)

RECUSA INJUSTIFICADA DO APENADO AO TRABALHO CONSTITUI FALTA GRAVE.

STJ Constitui falta grave na execução penal a recusa injustificada do condenado ao exercício de trabalho interno. • HC 264.989-SP. 2015. (Info 567)

REMIÇÃO DA PENA PELA LEITURA.

STJ A atividade de leitura pode ser considerada para fins de remição de parte do tempo de execução da pena. • HC 312.486-SP. 2015. (Info 564)

REMIÇÃO DE PENA EM RAZÃO DE ATIVIDADE LABORATIVA EXTRAMUROS. RECURSO REPETITIVO.

STJ É possível a remição de parte do tempo de execução da pena quando o condenado, em regime fechado ou semiaberto, desempenha atividade laborativa extramuros. • REsp 1.381.315-RJ. 2015. (Info 562)

PERDA DOS DIAS REMIDOS EM RAZÃO DE COMETIMENTO DE FALTA GRAVE.

STJ A prática de falta grave impõe a decretação da perda de até 1/3 dos dias remidos, devendo a expressão "poderá" contida no art. 127 da Lei 7.210/1984, com a redação que lhe foi conferida pela Lei 12.432/2011, ser interpretada como verdadeiro poder-dever do magistrado, ficando no juízo de discricionariedade do julgador apenas a fração da perda, que terá como limite máximo 1/3 dos dias remidos. • AgRg no REsp 1.430.097-PR. 2015. (Info 559)

REMIÇÃO DA PENA PELO ESTUDO EM DIAS NÃO ÚTEIS.

STJ A remição da pena pelo estudo deve ocorrer independentemente de a atividade estudantil ser desenvolvida em dia não útil. • AgRg no REsp 1.487.218-DF. 2015. (Info 556)

PRÁTICA DE FALTA GRAVE, COMUTAÇÃO DE PENA E INDULTO. RECURSO REPETITIVO.

STJ A prática de falta grave não interrompe automaticamente o prazo necessário para a concessão de indulto ou de comutação de pena, devendo-se observar o cumprimento dos requisitos previstos no decreto presidencial pelo qual foram instituídos. • REsp 1.364.192-RS. 2015. (Info 547)

PRÁTICA DE FALTA GRAVE E PROGRESSÃO DE REGIME. RECURSO REPETITIVO.

STJ A prática de falta grave interrompe o prazo para a progressão de regime, acarretando a modificação da data-base e o início de nova contagem do lapso necessário para o preenchimento do requisito objetivo. • REsp 1.364.192-RS. 2015. (Info 543)

REGIME INICIAL DE CUMPRIMENTO DE PENA NO CRIME DE TORTURA.

STJ Não é obrigatório que o condenado por crime de tortura inicie o cumprimento da pena no regime prisional fechado. • HC 286.925-RR. 2014. (Info 540)

NECESSIDADE DE FUNDAMENTAÇÃO PARA A DECRETAÇÃO DA PERDA DE 1/3 DOS DIAS REMIDOS.

STJ Reconhecida falta grave no decorrer da execução penal, não pode ser determinada a perda dos dias remidos na fração máxima de 1/3 sem que haja fundamentação concreta para justificá-la. • HC 282.265-RS. 2014. (Info 539)

CRITÉRIO OBJETIVO PARA A CONCESSÃO DE INDULTO.

STJ A regra prevista no art. 1º, I, do Dec. 7.873/2012, que admite a concessão de indulto coletivo aos condenados a pena inferior a oito anos, não pode ser interpretada de forma a permitir que também obtenham o benefício aqueles que, embora condenados a pena total superior a esse limite, tenham menos de oito anos de pena remanescente a cumprir na data da publicação do referido diploma legal. • HC 276.416-SP. 2014. (Info 538)

BENEFÍCIOS DA EXECUÇÃO PENAL NO CASO DE ESTRANGEIRO EM SITUAÇÃO IRREGULAR NO BRASIL.

STJ O fato de estrangeiro estar em situação irregular no país, por si só, não é motivo suficiente para inviabilizar os benefícios da execução penal. • HC 274.249-SP. 2014. (Info 535)

ILEGALIDADE NO RECONHECIMENTO DE FALTA GRAVE.

STJ A mudança de endereço sem autorização judicial durante o curso do livramento condicional, em descumprimento a uma das condições impostas na decisão que concedeu o benefício, não configura, por si só, falta disciplinar de natureza grave. • HC 203.015-SP. 2014. (Info 532)

▼ LEI MARIA DA PENHA

HC E MEDIDAS PROTETIVAS PREVISTAS NA LEI MARIA DA PENHA.

STJ Cabe *habeas corpus* para apurar eventual ilegalidade na fixação de medida protetiva de urgência consistente na proibição de aproximar-se de vítima de violência doméstica e familiar. • HC 298.499-. 2015. (Info 574)

APLICAÇÃO DA LEI MARIA DA PENHA NA RELAÇÃO ENTRE MÃE E FILHA.

STJ É possível a incidência da Lei 11.340/2006 (Lei Maria da Penha) nas relações entre mãe e filha. • HC 277.561-AL. 2015. (Info 551)

DESCUMPRIMENTO DE MEDIDA PROTETIVA DE URGÊNCIA PREVISTA NA LEI MARIA DA PENHA.

STJ O descumprimento de medida protetiva de urgência prevista na Lei Maria da Penha (art. 22 da Lei 11.340/2006) não configura crime de desobediência (art. 330 do CP). • RHC 41.970-MG. 2014. (Info 545)

DESCUMPRIMENTO DE MEDIDA PROTETIVA DE URGÊNCIA PREVISTA NA LEI MARIA DA PENHA.

STJ O descumprimento de medida protetiva de urgência prevista na Lei Maria da Penha (art. 22 da Lei 11.340/2006) não configura crime de desobediência (art. 330 do CP). • REsp 1.374.653-MG. 2014. (Info 538)

▼ DOSIMETRIA DA PENA

CULPABILIDADE E ALEGAÇÃO DE INCONSTITUCIONALIDADE

STF A circunstância judicial "culpabilidade", disposta no art. 59 do CP, atende ao critério constitucional da individualização da pena. • HC 105674. 2013. (Info 724)

VULNERABILIDADE EMOCIONAL E PSICOLÓGICA DA VÍTIMA COMO CIRCUNSTÂNCIA NEGATIVA NA DOSIMETRIA DA PENA.

STJ O fato de o agente ter se aproveitado, para a prática do crime, da situação de vulnerabilidade emocional e psicológica da vítima decorrente da morte de seu filho em razão de erro médico pode constituir motivo idôneo para a valoração negativa de sua culpabilidade. • HC 264.459-SP. 2016. (Info 579)

COMPLEXIDADE DO ESQUEMA CRIMINOSO COMO CIRCUNSTÂNCIA NEGATIVA NA DOSIMETRIA DA PENA DO CRIME DE EVASÃO DE DIVISAS.

STJ Na fixação da pena do crime de evasão de divisas (art. 22, parágrafo único, da Lei n. 7.492/1986), o fato de o delito ter sido cometido por organização criminosa complexa e bem estrutura pode ser valorado de forma negativa a título de circunstâncias do crime. • REsp 1.535.956-RS. 2016. (Info 579)

CONDENAÇÕES POR FATOS POSTERIORES AO CRIME EM JULGAMENTO.

STJ Na dosimetria da pena, os fatos posteriores ao crime em julgamento não podem ser utilizados como fundamento para valorar negativamente a culpabilidade, a personalidade e a conduta social do réu. • HC 189.385-RS. 2014. (Info 535)

▼ GESTÃO FRAUDULENTA

CONFIGURAÇÃO DO CRIME DE GESTÃO FRAUDULENTA DE INSTITUIÇÃO FINANCEIRA.

STJ A absolvição quanto ao crime de emissão, oferecimento ou negociação de títulos fraudulentos (art. 7º da Lei n. 7.492/1986) não ilide a possibilidade de condenação por gestão fraudulenta de instituição financeira (art. 4º,*caput*, da Lei n. 7.492/1986). • HC 285.587-SP. 2016. (Info 580)

▼ PRINCÍPIO DA INSIGNIFICÂNCIA

PRINCÍPIO DA INSIGNIFICÂNCIA E VIOLÊNCIA DOMÉSTICA

STF Inadmissível a aplicação do princípio da insignificância aos delitos praticados em situação de violência doméstica. • RHC 133043/MT. 2016. (Info 825)

PRINCÍPIO DA INSIGNIFICÂNCIA. CASO A CASO.

STF A incidência do princípio da insignificância deve ser feita caso a caso. • HC 123108/MG. 2015. (Info 793)

OPERAÇÕES "DÓLAR-CABO" E PRINCÍPIO DA INSIGNIFICÂNCIA.

STJ Nos casos de evasão de divisas praticada mediante operação do tipo "dólar-cabo", não é possível utilizar o valor de R$ 10 mil como parâmetro para fins de aplicação do princípio da insignificância. • REsp 1.535.956-RS. 2016. (Info 580)

REITERAÇÃO CRIMINOSA NO CRIME DE DESCAMINHO E PRINCÍPIO DA INSIGNIFICÂNCIA.

STJ A reiteração criminosa inviabiliza a aplicação do princípio da insignificância nos crimes de descaminho, ressalvada a possibilidade de, no caso concreto, as instâncias ordinárias verificarem que a medida é socialmente recomendável. • EREsp 1.217.514-RS. 2016. (Info 575)

INAPLICABILIDADE DO PRINCÍPIO DA INSIGNIFICÂNCIA AO DELITO PREVISTO NO ART. 183 DA LEI 9.472/1997.

STJ Não se aplica o princípio da insignificância à conduta descrita no art. 183 da Lei 9.472/1997 ("Desenvolver clandestinamente atividades de telecomunicação"). • AgRg no REsp 1.304.262-PB. 2015. (Info 560)

PARÂMETRO PARA APLICAÇÃO DO PRINCÍPIO DA INSIGNIFICÂNCIA AO CRIME DE DESCAMINHO.

STJ O valor de R$ 20 mil fixado pela Portaria MF 75/2012 - empregado como critério para o arquivamento, sem baixa na distribuição, das execuções fiscais de débitos inscritos na Dívida Ativa da União - não pode ser utilizado como parâmetro para fins de aplicação do princípio da insignificância aos crimes de descaminho. • REsp 1.393.317-PR. 2015. (Info 551)

CONTRABANDO DE ARMA DE PRESSÃO E IMPOSSIBILIDADE DE APLICAÇÃO DO PRINCÍPIO DA INSIGNIFICÂNCIA.

STJ Configura contrabando - e não descaminho - importar, à margem da disciplina legal, arma de pressão por ação de gás comprimido ou por ação de mola, ainda que se trate de artefato de calibre inferior a 6 mm, não sendo aplicável, portanto, o princípio da insignificância, mesmo que o valor do tributo incidente sobre a mercadoria seja inferior a R$ 10 mil. • REsp 1.427.796-RS. 2015. (Info 550)

INAPLICABILIDADE DO PRINCÍPIO DA INSIGNIFICÂNCIA NA HIPÓTESE DE REITERAÇÃO DA PRÁTICA DE DESCAMINHO.

STJ A reiterada omissão no pagamento do tributo devido nas importações de mercadorias de procedência estrangeira impede a incidência do princípio da insignificância em caso de persecução penal por crime de descaminho (art. 334 do CP), ainda que o valor do tributo suprimido não ultrapasse o limite previsto para o não ajuizamento de execuções fiscais pela Fazenda Nacional. • RHC 31.612-PB. 2014. (Info 541)

INAPLICABILIDADE DO PRINCÍPIO DA INSIGNIFICÂNCIA AO CRIME DE PORTE DE SUBSTÂNCIA ENTORPECENTE PARA CONSUMO PRÓPRIO.

STJ Não é possível afastar a tipicidade material do porte de substância entorpecente para consumo próprio com base no princípio da insignificância, ainda que ínfima a quantidade de droga apreendida. • RHC 35.920-DF. 2014. (Info 541)

PRINCÍPIO DA INSIGNIFICÂNCIA NO CASO DE CRIMES RELACIONADOS A TRIBUTOS QUE NÃO SEJAM DA COMPETÊNCIA DA UNIÃO.

STJ É inaplicável o patamar estabelecido no art. 20 da Lei 10.522/2002, no valor de R$ 10 mil, para se afastar a tipicidade material, com base no princípio da insignificância, de delitos concernentes a tributos que não sejam da competência da União. • HC 165.003-SP. 2014. (Info 540)

INAPLICABILIDADE DO PRINCÍPIO DA INSIGNIFICÂNCIA AO CONTRABANDO DE GASOLINA.

STJ Não é aplicável o princípio da insignificância em relação à conduta de importar gasolina sem autorização e sem o devido recolhimento de tributos. • AgRg no AREsp 348.408-RR. 2014. (Info 536)

▼ OUTRAS TEORIAS E PRINCÍPIOS PENAIS

INFRAÇÕES AUTÔNOMAS E PRINCÍPIO DA CONSUNÇÃO

STF Crime tipificado no Código Penal não pode ser absorvido por infração descrita na Lei de Contravenções Penais. • HC 121652. 2014. (Info 743)

PRINCÍPIO DA NÃO-CULPABILIDADE E EXECUÇÃO DA PENA

STF Ofende o princípio da não-culpabilidade a determinação de execução imediata de pena privativa de liberdade imposta, quando ainda pendente de julgamento recurso extraordinário admitido na origem. • HC 122592. 2014. (Info 754)

DIREITO PROCESSUAL PENAL

INQUÉRITO E INVESTIGAÇÃO POLICIAL

VÍCIO EM INQUÉRITO POLICIAL E NULIDADE DE AÇÃO PENAL.

STF É incabível a anulação de processo penal em razão de suposta irregularidade verificada em inquérito policial. • RHC 131450/DF. 2016. (Info 824)

ARQUIVAMENTO. INQUÉRITO POLICIAL.

STF O arquivamento de inquérito policial em razão do reconhecimento de excludente de ilicitude não faz coisa julgada material. • HC 125101/SP. 2015. (Info 796)

UTILIZAÇÃO NO PROCESSO PENAL DE PROVAS OBTIDAS PELA ADMINISTRAÇÃO TRIBUTÁRIA.

STJ Os dados bancários entregues à autoridade fiscal pela sociedade empresária fiscalizada, após regular intimação e independentemente de prévia autorização judicial, podem ser utilizados para subsidiar a instauração de inquérito policial para apurar suposta prática de crime contra a ordem tributária. • RHC 66.520-RJ. 2016. (Info 577)

TRAMITAÇÃO DIRETA DE INQUÉRITO POLICIAL ENTRE A POLÍCIA FEDERAL E O MINISTÉRIO PÚBLICO FEDERAL.

STJ Não é ilegal a portaria editada por Juiz Federal que, fundada na Res. CJF n. 63/2009, estabelece a tramitação direta de inquérito policial entre a Polícia Federal e o Ministério Público Federal. • RMS 46.165-SP. 2015. (Info 574)

HIPÓTESE DE INOCORRÊNCIA DE AÇÃO CONTROLADA.

STJ A investigação policial que tem como única finalidade obter informações mais concretas acerca de conduta e de paradeiro de determinado traficante, sem pretensão de identificar outros suspeitos, não configura a ação controlada do art. 53, II, da Lei 11.343/2006, sendo dispensável a autorização judicial para a sua realização. • RHC 60.251-SC. 2015. (Info 570)

ARQUIVAMENTO DO INQUÉRITO POLICIAL.

STJ Na ação penal pública incondicionada, a vítima não tem direito líquido e certo de impedir o arquivamento do inquérito ou das peças de informação. • MS 21.081-DF. 2015. (Info 565)

INAPLICABILIDADE DO ART. 28 DO CPP NOS PROCEDIMENTOS INVESTIGATIVOS QUE TRAMITEM ORIGINARIAMENTE NO STJ.

STJ Se membro do MPF, atuando no STJ, requerer o arquivamento do inquérito policial ou de quaisquer peças de informação que tramitem originariamente perante esse Tribunal Superior, este, mesmo considerando improcedentes as razões invocadas, deverá determinar o arquivamento solicitado, sem a possibilidade de remessa para o Procurador-Geral da República, não se aplicando o art. 28 do CPP. • Inq 967-DF. 2015. (Info 568)

EFEITOS DO ARQUIVAMENTO DO INQUÉRITO POLICIAL PELO RECONHECIMENTO DE LEGÍTIMA DEFESA.

STJ Promovido o arquivamento do inquérito policial pelo reconhecimento de legítima defesa, a coisa julgada material impede a rediscussão do caso penal em qualquer novo feito criminal, descabendo perquirir a existência de novas provas. • REsp 791.471-RJ. 2014. (Info 554)

INTIMAÇÃO DE AUTORIDADE PARA PRESTAR DECLARAÇÕES.

STJ As autoridades com prerrogativa de foro previstas no art. 221 do CPP, quando figurarem na condição de investigados no inquérito policial ou de acusados na ação penal, não têm o direito de serem inquiridas em local, dia e hora previamente ajustados com a autoridade policial ou com o juiz. • HC 250.970-SP. 2014. (Info 547)

PODERES DO RELATOR EM INVESTIGAÇÃO CONTRA MAGISTRADO.

STJ O prosseguimento da investigação criminal em que surgiu indício da prática de crime por parte de magistrado não depende de deliberação do órgão especial do tribunal competente, cabendo ao relator a quem o inquérito foi distribuído determinar as diligências que entender cabíveis. • HC 208.657-MG. 2014. (Info 540)

DESCOBERTA FORTUITA DE DELITOS QUE NÃO SÃO OBJETO DE INVESTIGAÇÃO.

STJ O fato de elementos indiciários acerca da prática de crime surgirem no decorrer da execução de medida de quebra de sigilo bancário e fiscal determinada para apuração de outros crimes não impede, por si só, que os dados colhidos sejam utilizados para a averiguação da suposta prática daquele delito. • HC 282.096-SP. 2014. (Info 539)

MEDIDAS PROTETIVAS ACAUTELATÓRIAS DE VIOLÊNCIA CONTRA A MULHER.

STJ As medidas protetivas de urgência da Lei 11.340/2006 (Lei Maria da Penha) podem ser aplicadas em ação cautelar cível satisfativa, independentemente da existência de inquérito policial ou processo criminal contra o suposto agressor. • REsp 1.419.421-GO. 2014. (Info 535)

▼ AÇÃO PENAL

QUEIXA-CRIME E INDIVISIBILIDADE DA AÇÃO PENAL.

STF Não oferecida a queixa-crime contra todos os supostos autores ou partícipes da prática delituosa, há afronta ao princípio da indivisibilidade da ação penal, a implicar renúncia tácita ao direito de querela, cuja eficácia extintiva da punibilidade estende-se a todos quantos alegadamente hajam intervindo no cometimento da infração penal. • Inq-3526. 2016. (Info 813)

COMPETÊNCIA: SOCIEDADE DE ECONOMIA MISTA E AÇÃO PENAL.

STF Compete à justiça federal processar e julgar ação penal referente a crime cometido contra sociedade de economia mista, quando demonstrado o interesse jurídico da União. • RE 614115 AgR. 2014. (Info 759)

COMPETÊNCIA POR PRERROGATIVA DE FORO E DESMEMBRAMENTO.

STF Compete ao STF decidir quanto à conveniência de desmembramento de procedimento de investigação ou persecução penal, quando houver pluralidade de investigados e um deles tiver prerrogativa de foro perante a Corte. • AP 871QO. 2014. (Info 750)

COMPETÊNCIA DA JUSTIÇA COMUM E CRIME PRATICADO POR MEIO DA INTERNET.

STF Compete à justiça estadual processar e julgar crime de incitação à discriminação cometido via internet, quando praticado contra pessoas determinadas e que não tenha ultrapassado as fronteiras territoriais brasileiras. • HC 121283. 2014. (Info 744)

MP: LEGITIMIDADE E SITUAÇÃO DE MISERABILIDADE.

STF Constatada a situação de miserabilidade, o MP tem legitimidade para a propositura de ação penal, ainda que os genitores da vítima, menor, tenham se retratado. • HC 115196. 2014. (Info 735)

HC: CHEFE DA INTERPOL E COMPETÊNCIA.

STF O STF não tem competência para julgar "habeas corpus" cuja autoridade apontada como coatora seja delegado federal chefe da Interpol no Brasil. • HC 119056 QO. 2013. (Info 722)

HC E TRANCAMENTO DE AÇÃO PENAL: ADMISSIBILIDADE.

STF O controle judicial prévio de admissibilidade de qualquer acusação penal, mesmo em âmbito de "habeas corpus", é legítimo e não ofende os princípios constitucionais do juiz natural e do monopólio da titularidade do MP em ação penal de iniciativa pública, quando a pretensão estatal estiver destituída de base empírica idônea. • RE 593443. 2013. (Info 709)

HONORÁRIOS ADVOCATÍCIOS SUCUMBENCIAIS EM AÇÃO PENAL PRIVADA EXTINTA SEM JULGAMENTO DE MÉRITO.

STJ É possível condenar o querelante em honorários advocatícios sucumbenciais na hipótese de rejeição de queixa-crime por ausência de justa causa. • EREsp 1.218.726-RJ. 2016. (Info 586)

POSSIBILIDADE DE EXTENSÃO DE DECISÃO DE DESCLASSIFICAÇÃO ADOTADA POR JÚRI EM FAVOR DE CORRÉU.

STJ Ocorrido o desmembramento da ação penal que imputava aos coacusados a prática de homicídio doloso tentado decorrente da prática de "racha", a desclassificação em decisão do Tribunal do Júri do crime de homicídio doloso tentado para o delito de lesões corporais graves ocorrida em benefício do corréu (causador direto da colisão da que decorreram os ferimentos suportados pela vítima) é extensível, independentemente de recurso ou nova decisão do Tribunal Popular, a outro corréu (condutor do outro veículo) investido de igual consciência e vontade de participar da mesma conduta e não responsável direto pelas citadas lesões. • RHC 67.383-SP. 2016. (Info 583)

COMPETÊNCIA PARA EXPEDIÇÃO DE GUIA DE RECOLHIMENTO DE RÉU EM EXECUÇÃO PROVISÓRIA DE PENA.

STJ Em execução provisória de pena fixada em ação penal originária, a expedição de guia de recolhimento de réu cabe ao tribunal competente para processá-la e julgá-la. • EDcl no REsp 1.484.415-DF. 2016. (Info 581)

EXECUÇÃO PROVISÓRIA DE PENA EM AÇÃO PENAL ORIGINÁRIA.

STJ É possível a execução provisória de pena imposta em acordão condenatório proferido em ação penal de competência originária de tribunal. • EDcl no REsp 1.484.415-DF. 2016. (Info 581)

NULIDADE EM AÇÃO PENAL POR FALTA DE CITAÇÃO DO RÉU.

STJ Ainda que o réu tenha constituído advogado antes do oferecimento da denúncia - na data da prisão em flagrante - e o patrono tenha atuado, por determinação do Juiz, durante toda a instrução criminal, é nula a ação penal que tenha condenado o réu sem a sua presença, o qual não foi citado nem compareceu pessoalmente a qualquer ato do processo, inexistindo prova inequívoca de que tomou conhecimento da denúncia. • REsp 1.580.435-GO. 2016. (Info 580)

SENTENÇA DE ABSOLVIÇÃO SUMÁRIA E VEDAÇÃO DE ANÁLISE DO MÉRITO DA AÇÃO PENAL EM APELAÇÃO.

STJ No julgamento de apelação interposta pelo Ministério Público contra sentença de absolvição sumária, o Tribunal não poderá analisar o mérito da ação penal para condenar o réu, podendo, entretanto, prover o recurso para determinar o retorno dos autos ao juízo de primeiro grau, a fim de viabilizar o prosseguimento do processo. • HC 260.188-AC. 2016. (Info 579)

COMPETÊNCIA PARA JULGAR CRIME PRATICADO EM BANCO POSTAL.

STJ Compete à Justiça Estadual - e não à Justiça Federal - processar e julgar ação penal na qual se apurem infrações penais decorrentes da tentativa de abertura de conta corrente mediante a apresentação de documento falso em agência do Banco do Brasil (BB) localizada nas dependências de agência da Empresa Brasileira de Correios e Telégrafos (ECT) que funcione como Banco Postal. • CC 129.804-PB. 2015. (Info 572)

APLICABILIDADE DO PRINCÍPIO DO NE BIS IN IDEM.

STJ O agente que, numa primeira ação penal, tenha sido condenado pela prática de crime de roubo contra uma instituição bancária não poderá ser, numa segunda ação penal, condenado por crime de roubo supostamente cometido contra o gerente do banco no mesmo contexto fático considerado na primeira ação penal, ainda que a conduta referente a este suposto roubo contra o gerente não tenha sido sequer levada ao conhecimento do juízo da primeira ação penal, vindo à tona somente no segundo processo. • HC 285.589-MG. 2015. (Info 570)

EXTRADIÇÃO SUPLETIVA.

STJ Caso seja oferecida denúncia pelo Ministério Público por fato anterior e não contido na solicitação de extradição da pessoa entregue, deve a ação penal correspondente ser suspensa até que seja julgado pedido de extradição supletiva, nos termos do art. 14 do Decreto 4.975/2004 (Acordo de Extradição entre Estados Partes do Mercosul). • RHC 45.569-MT. 2015. (Info 566)

LIMITE PARA APLICAÇÃO DO PRINCÍPIO DA INDIVISIBILIDADE DA AÇÃO PENAL PRIVADA.

STJ A não inclusão de eventuais suspeitos na queixa-crime não configura, por si só, renúncia tácita ao direito de queixa. • RHC 55.142-MG. 2015. (Info 562)

IMPOSSIBILIDADE DE SEGURADORA INTERVIR COMO ASSISTENTE DA ACUSAÇÃO EM PROCESSO QUE APURE HOMICÍDIO DO SEGURADO.

STJ A seguradora não tem direito líquido e certo de figurar como assistente do Ministério Público em ação penal na qual o beneficiário do seguro de vida é acusado de ter praticado o homicídio do segurado. • RMS 47.575-SP. 2015. (Info 562)

ANÁLISE DE HABEAS CORPUS A DESPEITO DE CONCESSÃO DE SURSIS.

STJ A eventual aceitação de proposta de suspensão condicional do processo não prejudica a análise de *habeas corpus* no qual se pleiteia o trancamento de ação penal. • RHC 41.527-RJ. 2015. (Info 557)

RÉU DENUNCIADO POR DELITO NA FORMA CONSUMADA E POSTERIORMENTE CONDENADO NA FORMA TENTADA.

STJ O réu denunciado por crime na forma consumada pode ser condenado em sua forma tentada, mesmo que não tenha havido aditamento à denúncia. • HC 297.551-MG. 2015. (Info 557)

INTERVENÇÃO DE TERCEIROS EM HABEAS CORPUS.

STJ Admite-se a intervenção do querelante em *habeas corpus* oriundo de ação penal privada. • RHC 41.527-RJ. 2015. (Info 557)

VALIDADE DE ATOS PROCESSUAIS PRATICADOS ANTES DE CAUSA SUPERVENIENTE DE MODIFICAÇÃO DA COMPETÊNCIA.

STJ No caso em que, após iniciada a ação penal perante determinado juízo, ocorra modificação da competência em razão da investidura do réu em cargo que atraia foro por prerrogativa de função, serão válidos os atos processuais - inclusive o recebimento da denúncia - realizados antes da causa superveniente de modificação da competência, sendo desnecessária, no âmbito do novo juízo, qualquer ratificação desses atos, que, caso ocorra, não precisará seguir as regras que deveriam ser observadas para a prática, em ação originária, de atos equivalentes aos atos ratificados. • HC 238.129-TO. 2015. (Info 556)

NATUREZA DA AÇÃO PENAL EM CRIME CONTRA A LIBERDADE SEXUAL.

STJ Procede-se mediante ação penal condicionada à representação no crime de estupro praticado contra vítima que, por estar desacordada em razão de ter sido anteriormente agredida, era incapaz de oferecer resistência apenas na ocasião da ocorrência dos atos libidinosos. • HC 276.510-RJ. 2014. (Info 553)

RESTITUIÇÃO DE COISA APREENDIDA E RECURSO DE TERCEIRO PREJUDICADO.

STJ Se, em decisão transitada em julgado, decide-se pela improcedência de embargos de terceiro opostos contra apreensão de veículo automotor - em razão de não ter sido comprovada a propriedade, a posse ou a origem lícita dos recursos utilizados na aquisição do automóvel - o autor dos referidos embargos, na condição de terceiro prejudicado, não tem interesse de recorrer contra parte da sentença condenatória que, ao final da ação penal, decretou o perdimento do bem em favor da União. • REsp 1.247.629-RJ. 2014. (Info 552)

NULIDADE DE QUEIXA-CRIME POR VÍCIO DE REPRESENTAÇÃO.

STJ É nula a queixa-crime oferecida por advogado substabelecido com reserva de direitos por procurador que recebera do querelante apenas os poderes da cláusula *ad judicia et extra* - poderes para o foro em geral -, ainda que ao instrumento de substabelecimento tenha sido acrescido, pelo substabelecente, poderes especiais para a propositura de ação penal privada. • RHC 33.790-SP. 2014. (Info 544)

INAPLICABILIDADE DO PRINCÍPIO DA INDIVISIBILIDADE EM AÇÃO PÚBLICA.

STJ Na ação penal pública, o MP não está obrigado a denunciar todos os envolvidos no fato tido por delituoso, não se podendo falar em arquivamento implícito em relação a quem não foi denunciado. • RHC 34.233-SP. 2014. (Info 540)

DENÚNCIA INEPTA POR FALTA DE DESCRIÇÃO ADEQUADA DE CONDUTA COMISSIVA POR OMISSÃO.

STJ É inepta denúncia que impute a prática de homicídio na forma omissiva imprópria quando não há descrição clara e precisa de como a acusada – médica cirurgiã de sobreaviso – poderia ter impedido o resultado morte, sendo insuficiente a simples menção do não comparecimento da denunciada à unidade hospitalar, quando lhe foi solicitada a presença para prestar imediato atendimento a paciente que foi a óbito. • RHC 39.627-RJ. 2014. (Info 538)

INÉPCIA DA DENÚNCIA QUE NÃO DESCREVE DE FORMA CLARA E PRECISA A CONDUTA DO AGENTE.

STJ É inepta denúncia que, ao descrever a conduta do acusado como sendo dolosa, o faz de forma genérica, a ponto de ser possível enquadrá-la tanto como culpa consciente quanto como dolo eventual. • RHC 39.627-RJ. 2014. (Info 538)

DETERMINAÇÃO EM LEI ESTADUAL DE COMPETÊNCIA DO JUÍZO DA INFÂNCIA E DA JUVENTUDE PARA O PROCESSAMENTO DE AÇÃO PENAL DECORRENTE DA PRÁTICA DE CRIME CONTRA CRIANÇA OU ADOLESCENTE.

STJ Devem ser anulados os atos decisórios do processo, desde o recebimento da denúncia, na hipótese em que o réu, maior de 18 anos, acusado da prática do crime de estupro de vulnerável (art. 217-A, *caput*, do CP), tenha sido, por esse fato, submetido a julgamento perante juízo da infância e da juventude, ainda que lei estadual estabeleça a competência do referido juízo para processar e julgar ação penal decorrente da prática de crime que tenha como vítima criança ou adolescente. • RHC 37.603-RS. 2013. (Info 529)

COMPETÊNCIA PARA O JULGAMENTO DE AÇÃO PENAL REFERENTE À PRÁTICA DE CRIME CONTRA O SISTEMA FINANCEIRO NACIONAL POR MEIO DE SOCIEDADE QUE DESENVOLVA A ATIVIDADE DE FACTORING.

STJ Compete à Justiça Federal processar e julgar a conduta daquele que, por meio de pessoa jurídica instituída para a prestação de serviço de *factoring*, realize, sem autorização legal, a captação, intermediação e aplicação de recursos financeiros de terceiros, sob a promessa de que estes receberiam, em contrapartida, rendimentos superiores aos aplicados no mercado. • CC 115.338-PR. 2013. (Info 528)

DETERMINAÇÃO, EM LEI ESTADUAL, DE COMPETÊNCIA DO JUÍZO DA INFÂNCIA E DA JUVENTUDE PARA A AÇÃO PENAL DECORRENTE DA PRÁTICA DE CRIME CONTRA CRIANÇA OU ADOLESCENTE.

STJ O maior de 18 anos acusado da prática de estupro de vulnerável (art. 217-A, caput, do CP) pode, por esse fato, ser submetido a julgamento perante juízo da infância e da juventude na hipótese em que lei estadual, de iniciativa do tribunal de justiça, estabeleça a competência do referido juízo para processar e julgar ação penal decorrente da prática de crime que tenha como vítima criança ou adolescente. • HC 219.218-RS. 2013. (Info 528)

COMPETÊNCIA PARA O JULGAMENTO DE CRIME DE SONEGAÇÃO DE ISSQN.

STJ Compete à Justiça Estadual - e não à Justiça Federal - o julgamento de ação penal em que se apure a possível prática de sonegação de ISSQN pelos representantes de pessoa jurídica privada, ainda que esta mantenha vínculo com entidade da administração indireta federal. • CC 114.274-DF. 2013. (Info 527)

COMPETÊNCIA PARA PROCESSAR E JULGAR AÇÃO PENAL REFERENTE AOS CRIMES DE CALÚNIA E DIFAMAÇÃO ENVOLVENDO DIREITOS INDÍGENAS.

STJ Compete à Justiça Federal - e não à Justiça Estadual - processar e julgar ação penal referente aos crimes de calúnia e difamação praticados no contexto de disputa pela posição de cacique em comunidade indígena. • CC 123.016-TO. 2013. (Info 527)

COMPETÊNCIA PARA PROCESSAR E JULGAR O CRIME DE PECULATO-DESVIO.

STJ Compete ao foro do local onde efetivamente ocorrer o desvio de verba pública - e não ao do lugar para o qual os valores foram destinados - o processamento e julgamento da ação penal referente ao crime de peculato-desvio (art. 312, "caput", segunda parte, do CP). • CC 119.819-DF. 2013. (Info 526)

DETERMINAÇÃO, EM LEI ESTADUAL, DE COMPETÊNCIA DO JUÍZO DA INFÂNCIA E DA JUVENTUDE PARA A AÇÃO PENAL DECORRENTE DA PRÁTICA DE CRIME CONTRA CRIANÇA OU ADOLESCENTE.

STJ É nulo o processo, desde o recebimento da denúncia, na hipótese em que o réu, maior de 18 anos, acusado da prática do crime de estupro de vulnerável (art. 217-A do CP), tenha sido, por esse fato, submetido a julgamento perante juízo da infância e da juventude, ainda que exista lei estadual que estabeleça a competência do referido juízo para processar e julgar ação penal decorrente da prática de crime que tenha como vítima criança ou adolescente. • RHC 34.742-RS. 2013. (Info 526)

COMPETÊNCIA PARA PROCESSAR E JULGAR AÇÃO PENAL REFERENTE A SUPOSTO CRIME DE AMEAÇA PRATICADO POR NORA CONTRA SUA SOGRA.

STJ É do juizado especial criminal - e não do juizado de violência doméstica e familiar contra a mulher - a competência para processar e julgar ação penal referente a suposto crime de ameaça (art. 147 do CP) praticado por nora contra sua sogra na hipótese em que não estejam presentes os requisitos cumulativos de relação íntima de afeto, motivação de gênero e situação de vulnerabilidade. • HC 175.816-RS. 2013. (Info 524)

▼ *HABEAS CORPUS*

HABEAS CORPUS PARA QUESTIONAR NULIDADE.

STF Na via estreita do "habeas corpus" não se admite o exame de nulidade cujo tema não foi trazido antes do trânsito em julgado da ação originária e tampouco antes do trânsito em julgado da revisão criminal. • RHC 124041/GO. 2016. (Info 837)

HABEAS CORPUS. CABIMENTO.

STF Não cabe habeas corpus contra decisão que negou direito de familiar de preso internado em unidade prisional de com ele ter encontro direto, autorizando apenas a visita por meio do parlatório. • HC 133305/SP. 2016. (Info 830)

CABIMENTO DE "HABEAS CORPUS" E PREQUESTIONAMENTO

STF É desnecessária a prévia discussão acerca de matéria objeto de "habeas corpus" impetrado originariamente no STJ, quando a coação ilegal ou o abuso de poder advierem de ato de TRF no exercício de sua competência penal originária. • RHC 118622. 2015. (Info 778)

"HABEAS CORPUS" E AUTODEFESA TÉCNICA

STF O "habeas corpus" não é o instrumento processual adequado a postular o direito de exercer a autodefesa técnica, uma vez que não está em jogo a liberdade de locomoção do paciente. • HC 122382. 2014. (Info 753)

"HABEAS CORPUS" E IMPETRAÇÃO CONTRA ÓRGÃO DO STF

STF Ao reafirmar a Súm. 606/STF ("Não cabe 'habeas corpus' originário para o Tribunal Pleno de decisão de Turma ou do Plenário, proferida em 'habeas corpus' ou no respectivo recurso"), o Plenário não conheceu de "writ", impetrado contra decisão colegiada da 2ª Turma, em que se discutia suposta nulidade decorrente de ausência de publicação da pauta para o julgamento de "habeas corpus". • HC 117091. 2014. (Info 747)

PREJUDICIALIDADE: PRISÃO CAUTELAR E SUPERVENIÊNCIA DE SENTENÇA CONDENATÓRIA

STF Não fica prejudicado "habeas corpus" impetrado contra decreto de prisão cautelar, se superveniente sentença condenatória que utiliza os mesmos fundamentos para manter a custódia do réu. • HC 119396. 2014. (Info 734)

EXAURIMENTO DE INSTÂNCIA E CONHECIMENTO DE "WRIT"

STF Não se conhece de "habeas corpus" ou de recurso ordinário em "habeas corpus" perante o STF quando, da decisão monocrática de Ministro do STJ que não conhece ou denega o "habeas corpus", não se interpõe agravo regimental. • RHC 116711. 2014. (Info 729)

HC E DECISÃO MONOCRÁTICA DE MINISTRO DO STJ

STF Não cabe "habeas corpus" de decisão monocrática de Ministro do STJ que nega seguimento a idêntica ação constitucional lá impetrada por ser substitutivo de recurso ordinário. • HC 116114. 2013. (Info 701)

▼ AÇÃO CIVIL

ACUMULAÇÃO DE PENSÃO DECORRENTE DE ATO ILÍCITO COM O BENEFÍCIO PREVIDENCIÁRIO DE PENSÃO POR MORTE.

STJ É possível a cumulação do benefício previdenciário de pensão por morte com pensão civil *ex delicto*. • REsp 776.338-SC. 2014. (Info 542)

AÇÃO CIVIL EX DELICTO.

STJ O termo inicial do prazo de prescrição para o ajuizamento da ação de indenização por danos decorrentes de crime (ação civil *ex delicto*) é a data do trânsito em julgado da sentença penal condenatória, ainda que se trate de ação proposta contra empregador em razão de crime praticado por empregado no exercício do trabalho que lhe competia. • REsp 1.135.988-SP. 2013. (Info 530)

IRRETROATIVIDADE DO ART. 387, IV, DO CPP, COM A REDAÇÃO DADA PELA LEI 11.719/2008.

STJ A regra do art. 387, IV, do CPP, que dispõe sobre a fixação, na sentença condenatória, de valor mínimo para reparação civil dos danos causados ao ofendido, aplica-se somente aos delitos praticados depois da vigência da Lei 11.719/2008, que deu nova redação ao dispositivo. • REsp 1.193.083-RS. 2013. (Info 528)

REPARAÇÃO CIVIL DOS DANOS DECORRENTES DE CRIME.

STJ Para que seja fixado na sentença valor mínimo para reparação dos danos causados pela infração, com base no art. 387, IV, do CPP, é necessário pedido expresso do ofendido ou do Ministério Público e a concessão de oportunidade de exercício do contraditório pelo réu. • REsp 1.193.083-RS. 2013. (Info 528)

▼ COMPETÊNCIA

COMPETÊNCIA E CRIME COMETIDO NO ESTRANGEIRO POR BRASILEIRO

STF O fato de o delito ter sido cometido por brasileiro no exterior, por si só, não atrai a competência da justiça federal, porquanto não teria ofendido bens, serviço ou interesse da União (CF, art. 109, IV). • HC 105461/SP. 2016. (Info 819)

CRIME DE REDUÇÃO A CONDIÇÃO ANÁLOGA À DE ESCRAVO E COMPETÊNCIA.

STF Compete à justiça federal processar e julgar o crime de redução à condição análoga à de escravo (CP, art. 149). RE 459510/MT. 2015. (Info 809)

PEDOFILIA E COMPETÊNCIA. REPERCUSSÃO GERAL.

STF Compete à Justiça Federal processar e julgar os crimes consistentes em disponibilizar ou adquirir material pornográfico envolvendo criança ou adolescente (ECA, artigos 241, 241-A e 241-B), quando praticados por meio da rede mundial de computadores. • RE 628624/MG . 2015. (Info 805)

CRIAÇÃO DE NOVA VARA E "PERPETUATIO JURISDICTIONIS".

STF A criação superveniente de vara federal na localidade de ocorrência de crime doloso contra a vida não enseja a incompetência do juízo em que já se tenha iniciado a ação penal. • HC 117832. 2015. (Info 783)

COMPETÊNCIA POR PRERROGATIVA DE FORO E DESMEMBRAMENTO.

STF Compete ao Supremo Tribunal Federal decidir quanto à conveniência de desmembramento de procedimento de investigação ou persecução penal, quando houver pluralidade de investigados e um deles tiver prerrogativa de foro perante a Corte. • AP 871QO/PR. 2014. (Info 750)

COMPETÊNCIA DA JUSTIÇA COMUM FEDERAL PARA JULGAR MILITAR DA ATIVA.

STJ Compete à Justiça Comum Federal - e não à Justiça Militar - processar e julgar a suposta prática, por militar da ativa, de crime previsto apenas na Lei n. 8.666/1993 (Lei de Licitações), ainda que praticado contra a administração militar. • CC 146.388-RJ. 2016. (Info 586)

REVISÃO CRIMINAL NA HIPÓTESE EM QUE A QUESTÃO ATACADA TAMBÉM TENHA SIDO ENFRENTADA PELO STF EM HC.

STJ O julgamento pelo STF de HC impetrado contra decisão proferida em recurso especial não afasta, por si só, a competência do STJ para processar e julgar posterior revisão criminal. • RvCr 2.877-PE. 2016. (Info 578)

MOMENTO DA APRESENTAÇÃO DE EXCEÇÃO DA VERDADE.

STJ Nas demandas que seguem o rito dos processos de competência originária dos Tribunais Superiores (Lei n. 8.038/1990), é tempestiva a exceção da verdade apresentada no prazo da defesa prévia (art. 8º), ainda que o acusado tenha apresentado defesa preliminar (art. 4º). • HC 202.548-MG. 2015. (Info 574)

COMPETÊNCIA PARA PROCESSAR E JULGAR TENTATIVA DE RESGATE DE PRECATÓRIO FEDERAL CREDITADO EM FAVOR DE PARTICULAR.

STJ Compete à Justiça Estadual - e não à Justiça Federal - processar e julgar tentativa de estelionato (art. 171,*caput*, c/c o art. 14, II, do CP) consistente em tentar receber, mediante fraude, em agência do Banco do Brasil, valores relativos a precatório federal creditado em favor de particular. • CC 133.187-DF. 2015. (Info 571)

DESCLASSIFICAÇÃO DE CRIME PELO CONSELHO DE SENTENÇA.

STJ A desclassificação do crime doloso contra a vida para outro de competência do juiz singular promovida pelo Conselho de Sentença em plenário do Tribunal do Júri, mediante o reconhecimento da denominada cooperação dolosamente distinta (art. 29, § 2º, do CP), não pressupõe a elaboração de quesito acerca de qual infração menos grave o acusado quis participar. • REsp 1.501.270-PR. 2015. (Info 571)

DIREITO A RECUSAS IMOTIVADAS DE JURADOS PREVISTO NO ART. 469, CAPUT, DO CPP.

STJ Em procedimento relativo a processo da competência do Tribunal do Júri, o direito de a defesa recusar imotivadamente até 3 jurados (art. 468, *caput*, do CPP) é garantido em relação a cada um dos réus, ainda que as recusas tenham sido realizadas por um só defensor (art. 469 do CPP). • REsp 1.540.151-MT. 2015. (Info 570)

UTILIZAÇÃO DE FORMULÁRIOS FALSOS DA RECEITA FEDERAL E COMPETÊNCIA.

STJ O fato de os agentes, utilizando-se de formulários falsos da Receita Federal, terem se passado por Auditores desse órgão com intuito de obter vantagem financeira ilícita de particulares não atrai, por si só, a competência da Justiça Federal. • CC 141.593-RJ. 2015. (Info 568)

ESTELIONATO E FORO COMPETENTE PARA PROCESSAR A PERSECUÇÃO PENAL.

STJ Compete ao juízo do foro onde se encontra localizada a agência bancária por meio da qual o suposto estelionatário recebeu o proveito do crime - e não ao juízo do foro em que está situada a agência na qual a vítima possui conta bancária - processar a persecução penal instaurada para apurar crime de estelionato no qual a vítima teria sido induzida a depositar determinada quantia na conta pessoal do agente do delito. • CC 139.800-MG. 2015. (Info 565)

COMPETÊNCIA PARA PROCESSAR E JULGAR CRIME COMETIDO A BORDO DE NAVIO.

STJ Compete à Justiça Federal processar e julgar o crime praticado a bordo de embarcação estrangeira privada de grande porte ancorada em porto brasileiro e em situação de potencial deslocamento internacional, ressalvada a competência da Justiça Militar. • CC 118.503-PR. 2015. (Info 560)

COMPETÊNCIA PARA APRECIAR PEDIDO DE QUEBRA DE SIGILO TELEFÔNICO EM APURAÇÃO DE CRIME DE USO DE ARTEFATO INCENDIÁRIO CONTRA EDIFÍCIO-SEDE DA JUSTIÇA MILITAR DA UNIÃO.

STJ Compete à Justiça Federal - é não à Justiça Militar - decidir pedido de quebra de sigilo telefônico requerido no âmbito de inquérito policial instaurado para apurar a suposta prática de crime relacionado ao uso de artefato incendiário contra o edifício-sede da Justiça Militar da União, quando o delito ainda não possua autoria estabelecida e não tenha sido cometido contra servidor do Ministério Público Militar ou da Justiça Militar. • CC 137.378-RS. 2015. (Info 559)

HIPÓTESE DE COMPETÊNCIA DA JUSTIÇA FEDERAL PARA JULGAR CRIME DE LATROCÍNIO.

STJ Compete à Justiça Federal processar e julgar crime de latrocínio no qual tenha havido troca de tiros com policiais rodoviários federais que, embora não estivessem em serviço de patrulhamento ostensivo, agiam para reprimir assalto a instituição bancária privada. • HC 309.914-RS. 2015. (Info 559)

COMPETÊNCIA PARA JULGAR CRIME ENVOLVENDO VERBA PUBLICA REPASSADA PELO BNDES A ESTADO-MEMBRO.

STJ O fato de licitação estadual envolver recursos repassados ao Estado-Membro pelo Banco Nacional de Desenvolvimento Econômico e Social (BNDES) por meio de empréstimo bancário (mútuo feneratício) não atrai a competência da Justiça Federal para processar e julgar crimes relacionados a suposto superfaturamento na licitação. • RHC 42.595-MT. 2015. (Info 555)

HIPÓTESE DE INCOMPETÊNCIA DA JUSTIÇA MILITAR.

STJ Compete à Justiça Comum Estadual - e não à Justiça Militar Estadual - processar e julgar suposto crime de desacato praticado por policial militar de folga contra policial militar de serviço em local estranho à administração militar. • REsp 1.320.129-DF. 2015. (Info 553)

COMPETÊNCIA PARA JULGAR CRIME DE PERIGO DE DESASTRE FERROVIÁRIO.

STJ Não havendo ofensa direta a bens, serviços e interesses da União ou de suas entidades autárquicas ou empresas públicas (art. 109, IV, da CF), compete à Justiça Estadual – e não à Justiça Federal – processar e julgar suposto crime de perigo de desastre ferroviário qualificado pelo resultado lesão corporal e morte (art. 260, IV, § 2º, c/c art. 263 do CP) ocorrido por ocasião de descarrilamento de trem em malha ferroviária da União. • RHC 50.054-SP. 2015. (Info 553)

AMPLIAÇÃO DA COMPETÊNCIA DOS JUIZADOS DA INFÂNCIA E DA JUVENTUDE POR LEI ESTADUAL.

STJ Lei estadual pode conferir poderes ao Conselho da Magistratura para, excepcionalmente, atribuir aos Juizados da Infância e da Juventude competência para processar e julgar crimes contra a dignidade sexual em que figurem como vítimas crianças ou adolescentes. • HC 238.110-RS. 2014. (Info 551)

COMPETÊNCIA PARA PROCESSAR CRIME PRATICADO POR MILITAR CONTRA CIVIL QUANDO HOUVER DÚVIDA QUANTO AO ELEMENTO SUBJETIVO.

STJ Havendo dúvida sobre a existência do elemento subjetivo do crime de homicídio, deverá tramitar na Justiça Comum – e não na Justiça Militar – o processo que apure a suposta prática do crime cometido, em tempo de paz, por militar contra civil. • CC 129.497-MG. 2014. (Info 550)

COMPETÊNCIA PARA PROCESSAR E JULGAR CRIME DE TORTURA COMETIDO FORA DO TERRITÓRIO NACIONAL.

STJ O fato de o crime de tortura, praticado contra brasileiros, ter ocorrido no exterior não torna, por si só, a Justiça Federal competente para processar e julgar os agentes estrangeiros. • CC 107.397-DF. 2014. (Info 549)

COMPETÊNCIA NO CASO DE INJÚRIA MOTIVADA POR DIVERGÊNCIA POLÍTICA ÀS VÉSPERAS DA ELEIÇÃO.

STJ Compete à Justiça Comum Estadual, e não à Eleitoral, processar e julgar injúria cometida no âmbito doméstico e desvinculada, direta ou indiretamente, de propaganda eleitoral, embora motivada por divergência política às vésperas da eleição. • CC 134.005-PR. 2014. (Info 543)

COMPETÊNCIA PENAL NO CASO DE IMPORTAÇÃO DE DROGAS VIA POSTAL.

STJ Na hipótese em que drogas enviadas via postal do exterior tenham sido apreendidas na alfândega, competirá ao juízo federal do local da apreensão da substância processar e julgar o crime de tráfico de drogas, ainda que a correspondência seja endereçada a pessoa não identificada residente em outra localidade. • CC 132.897-PR. 2014. (Info 543)

COMPETÊNCIA PENAL RELACIONADA A INVASÃO DE CONSULADO ESTRANGEIRO.

STJ Compete à Justiça Estadual – e não à Justiça Federal – processar e julgar supostos crimes de violação de domicílio, de dano e de cárcere privado – este, em tese, praticado contra agente consular - cometidos por particulares no contexto de invasão a consulado estrangeiro. • AgRg no CC 133.092-RS. 2014. (Info 541)

COMPETÊNCIA DO JUIZADO DE VIOLÊNCIA DOMÉSTICA E FAMILIAR CONTRA A MULHER.

STJ O fato de a vítima ser figura pública renomada não afasta a competência do Juizado de Violência Doméstica e Familiar contra a Mulher para processar e julgar o delito. • REsp 1.416.580-RJ. 2014. (Info 539)

INTIMAÇÃO POR EDITAL NO PROCEDIMENTO DO JÚRI.

STJ No procedimento relativo aos processos de competência do Tribunal do Júri, não é admitido que a intimação da decisão de pronúncia seja realizada por edital quando o processo houver transcorrido desde o início à revelia do réu que também fora citado por edital. • HC 226.285-MT. 2014. (Info 537)

INTIMAÇÃO POR EDITAL NO PROCEDIMENTO DO JÚRI.

STJ No procedimento relativo aos processos de competência do Tribunal do Júri, o acusado solto que, antes da Lei 11.689/2008, tenha sido intimado pessoalmente da decisão de pronúncia pode, após a vigência da referida Lei, ser intimado para a sessão plenária por meio de edital caso não seja encontrado e, se não comparecer, poderá ser julgado à revelia. • HC 210.524-RJ. 2014. (Info 537)

LIMITES DA COMPETÊNCIA DO JUIZ DA PRONÚNCIA.

STJ O juiz na pronúncia não pode decotar a qualificadora relativa ao "meio cruel" (art. 121, § 2º, III, do CP) quando o homicídio houver sido praticado mediante efetiva reiteração de golpes em região vital da vítima. • REsp 1.241.987-PR. 2014. (Info 537)

COMPETÊNCIA PARA PROCESSAR E JULGAR CRIME ENVOLVENDO JUNTA COMERCIAL.

STJ Compete à Justiça Estadual processar e julgar a suposta prática de delito de falsidade ideológica praticado contra Junta Comercial. • CC 130.516-SP. 2014. (Info 536)

DEFINIÇÃO DA COMPETÊNCIA PARA APURAÇÃO DA PRÁTICA DO CRIME PREVISTO NO ART. 241 DO ECA.

STJ Não tendo sido identificado o responsável e o local em que ocorrido o ato de publicação de imagens pedófilo-pornográficas em site de relacionamento de abrangência internacional, competirá ao juízo federal que primeiro tomar conhecimento do fato apurar o suposto crime de publicação de pornografia envolvendo criança ou adolescente (art. 241 do ECA). • CC 130.134-TO. 2014. (Info 532)

COMPETÊNCIA PARA O JULGAMENTO DE CRIME DE VIOLAÇÃO DE DIREITOS AUTORAIS.

STJ Não comprovada a procedência estrangeira de DVDs em laudo pericial, a confissão do acusado de que teria adquirido os produtos no exterior não atrai, por si só, a competência da Justiça Federal para processar e julgar o crime de violação de direito autoral previsto no art. 184, § 2º, do CP. • CC 127.584-PR. 2013. (Info 527)

COMPETÊNCIA PARA O JULGAMENTO DE AÇÕES PENAIS RELATIVAS A DESVIO DE VERBAS ORIGINÁRIAS DO SUS.

STJ Compete à Justiça Federal processar e julgar as ações penais relativas a desvio de verbas originárias do Sistema Único de Saúde (SUS), independentemente de se tratar de valores repassados aos Estados ou Municípios por meio da modalidade de transferência "fundo a fundo" ou mediante realização de convênio. • AgRg no CC 122.555-RJ. 2013. (Info 527)

▼ PROVAS

INCIDENTE DE INSANIDADE MENTAL. PROVA DA DEFESA.

STF Por ser, o incidente de insanidade mental, prova pericial constituída em favor da defesa, não é possível determiná-lo compulsoriamente na hipótese em que a defesa se oponha à sua realização. • HC 133.078/RJ. 2016. (Info 838)

HOMICÍDIO E DESNECESSIDADE DA OITIVA DE TODAS AS VÍTIMAS.

STF Não há direito absoluto à produção de prova. Em casos complexos, há que confiar no prudente arbítrio do juiz da causa, mais próximo dos fatos, quanto à avaliação da pertinência e relevância das provas requeridas pelas partes. Assim, a obrigatoriedade de oitiva da vítima deve ser compreendida à luz da razoabilidade e da utilidade prática da colheita da referida prova. • HC 131158/RS. 2016. (Info 823)

PRODUÇÃO ANTECIPADA DE PROVA E NECESSIDADE DE FUNDAMENTAÇÃO.

STF É incabível a produção antecipada de prova testemunhal (CPP, art. 366) fundamentada na simples possibilidade de esquecimento dos fatos, sendo necessária a demonstração do risco de perecimento da prova a ser produzida (CPP, art. 225). • HC 130038/DF . 2015. (Info 806)

ADVOCACIA EM CAUSA PRÓPRIA E ART. 191 DO CPP.

STF O fato de o réu advogar em causa própria não é suficiente para afastar a regra contida no art. 191 do CPP ("Havendo mais de um acusado, serão interrogados separadamente"). • HC 101021. 2014. (Info 747)

EXTRAÇÃO SEM PRÉVIA AUTORIZAÇÃO JUDICIAL DE DADOS E DE CONVERSAS REGISTRADAS NO WHATSAPP.

STJ Sem prévia autorização judicial, são nulas as provas obtidas pela polícia por meio da extração de dados e de conversas registradas no *whatsapp* presentes no celular do suposto autor de fato delituoso, ainda que o aparelho tenha sido apreendido no momento da prisão em flagrante. • RHC 51.531-RO. 2016. (Info 583)

ENTREGA ESPONTÂNEA DE DOCUMENTOS E SIGILO BANCÁRIO.

STJ Não configura quebra de sigilo bancário e fiscal o acesso do MP a recibos e comprovantes de depósitos bancários entregues espontaneamente pela ex-companheira do investigado os quais foram voluntariamente deixados sob a responsabilidade dela pelo próprio investigado. • RHC 34.799-PA. 2016. (Info 581)

REJEIÇÃO DE INICIAL ACUSATÓRIA DESACOMPANHADA DE DOCUMENTOS HÁBEIS A DEMONSTRAR, AINDA QUE DE MODO INDICIÁRIO, A AUTORIA E A MATERIALIDADE DO CRIME.

STJ Deve ser rejeitada a queixa-crime que, oferecida antes de qualquer procedimento prévio, impute a prática de infração de menor potencial ofensivo com base apenas na versão do autor e na indicação de rol de testemunhas, desacompanhada de Termo Circunstanciado ou de qualquer outro documento hábil a demonstrar, ainda que de modo indiciário, a autoria e a materialidade do crime. • RHC 61.822-DF. 2016. (Info 577)

COMPLEMENTAÇÃO DE DENÚNCIA COM ROL DE TESTEMUNHAS.

STJ A intimação do Ministério Público para que indique as provas que pretende produzir em Juízo e a juntada do rol de testemunhas pela acusação, após a apresentação da denúncia, mas antes da formação da relação processual, não são causas, por si sós, de nulidade absoluta. • RHC 37.587-SC. 2015. (Info 577)

MONITORAMENTO DE E-MAIL CORPORATIVO DE SERVIDOR PÚBLICO.

STJ As informações obtidas por monitoramento de e-mail corporativo de servidor público não configuram prova ilícita quando atinentes a aspectos não pessoais e de interesse da Administração Pública e da própria coletividade, sobretudo quando exista, nas disposições normativas acerca do seu uso, expressa menção da sua destinação somente para assuntos e matérias afetas ao serviço, bem como advertência sobre monitoramento e acesso ao conteúdo das comunicações dos usuários para cumprir disposições legais ou instruir procedimento administrativo. • RMS 48.665-SP . 2016. (Info 576)

ANULAÇÃO DA DECISÃO ABSOLUTÓRIA DO JÚRI EM RAZÃO DA CONTRARIEDADE COM AS PROVAS DOS AUTOS.

STJ Ainda que a defesa alegue que a absolvição se deu por clemência do Júri, admite-se, mas desde que por uma única vez, o provimento de apelação fundamentada na alegação de que a decisão dos jurados contrariou manifestamente à prova dos autos (alínea "d" do inciso III do art. 593 do CPP). • REsp 1.451.720-SP. 2015. (Info 574)

REQUISIÇÃO PELO MP DE INFORMAÇÕES BANCÁRIAS DE ENTE DA ADMINISTRAÇÃO PÚBLICA.

STJ Não são nulas as provas obtidas por meio de requisição do Ministério Público de informações bancárias de titularidade de prefeitura municipal para fins de apurar supostos crimes praticados por agentes públicos contra a Administração Pública. • HC 308.493-CE. 2015. (Info 572)

DEFESA PRÉVIA COM PEDIDO DE INDICAÇÃO DE ROL DE TESTEMUNHAS A POSTERIORI.

STJ O magistrado pode, de forma motivada, deferir o pedido apresentado em resposta à acusação pela defensoria pública no sentido de lhe ser permitida a indicação do rol de testemunhas em momento posterior, tendo em vista que ainda não teria tido a oportunidade de contatar o réu. • REsp 1.443.533-RS. 2015. (Info 565)

COMPROVAÇÃO DA MENORIDADE DE VÍTIMA DE CRIMES SEXUAIS.

STJ Nos crimes sexuais contra vulnerável, a inexistência de registro de nascimento em cartório civil não é impedimento a que se faça a prova de que a vítima era menor de 14 anos à época dos fatos. • AgRg no AREsp 12.700-AC. 2015. (Info 563)

ENCONTRO FORTUITO DE PROVAS NO CUMPRIMENTO DE MANDANDO DE BUSCA E APREENSÃO EM ESCRITÓRIO DE ADVOCACIA.

STJ É lícita a apreensão, em escritório de advocacia, de drogas e de arma de fogo, em tese pertencentes a advogado, na hipótese em que outro advogado tenha presenciado o cumprimento da diligência por solicitação dos policiais, ainda que o mandado de busca e apreensão tenha sido expedido para apreender arma de fogo supostamente pertencente a estagiário do escritório - e não ao advogado - e mesmo que no referido mandado não haja expressa indicação de representante da OAB local para o acompanhamento da diligência. • RHC 39.412-SP. 2015. (Info 557)

COMPARTILHAMENTO DE PROVAS EM RAZÃO DE ACORDO INTERNACIONAL DE COOPERAÇÃO.

STJ Não há ilegalidade na utilização, em processo penal em curso no Brasil, de informações compartilhadas por força de acordo internacional de cooperação em matéria penal e oriundas de quebra de sigilo bancário determinada por autoridade estrangeira, com respaldo no ordenamento jurídico de seu país, para a apuração de outros fatos criminosos lá ocorridos, ainda que não haja prévia decisão da justiça brasileira autorizando a quebra do sigilo. • HC 231.633-PR. 2015. (Info 553)

DESNECESSIDADE DE PROVA PERICIAL PARA CONDENAÇÃO POR USO DE DOCUMENTO FALSO.

STJ É possível a condenação por infração ao disposto no art. 304 do CP (uso de documento falso) com fundamento em documentos e testemunhos constantes do processo, acompanhada da confissão do acusado, sendo desnecessária a prova pericial para a comprovação da materialidade do crime, mormente se a defesa não requereu, no momento oportuno, a realização do referido exame. • HC 307.586-SE. 2015. (Info 553)

PRODUÇÃO ANTECIPADA DE PROVA TESTEMUNHAL.

STJ Pode ser deferida produção antecipada de prova testemunhal - nos termos do art. 366 do CPP - sob o fundamento de que a medida revelar-se-ia necessária pelo fato de a testemunha exercer função de segurança pública. • RHC 51.232-DF. 2014. (Info 549)

VALIDADE DE LAUDO PERICIAL REALIZADO COM BASE NAS CARACTERÍSTICAS EXTERNAS DO OBJETO APREENDIDO.

STJ Na verificação da materialidade delitiva do crime de violação de direito autoral (art. 184, § 2º, do CP), admite-se perícia realizada com base nas características externas do material apreendido, não sendo necessária a catalogação dos CDs e DVDs, bem como a indicação de cada título e autor da obra apreendida e falsificada. • AgRg no AREsp 276.128-MG. 2014. (Info 549)

NULIDADE DE PROVA ADVINDA DE QUEBRA DE SIGILO BANCÁRIO PELA ADMINISTRAÇÃO TRIBUTÁRIA SEM AUTORIZAÇÃO JUDICIAL.

STJ Os dados obtidos pela Receita Federal com fundamento no art. 6º da LC 105/2001, mediante requisição direta às instituições bancárias no âmbito de processo administrativo fiscal sem prévia autorização judicial, não podem ser utilizados para sustentar condenação em processo penal. • REsp 1.361.174-RS. 2014. (Info 543)

UTILIZAÇÃO DE GRAVAÇÃO TELEFÔNICA COMO PROVA DE CRIME CONTRA A LIBERDADE SEXUAL.

STJ Em processo que apure a suposta prática de crime sexual contra adolescente absolutamente incapaz, é admissível a utilização de prova extraída de gravação telefônica efetivada a pedido da genitora da vítima, em seu terminal telefônico, mesmo que solicitado auxílio técnico de detetive particular para a captação das conversas. • REsp 1.026.605-ES. 2014. (Info 543)

UTILIZAÇÃO DA INTERCEPTAÇÃO DE COMUNICAÇÃO TELEFÔNICA EM DESFAVOR DE INTERLOCUTOR NÃO INVESTIGADO.

STJ As comunicações telefônicas do investigado legalmente interceptadas podem ser utilizadas para formação de prova em desfavor do outro interlocutor, ainda que este seja advogado do investigado. • RMS 33.677-SP. 2014. (Info 541)

▼ MINISTÉRIO PÚBLICO

PGR E CONFLITO DE ATRIBUIÇÃO ENTRE ÓRGÃOS DO MINISTÉRIO PÚBLICO.

STF Cabe ao Procurador-Geral da República a apreciação de conflitos de atribuição entre órgãos do ministério público. No caso, instaurara-se conflito negativo de atribuições entre ministério público estadual e ministério público federal, para apuração de crime contra o mercado de capitais previsto no art. 27-E da Lei 6.385/1976. O Tribunal consignou que a competência para a apreciação de conflitos de atribuição entre membros do ministério público, por não se inserir nas competências originárias do STF (CF, art. 102, I), seria constitucionalmente atribuída ao Procurador-Geral da República, como órgão nacional do ministério público. • ACO 1567 QO/SP. 2016. (Info 835)

EFEITO DEVOLUTIVO DA APELAÇÃO CRIMINAL INTERPOSTA PELO MINISTÉRIO PÚBLICO.

STJ A matéria suscitada em apelação criminal interposta pelo Ministério Público deve ser apreciada quando, embora não tenha sido especificada na petição de interposição, fora explicitamente delimitada e debatida nas razões recursais. • HC 263.087-SP. 2016. (Info 580)

ILEGITIMIDADE DO CORRÉU PARA AJUIZAR MEDIDA CAUTELAR DE SEQUESTRO DE BENS DOS DEMAIS CORRÉUS.

STJ O corréu - partícipe ou coautor - que teve seus bens sequestrados no âmbito de denúncia por crime de que resulta prejuízo para a Fazenda Pública (Decreto-Lei 3.240/1941) não tem legitimidade para postular a extensão da constrição aos demais corréus, mesmo que o Ministério Público tenha manejado medida cautelar de sequestro de bens somente em relação àquele. • RMS 48.619-RS. 2015. (Info 570)

LEGITIMIDADE DO MP PARA PROMOVER MEDIDA QUE GARANTA O PAGAMENTO DE MULTA PENAL.

STJ O Ministério Público tem legitimidade para promover medida assecuratória que vise à garantia do pagamento de multa imposta por sentença penal condenatória. • REsp 1.275.834-PR. 2015. (Info 558)

TERMO INICIAL DO PRAZO PARA O MP RECORRER.

STJ Quando o Ministério Público for intimado pessoalmente em cartório, dando ciência nos autos, o seu prazo recursal se iniciará nessa data, e não no dia da remessa dos autos ao seu departamento administrativo. • EREsp 1.347.303-GO. 2015. (Info 554)

PRAZO PARA RECURSOS DO MP EM MATÉRIA PENAL.

STJ Em matéria penal, o Ministério Público não goza da prerrogativa da contagem dos prazos recursais em dobro. • AgRg no EREsp 1.187.916-SP. 2014. (Info 533)

▼ PRISÃO PREVENTIVA

MARCO LEGAL DA PRIMEIRA INFÂNCIA E PRISÃO DOMICILIAR.

STF O Marco Legal da Primeira Infância (Lei 13.257/2016), ao alterar as hipóteses autorizativas da concessão de prisão domiciliar, permite que o juiz substitua a prisão preventiva pela domiciliar quando o agente for gestante ou mulher com filho até 12 anos de idade incompletos (CPP, art. 318, IV e V). • HC 134069/DF. 2016. (Info 831)

REGISTRO DE ATOS INFRACIONAIS NÃO JUSTIFICA PRISÃO PREVENTIVA.

STJ No processo penal, o fato de o suposto autor do crime já ter se envolvido em ato infracional não constitui fundamento idôneo à decretação de prisão preventiva. • HC 338.936-SP. 2016. (Info 576)

MANUTENÇÃO DA PRISÃO PREVENTIVA APÓS CONDENAÇÃO RECORRÍVEL A REGIME PRISIONAL SEMIABERTO.

STJ A prisão preventiva pode ser mantida por ocasião da sentença condenatória recorrível que aplicou o regime semiaberto para o cumprimento da pena, desde que persistam os motivos que inicialmente a justificaram e que seu cumprimento se adeque ao modo de execução intermediário aplicado. • RHC 53.828-ES. 2015. (Info 560)

INCOMPATIBILIDADE ENTRE PRISÃO PREVENTIVA E REGIME ABERTO OU SEMIABERTO.

STJ Caso o réu seja condenado a pena que deva ser cumprida em regime inicial diverso do fechado, não será admissível a decretação ou manutenção de prisão preventiva na sentença condenatória. • RHC 52.407-RJ. 2015. (Info 554)

UTILIZAÇÃO DE ATOS INFRACIONAIS PARA JUSTIFICAR PRISÃO PREVENTIVA PARA A GARANTIA DA ORDEM PÚBLICA.

STJ A anterior prática de atos infracionais, apesar de não poder ser considerada para fins de reincidência ou maus antecedentes, pode servir para justificar a manutenção da prisão preventiva como garantia da ordem pública. • RHC 47.671-MS. 2015. (Info 554)

POSSIBILIDADE DE SUBSTITUIÇÃO DE PRISÃO PREVENTIVA POR PRISÃO DOMICILIAR (ART. 318 DO CPP).

STJ É possível a substituição de prisão preventiva por prisão domiciliar, quando demostrada a imprescindibilidade de cuidados especiais de pessoa menor de 6 anos de idade (art. 318, III, do CPP) e o decreto prisional não indicar peculiaridades concretas a justificar a manutenção da segregação cautelar em estabelecimento prisional. • HC 291.439-SP. 2015. (Info 544)

▼ OUTRAS PRISÕES

PRISÃO FEDERAL: COMPETÊNCIA E PRORROGAÇÃO

STF Cabe ao Poder Judiciário verificar se o preso tem perfil apropriado para a transferência ou a permanência nos presídios federais, em controle exercido tanto pelo juiz de origem como pelo juiz federal responsável pelo presídio federal. • HC 112650. 2014. (Info 738)

AUSÊNCIA DE CASA DE ALBERGADO E PRISÃO DOMICILIAR

STF Constatada pelo juízo da execução competente a inexistência, no Estado-membro, de estabelecimento prisional para cumprimento de pena em regime aberto, nos termos da sentença, permite-se o início do cumprimento em prisão domiciliar, até ser disponibilizada vaga no regime adequado. • HC 113334. 2014. (Info 736)

TRANSFERÊNCIA PARA PRESÍDIO FEDERAL DE SEGURANÇA MÁXIMA E PRÉVIA OITIVA DE PRESO

STF A transferência de preso para presídio federal de segurança máxima sem a sua prévia oitiva, desde que fundamentada em fatos caracterizadores de situação emergencial, não configura ofensa aos princípios do devido processo legal, da ampla defesa, da individualização da pena e da dignidade da pessoa humana. • HC 115539. 2013. (Info 718)

INEXISTÊNCIA DE CASA DE ALBERGADO E CUMPRIMENTO DA PENA EM LOCAL COMPATÍVEL.

STJ A inexistência de casa de albergado na localidade da execução da pena não gera o reconhecimento de direito ao benefício da prisão domiciliar quando o paciente estiver cumprindo a reprimenda em local compatível com as regras do regime aberto. HC 299.315-RS. 2015. (Info 554)

POSSIBILIDADE DE SUBSTITUIÇÃO DE PRISÃO PREVENTIVA POR PRISÃO DOMICILIAR (ART. 318 DO CPP).

STJ É possível a substituição de prisão preventiva por prisão domiciliar, quando demostrada a imprescindibilidade de cuidados especiais de pessoa menor de 6 anos de idade (art. 318, III, do CPP) e o decreto prisional não indicar peculiaridades concretas a justificar a manutenção da segregação cautelar em estabelecimento prisional. • HC 291.439-SP. 2015. (Info 544)

COMPATIBILIDADE ENTRE A PRISÃO CAUTELAR E O REGIME PRISIONAL SEMIABERTO FIXADO NA SENTENÇA.

STJ Há compatibilidade entre a prisão cautelar mantida pela sentença condenatória e o regime inicial semiaberto fixado nessa decisão, devendo o réu, contudo, cumprir a respectiva pena em estabelecimento prisional compatível com o regime inicial estabelecido. • HC 289.636-SP. 2014. (Info 540)

ILEGALIDADE DE PRISÃO PROVISÓRIA QUANDO REPRESENTAR MEDIDA MAIS SEVERA DO QUE A POSSÍVEL PENA A SER APLICADA.

STJ É ilegal a manutenção da prisão provisória na hipótese em que seja plausível antever que o início do cumprimento da reprimenda, em caso de eventual condenação, dar-se-á em regime menos rigoroso que o fechado. • HC 182.750-SP. 2013. (Info 523)

▼ CITAÇÕES E INTIMAÇÕES

INTIMAÇÃO DA DEFENSORIA PÚBLICA E SESSÃO DE JULGAMENTO DE HC.

STF A intimação pessoal da Defensoria Pública quanto à data de julgamento de "habeas corpus" só é necessária se houver pedido expresso para a realização de sustentação oral. • HC 134.904/SP. 2016. (Info 839)

CITAÇÃO POR HORA CERTA.

STF É constitucional a citação com hora certa no âmbito do processo penal. • RE 635145/RS. 2016. (Info 833)

DEFENSORIA PÚBLICA E TERMO DE INTIMAÇÃO

STF A intimação da Defensoria Pública se aperfeiçoa com o recebimento dos autos na instituição. • RHC 116061. 2013. (Info 703)

NULIDADE DA INTIMAÇÃO POR EDITAL DE RÉU PRESO.

STJ Preso o réu durante o curso do prazo da intimação por edital da sentença condenatória, essa intimação fica prejudicada e deve ser efetuada pessoalmente. • RHC 45.584/PR. 2016. (Info 583)

INEXIGIBILIDADE DE TERMO DE RECURSO OU DE RENÚNCIA NA INTIMAÇÃO PESSOAL DO ACUSADO.

STJ Na intimação pessoal do acusado acerca de sentença de pronúncia, a ausência de apresentação do termo de recurso ou de renúncia não gera nulidade do ato. • RHC 61.365-SP. 2016. (Info 579)

COMPLEMENTAÇÃO DE DENÚNCIA COM ROL DE TESTEMUNHAS.

STJ A intimação do Ministério Público para que indique as provas que pretende produzir em Juízo e a juntada do rol de testemunhas pela acusação, após a apresentação da denúncia, mas antes da formação da relação processual, não são causas, por si sós, de nulidade absoluta. • RHC 37.587-SC. 2015. (Info 577)

UTILIZAÇÃO NO PROCESSO PENAL DE PROVAS OBTIDAS PELA ADMINISTRAÇÃO TRIBUTÁRIA.

STJ Os dados bancários entregues à autoridade fiscal pela sociedade empresária fiscalizada, após regular intimação e independentemente de prévia autorização judicial, podem ser utilizados para subsidiar a instauração de inquérito policial para apurar suposta prática de crime contra a ordem tributária. • RHC 66.520-RJ. 2016. (Info 577)

HIPÓTESE EM QUE A AUSÊNCIA DE INTIMAÇÃO PESSOAL DO DEFENSOR DATIVO NÃO GERA RECONHECIMENTO DE NULIDADE.

STJ A intimação do defensor dativo apenas pela impressa oficial não implica reconhecimento de nulidade caso este tenha optado expressamente por esta modalidade de comunicação dos atos processuais, declinando da prerrogativa de ser intimado pessoalmente. • HC 311.676-SP. 2015. (Info 560)

INTIMAÇÃO DE AUTORIDADE PARA PRESTAR DECLARAÇÕES.

STJ As autoridades com prerrogativa de foro previstas no art. 221 do CPP, quando figurarem na condição de investigados no inquérito policial ou de acusados na ação penal, não têm o direito de serem inquiridas em local, dia e hora previamente ajustados com a autoridade policial ou com o juiz. • HC 250.970-SP. 2014. (Info 547)

MANDADO DE INTIMAÇÃO DE TESTEMUNHA EXPEDIDO PARA LOCALIDADE DIVERSA DA INDICADA PELA DEFESA.

STJ O julgamento do Tribunal do Júri sem a oitiva de testemunha indicada pela defesa pode ser anulado se o mandado de intimação houver sido expedido para localidade diversa daquela apontada, ainda que se trate de testemunha que não fora indicada como imprescindível. • HC 243.591-PB. 2014. (Info 538)

INTIMAÇÃO POR EDITAL NO PROCEDIMENTO DO JÚRI.

STJ No procedimento relativo aos processos de competência do Tribunal do Júri, não é admitido que a intimação da decisão de pronúncia seja realizada por edital quando o processo houver transcorrido desde o início à revelia do réu que também fora citado por edital. • HC 226.285-MT. 2014. (Info 537)

INTIMAÇÃO POR EDITAL NO PROCEDIMENTO DO JÚRI.

STJ No procedimento relativo aos processos de competência do Tribunal do Júri, o acusado solto que, antes da Lei 11.689/2008, tenha sido intimado pessoalmente da decisão de pronúncia pode, após a vigência da referida Lei, ser intimado para a sessão plenária por meio de edital caso não seja encontrado e, se não comparecer, poderá ser julgado à revelia. • HC 210.524-RJ. 2014. (Info 537)

▼ SENTENÇA

TRANSAÇÃO PENAL E EFEITOS PRÓPRIOS DE SENTENÇA PENAL CONDENATÓRIA.

STF As consequências jurídicas extrapenais, previstas no art. 91 do CP, são decorrentes de sentença penal condenatória. Isso não ocorre, portanto, quando há transação penal, cuja sentença tem natureza meramente homologatória, sem qualquer juízo sobre a responsabilidade criminal do aceitante. As consequências geradas pela transação penal são essencialmente aquelas estipuladas por modo consensual no respectivo instrumento de acordo. • RE 795567/PR. 2015. (Info 787)

REEXAME NECESSÁRIO DE SENTENÇA ABSOLUTÓRIA SUMÁRIA EM PROCEDIMENTO DO TRIBUNAL DO JÚRI APÓS ENTRADA EM VIGOR DA LEI N. 11.689/2008.

STJ Após a entrada em vigor da Lei n. 11.689/2008, em 8 de agosto de 2008, o reexame necessário de decisão absolutória sumária proferida em procedimento do Tribunal do Júri que estiver pendente de apreciação não deve ser examinado pelo Tribunal *ad quem*, mesmo que o encaminhamento da decisão absolutória à instância superior tenha ocorrido antes da entrada em vigor da referida Lei. • HC 278.124-PI. 2015. (Info 574)

SENTENÇA PENAL CONDENATÓRIA E SENTENÇA CÍVEL QUE RECONHECE A OCORRÊNCIA DE CULPA RECÍPROCA.

STJ Diante de sentença penal condenatória que tenha reconhecido a prática de homicídio culposo, o juízo cível, ao apurar responsabilidade civil decorrente do delito, não pode, com fundamento na concorrência de culpas, afastar a obrigação de reparar, embora possa se valer da existência de culpa concorrente da vítima para fixar o valor da indenização. • REsp 1.354.346-PR. 2015. (Info 572)

HIPÓTESE DE RELATIVIZAÇÃO DA COISA JULGADA.

STJ Constatado o trânsito em julgado de duas decisões condenando o agente pela prática de um único crime - a primeira proferida por juízo estadual absolutamente incompetente e a segunda proferida pelo juízo federal constitucionalmente competente -, a condenação anterior deve ser anulada caso se verifique que nela fora imposta pena maior do que a fixada posteriormente. • HC 297.482-CE. 2015. (Info 562)

ANULAÇÃO DA PRONÚNCIA POR EXCESSO DE LINGUAGEM.

STJ Reconhecido excesso de linguagem na sentença de pronúncia ou no acórdão confirmatório, deve-se anular a decisão e os consecutivos atos processuais, determinando-se que outra seja prolatada, sendo inadequado impor-se apenas o desentranhamento e envelopamento. • AgRg no REsp 1.442.002-AL. 2015. (Info 561)

LIMITES À FUNDAMENTAÇÃO PER RELATIONEM.

STJ É nulo o acórdão que se limita a ratificar a sentença e a adotar o parecer ministerial, sem sequer transcrevê-los, deixando de afastar as teses defensivas ou de apresentar fundamento próprio. • HC 214.049-SP. 2015. (Info 557)

***MUTATIO LIBELLI* E DESCLASSIFICAÇÃO DO TIPO PENAL DOLOSO PARA A FORMA CULPOSA DO CRIME.**

STJ Quando na denúncia não houver descrição sequer implícita de circunstância elementar da modalidade culposa do tipo penal, o magistrado, ao proferir a sentença, não pode desclassificar a conduta dolosa do agente - assim descrita na denúncia - para a forma culposa do crime, sem a observância do regramento previsto no art. 384, *caput*, do CPP. • REsp 1.388.440-ES. 2015. (Info 557)

EFEITO DEVOLUTIVO DA APELAÇÃO E PROIBIÇÃO DA *REFORMATIO IN PEJUS*.

STJ O Tribunal, na análise de apelação exclusiva da defesa, não está impedido de manter a sentença condenatória recorrida com base em fundamentação distinta da utilizada em primeira instância, desde que respeitados a imputação deduzida pelo órgão de acusação, a extensão cognitiva da sentença impugnada e os limites da pena imposta no juízo de origem. • HC 302.488-SP. 2015. (Info 553)

***EMENDATIO LIBELLI* ANTES DA SENTENÇA.**

STJ O juiz pode, mesmo antes da sentença, proceder à correta adequação típica dos fatos narrados na denúncia para viabilizar, desde logo, o reconhecimento de direitos do réu caracterizados como temas de ordem pública decorrentes da reclassificação do crime. • HC 241.206-SP. 2015. (Info 553)

LEGALIDADE DE INTERCEPTAÇÃO TELEFÔNICA DEFERIDA POR JUÍZO DIVERSO DAQUELE COMPETENTE PARA JULGAR A AÇÃO PRINCIPAL.

STJ A sentença de pronúncia pode ser fundamentada em indícios de autoria surgidos, de forma fortuita, durante a investigação de outros crimes no decorrer de interceptação telefônica determinada por juiz diverso daquele competente para o julgamento da ação principal. • REsp 1.355.432-SP. 2014. (Info 546)

UTILIZAÇÃO DE TERMOS MAIS FORTES E EXPRESSIVOS EM SENTENÇA.

STJ A utilização de termos mais fortes e expressivos na sentença penal condenatória - como "bandido travestido de empresário" e "delinquente de colarinho branco" - não configura, por si só, situação apta a comprovar a ocorrência de quebra da imparcialidade do magistrado. • REsp 1.315.619-RJ. 2013. (Info 530)

IRRETROATIVIDADE DO ART. 387, IV, DO CPP, COM A REDAÇÃO DADA PELA LEI 11.719/2008.

STJ A regra do art. 387, IV, do CPP, que dispõe sobre a fixação, na sentença condenatória, de valor mínimo para reparação civil dos danos causados ao ofendido, aplica-se somente aos delitos praticados depois da vigência da Lei 11.719/2008, que deu nova redação ao dispositivo. • REsp 1.193.083-RS. 2013. (Info 528)

▼ TRIBUNAL DO JÚRI

Tribunal do júri e novo enquadramento fático-jurídico

STF Se houver incorreto enquadramento fático-jurídico na capitulação penal, que repercuta na competência do órgão jurisdicional, admite-se, excepcionalmente, a possibilidade de o magistrado, antes da pronúncia e submissão do réu ao júri popular, efetuar a desclassificação para outro tipo penal e encaminhar o feito ao órgão competente. • HC 113598/PE. 2015. (Info 812)

REEXAME NECESSÁRIO DE SENTENÇA ABSOLUTÓRIA SUMÁRIA EM PROCEDIMENTO DO TRIBUNAL DO JÚRI APÓS ENTRADA EM VIGOR DA LEI N. 11.689/2008.

STJ Após a entrada em vigor da Lei n. 11.689/2008, em 8 de agosto de 2008, o reexame necessário de decisão absolutória sumária proferida em procedimento do Tribunal do Júri que estiver pendente de apreciação não deve ser examinado pelo Tribunal *ad quem*, mesmo que o encaminhamento da decisão absolutória à instância superior tenha ocorrido antes da entrada em vigor da referida Lei. • HC 278.124-PI. 2015. (Info 574)

ORDEM DE FORMULAÇÃO DO QUESITO DA ABSOLVIÇÃO ENQUANTO TESE DEFENSIVA PRINCIPAL EM RELAÇÃO AO QUESITO DA DESCLASSIFICAÇÃO.

STJ A tese absolutória de legitima defesa, quando constituir a tese principal defensiva, deve ser quesitada ao Conselho de Sentença antes da tese subsidiária de desclassificação em razão da ausência de *animus necandi*. REsp 1.509.504-SP. 2015. (Info 574)

NECESSIDADE DE ENCERRAR A VOTAÇÃO CASO OS JURADOS RESPONDAM AFIRMATIVAMENTE AO QUESITO REFERENTE À ABSOLVIÇÃO DO ACUSADO.

STJ Suscitada a legítima defesa como única tese defensiva perante o Conselho de Sentença, caso mais de três jurados respondam afirmativamente ao terceiro quesito - "O jurado absolve o acusado?" -, o Juiz Presidente do Tribunal do Júri deve encerrar o julgamento e concluir pela absolvição do réu, não podendo submeter à votação quesito sobre eventual excesso doloso alegado pela acusação. • HC 190.264-PB. 2014. (Info 545)

COMPETÊNCIA PENAL RELACIONADA A INJÚRIA MOTIVADA POR DIVERGÊNCIAS POLÍTICAS ÀS VÉSPERAS DE ELEIÇÃO.

STJ Compete à Justiça Comum Estadual - e não à Justiça Eleitoral - processar e julgar injúria cometida no âmbito doméstico, desvinculada, direta ou indiretamente, de propaganda eleitoral, ainda que motivada por divergências políticas às vésperas de eleição. • CC 134.005-PR. 2014. (Info 543)

CONTRADIÇÃO ENTRE AS RESPOSTAS A QUESITOS NO TRIBUNAL DO JÚRI.

STJ Cabe ao Juiz Presidente do Tribunal do Júri, ao reconhecer a existência de contradição entre as respostas aos quesitos formulados, submeter à nova votação todos os quesitos que se mostrem antagônicos, e não somente aquele que apresentou resultado incongruente. • REsp 1.320.713-SP. 2014. (Info 542)

NULIDADE NO JULGAMENTO DO TRIBUNAL DO JÚRI.

STJ É nulo o julgamento no Tribunal do Júri que tenha ensejado condenação quando a acusação tiver apresentado, durante os debates na sessão plenária, documento estranho aos autos que indicaria que uma testemunha havia sido ameaçada pelo réu, e a defesa tiver se insurgido contra essa atitude fazendo consignar o fato em ata. • HC 225.478-AP. 2014. (Info 537)

INTIMAÇÃO POR EDITAL NO PROCEDIMENTO DO JÚRI.

STJ No procedimento relativo aos processos de competência do Tribunal do Júri, não é admitido que a intimação da decisão de pronúncia seja realizada por edital quando o processo houver transcorrido desde o início à revelia do réu que também fora citado por edital. • HC 226.285-MT. 2014. (Info 537)

INTIMAÇÃO POR EDITAL NO PROCEDIMENTO DO JÚRI.

STJ No procedimento relativo aos processos de competência do Tribunal do Júri, o acusado solto que, antes da Lei 11.689/2008, tenha sido intimado pessoalmente da decisão de pronúncia pode, após a vigência da referida Lei, ser intimado para a sessão plenária por meio de edital caso não seja encontrado e, se não comparecer, poderá ser julgado à revelia. • HC 210.524-RJ. 2014. (Info 537)

ABSOLVIÇÃO IMPRÓPRIA NO PROCEDIMENTO DO TRIBUNAL DO JÚRI.

STJ No procedimento do tribunal do júri, o juiz pode, na fase do art. 415 do CPP, efetivar a absolvição imprópria do acusado inimputável, na hipótese em que, além da tese de inimputabilidade, a defesa apenas sustente por meio de alegações genéricas que não há nos autos comprovação da culpabilidade e do dolo do réu, sem qualquer exposição dos fundamentos que sustentariam esta tese. • RHC 39.920-RJ. 2014. (Info 535)

▼ NULIDADES

INTIMAÇÃO DA DEFENSORIA PÚBLICA E PRINCÍPIO GERAL DAS NULIDADES

STF A Defensoria Pública, ao tomar ciência de que o processo será julgado em data determinada ou nas sessões subsequentes, não pode alegar cerceamento de defesa ou nulidade de julgamento quando a audiência ocorrer no dia seguinte ao que tiver sido intimada. • HC 126081/RS. 2015. (Info 796)

RÉU PRESO E COMPARECIMENTO A AUDIÊNCIA

STF O acusado, embora preso, tem o direito de comparecer, de assistir e de presenciar, sob pena de nulidade absoluta, os atos processuais, notadamente aqueles que se produzem na fase de instrução do processo penal. • HC 111728. 2013. (Info 695)

NULIDADE EM AÇÃO PENAL POR FALTA DE CITAÇÃO DO RÉU.

STJ Ainda que o réu tenha constituído advogado antes do oferecimento da denúncia - na data da prisão em flagrante - e o patrono tenha atuado, por determinação do Juiz, durante toda a instrução criminal, é nula a ação penal que tenha condenado o réu sem a sua presença, o qual não foi citado nem compareceu pessoalmente a qualquer ato do processo, inexistindo prova inequívoca de que tomou conhecimento da denúncia. • REsp 1.580.435-GO. 2016. (Info 580)

INEXIGIBILIDADE DE TERMO DE RECURSO OU DE RENÚNCIA NA INTIMAÇÃO PESSOAL DO ACUSADO.

STJ Na intimação pessoal do acusado acerca de sentença de pronúncia, a ausência de apresentação do termo de recurso ou de renúncia não gera nulidade do ato. • RHC 61.365-SP. 2016. (Info 579)

INQUIRIÇÃO DE TESTEMUNHAS PELO MAGISTRADO E AUSÊNCIA DO MP NA AUDIÊNCIA DE INSTRUÇÃO.

STJ Não gera nulidade do processo o fato de, em audiência de instrução, o magistrado, após o registro da ausência do representante do MP (que, mesmo intimado, não compareceu), complementar a inquirição das testemunhas realizada pela defesa, sem que o defensor tenha se insurgido no momento oportuno nem demonstrado efetivo prejuízo. • REsp 1.348.978-SC. 2016. (Info 577)

COMPLEMENTAÇÃO DE DENÚNCIA COM ROL DE TESTEMUNHAS.

STJ A intimação do Ministério Público para que indique as provas que pretende produzir em Juízo e a juntada do rol de testemunhas pela acusação, após a apresentação da denúncia, mas antes da formação da relação processual, não são causas, por si sós, de nulidade absoluta. • RHC 37.587-SC. 2015. (Info 577)

HIPÓTESE EM QUE A AUSÊNCIA DE INTIMAÇÃO PESSOAL DO DEFENSOR DATIVO NÃO GERA RECONHECIMENTO DE NULIDADE.

STJ A intimação do defensor dativo apenas pela impressa oficial não implica reconhecimento de nulidade caso este tenha optado expressamente por esta modalidade de comunicação dos atos processuais, declinando da prerrogativa de ser intimado pessoalmente. • HC 311.676-SP. 2015. (Info 560)

VALIDADE DO DEPOIMENTO SEM DANO NOS CRIMES SEXUAIS CONTRA CRIANÇA E ADOLESCENTE.

STJ Não configura nulidade por cerceamento de defesa o fato de o defensor e o acusado de crime sexual praticado contra criança ou adolescente não estarem presentes na oitiva da vítima devido à utilização do método de inquirição denominado "depoimento sem dano", precluindo eventual possibilidade de arguição de vício diante da falta de alegação de prejuízo em momento oportuno e diante da aquiescência da defesa à realização do ato processual apenas com a presença do juiz, do assistente social e da servidora do Juízo. • RHC 45.589-MT. 2015. (Info 556)

REQUISIÇÃO DE RÉU PRESO PARA ENTREVISTA PESSOAL COM DEFENSOR PÚBLICO.

STJ Não configura nulidade a negativa de pedido da Defensoria Pública de requisição de réu preso para entrevista pessoal com a finalidade de subsidiar a elaboração de defesa preliminar. • RHC 50.791-RJ. 2014. (Info 551)

NULIDADE DE QUEIXA-CRIME POR VÍCIO DE REPRESENTAÇÃO.

STJ É nula a queixa-crime oferecida por advogado substabelecido com reserva de direitos por procurador que recebera do querelante apenas os poderes da cláusula *ad judicia et extra* - poderes para o foro em geral -, ainda que ao instrumento de substabelecimento tenha sido acrescido, pelo substabelecente, poderes especiais para a propositura de ação penal privada. • RHC 33.790-SP. 2014. (Info 544)

INTERROGATÓRIO NA LEI DE DROGAS.

STJ Não gera nulidade o fato de, no julgamento dos crimes previstos na Lei 11.343/2006, a oitiva do réu ocorrer antes da inquirição das testemunhas. • HC 275.070-SP. 2014. (Info 536)

▼ RECURSOS E PROCESSO EM GERAL

PRESUNÇÃO DE INOCÊNCIA E EXECUÇÃO PROVISÓRIA DE CONDENAÇÃO CRIMINAL

STF A execução provisória de acórdão penal condenatório proferido em julgamento de apelação, ainda que sujeito a recurso especial ou extraordinário, não compromete o princípio constitucional da presunção de inocência. • HC 126292/SP. 2016. (Info 814)

MODO DE IMPUGNAÇÃO DE MEDIDA ASSECURATÓRIA PREVISTA NA LEI DE LAVAGEM DE DINHEIRO.

STJ É possível a interposição de apelação, com fundamento no art. 593, II, do CPP, contra decisão que tenha determinado medida assecuratória prevista no art. 4º, *caput*, da Lei n. 9.613/1998 (Lei de lavagem de Dinheiro), a despeito da possibilidade de postulação direta ao juiz constritor objetivando a liberação total ou parcial dos bens, direitos ou valores constritos (art. 4º, §§ 2º e 3º, da mesma Lei). • REsp 1.585.781-RS. 2016. (Info 587)

FORMA DE CONTAGEM DE PRAZO PARA INTERPOSIÇÃO DE AGRAVO CONTRA DECISÃO MONOCRÁTICA DE MINISTRO RELATOR DO STJ.

STJ No âmbito do STJ, mesmo após a vigência do CPC/2015, em controvérsias que versem sobre matéria penal ou processual penal, a contagem do prazo para interposição de agravo contra decisão monocrática de relator continua sendo feita de forma contínua (art. 798 do CPP), e não somente em dias úteis (art. 219 do CPC/2015). • AgRg nos EDcl nos EAREsp 316.129-SC. 2016. (Info 585)

PROIBIÇÃO DE AGRAVAR A PENA EM RECURSO EXCLUSIVO DA DEFESA.

STJ No âmbito de recurso exclusivo da defesa, o Tribunal não pode agravar a reprimenda imposta ao condenado, ainda que reconheça equívoco aritmético ocorrido no somatório das penas aplicadas. • HC 250.455-RJ. 2016. (Info 576)

CABIMENTO DE HC PARA ANÁLISE DE AFASTAMENTO DE CARGO DE PREFEITO.

STJ É cabível impetração de habeas corpus para que seja analisada a legalidade de decisão que determina o afastamento de prefeito do cargo, quando a medida for imposta conjuntamente com a prisão. • HC 312.016-SC. 2015. (Info 561)

PROCURAÇÃO COM PODERES ESPECIAIS PARA OPOSIÇÃO DE EXEÇÃO DE SUSPEIÇÃO.

STJ É exigível procuração com poderes especiais para que seja oposta exceção de suspeição por réu representado pela Defensoria Pública, mesmo que o acusado esteja ausente do distrito da culpa. • REsp 1.431.043-MG. 2015. (Info 560)

REQUERIMENTO DE SUSTENTAÇÃO ORAL REALIZADO APÓS O HORÁRIO LIMITE DETERMINADO PELA PRESIDÊNCIA DO ÓRGÃO JULGADOR.

STJ O advogado que teve deferido pedido de sustentação oral previamente formulado ao relator por meio de petição e que compareceu à sessão de julgamento antes de apreciada a apelação pelo colegiado não pode ser impedido de exercer o seu direito sob a justificativa de que, no dia da sessão de julgamento, não se inscreveu, antes do término do horário fixado pela Presidência do órgão julgador, para sustentação. • REsp 1.388.442-DF. 2015. (Info 556)

UTILIZAÇÃO POR ÓRGÃO PÚBLICO DE BEM APREENDIDO.

STJ É possível a aplicação analógica dos arts. 61 e 62 da Lei 11.343/2006 para admitir a utilização pelos órgãos públicos de aeronave apreendida no curso da persecução penal de crime não previsto na Lei de Drogas, sobretudo se presente o interesse público de evitar a deterioração do bem. • REsp 1.420.960-MG. 2015. (Info 556)

DISPENSA DE JUNTADA DE PROCURAÇÃO COM PODERES ESPECIAIS PELA DEFENSORIA PÚBLICA.

STJ Quando a Defensoria Pública atuar como representante do assistente de acusação, é dispensável a juntada de procuração com poderes especiais. • HC 293.979-MG. 2015. (Info 555)

DESCONSTITUIÇÃO DE ACÓRDÃO DE REVISÃO CRIMINAL QUE NÃO CORRESPONDE AO JULGAMENTO DO ÓRGÃO COLEGIADO.

STJ O Tribunal pode, a qualquer momento e de ofício, desconstituir acórdão de revisão criminal que, de maneira fraudulenta, tenha absolvido o réu, quando, na verdade, o posicionamento que prevaleceu na sessão de julgamento foi pelo indeferimento do pleito revisional. • REsp 1.324.760-SP. 2015. (Info 555)

INÉPCIA DE DENÚNCIA QUE IMPUTE A PRÁTICA DE CRIME CULPOSO.

STJ É inepta a denúncia que imputa a prática de homicídio culposo na direção de veículo automotor (art. 302 da Lei 9.503/1997) sem descrever, de forma clara e precisa, a conduta negligente, imperita ou imprudente que teria gerado o resultado morte, sendo insuficiente a simples menção de que o suposto autor estava na direção do veículo no momento do acidente. • HC 305.194-PB. 2015. (Info 553)

INDICIAMENTO COMO ATRIBUIÇÃO EXCLUSIVA DA AUTORIDADE POLICIAL.

STJ O magistrado não pode requisitar o indiciamento em investigação criminal. • RHC 47.984-SP. 2015. (Info 552)

MANDADO DE SEGURANÇA PARA ATRIBUIÇÃO DE EFEITO SUSPENSIVO A RECURSO EM SENTIDO ESTRITO.

STJ Não cabe, na análise de pedido liminar de mandado de segurança, atribuir efeito suspensivo ativo a recurso em sentido estrito interposto contra a rejeição de denúncia, sobretudo sem a prévia oitiva do réu. • HC 296.848-SP. 2014. (Info 547)

DIREITO À RÉPLICA DO ASSISTENTE DA ACUSAÇÃO.

STJ O assistente da acusação tem direito à réplica, ainda que o MP tenha anuído à tese de legítima defesa do réu e declinado do direito de replicar. • REsp 1.343.402-SP. 2014. (Info 546)

VALOR MÍNIMO DOS HONORÁRIOS ADVOCATÍCIOS ARBITRADOS EM FAVOR DO DEFENSOR DATIVO.

STJ O arbitramento judicial dos honorários advocatícios ao defensor dativo nomeado para oficiar em processos criminais deve observar os valores mínimos estabelecidos na tabela da OAB, considerados o grau de zelo do profissional e a dificuldade da causa como parâmetros norteadores do *quantum*. • REsp 1.377.798-ES. 2014. (Info 545)

NECESSIDADE DE FUNDAMENTAR DECISÃO QUE DETERMINE DILIGÊNCIAS INVASIVAS DE ACESSO DE DADOS.

STJ É nula a decisão que, sem fundamentação, determine o acesso a dados bancários, telefônicos e de empresas de transporte aéreo, ainda que as diligências tenham sido solicitadas com o objetivo de verificar o regular cumprimento de pena restritiva de direitos. • REsp 1.133.877-PR. 2014. (Info 543)

INÉPCIA DA DENÚNCIA QUE NÃO INDIVIDUALIZA A CONDUTA DE SÓCIO E ADMINISTRADOR DE PESSOA JURÍDICA.

STJ É inepta a denúncia que, ao imputar a sócio a prática dos crimes contra a ordem tributária previstos nos incisos I e II do art. 1º da Lei 8.137/1990, limita-se a transcrever trechos dos tipos penais em questão e a mencionar a condição do denunciado de administrador da sociedade empresária que, em tese, teria suprimido tributos, sem descrever qual conduta ilícita supostamente cometida pelo acusado haveria contribuído para a consecução do resultado danoso. • HC 224.728-PE. 2014. (Info 543)

INTERROGATÓRIO NA LEI DE DROGAS.

STJ No julgamento dos crimes previstos na Lei 11.343/2006, é legítimo que o interrogatório do réu seja realizado antes da oitiva das testemunhas. • HC 245.752-SP. 2014. (Info 535)

▼ PENAS - DISPOSIÇÕES GERAIS

FIANÇA E CAPACIDADE ECONÔMICA DO PACIENTE

STF O arbitramento da fiança deve obedecer, dentre outros critérios de valoração, ao das "condições pessoais de fortuna" do réu (CPP, art. 326). • HC 114731. 2014. (Info 741)

REMIÇÃO DE PENA POR TRABALHO EM DOMINGOS E FERIADOS.

STJ Se o preso, ainda que sem autorização do juízo ou da direção do estabelecimento prisional, efetivamente trabalhar nos domingos e feriados, esses dias deverão ser considerados no cálculo da remição da pena. • HC 346.948-RS. 2016. (Info 586)

EXECUÇÃO PROVISÓRIA DE PENA.

STJ Pendente o trânsito em julgado do acórdão condenatório apenas pela interposição de recurso de natureza extraordinária, é possível a execução de pena. • QO na APn 675-GO. 2016. (Info 582)

PROGRESSÃO DE REGIME DO REINCIDENTE CONDENADO POR CRIME HEDIONDO.

STJ A progressão de regime para os condenados por crime hediondo dar-se-á, se o sentenciado for reincidente, após o cumprimento de 3/5 da pena, ainda que a reincidência não seja específica em crime hediondo ou equiparado. • HC 301.481-SP. 2015. (Info 563)

PROGRESSÃO DE REGIME DO REINCIDENTE CONDENADO PELO CRIME DE TRÁFICO DE DROGAS.

STJ A progressão de regime para os condenados por tráfico de entorpecentes e drogas afins dar-se-á, se o sentenciado for reincidente, após o cumprimento de 3/5 da pena, ainda que a reincidência não seja específica em crime hediondo ou equiparado. • REsp 1.491.421-RS. 2015. (Info 554)

PROCESSO ADMINISTRATIVO PARA APLICAÇÃO DE FALTA DISCIPLINAR AO PRESO. RECURSO REPETITIVO.

STJ Para o reconhecimento da prática de falta disciplinar, no âmbito da execução penal, é imprescindível a instauração de procedimento administrativo pelo diretor do estabelecimento prisional, assegurado o direito de defesa, a ser realizado por advogado constituído ou defensor público nomeado. • REsp 1.378.557-RS. 2015. (Info 554)

▼ INTERCEPTAÇÃO TELEFÔNICA

INTERCEPTAÇÃO TELEFÔNICA E PRORROGAÇÕES.

STF Não se revestem de ilicitude as escutas telefônicas autorizadas judicialmente, bem como suas prorrogações, ante a necessidade de investigação diferenciada e contínua, demonstradas a complexidade e a gravidade dos fatos. • HC 119770. 2014. (Info 742)

INTERCEPTAÇÃO TELEFÔNICA E TRANSCRIÇÃO INTEGRAL

STF Não é necessária a transcrição integral das conversas interceptadas, desde que possibilitado ao investigado o pleno acesso a todas as conversas captadas, assim como disponibilizada a totalidade do material que, direta e indiretamente, àquele se refira, sem prejuízo do poder do magistrado em determinar a transcrição da integralidade ou de partes do áudio. • Inq 3693. 2014. (Info 742)

INTERCEPTAÇÃO TELEFÔNICA E ENVIO À INSTÂNCIA ESPECIAL DE DIÁLOGO ENVOLVENDO TERCEIRO NÃO INVESTIGADO DETENTOR DE PRERROGATIVA DE FORO.

STJ Durante interceptação telefônica deferida em primeiro grau de jurisdição, a captação fortuita de diálogos mantidos por autoridade com prerrogativa de foro não impõe, por si só, a remessa imediata dos autos ao Tribunal competente para processar e julgar a referida autoridade, sem que antes se avalie a idoneidade e a suficiência dos dados colhidos para se firmar o convencimento acerca do possível envolvimento do detentor de prerrogativa de foro com a prática de crime. • HC 307.152-GO. 2015. (Info 575)

CONSUMAÇÃO DO CRIME DE TRÁFICO DE DROGAS NA MODALIDADE ADQUIRIR.

STJ A conduta consistente em negociar por telefone a aquisição de droga e também disponibilizar o veículo que seria utilizado para o transporte do entorpecente configura o crime de tráfico de drogas em sua forma consumada - e não tentada -, ainda que a polícia, com base em indícios obtidos por interceptações telefônicas, tenha efetivado a apreensão do material entorpecente antes que o investigado efetivamente o recebesse. • HC 212.528-SC. 2015. (Info 569)

LEGALIDADE DE INTERCEPTAÇÃO TELEFÔNICA DEFERIDA POR JUÍZO DIVERSO DAQUELE COMPETENTE PARA JULGAR A AÇÃO PRINCIPAL.

STJ A sentença de pronúncia pode ser fundamentada em indícios de autoria surgidos, de forma fortuita, durante a investigação de outros crimes no decorrer de interceptação telefônica determinada por juiz diverso daquele competente para o julgamento da ação principal. • REsp 1.355.432-SP. 2014. (Info 546)

UTILIZAÇÃO DA INTERCEPTAÇÃO DE COMUNICAÇÃO TELEFÔNICA EM DESFAVOR DE INTERLOCUTOR NÃO INVESTIGADO.

STJ As comunicações telefônicas do investigado legalmente interceptadas podem ser utilizadas para formação de prova em desfavor do outro interlocutor, ainda que este seja advogado do investigado. • RMS 33.677-SP. 2014. (Info 541)

▼ SURSIS – DISPOSIÇÕES GERAIS

"SURSIS" E REQUISITO TEMPORAL PARA A CONCESSÃO DE INDULTO.

STF Não é possível o cômputo do período de prova cumprido em suspensão condicional da pena para preenchimento do requisito temporal objetivo do indulto natalino. • HC 123698/PE. 2015. (Info 808)

REVOGAÇÃO DO SURSIS PROCESSUAL APÓS O PERÍODO DE PROVA. RECURSO REPETITIVO. TEMA 920.

STJ Se descumpridas as condições impostas durante o período de prova da suspensão condicional do processo, o benefício poderá ser revogado, mesmo se já ultrapassado o prazo legal, desde que referente a fato ocorrido durante sua vigência. • REsp 1.498.034-RS. 2015. (Info 574)

CONDIÇÕES PARA O SURSIS PROCESSUAL. RECURSO REPETITIVO.

STJ Não há óbice a que se estabeleçam, no prudente uso da faculdade judicial disposta no art. 89, § 2º, da Lei n. 9.099/1995, obrigações equivalentes, do ponto de vista prático, a sanções penais (tais como a prestação de serviços comunitários ou a prestação pecuniária), mas que, para os fins do *sursis* processual, se apresentam tão somente como condições para sua incidência. • REsp 1.498.034-RS. 2015. (Info 574)

ANÁLISE DE HABEAS CORPUS A DESPEITO DE CONCESSÃO DE SURSIS.

STJ A eventual aceitação de proposta de suspensão condicional do processo não prejudica a análise de *habeas corpus* no qual se pleiteia o trancamento de ação penal. • RHC 41.527-RJ. 2015. (Info 557)

DIREITO EMPRESARIAL

▼ ESTABELECIMENTO - CLÁUSULA DE NÃO CONCORRÊNCIA

LEGALIDADE DE CLÁUSULA DE RAIO EM CONTRATO DE LOCAÇÃO DE ESPAÇO EM SHOPPING CENTER.

STJ Em tese, não é abusiva a previsão, em normas gerais de empreendimento de *shopping center* ("estatuto"), da denominada "cláusula de raio", segundo a qual o locatário de um espaço comercial se obriga - perante o locador - a não exercer atividade similar à praticada no imóvel objeto da locação em outro estabelecimento situado a um determinado raio de distância contado a partir de certo ponto do terreno do *shopping center*. • REsp 1.535.727-RS. 2016. (Info 585)

FIXAÇÃO DE CLÁUSULA DE NÃO CONCORRÊNCIA.

STJ Quando a relação estabelecida entre as partes for eminentemente comercial, a cláusula que estabeleça dever de abstenção de contratação com sociedade empresária concorrente pode irradiar efeitos após a extinção do contrato, desde que limitada espacial e temporalmente. • REsp 1.203.109-MG. 2015. (Info 561)

ABUSIVIDADE DA VIGÊNCIA POR PRAZO INDETERMINADO DE CLÁUSULA DE NÃO CONCORRÊNCIA.

STJ É abusiva a vigência, por prazo indeterminado, da cláusula de "não restabelecimento" (art. 1.147 do CC), também denominada "cláusula de não concorrência". • REsp 680.815-PR. 2015. (Info 554)

▼ SÓCIOS

FORMAÇÃO DE QUÓRUM DELIBERATIVO NECESSÁRIO À EXCLUSÃO DE SÓCIO MINORITÁRIO DE SOCIEDADE LIMITADA.

STJ Para a fixação do quórum deliberativo assemblear necessário à aprovação da exclusão de sócio minoritário de sociedade limitada, não se pode computar a participação deste no capital social, devendo a apuração da deliberação se lastrear em 100% do capital restante, ou seja, tão somente no capital social daqueles legitimados a votar. • REsp 1.459.190-SP. 2016. (Info 575)

CRITÉRIOS PARA A APURAÇÃO DE HAVERES DO SÓCIO RETIRANTE DE SOCIEDADE POR QUOTAS DE RESPONSABILIDADE LIMITADA.

STJ No caso de dissolução parcial de sociedade por quotas de responsabilidade limitada, prevalecerá, para a apuração dos haveres do sócio retirante, o critério previsto no contrato social se o sócio retirante concordar com o resultado obtido, mas, não concordando, aplicar-se-á o critério do *balanço de determinação*, podendo-se utilizar conjuntamente a metodologia do *fluxo de caixa descontado* para se aferir, inclusive, o patrimônio intangível da sociedade. • REsp 1.335.619-SP. 2015. (Info 559)

IMPOSSIBILIDADE DE UTILIZAÇÃO DE CRÉDITO PERTENCENTE À SOCIEDADE ANÔNIMA PARA GARANTIR OBRIGAÇÃO DE SÓCIO.

STJ Não cabe bloqueio judicial de parte de crédito cobrado em execução judicial movida por sociedade anônima contra terceiro, na hipótese em que a decisão judicial que o determina é proferida em sede de ação cautelar movida por ex-cônjuge em face do outro ex-consorte, a fim de garantir àquele direito a ações da referida sociedade anônima, quando a participação acionária já se encontra assegurada por sentença com trânsito em julgado proferida em ação de sobrepartilha de bens sonegados. • REsp 1.179.342-GO. 2014. (Info 544)

LEGITIMIDADE ATIVA EM AÇÃO DE COMPLEMENTAÇÃO DE AÇÕES FUNDAMENTADA EM CESSÃO DE DIREITOS RELACIONADA A CONTRATO DE PARTICIPAÇÃO FINANCEIRA. RECURSO REPETITIVO.

STJ O cessionário de contrato de participação financeira para a aquisição de linha telefônica tem legitimidade para ajuizar ação de complementação de ações somente na hipótese em que o instrumento de cessão lhe conferir, expressa ou tacitamente, o direito à subscrição de ações, conforme apurado nas instâncias ordinárias. • REsp 1.301.989-RS. 2014. (Info 538)

CRITÉRIO PARA A CONVERSÃO DA OBRIGAÇÃO DE SUBSCREVER AÇÕES EM PERDAS E DANOS. RECURSO REPETITIVO.

STJ No âmbito de demanda de complementação de ações relativas a contrato de participação financeira para a aquisição de linha telefônica, converte-se a obrigação de subscrever ações em perdas e danos multiplicando-se o número de ações devidas pela cotação destas no fechamento do pregão da Bolsa de Valores no dia do trânsito em julgado, com juros de mora desde a citação; ressalvada a manutenção de outros critérios definidos em título executivo ante a existência de coisa julgada. • REsp 1.301.989-RS. 2014. (Info 538)

CÁLCULO DE DIVIDENDOS NO ÂMBITO DE DEMANDA DE COMPLEMENTAÇÃO DE AÇÕES RELATIVAS A CONTRATO DE PARTICIPAÇÃO FINANCEIRA. RECURSO REPETITIVO.

STJ No âmbito de demanda de complementação de ações relativas a contrato de participação financeira para a aquisição de linha telefônica, deve-se observar - ressalvada a manutenção de critérios diversos nas hipóteses de coisa julgada - os seguintes critérios no que diz respeito à obrigação de pagar dividendos: a) os dividendos são devidos durante todo o período em que o consumidor integrou ou deveria ter integrado os quadros societários; b) sobre o valor dos dividendos não pagos, incide correção monetária desde a data de vencimento da obrigação e juros de mora desde a citação; e, c) no caso das ações convertidas em perdas e danos, é devido o pagamento de dividendos desde a data em que as ações deveriam ter sido subscritas até a data do trânsito em julgado do processo de conhecimento, incidindo juros de mora e correção monetária segundo os critérios do item anterior. • REsp 1.301.989-RS. 2014. (Info 538)

▼ SOCIEDADE - TRANSFORMAÇÃO

CERTIDÕES NEGATIVAS E TRANSFORMAÇÃO DE SOCIEDADE SIMPLES EM EMPRESARIAL.

STJ Para efetuar o registro e o arquivamento de alteração contratual, a fim de promover a transformação de sociedade civil em empresária, não é exigível a apresentação de certidões negativas de débitos com o FGTS e com a União, exigindo-se, contudo, certidão negativa de débito com o INSS. • REsp 1.393.724-PR. 2016. (Info 574)

▼ CHEQUE

TERMO INICIAL DE CORREÇÃO MONETÁRIA E DE JUROS DE MORA EM COBRANÇA DE CHEQUE. RECURSO REPETITIVO.

STJ Em qualquer ação utilizada pelo portador para cobrança de cheque, a correção monetária incide a partir da data de emissão estampada na cártula, e os juros de mora a contar da primeira apresentação à instituição financeira sacada ou câmara de compensação. • REsp 1.556.834-SP. 2016. (Info 587)

CHEQUE PRÉ-DATADO E O SEU PRAZO DE APRESENTAÇÃO PARA PAGAMENTO. RECURSO REPETITIVO.

STJ A pactuação da pós-datação de cheque, para que seja hábil a ampliar o prazo de apresentação à instituição financeira sacada, deve espelhar a data de emissão estampada no campo específico da cártula. • REsp 1.423.464-SC. 2016. (Info 584)

PROTESTO CAMBIÁRIO DE CHEQUE APÓS O PRAZO DE APRESENTAÇÃO COM A INDICAÇÃO APENAS DO EMITENTE NO APONTAMENTO. RECURSO REPETITIVO.

STJ Sempre será possível, no prazo para a execução cambial, o protesto cambiário de cheque com a indicação do emitente como devedor. • REsp 1.423.464-SC. 2016. (Info 584)

FACTORING E DESNECESSIDADE DE NOTIFICAÇÃO DE EMITENTE DE TÍTULO DE CRÉDITO.

STJ É desnecessária a notificação de emitente de cheque com cláusula "à ordem", para que o faturizador que tenha recebido a cártula por meio de endosso possa cobrar o crédito decorrente de operação de *factoring*. • REsp 1.236.701-MG. 2015. (Info 573)

PRAZO DE REALIZAÇÃO DE PROTESTO PARA FINS FALIMENTARES.

STJ O protesto tirado contra o emitente do cheque é obrigatório para o fim de comprovar a impontualidade injustificada do devedor no procedimento de falência (art. 94, I, da Lei

11.101/2005) e deve ser realizado em até seis meses contados do término do prazo de apresentação (prazo prescricional da ação cambial). • REsp 1.249.866-SC. 2015. (Info 573)

PROTESTO DE CHEQUE NÃO PRESCRITO.

STJ É legítimo o protesto de cheque efetuado contra o emitente depois do prazo de apresentação, desde que não escoado o prazo prescricional relativo à ação cambial de execução. • REsp 1.297.797-MG. 2015. (Info 556)

TERMO INICIAL DOS JUROS DE MORA RELATIVOS A CRÉDITO VEICULADO EM CHEQUE.

STJ Os juros de mora sobre a importância de cheque não pago contam-se da primeira apresentação pelo portador à instituição financeira, e não da citação do sacador. • REsp 1.354.934-RS. 2013. (Info 532)

EFEITOS DA PÓS-DATAÇÃO DE CHEQUE.

STJ A pós-datação de cheque não modifica o prazo de apresentação nem o prazo de prescrição do título. • REsp 1.124.709-TO. 2013. (Info 528)

PROTESTO DE CHEQUE NOMINAL À ORDEM POR ENDOSSATÁRIO TERCEIRO DE BOA-FÉ.

STJ É possível o protesto de cheque nominal à ordem, por endossatário terceiro de boa-fé, após o decurso do prazo de apresentação, mas antes da expiração do prazo para ação cambial de execução, ainda que, em momento anterior, o título tenha sido sustado pelo emitente em razão do inadimplemento do negócio jurídico subjacente à emissão da cártula. • REsp 1.124.709-TO. 2013. (Info 528)

▼ FRANQUIAS

NOTIFICAÇÃO POR E-MAIL PARA O EXERCÍCIO DE DIREITO DE PREFERÊNCIA.

STJ É válida a notificação por e-mail enviada ao franqueador para o exercício do direito de preferência previsto em contrato de franquia, no caso em que, não tendo o contrato previsto forma específica para a notificação e sendo o correio eletrônico meio usual de comunicação entre franqueador e franqueado, houve ciência inequívoca do franqueador quanto à data do envio e do recebimento da mensagem, segurança quanto à legitimidade do remetente para tratar do assunto e, quanto ao conteúdo, respeito aos requisitos estabelecidos na cláusula contratual. • REsp 1.545.965-RJ. 2015. (Info 570)

▼ DUPLICATA

EMISSÃO DE DUPLICATA COM BASE EM MAIS DE UMA NOTA FISCAL.

STJ Uma só duplicata pode corresponder à soma de diversas notas fiscais parciais. • REsp 1.356.541-MG. 2016. (Info 582)

DUPLICATA MERCANTIL E ACEITE LANÇADO EM SEPARADO.

STJ O aceite lançado em separado da duplicata mercantil não imprime eficácia cambiária ao título. • REsp 1.334.464-RS. 2016. (Info 580)

OPOSIÇÃO DE EXCEÇÕES PESSOAIS A EMPRESA DE FACTORING.

STJ O sacado pode opor à faturizadora a qual pretende lhe cobrar duplicata recebida em operação de *factoring* exceções pessoais que seriam passíveis de contraposição ao sacador, ainda que o sacado tenha eventualmente aceitado o título de crédito. • REsp 1.439.749-RS. 2015. (Info 564)

INSTRUÇÃO DO PEDIDO DE FALÊNCIA COM DUPLICATAS VIRTUAIS.

STJ A duplicata virtual protestada por indicação é título executivo apto a instruir pedido de falência com base na impontualidade do devedor. • REsp 1.354.776-MG . 2014. (Info 547)

▼ NOTA PROMISSÓRIA

DESNECESSIDADE DE COMPROVAÇÃO DO NEGÓCIO JURÍDICO SUBJACENTE À NOTA PROMISSÓRIA PRESCRITA PARA A INSTRUÇÃO DA AÇÃO DE LOCUPLETAMENTO PAUTADA NO ART. 48 DO DECRETO N. 2.044/1908.

STJ Independentemente da comprovação da relação jurídica subjacente, a simples apresentação de nota promissória prescrita é suficiente para embasar a ação de locupletamento pautada no art. 48 do Decreto n. 2.044/1908. • REsp 1.323.468-DF. 2016. (Info 580)

PRAZO PRESCRICIONAL PARA AJUIZAMENTO DE AÇÃO MONITÓRIA FUNDADA EM NOTA PROMISSÓRIA PRESCRITA. RECURSO REPETITIVO.

STJ O prazo para ajuizamento de ação monitória em face do emitente de nota promissória sem força executiva é quinquenal, a contar do dia seguinte ao vencimento do título. • REsp 1.262.056-SP. 2013. (Info 533)

EXECUÇÃO DE AVALISTA DE NOTA PROMISSÓRIA DADA EM GARANTIA DE CRÉDITO CEDIDO POR FACTORING.

STJ Para executar, em virtude da obrigação avalizada, o avalista de notas promissórias dadas pelo faturizado em garantia da existência do crédito cedido por contrato de *factoring*, o faturizador exequente não precisa demonstrar a inexistência do crédito cedido. • REsp 1.305.637-PR. 2014. (Info 532)

▼ CÉDULA DE CRÉDITO RURAL

AVAL EM CÉDULAS DE CRÉDITO RURAL.

STJ Admite-se aval em cédulas de crédito rural. • REsp 1.315.702-MS. 2015. (Info 559)

GARANTIA PESSOAL PRESTADA EM CÉDULA DE CRÉDITO RURAL.

STJ Admite-se o aval nas cédulas de crédito rural. • REsp 1.483.853-MS. 2014. (Info 552)

ÍNDICE DE REAJUSTE DE SALDO DEVEDOR DE CRÉDITO RURAL.

STJ O índice de correção monetária aplicável às cédulas de crédito rural no mês de março de 1990, nas quais prevista a indexação aos índices da caderneta de poupança, é o BTN no percentual de 41,28%. • REsp 1.319.232-DF. 2014. (Info 552)

SUSPENSÃO DA FLUÊNCIA DE JUROS LEGAIS E CONTRATUAIS EM LIQUIDAÇÃO EXTRAJUDICIAL.

STJ Após a decretação da liquidação extrajudicial de instituição financeira, os juros contra a massa liquidanda, sejam eles legais ou contratuais, terão sua fluência ou contagem suspensa enquanto o passivo não for integralmente pago aos credores habilitados, devendo esses juros serem computados e pagos apenas após a satisfação integral do passivo se houver ativo que os suporte, observando-se a ordem do quadro geral de credores. • REsp 1.102.850-PE. 2014. (Info 551)

CAPITALIZAÇÃO DE JUROS EM CONTRATOS DE CRÉDITO RURAL. RECURSO REPETITIVO.

STJ A legislação sobre cédulas de crédito rural admite o pacto de capitalização de juros em periodicidade inferior à semestral. • REsp 1.333.977-MT. 2014. (Info 537)

AVAL EM CÉDULA DE CRÉDITO RURAL.

STJ Tratando-se de Cédula de Crédito Rural emitida por pessoa física, é nulo o aval prestado por pessoa física estranha ao negócio jurídico garantido. • REsp 1.353.244-MS. 2013. (Info 525)

▼ FALÊNCIA E RECUPERAÇÃO JUDICIAL

RESPONSABILIDADE PELA REMUNERAÇÃO DO ADMINISTRADOR JUDICIAL.

STJ É possível impor ao credor que requereu a falência da sociedade empresária a obrigação de adiantar as despesas relativas à remuneração do administrador judicial, quando a referida pessoa jurídica não for encontrada - o que resultou na sua citação por edital e na decretação, *incontinenti*, da falência - e existirem dúvidas se os bens a serem arrecadados serão suficientes para arcar com a mencionada dívida. • REsp 1.526.790-SP. 2016. (Info 580)

SUBMISSÃO DE CREDOR DISSIDENTE A NOVO PLANO DE RECUPERAÇÃO JUDICIAL APROVADO PELA ASSEMBLEIA GERAL DE CREDORES.

STJ Se, após o biênio de supervisão judicial e desde que ainda não tenha ocorrido o encerramento da recuperação judicial, houver aprovação de novo plano de recuperação judicial, o credor que discordar do novo acordo não tem direito a receber o seu crédito com base em plano anterior aprovado pelo mesmo órgão. • REsp 1.302.735-SP. 2016. (Info 580)

NÃO SUJEIÇÃO A RECUPERAÇÃO JUDICIAL DE DIREITOS DE CRÉDITO CEDIDOS FIDUCIARIAMENTE.

STJ Não se submetem aos efeitos da recuperação judicial do devedor os direitos de crédito cedidos fiduciariamente por ele em garantia de obrigação representada por Cédula de Crédito Bancário existentes na data do pedido de recuperação, independentemente de a cessão ter ou não sido registrada no Registro de Títulos e Documentos do domicílio do devedor. • REsp 1.412.529-SP. 2016. (Info 578)

DECLARAÇÃO DE EXTINÇÃO DAS OBRIGAÇÕES DO FALIDO.

STJ O reconhecimento da extinção das obrigações não tributárias do falido nos termos do art. 135 do Decreto-Lei 7.661/1945 (art. 158 da Lei 11.101/2005) não depende de prova da quitação de tributos. • REsp 834.932-MG. 2015. (Info 572)

RETIFICAÇÃO DO QUADRO GERAL DE CREDORES APÓS HOMOLOGAÇÃO DO PLANO DE RECUPERAÇÃO JUDICIAL.

STJ Ainda que o plano de recuperação judicial já tenha sido homologado, é possível a retificação do quadro geral de credores fundada em julgamento de impugnação. • REsp 1.371.427-RJ. 2015. (Info 567)

DEFERIMENTO DO PROCESSAMENTO DE RECUPERAÇÃO JUDICIAL E CADASTROS DE RESTRIÇÃO AO CRÉDITO E TABELIONATOS DE PROTESTOS.

STJ O deferimento do processamento de recuperação judicial, por si só, não enseja a suspensão ou o cancelamento da negativação do nome do devedor nos cadastros de restrição ao crédito e nos tabelionatos de protestos. • REsp 1.374.259-MT. 2015. (Info 564)

EXTINÇÃO DAS EXECUÇÕES INDIVIDUAIS PROPOSTAS CONTRA DEVEDOR EM RECUPERAÇÃO JUDICIAL.

STJ Após a aprovação do plano de recuperação judicial pela assembleia de credores e a posterior homologação pelo juízo competente, deverão ser extintas - e não apenas suspensas - as execuções individuais até então propostas contra a recuperanda nas quais se busca a cobrança de créditos constantes do plano. • REsp 1.272.697-DF. 2015. (Info 564)

INTERPRETAÇÃO DO ART. 94, III, F, DA LEI DE FALÊNCIAS.

STJ A mudança de domicílio da sociedade em recuperação judicial, devidamente informada em juízo, ainda que sem comunicação aos credores e sem data estabelecida para a instalação do novo estabelecimento empresarial, não é causa, por si só, para a decretação de ofício da falência. • REsp 1.366.845-MG. 2015. (Info 564)

CRÉDITO DE HONORÁRIOS ADVOCATÍCIOS SUCUMBENCIAIS CONSTITUÍDO APÓS O PEDIDO DE RECUPERAÇÃO JUDICIAL.

STJ Na hipótese em que crédito de honorários advocatícios sucumbenciais tenha sido constituído após o pedido de recuperação judicial, não haverá habilitação desse crédito no juízo universal da recuperação judicial - e, portanto, a execução desses honorários prosseguirá no juízo comum, não ficando suspensa -, mas o juízo universal da recuperação judicial deverá exercer o controle sobre os atos de constrição ou expropriação patrimonial do devedor. • REsp 1.298.670-MS. 2015. (Info 564)

CAPACIDADE PROCESSUAL DO FALIDO.

STJ O falido tem capacidade para propor ação rescisória para desconstituir a sentença transitada em julgado que decretou a sua falência. • REsp 1.126.521-MT. 2015. (Info 558)

INAPLICABILIDADE DO PRAZO EM DOBRO PARA RECORRER AOS CREDORES NA RECUPERAÇÃO JUDICIAL.

STJ No processo de recuperação judicial, é inaplicável aos credores da sociedade recuperanda o prazo em dobro para recorrer previsto no art. 191 do CPC. • REsp 1.324.399-SP. 2015. (Info 558)

ABRANGÊNCIA DE EXPRESSÃO DOS ARTS. 67, CAPUT, E 84, V, DA LEI 11.101/2005.

STJ Nos termos dos arts. 67, caput, e 84, V, da Lei 11.101/2005, em caso de decretação de falência, serão considerados extraconcursais os créditos decorrentes de obrigações contraídas pelo devedor entre a data em que se defere o processamento da recuperação judicial e a data da decretação da falência, inclusive aqueles relativos a despesas com fornecedores de bens ou serviços e contratos de mútuo. • REsp 1.399.853-SC. 2015. (Info 557)

ALIENAÇÃO EXTRAORDINÁRIA DE ATIVO DA FALIDA E DESNECESSIDADE DE PRÉVIA PUBLICAÇÃO DE EDITAL.

STJ Na hipótese de alienação extraordinária de ativo da falida (arts. 144 e 145 da Lei 11.101/2005), não é necessária a prévia publicação de edital em jornal de grande circulação prevista no § 1° do art. 142 da Lei 11.101/2005. • REsp 1.356.809-GO. 2015. (Info 555)

RECUPERAÇÃO JUDICIAL DE DEVEDOR PRINCIPAL E TERCEIROS DEVEDORES SOLIDÁRIOS OU COOBRIGADOS EM GERAL. RECURSO REPETITIVO.

STJ A recuperação judicial do devedor principal não impede o prosseguimento das execuções nem induz suspensão ou extinção de ações ajuizadas contra terceiros devedores solidários ou coobrigados em geral, por garantia cambial, real ou fidejussória, pois não se lhes aplicam a suspensão prevista nos arts. 6º, caput, e 52, III, ou a novação a que se refere o art. 59, caput, por força do que dispõe o art. 49, § 1º, todos da Lei 11.101/2005. • REsp 1.333.349-SP. 2015. (Info 554)

INCOMPETÊNCIA DO JUÍZO UNIVERSAL PARA JULGAR AÇÃO DE DESPEJO MOVIDA CONTRA SOCIEDADE EMPRESÁRIA EM RECUPERAÇÃO JUDICIAL.

STJ Não se submete à competência do juízo universal da recuperação judicial a ação de despejo movida, com base na Lei 8.245/1991 (Lei do Inquilinato), pelo proprietário locador para obter, unicamente, a retomada da posse direta do imóvel locado à sociedade empresária em recuperação. • CC 123.116-SP. 2014. (Info 551)

NÃO SUBMISSÃO DE CRÉDITO GARANTIDO POR ALIENAÇÃO FIDUCIÁRIA AOS EFEITOS DE RECUPERAÇÃO JUDICIAL.

STJ Não se submetem aos efeitos da recuperação judicial os créditos garantidos por alienação fiduciária de bem não essencial à atividade empresarial. • CC 131.656-PE. 2014. (Info 550)

PEDIDO DE FALÊNCIA FUNDADO EM IMPONTUALIDADE INJUSTIFICADA.

STJ Em pedido de falência requerido com fundamento na impontualidade injustificada (art. 94, I, da Lei 11.101/2005), é desnecessária a demonstração da insolvência econômica do devedor, independentemente de sua condição econômica. • REsp 1.433.652-RJ. 2014. (Info 550)

HIPÓTESE EM QUE NÃO SE CARACTERIZA USO ABUSIVO DA VIA FALIMENTAR.

STJ Diante de depósito elisivo de falência requerida com fundamento na impontualidade injustificada do devedor (art. 94, I, da Lei 11.101/2005), admite-se, embora afastada a decretação de falência, a conversão do processo falimentar em verdadeiro rito de cobrança para apurar questões alusivas à existência e à exigibilidade da dívida cobrada, sem que isso configure utilização abusiva da via falimentar como sucedâneo de ação de cobrança/execução. • REsp 1.433.652-RJ. 2014. (Info 550)

CONTROLE JUDICIAL DO PLANO DE RECUPERAÇÃO JUDICIAL.

STJ Cumpridas as exigências legais, o juiz deve conceder a recuperação judicial do devedor cujo plano tenha sido aprovado em assembleia (art. 58, caput, da Lei 11.101/2005), não lhe sendo dado se imiscuir no aspecto da viabilidade econômica da empresa. • REsp 1.359.311-SP. 2014. (Info 549)

FALÊNCIA DE INCORPORADORA IMOBILIÁRIA E CLASSIFICAÇÃO DOS CRÉDITOS ORIUNDOS DE DESPESAS EFETUADAS POR ADQUIRENTE DE IMÓVEL PARA A CONCLUSÃO DE PRÉDIO RESIDENCIAL.

STJ Quando o adquirente de unidade imobiliária - em razão da impossibilidade de conclusão da edificação por parte da incorporadora responsável, ante a decretação de sua falência - tenha assumido despesas necessárias à conclusão do prédio residencial, os gastos desembolsados pelo adquirente devem ser inscritos no processo de falência da referida incorporadora como créditos quirografários. • REsp 1.185.336-RS. 2014. (Info 548)

HIPÓTESES AUTÔNOMAS DE PEDIDO DE FALÊNCIA.

STJ É desnecessário o prévio ajuizamento de execução forçada para se requerer falência com fundamento na impontualidade do devedor. • REsp 1.354.776-MG. 2014. (Info 547)

INSTRUÇÃO DO PEDIDO DE FALÊNCIA COM DUPLICATAS VIRTUAIS.

STJ A duplicata virtual protestada por indicação é título executivo apto a instruir pedido de falência com base na impontualidade do devedor. • REsp 1.354.776-MG. 2014. (Info 547)

CRÉDITOS EXTRACONCURSAIS E DEFERIMENTO DO PROCESSAMENTO DE RECUPERAÇÃO JUDICIAL.

STJ São extraconcursais os créditos originários de negócios jurídicos realizados após a data em que foi deferido o pedido de processamento de recuperação judicial. • REsp 1.398.092-SC. 2014. (Info 544)

EFICÁCIA DE ARREMATAÇÃO DE BEM IMÓVEL EM RELAÇÃO À MASSA FALIDA.

STJ É eficaz em relação à massa falida o ato de transferência de imóvel ocorrido em virtude de arrematação em praça pública e realizado após a decretação da falência. • REsp 1.447.271-SP. 2014. (Info 543)

CLASSIFICAÇÃO DE CRÉDITO REFERENTE A HONORÁRIOS ADVOCATÍCIOS NO PROCESSO DE FALÊNCIA. RECURSO REPETITIVO.

STJ Os créditos resultantes de honorários advocatícios, sucumbenciais ou contratuais, têm natureza alimentar e equiparam-se aos trabalhistas para efeito de habilitação em falência, seja pela regência do Decreto-lei 7.661/1945, seja pela forma prevista na Lei 11.101/2005, observado o limite de valor previsto no art. 83, I, do referido diploma legal. • REsp 1.152.218-RS. 2014. (Info 543)

CLASSIFICAÇÃO DE CRÉDITO REFERENTE A HONORÁRIOS ADVOCATÍCIOS POR SERVIÇOS PRESTADOS À MASSA FALIDA. RECURSO REPETITIVO.

STJ São créditos extraconcursais os honorários de advogado resultantes de trabalhos prestados à massa falida, depois do decreto de falência, nos termos dos arts. 84 e 149 da Lei 11.101/2005. • REsp 1.152.218-RS. 2014. (Info 540)

REPERCUSSÃO DA HOMOLOGAÇÃO DE PLANO DE RECUPERAÇÃO JUDICIAL.

STJ A homologação do plano de recuperação judicial da devedora principal não implica extinção de execução de título extrajudicial ajuizada em face de sócio coobrigado. • REsp 1.326.888-RS. 2014. (Info 540)

JUÍZO UNIVERSAL DA FALÊNCIA.

STJ O reconhecimento, por sentença transitada em julgado, de que elidiu a falência o depósito do valor principal do título executivo extrajudicial cujo inadimplemento baseou o pedido de quebra (art. 1º, § 3º, Decreto-Lei 7.661/1995) não torna prevento o juízo para um segundo pedido de falência fundado na execução frustrada (art. 2º, I, do Decreto-Lei 7.661/1945) do título executivo advindo daquela sentença quanto aos juros e a correção monetária. • REsp 702.417-SP. 2014. (Info 539)

SUJEIÇÃO DE CRÉDITO DERIVADO DE HONORÁRIOS ADVOCATÍCIOS SUCUMBENCIAIS À RECUPERAÇÃO JUDICIAL.

STJ Os créditos derivados de honorários advocatícios sucumbenciais estão sujeitos aos efeitos da recuperação judicial, mesmo que decorrentes de condenação proferida após o pedido de recuperação. • REsp 1.377.764-MS. 2013. (Info 531)

COMPENSAÇÃO NO PROCESSO FALIMENTAR.

STJ Os valores a serem restituídos à massa falida decorrentes da procedência de ação revocatória não podem ser compensados com eventual crédito habilitado no processo de falência pelo réu condenado. • REsp 1.121.199-SP. 2013. (Info 531)

CUSTAS JUDICIAIS NAS HABILITAÇÕES RETARDATÁRIAS DE CRÉDITO.

STJ Nas falências regidas pelo Decreto-Lei 7.661/1945, a habilitação retardatária de crédito enseja o pagamento de custas judiciais. • REsp 512.406-SP. 2013. (Info 528)

NÃO SUJEIÇÃO DO CRÉDITO GARANTIDO POR CESSÃO FIDUCIÁRIA DE DIREITO CREDITÓRIO AO PROCESSO DE RECUPERAÇÃO JUDICIAL.

STJ O crédito garantido por cessão fiduciária de direito creditório não se sujeita aos efeitos da recuperação judicial, nos termos do art. 49, § 3º, da Lei n. 11.101/2005. • REsp 1.202.918-SP creditório não se sujeita aos efeitos da recuperação judicial, nos termos do art. 49, § 3º, da Lei n. 11.101/2005. • REsp 1.202.918-SP. 2013. (Info 518)

▼ PRESCRIÇÃO E DECADÊNCIA

PRAZO PRESCRICIONAL PARA AJUIZAR AÇÃO DE LOCUPLETAMENTO PAUTADA NO ART. 48 DO DECRETO N. 2.044/1908.

STJ Prescreve em três anos a pretensão de ressarcimento veiculada em ação de locupletamento pautada no art. 48 do Decreto n. 2.044/1908, contados do dia em que se consumar a prescrição da ação executiva. • REsp 1.323.468-DF. 2016. (Info 580)

TERMO INICIAL PARA O PAGAMENTO DA RETRIBUIÇÃO QUINQUENAL PREVISTA NO ART. 120 DA LEI N. 9.279/1996.

STJ O prazo para o pagamento da "retribuição qüinqüenal" prevista no art. 120 da Lei n. 9.279/1996 conta-se da data do depósito do pedido de registro do desenho industrial no INPI, e não da data do certificado de registro. • REsp 1.470.431-PR. 2016. (Info 578)

PRAZO DECADENCIAL PARA DESCONSTITUIR DELIBERAÇÃO SOCIETÁRIA EXCLUDENTE DE SÓCIO MINORITÁRIO.

STJ É de três anos o prazo decadencial para que o sócio minoritário de sociedade limitada de administração coletiva exerça o direito à anulação da deliberação societária que o tenha excluído da sociedade, ainda que o contrato social preveja a regência supletiva pelas normas da sociedade anônima. • REsp 1.459.190-SP. 2016. (Info 575)

PRAZO DE PRESCRIÇÃO DA PRETENSÃO DE COBRANÇA DE *DEMURRAGE*.

STJ Prescreve em cinco anos a pretensão de cobrança de valores estabelecidos em contrato de transporte marítimo de cargas (unimodal) para as despesas de sobre-estadia de contêiner (*demurrage*). • REsp 1.340.041-SP. 2015. (Info 568)

NÃO CANCELAMENTO DO PROTESTO PELA PRESCRIÇÃO DO TÍTULO CAMBIAL.

STJ A prescrição da pretensão executória de título cambial não enseja o cancelamento automático de anterior protesto regularmente lavrado e registrado. • REsp 813.381-SP. 2015. (Info 562)

PRAZO PRESCRICIONAL PARA AJUIZAMENTO DE AÇÃO MONITÓRIA FUNDADA EM CHEQUE PRESCRITO. RECURSO REPETITIVO.

STJ O prazo para ajuizamento de ação monitória em face do emitente de cheque sem força executiva é quinquenal, a contar do dia seguinte à data de emissão estampada na cártula. • REsp 1.101.412-SP. 2014. (Info 533)

PRAZO PRESCRICIONAL PARA AJUIZAMENTO DE AÇÃO MONITÓRIA FUNDADA EM NOTA PROMISSÓRIA PRESCRITA. RECURSO REPETITIVO.

STJ O prazo para ajuizamento de ação monitória em face do emitente de nota promissória sem força executiva é quinquenal, a contar do dia seguinte ao vencimento do título. • REsp 1.262.056-SP. 2014. (Info 533)

PRAZO PRESCRICIONAL PARA A COBRANÇA DE DEBÊNTURES.

STJ Prescreve em cinco anos a pretensão de cobrança de valores relativos a debêntures. • REsp 1.316.256-RJ. 2014. (Info 526)

PRAZO PRESCRICIONAL DAS AÇÕES DE INDENIZAÇÃO CONTRA ARMAZÉNS GERAIS.

STJ Nas ações de indenização contra armazéns gerais, o prazo prescricional é de três meses. • AgRg no REsp 1.186.115-RJ. 2013. (Info 525)

▼ LOCAÇÃO

LEGALIDADE DE CLÁUSULA DE RAIO EM CONTRATO DE LOCAÇÃO DE ESPAÇO EM SHOPPING CENTER.

STJ Em tese, não é abusiva a previsão, em normas gerais de empreendimento de *shopping center* ("estatuto"), da denominada "cláusula de raio", segundo a qual o locatário de um espaço comercial se obriga - perante o locador - a não exercer atividade similar à praticada no imóvel objeto da locação em outro estabelecimento situado a um determinado raio de distância contado a partir de certo ponto do terreno do *shopping center*. • REsp 1.535.727-RS. 2016. (Info 585)

VALIDADE DA CLÁUSULA DE 13º ALUGUEL EM CONTRATO DE LOCAÇÃO DE ESPAÇO EM SHOPPING CENTER.

STJ Não é abusiva a mera previsão contratual que estabelece a duplicação do valor do aluguel no mês de dezembro em contrato de locação de espaço em shopping center. • REsp 1.409.849-PR. 2016. (Info 582)

▼ FACTORING

OPOSIÇÃO DE EXCEÇÕES PESSOAIS A EMPRESA DE FACTORING.

STJ O sacado pode opor à faturizadora a qual pretende lhe cobrar duplicata recebida em operação de *factoring* exceções pessoais que seriam passíveis de contraposição ao sacador, ainda que o sacado tenha eventualmente aceitado o título de crédito. • REsp 1.439.749-RS. 2015. (Info 564)

DIREITO DE REGRESSO RELACIONADO A CONTRATO DE FACTORING.

STJ A faturizadora tem direito de regresso contra a faturizada que, por contrato de *factoring* vinculado a nota promissória, tenha cedido duplicatas sem causa subjacente. • REsp 1.289.995-PE. 2014. (Info 535)

▼ PATENTE

REQUISITOS DE VALIDADE DE PATENTE DE REVALIDAÇÃO.

STJ Uma patente pipeline concedida no exterior e revalidada no Brasil não pode ser anulada ao fundamento de falta de um dos requisitos de mérito do art. 8º da Lei 9.279/1996 (Lei de Propriedade Industrial - LPI), mas apenas por ausência de requisito especificamente aplicável a ela (como, por exemplo, por falta de pagamento da anuidade no Brasil) ou em razão de irregularidades formais. • REsp 1.201.454-RJ. 2014. (Info 550)

▼ MARCA

PRODUTOS DESTINADOS À COMERCIALIZAÇÃO NO EXTERIOR E CADUCIDADE DA MARCA.

STJ O fato de produto elaborado e fabricado no Brasil ser destinado exclusivamente ao mercado externo não implica a caducidade do respectivo registro de marca por desuso. • REsp 1.236.218-RJ. 2015. (Info 563)

CADUCIDADE DE MARCA POR USO ESPORÁDICO.

STJ É possível que se reconheça a caducidade do registro da marca quando, em um período de cinco anos, o valor e o volume de vendas do produto relacionado à marca forem inexpressivos (na situação em análise, 70 pacotes de cigarros que geraram receita de R$ 614,75) em comparação com operações bilionárias realizadas pelo titular no mesmo período (produção de mais de 400 bilhões de cigarros). • REsp 1.236.218-RJ. 2015. (Info 563)

UTILIZAÇÃO DE PROPAGANDA COMPARATIVA.

STJ É lícita a propaganda comparativa entre produtos alimentícios de marcas distintas e de preços próximos no caso em que: a comparação tenha por objetivo principal o esclarecimento do consumidor; as informações veiculadas sejam verdadeiras, objetivas, não induzam o consumidor a erro, não depreciem o produto ou a marca, tampouco sejam abusivas (art. 37, § 2º, do CDC); e os produtos e marcas comparados não sejam passíveis de confusão. • REsp 1.377.911-SP. 2014. (Info 550)

PRECEDÊNCIA DE NOME EMPRESARIAL QUE NÃO IMPLICA DIREITO AO REGISTRO DE MARCA.

STJ A sociedade empresária fornecedora de medicamentos cujos atos constitutivos tenham sido registrados em Junta Comercial de um Estado antes do registro de marca no Instituto Nacional da Propriedade Industrial (INPI) por outra sociedade que presta serviços médicos em outro Estado, não tem direito ao registro de marca de mesma escrita e fonética, ainda que a marca registrada coincida com seu nome empresarial. • REsp 1.184.867-SC. 2014. (Info 548)

NECESSIDADE DE OBSERVÂNCIA DA PADRONIZAÇÃO DOS PRODUTOS E SERVIÇOS NO CASO DE LICENÇA DE USO DE MARCA.

STJ É possível ao titular do registro de marca, após conceder licença de uso, impedir a utilização da marca pelo licenciado quando não houver observância à nova padronização dos produtos e dos serviços, ainda que o uso da marca tenha sido autorizado sem condições ou efeitos limitadores. • REsp 1.387.244-DF. 2014. (Info 538)

MITIGAÇÃO DA EXCLUSIVIDADE DECORRENTE DO REGISTRO NO CASO DE MARCA EVOCATIVA.

STJ Ainda que já tenha sido registrada no INPI, a marca que constitui vocábulo de uso comum no segmento mercadológico em que se insere - associado ao produto ou serviço que se pretende assinalar - pode ser utilizada por terceiros de boa-fé. • REsp 1.315.621-SP. 2013. (Info 526)

TERMO INICIAL DO PRAZO PRESCRICIONAL PARA PLEITEAR INDENIZAÇÃO DECORRENTE DO USO DE MARCA INDUSTRIAL QUE IMITE OUTRA PREEXISTENTE.

STJ O termo inicial do prazo prescricional de cinco anos (art. 225 da Lei 9.279/1996) para pleitear indenização pelos prejuízos decorrentes do uso de marca industrial que imite outra preexistente, suscetível de causar confusão ou associação com marca alheia registrada (art. 124, XIX), é a data da violação do direito à propriedade industrial e se renova enquanto houver o indevido uso. • REsp 1.320.842-PR. 2013. (Info 525)

▼ DESENHO INDUSTRIAL

TERMO INICIAL PARA O PAGAMENTO DA RETRIBUIÇÃO QUINQUENAL PREVISTA NO ART. 120 DA LEI N. 9.279/1996.

STJ O prazo para o pagamento da "retribuição qüinqüenal" prevista no art. 120 da Lei n. 9.279/1996 conta-se da data do depósito do pedido de registro do desenho industrial no INPI, e não da data do certificado de registro. • REsp 1.470.431-PR. 2016. (Info 578)

LEI APLICÁVEL NO CASO DE PEDIDO DE REGISTRO DE DESENHO INDUSTRIAL EM ANDAMENTO QUANDO DA VIGÊNCIA DA LEI DE PROPRIEDADE INDUSTRIAL.

STJ Na hipótese em que o pedido de registro de desenho industrial tenha sido formulado quando vigente o revogado Código de Propriedade Industrial (Lei 5.772/1971) e a concessão do registro tenha ocorrido já na vigência da Lei de Propriedade Industrial (Lei 9.279/1996), a divulgação do objeto de registro ocorrida durante o "período de graça" (art. 96, § 3º, da Lei 9.279/1996) não afasta a caracterização do requisito da "novidade", ainda que não realizado previamente requerimento de garantia de prioridade (art. 7º da Lei 5.772/1971). • REsp 1.050.659-RJ. 2015. (Info 556)

DIREITO TRIBUTÁRIO

▼ TRIBUTOS EM GERAL

ADI: PEDÁGIO E PREÇO PÚBLICO.

STF O pedágio cobrado pela efetiva utilização de rodovias não tem natureza tributária, mas de preço público, consequentemente, não está sujeito ao princípio da legalidade estrita. • ADI 800. 2014. (Info 750)

TAXA E NÚMERO DE EMPREGADOS.

STF O número de empregados não pode ser utilizado como base de cálculo para a cobrança da taxa de localização e funcionamento de estabelecimento industrial e comercial. • RE 554951. 2013. (Info 724)

SIMPLES NACIONAL: VEDAÇÃO E ISONOMIA

STF É constitucional a exigência contida no art. 17, V, da LC 123/06 ("Art. 17. Não poderão recolher os impostos e contribuições na forma do Simples Nacional a microempresa ou a empresa de pequeno porte:... V – que possua débito com o Instituto Nacional do Seguro Social – INSS, ou com as Fazendas Públicas Federal, Estadual ou Municipal, cuja exigibilidade não esteja suspensa"). • RE 627543. 2013. (Info 726)

IMPOSSIBILIDADE DE CONSTITUIÇÃO DE CRÉDITO TRIBUTÁRIO COM BASE EM CONFISSÃO DE DÍVIDA REALIZADA APÓS A EXTINÇÃO DO CRÉDITO PELA DECADÊNCIA. RECURSO REPETITIVO.

STJ Não é possível a constituição de crédito tributário com base em documento de confissão de dívida tributária apresentado, para fins de parcelamento, após o prazo decadencial previsto no art. 173, I, do CTN. • REsp 1.355.947-SP. 2013 (Info 522)

TERMO INICIAL DA CORREÇÃO MONETÁRIA INCIDENTE SOBRE OS CRÉDITOS ESPONTANEAMENTE RECONHECIDOS PELA ADMINISTRAÇÃO TRIBUTÁRIA.

STJ A correção monetária incide a partir do término do prazo de trezentos e sessenta dias, previsto no art. 24 da Lei 11.457/2007, contado da data do protocolo do pedido administrativo de ressarcimento realizado pelo contribuinte. • REsp 1.331.033-SC. 2013 (Info 522)

▼ IR

IR: AUMENTO DE ALÍQUOTA E IRRETROATIVIDADE

STF É inconstitucional a aplicação retroativa de lei que majora a alíquota incidente sobre o lucro proveniente de operações incentivadas ocorridas no passado, ainda que no mesmo ano-base, tendo em vista que o fato gerador se consolida no momento em que ocorre cada operação de exportação, à luz da extrafiscalidade da tributação na espécie. • RE 592396/SP. 2015 (Info 810)

IRPF E VALORES RECEBIDOS ACUMULADAMENTE

STF É inconstitucional o art. 12 da Lei 7.713/1988 ("No caso de rendimentos recebidos acumuladamente, o imposto incidirá, no mês do recebimento ou crédito, sobre o total dos rendimentos, diminuídos do valor das despesas com ação judicial necessárias ao seu recebimento, inclusive de advogados, se tiverem sido pagas pelo contribuinte, sem indenização"). • RE 614406/RS. 2014 (Info 764)

IMPOSTO DE RENDA E DEDUÇÃO DE PREJUÍZOS

STF O direito ao abatimento dos prejuízos fiscais acumulados em exercícios anteriores decorre de benefício fiscal em favor do contribuinte, que é instrumento de política tributária passível de revisão pelo Estado. Ademais, a Lei 8.981/95 não incide sobre fatos geradores ocorridos antes do início de sua vigência. • RE 244293. 2014. (Info 729)

DEDUÇÃO DO VALOR DA CSLL E BASE DE CÁLCULO DO IRPJ

STF Não é possível a dedução do valor equivalente à CSLL de sua própria base de cálculo, bem como da base de cálculo do IRPJ, nos termos previstos no art. 1º, parágrafo único, da Lei 9.316/96. • RE 582525. 2013. (Info 705)

INCIDÊNCIA DE IMPOSTO DE RENDA SOBRE O ADICIONAL DE 1/3 DE FÉRIAS GOZADAS. RECURSO REPETITIVO.

STJ Incide imposto de renda sobre o adicional de 1/3 (um terço) de férias gozadas. • REsp 1.459.779-MA. 2015. (Info 573)

CESSÃO DE CRÉDITO DE PRECATÓRIO E CÁLCULO DO IMPOSTO DE RENDA DEVIDO POR OCASIÃO DE SEU PAGAMENTO.

STJ Se pessoa jurídica adquire por meio de cessão de direito precatório cujo beneficiário seja pessoa física, o cálculo do imposto de renda (IR) retido na fonte (art. 46 da Lei 8.541/1992) na ocasião do pagamento da carta precatória deverá ser realizado com base na alíquota que seria aplicável à pessoa física cedente, ainda que a alíquota aplicável a pessoa física seja maior do que a imposta a pessoa jurídica. • RMS 42.409-RJ. 2015. (Info 571)

INCIDÊNCIA DE IR SOBRE LUCROS CESSANTES.

STJ Os valores percebidos, em cumprimento de decisão judicial, a título de pensionamento por redução da capacidade laborativa decorrente de dano físico causado por terceiro são tributáveis pelo Imposto de Renda (IR). • REsp 1.464.786-RS. 2015. (Info 568)

CORREÇÃO MONETÁRIA DO VALOR DO IR INCIDENTE SOBRE VERBAS RECEBIDAS ACUMULADAMENTE EM AÇÃO TRABALHISTA. RECURSO REPETITIVO.

STJ Até a data da retenção na fonte, a correção do IR apurado e em valores originais deve ser feita sobre a totalidade da verba acumulada e pelo mesmo fator de atualização monetária dos valores recebidos acumuladamente, sendo que, em ação trabalhista, o critério utilizado para tanto é o Fator de Atualização e Conversão dos Débitos Trabalhistas (FACDT). • REsp 1.470.720-RS. 2015. (Info 553)

RESPONSABILIDADE PELO RECOLHIMENTO DO IMPOSTO DE RENDA CUJA DECLARAÇÃO FOI TRANSMITIDA COM DADO EQUIVOCADO PELA FONTE PAGADORA.

STJ Mesmo que a fonte pagadora (substituta tributária) equivocadamente tenha deixado de efetuar a retenção de determinada quantia, a título de imposto de renda, sobre importância paga a empregado, tendo, ainda, expedido comprovante de rendimentos informando que a respectiva renda classifica-se como rendimento isento e não tributável, o sujeito passivo da relação jurídico-tributária (substituído tributário) deverá arcar com o imposto de renda devido e não recolhido. • REsp 1.218.222-RS. 2014 (Info 548)

HIPÓTESE DE INCIDÊNCIA DE IMPOSTO DE RENDA SOBRE IMPORTÂNCIA RECEBIDA EM RAZÃO DE OBRIGAÇÃO ALTERNATIVA ASSUMIDA EM ACORDO COLETIVO DE TRABALHO.

STJ Incide imposto de renda sobre a quantia recebida pelo empregado em razão de acordo coletivo de trabalho firmado com o empregador, no qual fora ajustado a constituição de fundo de aposentadoria e pensão e, alternativamente, o pagamento de determinado valor em dinheiro correspondente ao que seria vertido para o aludido fundo. • REsp 1.218.222-RS. 2014 (Info 548)

IMPOSTO DE RENDA SOBRE VERBAS REFERENTES À MIGRAÇÃO DE PLANO DE BENEFÍCIOS DE PREVIDÊNCIA PRIVADA.

STJ Incide IRPF sobre os valores recebidos como incentivo à adesão ao processo de repactuação do regulamento do plano de benefícios de previdência privada. • AgRg no REsp 1.439.516-PR. 2014 (Info 544)

NÃO INCIDÊNCIA DE IR SOBRE VERBA INDENIZATÓRIA DECORRENTE DE DEMISSÃO SEM JUSTA CAUSA NO PERÍODO DE ESTABILIDADE PROVISÓRIA.

STJ Não incide imposto de renda sobre o valor da indenização paga ao empregado demitido sem justa causa no período de estabilidade provisória. • AgRg no REsp 1.215.211-RJ. 2013 (Info 528)

DEDUÇÃO NA DECLARAÇÃO DE IMPOSTO DE RENDA DE GASTOS COM PROFISSIONAL DE SAÚDE NÃO INSCRITO EM CONSELHO PROFISSIONAL.

STJ Na declaração anual de Imposto de renda, é possível a dedução de valor referente à despesa do contribuinte com profissional de saúde, mesmo que este não seja regularmente inscrito no respectivo conselho profissional. • AgRg no REsp 1.375.793-RJ. 2013 (Info 525)

IPI

IPI E IMPORTAÇÃO DE AUTOMÓVEIS PARA USO PRÓPRIO.

STF Incide o Imposto de Produtos Industrializados - IPI na importação de veículo automotor por pessoa natural, ainda que não desempenhe atividade empresarial e o faça para uso próprio. • RE 723651/PR. 2016. (Info 813)

IPI E ALTERAÇÃO DA BASE DE CÁLCULO POR LEI ORDINÁRIA.

STF É inconstitucional, por ofensa ao art. 146, III, a, da CF, o § 2º do art. 14 da Lei 4.502/1964, com a redação dada pelo art. 15 da Lei 7.798/1989, no ponto em que determina a inclusão de descontos incondicionais na base de cálculo do IPI ("Art. 14. Salvo disposição em contrário, constitui valor tributável:... § 2º. Não podem ser deduzidos do valor da operação os descontos, diferenças ou abatimentos, concedidos a qualquer título, ainda que incondicionalmente"). • RE 567935. 2014. (Info 757)

DIREITO AO CREDITAMENTO DE IPI.

STJ Apenas com a vigência da Lei n. 9.779/1999, surgiu o direito ao creditamento do IPI decorrente da aquisição de matéria-prima, produto intermediário e material de embalagem utilizados na fabricação de produtos isentos ou sujeitos ao regime de alíquota zero. • REsp 811.486-RN. 2016. (Info 578)

INCIDÊNCIA DE IPI SOBRE A SAÍDA DE PRODUTO DE ESTABELECIMENTO IMPORTADOR. RECURSO REPETITIVO.

STJ Os produtos importados estão sujeitos a uma nova incidência do IPI quando de sua saída do estabelecimento importador na operação de revenda, mesmo que não tenham sofrido industrialização no Brasil. • EREsp 1.403.532-SC. 2015. (Info 574)

CREDITAMENTO DE IPI DOS PRODUTOS FINAIS IMPORTADOS E DESTINADOS À ZONA FRANCA DE MANAUS.

STJ O art. 2º da Lei 9.716/1998 (com vigência a partir de 30/10/1998) garantiu a manutenção na escrita do contribuinte dos créditos de IPI provenientes da aquisição de produtos finais do exterior e posteriormente remetidos à Zona Franca de Manaus (ZFM). • REsp 1.464.935-PR. 2015. (Info 571)

IMPOSSIBILIDADE DE INCIDIR IPI NA IMPORTAÇÃO DE VEÍCULO PARA USO PRÓPRIO. RECURSO REPETITIVO.

STJ Não incide IPI no desembaraço aduaneiro de veículo importado por consumidor para uso próprio. • REsp 1.396.488-SC. 2015. (Info 557)

EMPRESAS OPTANTES PELO SIMPLES E SUSPENSÃO DO IPI.

STJ O benefício da suspensão do IPI na saída do produto do estabelecimento industrial (art. 29 da Lei 10.637/2002) não se estende às empresas optantes pelo SIMPLES. • REsp 1.497.591-PE. 2015. (Info 554)

FATO GERADOR DO IPI NAS OPERAÇÕES DE COMERCIALIZAÇÃO, NO MERCADO INTERNO, DE PRODUTOS DE PROCEDÊNCIA ESTRANGEIRA.

STJ Havendo incidência do IPI no desembaraço aduaneiro de produto de procedência estrangeira (art. 46, I, do CTN), não é possível nova cobrança do tributo na saída do produto do estabelecimento do importador (arts. 46, II, e 51, parágrafo único, do CTN), salvo se, entre o desembaraço aduaneiro e a saída do estabelecimento do importador, o produto tiver sido objeto de uma das formas de industrialização (art. 46, parágrafo único, do CTN). • EREsp 1.411.749-PR. 2015. (Info 553)

INCIDÊNCIA DE IPI NA REVENDA DE PRODUTOS IMPORTADOS.

STJ Não é ilegal a nova incidência de IPI no momento da saída de produto de procedência estrangeira do estabelecimento do importador, após a incidência anterior do tributo no desembaraço aduaneiro. • REsp 1.429.656-PR. 2014 (Info 535)

MODIFICAÇÃO DA OPÇÃO DO REGIME DE CÁLCULO DE CRÉDITO PRESUMIDO DE IPI.

STJ Após optar, em determinado exercício, pela manutenção do sistema original de cálculo do crédito presumido de IPI previsto na Lei 9.363/1996 ou pela migração para o regime alternativo preconizado pela Lei 10.276/2001, o contribuinte não poderá retificar sua opção em relação ao exercício em que ela foi realizada ou em relação aos exercícios anteriores, mesmo que a escolha tenha ocorrido por desídia decorrente da ausência de modificação da sistemática quando legalmente possível (dentro do prazo legal), ou ainda que ela se relacione ao regime mais oneroso. • AgRg no REsp 1.239.867-RS. 2014 (Info 534)

CREDITAMENTO DO IPI EM RELAÇÃO À ENERGIA ELÉTRICA CONSUMIDA NO PROCESSO PRODUTIVO.

STJ O contribuinte não tem direito a crédito presumido de IPI, em relação à energia elétrica consumida no processo produtivo, como ressarcimento das contribuições ao PIS/Pasep e à Cofins, na forma estabelecida pelo art. 1º da Lei 9.363/1996. • REsp 1.331.033-SC. 2013 (Info 522)

▼ ITBI

ART. 150, VI, C, DA CF: ITBI E FINALIDADES ESSENCIAIS

STF A destinação do imóvel às finalidades essenciais da entidade deve ser pressuposta no caso do Imposto de Transmissão Inter Vivos de Bens Imóveis - ITBI, sob pena de não haver imunidade para esse tributo. • RE 470520. 2013. (Info 720)

▼ ICMS

INCIDÊNCIA DO ICMS NA BASE DE CÁLCULO DA CONTRIBUIÇÃO PARA O PIS E DA COFINS

STF O Imposto sobre Circulação de Mercadorias e Serviços (ICMS) não compõe a base de cálculo para a incidência da contribuição para o PIS e da COFINS. Com essa orientação, o Tribunal, por maioria, deu provimento a recurso extraordinário no qual se discutia a possibilidade de inclusão do montante do ICMS gerado na circulação de mercadoria ou prestação de serviço no conceito de faturamento para fins de incidência da contribuição para o PIS e da COFINS. • RE 574706/PR. 2017 (Info 857)

SUBSTITUIÇÃO TRIBUTÁRIA E RESTITUIÇÃO

STF É devida a restituição da diferença do Imposto sobre Circulação de Mercadorias e Serviços (ICMS) pago a mais, no regime de substituição tributária para a frente, se a base de cálculo efetiva da operação for inferior à presumida. • ADI 2675/PE. 2016 (Info 844)

TARIFA DE ASSINATURA BÁSICA E ICMS

STF O Imposto sobre Circulação de Mercadorias e Serviços (ICMS) incide sobre a tarifa de assinatura básica mensal cobrada pelas prestadoras de serviço de telefonia, independentemente da franquia de minutos concedida ou não ao usuário. • RE 912888/SP. 2016 (Info 843)

ADI E "SOFTWARES" ABERTOS

STF A preferência pelo "software" livre, longe de afrontar os princípios constitucionais da impessoalidade, da eficiência e da economicidade, promove e prestigia esses postulados, além de viabilizar a autonomia tecnológica do País. • ADI 3059. 2015. (Info 780)

ICMS: BENEFÍCIO TRIBUTÁRIO E GUERRA FISCAL

STF A concessão unilateral de benefícios fiscais relativos ao ICMS sem a prévia celebração de convênio intergovernamental, nos termos da LC 24/1975, afrontaria o art. 155, § 2º, XII, g, da CF. • ADI 4481. 2015. (Info 777)

ICMS: CORREIOS E IMUNIDADE TRIBUTÁRIA RECÍPROCA

STF Não incide o ICMS sobre o serviço de transporte de bens e mercadorias realizado pela Empresa Brasileira de Correios e Telégrafos - ECT. • RE 627051. 2014. (Info 767)

INCIDÊNCIA DA COFINS SOBRE O ICMS

STF O valor retido em razão do ICMS não pode ser incluído na base de cálculo da Cofins sob pena de violar o art. 195, I, b, da CF ("Art. 195. A seguridade social será financiada por toda a sociedade, de forma direta e indireta, nos termos da lei, mediante recursos provenientes dos orçamentos da União, dos Estados, do Distrito Federal e dos Municípios, e das seguintes contribuições sociais: I - do empregador, da empresa e da entidade a ela equiparada na forma da lei, incidentes sobre:... b) a receita ou o faturamento"). • RE 240785. 2014. (Info 762)

"LEASING" E INCIDÊNCIA DE ICMS

STF O ICMS - tributo próprio à circulação de mercadorias qualificada pela compra e venda - não incide na importação de bem móvel realizada mediante operação de arrendamento mercantil quando não exercida a opção de compra e, por consequência, suscetível de devolução ao arrendador. • RE 226899. 2014. (Info 761)

ICMS E "LEASING" INTERNACIONAL

STF Não incide o ICMS importação na operação de arrendamento mercantil internacional, salvo na hipótese de antecipação da opção de compra na medida em que o arrendamento mercantil não implica, necessariamente, transferência de titularidade sobre o bem. • RE 540829. 2014. (Info 758)

ICMS: REVOGAÇÃO DE BENEFÍCIO FISCAL E PRINCÍPIO DA ANTERIORIDADE TRIBUTÁRIA

STF Configura aumento indireto de tributo e, portanto, está sujeita ao princípio da anterioridade tributária, a norma que implica revogação de benefício fiscal anteriormente concedido. • RE 564225 AgR. 2014. (Info 757)

ICMS E HABILITAÇÃO DE CELULAR

STF O serviço de habilitação de celular configura atividade preparatória ao serviço de comunicação, não sujeito à incidência do ICMS. • RE 572020. 2014. (Info 734)

ICMS E TRANSPORTE RODOVIÁRIO DE PASSAGEIROS

STF É devida a cobrança de ICMS nas operações ou prestações de serviço de transporte terrestre interestadual e intermunicipal de passageiros e de cargas. • ADI 2669. 2014. (Info 734)

ICMS: IMPORTAÇÃO E EC 33/01

STF Após a EC 33/01, é constitucional a instituição do ICMS incidente sobre a importação de bens, sendo irrelevante a classificação jurídica do ramo de atividade da empresa importadora. • RE 439796. 2014. (Info 727)

ICMS E FORNECIMENTO DE ÁGUA ENCANADA

STF Não incide ICMS sobre o serviço de fornecimento de água encanada. • RE 607056. 2013. (Info 701)

BASE DE CÁLCULO DE ICMS/ST NO CASO DE VENDA DE MEDICAMENTOS DE USO RESTRITO A HOSPITAIS E CLÍNICAS.

STJ No caso de venda de medicamentos de uso restrito a hospitais e clínicas, a base de cálculo do ICMS/ST é o valor da operação de que decorrer a saída da mercadoria (art. 2º, I, do DL n. 406/1968), e não o valor correspondente ao preço máximo de venda a consumidor sugerido por fabricante de medicamentos (Cláusula Segunda do Convênio n. 76/1994). • REsp 1.229.289-BA. 2016. (Info 588)

CÁLCULO DO ICMS-SUBSTITUIÇÃO TRIBUTÁRIA.

STJ Ainda que se adote a substituição tributária como forma de arrecadação de ICMS, é legal a sistemática do "cálculo por dentro". • REsp 1.454.184-MG. 2016. (Info 585)

INCLUSÃO DE SUBVENÇÃO ECONÔMICA NA BASE DE CÁLCULO DO ICMS.

STJ A subvenção concedida com base no art. 5º da Lei n. 10.604/2002 às concessionárias e permissionárias de energia elétrica compõe a base de cálculo do ICMS. • REsp 1.286.705-SP. 2016. (Info 576)

INCIDÊNCIA DE ISS SOBRE MONTAGEM DE PNEUS.

STJ Incide ISS - e não ICMS - sobre o serviço de montagem de pneus, ainda que a sociedade empresária também forneça os pneus utilizados na montagem. • REsp 1.307.824-SP. 2015. (Info 573)

ICMS SOBRE SERVIÇOS DE TV POR ASSINATURA VIA SATÉLITE.

STJ Caso o prestador de serviços de televisão por assinatura via satélite forneça pacote de canais por valor fixo mensal para assinantes localizados em outros estados federados, deve-se recolher o ICMS em parcelas iguais para as unidades da Federação em que estiverem localizados o prestador e o tomador. • REsp 1.497.364-GO. 2015. (Info 569)

INCLUSÃO DO ICMS NA BASE DE CÁLCULO DA CONTRIBUIÇÃO SUBSTITUTIVA PREVISTA NA LEI 12.546/2011.

STJ A parcela relativa ao ICMS, ressalvada a retenção decorrente do regime de substituição tributária (ICMS-ST) e demais deduções legais, inclui-se no conceito de receita bruta para fins de determinação da base de cálculo da contribuição substitutiva instituída pelos arts. 7º e 8º da Lei 12.546/2011. • REsp 1.528.604-SC. 2015. (Info 569)

GARANTIA ESTENDIDA E BASE DE CÁLCULO DO ICMS.

STJ O valor pago pelo consumidor final ao comerciante a título de "seguro de garantia estendida" não integra a base de cálculo do ICMS incidente sobre a operação de compra e venda da mercadoria. • REsp 1.346.749-MG. 2015. (Info 556)

ICMS E IMUNIDADE DAS ENTIDADES DE ASSISTÊNCIA SOCIAL SEM FINS LUCRATIVOS.

STJ Não há imunidade tributária em relação ao ICMS decorrente da prática econômica desenvolvida por entidade de assistência social sem fins lucrativos que tem por finalidade realizar ações que visem à promoção da pessoa com deficiência, quando desempenhar atividade franqueada da Empresa Brasileira de Correios e Telégrafos (ECT), ainda que a renda obtida reverta-se integralmente aos fins institucionais da referida entidade. • RMS 46.170-MS. 2014 (Info 551)

NÃO CUMULATIVIDADE DO ICMS INCIDENTE NA AQUISIÇÃO DE COMBUSTÍVEL POR EMPRESA DE TRANSPORTE FLUVIAL.

STJ O ICMS incidente na aquisição de combustível a ser utilizado por empresa de prestação de serviço de transporte fluvial no desempenho de sua atividade-fim constitui crédito dedutível na operação seguinte (art. 20 da LC 87/1996). • REsp 1.435.626-PA. 2014 (Info 543)

CREDITAMENTO DE ICMS SOBRE A ENERGIA ELÉTRICA CONSUMIDA PELAS PRESTADORAS DE SERVIÇOS DE TELECOMUNICAÇÕES. RECURSO REPETITIVO.

STJ É possível o creditamento do ICMS incidente sobre a energia elétrica consumida pelas prestadoras de serviços de telecomunicações para abatimento do imposto devido quando da prestação de serviços. • REsp 1.201.635-MG. 2013 (Info 522)

▼ IPTU

IPTU E PROGRESSIVIDADE. REPERCUSSÃO GERAL.

STF Declarada inconstitucional a progressividade de alíquota tributária, é devido o tributo calculado pela alíquota mínima correspondente, de acordo com a destinação do imóvel. • RE 602347/MG . 2015. (Info 806)

IPTU: MAJORAÇÃO DA BASE DE CÁLCULO E DECRETO

STF É inconstitucional a majoração, sem edição de lei em sentido formal, do valor venal de imóveis para efeito de cobrança do IPTU, acima dos índices oficiais de correção monetária. • RE 648245. 2013. (Info 713)

INCIDÊNCIA DE IPTU SOBRE IMÓVEL PARCIALMENTE SITUADO EM APP COM NOTA *NON AEDIFICANDI*.

STJ O fato de parte de um imóvel urbano ter sido declarada como Área de Preservação Permanente (APP) e, além disso, sofrer restrição administrativa consistente na proibição de construir (nota non aedificandi) não impede a incidência de IPTU sobre toda a área do imóvel. • REsp 1.482.184-RS. 2015. (Info 558)

▼ ISS

ISSQN E REDUÇÃO DA BASE DE CÁLCULO.

STF É inconstitucional lei municipal que veicule exclusão de valores da base de cálculo do Imposto Sobre Serviços de Qualquer Natureza (ISSQN) fora das hipóteses previstas em lei complementar nacional. Também é incompatível com o texto constitucional medida fiscal que resulte indiretamente na redução da alíquota mínima estabelecida pelo art. 88 do Ato das Disposições Constitucionais Transitórias (ADCT), a partir da redução da carga tributária incidente sobre a prestação de serviço na territorialidade do ente tributante. • ADPF 190/SP. 2016. (Info 841)

ADMINISTRAÇÃO DE PLANOS DE SAÚDE E INCIDÊNCIA DE ISSQN

STF As operadoras de planos privados de assistência à saúde (plano de saúde e seguro-saúde) prestam serviço sujeito ao Imposto Sobre Serviços de Qualquer Natureza (ISSQN), previsto no art. 156, III, da CF. • RE 651703/PR. 2016. (Info 841)

ECT: ISS E IMUNIDADE TRIBUTÁRIA RECÍPROCA

STF Os serviços prestados pela Empresa Brasileira de Correios e Telégrafos – ECT estão abrangidos pela imunidade recíproca (CF, art. 150, VI, a, e §§ 2º e 3º). • RE 601392. 2013. (Info 696)

COMPETÊNCIA PARA EXIGIR ISS INCIDENTE SOBRE A PRESTAÇÃO DE SERVIÇO DE ANÁLISE CLÍNICA.

STJ É competente para cobrar o ISS incidente sobre a prestação de serviço de análise clínica (item 4.02 da lista anexa à LC 116/2003) o município no qual foi feita a contratação do serviço, a coleta do material biológico e a entrega do respectivo laudo, ainda que a análise do material coletado tenha sido realizada em unidade localizada em outro município, devendo-se incidir o imposto sobre a totalidade do preço pago pelo serviço. • REsp 1.439.753-PE. 2014. (Info 555)

▼ CONTRIBUIÇÕES EM GERAL

CONTRIBUIÇÃO PREVIDENCIÁRIA: INSTITUIÇÕES FINANCEIRAS E EC 20/1998

STF É constitucional a previsão legal de diferenciação de alíquotas em relação às contribuições previdenciárias incidentes sobre a folha de salários de instituições financeiras ou de entidades a elas legalmente equiparáveis, após a edição da EC 20/1998. • RE 598572/SP. 2016. (Info 819)

CONTRIBUIÇÃO PARA O SEBRAE E DESNECESSIDADE DE LEI COMPLEMENTAR

STF A contribuição destinada ao Sebrae possui natureza de contribuição de intervenção no domínio econômico e não necessita de edição de lei complementar para ser instituída. • RE 635682. 2013. (Info 703)

NÃO CREDITAMENTO DE PIS/PASEP E COFINS EM CASO DE ICMS-ST.

STJ O contribuinte não tem direito a creditamento, no âmbito do regime não cumulativo das contribuições ao PIS/PASEP e da COFINS, dos valores que, na condição de substituído tributário, paga ao substituto a título de reembolso pelo recolhimento do ICMS-ST. • REsp 1.456.648-RS. 2016. (Info 586)

NÃO INCIDÊNCIA DA CONTRIBUIÇÃO AO PIS E DA COFINS SOBRE OS ATOS COOPERATIVOS TÍPICOS. RECURSO REPETITIVO.

STJ Não incide a Contribuição destinada ao PIS e a COFINS sobre os atos cooperativos típicos realizados pelas cooperativas. • REsp 1.141.667-RS e REsp 1.164.716-MG. 2016. (Info 582)

POSSIBILIDADE DE INCLUSÃO DO ISSQN NO CONCEITO DE RECEITA OU FATURAMENTO PARA FINS DE INCIDÊNCIA DA CONTRIBUIÇÃO PARA O PIS E COFINS. RECURSO REPETITIVO.

STJ O valor suportado pelo beneficiário do serviço, nele incluindo a quantia referente ao ISSQN, compõe o conceito de receita ou faturamento para fins de adequação à hipótese de incidência da Contribuição para o PIS e COFINS. • REsp 1.330.737-SP. 2016. (Info 581)

AUMENTO DA ALÍQUOTA DA COFINS E SOCIEDADES CORRETORAS DE SEGUROS. RECURSO REPETITIVO.

STJ As "sociedades corretoras de seguros" estão fora do rol de entidades constantes do art. 22, § 1º, da Lei n. 8.212/1991. • REsp 1.391.092-SC. 2016. (Info 576)

AUMENTO DA ALÍQUOTA DA COFINS E SOCIEDADES CORRETORAS DE SEGUROS. RECURSO REPETITIVO.

STJ As "sociedades corretoras de seguros" estão fora do rol de entidades constantes do art. 22, § 1º, da Lei 8.212/1991. • REsp 1.400.287-RS. 2015. (Info 572)

INCIDÊNCIA DE CONTRIBUIÇÃO PREVIDENCIÁRIA NO AUXÍLIO QUEBRA DE CAIXA.

STJ Incide contribuição previdenciária sobre o auxílio quebra de caixa, consubstanciado em pagamento efetuado mês a mês ao empregado em razão da função que desempenha, que tenha sido pago por liberalidade do empregador, mesmo que não se verifiquem diferenças no caixa. • REsp 1.434.082-RS. 2015. (Info 570)

INCIDÊNCIA DE PIS/PASEP-IMPORTAÇÃO E COFINS-IMPORTAÇÃO SOBRE A IMPORTAÇÃO DE ANIMAL SILVESTRE.

STJ Há incidência de contribuição para o PIS/PASEP-Importação e de COFINS-Importação sobre a importação de animal silvestre, ainda que sua internalização no território nacional tenha ocorrido via contrato de permuta de animais. • REsp 1.254.117-SC. 2015. (Info 568)

GRATIFICAÇÕES E PRÊMIOS E CONTRIBUIÇÃO PREVIDENCIÁRIA.

STJ Não incide contribuição previdenciária sobre prêmios e gratificações de caráter eventual. • REsp 1.275.695-ES. 2015. (Info 568)

SALÁRIO-FAMÍLIA E CONTRIBUIÇÃO PREVIDENCIÁRIA.

STJ Não incide contribuição previdenciária sobre salário-família. • REsp 1.275.695-ES. 2015. (Info 568)

ABRANGÊNCIA DO TERMO INSUMO PARA EFEITOS DA SISTEMÁTICA DE NÃO CUMULATIVIDADE DA CONTRIBUIÇÃO AO PIS/PASEP E DA COFINS.

STJ Os materiais de limpeza/desinfecção e os serviços de dedetização usados no âmbito produtivo de contribuinte fabricante de gêneros alimentícios devem ser considerados como "insumos" para efeitos de creditamento na sistemática de não cumulatividade na cobrança da contribuição ao PIS/PASEP (Lei 10.637/2002) e da COFINS (Lei 10.833/2003). • REsp 1.246.317-MG. 2015. (Info 564)

RETENÇÃO DE TRIBUTOS FEDERAIS NA FONTE QUANDO DO PAGAMENTO DE CONTRATO DE FRETAMENTO DE AERONAVE PELA ADMINISTRAÇÃO PÚBLICA FEDERAL.

STJ É possível reter na fonte, na forma dos arts. 64 da Lei 9.430/1996 e 34 da Lei 10.833/2003, o IRPJ, a CSLL, a contribuição para o PIS/PASEP e a COFINS, quando do pagamento de contrato de fretamento de aeronave pela administração pública federal. • REsp 1.218.639-RJ. 2015. (Info 561)

NÃO REVOGAÇÃO DE CONTRIBUIÇÃO SOCIAL SOBRE O FGTS.

STJ A contribuição social prevista no art. 1º da LC 110/2001 – baseada no percentual sobre o saldo de FGTS em decorrência da despedida sem justa causa –, a ser suportada pelo empregador, não se encontra revogada, mesmo diante do cumprimento da finalidade para qual a contribuição foi instituída. • REsp 1.487.505-RS. 2015. (Info 558)

RESPONSABILIDADE POR DÉBITOS PREVIDENCIÁRIOS NÃO PAGOS POR INCORPORADORA IMOBILIÁRIA FALIDA.

STJ Na hipótese de paralisação de edificação de condomínio residencial, em razão da falência da incorporadora imobiliária, e tendo a obra sido retomada posteriormente pelos adquirentes das unidades imobiliárias comercializadas - condôminos -, estes não podem ser responsabilizados pelo pagamento de contribuições previdenciárias referentes à etapa da edificação que se encontrava sob a responsabilidade exclusiva da incorporadora falida. • REsp 1.485.379-SC. 2015. (Info 554)

CONTRIBUIÇÃO SOCIAL AO FUNRURAL.

STJ A despeito dos arts. 1º da Lei 8.540/1992, 1º da Lei 9.528/1997 e 1º da Lei 10.256/2001, desde a vigência da Lei 8.212/1991, não é possível exigir a contribuição social ao FUNRURAL, a cargo do empregador rural pessoa física, incidente sobre o valor comercial dos produtos rurais. • REsp 1.070.441-SC. 2014 (Info 548)

INCIDÊNCIA DE CONTRIBUIÇÃO PREVIDENCIÁRIA SOBRE FÉRIAS GOZADAS.

STJ Incide contribuição previdenciária a cargo da empresa quando do pagamento de valores decorridos de férias gozadas. • AgRg no REsp 1.240.038-PR. 2014 (Info 541)

INCIDÊNCIA DE CONTRIBUIÇÃO PREVIDENCIÁRIA SOBRE VERBAS TRABALHISTAS. RECURSO REPETITIVO.

STJ Estão sujeitas à incidência de contribuição previdenciária as parcelas pagas pelo empregador a título de horas extras e seu respectivo adicional, bem como os valores pagos a título de adicional noturno e de periculosidade. • REsp 1.358.281-SP. 2014 (Info 540)

INCIDÊNCIA DE CONTRIBUIÇÃO PREVIDENCIÁRIA SOBRE O SALÁRIO-MATERNIDADE. RECURSO REPETITIVO.

STJ Incide contribuição previdenciária a cargo da empresa sobre os valores pagos a título de salário-maternidade. • REsp 1.230.957-RS. 2014 (Info 536)

INCIDÊNCIA DE CONTRIBUIÇÃO PREVIDENCIÁRIA SOBRE O SALÁRIO PATERNIDADE. RECURSO REPETITIVO.

STJ Incide contribuição previdenciária a cargo da empresa sobre os valores pagos a título de salário paternidade. • REsp 1.230.957-RS. 2014 (Info 536)

NÃO INCIDÊNCIA DE CONTRIBUIÇÃO PREVIDENCIÁRIA SOBRE O TERÇO CONSTITUCIONAL DE FÉRIAS GOZADAS. RECURSO REPETITIVO.

STJ Não incide contribuição previdenciária a cargo da empresa sobre o valor pago a título de terço constitucional de férias gozadas. • REsp 1.230.957-RS. 2014 (Info 536)

NÃO INCIDÊNCIA DE CONTRIBUIÇÃO PREVIDENCIÁRIA SOBRE O TERÇO CONSTITUCIONAL DE FÉRIAS INDENIZADAS. RECURSO REPETITIVO.

STJ Não incide contribuição previdenciária a cargo da empresa sobre o valor pago a título de terço constitucional de férias indenizadas. • REsp 1.230.957-RS. 2014 (Info 536)

INCIDÊNCIA DE CONTRIBUIÇÃO PREVIDENCIÁRIA SOBRE O AVISO PRÉVIO INDENIZADO. RECURSO REPETITIVO.

STJ Não incide contribuição previdenciária a cargo da empresa sobre o valor pago a título de aviso prévio indenizado. • REsp 1.230.957-RS. 2014 (Info 536)

NÃO INCIDÊNCIA DE CONTRIBUIÇÃO PREVIDENCIÁRIA SOBRE A IMPORTÂNCIA PAGA NOS QUINZE DIAS QUE ANTECEDEM O AUXÍLIO-DOENÇA. RECURSO REPETITIVO.

STJ Não incide contribuição previdenciária a cargo da empresa sobre a importância paga nos quinze dias que antecedem o auxílio-doença. • REsp 1.230.957-RS. 2014 (Info 536)

MAJORAÇÃO DA ALÍQUOTA DA COFINS.

STJ A majoração da alíquota da Cofins de 3% para 4% prevista no art. 18 da Lei 10.684/2003 não alcança as sociedades corretoras de seguro. • AgRg no AREsp 426.242-RS. 2014 (Info 534)

REQUISITOS PARA A INSTITUIÇÃO DE CONTRIBUIÇÃO DE MELHORIA.

STJ A instituição de contribuição de melhoria depende de lei prévia e específica, bem como da ocorrência de efetiva valorização imobiliária em razão da obra pública, cabendo ao ente tributante o ônus de realizar a prova respectiva. • REsp 1.326.502-RS. 2013 (Info 522)

▼ TAXAS

ILEGALIDADE DA DEFINIÇÃO DO VALOR DE TAXA RELACIONADA AO SICOBE.

STJ É ilegal impor às pessoas jurídicas que importam ou industrializam refrigerante, cerveja, água e refresco, com base no Ato Declaratório do Executivo RFB 61/2008, o ressarcimento à Casa da Moeda do Brasil pela realização por esta dos procedimentos de integração, instalação e manutenção preventiva e corretiva de todos os equipamentos que compõem o Sistema de Controle de Produção de Bebidas (Sicobe). • REsp 1.448.096-PR. 2015. (Info 571)

COBRANÇA DE TRIBUTO DE ESTADO ESTRANGEIRO.

STJ O Município não pode cobrar IPTU de Estado estrangeiro, embora possa cobrar taxa de coleta domiciliar de lixo. • RO 138-RJ. 2014 (Info 538)

TAXA DE SAÚDE SUPLEMENTAR POR REGISTRO DE PRODUTO.

STJ É ilegal a cobrança da Taxa de Saúde Suplementar por Registro de Produto, prevista no art. 20, II, da Lei 9.961/2000, em relação a requerimentos de registro efetuados antes de 1º de janeiro de 2000, data do início da vigência dessa lei. • REsp 1.192.225-RJ. 2013 (Info 524)

PROTESTO DE CDA.

STJ É possível o protesto de Certidão de Dívida Ativa (CDA). • REsp 1.126.515-PR. 2014 (Info 533)

MANUTENÇÃO DA PENHORA NA HIPÓTESE DE PARCELAMENTO TRIBUTÁRIO.

STJ São constitucionais os arts. 10 e 11, I, segunda parte, da Lei 11.941/2009, que não exigem a apresentação de garantia ou arrolamento de bens para o parcelamento de débito tributário, embora autorizem, nos casos de execução fiscal já ajuizada, a manutenção da penhora efetivada. • AI no REsp 1.266.318-RN. 2013 (Info 532)

CAUÇÃO PARA EXPEDIÇÃO DE CERTIDÃO POSITIVA COM EFEITOS DE NEGATIVA.

STJ O contribuinte pode, após o vencimento de sua obrigação e antes da execução fiscal, garantir o juízo de forma antecipada mediante o oferecimento de fiança bancária, a fim de obter certidão positiva com efeitos de negativa. • AgRg no Ag 1.185.481-DF. 2013 (Info 532)

CAUÇÃO EM EXECUÇÃO FISCAL.

STJ O seguro garantia judicial não pode ser utilizado como caução em execução fiscal. • AgRg no REsp 1.394.408-SP. 2013 (Info 532)

MANIFESTAÇÃO ADMINISTRATIVA CONTRA A COBRANÇA DE DÉBITO INSCRITO EM DÍVIDA ATIVA.

STJ O pedido administrativo realizado pelo contribuinte de cancelamento de débito inscrito em dívida ativa não suspende a exigibilidade do crédito tributário, não impedindo o prosseguimento da execução fiscal e a manutenção do nome do devedor no CADIN. • REsp 1.389.892-SP. 2013 (Info 532)

▼ BASE DE CÁLCULO

TETO CONSTITUCIONAL E BASE DE CÁLCULO PARA INCIDÊNCIA DE IMPOSTO E CONTRIBUIÇÃO. REPERCUSSÃO GERAL.

STF Subtraído o montante que exceder o teto ou subteto previstos no art. 37, XI, da CF, tem-se o valor que serve como base de cálculo para a incidência do imposto de renda e da contribuição previdenciária ("XI - a remuneração e o subsídio dos ocupantes de cargos, funções e empregos públicos da administração direta, autárquica e fundacional, dos membros de qualquer dos Poderes da União, dos Estados, do Distrito Federal e dos Municípios, dos detentores de mandato eletivo e dos demais agentes políticos e os proventos, pensões ou outra espécie remuneratória, percebidos cumulativamente ou não, incluídas as vantagens pessoais ou de qualquer outra natureza, não poderão exceder o subsídio mensal, em espécie, dos Ministros do Supremo Tribunal Federal, aplicando-se como limite, nos Municípios, o subsídio do Prefeito, e nos Estados e no Distrito Federal, o subsídio mensal do Governador no âmbito do Poder Executivo, o subsídio dos Deputados Estaduais e Distritais no âmbito do Poder Legislativo e o subsídio dos Desembargadores do Tribunal de Justiça, limitado a noventa inteiros e vinte e cinco centésimos por cento do subsídio mensal, em espécie, dos Ministros do Supremo Tribunal Federal, no âmbito do Poder Judiciário, aplicável este limite aos membros do Ministério Público, aos Procuradores e aos Defensores Públicos"). • RE 675978/SP. 2015 (Info 781)

BASE DE CÁLCULO DE ICMS/ST NO CASO DE VENDA DE MEDICAMENTOS DE USO RESTRITO A HOSPITAIS E CLÍNICAS.

STJ No caso de venda de medicamentos de uso restrito a hospitais e clínicas, a base de cálculo do ICMS/ST é o valor da operação de que decorrer a saída da mercadoria (art. 2º, I, do DL n. 406/1968), e não o valor correspondente ao preço máximo de venda a consumidor sugerido por fabricante de medicamentos (Cláusula Segunda do Convênio n. 76/1994). • REsp 1.229.289-BA. 2016. (Info 588)

EXCLUSÃO DE CRÉDITO PRESUMIDO DE IPI DA BASE DE CÁLCULO DO IRPJ E DA CSLL NO REGIME DO LUCRO PRESUMIDO.

STJ O crédito presumido de IPI previsto no art. 1º da Lei n. 9.363/1996 que se refira a período no qual o contribuinte tenha se submetido ao regime de tributação com base no lucro presumido deve ser excluído das bases de cálculo do IRPJ e da CSLL apuradas pelo regime do lucro presumido. • REsp 1.611.110-RS. 2016. (Info 587)

BASE DE CÁLCULO DO IPI NAS VENDAS A PRAZO.

STJ A base de cálculo do IPI na *venda a prazo* é o preço "normal" da mercadoria (preço de venda à vista) mais os eventuais acréscimos decorrentes do parcelamento. • REsp 1.586.158-SP. 2016. (Info 584)

INCIDÊNCIA DE PIS E COFINS EM JUROS SOBRE CAPITAL PRÓPRIO. RECURSO REPETITIVO.

STJ Não são dedutíveis da base de cálculo das contribuições ao PIS e COFINS o valor destinado aos acionistas a título de juros sobre o capital próprio, na vigência da Lei n. 10.637/2002 e da Lei n. 10.833/2003. • REsp 1.200.492-RS. 2016. (Info 577)

INCLUSÃO DE SUBVENÇÃO ECONÔMICA NA BASE DE CÁLCULO DO ICMS.

STJ A subvenção concedida com base no art. 5º da Lei n. 10.604/2002 às concessionárias e permissionárias de energia elétrica compõe a base de cálculo do ICMS. • REsp 1.286.705-SP. 2016. (Info 576)

INCLUSÃO DO ICMS NA BASE DE CÁLCULO DA CONTRIBUIÇÃO SUBSTITUTIVA PREVISTA NA LEI 12.546/2011.

STJ A parcela relativa ao ICMS, ressalvada a retenção decorrente do regime de substituição tributária (ICMS-ST) e demais deduções legais, inclui-se no conceito de receita bruta para fins de determinação da base de cálculo da contribuição substitutiva instituída pelos arts. 7º e 8º da Lei 12.546/2011. • REsp 1.528.604-SC. 2015. (Info 569)

VALORES DO REINTEGRA E BASE DE CÁLCULO DA CONTRIBUIÇÃO AO PIS E DA COFINS.

STJ Até o advento da Lei 12.844/2013, os valores ressarcidos no âmbito do Regime Especial de Reintegração de Valores Tributários para as Empresas Exportadoras (REINTEGRA) incorporavam a base de cálculo da contribuição ao PIS e da COFINS, sobretudo no caso de empresas tributadas pelo lucro real na sistemática da não cumulatividade do PIS e da COFINS instituída pelas Leis 10.637/2002 e 10.833/2003. • REsp 1.514.731-RS. 2015. (Info 563)

INCIDÊNCIA DE IRPJ E CSLL SOBRE OS VALORES DE REPETIÇÃO DO INDÉBITO TRIBUTÁRIO.

STJ Incide IRPJ – apurado pelo regime de lucro real ou presumido – e CSLL sobre os valores referentes à restituição ou à compensação de indébito tributário se, em períodos anteriores, tiverem sido computados como despesas dedutíveis do lucro real e da base de cálculo da CSLL. • REsp 1.385.860-CE. 2015. (Info 562)

GARANTIA ESTENDIDA E BASE DE CÁLCULO DO ICMS.

STJ O valor pago pelo consumidor final ao comerciante a título de "seguro de garantia estendida" não integra a base de cálculo do ICMS incidente sobre a operação de compra e venda da mercadoria. • REsp 1.346.749-MG. 2015. (Info 556)

INCIDÊNCIA DA COFINS SOBRE RECEITA PROVENIENTE DE LOCAÇÃO DE VAGAS EM ESTACIONAMENTO DE SHOPPING CENTER.

STJ Compõe a base de cálculo da COFINS a receita proveniente da locação de vagas em estacionamento de *shopping center* ou de centros comerciais de prestação de serviços ou de venda de produtos, mesmo que esses estejam constituídos na forma de condomínio e que não haja a intervenção de terceira pessoa jurídica empresária. • REsp 1.301.956-RJ. 2015. (Info 556)

DESCONTO DE CRÉDITOS DO VALOR APURADO A TÍTULO DE CONTRIBUIÇÃO AO PIS E DA COFINS.

STJ É cabível o aproveitamento, na verificação do crédito dedutível da base de cálculo da contribuição ao PIS e da COFINS, das despesas e custos inerentes à aquisição de combustíveis, lubrificantes e peças de reposição utilizados em veículos próprios dos quais faz uso a empresa para entregar as mercadorias que comercializa. • REsp 1.235.979-RS. 2015. (Info 554)

BASE DE CÁLCULO DA CONTRIBUIÇÃO PARA O PIS.

STJ A base de cálculo da contribuição para o PIS incidente sobre os ganhos em operações de *swap* com finalidade de *hedge* atreladas à variação cambial deve ser apurada pelo regime de competência - e não pelo regime de caixa - se o contribuinte tiver feito a opção pela apuração segundo aquele regime. • REsp 1.235.220-PR. 2014 (Info 539)

HIPÓTESE DE INCLUSÃO DO ICMS NA BASE DE CÁLCULO DO IRPJ E DA CSLL.

STJ No regime de lucro presumido, o ICMS compõe a base de cálculo do IRPJ e da CSLL. • AgRg no REsp 1.423.160-RS. 2014 (Info 539)

INCIDÊNCIA DO PIS E DA COFINS SOBRE A CORREÇÃO MONETÁRIA E OS JUROS REFERENTES À VENDA DE IMÓVEL.

STJ Os juros e a correção monetária decorrentes de contratos de alienação de imóveis realizados no exercício da atividade empresarial do contribuinte compõem a base de cálculo da contribuição ao PIS e da COFINS. • REsp 1.432.952-PR. 2014 (Info 537)

REPETIÇÃO DA CONTRIBUIÇÃO PARA O PIS E DA COFINS NA HIPÓTESE DE CONTRIBUINTE VINCULADO À TRIBUTAÇÃO PELO LUCRO PRESUMIDO. RECURSO REPETITIVO.

STJ O contribuinte vinculado ao regime tributário por lucro presumido tem direito à restituição de valores - referentes à contribuição para o PIS e à COFINS - pagos a maior em razão da utilização da base de cálculo indicada no § 1º do art. 3º da Lei 9.718/1998, mesmo após a EC 20/1998 e a edição das Leis 10.637/2002 e 10.833/2003. • REsp 1.354.506-SP. 2013 (Info 529)

BASE DE CÁLCULO DAS CONTRIBUIÇÕES PARA O PIS/PASEP E DA COFINS NA HIPÓTESE DE VENDA DE VEÍCULOS NOVOS POR CONCESSIONÁRIA DE VEÍCULOS. RECURSO REPETITIVO.

STJ Na venda de veículos novos, a concessionária deve recolher as contribuições para o PIS/PASEP e a COFINS sobre a receita bruta/faturamento (arts. 2º e 3º da Lei 9.718/1998) - compreendido o valor de venda do veículo ao consumidor -, e não apenas sobre a diferença entre o valor de aquisição do veículo junto à fabricante concedente e o valor da venda ao consumidor (margem de lucro). • REsp 1.339.767-SP. 2013 (Info 526)

RESTITUIÇÃO DO ICMS PAGO A MAIOR NA HIPÓTESE EM QUE A BASE DE CÁLCULO REAL SEJA INFERIOR À PRESUMIDA.

STJ Na hipótese em que a base de cálculo real do ICMS for inferior à presumida, é possível pedir a restituição da diferença paga a maior a estados não signatários do Convênio Interestadual 13/1997. • AgRg no REsp 1.371.922-SP. 2013 (Info 526)

▼ DENÚNCIA ESPONTÂNEA

DEPÓSITO JUDICIAL INTEGRAL DOS TRIBUTOS DEVIDOS E DENÚNCIA ESPONTÂNEA.

STJ O depósito judicial integral do débito tributário e dos respectivos juros de mora, mesmo antes de qualquer procedimento do Fisco tendente à sua exigência, não configura denúncia espontânea (art. 138 do CTN). • EREsp 1.131.090-RJ. 2016. (Info 576)

▼ MULTA TRIBUTÁRIA

IMPOSSIBILIDADE DE EXIGÊNCIA CONCOMITANTE DA MULTA ISOLADA E DA MULTA DE OFÍCIO PREVISTAS NO ART. 44 DA LEI 9.430/1996.

STJ Quando a situação jurídico-tributária se alinhar com ambas as hipóteses de incidência da multa do art. 44 da Lei 9.430/1996 - previstas no inciso I e no inciso II -, incidirá apenas a "multa de ofício" pela falta de recolhimento de tributo (inciso I). • REsp 1.496.354-PR. 2015. (Info 558)

RESPONSABILIDADE PELO PAGAMENTO DA MULTA APLICADA EM DECORRÊNCIA DO NÃO RECOLHIMENTO DE IMPOSTO DE RENDA.

STJ Na hipótese em que a fonte pagadora deixa de efetuar a retenção do imposto de renda, expedindo comprovante de rendimentos o qual os classifica como isentos e não tributáveis, de modo a induzir o empregado/contribuinte a preencher equivocadamente sua declaração de imposto de renda, não é este - mas sim o empregador - o responsável pelo pagamento da multa prevista no art. 44, I, da Lei 9.430/1996. • REsp 1.218.222-RS. 2014 (Info 548)

PERIODICIDADE DE MULTA POR ATRASO NA ENTREGA DA DIMOF.

STJ A multa pela entrega tardia da Declaração de Informações sobre Movimentação Financeira (Dimof) incide a cada mês de atraso - e não por declaração atrasada. • REsp 1.442.343-RS. 2014 (Info 544)

PENA DE MULTA PREVISTA NO ART. 108 DO DECRETO-LEI 37/1966.

STJ É aplicável a pena de multa (art. 108 do Decreto-Lei 37/1966) - e não a pena de perdimento (art. 105, VI) - na hipótese de subfaturamento de mercadoria importada. • REsp 1.240.005-RS. 2013 (Info 530)

▼ PRESCRIÇÃO TRIBUTÁRIA

TERMO INICIAL DO PRAZO PRESCRICIONAL PARA COBRANÇA DE IPVA. RECURSO REPETITIVO.

STJ A notificação do contribuinte para o recolhimento do IPVA perfectibiliza a constituição definitiva do crédito tributário, iniciando-se o prazo prescricional para a execução fiscal no dia seguinte à data estipulada para o vencimento da exação. • REsp 1.320.825-RJ. 2016. (Info 588)

PRESCRIÇÃO DA PRETENSÃO DE COBRANÇA DE CRÉDITOS TRIBUTÁRIOS DEVIDOS POR CONTRIBUINTE EXCLUÍDO DO REFIS.

STJ Não interrompe o prazo prescricional o fato de o contribuinte, após ser formalmente excluído do Programa de Recuperação Fiscal (Refis), continuar efetuando, por mera liberalidade, o pagamento mensal das parcelas do débito tributário. • REsp 1.493.115-SP. 2015. (Info 570)

DESINFLUÊNCIA DA EMISSÃO DE DCG NO MARCO INICIAL DA PRESCRIÇÃO TRIBUTÁRIA.

STJ A emissão de "Débito Confessado em GFIP - DCG" não altera o termo inicial da prescrição tributária. • REsp 1.497.248-RS. 2015. (Info 567)

EFEITOS DA SUSPENSÃO DA NORMA AUTORIZADORA DE PARCELAMENTO DO CRÉDITO TRIBUTÁRIO.

STJ Ocorre a prescrição da pretensão executória do crédito tributário objeto de pedido de parcelamento após cinco anos de inércia da Fazenda Pública em examinar esse requerimento, ainda que a norma autorizadora do parcelamento tenha tido sua eficácia suspensa por medida cautelar em ação direta de inconstitucionalidade. • REsp 1.389.795-DF. 2014 (Info 534)

PRESCRIÇÃO DA PRETENSÃO DE RECONHECIMENTO DE CRÉDITOS PRESUMIDOS DE IPI.

STJ Prescreve em cinco anos a pretensão de reconhecimento de créditos presumidos de IPI a título de benefício fiscal a ser utilizado na escrita fiscal ou mediante ressarcimento. • AgRg no AREsp 292.142-MG. 2013 (Info 523)

▼ COMPENSAÇÃO TRIBUTÁRIA

APLICABILIDADE DE LIMITES À COMPENSAÇÃO TRIBUTÁRIA RELACIONADOS A TRIBUTO DECLARADO INCONSTITUCIONAL.

STJ Os limites estabelecidos pelas Leis 9.032/1995 e 9.129/1995 são aplicáveis à compensação de indébito tributário, ainda que este decorra da declaração de inconstitucionalidade da contribuição social pelo STF. • EREsp 872.559-SP. 2014 (Info 543)

IMPOSSIBILIDADE DE COMPENSAÇÃO DE PRECATÓRIO ESTADUAL COM CRÉDITO TRIBUTÁRIO FEDERAL.

STJ Não é possível a compensação de precatórios estaduais com dívidas oriundas de tributos federais. • AgRg no AREsp 334.227-RS. 2013 (Info 528)

▼ ISENÇÃO E IMUNIDADE TRIBUTÁRIAS

COMPONENTES ELETRÔNICOS QUE ACOMPANHAM LIVRO E IMUNIDADE TRIBUTÁRIA - 5

STF A imunidade tributária constante do art. 150, VI, "d", da Constituição Federal (CF), aplica-se ao livro eletrônico ("e-book"), inclusive aos suportes exclusivamente utilizados para fixá-lo. • RE 330817/RJ. 2017. (Info 856)

IMUNIDADE TRIBUTÁRIA E CONTRIBUINTE DE FATO

STF A imunidade tributária subjetiva aplica-se a seus beneficiários na posição de contribuinte de direito, mas não na de simples contribuinte de fato, sendo irrelevante, para a verificação da existência do beneplácito constitucional, a repercussão econômica do tributo envolvido. • RE 608872/MG. 2017. (Info 855)

IR e IPI: desoneração e direito ao valor que potencialmente seria arrecadado

STF É constitucional a concessão regular de incentivos, benefícios e isenções fiscais relativos ao Imposto de Renda e Imposto sobre Produtos Industrializados por parte da União em relação ao Fundo de Participação de Municípios e respectivas quotas devidas às Municipalidades. • RE 705423/SE. 2016. (Info 847)

ECT: IMUNIDADE TRIBUTÁRIA RECÍPROCA E IPVA. Repercussão Geral.

STF São imunes à incidência do IPVA os veículos automotores pertencentes à Empresa Brasileira de Correios e Telégrafos - ECT (CF, art. 150, VI, a). • ACO 879/PB. 2014. (Info 769)

ECT: IMUNIDADE RECÍPROCA E IPTU.

STF A imunidade tributária recíproca reconhecida à Empresa Brasileira de Correios e Telégrafos – ECT alcança o IPTU incidente sobre imóveis de sua propriedade, bem assim os por ela utilizados. No entanto, se houver dúvida acerca de quais imóveis estariam afetados ao serviço público, cabe à administração fazendária produzir prova em contrário, haja vista militar em favor do contribuinte a presunção de imunidade anteriormente conferida em benefício dele. • RE 773992. 2014. (Info 763)

CRÉDITO TRIBUTÁRIO: SUCESSÃO E IMUNIDADE RECÍPROCA.

STF A imunidade tributária recíproca (CF, art. 150, VI, a) não afasta a responsabilidade tributária por sucessão, na hipótese em que o sujeito passivo era contribuinte regular do tributo devido. • RE 599176. 2014. (Info 749)

ENTIDADES BENEFICENTES: CONTRIBUIÇÃO PARA O PIS E IMUNIDADE.

STF A imunidade tributária prevista no art. 195, § 7º, da CF (§ 7º São isentas de contribuição para a seguridade social as entidades beneficentes de assistência social que atendam às exigências estabelecidas em lei), regulamentada pelo art. 55 da Lei 8.212/91, abrange a contribuição para o PIS. • RE 636941. 2014. (Info 738)

IMUNIDADE TRIBUTÁRIA E SERVIÇO DE IMPRESSÃO GRÁFICA.

STF As prestadoras de serviços de composição gráfica, que realizam serviços por encomenda de empresas jornalísticas ou editoras de livros, não estão abrangidas pela imunidade tributária prevista no art. 150, VI, d, da CF ("Art. 150. • RE 434826 AgR. 2014. (Info 729)

IMUNIDADE E IMÓVEL VAGO.

STF Reconheceu-se que, por ser o recorrido entidade de direito privado, sem fins lucrativos, encaixar-se-ia na hipótese do art. 150, VI, c, da CF e, por isso, estaria imune. Apontou-se que a constatação de que imóvel vago ou sem edificação não seria suficiente, por si só, para destituir a garantia constitucional da imunidade tributária. • RE 385091/DF. 2013. (Info 714)

ART. 150, VI, D, DA CF: IMUNIDADE TRIBUTÁRIA E FINSOCIAL.

STF A contribuição para o Finsocial, incidente sobre o faturamento das empresas, possui natureza tributária de imposto (de competência residual da União) e não está abrangida pela imunidade objetiva prevista no art. 150, VI, d, da CF/88, anterior art. 19, III, d, da Carta de 1967/69 (livros, jornais, periódicos e o papel destinado a sua impressão). • RE 628122. 2013. (Info 711)

IMUNIDADE E IMÓVEL VAGO.

STF Se determinado terreno não está sendo utilizado em busca do êxito das finalidades essenciais da instituição, encontrando-se vazio, a imunidade das instituições educacionais (CF, art. 150 § 4º) não o abrange. • AI 661713 AgR. 2013. (Info 699)

CEGUEIRA MONOCULAR E ISENÇÃO DE IMPOSTO DE RENDA.

STJ Os proventos de aposentadoria ou reforma percebidos por portador de cegueira monocular são isentos de imposto sobre a renda. • REsp 1.553.931-PR. 2016. (Info 575)

ALCANCE DA ISENÇÃO DA COFINS NAS MENSALIDADES PAGAS PELOS ALUNOS DE INSTITUIÇÕES DE ENSINO SEM FINS LUCRATIVOS. RECURSO REPETITIVO.

STJ As receitas auferidas a título de mensalidades dos alunos de instituições de ensino sem fins lucrativos são decorrentes de "atividades próprias da entidade", conforme o exige a isenção estabelecida no art. 14, X, da MP n. 1.858/99 (atual MP n. 2.158-35/2001), sendo flagrante a ilicitude do art. 47, § 2º, da IN/SRF n. 247/2002, nessa extensão. • REsp 1.353.111-RS. 2015. (Info 574)

ISENÇÕES DE IPI E DE II A INSTITUIÇÕES CULTURAIS.

STJ As entidades com finalidade eminentemente cultural fazem jus às isenções de Imposto de Importação (II) e de Imposto sobre Produtos Industrializados (IPI) previstas nos arts. 2º, I, "b", e 3º, I, da Lei 8.032/1990. • REsp 1.100.912-RJ. 2015. (Info 561)

ISENÇÃO DE IMPOSTO DE RENDA SOBRE PROVENTOS ORIUNDOS DE PREVIDÊNCIA PRIVADA COMPLEMENTAR.

STJ São isentos do imposto de renda os proventos percebidos de fundo de previdência privada a título de complementação da aposentadoria por pessoa física acometida de uma das doenças arroladas no art. 6º, XIV, da Lei 7.713/1988. • REsp 1.507.320-RS. 2015. (Info 556)

ISENÇÃO TRIBUTÁRIA DO SENAI REFERENTE À IMPORTAÇÃO DE PRODUTOS E SERVIÇOS.

STJ O Serviço Nacional de Aprendizagem Industrial (SENAI) goza de isenção do imposto de importação, da contribuição ao PIS-importação e da COFINS-importação independentemente de a entidade ser classificada como beneficente de assistência social ou de seus dirigentes serem remunerados. • REsp 1.430.257-CE. 2014 (Info 539)

ISENÇÃO DE CONTRIBUIÇÃO SOCIAL SOBRE DESPESAS COM MEDICAMENTOS PAGOS DIRETAMENTE PELO EMPREGADOR.

STJ Não incide contribuição social sobre o valor dos medicamentos adquiridos pelo empregado e pagos pelo empregador ao estabelecimento comercial de forma direta, mesmo que o montante não conste na folha de pagamento. • REsp 1.430.043-PR. 2014 (Info 538)

REQUISITOS PARA A CONCESSÃO DE IMUNIDADE TRIBUTÁRIA A INSTITUIÇÃO DE ENSINO SEM FINS LUCRATIVOS.

STJ Não é possível condicionar a concessão de imunidade tributária prevista para as instituições de educação e de assistência social sem fins lucrativos à apresentação de certificado de entidade de assistência social na hipótese em que prova pericial tenha demonstrado o preenchimento dos requisitos para a incidência da norma imunizante. • AgRg no AREsp 187.172-DF. 2014 (Info 535)

ISENÇÃO DE ITR RELATIVA A ÁREA DE RESERVA LEGAL.

STJ A isenção de Imposto Territorial Rural (ITR) prevista no art. 10, § 1º, II, *a*, da Lei 9.393/1996, relativa a área de reserva legal, depende de prévia averbação desta no registro do imóvel. • AgRg no REsp 1.243.685-PR. 2014 (Info 533)

ISENÇÃO DO IPI AO PORTADOR DE ENFERMIDADE.

STJ Na aquisição de veículo automotor, tem direito à isenção de IPI o portador de periartrite e artrose da coluna lombossacra na hipótese em que a enfermidade implicar limitação dolorosa dos movimentos dos ombros, de modo a causar a incapacidade total para a direção de automóvel sem direção hidráulica e sem transmissão automática. • REsp 1.370.760-RN. 2013 (Info 530)

ÔNUS DA PROVA RELACIONADO AO AFASTAMENTO DA IMUNIDADE TRIBUTÁRIA PREVISTA NO § 2º DO ART. 150 DA CF.

STJ O ônus de provar que o imóvel não está afetado a destinação compatível com os objetivos e finalidades institucionais de entidade autárquica recai sobre o ente tributante que pretenda, mediante afastamento da imunidade tributária prevista no § 2º do art. 150 da CF, cobrar IPTU sobre o referido imóvel. • AgRg no AREsp 304.126-RJ. 2013 (Info 527)

▼ PROCESSO TRIBUTÁRIO

INTIMAÇÃO POR EDITAL NO PROCESSO FISCAL REFERIDO NO ART. 27 DO DL N. 1.455/1976.

STJ No processo fiscal referido no art. 27 do DL n. 1.455/1976, a intimação por edital só deve ser realizada após restar frustrada a intimação pessoal. • REsp 1.561.153-RS. 2015. (Info 574)

REDIRECIONAMENTO DA EXECUÇÃO CONTRA SÓCIO-GERENTE.

STJ É possível redirecionar a execução fiscal contra o sócio-gerente que exercia a gerência por ocasião da dissolução irregular da sociedade contribuinte, independentemente do momento da ocorrência do fato gerador ou da data do vencimento do tributo. • REsp 1.520.257-SP. 2015. (Info 564)

REQUISITOS PARA A MEDIDA DE INDISPONIBILIDADE DE BENS E DIREITOS (ART. 185-A DO CTN). RECURSO REPETITIVO.

STJ A indisponibilidade de bens e direitos autorizada pelo art. 185-A do CTN depende da observância dos seguintes requisitos: (i) citação do devedor; (ii) inexistência de pagamento ou apresentação de bens à penhora no prazo legal; e (iii) a não localização de bens penhoráveis após o esgotamento das diligências realizadas pela Fazenda, ficando este caracterizado quando houver nos autos (a) pedido de acionamento do Bacen Jud e consequente determinação pelo magistrado e (b) a expedição de ofícios aos registros públicos do domicílio do executado e ao Departamento Nacional ou Estadual de Trânsito - DENATRAN ou DETRAN. • REsp 1.377.507-SP. 2014 (Info 552)

HIPÓTESE DE NÃO EXPEDIÇÃO DE CERTIDÃO POSITIVA COM EFEITOS DE NEGATIVA.

STJ A penhora de bem de valor inferior ao débito não autoriza a expedição de certidão positiva com efeitos de negativa. • REsp 1.479.276-MG. 2014 (Info 550)

APLICABILIDADE DA PENA DE PERDIMENTO A MERCADORIAS IMPORTADAS.

STJ A mercadoria importada qualificada como bagagem acompanhada que fora apreendida em zona secundária e desacompanhada de Declaração de Bagagem Acompanhada (DBA) será restituída ao viajante até o limite da cota de isenção determinada pela Receita Federal (art. 33 da IN 1.059/2010 da RFB), aplicável a pena de perdimento em relação à mercadoria que exceda esse limite. • REsp 1.443.110-PR. 2014 (Info 546)

LEGITIMIDADE PASSIVA EM MS PARA INGRESSO NO SIMPLES NACIONAL.

STJ A legitimidade passiva em mandado de segurança impetrado contra o indeferimento, por autoridade fiscal integrante de estrutura administrativa estadual, de ingresso no Simples Nacional, em razão da existência de débitos do impetrante com a Fazenda Estadual sem exigibilidade suspensa, é da autoridade estadual - e não do Delegado da Receita Federal. • REsp 1.319.118-RS. 2014 (Info 545)

EXCLUSÃO DE HONORÁRIOS DE SUCUMBÊNCIA DA CONSOLIDAÇÃO DE DÍVIDA PREVIDENCIÁRIA PARCELADA COM BASE NA LEI 11.941/2009.

STJ O parcelamento autorizado pela Lei 11.941/2009 implica que os débitos de origem previdenciária cobrados pela PGFN sejam consolidados com a redução da totalidade do valor relativo a honorários de sucumbência. • REsp 1.430.320-AL. 2014 (Info 545)

ILEGITIMIDADE ATIVA DA FONTE PAGADORA PARA PLEITEAR RESTITUIÇÃO DE IRPJ PAGO A MAIOR.

STJ Não tem legitimidade para pleitear a restituição do indébito a pessoa jurídica que retém na fonte IRPJ a maior relativo às importâncias pagas a outra pessoa jurídica pela prestação de serviços caracterizadamente de natureza profissional. • REsp 1.318.163-PR. 2014 (Info 543)

HIPÓTESE DE IMPOSSIBILIDADE DE EXPEDIÇÃO DE CERTIDÃO POSITIVA COM EFEITO DE NEGATIVA.

STJ Não é possível a expedição de certidão positiva com efeito de negativa em favor de sócio que tenha figurado como fiador em Termo de Confissão de Dívida Tributária na hipótese em que o parcelamento dele decorrente não tenha sido adimplido. • REsp 1.444.692-CE. 2014 (Info 543)

ILEGITIMIDADE PASSIVA "AD CAUSAM" DO INSS EM AÇÃO DE REPETIÇÃO DE INDÉBITO TRIBUTÁRIO.

STJ Após a vigência da Lei 11.457/2007, o INSS não possui legitimidade passiva nas demandas em que se questione a exigibilidade das contribuições sociais previstas nas alíneas "a", "b" e "c" do parágrafo único do art. 11 da Lei 8.212/1991, ainda que se tenha por objetivo a restituição de indébito de contribuições recolhidas em momento anterior ao advento da Lei 11.457/2007. • REsp 1.355.613-RS. 2014 (Info 539)

▼ EXECUÇÃO FISCAL

PROTESTO DE CDA E SANÇÃO POLÍTICA.

STF O protesto das Certidões de Dívida Ativa (CDA) constitui mecanismo constitucional e legítimo, por não restringir de forma desproporcional quaisquer direitos fundamentais garantidos aos contribuintes e, assim, não constituir sanção política. • ADI 5135/DF. 2016 (Info 846)

DISPENSABILIDADE DA INDICAÇÃO DO CPF E/OU RG DO DEVEDOR (PESSOA FÍSICA) NAS AÇÕES DE EXECUÇÃO FISCAL. RECURSO REPETITIVO.

STJ Em ações de execução fiscal, descabe indeferir a petição inicial sob o argumento da falta de indicação do CPF e/ou RG da parte executada, visto tratar-se de requisito não previsto no art. 6º da Lei 6.830/1980 (LEF), cujo diploma, por sua especialidade, ostenta primazia sobre a legislação de cunho geral, como ocorre em relação à exigência contida no art. 15 da Lei 11.419/2006. • REsp 1.450.819-AM. 2014. (Info 553)

DISPENSABILIDADE DA INDICAÇÃO DO CNPJ DO DEVEDOR (PESSOA JURÍDICA) NAS AÇÕES DE EXECUÇÃO FISCAL. RECURSO REPETITIVO.

STJ Em ações de execução fiscal, descabe indeferir a petição inicial sob o argumento da falta de indicação do CNPJ da parte executada, visto tratar-se de requisito não previsto no art. 6º da Lei 6.830/1980 (LEF), cujo diploma, por sua especialidade, ostenta primazia sobre a legislação de cunho geral, como ocorre em relação à exigência contida no art. 15 da Lei 11.419/2006. • REsp 1.455.091-AM. 2014. (Info 553)

PERMANÊNCIA DA RESPONSABILIDADE DA PESSOA JURÍDICA APESAR DO REDIRECIONAMENTO DE EXECUÇÃO FISCAL PARA SÓCIO-GERENTE.

STJ Nos casos de dissolução irregular da sociedade empresária, o redirecionamento da Execução Fiscal para o sócio-gerente não constitui causa de exclusão da responsabilidade tributária da pessoa jurídica. • REsp 1.455.490-PR. 2014. (Info 550)

PRESCINDIBILIDADE DE REQUERIMENTO DO RÉU PARA A EXTINÇÃO DE EXECUÇÃO FISCAL POR ABANDONO DA CAUSA.

STJ Se a Fazenda Pública - tendo sido intimada pessoalmente para se manifestar sobre seu interesse no prosseguimento de execução fiscal não embargada - permanecer inerte por mais de trinta dias, não será necessário requerimento do executado para que o juiz determine, *ex officio*, a extinção do processo sem julgamento de mérito (art. 267, III, do CPC), afastando-se, nesse caso, a incidência da Súmula 240 do STJ. • AgRg no REsp 1.450.799-RN. 2014. (Info 549)

HIPÓTESE DE REDIRECIONAMENTO DE EXECUÇÃO FISCAL DE DÍVIDA ATIVA NÃO-TRIBUTÁRIA CONTRA REPRESENTANTE LEGAL DA SOCIEDADE EMPRESÁRIA EXECUTADA. RECURSO REPETITIVO.

STJ Quando a sociedade empresária for dissolvida irregularmente, é possível o redirecionamento de execução fiscal de dívida ativa não-tributária contra o sócio-gerente da pessoa jurídica executada, independentemente da existência de dolo. • REsp 1.371.128-RS. 2014. (Info 547)

ARREMATAÇÃO DE IMÓVEL EM EXECUÇÃO FISCAL DE DÉBITOS PREVIDENCIÁRIOS POR VALOR ABAIXO AO DA AVALIAÇÃO.

STJ Em segundo leilão realizado no âmbito de execução fiscal de Dívida Ativa originalmente do INSS e agora da União, é válida a arrematação de bem imóvel por valor abaixo ao da avaliação, exceto por preço vil. • REsp 1.431.155-PB. 2014. (Info 542)

ARREMATAÇÃO DE IMÓVEL MEDIANTE PAGAMENTO PARCELADO EM EXECUÇÃO FISCAL DE DÉBITOS PREVIDENCIÁRIOS.

STJ Em segundo leilão realizado no âmbito de execução fiscal de Dívida Ativa originalmente do INSS e agora da União, é válida a arrematação de bem imóvel mediante pagamento parcelado, podendo a primeira parcela ser inferior a 30% do valor da avaliação. • REsp 1.431.155-PB. 2014. (Info 542)

ARREMATAÇÃO DE IMÓVEL EM EXECUÇÃO FISCAL EM CONDIÇÕES NÃO PUBLICADAS EM EDITAL DE LEILÃO.

STJ Em segundo leilão realizado no âmbito de execução fiscal de Dívida Ativa originalmente do INSS e agora da União, caso não publicadas as condições do parcelamento no edital do leilão, é nula a arrematação de bem imóvel por valor abaixo ao da avaliação e mediante o pagamento da primeira parcela em montante inferior a 30% ao da avaliação. • REsp 1.431.155-PB. 2014. (Info 542)

EXECUÇÃO FISCAL DE CONTRIBUIÇÕES DEVIDAS AOS CONSELHOS PROFISSIONAIS.

STJ O art. 8° da Lei 12.514/2011, segundo o qual "Os Conselhos não executarão judicialmente dívidas referentes a anuidades inferiores a 4 (quatro) vezes o valor cobrado anualmente da pessoa física ou jurídica inadimplente", é inaplicável às execuções ficais propostas antes da vigência do referido diploma legal. • REsp 1.404.796-SP. 2014 (Info 538)

EXECUÇÃO FISCAL AJUIZADA CONTRA PESSOA JURÍDICA FALIDA. RECURSO REPETITIVO.

STJ A constatação posterior ao ajuizamento da execução fiscal de que a pessoa jurídica executada tivera sua falência decretada antes da propositura da ação executiva não implica a extinção do processo sem resolução de mérito. • REsp 1.372.243-SE. 2014. (Info 538)

IMUNIDADE DE JURISDIÇÃO DE ESTADO ESTRANGEIRO.

STJ Antes de se extinguir a execução fiscal para a cobrança de taxa decorrente de prestação de serviço individualizado e específico, deve-se cientificar o Estado estrangeiro executado, para lhe oportunizar eventual renúncia à imunidade de jurisdição. • RO 138-RJ. 2014. (Info 538)

EXECUÇÃO FISCAL PROMOVIDA EM FACE DE HOMÔNIMO.

STJ Deve ser extinta a execução fiscal que, por erro na CDA quanto à indicação do CPF do executado, tenha sido promovida em face de pessoa homônima. • REsp 1.279.899-MG. 2014 (Info 536)

APLICABILIDADE DO ART. 20 DA LEI 10.522/2002 EM EXECUÇÃO FISCAL PROMOVIDA PELA PROCURADORIA-GERAL FEDERAL. RECURSO REPETITIVO.

STJ As execuções fiscais de crédito de autarquia federal promovidas pela Procuradoria-Geral Federal para cobrança de débitos iguais ou inferiores a R$ 10 mil não devem, com base no art. 20 da Lei 10.522/2002, ter seus autos arquivados sem baixa na distribuição. • REsp 1.343.591-MA. 2013. (Info 533)

HONORÁRIOS DE SUCUMBÊNCIA NO ÂMBITO DE EMBARGOS À EXECUÇÃO FISCAL NO CASO DE RENÚNCIA PARA ADESÃO A PARCELAMENTO.

STJ São cabíveis honorários de sucumbência no âmbito de embargos à execução fiscal ajuizada para a cobrança de valores inscritos em Dívida Ativa pelo INSS, ainda que extintos com resolução de mérito em decorrência de renúncia ao direito sobre o qual se funda a ação para fins de adesão ao parcelamento de que trata a Lei 11.941/2009. • REsp 1.392.607-RS. 2013. (Info 533)

VALOR DOS HONORÁRIOS DE SUCUMBÊNCIA NO ÂMBITO DE EMBARGOS À EXECUÇÃO FISCAL NO CASO DE RENÚNCIA PARA ADESÃO A PARCELAMENTO.

STJ No âmbito de embargos à execução fiscal ajuizada para a cobrança de valores inscritos em Dívida Ativa pelo INSS, extintos com resolução de mérito em decorrência de renúncia ao direito sobre o qual se funda a ação para fins de adesão ao parcelamento de que trata a Lei 11.941/2009, a verba de sucumbência deve ser de 1% do valor consolidado do débito parcelado. • REsp 1.392.607-RS. 2013. (Info 533)

COMPETÊNCIA PARA PROCESSAR E JULGAR EXECUÇÃO FISCAL. RECURSO REPETITIVO.

STJ Na hipótese em que, em razão da inexistência de vara da Justiça Federal na localidade do domicílio do devedor, execução fiscal tenha sido ajuizada pela União ou por suas autarquias em vara da Justiça Federal sediada em local diverso, o juiz federal poderá declinar, de ofício, da competência para processar e julgar a demanda, determinando a remessa dos autos para o juízo de direito da comarca do domicílio do executado. • REsp 1.146.194-SC. 2013. (Info 531)

INAPLICABILIDADE DO ART. 20 DA LEI 10.522/2002 ÀS EXECUÇÕES FISCAIS PROPOSTAS POR CONSELHOS REGIONAIS DE FISCALIZAÇÃO PROFISSIONAL. RECURSO REPETITIVO.

STJ Nas execuções fiscais propostas por Conselhos Regionais de Fiscalização Profissional, não é possível a aplicação do art. 20 da Lei 10.522/2002, cujo teor determina o arquivamento, sem baixa das execuções fiscais referentes aos débitos com valor inferior a dez mil reais. • REsp 1.363.163-SP. 2013. (Info 527)

▼ REFIS

PRESCRIÇÃO DA PRETENSÃO DE COBRANÇA DE CRÉDITOS TRIBUTÁRIOS DEVIDOS POR CONTRIBUINTE EXCLUÍDO DO REFIS.

STJ Não interrompe o prazo prescricional o fato de o contribuinte, após ser formalmente excluído do Programa de Recuperação Fiscal (Refis), continuar efetuando, por mera liberalidade, o pagamento mensal das parcelas do débito tributário. • REsp 1.493.115-SP. 2015. (Info 570)

TRANSFERÊNCIA DE DÉBITOS TRIBUTÁRIOS DE UM REGIME DE PARCELAMENTO PARA OUTRO.

STJ É ilegal o art. 1º da Portaria Conjunta SRF/PGFN 900/2002, o qual veda a transferência dos débitos inscritos no REFIS (Lei 9.964/2000) para o programa de parcelamento previsto na Medida Provisória 38/2002. • REsp 1.368.821-SP. 2015. (Info 562)

RECLAMAÇÃO ADMINISTRATIVA INCAPAZ DE SUSPENDER A EXIGIBILIDADE DO CRÉDITO TRIBUTÁRIO.

STJ Não suspende a exigibilidade do crédito tributário a reclamação administrativa interposta perante o Conselho Administrativo de Recursos Fiscais (CARF) na qual se questione a legalidade do ato de exclusão do contribuinte de programa de parcelamento. • REsp 1.372.368-PR. 2015. (Info 561)

AQUISIÇÃO DE VEÍCULO COM ISENÇÃO DE IPI POR PESSOA COM NECESSIDADES ESPECIAIS QUE TEVE O SEU VEÍCULO ROUBADO.

STJ A isenção de IPI para aquisição de automóvel por pessoa com necessidades especiais (art. 1º, IV, da Lei 8.989/1995) poderá ser novamente concedida antes do término do prazo de 2 anos contado da aquisição (art. 2º) se o veículo vier a ser roubado durante esse período. • REsp 1.390.345-RS. 2015. (Info 559)

EXCLUSÃO DO PROGRAMA DE RECUPERAÇÃO FISCAL (REFIS) DECORRENTE DA INEFICÁCIA DO PARCELAMENTO.

STJ A pessoa jurídica pode ser excluída do REFIS quando se demonstre a ineficácia do parcelamento, em razão de o valor das parcelas ser irrisório para a quitação do débito. • REsp 1.447.131-RS. 2014 (Info 542)

ERRO NA INDICAÇÃO DE VALORES NO REFIS.

STJ O contribuinte não pode, com fundamento no art. 5º, III, da Lei 9.964/2000, ser excluído do Programa de Recuperação Fiscal (REFIS) em razão de, por erro, ter indicado valores a menor para as operações já incluídas em sua confissão de débitos. • AgRg no AREsp 228.080-MG. 2014 (Info 533)

▼ SANÇÃO POLÍTICA

PROTESTO DE CDA E SANÇÃO POLÍTICA.

STF O protesto das Certidões de Dívida Ativa (CDA) constitui mecanismo constitucional e legítimo, por não restringir de forma desproporcional quaisquer direitos fundamentais garantidos aos contribuintes e, assim, não constituir sanção política. • ADI 5135/DF. 2016 (Info 846)

INDÚSTRIA DE CIGARROS: CANCELAMENTO DE REGISTRO ESPECIAL E OBRIGAÇÃO TRIBUTÁRIA.

STF A cassação de registro especial para a fabricação e comercialização de cigarros, em virtude de descumprimento de obrigações tributárias por parte da empresa, não constitui sanção política. • RE 550769. 2013. (Info 707)

▼ ADMINISTRAÇÃO TRIBUTÁRIA

SIGILO E FISCALIZAÇÃO TRIBUTÁRIA.

STF O Plenário, em conclusão de julgamento e por maioria, reputou improcedentes os pedidos formulados em ações diretas de inconstitucionalidade ajuizadas em face de normas federais que possibilitam a utilização, por parte da fiscalização tributária, de dados bancários e fiscais acobertados por sigilo constitucional, sem a intermediação do Poder Judiciário (LC 104/2001, art. 1º; LC 105/2001, artigos 1º, § 3º e 4º, 3º, § 3º, 5º e 6º; Decreto 3.724/2001; Decreto 4.489/2002; e Decreto 4.545/2002). • ADI 2390/DF. 2016. (Info 816)

FORNECIMENTO DE INFORMAÇÕES FINANCEIRAS AO FISCO SEM AUTORIZAÇÃO JUDICIAL

STF O art. 6º da LC 105/2001 não ofende o direito ao sigilo bancário, porque realiza a igualdade em relação aos cidadãos, por meio do princípio da capacidade contributiva, bem como estabelece requisitos objetivos e o translado do dever de sigilo da esfera bancária para a fiscal. Por sua vez, a Lei 10.174/2001 não atrai a aplicação do princípio da irretroatividade das leis tributárias, tendo em vista o caráter instrumental da norma, nos termos do artigo 144, §1º, do CTN. • RE 601314/SP. 2016. (Info 816)

EXIGÊNCIA DE GARANTIA PARA IMPRESSÃO DE NOTA FISCAL

STF A exigência, pela Fazenda Pública, de prestação de fiança, garantia real ou fidejussória para a impressão de notas fiscais de contribuintes em débito com o Fisco viola as garantias do livre exercício do trabalho, ofício ou profissão (CF, art. 5º, XIII), da atividade econômica (CF, art. 170, parágrafo único) e do devido processo legal (CF, art. 5º, LIV). • RE 565048. 2014. (Info 748)

DIREITO AMBIENTAL

▼ RESPONSABILIDADE AMBIENTAL

DANOS MATERIAIS OCASIONADOS POR CONSTRUÇÃO DE HIDRELÉTRICA.

STJ O pescador profissional artesanal que exerça a sua atividade em rio que sofreu alteração da fauna aquática após a regular instalação de hidrelétrica (ato lícito) tem direito de ser indenizado, pela concessionária de serviço público responsável, em razão dos prejuízos materiais decorrentes da diminuição ou desaparecimento de peixes de espécies comercialmente lucrativas paralelamente ao surgimento de outros de espécies de menor valor de mercado, circunstância a impor a captura de maior volume de pescado para a manutenção de sua renda próxima à auferida antes da modificação da ictiofauna. • REsp 1.371.834-PR. 2015. (Info 574)

INOCORRÊNCIA DE DANOS MORAIS EM CASO DE CONSTRUÇÃO DE HIDRELÉTRICA.

STJ O pescador profissional artesanal que exerça a sua atividade em rio que sofreu alteração da fauna aquática após a regular instalação de hidrelétrica (ato lícito) - adotadas todas as providências mitigatórias de impacto ambiental para a realização da obra, bem como realizado EIA/RIMA - não tem direito a ser compensado por alegados danos morais decorrentes da diminuição ou desaparecimento de peixes de espécies comercialmente lucrativas paralelamente ao surgimento de outros de espécies de menor valor de mercado, circunstância que, embora não tenha ocasionado a suspensão da pesca, imporia a captura de maior volume de pescado para manutenção de sua renda próxima à auferida antes da modificação da ictiofauna. • REsp 1.371.834-PR. 2015. (Info 574)

RESPONSABILIDADE CIVIL EM DECORRÊNCIA DE DANO AMBIENTAL PROVOCADO PELA EMPRESA RIO POMBA CATAGUASES LTDA NO MUNICÍPIO DE MIRAÍ-MG. RECURSO REPETITIVO.

STJ Em relação ao acidente ocorrido no Município de Miraí-MG, em janeiro de 2007, quando a empresa de Mineração Rio Pomba Cataguases Ltda., durante o desenvolvimento de sua atividade empresarial, deixou vazar cerca de 2 bilhões de litros de resíduos de lama tóxica (bauxita), material que atingiu quilômetros de extensão e se espalhou por cidades dos Estados do Rio de Janeiro e de Minas Gerais, deixando inúmeras famílias desabrigadas e sem seus bens (móveis e imóveis): a) a responsabilidade por dano ambiental é objetiva, informada pela teoria do risco integral, sendo o nexo de causalidade o fator aglutinante que permite que o risco se integre na unidade do ato, sendo descabida a invocação, pela empresa responsável pelo dano ambiental, de excludentes de responsabilidade civil para afastar a sua obrigação de indenizar; b) em decorrência do acidente, a empresa deve recompor os danos materiais e morais causados; e c) na fixação da indenização por danos morais, recomendável que o arbitramento seja feito caso a caso e com moderação, proporcionalmente ao grau de culpa, ao nível socioeconômico dos autores, e, ainda, ao porte da empresa recorrida, orientando-se o juiz pelos critérios sugeridos pela doutrina e jurisprudência, com razoabilidade, valendo-se de sua experiência e bom senso, atento à realidade da vida e às peculiaridades de cada caso, de modo a que, de um lado, não haja enriquecimento sem causa de quem recebe a indenização e, de outro lado, haja efetiva compensação pelos danos morais experimentados por aquele que fora lesado. • REsp 1.374.284-MG. 2014. (Info 545)

RESPONSABILIDADE CIVIL OBJETIVA POR DANO AMBIENTAL PRIVADO.

STJ O particular que deposite resíduos tóxicos em seu terreno, expondo-os a céu aberto, em local onde, apesar da existência de cerca e de placas de sinalização informando a presença de material orgânico, o acesso de outros particulares seja fácil, consentido e costumeiro, responde objetivamente pelos danos sofridos por pessoa que, por conduta não dolosa, tenha sofrido, ao entrar na propriedade, graves queimaduras decorrentes de contato com os resíduos. • REsp 1.373.788-SP. 2014. (Info 544)

COMPROVAÇÃO DO EXERCÍCIO DA PESCA PROFISSIONAL PARA LEGITIMAR A PROPOSITURA DE AÇÃO PARA RESSARCIMENTO DE DANO AMBIENTAL. RECURSO REPETITIVO.

STJ Relativamente ao acidente ocorrido no dia 5 de outubro de 2008, quando a indústria Fertilizantes Nitrogenados de Sergipe (Fafen), subsidiária da Petrobras, deixou vazar para as águas do rio Sergipe cerca de 43 mil litros de amônia, que resultou em dano ambiental provocando a morte de peixes, camarões, mariscos, crustáceos e moluscos e consequente quebra da cadeia alimentar do ecossistema fluvial local: para demonstração da legitimidade para vindicar indenização por dano ambiental que resultou na redução da pesca na área atingida, o registro de pescador profissional e a habilitação ao benefício do seguro-desemprego, durante o período de defeso, somados a outros elementos de prova que permitam o convencimento do magistrado acerca do exercício dessa atividade, são idôneos à sua comprovação. • REsp 1.354.536-SE. 2014. (Info 538)

RESPONSABILIDADE POR DANOS AMBIENTAIS DECORRENTES DE ACIDENTE CAUSADO POR SUBSIDIÁRIA DA PETROBRAS. RECURSO REPETITIVO.

STJ Relativamente ao acidente ocorrido no dia 5 de outubro de 2008, quando a indústria Fertilizantes Nitrogenados de Sergipe (Fafen), subsidiária da Petrobras, deixou vazar para as águas do rio Sergipe cerca de 43 mil litros de amônia, que resultou em dano ambiental provocando a morte de peixes, camarões, mariscos, crustáceos e moluscos e consequente quebra da cadeia alimentar do ecossistema fluvial local: a responsabilidade por dano ambiental é objetiva, informada pela teoria do risco integral, sendo o nexo de causalidade o fator aglutinante que permite que o risco se integre na unidade do ato, sendo descabida a invocação, pela empresa responsável pelo dano ambiental, de excludentes de responsabilidade civil para afastar a sua obrigação de indenizar. • REsp 1.354.536-SE. 2014. (Info 538)

CARÁTER DA RESPONSABILIDADE POR DANOS MORAIS DECORRENTES DE ACIDENTE AMBIENTAL CAUSADO POR SUBSIDIÁRIA DA PETROBRAS. RECURSO REPETITIVO.

STJ Relativamente ao acidente ocorrido no dia 5 de outubro de 2008, quando a indústria Fertilizantes Nitrogenados de Sergipe (Fafen), subsidiária da Petrobras, deixou vazar para as águas do rio Sergipe cerca de 43 mil litros de amônia, que resultou em dano ambiental provocando a morte de peixes, camarões, mariscos, crustáceos e moluscos e consequente quebra da cadeia alimentar do ecossistema fluvial local: é inadequado pretender conferir à reparação civil dos danos ambientais caráter punitivo imediato ("punitive damages"), pois a punição é função que incumbe ao direito penal e administrativo. • REsp 1.354.536-SE. 2014. (Info 538)

VALOR DA INDENIZAÇÃO POR DANOS MORAIS DECORRENTES DE ACIDENTE AMBIENTAL CAUSADO POR SUBSIDIÁRIA DA PETROBRAS. RECURSO REPETITIVO.

STJ Relativamente ao acidente ocorrido no dia 5 de outubro de 2008, quando a indústria Fertilizantes Nitrogenados de Sergipe (Fafen), subsidiária da Petrobras, deixou vazar para as águas do rio Sergipe cerca de 43 mil litros de amônia, que resultou em dano ambiental provocando a morte de peixes, camarões, mariscos, crustáceos e moluscos e consequente quebra da cadeia alimentar do ecossistema fluvial local: em vista das circunstâncias específicas e homogeneidade dos efeitos do dano ambiental verificado no ecossistema do rio Sergipe - afetando significativamente, por cerca de seis meses, o volume pescado e a renda dos pescadores na região afetada -, sem que tenha sido dado amparo pela poluidora para mitigação dos danos morais experimentados e demonstrados por aqueles que extraem o sustento da pesca profissional, não se justifica, em sede de recurso especial, a revisão do *quantum* arbitrado, a título de compensação por danos morais, em R$ 3.000,00. • REsp 1.354.536 SE. 2014. (Info 538)

INDENIZAÇÃO POR LUCROS CESSANTES DECORRENTES DE ACIDENTE AMBIENTAL CAUSADO POR SUBSIDIÁRIA DA PETROBRAS. RECURSO REPETITIVO.

STJ Relativamente ao acidente ocorrido no dia 5 de outubro de 2008, quando a indústria Fertilizantes Nitrogenados de Sergipe (Fafen), subsidiária da Petrobras, deixou vazar para as águas do rio Sergipe cerca de 43 mil litros de amônia, que resultou em dano ambiental provocando a morte de peixes, camarões, mariscos, crustáceos e moluscos e consequente quebra da cadeia alimentar do ecossistema fluvial local: o dano material somente é indenizável mediante prova efetiva de sua ocorrência, não havendo falar em indenização por lucros cessantes dissociada do dano efetivamente demonstrado nos autos; assim, se durante o interregno em que foi experimentado os efeitos do dano ambiental, houve o período de "defeso" - incidindo a proibição sobre toda atividade de pesca do lesado -, não há que se cogitar em indenização por lucros cessantes durante essa vedação. • REsp 1.354.536-SE. 2014. (Info 538)

HONORÁRIOS ADVOCATÍCIOS EM AÇÃO DE INDENIZAÇÃO POR DANOS AMBIENTAIS DECORRENTES DE ACIDENTE CAUSADO POR SUBSIDIÁRIA DA PETROBRAS. RECURSO REPETITIVO.

STJ Relativamente ao acidente ocorrido no dia 5 de outubro de 2008, quando a indústria Fertilizantes Nitrogenados de Sergipe (Fafen), subsidiária da Petrobras, deixou vazar para as águas do rio Sergipe cerca de 43 mil litros de amônia, que resultou em dano ambiental provocando a morte de peixes, camarões, mariscos, crustáceos e moluscos e consequente quebra da cadeia alimentar do ecossistema fluvial local: no caso concreto, os honorários advocatícios, fixados em 20% do valor da condenação arbitrada para o acidente - em atenção às características específicas da demanda e à ampla dilação probatória - não se justifica a sua revisão, em sede de recurso especial. • REsp 1.354.536-SE. 2014. (Info 538)

INEXISTÊNCIA DE DANO MORAL DECORRENTE DA NÃO CONCESSÃO DE AUTORIZAÇÃO PARA A REALIZAÇÃO DE DESMATAMENTO E QUEIMADA.

STJ Não gera dano moral a conduta do Ibama de, após alguns anos concedendo autorizações para desmatamento e queimada em determinado terreno com a finalidade de preparar o solo para atividade agrícola, deixar de fazê-lo ao constatar que o referido terreno integra área de preservação ambiental. • REsp 1.287.068-RR. 2013. (Info 531)

CUMULAÇÃO DAS OBRIGAÇÕES DE RECOMPOSIÇÃO DO MEIO AMBIENTE E DE COMPENSAÇÃO POR DANO MORAL COLETIVO.

STJ Na hipótese de ação civil pública proposta em razão de dano ambiental, é possível que a sentença condenatória imponha ao responsável, cumulativamente, as obrigações de recompor o meio ambiente degradado e de pagar quantia em dinheiro a título de compensação por dano moral coletivo. • REsp 1.328.753-MG. 2013. (Info 526)

▼ INFRAÇÕES AMBIENTAIS

CRIME AMBIENTAL DE CARÁTER TRANSNACIONAL E COMPETÊNCIA.

STF Compete à Justiça Federal processar e julgar o crime ambiental de caráter transnacional que envolva animais silvestres, ameaçados de extinção e espécimes exóticas ou protegidas por compromissos internacionais assumidos pelo Brasil. Com base nesse entendimento, o Plenário deu provimento ao recurso extraordinário em que se discutia a justiça competente para processar e julgar crimes ambientais transnacionais. • RE 835558/SP. 2017. (Info 853)

ADI. PRÁTICA DA VAQUEJADA.

STF A lei 15.299/2013, do estado do ceará, que regulamenta a vaquejada como prática desportiva e cultural no estado é inconstitucional. O sentido da expressão "crueldade" constante no inciso VII do parágrafo 1º do artigo 225 da constituição federal alcança a tortura e os maus-tratos infringidos aos bois durante a prática da vaquejada. Assim, revela-se intolerável a conduta humana autorizada pela norma estadual atacada. • ADI 4983 . 2016. (Info 842)

CRIME AMBIENTAL: ABSOLVIÇÃO DE PESSOA FÍSICA E RESPONSABILIDADE PENAL DE PESSOA JURÍDICA

STF É admissível a condenação de pessoa jurídica pela prática de crime ambiental, ainda que absolvidas as pessoas físicas ocupantes de cargo de presidência ou de direção do órgão responsável pela prática criminosa. • RE 548181. 2013. (Info 714)

PROVA DO CRIME DO ART. 54 DA LEI 9.605/1998.

STJ É imprescindível a realização de perícia oficial para comprovar a prática do crime previsto no art. 54 da Lei 9.605/1998[1]. • REsp 1.417.279-SC. 2015. (Info 571)

CONFIGURAÇÃO DO CRIME DO ART. 48 DA LEI 9.605/1998.

STJ A tipificação da conduta descrita no art. 48 da Lei 9.605/1998 prescinde de a área ser de preservação permanente. • AgRg no REsp 1.498.059-RS . 2015. (Info 570)

DESNECESSIDADE DE DUPLA IMPUTAÇÃO EM CRIMES AMBIENTAIS.

STJ É possível a responsabilização penal da pessoa jurídica por delitos ambientais independentemente da responsabilização concomitante da pessoa física que agia em seu nome. • RMS 39.173-BA. 2015. (Info 566)

APLICAÇÃO DE MULTA INDEPENDENTEMENTE DE PRÉVIA ADVERTÊNCIA POR INFRAÇÃO AMBIENTAL GRAVE.

STJ Configurada infração ambiental grave, é possível a aplicação da pena de multa sem a necessidade de prévia imposição da pena de advertência (art. 72 da Lei 9.605/1998). • REsp 1.318.051-RJ. 2015. (Info 561)

POSSE IRREGULAR DE ANIMAIS SILVESTRES POR LONGO PERÍODO DE TEMPO.

STJ O particular que, por mais de vinte anos, manteve adequadamente, sem indício de maus-tratos, duas aves silvestres em ambiente doméstico pode permanecer na posse dos animais. • REsp 1.425.943-RN. 2015. (Info 550)

▼ TEMAS DIVERSOS

ADI E "VAQUEJADA"

STF A Lei 15.299/2013 do Estado do Ceará, que regulamenta a atividade de "vaquejada", em que uma dupla de vaqueiros montados em cavalos distintos busca derrubar um touro dentro de uma área demarcada é inconstitucional. • ADI 4983/CE. 2016. (Info 842)

1. "Causar poluição de qualquer natureza em níveis tais que resultem ou possam resultar em danos à saúde humana, ou que provoquem a mortandade de animais ou a destruição significativa da flora".

PRINCÍPIO DA PRECAUÇÃO E CAMPO ELETROMAGNÉTICO. REPERCUSSÃO GERAL.

STF No atual estágio do conhecimento científico, que indica ser incerta a existência de efeitos nocivos da exposição ocupacional e da população em geral a campos elétricos, magnéticos e eletromagnéticos gerados por sistemas de energia elétrica, não existem impedimentos, por ora, a que sejam adotados os parâmetros propostos pela Organização Mundial de Saúde (OMS), conforme estabelece a Lei 11.934/2009. • RE 627189/SP. 2016. (Info 829)

COMPETÊNCIA PARA LEGISLAR SOBRE MEIO AMBIENTE.

STF O município é competente para legislar sobre o meio ambiente, com a União e o Estado-membro, no limite do seu interesse local e desde que esse regramento seja harmônico com a disciplina estabelecida pelos demais entes federados (CF, art. 24, VI, c/c o art. 30, I e II). • RE 586224. 2015. (Info 776)

REQUISITO PARA REGISTRO DA SENTENÇA DECLARATÓRIA DE USUCAPIÃO.

STJ Para que a sentença declaratória de usucapião de imóvel rural sem matrícula seja registrada no Cartório de Registro de Imóveis, é necessário o prévio registro da reserva legal no Cadastro Ambiental Rural (CAR). • REsp 1.356.207-SP. 2015. (Info 561)

LEGITIMIDADE PARA A PROPOSITURA DE AÇÃO CIVIL PÚBLICA EM DEFESA DE ZONA DE AMORTECIMENTO DE PARQUE NACIONAL.

STJ O MPF possui legitimidade para propor, na Justiça Federal, ação civil pública que vise à proteção de zona de amortecimento de parque nacional, ainda que a referida área não seja de domínio da União. • AgRg no REsp 1.373.302-CE. 2013. (Info 526)

REGULAMENTAÇÃO DO ACESSO A FONTES DE ABASTECIMENTO DE ÁGUA.

STJ É possível que decreto e portaria estaduais disponham sobre a obrigatoriedade de conexão do usuário à rede pública de água, bem como sobre a vedação ao abastecimento por poço artesiano, ressalvada a hipótese de inexistência de rede pública de saneamento básico. • REsp 1.306.093-RJ. 2013. (Info 525)

DIREITO DO TRABALHO E PROCESSUAL DO TRABALHO

▼ COMPETÊNCIA

CONFLITO DE COMPETÊNCIA E DISCUSSÃO SOBRE DEPÓSITO DE FGTS.

STF Compete à justiça trabalhista processar e julgar causa relativa a depósito do Fundo de Garantia do Tempo de Serviço (FGTS) de servidor que ingressou no serviço público antes da Constituição de 1988 sem prestar concurso. • CC 7.950/RN. 2014. (Info 839)

RECLAMAÇÃO TRABALHISTA CONTRA A ONU/PNUD: IMUNIDADE DE JURISDIÇÃO E EXECUÇÃO.

STF A Organização das Nações Unidas - ONU e sua agência Programa das Nações Unidas para o Desenvolvimento - PNUD possuem imunidade de jurisdição e de execução relativamente a causas trabalhistas. • RE 597368. 2013. (Info 706)

COMPETÊNCIA PARA O JULGAMENTO DE AÇÃO PROPOSTA POR EX-DIRETOR SINDICAL CONTRA O SINDICATO QUE ANTERIORMENTE REPRESENTAVA.

STJ Compete à Justiça do Trabalho o julgamento de ação proposta por ex-diretor sindical contra o sindicato que anteriormente representava na qual se objetive o recebimento de verbas com fundamento em disposições estatutárias. • CC 124.534-DF. 2013. (Info 524)

COMPETÊNCIA PARA O JULGAMENTO DE AÇÃO DE INDENIZAÇÃO POR DANOS CAUSADOS AO AUTOR EM RAZÃO DE SUA INDEVIDA DESTITUIÇÃO DA PRESIDÊNCIA DE ENTIDADE DE PREVIDÊNCIA PRIVADA.

STJ Compete à Justiça Comum Estadual - e não à Justiça do Trabalho - processar e julgar ação de indenização por danos materiais e de compensação por danos morais que teriam sido causados ao autor em razão de sua destituição da presidência de entidade de previdência privada, a qual teria sido efetuada em desacordo com as normas do estatuto social e do regimento interno do conselho deliberativo da instituição. • CC 123.914-PA. 2013. (Info 524)

COMPETÊNCIA PARA O JULGAMENTO DE AÇÃO DE INDENIZAÇÃO POR DANOS MATERIAIS E DE COMPENSAÇÃO POR DANOS MORAIS PROPOSTA POR PASTOR EM FACE DE CONGREGAÇÃO RELIGIOSA À QUAL PERTENCIA.

STJ Compete à Justiça Comum Estadual processar e julgar ação de indenização por danos materiais e de compensação por danos morais proposta por pastor em face de congregação religiosa à qual pertencia na qual o autor, reconhecendo a inexistência de relação trabalhista com a ré, afirme ter sido afastado indevidamente de suas funções. • CC 125.472-BA. 2013. (Info 520)

COMPETÊNCIA PARA DECIDIR SOBRE PEDIDO DE INDENIZAÇÃO POR DANOS QUE TERIAM DECORRIDO DA INADEQUADA ATUAÇÃO DE SINDICATO NO ÂMBITO DE RECLAMAÇÃO TRABALHISTA QUE CONDUZIRA NA QUALIDADE DE SUBSTITUTO PROCESSUAL.

STJ Compete à Justiça do Trabalho processar e julgar demanda proposta por trabalhador com o objetivo de receber indenização em razão de alegados danos materiais e morais causados pelo respectivo sindicato, o qual, agindo na condição de seu substituto processual, no patrocínio de reclamação trabalhista, teria conduzido o processo de forma inadequada, gerando drástica redução do montante a que teria direito a título de verbas trabalhistas. • CC 124.930-MG. 2013. (Info 518)

COMPETÊNCIA PARA JULGAMENTO DE DEMANDA CUJA CAUSA DE PEDIR E PEDIDO NÃO SE REFIRAM A EVENTUAL RELAÇÃO DE TRABALHO ENTRE AS PARTES.

STJ Compete à Justiça Comum Estadual processar e julgar ação de reconhecimento e de dissolução de sociedade mercantil de fato, cumulada com pedido de indenização remanescente, na hipótese em que a causa de pedir e o pedido deduzidos na petição inicial não façam referência à existência de relação de trabalho entre as partes. • CC 121.702-RJ. 2013. (Info 518)

COMPETÊNCIA DA JUSTIÇA DO TRABALHO PARA PROCESSAR E JULGAR AÇÃO DE INDENIZAÇÃO DECORRENTE DE ATOS OCORRIDOS DURANTE A RELAÇÃO DE TRABALHO.

STJ Compete à Justiça do Trabalho processar e julgar ação de indenização por danos morais e materiais proposta por ex-empregador cuja causa de pedir se refira a atos supostamente cometidos pelo ex-empregado durante o vínculo laboral e em decorrência da relação de trabalho havida entre as partes. • CC 121.998-MG. 2013. (Info 518)

▼ CONTRIBUIÇÕES

ISENÇÃO DE CONTRIBUIÇÃO SOCIAL SOBRE DESPESAS COM MEDICAMENTOS PAGOS DIRETAMENTE PELO EMPREGADOR.

STJ Não incide contribuição social sobre o valor dos medicamentos adquiridos pelo empregado e pagos pelo empregador ao estabelecimento comercial de forma direta, mesmo que o montante não conste na folha de pagamento. • REsp 1.430.043-PR. 2014. (Info 538)

INCIDÊNCIA DE CONTRIBUIÇÃO PREVIDENCIÁRIA SOBRE O SALÁRIO-MATERNIDADE. RECURSO REPETITIVO.

STJ Incide contribuição previdenciária a cargo da empresa sobre os valores pagos a título de salário-maternidade. • REsp 1.230.957-RS. 2014. (Info 536)

▼ FGTS

CONFLITO DE COMPETÊNCIA E DISCUSSÃO SOBRE DEPÓSITO DE FGTS.

STF Compete à justiça trabalhista processar e julgar causa relativa a depósito do Fundo de Garantia do Tempo de Serviço (FGTS) de servidor que ingressou no serviço público antes da Constituição de 1988 sem prestar concurso. • CC 7.950/RN. 2015. (Info 839)

CONTRATO NULO E DIREITO AO FGTS.

STF Os contratos de emprego firmados pela Administração Pública, sem o prévio concurso público, embora nulos, geram direitos em relação ao recolhimento e levantamento do FGTS. • ADI 3127/DF. 2015. (Info 779)

FGTS: PRAZO PRESCRICIONAL PARA COBRANÇA EM JUÍZO.

STF Limita-se a cinco anos o prazo prescricional relativo à cobrança judicial de valores devidos, pelos empregados e pelos tomadores de serviço, ao FGTS. • ARE 709212. 2014. (Info 767)

CONTRATAÇÕES PELA ADMINISTRAÇÃO PÚBLICA SEM CONCURSO PÚBLICO E EFEITOS TRABALHISTAS.

STF É nula a contratação de pessoal pela Administração Pública sem a observância de prévia aprovação em concurso público, razão pela qual não gera quaisquer efeitos jurídicos válidos em relação aos empregados eventualmente contratados, ressalvados os direitos à percepção dos salários referentes ao período trabalhado e, nos termos do art. 19-A da Lei 8.036/90, ao levantamento dos depósitos efetuados no Fundo de Garantia do Tempo de Serviço – FGTS. • RE 705140. 2014. (Info 756)

NÃO REVOGAÇÃO DE CONTRIBUIÇÃO SOCIAL SOBRE O FGTS.

STJ A contribuição social prevista no art. 1º da LC 110/2001 - baseada no percentual sobre o saldo de FGTS em decorrência da despedida sem justa causa -, a ser suportada pelo empregador, não se encontra revogada, mesmo diante do cumprimento da finalidade para qual a contribuição foi instituída. • REsp 1.487.505-RS. 2015. (Info 558)

INCIDÊNCIA DO FGTS SOBRE O TERÇO CONSTITUCIONAL DE FÉRIAS.

STJ A importância paga pelo empregador a título de terço constitucional de férias gozadas integra a base de cálculo do Fundo de Garantia do Tempo de Serviço (FGTS). • REsp 1.436.897-ES. 2015. (Info 554)

INCIDÊNCIA DO FGTS SOBRE OS PRIMEIROS QUINZE DIAS QUE ANTECEDEM O AUXÍLIO-DOENÇA.

STJ A importância paga pelo empregador durante os primeiros quinze dias que antecedem o afastamento por motivo de doença integra a base de cálculo do Fundo de Garantia do Tempo de Serviço (FGTS). • REsp 1.448.294-RS. 2015. (Info 554)

NÃO INCIDÊNCIA DO FGTS SOBRE O AUXÍLIO-CRECHE.

STJ A importância paga pelo empregador referente ao auxílio-creche não integra a base de cálculo do Fundo de Garantia do Tempo de Serviço (FGTS). • REsp 1.448.294-RS. 2015. (Info 554)

INAPLICABILIDADE DA TAXA PROGRESSIVA DE JUROS ÀS CONTAS VINCULADAS AO FGTS DE TRABALHADOR AVULSO. RECURSO REPETITIVO.

STJ Não se aplica a taxa progressiva de juros às contas vinculadas ao FGTS de trabalhadores qualificados como avulsos. • REsp 1.349.059-SP. 2015. (Info 554)

HIPÓTESE DE NÃO LEVANTAMENTO DE FGTS. RECURSO REPETITIVO.

STJ A suspensão do contrato de trabalho em decorrência de nomeação em cargo em comissão não autoriza o levantamento do saldo da conta vinculada ao FGTS. • REsp 1.419.112-SP. 2014. (Info 548)

INAPLICABILIDADE DO ART. 19-A DA LEI N. 8.036/1990 NA HIPÓTESE DE CONTRATO DE TRABALHO TEMPORÁRIO DECLARADO NULO EM RAZÃO DO DISPOSTO NO ART. 37, § 2º, DA CF.

STJ Não é devido o depósito do FGTS na conta vinculada do trabalhador cujo contrato de trabalho temporário efetuado com a Administração Pública sob o regime de "contratação excepcional" tenha sido declarado nulo em razão da falta de realização de concurso público. • AgRg nos EDcl no AREsp 45.467-MG. 2013. (Info 518)

INAPLICABILIDADE DA REGRA DO ART. 13, CAPUT, DA LEI N. 8.036/1990 NO RESSARCIMENTO DO VALOR DE FGTS PAGO A MAIOR PELO EMPREGADOR.

STJ O empregador, ao receber a restituição de valor depositado a maior a título de FGTS, não tem direito ao acréscimo sobre esse valor do percentual de 3% previsto no art. 13, *caput*, da Lei n. 8.036/1990. • REsp 1.296.047-PE. 2013. (Info 516)

▼ AVISO PRÉVIO

MANDADO DE INJUNÇÃO E AVISO PRÉVIO.

STF Determinou-se a aplicação dos critérios estabelecidos pela Lei 12.506/2011 – que normatizou o aviso prévio proporcional ao tempo de serviço – a mandados de injunção, apreciados conjuntamente, em que alegada omissão legislativa dos Presidentes da República e do Congresso Nacional, ante a ausência de regulamentação do art. 7º, XXI, da CF ("Art. 7º São direitos dos trabalhadores urbanos e rurais, além de outros que visem à melhoria de sua condição social:... XXI - aviso prévio proporcional ao tempo de serviço, sendo no mínimo de trinta dias, nos termos da lei"). • MI 943. 2013. (Info 694)

AVISO PRÉVIO COMO BASE DE CÁLCULO DE PENSÃO ALIMENTÍCIA.

STJ Desde que não haja disposição transacional ou judicial em sentido contrário, o aviso prévio não integra a base de cálculo da pensão alimentícia. • REsp 1.332.808-SC. 2015. (Info 554)

▼ IMPOSTO DE RENDA

HIPÓTESE DE INCIDÊNCIA DE IMPOSTO DE RENDA SOBRE IMPORTÂNCIA RECEBIDA EM RAZÃO DE OBRIGAÇÃO ALTERNATIVA ASSUMIDA EM ACORDO COLETIVO DE TRABALHO.

STJ Incide imposto de renda sobre a quantia recebida pelo empregado em razão de acordo coletivo de trabalho firmado com o empregador, no qual fora ajustado a constituição de fundo de aposentadoria e pensão e, alternativamente, o pagamento de determinado valor em dinheiro correspondente ao que seria vertido para o aludido fundo. • REsp 1.218.222-RS. 2014. (Info 548)

RESPONSABILIDADE PELO PAGAMENTO DA MULTA APLICADA EM DECORRÊNCIA DO NÃO RECOLHIMENTO DE IMPOSTO DE RENDA.

STJ Na hipótese em que a fonte pagadora deixa de efetuar a retenção do imposto de renda, expedindo comprovante de rendimentos o qual os classifica como isentos e não tributáveis, de modo a induzir o empregado/contribuinte a preencher equivocadamente sua declaração de imposto de renda, não é este - mas sim o empregador - o responsável pelo pagamento da multa prevista no art. 44, I, da Lei 9.430/1996. • REsp 1.218.222-RS. 2014. (Info 548)

NÃO INCIDÊNCIA DE IR SOBRE VERBA INDENIZATÓRIA DECORRENTE DE DEMISSÃO SEM JUSTA CAUSA NO PERÍODO DE ESTABILIDADE PROVISÓRIA.

STJ Não incide imposto de renda sobre o valor da indenização paga ao empregado demitido sem justa causa no período de estabilidade provisória. • AgRg no REsp 1.215.211-RJ. 2013. (Info 528)

▼ PLANO DE SAÚDE

HIPÓTESE EM QUE NÃO É ASSEGURADO AO EX-EMPREGADO O DIREITO DE MANTER SUA CONDIÇÃO DE BENEFICIÁRIO EM PLANO DE SAÚDE COLETIVO EMPRESARIAL.

STJ O empregado que for aposentado ou demitido sem justa causa não terá direito de ser mantido em plano de saúde coletivo empresarial custeado exclusivamente pelo empregador - sendo irrelevante se houver coparticipação no pagamento de procedimentos de assistência médica, hospitalar e odontológica -, salvo disposição contrária expressa em contrato ou em convenção coletiva de trabalho. • REsp 1.594.346-SP. 2016. (Info 588)

MODIFICAÇÃO DE PLANO DE SAÚDE COLETIVO EMPRESARIAL COM O FIM DE EVITAR A INEXEQUIBILIDADE DO MODELO ANTIGO (EXCEÇÃO DE RUÍNA).

STJ Os empregados demitidos sem justa causa e os aposentados que contribuíram para plano de saúde coletivo empresarial que tenha sido extinto não têm direito de serem mantidos nesse plano se o estipulante (ex-empregador) e a operadora redesenharam o sistema estabelecendo um novo plano de saúde coletivo a fim de evitar o seu colapso (exceção da ruína) ante prejuízos crescentes, desde que tenham sido asseguradas aos inativos as mesmas condições de cobertura assistencial proporcionadas aos empregados ativos. • REsp 1.479.420-SP. 2015. (Info 569)

MANUTENÇÃO DE PLANO DE SAÚDE POR EMPREGADO APOSENTADO DEMITIDO SEM JUSTA CAUSA.

STJ O empregado que, mesmo após a sua aposentadoria, continuou a trabalhar e a contribuir, em decorrência de vínculo empregatício, para o plano de saúde oferecido pelo empregador, totalizando, durante todo o período de trabalho, mais de dez anos de contribuições, e que, após esse período de contribuições, tenha sido demitido sem justa causa por iniciativa do empregador, tem assegurado o direito de manutenção no plano da empresa, na condição de beneficiário aposentado, nas mesmas condições de cobertura assistencial de que gozava quando da vigência do contrato de trabalho. • REsp 1.305.861-RS. 2015. (Info 557)

NECESSIDADE DE COMUNICAÇÃO AO EMPREGADO ACERCA DO DIREITO DE OPTAR PELA MANUTENÇÃO NO PLANO DE SAÚDE EM GRUPO.

STJ O empregado demitido sem justa causa deve ser expressamente comunicado pelo ex-empregador do seu direito de optar, no prazo de 30 dias a contar de seu desligamento, por se manter vinculado ao plano de saúde em grupo, desde que assuma o pagamento integral. • REsp 1.237.054-PR. 2015. (Info 542)

▼ TEMAS DIVERSOS

ART. 7º, XIII, DA CF E JORNADA ESPECIAL DE TRABALHO.

STF É constitucional o art. 5º da Lei 11.901/2009 ["A jornada do Bombeiro Civil é de 12 (doze) horas de trabalho por 36 (trinta e seis) horas de descanso, num total de 36 (trinta e seis) horas semanais"]. • ADI 4.842/DF. 2016. (Info 839)

EXECUÇÃO DE SENTENÇA NORMATIVA E OFENSA À COISA JULGADA

STF Não ofende a coisa julgada decisão extintiva de ação de cumprimento de sentença normativa, na hipótese em que o dissídio coletivo tiver sido extinto sem julgamento de mérito. • RE 428154/PR. 2015. (Info 784)

APOSENTADORIA ESPECIAL E USO DE EQUIPAMENTO DE PROTEÇÃO

STF O direito à aposentadoria especial pressupõe a efetiva exposição do trabalhador a agente nocivo à sua saúde, de modo que, se o Equipamento de Proteção Individual (EPI) for realmente capaz de neutralizar a nocividade, não haverá respaldo constitucional à concessão de aposentadoria especial. Ademais – no que se refere a EPI destinado a proteção contra ruído –, na hipótese de exposição do trabalhador a ruído acima dos limites legais de tolerância, a declaração do empregador, no âmbito do Perfil Profissiográfico Previdenciário (PPP), no sentido da eficácia do EPI, não descaracteriza o tempo de serviço especial para a aposentadoria. • ARE 664335/SC. 2014. (Info 770)

ART. 384 DA CLT E RECEPÇÃO PELA CF/1988.

STF O art. 384 da CLT ["Em caso de prorrogação do horário normal, será obrigatório um descanso de quinze (15) minutos no mínimo, antes do início do período extraordinário do trabalho"] foi recepcionado pela CF/1988 e se aplica a todas as mulheres trabalhadoras. • RE 658312/SC. 2015. (Info 769)

COISA JULGADA E AÇÃO DE CUMPRIMENTO.

STF A superveniente extinção do processo de dissídio coletivo, com a perda de eficácia da sentença normativa, torna insubsistente a execução de ação de cumprimento. • RE 394051 AgR/SP. 2015. (Info 738)

ECT: DESPEDIDA DE EMPREGADO E MOTIVAÇÃO.

STF Servidores de empresas públicas e sociedades de economia mista, admitidos por concurso público, não gozam da estabilidade preconizada no art. 41 da CF, mas sua demissão deve ser sempre motivada. • RE 589998. 2013. (Info 699)

PORTE DE ARMA DE FOGO POR VIGIA APÓS O HORÁRIO DE EXPEDIENTE.

STJ O fato de o empregador obrigar seu empregado a portar arma de fogo durante o exercício das atribuições de vigia não caracteriza coação moral irresistível (art. 22 do CP) capaz de excluir a culpabilidade do crime de "porte ilegal de arma de fogo de uso permitido" (art. 14 da Lei n. 10.826/2003) atribuído ao empregado que tenha sido flagrado portando, em via pública, arma de fogo, após o término do expediente laboral, no percurso entre o trabalho e a sua residência. • REsp 1.456.633-RS. 2016. (Info 581)

CAUSA DE PEDIR EM AÇÃO COLETIVA.

STJ Na hipótese em que sindicato atue como substituto processual em ação coletiva para a defesa de direitos individuais homogêneos, não é necessário que a causa de pedir, na primeira fase cognitiva, contemple descrição pormenorizada das situações individuais de todos os substituídos. • REsp 1.395.875-PE. 2014. (Info 538)

RESPONSABILIDADE PELO PAGAMENTO DO SALÁRIO-MATERNIDADE.

STJ É do INSS - e não do empregador - a responsabilidade pelo pagamento do salário-maternidade à segurada demitida sem justa causa durante a gestação. • REsp 1.309.251-RS. 2013. (Info 524)

DIREITO PREVIDENCIÁRIO

▼ AÇÕES PREVIDENCIÁRIAS

AÇÃO PERANTE O INSS E PRÉVIO REQUERIMENTO ADMINISTRATIVO

STF A exigibilidade de prévio requerimento administrativo como condição para o regular exercício do direito de ação, para que se postule judicialmente a concessão de benefício previdenciário, não ofende o art. 5º, XXXV, da CF ("XXXV – a lei não excluirá da apreciação do Poder Judiciário lesão ou ameaça a direito"). • RE 631240. 2014. (Info 757)

AÇÃO PERANTE O INSS E PRÉVIO REQUERIMENTO ADMINISTRATIVO (REGRAS DE TRANSIÇÃO)

STF Quanto aos processos iniciados até a data da sessão de julgamento, sem que tivesse havido prévio requerimento administrativo nas hipóteses em que exigível, seria observado o seguinte: a) caso o processo corresse no âmbito de Juizado Itinerante, a ausência de anterior pedido administrativo não deveria implicar a extinção do feito; b) caso o INSS já tivesse apresentado contestação de mérito, estaria caracterizado o interesse em agir pela resistência à pretensão; c) caso não se enquadrassem nos itens "a" e "b" as demais ações ficariam sobrestadas. • RE 631240. 2014. (Info 757)

AÇÃO PERANTE O INSS E PRÉVIO REQUERIMENTO ADMINISTRATIVO (REGRAS DE TRANSIÇÃO)

STF Nas ações sobrestadas, o autor seria intimado a dar entrada no pedido administrativo em 30 dias, sob pena de extinção do processo. Comprovada a postulação administrativa, o INSS seria intimado a se manifestar acerca do pedido em até 90 dias, prazo dentro do qual a Autarquia deveria colher todas as provas eventualmente necessárias e proferir decisão. Acolhido administrativamente o pedido, ou se não pudesse ter o seu mérito analisado por motivos imputáveis ao próprio requerente, extinguir-se-ia a ação. Do contrário, estaria caracterizado o interesse em agir e o feito deveria prosseguir. Em todas as situações descritas nos itens "a", "b" e "c", tanto a análise administrativa quanto a judicial deveriam levar em conta a data do início do processo como data de entrada do requerimento, para todos os efeitos legais. • RE 631240. 2014. (Info 757)

COMPLEMENTAÇÃO DE APOSENTADORIA POR ENTIDADE DE PREVIDÊNCIA PRIVADA E COMPETÊNCIA

STF Compete à justiça comum processar e julgar causas envolvendo complementação de aposentadoria por entidades de previdência privada. • RE 586453. 2013. (Info 695)

DEVOLUÇÃO DE VALORES RECEBIDOS A TÍTULO DE ANTECIPAÇÃO DE TUTELA POSTERIORMENTE REVOGADA.

STJ Se a antecipação da tutela anteriormente concedida a assistido de plano de previdência complementar fechada houver sido revogada em decorrência de sentença de improcedência do seu pedido, independentemente de culpa ou má-fé, será possível à entidade previdenciária - administradora do plano de benefícios que tenha suportado os prejuízos da tutela antecipada - efetuar descontos mensais no percentual de 10% sobre o montante total de cada prestação do benefício suplementar que vier a ser recebida pelo assistido, até que ocorra a integral compensação, com atualização monetária, da verba que fora antecipada, ainda que não tenha havido prévio pedido ou reconhecimento judicial da restituição. • REsp 1.548.749-RS. 2016. (Info 584)

REVOGAÇÃO DE TUTELA ANTECIPADA E DEVOLUÇÃO DE BENEFÍCIO PREVIDENCIÁRIO COMPLEMENTAR.

STJ Os valores de benefícios previdenciários complementares recebidos por força de tutela antecipada posteriormente revogada devem ser devolvidos, observando-se, no caso de desconto em folha de pagamento, o limite de 10% (dez por cento) da renda mensal do benefício previdenciário até a satisfação integral do valor a ser restituído. • REsp 1.555.853-RS. 2015. (Info 573)

REPETIÇÃO DE BENEFÍCIOS PREVIDENCIÁRIOS INDEVIDAMENTE RECEBIDOS POR FORÇA DE TUTELA ANTECIPADA. RECURSO REPETITIVO.

STJ A reforma da decisão que antecipa a tutela obriga o autor da ação a devolver os benefícios previdenciários indevidamente recebidos. • REsp 1.401.560-MT. 2015. (Info 570)

LEGITIMIDADE PASSIVA DO INSS EM DEMANDA PARA O FORNECIMENTO DE ÓRTESES E PRÓTESES.

STJ O INSS é parte legítima para figurar no polo passivo de demanda cujo escopo seja o fornecimento de órteses e próteses a segurado incapacitado parcial ou totalmente para o trabalho, não apenas quando esses aparelhos médicos sejam necessários à sua habilitação ou reabilitação profissional, mas, também, quando sejam essenciais à habilitação social. • REsp 1.528.410-PR. 2015. (Info 566)

PRÉVIO REQUERIMENTO ADMINISTRATIVO PARA OBTENÇÃO DE BENEFÍCIO PREVIDENCIÁRIO. RECURSO REPETITIVO.

STJ A Primeira Seção do STJ aderiu ao entendimento do STF firmado no RE 631.240-MG, julgado em 3/9/2014, sob o regime da repercussão geral, o qual decidiu: "[...] 2. A concessão de benefícios previdenciários depende de requerimento do interessado, não se caracterizando ameaça ou lesão a direito antes de sua apreciação e indeferimento pelo INSS, ou se excedido o prazo legal para sua análise. É bem de ver, no entanto, que a exigência de prévio requerimento não se confunde com o exaurimento das vias administrativas. 3. A exigência de prévio requerimento administrativo não deve prevalecer quando o entendimento da Administração for notória e reiteradamente contrário à postulação do segurado. 4. Na hipótese de pretensão de revisão, restabelecimento ou manutenção de benefício anteriormente concedido, considerando que o INSS tem o dever legal de conceder a prestação mais vantajosa possível, o pedido poderá ser formulado diretamente em juízo - salvo se depender da análise de matéria de fato ainda não levada ao conhecimento da Administração -, uma vez que, nesses casos, a conduta do INSS já configura o não acolhimento ao menos tácito da pretensão. 5. Tendo em vista a prolongada oscilação jurisprudencial na matéria, inclusive no Supremo Tribunal Federal, deve-se estabelecer uma fórmula de transição para lidar com as ações em curso, nos termos a seguir expostos. 6. Quanto às ações ajuizadas até a conclusão do presente julgamento (03.09.2014), sem que tenha havido prévio requerimento administrativo nas hipóteses em que exigível, será observado o seguinte: (i) caso a ação tenha sido ajuizada no âmbito de Juizado Itinerante, a ausência de anterior pedido administrativo não deverá implicar a extinção do feito; (ii) caso o INSS já tenha apresentado contestação de mérito, está caracterizado o interesse em agir pela resistência à pretensão; (iii) as demais ações que não se enquadrem nos itens (i) e (ii) ficarão sobrestadas, observando-se a sistemática a seguir. 7. Nas ações sobrestadas, o autor será intimado a dar entrada no pedido administrativo em 30 dias, sob pena de extinção do processo. Comprovada a postulação administrativa, o INSS será intimado a se manifestar acerca do pedido em até 90 dias, prazo dentro do qual a Autarquia deverá colher todas as provas eventualmente necessárias e proferir decisão. Se o pedido for acolhido administrativamente ou não puder ter o seu mérito analisado devido a razões imputáveis ao próprio requerente, extingue-se a ação. Do contrário, estará caracterizado o interesse em agir e o feito deverá prosseguir. 8. Em todos os casos acima - itens (i), (ii) e (iii) -, tanto a análise administrativa quanto a judicial deverão levar em conta a data do início da ação como data de entrada do requerimento, para todos os efeitos legais". • REsp 1.369.834-SP. 2014. (Info 553)

DISPENSA DE PRÉVIO REQUERIMENTO ADMINISTRATIVO PARA OBTENÇÃO DE BENEFÍCIO PREVIDENCIÁRIO.

STJ Para o ajuizamento de ação judicial em que se objetive a concessão de benefício previdenciário, dispensa-se, excepcionalmente, o prévio requerimento administrativo quando houver: (i) recusa em seu recebimento por parte do INSS; ou (ii) resistência na concessão do benefício previdenciário, a qual se caracteriza (a) pela notória oposição da autarquia previdenciária à tese jurídica adotada pelo segurado ou (b) pela extrapolação da razoável duração do processo administrativo. • REsp 1.488.940-GO. 2014. (Info 553)

IRREPETIBILIDADE DE BENEFÍCIO PREVIDENCIÁRIO.

STJ Não está sujeito à repetição o valor correspondente a benefício previdenciário recebido por determinação de sentença que, confirmada em segunda instância, vem a ser reformada apenas no julgamento de recurso especial. • EREsp 1.086.154-RS. 2013. (Info 536)

JUROS DE MORA DEVIDOS PELA FAZENDA PÚBLICA.

STJ Nas ações previdenciárias em curso, tem aplicação imediata a alteração no regramento dos juros de mora devidos pela Fazenda Pública efetivada pela Lei 11.960/2009 no art. 1º-F da Lei 9.494/1997. • AgRg nos EAg 1.159.781-SP. 2013. (Info 536)

COMPETÊNCIA PARA JULGAR DEMANDA DECORRENTE DE PLANO DE PREVIDÊNCIA DA REFER. RECURSO REPETITIVO.

STJ Compete à Justiça Estadual processar e julgar as demandas que têm por objeto obrigações decorrentes de contrato de plano de previdência privada firmado com a Fundação Rede Ferroviária de Seguridade Social (REFER) - entidade de previdência instituída e patrocinada pela extinta Rede Ferroviária de Seguridade Social (RFFSA) -, mesmo considerando o fato de que a União sucedeu a RFFSA nos direitos, obrigações e ações judiciais em que esta seja autora, ré, assistente, opoente ou terceira interessada, bem como de que se tornou patrocinadora dos planos de benefícios administrados pela REFER, nos termos dos arts. 2º, I, e 25 da Lei 11.483/2007. • REsp 1.183.604-MG e REsp 1.187.776-MG. 2013. (Info 532)

REFORMATIO IN PEJUS EM REEXAME NECESSÁRIO.

STJ O Tribunal, em remessa necessária, inexistindo recurso do segurado, não pode determinar a concessão de benefício previdenciário que entenda mais vantajoso ao segurado. • REsp 1.379.494-MG. 2013. (Info 528)

DEVOLUÇÃO DE BENEFÍCIO PREVIDENCIÁRIO RECEBIDO EM RAZÃO DE ANTECIPAÇÃO DOS EFEITOS DA TUTELA POSTERIORMENTE REVOGADA.

STJ O segurado da Previdência Social tem o dever de devolver o valor de benefício previdenciário recebido em antecipação dos efeitos da tutela (art. 273 do CPC) a qual tenha sido posteriormente revogada. • REsp 1.384.418-SC. 2013. (Info 524)

FORMA DE DEVOLUÇÃO DE BENEFÍCIO PREVIDENCIÁRIO RECEBIDO EM ANTECIPAÇÃO DOS EFEITOS DE TUTELA POSTERIORMENTE REVOGADA.

STJ Na devolução de benefício previdenciário recebido em antecipação dos efeitos da tutela (art. 273 do CPC) a qual tenha sido posteriormente revogada, devem ser observados os seguintes parâmetros: a) a execução de sentença declaratória do direito deverá ser promovida; e b) liquidado e incontroverso o crédito executado, o INSS poderá fazer o desconto em folha de até 10% da remuneração dos benefícios previdenciários em manutenção até a satisfação do crédito. • REsp 1.384.418-SC. 2013. (Info 524)

CONCESSÃO DE BENEFÍCIO PREVIDENCIÁRIO DIVERSO DO REQUERIDO NA INICIAL.

STJ O juiz pode conceder ao autor benefício previdenciário diverso do requerido na inicial, desde que preenchidos os requisitos legais atinentes ao benefício concedido. • AgRg no REsp 1.367.825-RS. 2013. (Info 522)

▼ CONTRIBUIÇÕES PREVIDENCIÁRIAS

CONTRIBUIÇÃO PREVIDENCIÁRIA: INSTITUIÇÕES FINANCEIRAS E EC 20/1998

STF É constitucional a previsão legal de diferenciação de alíquotas em relação às contribuições previdenciárias incidentes sobre a folha de salários de instituições financeiras ou de entidades a elas legalmente equiparáveis, após a edição da EC 20/1998. • RE 598572/SP. 2016. (Info 819)

CONTRIBUIÇÃO PREVIDENCIÁRIA E PARTICIPAÇÃO NOS LUCROS.

STF Incide contribuição previdenciária sobre as parcelas pagas a título de participação nos lucros referentes ao período entre a promulgação da CF/1988 e a entrada em vigor da Medida Provisória 794/94, que regulamentou o art. 7º, XI, da CF ("Art. 7º. São direitos dos trabalhadores urbanos e rurais, além de outros que visem à melhoria de sua condição social:... XI – participação nos lucros, ou resultados, desvinculada da remuneração, e, excepcionalmente, participação na gestão da empresa conforme definido em lei"), convertida, posteriormente, na Lei 10.101/00. • RE 569441. 2014. (Info 765)

CONTRIBUIÇÃO SOBRE SERVIÇOS PRESTADOS POR COOPERADOS POR INTERMÉDIO DE COOPERATIVAS.

STF É inconstitucional a contribuição a cargo de empresa, destinada à seguridade social, no montante de "quinze por cento sobre o valor bruto da nota fiscal ou fatura de prestação de serviços, relativamente a serviços que lhe são prestados por cooperados por intermédio de cooperativas de trabalho", prevista no art. 22, IV, da Lei 8.212/91, com a redação dada pela Lei 9.876/99. • RE 595838. 2014. (Info 743)

INCIDÊNCIA DE CONTRIBUIÇÃO PREVIDENCIÁRIA NO AUXÍLIO QUEBRA DE CAIXA.

STJ Incide contribuição previdenciária sobre o auxílio quebra de caixa, consubstanciado em pagamento efetuado mês a mês ao empregado em razão da função que desempenha, que tenha sido pago por liberalidade do empregador, mesmo que não se verifiquem diferenças no caixa. • REsp 1.434.082-RS. 2015. (Info 570)

SALÁRIO-FAMÍLIA E CONTRIBUIÇÃO PREVIDENCIÁRIA.

STJ Não incide contribuição previdenciária sobre salário-família. • REsp 1.275.695-ES. 2015. (Info 568)

GRATIFICAÇÕES E PRÊMIOS E CONTRIBUIÇÃO PREVIDENCIÁRIA.

STJ Não incide contribuição previdenciária sobre prêmios e gratificações de caráter eventual. • REsp 1.275.695-ES. 2015. (Info 568)

POSSIBILIDADE DE MAJORAÇÃO DAS CONTRIBUIÇÕES PARA PLANO DE PREVIDÊNCIA PRIVADA.

STJ A contribuição dos integrantes de plano de previdência complementar pode ser majorada sem ofender direito adquirido. • REsp 1.364.013-SE. 2015. (Info 561)

CONTRIBUIÇÃO PREVIDENCIÁRIA SOBRE LICENÇA CASAMENTO E LICENÇA PARA PRESTAÇÃO DE SERVIÇO ELEITORAL.

STJ Incide contribuição previdenciária a cargo da empresa sobre os valores pagos a título de licença casamento (art. 473, II, da CLT) e de licença para prestação de serviço eleitoral (art. 98 da Lei 9.504/1997). • REsp 1.455.089-RS. 2014. (Info 548)

CONTRIBUIÇÃO PREVIDENCIÁRIA SOBRE LICENÇA CASAMENTO E LICENÇA PARA PRESTAÇÃO DE SERVIÇO ELEITORAL.

STJ Incide contribuição previdenciária a cargo da empresa sobre os valores pagos a título de licença casamento (art. 473, II, da CLT) e de licença para prestação de serviço eleitoral (art. 98 da Lei 9.504/1997). • REsp 1.455.089-RS. 2014. (Info 546)

INCIDÊNCIA DE CONTRIBUIÇÃO PREVIDENCIÁRIA SOBRE FÉRIAS GOZADAS.

STJ Incide contribuição previdenciária a cargo da empresa quando do pagamento de valores decorridos de férias gozadas. • AgRg no REsp 1.240.038-PR. 2014. (Info 541)

NÃO INCIDÊNCIA DE CONTRIBUIÇÃO PREVIDENCIÁRIA SOBRE O TERÇO CONSTITUCIONAL DE FÉRIAS GOZADAS. RECURSO REPETITIVO.

STJ Não incide contribuição previdenciária a cargo da empresa sobre o valor pago a título de terço constitucional de férias gozadas. • REsp 1.230.957-RS. 2013. (Info 536)

NÃO INCIDÊNCIA DE CONTRIBUIÇÃO PREVIDENCIÁRIA SOBRE O TERÇO CONSTITUCIONAL DE FÉRIAS INDENIZADAS. RECURSO REPETITIVO.

STJ Não incide contribuição previdenciária a cargo da empresa sobre o valor pago a título de terço constitucional de férias indenizadas. • REsp 1.230.957-RS. 2013. (Info 536)

INCIDÊNCIA DE CONTRIBUIÇÃO PREVIDENCIÁRIA SOBRE O AVISO PRÉVIO INDENIZADO. RECURSO REPETITIVO.

STJ Não incide contribuição previdenciária a cargo da empresa sobre o valor pago a título de aviso prévio indenizado. • REsp 1.230.957-RS. 2013. (Info 536)

NÃO INCIDÊNCIA DE CONTRIBUIÇÃO PREVIDENCIÁRIA SOBRE A IMPORTÂNCIA PAGA NOS QUINZE DIAS QUE ANTECEDEM O AUXÍLIO-DOENÇA. RECURSO REPETITIVO.

STJ Não incide contribuição previdenciária a cargo da empresa sobre a importância paga nos quinze dias que antecedem o auxílio-doença. • REsp 1.230.957-RS. 2013. (Info 536)

▼ APOSENTADORIAS

ART. 18, § 2º, DA LEI 8.213/1991 E "DESAPOSENTAÇÃO"

STF No âmbito do Regime Geral de Previdência Social - RGPS, somente lei pode criar benefícios e vantagens previdenciárias, não havendo, por ora, previsão legal do direito à "desaposentação", sendo constitucional a regra do art. 18, § 2º, da Lei 8.213/1991. • RE 381367/RS. 2016. (Info 845)

APOSENTADORIA ESPECIAL E USO DE EQUIPAMENTO DE PROTEÇÃO

STF O direito à aposentadoria especial pressupõe a efetiva exposição do trabalhador a agente nocivo à sua saúde, de modo que, se o Equipamento de Proteção Individual (EPI) for realmente capaz de neutralizar a nocividade, não haverá respaldo constitucional à concessão de aposentadoria especial. Ademais — no que se refere a EPI destinado a proteção contra ruído —, na hipótese de exposição do trabalhador a ruído acima dos limites legais de tolerância, a declaração do empregador, no âmbito do Perfil Profissiográfico Previdenciário (PPP), no sentido da eficácia do EPI, não descaracteriza o tempo de serviço especial para a aposentadoria. • ARE 664335/SC. 2014. (Info 770)

CONTAGEM RECÍPROCA DE TEMPO DE SERVIÇO

STF A imposição de restrições, por legislação local, à contagem recíproca do tempo de contribuição na Administração Pública e na atividade privada para fins de concessão de aposentadoria afronta o art. 202, § 2º, da CF, com redação anterior à EC 20/98. • RE 650851 QO. 2014. (Info 761)

APOSENTADORIA POR INVALIDEZ COM PROVENTOS INTEGRAIS: DOENÇA INCURÁVEL E ROL TAXATIVO

STF A concessão de aposentadoria por invalidez com proventos integrais exige que a doença incapacitante esteja prevista em rol taxativo da legislação de regência. • RE 656860. 2014. (Info 755)

CONTAGEM DIFERENCIADA DE TEMPO DE SERVIÇO PRESTADO EM CONDIÇÕES ESPECIAIS

STF Não se extrai da norma contida no art. 40, § 4º, III, da CF ("Art. 40.... § 4º É vedada a adoção de requisitos e critérios diferenciados para a concessão de aposentadoria aos abrangidos pelo regime de que trata este artigo, ressalvados, nos termos definidos em leis complementares, os casos de servidores:... III - cujas atividades sejam exercidas sob condições especiais que prejudiquem a saúde ou a integridade física") a existência de dever constitucional de legislar acerca do reconhecimento à contagem diferenciada e da averbação de tempo de serviço prestado por servidores públicos em condições prejudiciais à saúde e à integridade física. • MI 2140 AgR. 2013. (Info 697)

APOSENTADORIA: PREENCHIMENTO DE REQUISITOS E DIREITO ADQUIRIDO AO MELHOR BENEFÍCIO

STF O segurado do regime geral de previdência social tem direito adquirido a benefício calculado de modo mais vantajoso, sob a vigência da mesma lei, consideradas todas as datas em que o direito poderia ter sido exercido, desde quando preenchidos os requisitos para a jubilação. • RE 630501. 2013. (Info 695)

IMPOSSIBILIDADE DE FERROVIÁRIO APOSENTADO (RFFSA) RECEBER COMO COMPLEMENTAÇÃO DE APOSENTADORIA ADICIONAL DE PERICULOSIDADE. VANTAGEM PECUNIÁRIA DE CARÁTER TRANSITÓRIO.

STJ O adicional de periculosidade não deve integrar a complementação dos proventos de aposentadoria percebida por ex-ferroviário. • REsp 1.643.409-RJ. 2017.(Info 599).

EXTINÇÃO DE PROCESSO POR AUSÊNCIA DE INÍCIO DE PROVA MATERIAL DE ATIVIDADE RURAL E POSSIBILIDADE DE AJUIZAMENTO DE NOVA DEMANDA. RECURSO REPETITIVO.

STJ Se a petição inicial de ação em que se postula a aposentadoria rural por idade não for instruída com documentos que demonstre início de prova material quanto ao exercício de atividade rural, o processo deve ser extinto sem resolução de mérito (art. 267, VI, do CPC/1973), sendo facultado ao segurado o ajuizamento de nova ação (art. 268 do CPC/1973), caso reúna os elementos necessários a essa iniciativa. • REsp 1.352.721-SP. 2013. (Info 581)

REQUISITOS PARA APOSENTADORIA RURAL POR IDADE PREVISTA NO ART. 143 DA LEI N. 8.213/1991. RECURSO REPETITIVO.

STJ O segurado especial (art. 143 da Lei n. 8.213/1991) tem que estar laborando no campo quando completar a idade mínima para se aposentar por idade rural, momento em que poderá requerer seu benefício. Ressalvada a hipótese do direito adquirido em que o segurado especial preencheu ambos os requisitos de forma concomitante, mas não requereu o benefício. • REsp 1.354.908-SP. 2016. (Info 576)

CONVERSÃO DA APOSENTADORIA POR TEMPO DE SERVIÇO EM APOSENTADORIA POR INVALIDEZ E RECEBIMENTO DO ADICIONAL DE GRANDE INVALIDEZ.

STJ O segurado aposentado por tempo de serviço que sofreu, após retornar à atividade laboral, acidente de trabalho que lhe causou absoluta incapacidade, gerando a necessidade da assistência permanente de outra pessoa, tem direito à transformação da aposentadoria por tempo de serviço em aposentadoria por invalidez e, com a conversão, ao recebimento do adicional de 25% descrito no art. 45 da Lei n. 8.213/1991 a partir da data de seu requerimento administrativo. • REsp 1.475.512-MG. 2015. (Info 575)

VERBAS TRABALHISTAS RECEBIDAS POR MEIO DE SENTENÇA DEFINITIVA DA JUSTIÇA DO TRABALHO E CÁLCULO DA APOSENTADORIA COMPLEMENTAR.

STJ O deferimento por sentença trabalhista definitiva de verbas salariais não justifica o recálculo da renda mensal inicial de aposentadoria complementar privada já concedida. • Resp 1.410.173-SC. 2015. (Info 574)

REVISÃO DE APOSENTADORIA COMPLEMENTAR PARA INCLUSÃO DE HORAS EXTRAS.

STJ No caso em que o direito a horas extraordinárias, cujos valores estejam previstos no regulamento da entidade de previdência complementar como integrantes da base de cálculo das contribuições do participante, tiver sido reconhecido somente após a aposentadoria do empregado, o valor do benefício da aposentadoria complementar deve ser recalculado para considerar os valores das horas extraordinárias, devendo ser aferido no recálculo o que deixou de ser recolhido pelo empregado e pelo patrocinador se as horas extras tivessem sido oportunamente pagas. • REsp 1.525.732-RS. 2015. (Info 571)

NATUREZA DO TRABALHO EXERCIDO IMEDIATAMENTE ANTES DE REQUERIMENTO DE APOSENTADORIA HÍBRIDA POR IDADE.

STJ O reconhecimento do direito à aposentadoria híbrida por idade não está condicionado ao exercício de atividade rurícola no período imediatamente anterior ao requerimento administrativo. • REsp 1.476.383-PR. 2015. (Info 570)

CARÊNCIA DA APOSENTADORIA HÍBRIDA POR IDADE E ADVENTO DA LEI 8.213/1991.

STJ É possível considerar o tempo de serviço rural anterior ao advento da Lei 8.213/1991 para fins de carência de aposentadoria híbrida por idade, sem que seja necessário o recolhimento de contribuições previdenciárias para esse fim. • REsp 1.476.383-PR. 2015. (Info 570)

APOSENTADORIA ESPECIAL A CONTRIBUINTE INDIVIDUAL NÃO COOPERADO.

STJ É possível a concessão de aposentadoria especial prevista no art. 57, *caput*, da Lei 8.213/1991 a contribuinte individual do RGPS que não seja cooperado, desde que preenchidos os requisitos legais para tanto. • REsp 1.436.794-SC. 2015. (Info 570)

ADICIONAL DE 25% PREVISTO NO ART. 45 DA LEI 8.213/1991 (GRANDE INVALIDEZ).

STJ O segurado já aposentado por tempo de serviço e/ou por contribuição que foi posteriormente acometido de invalidez que exija assistência permanente de outra pessoa não tem direito ao acréscimo de 25% sobre o valor do benefício que o aposentado por invalidez faz jus em razão de necessitar dessa assistência (art. 45, *caput*, da Lei 8.213/1991). REsp 1.533.402-SC. 2015. (Info 569)

TERMO INICIAL DE APOSENTADORIA ESPECIAL.

STJ Se, no momento do pedido administrativo de aposentadoria especial, o segurado já tiver preenchido os requisitos necessários à obtenção do referido benefício, ainda que não os tenha demonstrado perante o INSS, o termo inicial da aposentadoria especial concedida por meio de sentença será a data do aludido requerimento administrativo, e não a data da sentença. • Pet 9.582-RS. 2015. (Info 569)

TERMO INICIAL DA APOSENTADORIA RURAL POR IDADE.

STJ Na ausência de prévio requerimento administrativo, o termo inicial para a implantação da aposentadoria por idade rural deve ser a data da citação válida do INSS - e não a data do ajuizamento da ação. • REsp 1.450.119-SP. 2015. (Info 565)

CÁLCULO DO SALÁRIO DE BENEFÍCIO DECORRENTE DE ATIVIDADES CONCOMITANTES PRESTADAS EM REGIMES DIVERSOS.

STJ O segurado que tenha preenchido os requisitos para aposentadoria pelo RGPS e que tiver desenvolvido concomitante atividade secundária por regime Próprio da Previdência

Social (RPPS), sem, no entanto, preencher os requisitos para concessão do benefício neste regime, tem direito que seu salário de benefício seja calculado com base na soma dos salários de contribuição da atividade principal, acrescido de percentual da média do salário de contribuição da atividade concomitante, nos termos do art. 32, II, "a" e "b", e III, da Lei 8.213/1991. • REsp 1.428.981-PR 565. 2015. (Info 565)

ATIVIDADES CONCOMITANTES PRESTADAS SOB O RGPS E PRINCÍPIO DA UNICIDADE DE FILIAÇÃO.

STJ O segurado que manteve dois vínculos concomitantes com o RGPS - um na condição de contribuinte individual e outro como empregado público - pode utilizar as contribuições efetivadas como contribuinte individual na concessão de aposentadoria junto ao RGPS, sem prejuízo do cômputo do tempo como empregado público para a concessão de aposentadoria sujeita ao Regime Próprio, diante da transformação do emprego público em cargo público. • AgRg no REsp 1.444.003-RS. 2015. (Info 565)

CÔMPUTO DO PERÍODO DE GOZO DE AUXÍLIO-DOENÇA PARA EFEITO DA CARÊNCIA NECESSÁRIA À CONCESSÃO DE APOSENTADORIA POR IDADE.

STJ O período de recebimento de auxílio-doença deve ser considerado no cômputo do prazo de carência necessário à concessão de aposentadoria por idade, desde que intercalado com períodos contributivos. • REsp 1.334.467-RS, Rel. Min. Castro Meira. 2015. (Info 565)

ACUMULAÇÃO DE APOSENTADORIA DE EMPREGO PÚBLICO COM REMUNERAÇÃO DE CARGO TEMPORÁRIO.

STJ É possível a cumulação de proventos de aposentadoria de emprego público com remuneração proveniente de exercício de cargo temporário. • REsp 1.298.503. 2015. (Info 559)

APOSENTADORIA DE SERVIDOR PÚBLICO COM DOENÇA NÃO PREVISTA NO ART. 186 DA LEI 8.112/1990.

STJ Serão proporcionais - e não integrais - os proventos de aposentadoria de servidor público federal diagnosticado com doença grave, contagiosa ou incurável não prevista no art. 186, § 1º, da Lei 8.112/1990 nem indicada em lei. • REsp 1.324.671-SP. 2015. (Info 557)

APOSENTADORIA POR IDADE HÍBRIDA.

STJ Caso o trabalhador rural, ao atingir a idade prevista para a concessão da aposentadoria por idade rural (60 anos, se homem, e 55 anos, se mulher), ainda não tenha alcançado o tempo mínimo de atividade rural exigido na tabela de transição prevista no art. 142 da Lei 8.213/1991, poderá, quando completar 65 anos, se homem, e 60 anos, se mulher, somar, para efeito de carência, o tempo de atividade rural aos períodos de contribuição sob outras categorias de segurado, para fins de concessão de aposentadoria por idade "híbrida", ainda que inexistam contribuições previdenciárias no período em que exerceu suas atividades como trabalhador rural. • REsp 1.367.479-RS. 2015. (Info 548)

INÍCIO DE PROVA MATERIAL DE ATIVIDADE RURAL.

STJ Para fins de reconhecimento do direito à aposentadoria por idade de trabalhador rural, a certidão de casamento que qualifique o cônjuge da requerente como rurícola não pode ser considerada como início de prova material na hipótese em que esse tenha exercido atividade urbana no período de carência. • AgRg no REsp 1.310.096-SP . 2014. (Info 538)

TERMO INICIAL DE APOSENTADORIA POR INVALIDEZ REQUERIDA EXCLUSIVAMENTE NA VIA JUDICIAL. RECURSO REPETITIVO.

STJ A citação válida deve ser considerada como termo inicial para a implantação da aposentadoria por invalidez concedida na via judicial quando ausente prévia postulação administrativa. • REsp 1.369.165-SP . 2014. (Info 535)

CÁLCULO DA RMI NO CASO DE CONVERSÃO DO AUXÍLIO-DOENÇA EM APOSENTADORIA POR INVALIDEZ. RECURSO REPETITIVO.

STJ A aposentadoria por invalidez decorrente da conversão de auxílio-doença, sem retorno do segurado ao trabalho, será apurada na forma estabelecida no art. 36, § 7º, do Decreto 3.048/1999, segundo o qual a renda mensal inicial (RMI) da aposentadoria por invalidez oriunda de transformação de auxílio-doença será de 100% do salário-de-benefício que serviu de base para o cálculo da renda mensal inicial do auxílio-doença, reajustado pelos mesmos índices de correção dos benefícios em geral. • REsp 1.410.433-MG . 2013. (Info 533)

TEMPO DE SERVIÇO/CONTRIBUIÇÃO ANTERIOR À LEI 8.213/1991. RECURSO REPETITIVO.

STJ É possível a concessão de aposentadoria por tempo de serviço/contribuição mediante o cômputo de atividade rural com registro em carteira profissional em período anterior ao advento da Lei 8.213/1991 para efeito da carência exigida pela Lei de Benefícios. • REsp 1.352.791-SP, Rel. Min. Arnaldo Esteves Lima, julgado em 27/11/2013. 2013. (Info 532)

CÁLCULO DA RENDA MENSAL INICIAL NO CASO DE CONVERSÃO DO AUXÍLIO-DOENÇA EM APOSENTADORIA POR INVALIDEZ.

STJ No caso de benefício de aposentadoria por invalidez precedido de auxílio-doença, a renda mensal inicial será calculada de acordo com o disposto no art. 36, § 7º, do Dec. 3.048/1999, exceto quando o período de afastamento tenha sido intercalado com períodos de atividade laborativa, hipótese em que incidirá o art. 29, § 5º, da Lei 8.213/1991. • AgRg nos EREsp 909.274-MG . 2013. (Info 527)

DOCUMENTO NOVO PARA FINS DE COMPROVAÇÃO DE ATIVIDADE RURAL EM AÇÃO RESCISÓRIA.

STJ É possível ao tribunal, na ação rescisória, analisar documento novo para efeito de configuração de início de prova material destinado à comprovação do exercício de atividade rural, ainda que esse documento seja preexistente à propositura da ação em que proferida a decisão rescindenda referente à concessão de aposentadoria rural por idade. • AR 3.921-SP. 2013. (Info 522)

INÍCIO DE PROVA MATERIAL PARA COMPROVAÇÃO DO EXERCÍCIO DE ATIVIDADE RURAL.

STJ Para a concessão de aposentadoria rural, a certidão de nascimento dos filhos que qualifique o companheiro como lavrador deve ser aceita como início de prova documental do tempo de atividade rurícola da companheira. • AR 3.921-SP. 2013. (Info 522)

DESAPOSENTAÇÃO E DESNECESSIDADE DE DEVOLUÇÃO DOS VALORES RECEBIDOS EM RAZÃO DA APOSENTADORIA ANTERIOR. RECURSO REPETITIVO.

STJ É possível a renúncia à aposentadoria por tempo de serviço (desaposentação) objetivando a concessão de novo benefício mais vantajoso da mesma natureza (reaposentação), com o cômputo dos salários de contribuição posteriores à aposentadoria anterior, não sendo exigível, nesse caso, a devolução dos valores recebidos em razão da aposentadoria anterior. • REsp 1.334.488-SC. 2013. (Info 520)

ANÁLISE DOS ASPECTOS SOCIOECONÔMICOS, PROFISSIONAIS E CULTURAIS DO SEGURADO PARA CONCESSÃO DE APOSENTADORIA POR INVALIDEZ.

STJ Para a concessão de aposentadoria por invalidez, na hipótese em que o laudo pericial tenha concluído pela incapacidade parcial para o trabalho, devem ser considerados, além dos elementos previstos no art. 42 da Lei 8.213/1991, os aspectos socioeconômicos, profissionais e culturais do segurado. • AgRg no AREsp 283.029-SP. 2013. (Info 520)

▼ PENSÃO PREVIDENCIÁRIA – LEI COMPLEMENTAR N. 109/01

ADOÇÃO DE DESCENDENTE MAIOR DE IDADE E LEGITIMIDADE.

STF Não é legítima a adoção de descendente maior de idade, sem a constatação de suporte moral ou econômico, com o fim de induzir o deferimento de benefício previdenciário. • MS 31383/DF. 2015. (Info 785)

PRAZO DECADENCIAL DO DIREITO DE PLEITEAR REVISÃO DE PENSÃO PREVIDENCIÁRIA DECORRENTE DE MORTE.

STJ O prazo decadencial do direito de revisar o valor do salário de benefício da pensão previdenciária por morte mediante o recálculo da renda mensal inicial do benefício originário de aposentadoria conta-se após o deferimento do ato de pensionamento. • REsp 1.529.562-CE. 2015. (Info 572)

PENSÃO ESPECIAL DE EX-COMBATENTE A NETO MENOR DE IDADE SOB SUA GUARDA.

STJ Diante da morte de titular de pensão especial de ex-combatente, o seu neto menor de dezoito anos que estava sob sua guarda deve ser enquadrado como dependente (art. 5º da Lei 8.059/1990) para efeito de recebimento da pensão especial que recebia o guardião (art. 53, II, do ADCT), dispensando-se, inclusive, o exame de eventual dependência econômica entre eles. • REsp 1.550.168-SE. 2015. (Info 572)

PERCEPÇÃO DE PENSÃO MILITAR POR FILHO MENOR DE 24 ANOS.

STJ O falecimento de militar após o advento da Lei 6.880/1980 e antes da vigência da Medida Provisória 2.215-10/2001 gera direito à percepção de pensão por morte a filho universitário menor de 24 anos e não remunerado. • EREsp 1.181.974-MG. 2015. (Info 571)

HABILITAÇÃO TARDIA DE PENSIONISTA MENOR.

STJ Ainda que o beneficiário seja "pensionista menor", a pensão por morte terá como termo inicial a data do requerimento administrativo - e não a do óbito - na hipótese em que, postulado após trinta dias do óbito do segurado, o benefício já vinha sendo pago integralmente a outro dependente previamente habilitado. • REsp 1.513.977-CE. 2015. (Info 566)

CARÁTER PERSONALÍSSIMO DO DIREITO À DESAPOSENTAÇÃO.

STJ Os sucessores do segurado falecido não têm legitimidade para pleitear a revisão do valor da pensão a que fazem jus se a alteração pretendida depender de um pedido de desaposentação não efetivado quando em vida pelo instituidor da pensão. • AgRg no AREsp 436.056-RS. 2015. (Info 557)

CONCESSÃO DE BENEFÍCIO PREVIDENCIÁRIO A CRIANÇA OU ADOLESCENTE SOB GUARDA JUDICIAL.

STJ No caso em que segurado de regime previdenciário seja detentor da guarda judicial de criança ou adolescente que dependa economicamente dele, ocorrendo o óbito do guardião, será assegurado o benefício da pensão por morte ao menor sob guarda, ainda que este não tenha sido incluído no rol de dependentes previsto na lei previdenciária aplicável. • RMS 36.034-MT. 2015. (Info 546)

TERMO INICIAL DE PENSÃO POR MORTE REQUERIDA POR PENSIONISTA MENOR DE DEZOITO ANOS.

STJ A pensão por morte será devida ao dependente menor de dezoito anos desde a data do óbito, ainda que tenha requerido o benefício passados mais de trinta dias após completar dezesseis anos. • REsp 1.405.909-AL. 2015. (Info 546)

DIREITO CIVIL E PREVIDENCIÁRIO. PRINCÍPIO DA IRREPETIBILIDADE DAS VERBAS PREVIDENCIÁRIAS.

STJ A viúva que vinha recebendo a totalidade da pensão por morte de seu marido não deve pagar ao filho posteriormente reconhecido em ação de investigação de paternidade a quota das parcelas auferidas antes da habilitação deste na autarquia previdenciária, ainda que a viúva, antes de iniciar o recebimento do benefício, já tivesse conhecimento da existência da ação de investigação de paternidade. • REsp 990.549-RS. 2015. (Info 546)

ACUMULAÇÃO DE PENSÃO DECORRENTE DE ATO ILÍCITO COM O BENEFÍCIOPREVIDENCIÁRIO DE PENSÃO POR MORTE.

STJ É possível a cumulação do benefício previdenciário de pensão por morte com pensão civil *ex delicto*. • REsp 776.338-SC. 2014. (Info 542)

COMPROVAÇÃO DA UNIÃO ESTÁVEL PARA EFEITO DE CONCESSÃO DE PENSÃO POR MORTE.

STJ Para a concessão de pensão por morte, é possível a comprovação da união estável por meio de prova exclusivamente testemunhal. • AR 3.905-PE. 2013. (Info 527)

PENSÃO POR MORTE NA HIPÓTESE DE FILHO MAIOR DE 21 ANOS. RECURSO REPETITIVO.

STJ O filho maior de 21 anos, ainda que esteja cursando o ensino superior, não tem direito à pensão por morte, ressalvadas as hipóteses de invalidez ou deficiência mental ou intelectual previstas no art. 16, I, da Lei 8.213/1991. • REsp 1.369.832-SP. 2013. (Info 525)

RECOLHIMENTO POST MORTEM DAS CONTRIBUIÇÕES PREVIDENCIÁRIAS PARA A CONCESSÃO DE PENSÃO POR MORTE.

STJ Não se admite o recolhimento *post mortem* de contribuições previdenciárias a fim de que, reconhecida a qualidade de segurado do falecido, seja garantida a concessão de pensão por morte aos seus dependentes. • REsp 1.346.852-PR. 2013. (Info 525)

▼ SALÁRIO-MATERNIDADE

HIPÓTESE DE MITIGAÇÃO DO REQUISITO ETÁRIO PARA A CONCESSÃO DE SALÁRIO-MATERNIDADE.

STJ O não preenchimento do requisito etário exigido para a filiação ao RGPS como segurado especial não constitui óbice à concessão de salário-maternidade a jovem menor de dezesseis anos impelida a exercer trabalho rural em regime de economia familiar (art. 11, VII, "c" e § 6º da Lei 8.213/1991). • REsp 1.440.024-RS. 2015. (Info 569)

RESPONSABILIDADE PELO PAGAMENTO DO SALÁRIO-MATERNIDADE.

STJ É do INSS – e não do empregador – a responsabilidade pelo pagamento do salário-maternidade à segurada demitida sem justa causa durante a gestação. • REsp 1.309.251-RS. 2015. (Info 569)

▼ AUXÍLIO-RECLUSÃO

AUXÍLIO-RECLUSÃO A SERVIDORES OCUPANTES DE CARGO EFETIVO.

STJ Para concessão de auxílio-reclusão, não se aplica aos servidores públicos estatutários ocupantes de cargos efetivos a exigência de baixa renda prevista no art. 13 da EC 20/1998. • AgRg no REsp 1.510.425-RJ . 2015. (Info 560)

FLEXIBILIZAÇÃO DO CRITÉRIO BAIXA RENDA PARA A CONCESSÃO DE AUXÍLIO-RECLUSÃO.

STJ É possível a concessão de auxílio-reclusão aos dependentes do segurado que recebia salário de contribuição pouco superior ao limite estabelecido como critério de baixa renda pela legislação da época de seu encarceramento. • REsp 1.479.564-SP. 2014. (Info 552)

CRITÉRIO ECONÔMICO PARA CONCESSÃO DO AUXÍLIO-RECLUSÃO.

STJ Na análise de concessão do auxílio-reclusão a que se refere o art. 80 da Lei 8.213/1991, o fato de o recluso que mantenha a condição de segurado pelo RGPS (art. 15 da Lei 8.213/1991) estar desempregado ou sem renda no momento do recolhimento à prisão indica o atendimento ao requisito econômico da baixa renda, independentemente do valor do último salário de contribuição. • REsp 1.480.461-SP . 2014. (Info 550)

▼ DESAPOSENTAÇÃO

ART. 18, § 2º, DA LEI 8.213/1991 E "DESAPOSENTAÇÃO"

STF No âmbito do Regime Geral de Previdência Social - RGPS, somente lei pode criar benefícios e vantagens previdenciárias, não havendo, por ora, previsão legal do direito à "desaposentação", sendo constitucional a regra do art. 18, § 2º, da Lei 8.213/1991. • RE 381367/RS. 2016. (Info 845)

CARÁTER PERSONALÍSSIMO DO DIREITO À DESAPOSENTAÇÃO.

STJ Os sucessores do segurado falecido não têm legitimidade para pleitear a revisão do valor da pensão a que fazem jus se a alteração pretendida depender de um pedido de desaposentação não efetivado quando em vida pelo instituidor da pensão. • AgRg no AREsp 436.056-RS. 2015. (Info 557)

INAPLICABILIDADE DO PRAZO DECADENCIAL DE REVISÃO DE BENEFÍCIO AO CASO DE DESAPOSENTAÇÃO.

STJ Não é possível aplicar o prazo decadencial decenal previsto no art. 103 da Lei 8.213/1991 aos casos de desaposentação. • REsp 1.348.301-SC. 2014. (Info 535)

▼ ATIVIDADE ESPECIAL

IMPOSSIBILIDADE DE APLICAÇÃO RETROATIVA DO DECRETO 4.882/2003 PARA RECONHECIMENTO DE ATIVIDADE ESPECIAL. RECURSO REPETITIVO.

STJ O limite de tolerância para configuração da especialidade do tempo de serviço para o agente ruído deve ser de 90 dB no período de 6/3/1997 a 18/11/2003, conforme Anexo IV do Decreto 2.172/1997 e Anexo IV do Decreto 3.048/1999, sendo impossível aplicação retroativa do Decreto 4.882/2003, que reduziu o patamar para 85 dB, sob pena de ofensa ao art. 6º da LINDB. • REsp 1.398.260-PR. 2014. (Info 544)

▼ PLANOS DE PREVIDÊNCIA PRIVADA

NECESSIDADE DE FILIAÇÃO À ENTIDADE ABERTA DE PREVIDÊNCIA COMPLEMENTAR PARA CONTRATAR EMPRÉSTIMO.

STJ É possível impor ao consumidor sua prévia filiação à entidade aberta de previdência complementar como condição para contratar com ela empréstimo financeiro. • REsp 861.830-RS. 2016. (Info 581)

CONDIÇÃO PARA O RESGATE DE RESERVA DE POUPANÇA DE PLANO PRIVADO DE PREVIDÊNCIA COMPLEMENTAR DE ENTIDADE FECHADA.

STJ É lícita a cláusula estatutária que prevê a rescisão do vínculo laboral com o patrocinador como condição para o resgate de reserva de poupança de plano privado de previdência complementar de entidade fechada. • REsp 1.518.525-SE . 2015. (Info 563)

CONDIÇÃO PARA O RESGATE DA TOTALIDADE DAS CONTRIBUIÇÕES VERTIDAS AO PLANO PRIVADO DE PREVIDÊNCIA COMPLEMENTAR DE ENTIDADE FECHADA.

STJ É lícita a cláusula que prevê a rescisão do vínculo laboral com o patrocinador como condição para o resgate da totalidade das contribuições vertidas ao plano privado de previdência complementar de entidade fechada. • REsp 1.189.456-RS. 2015. (Info 563)

IMPOSSIBILIDADE DE RESTITUIÇÃO DE PARCELAS EM CASO DE MIGRAÇÃO ENTRE PLANOS DE BENEFÍCIOS DE PREVIDÊNCIA COMPLEMENTAR.

STJ Não cabe o resgate, por participante ou assistido de plano de benefícios, das parcelas pagas a entidade fechada de previdência privada complementar quando, mediante transação extrajudicial, tenha ocorrido a migração dos participantes ou assistidos a outro plano de benefícios da mesma entidade. • AgRg no AREsp 504.022-SC. 2014. (Info 550)

PLANOS DE BENEFÍCIOS DE PREVIDÊNCIA PRIVADA FECHADA PATROCINADOS PELA ADMINISTRAÇÃO DIRETA E INDIRETA. RECURSO REPETITIVO.

STJ Nos planos de benefícios de previdência privada fechada, patrocinados pelos entes federados - inclusive suas autarquias, fundações, sociedades de economia mista e empresas controladas direta ou indiretamente –, é vedado o repasse de abono e vantagens de qualquer natureza para os benefícios em manutenção, sobretudo a partir da vigência da LC 108/2001, independentemente das disposições estatutárias e regulamentares; e não é possível a concessão de verba não prevista no regulamento do plano de benefícios de previdência privada, pois a previdência complementar tem por pilar o sistema de capitalização, que pressupõe a acumulação de reservas para assegurar o custeio dos benefícios contratados, em um período de longo prazo. • REsp 1.425.326-RS. 2014. (Info 541)

▼ PERÍODO DE GRAÇA

DEMONSTRAÇÃO DE DESEMPREGO PARA PRORROGAÇÃO DE PERÍODO DE GRAÇA.

STJ Ainda que o registro no órgão próprio do MTE não seja o único meio de prova admissível para que o segurado desempregado comprove a situação de desemprego para a prorrogação do período de graça – conforme o exigido pelo § 2º do art. 15 da Lei 8.213/1990 –, a falta de anotação na CTPS, por si só, não é suficiente para tanto. • REsp 1.338.295-RS. 2014. (Info 553)

▼ CONCESSÃO E SUSPENSÃO DE BENEFÍCIO DE PRESTAÇÃO CONTINUADA

RENDA FAMILIAR PER CAPITA PARA FINS DE CONCESSÃO DE BENEFÍCIO DE PRESTAÇÃO CONTINUADA A PESSOA COM DEFICIÊNCIA. RECURSO REPETITIVO.

STJ Aplica-se o parágrafo único do art. 34 do Estatuto do Idoso (Lei 10.741/2003), por analogia, a pedido de benefício assistencial feito por pessoa com deficiência a fim de que benefício previdenciário recebido por idoso, no valor de um salário mínimo, não seja computado no cálculo da renda *per capita* prevista no art. 20, § 3º, da Lei 8.742/1993. • REsp 1.355.052-SP. 2015. (Info 572)

PRINCÍPIO DO PARALELISMO DAS FORMAS NA REVISÃO DE BENEFÍCIO ASSISTENCIAL.

STJ O INSS pode suspender ou cancelar benefício de prestação continuada concedido judicialmente, desde que conceda administrativamente o contraditório e a ampla defesa ao beneficiário, não se aplicando o princípio do paralelismo das formas. • REsp 1.429.976-CE. 2014. (Info 536)

▼ REGRAS DE TRANSIÇÃO

APLICABILIDADE DA REGRA DE TRANSIÇÃO PREVISTA NO ART. 142 DA LEI 8.213/1991.

STJ O inscrito no RGPS até 24/7/1991, mesmo que nessa data não mais apresente condição de segurado, caso restabeleça relação jurídica com o INSS e volte a ostentar a condição de segurado após a Lei 8.213/1991, tem direito à aplicação da regra de transição prevista no art. 142 do mencionado diploma, devendo o requisito da carência, para a concessão de aposentadoria urbana por idade, ser definido de acordo com o ano em que o segurado implementou apenas o requisito etário - e não conforme o ano em que ele tenha preenchido, simultaneamente, tanto o requisito da carência quanto o requisito etário. • REsp 1.412.566-RS . 2014. (Info 539)

▼ PIS/PASEP/COFINS

COOPERATIVAS DE TRABALHO, TERCEIROS E CONTRIBUIÇÃO AO PIS/PASEP

STF A receita auferida pelas cooperativas de trabalho decorrentes dos atos (negócios jurídicos) firmados com terceiros se insere na materialidade da contribuição ao PIS/PASEP. • RE 599362/RJ ED . 2016. (Info 835)

IMUNIDADE: PIS/COFINS E VALORES RECEBIDOS A TÍTULO DE TRANSFERÊNCIA DE ICMS POR EXPORTADORA

STF É inconstitucional a incidência da contribuição para PIS e Cofins não cumulativas sobre os valores recebidos por empresa exportadora em razão da transferência a terceiros de créditos de ICMS. • RE 606107. 2013. (Info 707)

DESCONTO DE CRÉDITOS DO VALOR APURADO A TÍTULO DE CONTRIBUIÇÃO AO PIS E DA COFINS.

STJ É cabível o aproveitamento, na verificação do crédito dedutível da base de cálculo da contribuição ao PIS e da COFINS, das despesas e custos inerentes à aquisição de combustíveis, lubrificantes e peças de reposição utilizados em veículos próprios dos quais faz uso a empresa para entregar as mercadorias que comercializa. • REsp 1.235.979 . 2015. (Info 554)

BASE DE CÁLCULO DA CONTRIBUIÇÃO PARA O PIS.

STJ A base de cálculo da contribuição para o PIS incidente sobre os ganhos em operações de "swap" com finalidade de "hedge" atreladas à variação cambial deve ser apurada pelo regime de competência - e não pelo regime de caixa - se o contribuinte tiver feito a opção pela apuração segundo aquele regime. • REsp 1235220 . 2014. (Info 539)

ISENÇÃO TRIBUTÁRIA DO SENAI REFERENTE À IMPORTAÇÃO DE PRODUTOS E SERVIÇOS.

STJ O Serviço Nacional de Aprendizagem Industrial (SENAI) goza de isenção do imposto de importação, da contribuição ao PIS-importação e da COFINS-importação independentemente de a entidade ser classificada como beneficente de assistência social ou de seus dirigentes serem remunerados. • REsp 1430257 . 2014. (Info 539)

INCIDÊNCIA DO PIS E DA COFINS SOBRE A CORREÇÃO MONETÁRIA E OS JUROS.

STJ Os juros e a correção monetária decorrentes de contratos de alienação de imóveis realizados no exercício da atividade empresarial do contribuinte compõem a base de cálculo da contribuição ao PIS e da COFINS. • REsp 1432952 . 2014. (Info 537)

▼ REGIMES PREVIDENCIÁRIOS DOS SERVIDORES PÚBLICOS

PENSÃO ESPECIAL DE EX-COMBATENTE A CRIANÇA OU ADOLESCENTE SOB SUA GUARDA.

STJ Na hipótese de morte do titular de pensão especial de ex-combatente, o menor de dezoito anos que estava sob sua guarda deve ser enquadrado como dependente (art. 5º da Lei 8.059/1990) para efeito de recebimento, na proporção que lhe couber, da pensão especial (art. 53, II, do ADCT) que recebia o seu guardião. • REsp 1.339.645-MT . 2015. (Info 561)

CONTRATAÇÃO TEMPORÁRIA DE SERVIDOR PÚBLICO PARA ATIVIDADES DE CARÁTER PERMANENTE.

STJ Ainda que para o exercício de atividades permanentes do órgão ou entidade, admite-se a contratação por tempo determinado para atender a necessidade temporária de excepcional interesse público (arts. 37, IX, da CF e 2º da Lei 8.745/1993) - qual seja, o crescente número de demandas e o elevado passivo de procedimentos administrativos parados junto ao órgão, que se encontra com o quadro de pessoal efetivo completo, enquanto pendente de análise no Congresso Nacional projeto de lei para a criação de vagas adicionais. • MS 20.335-DF . 2015. (Info 560)

AUXÍLIO-RECLUSÃO A SERVIDORES OCUPANTES DE CARGO EFETIVO.

STJ Para concessão de auxílio-reclusão, não se aplica aos servidores públicos estatutários ocupantes de cargos efetivos a exigência de baixa renda prevista no art. 13 da EC 20/1998. • AgRg no REsp 1.510.425-RJ . 2015. (Info 560)

PENSÃO POR MORTE DE SERVIDOR PÚBLICO FEDERAL.

STJ Para fins de concessão da pensão por morte de servidor público federal, a designação do beneficiário nos assentos funcionais do servidor é prescindível se a vontade do instituidor em eleger o dependente como beneficiário da pensão houver sido comprovada por outros meios idôneos. • REsp 1.486.261-SE. 2015. (Info 557)

SERVIDOR PÚBLICO FEDERAL. DOENÇA GRAVE NÃO ESPECIFICADA NO ART. 186, § 1º, DA LEI 8.112/90. ROL EXEMPLIFICATIVO.

STJ Serão proporcionais - e não integrais - os proventos de aposentadoria de servidor público federal diagnosticado com doença grave, contagiosa ou incurável não prevista no art. 186, § 1º, da Lei 8.112/1990 nem indicada em lei. • REsp 1.324.671-SP . 2015. (Info 557)

REVISÃO DE APOSENTADORIA DE SERVIDOR PÚBLICO.

STJ Nos casos em que o servidor público busque a revisão do ato de aposentadoria, ocorre a prescrição do próprio fundo de direito após o transcurso de mais de cinco anos - e não de dez anos - entre o ato de concessão e o ajuizamento da ação. • Pet 9156 . 2014. (Info 542)

PLANOS PATROCINADOS PELA ADMINISTRAÇÃO DIRETA E INDIRETA.

STJ Nos planos de benefícios de previdência privada fechada, patrocinados pelos entes federados - inclusive suas autarquias, fundações, sociedades de economia mista e empresas controladas direta ou indiretamente -, é vedado o repasse de abono e vantagens de qualquer natureza para os benefícios em manutenção, sobretudo a partir da vigência da LC 108/01, independentemente das disposições estatutárias e regulamentares. • REsp 1425326. 2014. (Info 541)

PLANOS PATROCINADOS PELA ADMINISTRAÇÃO DIRETA E INDIRETA.

STJ Nos planos de benefícios de previdência privada fechada, patrocinados pelos entes federados - inclusive suas autarquias, fundações, sociedades de economia mista e empresas controladas direta ou indiretamente não é possível a concessão de verba não prevista no regulamento do plano de benefícios de previdência privada, pois a previdência complementar tem por pilar o sistema de capitalização, que pressupõe a acumulação de reservas para assegurar o custeio dos benefícios contratados, em um período de longo prazo. • REsp 1425326 . 2014. (Info 541)

DEPENDÊNCIA ECONÔMICA.

STJ Não se exige prova de dependência econômica para a concessão de pensão por morte a filho inválido de servidor público federal. • REsp 1440855 . 2014. (Info 539)

DIREITO ECONÔMICO

▼ RESPONSABILIDADE CIVIL DA UNIÃO

RESPONSABILIDADE CIVIL DO ESTADO POR ATO LÍCITO: INTERVENÇÃO ECONÔMICA E CONTRATO

STF A União, na qualidade de contratante, possui responsabilidade civil por prejuízos suportados por companhia aérea em decorrência de planos econômicos existentes no período objeto da ação. • RE 571969. 2014. (Info 738)

▼ DUMPING

SUSPENSÃO DA EXIGIBILIDADE DO DIREITO ANTIDUMPING PROVISÓRIO.

STJ A caução de maquinário do importador efetuada por ocasião do desembaraço aduaneiro para o fim da liberação de mercadorias originárias de outro país não suspende a exigibilidade dos direitos *antidumping* provisórios. • REsp 1.516.614-PR. 2016. (Info 584)

▼ ACORDO DE LENIÊNCIA

LIMITES DO SIGILO NOS ACORDOS DE LENIÊNCIA.

STJ O sigilo nos processos administrativos de acordo de leniência celebrado com o CADE, bem como o dos documentos que os instruem, no que tange a pretensões privadas de responsabilização civil por danos decorrentes da eventual formação de cartel, deve ser preservado até a conclusão da instrução preliminar do referido processo administrativo (marcada pelo envio do relatório circunstanciado pela Superintendência-Geral ao Presidente do Tribunal Administrativo), somente podendo ser estendido para após esse marco quando lastreado em circunstâncias concretas fundadas no interesse coletivo - seja ele o interesse das apurações, seja ele a proteção de segredos industriais. • REsp 1.554.986-SP. 2016. (Info 580)

IMPOSSIBILIDADE DE OPOSIÇÃO DO SIGILO DO ACORDO DE LENIÊNCIA AO JUDICIÁRIO.

STJ O sigilo do acordo de leniência celebrado com o CADE não pode ser oposto ao Poder Judiciário para fins de acesso aos documentos que instruem o respectivo procedimento administrativo. • REsp 1.554.986-SP. 2016. (Info 580)

▼ VENDA CASADA

VENDA CASADA E DANO MORAL COLETIVO IN RE IPSA.

STJ Configura dano moral coletivo *in re ipsa* a realização de venda casada por operadora de telefonia consistente na prática comercial de oferecer ao consumidor produto com significativa vantagem - linha telefônica com tarifas mais interessantes do que as outras ofertadas pelo mercado - e, em contrapartida, condicionar a aquisição do referido produto à compra de aparelho telefônico. • REsp 1.397.870-MG. 2015. (Info 553)

DIREITO FINANCEIRO

▼ TRANSFERÊNCIAS

RESTRIÇÃO À TRANSFERÊNCIA DE RECURSOS FEDERAIS A MUNICÍPIO.

STJ A restrição à transferência de recursos federais a Município que possui pendências no Cadastro Único de Exigências para Transferências Voluntárias (CAUC) e no Sistema Integrado de Administração Financeira do Governo Federal (SIAFI) não pode ser suspensa sob a justificativa de que os recursos destinam-se à pavimentação e drenagem de vias públicas. • REsp 1.527.308-CE. 2015. (Info 566)

RESTRIÇÃO À TRANSFERÊNCIA DE RECURSOS FEDERAIS A MUNICÍPIO.

STJ A restrição para transferência de recursos federais a Município que possui pendências no Cadastro Único de Exigências para Transferências Voluntárias (CAUC) não pode ser suspensa - art. 26 da Lei 10.522/2002 - sob a justificativa de que os recursos destinam-se a reforma de prédio público. • AgRg no REsp 1.439.326-PE. 2015. (Info 556)

RESTRIÇÃO À TRANSFERÊNCIA DE RECURSOS FEDERAIS A MUNICÍPIO.

STJ A restrição para transferência de recursos federais a Município que possui pendências no Cadastro Único de Exigências para Transferências Voluntárias (CAUC) não pode ser suspensa sob a justificativa de que os recursos destinam-se à pavimentação de vias públicas. • REsp 1.372.942-AL. 2014. (Info 539)

▼ PRECATÓRIOS

SOCIEDADE DE ECONOMIA MISTA E REGIME DE PRECATÓRIO.

STF As sociedades de economia mista prestadoras de serviço público de atuação própria do Estado e de natureza não concorrencial submetem-se ao regime de precatório. • RE 852302 AgR/AL. 2015. (Info 812)

MODULAÇÃO: PRECATÓRIO E EC 62/2009 – PARTE 1

STF Foram modulados os efeitos da decisão para: 1) Dar sobrevida ao regime especial de pagamento de precatórios, instituído pela EC 62/2009, por cinco exercícios financeiros a contar de 1º.1.2016. • ADI 4357 QO. 2015. (Info 779)

MODULAÇÃO: PRECATÓRIO E EC 62/2009 – PARTE 2

STF 2) conferiu eficácia prospectiva à declaração de inconstitucionalidade dos seguintes aspectos da ADI, fixado como marco inicial a data de conclusão do julgamento da questão de ordem (25.3.2015) e mantendo-se válidos os precatórios expedidos ou pagos até esta data, a saber: 2.1.) seria mantida a aplicação do índice oficial de remuneração básica da caderneta de poupança (TR), nos termos da EC 62/2009, até 25.3.2015, data após a qual (i) os créditos em precatórios deveriam ser corrigidos pelo Índice de Preços ao Consumidor Amplo Especial (IPCA-E) e (ii) os precatórios tributários deveriam observar os mesmos critérios pelos quais a Fazenda Pública corrige seus créditos tributários; e 2.2.) seriam resguardados os precatórios expedidos, no âmbito da Administração Pública Federal, com base nos artigos 27 das Leis 12.919/2013 e Lei 13.080/2015, que fixam o IPCA-E como índice de correção monetária. • ADI 4357 QO. 2015. (Info 779)

MODULAÇÃO: PRECATÓRIO E EC 62/2009 – PARTE 3

STF 3) quanto às formas alternativas de pagamento previstas no regime especial: 3.1) seriam consideradas válidas as compensações, os leilões e os pagamentos à vista por ordem crescente de crédito previstos na EC 62/2009, desde que realizados até 25.3.2015, data a partir da qual não seria possível a quitação de precatórios por essas modalidades; 3.2) seria mantida a possibilidade de realização de acordos diretos, observada a ordem de preferência dos credores e de acordo com lei própria da entidade devedora, com redução máxima de 40% do valor do crédito atualizado. • ADI 4357 QO. 2015. (Info 779)

MODULAÇÃO: PRECATÓRIO E EC 62/2009 – PARTE 4

STF 4) durante o período fixado no item 1, seria mantida a vinculação de percentuais mínimos da receita corrente líquida ao pagamento dos precatórios (ADCT, art. 97, § 10), bem como as sanções para o caso de não liberação tempestiva dos recursos destinados ao pagamento de precatórios (ADCT, art. 97, § 10). • ADI 4357 QO. 2015. (Info 779)

MODULAÇÃO: PRECATÓRIO E EC 62/2009 – PARTE 5

STF 5) delegação de competência ao CNJ para que considerasse a apresentação de proposta normativa que disciplinasse (i) a utilização compulsória de 50% dos recursos da conta de depósitos judiciais tributários para o pagamento de precatórios e (ii) a possibilidade de compensação de precatórios vencidos, próprios ou de terceiros, com o estoque de créditos inscritos em dívida ativa até 25.3.2015, por opção do credor do precatório. • ADI 4357 QO. 2015. (Info 779)

MODULAÇÃO: PRECATÓRIO E EC 62/2009 – PARTE 6

STF 6) atribuição de competência ao CNJ para que monitorasse e supervisionasse o pagamento dos precatórios pelos entes públicos na forma da decisão proferida na questão de ordem em comento. • ADI 4357 QO. 2015. (Info 779)

RPV: DÉBITOS TRIBUTÁRIOS E COMPENSAÇÃO.

STF A declaração de inconstitucionalidade dos parágrafos 9º e 10 do art. 100 da CF ["§ 9º No momento da expedição dos precatórios, independentemente de regulamentação, deles deverá ser abatido, a título de compensação, valor correspondente aos débitos líquidos e certos, inscritos ou não em dívida ativa e constituídos contra o credor original pela Fazenda Pública devedora, incluídas parcelas vincendas de parcelamentos, ressalvados aqueles cuja execução esteja suspensa em virtude de contestação administrativa ou judicial. § 10. Antes da expedição dos precatórios, o Tribunal solicitará à Fazenda Pública devedora, para resposta em até 30 (trinta) dias, sob pena de perda do direito de abatimento, informação sobre os débitos que preencham as condições estabelecidas no § 9º, para os fins nele previstos"], proferida na ADI 4.357/DF (DJe de 26.9.2014) e na ADI 4.425/DF (DJe de 19.12.2013), também se aplica às requisições de pequeno valor - RPV. • RE 657686/DF. 2014. (Info 764)

RPV E CORREÇÃO MONETÁRIA.

STF É devida correção monetária no período compreendido entre a data de elaboração do cálculo da requisição de pequeno valor – RPV e sua expedição para pagamento. • ARE 638195. 2013. (Info 708)

PRECATÓRIO: REGIME ESPECIAL E EC 62/09.

STF São inconstitucionais: a) a expressão "na data de expedição do precatório", contida no § 2º do art. 100 da CF; b) os §§ 9º e 10 do art. 100 da CF; c) a expressão "índice oficial de remuneração básica da caderneta de poupança", constante do § 12 do art. 100 da CF, do inciso II do § 1º e do § 16, ambos do art. 97 do ADCT; d) o fraseado "independentemente de sua natureza", inserido no § 12 do art. 100 da CF, para que aos precatórios de natureza tributária se apliquem os mesmos juros de mora incidentes sobre o crédito tributário; e) por arrastamento, o art. 5º da Lei 11.960/09; e f) o § 15 do art. 100 da CF e de todo o art. 97 do ADCT (especificamente o caput e os §§ 1º, 2º, 4º, 6º, 8º, 9º, 14 e 15, sendo os demais por arrastamento ou reverberação normativa). • ADI 4357. 2013. (Info 698)

PAGAMENTO DE PRECATÓRIO PREFERENCIAL.

STJ A limitação de valor para o direito de preferência previsto no art. 100, § 2º, da CF aplica-se para cada precatório de natureza alimentar, e não para a totalidade dos precatórios alimentares de titularidade de um mesmo credor preferencial, ainda que apresentados no mesmo exercício financeiro e perante o mesmo devedor. • RMS 46.155-RO. 2015. (Info 570)

IMPOSSIBILIDADE DE COMPENSAÇÃO DE PRECATÓRIO ESTADUAL COM CRÉDITO TRIBUTÁRIO FEDERAL.

STJ Não é possível a compensação de precatórios estaduais com dívidas oriundas de tributos federais. • AgRg no AREsp 334.227-RS. 2013. (Info 528)

INEXISTÊNCIA DE QUEBRA DA ORDEM DE PRECEDÊNCIA NO CASO DE PAGAMENTO DE PRECATÓRIOS DE CLASSES DIFERENTES.

STJ No caso em que a data de vencimento do precatório comum seja anterior à data de vencimento do precatório de natureza alimentar, o pagamento daquele realizado antes do pagamento deste não representa, por si só, ofensa ao direito de precedência constitucionalmente estabelecido. • RMS 35.089-MG. 2013. (Info 521)

▼ OUTROS TEMAS

ADI: PROJETO DE LEIS ORÇAMENTÁRIAS E PRINCÍPIO DA SEPARAÇÃO DE PODERES.

STF Salvo em situações graves e excepcionais, não cabe ao Poder Judiciário, sob pena de violação ao princípio da separação de Poderes, interferir na função do Poder Legislativo de definir receitas e despesas da Administração Pública, emendando projetos de leis orçamentárias, quando atendidas as condições previstas no art. 166, §§ 3º e 4º, da Constituição Federal. • ADI 5468/DF. 2016. (Info 832)

ENTE FEDERATIVO: PRINCÍPIO DA INTRANSCENDÊNCIA E INSCRIÇÃO EM CADASTROS FEDERAIS DE INADIMPLÊNCIA

STF É necessária a observância da garantia do devido processo legal, em especial, do contraditório e da ampla defesa, relativamente à inscrição de entes públicos em cadastros federais de inadimplência. • ACO 732/AP. 2016. (Info 825)

EMENDA PARLAMENTAR E AUMENTO DE DESPESA

STF É inconstitucional norma resultante de emenda parlamentar a projeto de lei de iniciativa exclusiva do Chefe do Poder Executivo, na hipótese em que a emenda apresentada acarrete aumento de despesa (CF, art. 61, § 1º, II, "a" e art. 63, I). • ADI 2810/RS. 2016. (Info 822)

TRIBUNAL DE CONTAS ESTADUAL: PREENCHIMENTO DE VAGAS E SEPARAÇÃO DE PODERES

STF Para definir-se a ocupação de cadeiras vagas nos Tribunais de Contas estaduais, nos casos de regime de transição, prevalece a regra constitucional de divisão proporcional das indicações entre o Legislativo e o Executivo em face da obrigatória indicação de clientelas específicas pelos Governadores. • RE 717424. 2014. (Info 754)

DIREITO INTERNACIONAL PRIVADO

▼ HOMOLOGAÇÃO DE SENTENÇA ESTRANGEIRA[1]

HOMOLOGAÇÃO DE SENTENÇA ESTRANGEIRA E CONFISCO DE IMÓVEL SITUADO NO BRASIL.

STJ É possível a homologação de sentença penal estrangeira que determine o perdimento de imóvel situado no Brasil em razão de o bem ser produto do crime de lavagem de dinheiro. • SEC 10.612-FI. 2016. (Info 586)

HOMOLOGAÇÃO DE SENTENÇA ECLESIÁSTICA DE ANULAÇÃO DE MATRIMÔNIO.

STJ É possível a homologação pelo STJ de sentença eclesiástica de anulação de matrimônio, confirmada pelo órgão de controle superior da Santa Sé. • SEC 11.962-EX. 2015. (Info 574)

HIPÓTESE EM QUE NÃO É POSSÍVEL A HOMOLOGAÇÃO DE SENTENÇA ESTRANGEIRA.

STJ A sentença estrangeira – ainda que preencha adequadamente os requisitos indispensáveis à sua homologação, previstos no art. 5º da Resolução 9/2005 do RISTJ – não pode ser homologada na parte em que verse sobre guarda ou alimentos quando já exista decisão do Judiciário Brasileiro acerca do mesmo assunto, mesmo que esta decisão tenha sido proferida em caráter provisório e após o trânsito em julgado daquela. • SEC 6.485-EX. 2014. (Info 548)

---

1. ***IMPORTANTE!*** Conforme publicado no site do STJ: "A sentença estrangeira de divórcio consensual, que não precisa mais ser homologada pelo Superior Tribunal de Justiça (STJ), deve ser levada diretamente ao cartório de registro civil, pelo próprio interessado, para averbação. O procedimento dispensa a assistência de advogado ou defensor público. As normas para averbação direta do divórcio foram baixadas pela Corregedoria Nacional de Justiça por meio do Provimento 53, dia 16 de maio de 2016. Com a entrada em vigor do novo Código de Processo Civil (CPC), em 18 de março, o STJ deixou de processar pedidos de homologação de sentença estrangeira de divórcio consensual simples ou puro – isto é, que trata apenas da dissolução do casamento. Quando há envolvimento de guarda de filhos, alimentos ou partilha de bens, a homologação continua necessária para que a sentença estrangeira tenha efeitos no Brasil. Divórcios litigiosos também exigem homologação". Sugiro que se aprofundem nesta alteração.

IRREGULARIDADE NA CITAÇÃO COMO ÓBICE À HOMOLOGAÇÃO DE SENTENÇA ESTRANGEIRA.

STJ Não pode ser homologada sentença estrangeira que decrete divórcio de brasileira que, apesar de residir no Brasil em local conhecido, tenha sido citada na ação que tramitou no exterior apenas mediante publicação de edital em jornal estrangeiro, sem que tenha havido a expedição de carta rogatória para chamá-la a integrar o processo. • SEC 10.154-EX. 2014. (Info 543)

HOMOLOGAÇÃO DE SENTENÇA ESTRANGEIRA QUE DETERMINE A SUBMISSÃO DE CONFLITO À ARBITRAGEM.

STJ Pode ser homologada no Brasil a sentença judicial de estado estrangeiro que, considerando válida cláusula compromissória constante de contrato firmado sob a expressa regência da lei estrangeira, determine - em face do anterior pedido de arbitragem realizado por uma das partes - a submissão à justiça arbitral de conflito existente entre os contratantes, ainda que decisão proferida por juízo estatal brasileiro tenha, em momento posterior ao trânsito em julgado da sentença a ser homologada, reconhecido a nulidade da cláusula com fundamento em exigências formais típicas da legislação brasileira pertinentes ao contrato de adesão. • SEC 854-US. 2013. (Info 533)

HOMOLOGAÇÃO DE SENTENÇA ESTRANGEIRA.

STJ Não é possível a homologação de sentença estrangeira na parte em que ordene, sob pena de responsabilização civil e criminal, a desistência de ação judicial proposta no Brasil. • SEC 854-US. 2013. (Info 533)

DESNECESSIDADE DE COMPROVAÇÃO DO TRÂNSITO EM JULGADO PARA A HOMOLOGAÇÃO DE SENTENÇA ESTRANGEIRA DE DIVÓRCIO CONSENSUAL.

STJ É possível a homologação de sentença estrangeira de divórcio, ainda que não exista prova de seu trânsito em julgado, na hipótese em que, preenchidos os demais requisitos, tenha sido comprovado que a parte requerida foi a autora da ação de divórcio e que o provimento judicial a ser homologado teve caráter consensual. • SEC 7.746-US. 2013. (Info 521)

▼ COMPETÊNCIA

COMPETÊNCIA INTERNACIONAL E RELAÇÃO DE CONSUMO.

STJ A Justiça brasileira é absolutamente incompetente para processar e julgar demanda indenizatória fundada em serviço fornecido de forma viciada por sociedade empresária estrangeira a brasileiro que possuía domicílio no mesmo Estado estrangeiro em que situada a fornecedora, quando o contrato de consumo houver sido celebrado e executado nesse local, ainda que o conhecimento do vício ocorra após o retorno do consumidor ao território nacional. • REsp 1.571.616-MT. 2016. (Info 580)

COMPETÊNCIA PARA RECONHECIMENTO DE DIREITO A MEAÇÃO DE BENS LOCALIZADOS FORA DO BRASIL.

STJ Em ação de divórcio e partilha de bens de brasileiros, casados e residentes no Brasil, a autoridade judiciária brasileira tem competência para, reconhecendo o direito à meação e a existência de bens situados no exterior, fazer incluir seus valores na partilha. • REsp 1.410.958-RS. 2014. (Info 544)

▼ SEQUESTRO INTERNACIONAL DE CRIANÇAS

CONVENÇÃO DA HAIA SOBRE ASPECTOS CIVIS DO SEQUESTRO INTERNACIONAL DE CRIANÇAS.

STJ O pedido de retorno imediato de criança retida ilicitamente por sua genitora no Brasil pode ser indeferido, mesmo que transcorrido menos de um ano entre a retenção indevida e o início do processo perante a autoridade judicial ou administrativa (art. 12 da Convenção de Haia), na hipótese em que o menor - com idade e maturidade suficientes para compreender a controvérsia - estiver adaptado ao novo meio e manifestar seu desejo de não regressar ao domicílio paterno no estrangeiro. • REsp 1.214.408-RJ. 2015. (Info 565)

RELAÇÃO DE PREJUDICIALIDADE EXTERNA ENTRE AÇÃO FUNDADA NA CONVENÇÃO DE HAIA SOBRE SEQUESTRO INTERNACIONAL DE CRIANÇAS E AÇÃO DE GUARDA E DE REGULAMENTAÇÃO DE VISITAS.

STJ No caso em que criança tenha sido supostamente retida ilicitamente no Brasil por sua genitora, não haverá conflito de competência entre (*a*) o juízo federal no qual tramite ação tão somente de busca e apreensão da criança ajuizada pelo genitor com fundamento na Convenção de Haia sobre os Aspectos Civis do Sequestro Internacional de Crianças e (*b*) o juízo estadual de vara de família que aprecie ação, ajuizada pela genitora, na qual se discuta o fundo do direito de guarda e a regulamentação de visitas à criança; verificando-se apenas prejudicialidade externa à ação ajuizada na Justiça Estadual, a recomendar a suspensão deste processo até a solução final da demanda ajuizada na Justiça Federal. • CC 132.100-BA. 2015. (Info 559)

CONVENÇÃO DA HAIA SOBRE ASPECTOS CIVIS DO SEQUESTRO INTERNACIONAL DE CRIANÇAS.

STJ Não se deve ordenar o retorno ao país de origem de criança que fora retida ilicitamente no Brasil por sua genitora na hipótese em que, entre a transferência da criança e a data do início do processo para sua restituição, tenha decorrido mais de um ano e, além disso, tenha sido demonstrado, por meio de avaliação psicológica, que a criança já estaria integrada ao novo meio em que vive e que uma mudança de domicílio poderia causar malefícios ao seu desenvolvimento. • REsp 1.293.800-MG. 2013. (Info 525)

▼ TRANSPORTE AÉREO INTERNACIONAL

INAPLICABILIDADE DO CDC AO CONTRATO DE TRANSPORTE INTERNACIONAL DE MERCADORIA DESTINADA A INCREMENTAR A ATIVIDADE COMERCIAL DA CONTRATANTE.

STJ Para efeito de fixação de indenização por danos à mercadoria ocorridos em transporte aéreo internacional, o CDC não prevalece sobre a Convenção de Varsóvia quando o contrato de transporte tiver por objeto equipamento adquirido no exterior para incrementar a atividade comercial de sociedade empresária que não se afigure vulnerável na relação jurídico-obrigacional. • REsp 1.162.649-SP. 2014. (Info 541)

▼ APLICAÇÃO DA LEI ESTRANGEIRA

RELATIVIDADE DO ART. 10 DA LINDB.

STJ Ainda que o domicílio do autor da herança seja o Brasil, aplica-se a lei estrangeira da situação da coisa - e não a lei brasileira - na sucessão de bem imóvel situado no exterior. • REsp 1.362.400-SP. 2015. (Info 563)

DIREITO INTERNACIONAL PÚBLICO

▼ EXPULSÃO E EXTRADIÇÃO DE ESTRANGEIRO

EXTRADIÇÃO E BRASILEIRO NATURALIZADO.

STF É possível conceder extradição para brasileiro naturalizado envolvido em tráfico de droga (art. 5º, LI, da CF/88). • Ext 1244/República Francesa. 2016. (Info 834)

EXTRADIÇÃO E DUPLA TIPICIDADE.

STF A falta de tratado de extradição entre Brasil e Suécia não impede a extradição; desde que o requisito da reciprocidade seja satisfeito mediante pedido formalmente transmitido por via diplomática. • Ext 1354/DF. 2015. (Info 784)

PEDIDO DE REEXTRADIÇÃO E PREJUDICIALIDADE

STF O anterior deferimento de extradição a outro Estado não prejudica pedido de extradição por fatos diversos, mas garante preferência ao primeiro Estado requerente na entrega do extraditando. • Ext 1276. 2014. (Info 740)

EXTRADIÇÃO E CONSTITUIÇÃO DE CRÉDITO TRIBUTÁRIO

STF Não há que se falar na exigência de comprovação da constituição definitiva do crédito tributário para se conceder extradição. • Ext 1222. 2013. (Info 716)

EXTRADIÇÃO E HONORÁRIOS ADVOCATÍCIOS

STF O exame de eventual descumprimento contratual por parte do extraditando com o seu advogado, bem como a confissão de dívida firmada em favor de seu defensor, se destituídos de elementos probatórios suficientes da licitude dos valores bloqueados, não podem ser apreciados em sede de extradição. • Ext 1125 QO. 2013. (Info 703)

CONDIÇÃO PARA EXPULSÃO DE REFUGIADO.

STJ A expulsão de estrangeiro que ostente a condição de refugiado não pode ocorrer sem a regular perda dessa condição. • HC 333.902-DF. 2015. (Info 571)

▼ NATURALIZAÇÃO

CANCELAMENTO DE NATURALIZAÇÃO E VIA JURISDICIONAL

STF Deferida a naturalização, seu desfazimento só pode ocorrer mediante processo judicial (CF: "Art. 12.... § 4º Será declarada a perda da nacionalidade do brasileiro que: I - tiver cancelada sua naturalização, por sentença judicial, em virtude de atividade nociva ao interesse nacional"). • RMS 27840. 2013. (Info 694)

▼ IMUNIDADE DE JURISDIÇÃO

RECLAMAÇÃO TRABALHISTA CONTRA A ONU/PNUD: IMUNIDADE DE JURISDIÇÃO E EXECUÇÃO

STF A Organização das Nações Unidas - ONU e sua agência Programa das Nações Unidas para o Desenvolvimento - PNUD possuem imunidade de jurisdição e de execução relativamente a causas trabalhistas. • RE 578543/MT. 2013. (Info 706)

IMUNIDADE DE JURISDIÇÃO DE ESTADO ESTRANGEIRO.

STJ Antes de se extinguir a execução fiscal para a cobrança de taxa decorrente de prestação de serviço individualizado e específico, deve-se cientificar o Estado estrangeiro executado, para lhe oportunizar eventual renúncia à imunidade de jurisdição. • RO 138-RJ. 2014. (Info 538)

DIREITO DA CRIANÇA E ADOLESCENTE

▼ MEDIDAS SOCIOEDUCATIVAS

MENOR INFRATOR E MEDIDA SOCIOEDUCATIVA.

STF O ato de internação do menor surge excepcional, apenas cabível quando atendidos os requisitos do art. 122 da Lei 8.069/1990 ("Art. 122. A medida de internação só poderá ser aplicada quando: I - tratar-se de ato infracional cometido mediante grave ameaça ou violência à pessoa; II - por reiteração no cometimento de outras infrações graves; III - por descumprimento reiterado e injustificável da medida anteriormente imposta"). • HC 125016/SP. 2016. (Info 818)

HC E INTERNAÇÃO SOCIOEDUCATIVA.

STF A imposição de medida socioeducativa de internação deve ser aplicada apenas quando não houver outra medida adequada, com idônea fundamentação. • HC 119667/SP. 2013. (Info 733)

CUMPRIMENTO IMEDIATO DE MEDIDA SOCIOEDUCATIVA INDEPENDENTE DE INTERNAÇÃO PROVISÓRIA.

STJ Mesmo diante da interposição de recurso de apelação, é possível o imediato cumprimento de sentença que impõe medida socioeducativa de internação, ainda que não tenha sido imposta anterior internação provisória ao adolescente. • HC 346.380-SP. 2016. (Info 583)

HIPÓTESE DE NÃO UNIFICAÇÃO DE MEDIDAS SOCIOEDUCATIVAS.

STJ O adolescente que cumpria medida de internação e foi transferido para medida menos rigorosa não pode ser novamente internado por ato infracional praticado antes do início da execução, ainda que cometido em momento posterior aos atos pelos quais ele já cumpre medida socioeducativa. • HC 274.565-RJ. 2015. (Info 562)

POSSIBILIDADE DE CUMPRIMENTO IMEDIATO DE MEDIDA SOCIOEDUCATIVA IMPOSTA EM SENTENÇA.

STJ Nos processos decorrentes da prática de atos infracionais, é possível que a apelação interposta pela defesa seja recebida apenas no efeito devolutivo, impondo-se ao adolescente infrator o cumprimento imediato das medidas socioeducativas prevista na sentença. • HC 301.135-SP. 2015. (Info 553)

POSSIBILIDADE DE TRANSFERÊNCIA DE ADOLESCENTE SUBMETIDO À INTERNAÇÃO PARA ESTABELECIMENTO SITUADO EM LOCAL DIVERSO DAQUELE EM QUE RESIDAM SEUS PAIS.

STJ Na hipótese em que a internação inicial de adolescente infrator se dá em estabelecimento superlotado situado em local diverso daquele onde residam seus pais, é possível a transferência do reeducando para outro centro de internação localizado, também, em lugar diverso do da residência de seus pais. • HC 287.618-MG. 2014. (Info 542)

REITERAÇÃO NA PRÁTICA DE ATOS INFRACIONAIS GRAVES PARA APLICAÇÃO DA MEDIDA DE INTERNAÇÃO.

STJ Para se configurar a "reiteração na prática de atos infracionais graves" (art. 122, II, do ECA) - uma das taxativas hipóteses de aplicação da medida socioeducativa de internação -, não se exige a prática de, no mínimo, três infrações dessa natureza. • HC 280.478-SP. 2013. (Info 536)

▼ SINASE

RELATIVIZAÇÃO DA REGRA PREVISTA NO ART. 49, II, DO SINASE.

STJ O simples fato de não haver vaga para o cumprimento de medida de privação da liberdade em unidade próxima da residência do adolescente infrator não impõe a sua inclusão em programa de meio aberto, devendo-se considerar o que foi verificado durante o processo de apuração da prática do ato infracional, bem como os relatórios técnicos profissionais. • HC 338.517-SP. 2016. (Info 576)

▼ ADOÇÃO

VÍNCULO DE FILIAÇÃO E RECONHECIMENTO DE PATERNIDADE BIOLÓGICA

STF A paternidade socioafetiva, declarada ou não em registro público, não impede o reconhecimento do vínculo de filiação concomitante baseado na origem biológica, com os efeitos jurídicos próprios. • RE 898060/SC. 2016. (Info 840)

ADOÇÃO DE DESCENDENTE MAIOR DE IDADE E LEGITIMIDADE.

STF Não é legítima a adoção de descendente maior de idade, sem a constatação de suporte moral ou econômico, com o fim de induzir o deferimento de benefício previdenciário. • MS 31383/DF. 2015. (Info 785)

INADEQUAÇÃO DO HABEAS CORPUS PARA IMPUGNAR DECISÃO QUE DETERMINA A BUSCA E APREENSÃO E O ACOLHIMENTO DE CRIANÇA.

STJ Não cabe *habeas corpus* para impugnar decisão judicial liminar que determinou a busca e apreensão de criança para acolhimento em família devidamente cadastrada junto a programa municipal de adoção. • HC 329.147-SC. 2016. (Info 574)

ADOÇÃO DE CRIANÇA POR PESSOA HOMOAFETIVA.

STJ É possível a inscrição de pessoa homoafetiva no registro de pessoas interessadas na adoção (art. 50 do ECA), independentemente da idade da criança a ser adotada. • REsp 1.540.814-PR. 2015. (Info 567)

HIPÓTESE DE ADOÇÃO DE DESCENDENTE POR ASCENDENTES.

STJ Admitiu-se, excepcionalmente, a adoção de neto por avós, tendo em vista as seguintes particularidades do caso analisado: os avós haviam adotado a mãe biológica de seu neto aos oito anos de idade, a qual já estava grávida do adotado em razão de abuso sexual; os avós já exerciam, com exclusividade, as funções de pai e mãe do neto desde o seu nascimento; havia filiação socioafetiva entre neto e avós; o adotado, mesmo sabendo de sua origem biológica, reconhece os adotantes como pais e trata a sua mãe biológica como irmã mais velha; tanto adotado quanto sua mãe biológica concordaram expressamente com a adoção; não há perigo de confusão mental e emocional a ser gerada no adotando; e não havia predominância de interesse econômico na pretensão de adoção. • REsp 1.448.969-SC. 2014. (Info 551)

▼ SEQUESTRO INTERNACIONAL DE CRIANÇAS

CONVENÇÃO DA HAIA SOBRE ASPECTOS CIVIS DO SEQUESTRO INTERNACIONAL DE CRIANÇAS.

STJ O pedido de retorno imediato de criança retida ilicitamente por sua genitora no Brasil pode ser indeferido, mesmo que transcorrido menos de um ano entre a retenção indevida e o início do processo perante a autoridade judicial ou administrativa (art. 12 da Convenção de Haia), na hipótese em que o menor - com idade e maturidade suficientes para compreender a controvérsia - estiver adaptado ao novo meio e manifestar seu desejo de não regressar ao domicílio paterno no estrangeiro. • REsp 1.214.408-RJ. 2015. (Info 565)

RELAÇÃO DE PREJUDICIALIDADE EXTERNA ENTRE AÇÃO FUNDADA NA CONVENÇÃO DE HAIA SOBRE SEQUESTRO INTERNACIONAL DE CRIANÇAS E AÇÃO DE GUARDA E DE REGULAMENTAÇÃO DE VISITAS.

STJ No caso em que criança tenha sido supostamente retida ilicitamente no Brasil por sua genitora, não haverá conflito de competência entre (*a*) o juízo federal no qual tramite ação tão somente de busca e apreensão da criança ajuizada pelo genitor com fundamento na Convenção de Haia sobre os Aspectos Civis do Sequestro Internacional de Crianças e (*b*) o juízo estadual de vara de família que aprecie ação, ajuizada pela genitora, na qual se discuta o fundo do direito de guarda e a regulamentação de visitas à criança; verificando-se apenas prejudicialidade externa à ação ajuizada na Justiça Estadual, a recomendar a suspensão deste processo até a solução final da demanda ajuizada na Justiça Federal. • CC 132.100-BA. 2015. (Info 559)

CONVENÇÃO DA HAIA SOBRE ASPECTOS CIVIS DO SEQUESTRO INTERNACIONAL DE CRIANÇAS.

STJ Não se deve ordenar o retorno ao país de origem de criança que fora retida ilicitamente no Brasil por sua genitora na hipótese em que, entre a transferência da criança e a data do início do processo para sua restituição, tenha decorrido mais de um ano e, além disso, tenha sido demonstrado, por meio de avaliação psicológica, que a criança já estaria integrada ao novo meio em que vive e que uma mudança de domicílio poderia causar malefícios ao seu desenvolvimento. • REsp 1.293.800-MG. 2013. (Info 525)

▼ ATOS INFRACIONAIS E CRIMES

PEDOFILIA E COMPETÊNCIA. REPERCUSSÃO GERAL.

STF Compete à Justiça Federal processar e julgar os crimes consistentes em disponibilizar ou adquirir material pornográfico envolvendo criança ou adolescente (ECA, artigos 241, 241-A e 241-B), quando praticados por meio da rede mundial de computadores. • RE 628624/MG . 2015. (Info 805)

TIPIFICAÇÃO DAS CONDUTAS DE FOTOGRAFAR CENA PORNOGRÁFICA E ARMAZENAR FOTOGRAFIAS DE CONTEÚDO PORNOGRÁFICO ENVOLVENDO CRIANÇA OU ADOLESCENTE.

STJ Fotografar cena e armazenar fotografia de criança ou adolescente em poses nitidamente sensuais, com enfoque em seus órgãos genitais, ainda que cobertos por peças de roupas, e incontroversa finalidade sexual e libidinosa, adequam-se, respectivamente, aos tipos do art. 240 e 241-B do ECA. • REsp 1.543.267-SC. 2016. (Info 577)

APLICABILIDADE DE ESCUSA ABSOLUTÓRIA NA HIPÓTESE DE ATO INFRACIONAL.

STJ Nos casos de ato infracional equiparado a crime contra o patrimônio, é possível que o adolescente seja beneficiado pela escusa absolutória prevista no art. 181, II, do CP. • HC 251.681-PR. 2013. (Info 531)

DETERMINAÇÃO EM LEI ESTADUAL DE COMPETÊNCIA DO JUÍZO DA INFÂNCIA E DA JUVENTUDE PARA O PROCESSAMENTO DE AÇÃO PENAL DECORRENTE DA PRÁTICA DE CRIME CONTRA CRIANÇA OU ADOLESCENTE.

STJ Devem ser anulados os atos decisórios do processo, desde o recebimento da denúncia, na hipótese em que o réu, maior de 18 anos, acusado da prática do crime de estupro de vulnerável (art. 217-A, *caput*, do CP), tenha sido, por esse fato, submetido a julgamento perante juízo da infância e da juventude, ainda que lei estadual estabeleça a competência do referido juízo para processar e julgar ação penal decorrente da prática de crime que tenha como vítima criança ou adolescente. • RHC 37.603-RS. 2013. (Info 529)

DIREITO À INFORMAÇÃO E À DIGNIDADE. VEICULAÇÃO DE IMAGENS CONSTRANGEDORAS.

STJ É vedada a veiculação de material jornalístico com imagens que envolvam criança em situações vexatórias ou constrangedoras, ainda que não se mostre o rosto da vítima. • REsp 509.968-SP. 2013. (Info 511)

▼ EMBARQUE DE CRIANÇA PARA EXTERIOR

NEGATIVA DE EMBARQUE DE CRIANÇA PARA O EXTERIOR.

STJ É lícita a conduta de companhia aérea consistente em negar o embarque ao exterior de criança acompanhada por apenas um dos pais, desprovido de autorização na forma estabelecida no art. 84 do ECA, ainda que apresentada - conforme estabelecido em portaria da vara da infância e da juventude - autorização do outro genitor escrita de próprio punho e elaborada na presença de autoridade fiscalizadora no momento do embarque. • REsp 1.249.489-MS. 2013. (Info 529)

▼ TEMAS DIVERSOS

ECA: CLASSIFICAÇÃO INDICATIVA E LIBERDADE DE EXPRESSÃO.

STF É inconstitucional a expressão "em horário diverso do autorizado" contida no art. 254 do ECA. O Poder Público pode apenas recomendar os horários adequados. A classificação dos programas é indicativa (e não obrigatória). • ADI 2404/DF. 2016. (Info 837)

VARA ESPECIALIZADA E COMPETÊNCIA.

STF É constitucional lei estadual que confere poderes ao Conselho da Magistratura para atribuir aos juizados da infância e juventude competência para processar e julgar crimes de natureza sexual praticados contra criança e adolescente, nos exatos limites da atribuição que a Constituição Federal confere aos tribunais. • HC 113018. 2013. (Info 726)

LEGITIMIDADE ATIVA DO MP EM AÇÃO CIVIL PÚBLICA PARA DEFESA DE DIREITOS DA CRIANÇA E DO ADOLESCENTE.

STJ O Ministério Público tem legitimidade para promover ação civil pública a fim de obter compensação por dano moral difuso decorrente da submissão de adolescentes a tratamento desumano e vexatório levado a efeito durante rebeliões ocorridas em unidade de internação. • AgRg no REsp 1.368.769-SP. 2013. (Info 526)

DIREITO ELEITORAL

▼ COMPETÊNCIA

COMPETÊNCIA PARA PROCESSAR E JULGAR CRIME CARACTERIZADO PELA DESTRUIÇÃO DE TÍTULO DE ELEITOR.

STJ Compete à Justiça Federal - e não à Justiça Eleitoral - processar e julgar o crime caracterizado pela destruição de título eleitoral de terceiro, quando não houver qualquer vinculação com pleitos eleitorais e o intuito for, tão somente, impedir a identificação pessoal. • CC 127.101-RS. 2015. (Info 555)

COMPETÊNCIA PENAL RELACIONADA A INJÚRIA MOTIVADA POR DIVERGÊNCIAS POLÍTICAS ÀS VÉSPERAS DE ELEIÇÃO.

STJ Compete à Justiça Comum Estadual – e não à Justiça Eleitoral – processar e julgar injúria cometida no âmbito doméstico, desvinculada, direta ou indiretamente, de propaganda eleitoral, ainda que motivada por divergências políticas às vésperas de eleição. • CC 134.005-PR. 2014. (Info 545)

COMPETÊNCIA NO CASO DE INJÚRIA MOTIVADA POR DIVERGÊNCIA POLÍTICA ÀS VÉSPERAS DA ELEIÇÃO.

STJ Compete à Justiça Comum Estadual, e não à Eleitoral, processar e julgar injúria cometida no âmbito doméstico e desvinculada, direta ou indiretamente, de propaganda eleitoral, embora motivada por divergência política às vésperas da eleição. • CC 134.005-PR. 2013. (Info 543)

▼ MULTA E RESPONSABILIDADE CIVIL

AUSÊNCIA DE RESPONSABILIDADE CIVIL POR GASTOS DECORRENTES DE ELEIÇÃO SUPLEMENTAR.

STJ O candidato ao cargo de prefeito que obtém o deferimento do registro de sua candidatura no juízo eleitoral de primeiro grau, mas, depois de eleito, tem o registro indeferido pelo

TSE, não deve indenização à União por gastos decorrentes de eleição suplementar. • REsp 1.596.589-AL. 2016. (Info 586)

APLICAÇÃO DE MULTA ELEITORAL E SANÇÃO POR ATO DE IMPROBIDADE ADMINISTRATIVA.

STJ A condenação pela Justiça Eleitoral ao pagamento de multa por infringência às disposições contidas na Lei n. 9.504/1997 (Lei das Eleições) não impede a imposição de nenhuma das sanções previstas na Lei n. 8.429/1992 (Lei de Improbidade Administrativa - LIA), inclusive da multa civil, pelo ato de improbidade decorrente da mesma conduta. • AgRg no AREsp 606.352-SP. 2016. (Info 576)

▼ PRESCRIÇÃO E DECADÊNCIA

ADI: LEI DAS ELEIÇÕES E PRAZO DE REGISTRO DE PARTIDO POLÍTICO

STF Reveste-se de constitucionalidade a regra contida no art. 4º da Lei 9.504/97, que exige prazo mínimo de um ano de existência para que partidos políticos possam concorrer em eleições. • ADI 1817. 2014. (Info 748)

TERMO INICIAL DO PRAZO PRESCRICIONAL DA AÇÃO DE IMPROBIDADE ADMINISTRATIVA NO CASO DE REELEIÇÃO.

STJ O prazo prescricional em ação de improbidade administrativa movida contra prefeito reeleito só se inicia após o término do segundo mandato, ainda que tenha havido descontinuidade entre o primeiro e o segundo mandato em razão da anulação de pleito eleitoral, com posse provisória do Presidente da Câmara, por determinação da Justiça Eleitoral, antes da reeleição do prefeito em novas eleições convocadas. • REsp 1.414.757-RN. 2015. (Info 571)

▼ FIXAÇÃO DO NÚMERO DE DEPUTADOS

REDEFINIÇÃO DE NÚMERO DE PARLAMENTARES

STF O parágrafo único do art. 1º da LC 78/93 e a Resolução TSE 23.389/2013 (que alteraram o número de vagas para Deputados para as eleições de 2014) são inconstitucionais por violarem o § 1º do art. 45 da CF/88 e a independência do Poder Legislativo; o Decreto Legislativo 424/2013 (que sustou os efeitos da Resolução acima), editado pelo Congresso Nacional, é inconstitucional por violar o art. 49, V, da CF/88 e a independência do Poder Judiciário. E, nas eleições de outubro de 2014 deverão ser adotados os mesmos critérios aplicados nas eleições de 2010, ou seja, o número de vagas de Deputados Federais não foi alterado. • ADI 4947. 2014. (Info 751)

▼ INELEGIBILIDADES

ART. 14, § 7º, DA CF: MORTE DE CÔNJUGE E INELEGIBILIDADE

STF O Enunciado 18 da Súmula Vinculante do STF ("A dissolução da sociedade ou do vínculo conjugal, no curso do mandato, não afasta a inelegibilidade prevista no § 7º do artigo 14 da

Constituição Federal") não se aplica aos casos de extinção do vínculo conjugal pela morte de um dos cônjuges. • RE 758461. 2014. (Info 747)

▼ TEMAS DIVERSOS

MINIRREFORMA ELEITORAL: DEBATE ELEITORAL E EXCLUSÃO DE CANDIDATO.

STF Candidatos que têm participação assegurada em debate eleitoral não podem deliberar pela exclusão de participantes convidados por emissoras de rádio e televisão, cuja presença seja facultativa. • ADI 5488/DF. 2016. (Info 837)

ADI E FINANCIAMENTO DE CAMPANHA ELEITORAL.

STF São inconstitucionais as contribuições de pessoas jurídicas às campanhas eleitorais. No que se refere às contribuições de pessoas físicas, regulam-se de acordo com a lei em vigor. ADI 4650/DF. 2015. (Info 799)

SISTEMA MAJORITÁRIO E FIDELIDADE PARTIDÁRIA.

STF A perda do mandato em razão de mudança de partido não se aplica aos candidatos eleitos pelo sistema majoritário, sob pena de violação da soberania popular e das escolhas feitas pelo eleitor. • ADI 5081/DF. 2015. (Info 787)

ADI: LEI DAS ELEIÇÕES E PRAZO DE REGISTRO DE PARTIDO POLÍTICO

STF Reveste-se de constitucionalidade a regra contida no art. 4º da Lei 9.504/97, que exige prazo mínimo de um ano de existência para que partidos políticos possam concorrer em eleições. • ADI 1817. 2014. (Info 748)

VOTO IMPRESSO E ART. 14 DA CF

STF O art. 5º da Lei 12.034/09, que dispõe sobre o voto impresso, é inconstitucional. • ADI 4543. 2014. (Info 727)

PROPAGANDA PARTIDÁRIA E LEGITIMIDADE DO MINISTÉRIO PÚBLICO PARA REPRESENTAÇÃO

STF O MP tem legitimidade para representar contra propagandas partidárias irregulares. • ADI 4617. 2013. (Info 711)

GRATIFICAÇÃO ELEITORAL DEVIDA AOS ESCRIVÃES ELEITORAIS E AOS CHEFES DE CARTÓRIO DAS ZONAS ELEITORAIS DO INTERIOR DOS ESTADOS. RECURSO REPETITIVO.

STJ Os servidores da Justiça Estadual que tenham exercido as funções de chefe de cartório ou de escrivão eleitoral das zonas eleitorais do interior dos estados não têm direito a receber a gratificação mensal *pro labore* (gratificação eleitoral) referente ao período de 1996 a 2004 no valor correspondente à integralidade das Funções Comissionadas FC-01 e FC-03 pagas a servidores do Poder Judiciário Federal. • REsp 1.258.303-PB. 2014. (Info 537)

DIREITO MILITAR

▼ DIREITO PENAL E PROCESSUAL MILITAR

PROCESSO PENAL MILITAR E INTERROGATÓRIO AO FINAL DA INSTRUÇÃO

STF A exigência de realização do interrogatório ao final da instrução criminal, conforme o art. 400 do CPP, é aplicável no âmbito de processo penal militar. • HC 127900/AM. 2016. (Info 816)

NORMA PENAL MILITAR E DISCRIMINAÇÃO SEXUAL.

STF As expressões "pederastia ou outro" – mencionada na rubrica enunciativa referente ao art. 235 do CPM – e "homossexual ou não" – contida no aludido dispositivo – não foram recepcionadas pela Constituição ("Pederastia ou outro ato de libidinagem - Art. 235. Praticar, ou permitir o militar que com êle se pratique ato libidinoso, homossexual ou não, em lugar sujeito a administração militar: Pena - detenção, de seis meses a um ano"). • ADPF 291/DF. 2015. (Info 805)

PRINCÍPIO DA CONSUNÇÃO NA JUSTIÇA MILITAR.

STF É cabível o trancamento da ação penal militar instaurada em desfavor de réu, pelo crime de abandono de posto, por ter sido apenas crime-meio para alcançar o delito-fim de deserção, posteriormente arquivado. • RHC 125112. 2015. (Info 774)

PROCESSO PENAL MILITAR: INTERROGATÓRIO E ART. 400 DO CPP.

STF Em razão do princípio da especialidade, prevalece, para os casos de jurisdição militar, a norma processual penal militar e, por consequência, incabível a aplicação do rito previsto no art. 400 do CPP, com a redação trazida pela Lei 11.719/08. • HC 122673. 2014. (Info 752)

JUSTIÇA MILITAR: DESERÇÃO EM TEMPO DE PAZ E "SURSIS".

STF São compatíveis com a Constituição a alínea a do inciso II do art. 88 do CPM e a alínea a do inciso II do art. 617 do CPPM. • HC 119567. 2014. (Info 747)

CRIME PRATICADO POR CIVIL E COMPETÊNCIA DA JUSTIÇA MILITAR.

STF Compete à justiça militar processar e julgar civil denunciado pela suposta prática dos delitos de desacato e resistência contra militar. • HC 113128. 2014. (Info 732)

COMPETÊNCIA: POLICIAMENTO OSTENSIVO E DELITO PRATICADO POR CIVIL CONTRA MILITAR

STF Compete à justiça federal comum processar e julgar civil, em tempo de paz, por delitos alegadamente cometidos por estes em ambiente estranho ao da Administração castrense e praticados contra militar das Forças Armadas na função de policiamento ostensivo, que traduz típica atividade de segurança pública. • HC 112936. 2013. (Info 694)

COMPETÊNCIA DA JUSTIÇA COMUM FEDERAL PARA JULGAR MILITAR DA ATIVA.

STJ Compete à Justiça Comum Federal - e não à Justiça Militar - processar e julgar a suposta prática, por militar da ativa, de crime previsto apenas na Lei n. 8.666/1993 (Lei de Licitações), ainda que praticado contra a administração militar. • CC 146.388-RJ. 2016. (Info 586)

COMPETÊNCIA PARA PROCESSAR E JULGAR CRIME COMETIDO A BORDO DE NAVIO.

STJ Compete à Justiça Federal processar e julgar o crime praticado a bordo de embarcação estrangeira privada de grande porte ancorada em porto brasileiro e em situação de potencial deslocamento internacional, ressalvada a competência da Justiça Militar. • CC 118.503-PR. 2015. (Info 560)

COMPETÊNCIA PARA APRECIAR PEDIDO DE QUEBRA DE SIGILO TELEFÔNICO EM APURAÇÃO DE CRIME DE USO DE ARTEFATO INCENDIÁRIO CONTRA EDIFÍCIO-SEDE DA JUSTIÇA MILITAR DA UNIÃO.

STJ Compete à Justiça Federal - é não à Justiça Militar - decidir pedido de quebra de sigilo telefônico requerido no âmbito de inquérito policial instaurado para apurar a suposta prática de crime relacionado ao uso de artefato incendiário contra o edifício-sede da Justiça Militar da União, quando o delito ainda não possua autoria estabelecida e não tenha sido cometido contra servidor do Ministério Público Militar ou da Justiça Militar. • CC 137.378-RS. 2015. (Info 559)

HIPÓTESE DE COMPETÊNCIA DA JUSTIÇA FEDERAL PARA JULGAR CRIME DE LATROCÍNIO.

STJ Compete à Justiça Federal processar e julgar crime de latrocínio no qual tenha havido troca de tiros com policiais rodoviários federais que, embora não estivessem em serviço de patrulhamento ostensivo, agiam para reprimir assalto a instituição bancária privada. • HC 309.914-RS. 2015. (Info 559)

HIPÓTESE DE INCOMPETÊNCIA DA JUSTIÇA MILITAR.

STJ Compete à Justiça Comum Estadual - e não à Justiça Militar Estadual - processar e julgar suposto crime de desacato praticado por policial militar de folga contra policial militar de serviço em local estranho à administração militar. • REsp 1.320.129-DF. 2014. (Info 553)

COMPETÊNCIA PARA PROCESSAR CRIME PRATICADO POR MILITAR CONTRA CIVIL QUANDO HOUVER DÚVIDA QUANTO AO ELEMENTO SUBJETIVO.

STJ Havendo dúvida sobre a existência do elemento subjetivo do crime de homicídio, deverá tramitar na Justiça Comum - e não na Justiça Militar - o processo que apure a suposta prática do crime cometido, em tempo de paz, por militar contra civil. • CC 129.497-MG. 2014. (Info 550)

COMPETÊNCIA PARA PROCESSAR E JULGAR CRIME PRATICADO COM O FIM DE BURLAR A EXECUÇÃO CRIMINAL MILITAR.

STJ Compete à Justiça Militar processar e julgar estelionato cometido por militar mediante a emissão, em favor de entidade filantrópica, de cheque sem provisão de fundos com o fim de burlar obrigação de doar cestas básicas assumida por ocasião do recebimento de pena alternativa imposta em substituição a condenação proferida pela Justiça Militar. • REsp 1.300.270-SC. 2014. (Info 545)

COMPETÊNCIA PARA JULGAMENTO DE CRIME DE DESACATO CONTRA MILITAR QUE ESTEJA REALIZANDO POLICIAMENTO NAVAL.

STJ Compete à Justiça Militar da União processar e julgar ação penal promovida contra civil que tenha cometido crime de desacato contra militar da Marinha do Brasil em atividade de patrulhamento naval. • CC 130.996-PA. 2014. (Info 544)

TIPICIDADE DA CONDUTA NO CRIME DE DESCUMPRIMENTO DE MISSÃO.

STJ A ausência injustificada nos dias em que o militar tenha sido designado para a função específica de comando de patrulhas configura o crime de descumprimento de missão. • REsp 1.301.155-SP. 2014. (Info 540)

PODERES DO RELATOR EM INVESTIGAÇÃO CONTRA MAGISTRADO.

STJ O prosseguimento da investigação criminal em que surgiu indício da prática de crime por parte de magistrado não depende de deliberação do órgão especial do tribunal competente, cabendo ao relator a quem o inquérito foi distribuído determinar as diligências que entender cabíveis. • HC 208.657-MG. 2014. (Info 540)

▼ DIREITO PREVIDENCIÁRIO MILITAR

PERCEPÇÃO DE PENSÃO MILITAR POR FILHO MENOR DE 24 ANOS.

STJ O falecimento de militar após o advento da Lei 6.880/1980 e antes da vigência da Medida Provisória 2.215-10/2001 gera direito à percepção de pensão por morte a filho universitário menor de 24 anos e não remunerado. • EREsp 1.181.974-MG. 2015. (Info 571)

▼ DIREITO ADMINISTRATIVO MILITAR

AGREGAÇÃO DE MILITAR QUE PARTICIPA DE CURSO DE FORMAÇÃO.

STJ O militar aprovado em concurso público tem direito a ser agregado durante o prazo de conclusão de curso de formação, com direito à opção pela respectiva remuneração. • AgRg no REsp 1.470.618-RN. 2014. (Info 551)

SUSPENSÃO CAUTELAR DO PORTE DE ARMA DE FOGO DE SERVIDOR MILITAR POR DECISÃO ADMINISTRATIVA.

STJ A Polícia Militar pode, mediante decisão administrativa fundamentada, determinar a suspensão cautelar do porte de arma de policial que responde a processo criminal. • RMS 42.620-PB. 2014. (Info 537)

LIMITE ETÁRIO EM CONCURSO PÚBLICO PARA INGRESSO NA CARREIRA DE POLICIAL MILITAR.

STJ Não tem direito a ingressar na carreira de policial militar o candidato à vaga em concurso público que tenha ultrapassado, no momento da matrícula no curso de formação, o limite máximo de idade previsto em lei específica e em edital. • RMS 44.127-AC. 2014. (Info 533)

DIREITO DE ANISTIADO POLÍTICO MILITAR AOS BENEFÍCIOS INDIRETOS DOS MILITARES.

STJ A condição de anistiado político confere ao militar o direito aos planos de seguro e de assistência médica, odontológica e hospitalar assegurados aos militares. • MS 10.642-DF. 2013. (Info 526)

INAPLICABILIDADE DO ART. 125, § 4º, DA CF NO CASO DE EXCLUSÃO DE MILITAR ESTADUAL COMO SANÇÃO DECORRENTE DE PAD.

STJ Em processo administrativo disciplinar, é possível impor sanção consistente na exclusão de militar estadual que viole regras de conduta necessárias à sua permanência na corporação. • RMS 40.737-PE. 2013. (Info 523)

PROMOÇÃO DE ANISTIADO POLÍTICO MILITAR. RECURSO REPETITIVO.

STJ Não é possível a promoção de anistiado político (art. 6º da Lei 10.559/2002) para carreira militar diversa da que ele integra. • REsp 1.357.700-RJ. 2013. (Info 522)

REFORMA DE MILITAR TEMPORÁRIO POR INCAPACIDADE DEFINITIVA PARA O SERVIÇO ATIVO NAS FORÇAS ARMADAS.

STJ Não tem direito à reforma o militar temporário no caso de incapacidade definitiva para o serviço castrense causada por evento que não guarde relação com o exercício da função. • REsp 1.328.915-RS. 2013. (Info 522)

EXTENSÃO DA VPE CRIADA PELA LEI 11.134/2005 AOS MILITARES DO ANTIGO DISTRITO FEDERAL.

STJ A vantagem pecuniária especial (VPE) criada pela Lei 11.134/2005 e devida aos militares da Polícia Militar e do Corpo de Bombeiros Militar do atual Distrito Federal deve ser estendida aos inativos e pensionistas do antigo Distrito Federal. • EREsp 1.121.981-RJ. 2013. (Info 521)

QUESTÕES INÉDITAS

INFORMATIVOS STF/STJ

JULGADOS IMPORTANTES DE 2016/2017

▼ DIREITO CIVIL

1 Conforme entendimento do STJ, é inválida a penhora da integralidade de imóvel submetido ao regime de multipropriedade (*time-sharing*) em decorrência de dívida de condomínio de responsabilidade de apenas uma pessoa, o organizador do compartilhamento.

Gabarito: **Certo**

▼ INFORMATIVO 589/STJ

DIREITO CIVIL. INVALIDADE DA PENHORA SOBRE A INTEGRALIDADE DE IMÓVEL SUBMETIDO A TIME SHARING.

É inválida a penhora da integralidade de imóvel submetido ao regime de multipropriedade (*time-sharing*) em decorrência de dívida de condomínio de responsabilidade do organizador do compartilhamento. Na espécie, reconhece-se que a natureza jurídica da multipropriedade imobiliária bem mais se compatibiliza com a de um direito real. Isso porque, extremamente acobertada por princípios que encerram os direitos reais, a multipropriedade imobiliária, nada obstante ter feição obrigacional aferida por muitos, detém forte liame com o instituto da propriedade, se não for a sua própria expressão, como já vem proclamando a doutrina contemporânea, inclusive num contexto de não se reprimir a autonomia da vontade nem a liberdade contratual diante da preponderância da tipicidade dos direitos reais e do sistema de *numerus clausus*. Não se vê como admitir, no contexto do CC/2002, óbice a se dotar o instituto da multipropriedade imobiliária de caráter real, especialmente sob a ótica da taxatividade e imutabilidade dos direitos reais inscritos no art. 1.225. Primeiro, porque o vigente diploma, seguindo os ditames do estatuto civil anterior, não traz nenhuma vedação nem faz referência à inviabilidade de consagrar novos direitos reais. Segundo, porque com os atributos dos direitos reais se harmoniza o novel instituto, que, circunscrito a um vínculo jurídico de aproveitamento econômico e de imediata aderência ao imóvel, detém as faculdades de uso, gozo e disposição sobre fração ideal do bem, ainda que objeto de compartilhamento pelos multiproprietários de espaço e turnos fixos de tempo. REsp 1.546.165-SP, Rel. Min. Ricardo

Villas Bôas Cueva, Rel. para acórdão Min. João Otávio de Noronha, por maioria, julgado em 26/4/2016, DJe 6/9/2016.

2 Em relação ao nome, entende o STJ que o brasileiro que adquiriu dupla cidadania pode ter seu nome retificado no registro civil do Brasil, desde que isso não cause prejuízo a terceiros, quando vier a sofrer transtornos no exercício da cidadania por força da apresentação de documentos estrangeiros com sobrenome imposto por lei estrangeira e diferente do que consta em seus documentos brasileiros.

Gabarito: **Certo**

▼ INFORMATIVO 588/STJ

DIREITO CIVIL. ALTERAÇÃO DE REGISTRO CIVIL APÓS AQUISIÇÃO DE DUPLA CIDADANIA.

O brasileiro que adquiriu dupla cidadania pode ter seu nome retificado no registro civil do Brasil, desde que isso não cause prejuízo a terceiros, quando vier a sofrer transtornos no exercício da cidadania por força da apresentação de documentos estrangeiros com sobrenome imposto por lei estrangeira e diferente do que consta em seus documentos brasileiros. Isso porque os transtornos que vem sofrendo ao exercitar sua cidadania em razão de a sua documentação oficial estar com nomes distintos constitui justo motivo para se flexibilizar a interpretação dos arts. 56 e 57 da Lei n. 6.015/1973 (Lei dos Registros Públicos), na linha da sedimentada jurisprudência do STJ. Ressalte-se que, se o STJ flexibiliza a imutabilidade do nome para a hipótese de requerimento de obtenção de dupla cidadania, com mais razão vislumbra-se a necessidade de se flexibilizar para hipótese em que já se obteve a dupla nacionalidade, prestigiando, assim, o princípio da simetria, da uniformidade, da verdade real e da segurança jurídica, que norteiam o sistema registral brasileiro. Essa flexibilização, na interpretação dos artigos da Lei de Registros Públicos, visa, sobretudo, assegurar o exercício da cidadania, ou seja, o próprio papel que o nome desempenha na formação e consolidação da personalidade de uma pessoa (REsp 1.412.260-SP, Terceira Turma, DJe 22/5/2014). Além disso, "não se pode negar que a apresentação de documentos contendo informações destoantes nos assentamentos registrais dificulta, na prática, a realização dos atos da vida civil, além de gerar transtornos e aborrecimentos desnecessários" (REsp 1.279.952-MG, Terceira Turma, DJe 12/2/2015). Por fim, inexistentes prejuízos a terceiros em razão do deferimento da retificação, claro que, em razão do princípio da segurança jurídica e da necessidade de preservação dos atos jurídicos até então praticados, o nome não deve ser suprimido dos assentamentos, procedendo-se, tão somente, à averbação da alteração requerida com a respectiva autorização para emissão dos documentos atualizados com o nome uniforme. REsp 1.310.088-MG, Rel. Min. João Otávio de Noronha, Rel. para acórdão Min. Paulo de Tarso Sanseverino, julgado em 17/5/2016, DJe 19/8/2016.

3 Sobre o tema alimentos, o Superior Tribunal de Justiça entendeu que o falecimento do pai do alimentando implica a automática transmissão do dever alimentar aos avós, por ser esta uma responsabilidade sucessiva.

Gabarito: **Errado**

▼ INFORMATIVO 587

DIREITO CIVIL. INEXISTÊNCIA DE TRANSFERÊNCIA AUTOMÁTICA DO DEVER DE ALIMENTAR.

O falecimento do pai do alimentando não implica a automática transmissão do dever alimentar aos avós. É orientação do STJ que a responsabilidade dos avós de prestar alimentos é subsidiária, e não sucessiva. Essa obrigação tem natureza complementar e somente exsurge se ficar demonstrada a impossibilidade de os genitores proverem os alimentos de seus filhos (REsp 1.415.753-MS, Terceira Turma, DJe 27/11/2015; e REsp 831.497-MG, Quarta Turma, DJe 11/2/2010). Assim, para intentar ação contra ascendente de segundo grau, deve o alimentando demonstrar não somente a impossibilidade ou insuficiência de cumprimento da obrigação pela mãe, como também pelo espólio do pai falecido. REsp 1.249.133-SC, Rel. Min. Antonio Carlos Ferreira, Rel. para acórdão Min. Raul Araújo, julgado em 16/6/2016, DJe 2/8/2016.

4 O fato de a área do imóvel ser inferior à correspondente ao "módulo urbano" (a área mínima a ser observada no parcelamento de solo urbano por determinação infraconstitucional) obsta, no entendimento do STJ, o pedido declaratório de usucapião especial urbana. Afinal, a legislação infraconstitucional que estabeleça módulos urbanos na respectiva área em que situado o imóvel (dimensão do lote) deve ser obedecida.

Gabarito: **Errado**

▼ INFO 584

DIREITO CIVIL E URBANÍSTICO. USUCAPIÃO ESPECIAL URBANA E ÁREA DE IMÓVEL INFERIOR AO "MÓDULO URBANO".

Não obsta o pedido declaratório de usucapião especial urbana o fato de a área do imóvel ser inferior à correspondente ao "módulo urbano" (a área mínima a ser observada no parcelamento de solo urbano por determinação infraconstitucional). Isso porque o STF, após reconhecer a existência de repercussão geral da questão constitucional suscitada, fixou a tese de que, preenchidos os requisitos do artigo 183 da CF, cuja norma está reproduzida no art. 1.240 do CC, o reconhecimento do direito à usucapião especial urbana não pode ser obstado por legislação infraconstitucional que estabeleça módulos urbanos na respectiva área em que situado o imóvel (dimensão do lote) (RE 422.349-RS, Tribunal Pleno, DJe 5/8/2015). REsp 1.360.017-RJ, Rel. Min. Ricardo Villas Bôas Cueva, julgado em 5/5/2016, DJe 27/5/2016.

5 Não se aplica a teoria do adimplemento substancial aos contratos de alienação fiduciária em garantia regidos pelo Decreto-Lei 911/69.

Gabarito: CERTO

▼ **INFORMATIVO 599/STJ**

Contrato de mútuo. Revisão de contrato. Juros Capitalizados. Cobrança. Expressa pactuação. Possibilidade.

Não se aplica a teoria do adimplemento substancial aos contratos de alienação fiduciária em garantia regidos pelo Decreto-Lei 911/69. Resp 1.622.555-MG. 2017.

6 **Para o STJ, não é abusiva a mera previsão contratual que estabelece a duplicação do valor do aluguel no mês de dezembro em contrato de locação de espaço em** *shopping center.*

Gabarito: **Certo**

▼ INFORMATIVO 582

DIREITO CIVIL. VALIDADE DA CLÁUSULA DE 13º ALUGUEL EM CONTRATO DE LOCAÇÃO DE ESPAÇO EM SHOPPING CENTER.

Não é abusiva a mera previsão contratual que estabelece a duplicação do valor do aluguel no mês de dezembro em contrato de locação de espaço em shopping center. De início, cabe ressaltar que o contrato de locação deve ser analisado com base no disposto no art. 54 da Lei de Locações (Lei n. 8.245/1991), que admite a livre pactuação das cláusulas no contrato de locação de espaço em shopping center firmado entre lojistas e empreendedores, observadas as disposições da referida lei. O controle judicial das cláusulas contratuais constantes de contrato de locação de espaço em shopping center deve ser estabelecido a partir dos princípios reitores do sistema de Direito Empresarial, partindo-se, naturalmente, do disposto no art. 54 da Lei de Locações. Com efeito, a locação de espaço em shopping center é uma modalidade de contrato empresarial, contendo fundamentalmente os seguintes elementos: o consentimento dos contratantes, a cessão do espaço e o aluguel. O aluguel em si é composto de uma parte fixa e de uma parte variável. A parcela fixa é estabelecida em um valor preciso no contrato com possibilidade de reajuste pela variação da inflação, correspondendo a um aluguel mínimo mensal. A parcela variável consiste em um percentual sobre o montante de vendas (faturamento do estabelecimento comercial), variando em torno de 7% a 8% sobre o volume de vendas. Se o montante em dinheiro do percentual sobre as vendas for inferior ao valor do aluguel fixo, apenas este deve ser pago; se for superior, paga-se somente o aluguel percentual. No mês de dezembro, é previsto o pagamento em dobro do aluguel para que o empreendedor ou o administrador indicado faça também frente ao aumento de suas despesas nessa época do ano, sendo também chamado de aluguel dúplice ou 13º aluguel. A cobrança do 13º aluguel é prevista em cláusula contratual própria desse tipo peculiar de contrato de locação, incluindo-se entre as chamadas cláusulas excêntricas. A discussão acerca da validade dessa cláusula centra-se na tensão entre os princípios da autonomia privada e da função social do contrato. De acordo com doutrina especializada, o princípio da autonomia privada corresponde ao poder reconhecido pela ordem jurídica aos particulares para dispor acerca dos seus interesses, notadamente os econômicos (autonomia negocial), realizando livremente negócios jurídicos e determinando os respectivos efeitos. A autonomia privada, embora modernamente tenha cedido espaço para outros princípios (como a boa-fé e a função social do contrato), apresenta-se, ainda, como a pedra angular do sistema de direito privado, especialmente no plano do Direito Empresarial. O pressuposto imediato da autonomia privada é a liberdade como valor jurídico. Mediatamente, o personalismo ético aparece também como fundamento, com a concepção de que o indivíduo é o centro do ordenamento jurídico e de que sua vontade, livremente manifestada, deve ser resguardada como instrumento de realização de justiça. O princípio da autonomia privada concretiza-se, fundamentalmente, no direito contratual, por meio de uma tríplice dimensão: a liberdade contratual, a força obrigatória dos pactos e a relatividade dos contratos. A liberdade contratual representa o poder conferido às partes de escolher o negócio a ser celebrado, com quem contratar e o conteúdo das cláusulas contratuais. É a ampla faixa de autonomia conferida pelo ordenamento jurídico à manifestação de vontade dos contratantes. Assevera doutrina que o princípio da relatividade dos contratos expressa, em síntese, que a força obrigatória desse negócio jurídico é restrita às partes contratantes (*res inter alios acta*). Os direitos e as obrigações nascidos de um contrato não atingem terceiros, cuja manifestação de vontade não teve participação na formação desse negócio jurídico. De outro lado, nenhum terceiro pode intervir no contrato regularmente celebrado. Limita-se, assim, até mesmo, a atuação legislativa do próprio Estado, em virtude da impossibilidade de uma lei nova incidir retroativamente sobre contrato regularmente celebrado por constituir ato jurídico perfeito. Entretanto, admite-se a revisão administrativa e judicial dos contratos nos casos expressamente autorizados pelo ordenamento jurídico. Já a força obrigatória dos contratos é o contraponto da liberdade contratual. Se o agente é livre para realizar qualquer negócio jurídico dentro da vida civil, deve ser responsável pelos atos praticados, pois os contratos são celebrados para serem cumpridos (*pacta sunt servanda*). A necessidade de efetiva segurança jurídica na circulação de bens impele a ideia de responsabilidade contratual, mas de forma restrita aos limites do contrato. O exercício da liberdade contratual exige responsabilidade quanto aos efeitos dos pactos celebrados. Assim, o controle judicial sobre eventuais cláusulas abusivas em contratos empresariais é mais restrito do que em outros setores do Direito Privado, pois as negociações são entabuladas entre profissionais da área empresarial, observando regras costumeiramente seguidas pelos integrantes desse setor da economia. Ressalte-se que a autonomia privada, como bem delineado no Código Civil de 2002 (arts. 421 e 422) e já reconhecido na vigência do Código Civil de 1916, não constitui um princípio absoluto em nosso ordenamento jurídico, sendo relativizada, entre outros, pelos princípios da função social, da boa-fé objetiva e da prevalência do interesse público. Essa relativização resulta, conforme entendimento doutrinário, o reconhecimento de que os contratos, além do interesse das partes contratantes, devem atender também aos "fins últimos da ordem econômica". Nesse contexto, visando à promoção desses fins, admite o Direito brasileiro, expressamente, a revisão contratual, diante da alteração superveniente das circunstâncias que deram origem ao negócio jurídico (teoria da imprevisão, teoria da base objetiva etc.). REsp 1.409.849-PR, Rel. Min. Paulo de Tarso Sanseverino, julgado em 26/4/2016, DJe 5/5/2016.

7 De acordo com o entendimento do STJ, é cabível o ajuizamento de ações possessórias por parte de invasor de terra pública contra outros particulares.

Gabarito: **Certo**

▼ INFORMATIVO 579

DIREITO CIVIL E PROCESSUAL CIVIL. AJUIZAMENTO DE AÇÃO POSSESSÓRIA POR INVASOR DE TERRA PÚBLICA CONTRA OUTROS PARTICULARES.

É cabível o ajuizamento de ações possessórias por parte de invasor de terra pública contra outros particulares. Inicialmente, salienta-se que não se desconhece a jurisprudência do STJ no sentido de que a ocupação de área pública sem autorização expressa e legítima do titular do domínio constitui mera detenção (REsp 998.409-DF, Terceira Turma, DJe 3/11/2009). Contudo, vislumbra-se que, na verdade, isso revela questão relacionada à posse. Nessa ordem de ideias, ressalta-se o previsto no art. 1.198 do CC, *in verbis*: "Considera-se detentor aquele que, achando-se em relação de dependência para com outro, conserva a posse em nome deste e em cumprimento de ordens ou instruções suas". Como se vê, para que se possa admitir a relação de dependência, a posse deve ser exercida em nome de outrem que ostente o *jus possidendi* ou o *jus possessionis*. Ora, aquele que invade terras públicas e nela constrói sua moradia jamais exercerá a posse em nome alheio, de modo que não há entre ele e o ente público uma relação de dependência ou de subordinação e, por isso, não há que se falar em mera detenção. De fato, o *animus domni* é evidente, a despeito de ele ser juridicamente infrutífero. Inclusive, o fato de as terras serem públicas e, dessa maneira, não serem passíveis de aquisição por usucapião, não altera esse quadro. Com frequência, o invasor sequer conhece essa característica do imóvel. Portanto, os interditos possessórios são adequados à discussão da melhor posse entre particulares, ainda que ela esteja relacionada a terras públicas. REsp 1.484.304-DF, Rel. Min. Moura Ribeiro, julgado em 10/3/2016, DJe 15/3/2016.

8 Conforme o STJ, em execução de alimentos devidos a filho menor de idade, por mais que não exista impedimento legal, não é possível o protesto e a inscrição do nome do devedor em cadastros de proteção ao crédito.

Gabarito: **Errado**

▼ INFORMATIVO 579

DIREITO CIVIL E PROCESSUAL CIVIL. PROTESTO E INSCRIÇÃO DO NOME DO DEVEDOR DE ALIMENTOS EM CADASTROS DE INADIMPLENTES.

Em execução de alimentos devidos a filho menor de idade, é possível o protesto e a inscrição do nome do devedor em cadastros de proteção ao crédito. Não há impedimento legal para que se determine a negativação do nome de contumaz devedor de alimentos no ordenamento pátrio. Ao contrário, a exegese conferida ao art. 19 da Lei de Alimentos (Lei n. 5.478/1968), que prevê incumbir ao juiz da causa adotar as providências necessárias para a execução da sentença ou do acordo de alimentos, deve ser a mais ampla possível, tendo em vista a natureza do direito em discussão, o qual, em última análise, visa garantir a sobrevivência e a dignidade da criança ou adolescente alimentando. Ademais, o princípio do melhor interesse da criança e do adolescente encontra respaldo constitucional (art. 227 da CF). Nada impede, portanto, que o mecanismo de proteção que visa salvaguardar interesses bancários e empresariais em geral (art. 43 da Lei n. 8.078/1990) acabe garantindo direito ainda mais essencial relacionado ao risco de vida que violenta a própria dignidade da pessoa humana e compromete valores superiores à mera higidez das atividades comerciais. Não por outro motivo o legislador ordinário incluiu a previsão de tal mecanismo no Novo Código de Processo Civil, como se afere da literalidade dos arts. 528 e 782. Precedente citado: REsp 1.533.206-MG, Quarta Turma, DJe 1º/2/2016. REsp 1.469.102-SP, Rel. Min. Ricardo Villas Bôas Cueva, julgado em 8/3/2016, DJe 15/3/2016.

9 Para o STJ, a impenhorabilidade do bem de família no qual reside o sócio devedor é afastada pelo fato de o imóvel pertencer à sociedade empresária.

Gabarito: **Errado**

▼ INFORMATIVO 579

DIREITO CIVIL. IMPENHORABILIDADE DO BEM DE FAMÍLIA.

A impenhorabilidade do bem de família no qual reside o sócio devedor não é afastada pelo fato de o imóvel pertencer à sociedade empresária. A jurisprudência do STJ tem, de forma reiterada e inequívoca, pontuado que a impenhorabilidade do bem de família estabelecida pela Lei n. 8.009/1990 está prevista em norma cogente, que contém princípio de ordem pública, e a incidência do referido diploma somente é afastada se caracterizada alguma hipótese descrita em seu art. 3º (EREsp 182.223-SP, Corte Especial, DJ 7/4/2003). Nesse passo, a proteção conferida ao instituto de bem de família é princípio concernente às questões de ordem pública, não se admitindo sequer a renúncia por seu titular do benefício conferido pela lei, sendo possível, inclusive, a desconstituição de penhora anteriormente feita (AgRg no AREsp 537.034-MS, Quarta Turma, DJe 1º/10/2014; e REsp 1.126.173-MG, Terceira Turma, DJe 12/4/2013). Precedentes citados: REsp 949.499-RS, Segunda Turma, DJe 22/8/2008; e REsp 356.077-MG, Terceira Turma, DJ 14/10/2002. EDcl no AREsp 511.486-SC, Rel. Min. Raul Araújo, julgado em 3/3/2016, DJe 10/3/2016.

10 O direito de preferência, no entendimento do STJ, previsto no art. 504 do CC aplica-se ao contrato de compra e venda celebrado entre condômino e terceiro, e não àquele ajustado entre condôminos.

Gabarito: **Certo**

▼ INFORMATIVO 577

DIREITO CIVIL. INAPLICABILIDADE DO DIREITO DE PREFERÊNCIA EM CONTRATO DE COMPRA E VENDA CELEBRADO ENTRE CONDÔMINOS.

O direito de preferência previsto no art. 504 do CC aplica-se ao contrato de compra e venda celebrado entre condômino e terceiro, e não àquele ajustado entre condôminos. O art. 504 do CC enuncia que: "Não pode um condômino em coisa indivisível vender a sua parte a estranhos, se outro consorte a quiser, tanto por tanto. O condômino, a quem não se der conhecimento da venda, poderá, depositando o preço, haver para si a parte vendida a estranhos, se o requerer no prazo de cento e oitenta dias, sob pena de decadência. Parágrafo único. Sendo muitos os condôminos, preferirá o que tiver benfeitorias de maior valor e, na falta de benfeitorias, o de quinhão maior. Se as partes forem iguais, haverão a parte vendida os comproprietários, que a quiserem, depositando previamente o preço". Partindo-se da literalidade do previsto nesse artigo, infere-se que o direito de preferência deve ser observado apenas nos casos em que a alienação se pactue entre consorte e estranho, e não entre consortes. Efetivamente, o *caput* do aludido dispositivo é bastante claro quanto à incidência da preempção apenas nas hipóteses de negócio jurídico envolvendo terceiro/estranho ao condomínio. Aliás, necessário destacar que a *ratio* da positivação da referida norma sobre o direito de prelação se cinge justamente à conciliação dos objetivos particulares daquele que pretende alienar sua fração com a (possível) manutenção da comunidade de coproprietários, até porque, conforme entendimento doutrinário, «[...] a função social recomenda ser mais cômodo manter a propriedade entre os titulares originários, evitando desentendimento com a entrada de um estranho no grupo». A referida preocupação está inserida, outrossim, no parágrafo único do art. 1.314 do CC, segundo o qual: «Nenhum dos condôminos pode alterar a destinação da coisa comum, nem dar posse, uso ou gozo dela a estranhos, sem o consenso dos outros". Com efeito, a alienação de frações ideais entre condôminos refoge à finalidade intrínseca ao direito de preferência, uma vez que não se tratará de hipótese de ingresso de terceiro/estranho à comunhão. Pelo contrário, serão mantidos os consortes, apenas com alterações no percentual da parte ideal daquele que adquiriu a parcela de outrem. Esse entendimento, aliás, já foi adotado por esta Corte, em antigo precedente da Terceira Turma (REsp 19.538-SP, DJ 17/5/1993), no qual analisado o art. 1.139 do CC/1916 - norma correspondente ao atual art. 504 do CC. Além disso, não é cabível o argumento de que o parágrafo único do art. 504 do CC, ao enunciar que: "Sendo muitos os condôminos, preferirá o que tiver benfeitorias de maior valor e, na falta de benfeitorias, o de quinhão maior. Se as partes forem iguais, haverão a parte vendida os comproprietários, que a quiserem, depositando previamente o preço", teria estendido o direito de preempção às hipóteses de alienação entre consortes. Em verdade, o referido parágrafo único apenas complementa a norma enunciada no *caput*, estabelecendo o procedimento a ser adotado caso mais de um condômino venha manifestar o seu direito de preferência, por ocasião da alienação de fração ideal à terceiro alheio à comunhão. Ademais, tratando-se de restrição à liberdade de contratar, o instituto em comento - direito de preferência - deve ser interpretado de forma restritiva. Assim, se a lei de regência (art. 504 do CC) apenas o institui em relação às alienações a estranhos, não cabe ao intérprete, extensivamente, aplicar essa norma aos casos de compra e venda entre consortes. REsp 1.137.176-PR, Rel. Min. Marco Buzzi, julgado em 16/2/2016, DJe 24/2/2016.

11 O filho, conforme o STJ, tem direito de desconstituir a denominada "adoção à brasileira" para fazer constar o nome de seu pai biológico em seu registro de nascimento, ainda que preexista vínculo socioafetivo de filiação com o pai registral.

Gabarito: **Certo**

▼ INFORMATIVO 577

DIREITO CIVIL. DIREITO AO RECONHECIMENTO DE PATERNIDADE BIOLÓGICA.

O filho tem direito de desconstituir a denominada "adoção à brasileira" para fazer constar o nome de seu pai biológico em seu registro de nascimento, ainda que preexista vínculo socioafetivo de filiação com o pai registral. De fato, a jurisprudência do STJ entende que "Não há que se falar em erro ou falsidade se o registro de nascimento de filho não biológico efetivou-se em decorrência do reconhecimento de paternidade, via escritura pública, de forma espontânea, quando inteirado o pretenso pai de que o menor não era seu filho; porém, materializa-se sua vontade, em condições normais de discernimento, movido pelo vínculo socioafetivo e sentimento de nobreza" (REsp 709.608-MS, Quarta Turma, DJe 23/11/2009). Nada obstante, o reconhecimento do estado biológico de filiação constitui direito personalíssimo, indisponível e imprescritível, consubstanciado no princípio constitucional da dignidade da pessoa humana (REsp 1.215.189-RJ, Quarta Turma, DJe 1º/2/2011; e AgRg no REsp 1.203.874-PB, Terceira Turma, DJe 18/8/2011). Ademais, há precedentes do STJ no sentido de que é possível o desfazimento da "adoção à brasileira", mesmo no caso de vínculo socioafetivo, se assim opta o interessado. Dessa forma, a paternidade socioafetiva em face do pai registral não pode ser óbice à pretensão do filho de ver alterado o seu registro para constar o nome de seu pai biológico, sob pena de ofensa ao art. 1.596 do CC, segundo o qual "Os filhos, havidos ou não da relação de casamento, ou por adoção, terão os mesmos direitos e qualificações, proibidas quaisquer designações discriminatórias relativas à filiação". Precedentes citados: REsp 1.352.529-SP, Quarta Turma, DJe 13/4/2015; e REsp 1.256.025-RS, Terceira Turma, DJe 19/3/2014. REsp 1.417.598-CE, Rel. Min. Paulo de Tarso Sanseverino, julgado em 17/12/2015, DJe 18/2/2016.

▼ PROCESSO CIVIL

12 Admite-se, no entendimento do STJ, a aplicação da teoria da causa madura (art. 515, § 3º, do CPC/1973) em julgamento de agravo de instrumento.[1]

Gabarito: **Certo**

▼ INFORMATIVO 588

DIREITO PROCESSUAL CIVIL. POSSIBILIDADE DE APLICAÇÃO DA TEORIA DA CAUSA MADURA EM JULGAMENTO DE AGRAVO DE INSTRUMENTO.

Admite-se a aplicação da teoria da causa madura (art. 515, § 3º, do CPC/1973) em julgamento de agravo de instrumento. De fato, há precedentes do STJ que pugnam pela não aplicação da teoria da causa madura em agravo de instrumento. Analisando-os, nota-se que a decisão monocrática proferida no REsp 1.150.812-ES (DJe 16/12/2009) tem amparo em outros dois julgados: o REsp 530.053-PR (Segunda Turma, DJ 16/11/2004) e o REsp 445.470-DF (Segunda Turma, DJ 1º/9/2003). De ambos, o último pode ser considerado como o paradigma a respeito da matéria e, após leitura atenta do voto condutor, extrai-se a seguinte fundamentação: "No que se refere à alegação de ofensa ao art. 515 do CPC, deixo de analisá-la porquanto o dispositivo somente é aplicável no julgamento da apelação e não de agravo de instrumento, como na hipótese dos autos." Propõem-se, entretanto, um debate mais aprofundado sobre o tema. Para tanto, parte-se da decisão proferida no AgRg no Ag 867.885-MG (Quarta Turma, DJ 22/10/2007), a qual examinou conceitualmente o art. 515, § 3º, do CPC/1973, com profundidade. Na ocasião, consignou-se: "A novidade representada pelo § 3º do art. 515 do Código de Processo Civil nada mais é do que um atalho, legitimado pela aptidão a acelerar os resultados do processo e desejável sempre que isso for feito sem prejuízo a qualquer das partes; ela constituiu mais um lance da luta do legislador contra os males do tempo e representa a ruptura com um velho dogma, o do duplo grau de jurisdição, que por sua vez só se legitima quando for capaz de trazer benefícios, não demoras desnecessárias. Por outro lado, se agora as regras são essas e são conhecidas de todo operador do direito, o autor que apelar contra a sentença terminativa fá-lo-á com a consciência do risco que corre; não há infração à garantia constitucional do *due*

1. **§ 30** *Nos casos de extinção do processo sem julgamento do mérito (art. 267), o tribunal pode julgar desde logo a lide, se a causa versar questão exclusivamente de direito e estiver em condições de imediato julgamento.*

process porque as regras do jogo são claras e isso é fator de segurança das partes, capaz de evitar surpresas." Traçadas as premissas, não se pode descurar que, em sua concepção literal, a aplicação do art. 515, § 3º, do CPC/1973 pressuporia extinção de processo sem julgamento de mérito por sentença e existência de questão de direito em condições de imediato julgamento. Porém, doutrina processual relevante já superou o dogma da incidência do dispositivo apenas nas hipóteses de sentença/apelação e considera a disposição como relacionada à teoria geral dos recursos. Isso com base em algumas premissas: a) a norma propõe um atalho para acelerar julgamentos baseados na ruptura com o dogma do duplo grau de jurisdição, assumido como princípio, mas não como garantia; b) a disposição não pode acarretar prejuízo às partes, especialmente no que se refere ao contraditório e à ampla defesa; c) a teoria da causa madura não está adstrita ao recurso de apelação, porquanto inserida em dispositivo que contém regras gerais aplicáveis a todos os recursos; e d) admite-se o exame do mérito da causa com base em recursos tirados de interlocutórias sobre aspectos antecipatórios ou instrutórios. Dessa forma, parece razoável entender que: "quem pode o mais, pode o menos." Se a teoria da causa madura pode ser aplicada em casos de agravos de decisões interlocutórias que nem sequer tangenciaram o mérito, resultando no julgamento final da pretensão da parte, é possível supor que não há impedimento à aplicação da teoria para a solução de uma questão efetivamente interlocutória, desde que não configure efetivo prejuízo à parte. REsp 1.215.368-ES, Rel. Min. Herman Benjamin, julgado em 1/6/2016, DJe 19/9/2016.

13 **Na execução de alimentos pelo rito do art. 733 do CPC/73, o executado pode comprovar a impossibilidade de pagamento por meio de prova testemunhal, desde que a oitiva ocorra no tríduo previsto para a justificação.**

Gabarito: CERTO

EXECUÇÃO DE ALIMENTOS SEGUNDO O ART. 733 DO CPC/73. PRISÃO CIVIL. ESCUSA. PRODUÇÃO DE PROVA TESTEMUNHAL. POSSIBILIDADE NO TRÍDUO PARA A JUSTIFICAÇÃO.

Na execução de alimentos pelo rito do art. 733 do CPC/73, o executado pode comprovar a impossibilidade de pagamento por meio de prova testemunhal, desde que a oitiva ocorra no tríduo previsto para a justificação. STJ •REsp 1.601.338-SP **(Info 599)**

14 De acordo com entendimento do STJ, os efeitos da sentença transitada em julgado que reconhece o vínculo de parentesco entre filho e pai em ação de investigação de paternidade alcançam o avô, apenas se este tenha participado da relação jurídica processual.

Gabarito: **Errado**

▼ INFORMATIVO 585

DIREITO PROCESSUAL CIVIL. EXTENSÃO DOS EFEITOS DE SENTENÇA TRANSITADA EM JULGADA QUE RECONHECE RELAÇÃO DE PARENTESCO.

Os efeitos da sentença transitada em julgado que reconhece o vínculo de parentesco entre filho e pai em ação de investigação de paternidade alcançam o avô, ainda que este não tenha participado da relação jurídica processual. Os efeitos da sentença, que não se confundem com a coisa julgada e seus limites subjetivos, irradiam-se com eficácia *erga omnes*, atingindo mesmo aqueles que não figuraram como parte na relação jurídica processual. O art. 472 do CPC/1973 preceitua que "A sentença faz coisa julgada às partes entre as quais é dada, não beneficiando, nem prejudicando terceiros. Nas causas relativas ao estado de pessoa, se houverem sido citados no processo, em litisconsórcio necessário, todos os interessados, a sentença produz coisa julgada em relação a terceiros». Como se observa, essa norma estabelece os limites subjetivos da coisa julgada. Em tais condições, portanto, a coisa julgada formada na ação de investigação de paternidade ajuizada pelo filho em face do pai não atinge o avô, na medida em que proposta exclusivamente contra seu filho. No entanto, são institutos diversos a coisa julgada - que se sujeita aos limites subjetivos estabelecidos pelo art. 472 do CPC/1973 - e os efeitos da sentença (estes definidos por doutrina como "as alterações que a sentença produz sobre as relações existentes fora do processo"). Traçado assim o marco distintivo entre eles, pode-se afirmar com certeza científica que os efeitos da sentença não encontram a mesma limitação subjetiva que o art. 472 do CPC/1973 destina ao instituto da coisa julgada, de maneira que também podem atingir, direta ou indiretamente, terceiros que não participaram da relação jurídica processual. Guardam, pois, eficácia *erga omnes*. Assim, tendo o filho promovido ação de investigação de paternidade contra o pai, na qual se deu o julgamento de procedência do pedido e o trânsito em julgado, o vínculo parental entre eles é, por força da coisa julgada que ali se formou, imutável e indiscutível, à luz do art. 467 do CPC/1973. Nesse contexto, o avô agora suporta as consequências da decisão que assentou a paternidade de seu filho, cujos efeitos atingem-no de maneira reflexa, por força de sua ascendência em relação ao pai judicialmente reconhecido. Ora, se o neto é filho de seu filho, logo, por força de um vínculo jurídico lógico e necessário, é seu neto (art. 1.591 do CC). Não está o avô sujeito à coisa julgada, que só atinge as partes da ação investigatória, mas efetivamente suporta os efeitos que resultam da decisão, independentemente de sua participação na relação processual. REsp 1.331.815-SC, Rel. Min. Antonio Carlos Ferreira, julgado em 16/6/2016, DJe 1/8/2016.

15 Entende o STJ, que após a vigência do CPC/2015 cabem embargos de declaração contra decisão que não se pronuncie tão somente sobre argumento incapaz de infirmar a conclusão adotada. Afinal, a possibilidade de recurso é uma alternativa da parte.

Gabarito: **Errado**

▼ INFORMATIVO 585

DIREITO PROCESSUAL CIVIL. HIPÓTESE DE NÃO CABIMENTO DE EMBARGOS DE DECLARAÇÃO.

Mesmo após a vigência do CPC/2015, não cabem embargos de declaração contra decisão que não se pronuncie tão somente sobre argumento incapaz de infirmar a conclusão adotada. Os embargos de declaração, conforme dispõe o art. 1.022 do CPC/2015, destinam-se a suprir omissão, afastar obscuridade ou eliminar contradição existente no julgado. O julgador não está obrigado a responder a todas as questões suscitadas pelas partes, quando já tenha encontrado motivo suficiente para proferir a decisão. A prescrição trazida pelo inciso

IV do § 1º do art. 489 do CPC/2015 ["§ 1º Não se considera fundamentada qualquer decisão judicial, seja ela interlocutória, sentença ou acórdão, que: (...) IV - não enfrentar todos os argumentos deduzidos no processo capazes de, em tese, infirmar a conclusão adotada pelo julgador»] veio confirmar a jurisprudência já sedimentada pelo STJ, sendo dever do julgador apenas enfrentar as questões capazes de infirmar a conclusão adotada na decisão. EDcl no MS 21.315-DF, Rel. Min. Diva Malerbi (Desembargadora convocada do TRF da 3ª Região), julgado em 8/6/2016, DJe 15/6/2016.

16 Em ação civil pública, entende o STJ, que a formação de litisconsórcio ativo facultativo entre o Ministério Público Estadual e o Federal independe da demonstração de alguma razão específica que justifique a presença de ambos na lide.

Gabarito: **Errado**

DIREITO PROCESSUAL CIVIL. NECESSIDADE DE DEMONSTRAÇÃO DE MOTIVOS PARA A FORMAÇÃO DE LITISCONSÓRCIO ATIVO FACULTATIVO ENTRE O MINISTÉRIO PÚBLICO ESTADUAL E O FEDERAL.

Em ação civil pública, a formação de litisconsórcio ativo facultativo entre o Ministério Público Estadual e o Federal depende da demonstração de alguma razão específica que justifique a presença de ambos na lide. Isso porque o art. 127, § 1º, da CF proclama como um dos princípios institucionais do Ministério Público a unicidade. Porém, em homenagem ao sistema federativo, o Ministério Público organiza-se, no que diz respeito à jurisdição comum, de forma dual, cada qual com suas atribuições próprias, estabelecidas em leis complementares (art. 128, § 5º, da CF). Se assim não fosse, desnecessária seria essa forma de organização. É certo que tanto o Ministério Público Federal quanto o Ministério Público Estadual possuem, entre suas atribuições, a de zelar pelos interesses sociais e pela integridade da ordem consumerista. Isso não quer significar, contudo, que devam atuar em litisconsórcio numa ação civil pública sem a demonstração de alguma razão específica que justifique a presença de ambos na lide. Ora, o instituto do litisconsórcio é informado pelos princípios da economia (obtenção do máximo de resultado com o mínimo de esforço) e da eficiência da atividade jurisdicional. Cada litisconsorte é considerado, em face do réu, como litigante distinto e deve promover o andamento do feito e ser intimado dos respectivos atos (art. 49 do CPC/1973). Nesse contexto, a formação desnecessária do litisconsórcio poderá, ao fim e ao cabo, comprometer os princípios informadores do instituto, implicando, por exemplo, maior demora do processo pela necessidade de intimação pessoal de cada membro do *Parquet*, com prazo específico para manifestação. REsp 1.254.428-MG, Rel. Min. João Otávio de Noronha, julgado em 2/6/2016, DJe 10/6/2016.

17 No caso em que particular e Fazenda Pública firmaram, sem a participação judicial, acordo que tenha sido meramente homologado por decisão judicial - a qual, por sua vez, apenas extinguiu a relação jurídica processual existente entre as partes, sem produzir efeitos sobre a relação de direito material existente entre elas -, o prazo decadencial, no entendimento do STJ, para anular o ajuste por meio de ação ajuizada pelo particular é de 3 anos, contados da data da celebração da transação, e não da decisão homologatória.

Gabarito: **Errado**

▼ INFORMATIVO 580

DIREITO PROCESSUAL CIVIL. PRAZO DECADENCIAL PARA PARTICULAR ANULAR ACORDO FIRMADO COM A FAZENDA PÚBLICA.

No caso em que particular e Fazenda Pública firmaram, sem a participação judicial, acordo que tenha sido meramente homologado por decisão judicial - a qual, por sua vez, apenas extinguiu a relação jurídica processual existente entre as partes, sem produzir efeitos sobre a relação de direito material existente entre elas -, o prazo decadencial para anular o ajuste por meio de ação ajuizada pelo particular é de 5 anos, contados da data da celebração da transação, e não da decisão homologatória. Inicialmente, a presente hipótese não se confunde com a prevista no art. 485, VIII, do CPC/1973, na qual "A sentença de mérito, transitada em julgado, pode ser rescindida quando: [...] houver fundamento para invalidar confissão, desistência ou transação, em que se baseou a sentença". Neste caso, a transação constitui apenas um elemento fático-probatório no qual se baseia a sentença de mérito. Conforme entendimento doutrinário, "se a transação foi apenas atendida como ato extrajudicial, trata-se de fato ou de documento que foi posto nos autos", ou seja, "a transação foi base da sentença, elemento probatório". Esta sentença submete-se à ação rescisória, cujo direito de propositura "se extingue em 2 (dois) anos, contados do trânsito em julgado da decisão" (art. 495 do CPC/1973). O caso em foco, entretanto, trata de situação diferente. Nele, o que se pretende é anular o acordo, realizado sem a participação judicial, no caso em que a decisão jurídica existente se limitou a homologar a avença, conforme o art. 269, III, do CPC/1973 ("Extingue-se o processo com julgamento de mérito: [...] quando as partes transigirem»), mostrando-se esta manifestação judicial necessária tão somente para extinguir a relação jurídica processual existente entre as partes, sem produzir efeitos sobre a relação de direito material existente entre elas. Neste caso, a anulação da transação deve ocorrer por meio da ação prevista no art. 486 do CPC/1973. Esse, aliás, é o entendimento exarado pela Quarta Turma do STJ no julgamento do REsp 38.434-SP (DJ 18/4/1994): "A sentença meramente homologatória de acordo entre as partes é rescindível como os atos jurídicos em geral, nos termos do art. 486 do CPC [...] A ação rescisória a que alude o art. 485, inc. VIII, do CPC somente é cabível na hipótese em que a sentença, apreciando exceção oposta pelo réu, decide matéria já transigida, quando tem natureza nitidamente jurisdicional, ou na hipótese em que, antes de homologada a transação, ressurgir conflito entre as partes [...] O art. 269, III, do CPC apenas equipara a sentença homologatória em seus efeitos, à sentença de mérito, não lhe conferindo, porém, a autoridade de coisa julgada material". Ademais, essas considerações prevaleceram em julgados posteriores do STJ (REsp 450.431-PR, Primeira Turma, DJ 20/10/2003; AgRg no REsp 596.271-RS, Quarta Turma, DJ 17/5/2004; REsp 763.762-GO, Segunda Turma, DJ 10/10/2005; e REsp 1.127.425-MT, Segunda Turma, DJe 2/12/2009). Assim, no que diz respeito ao caso em foco, firmada a premissa de que a anulação do acordo meramente homologado por decisão judicial nos termos do art. 269, III, do CPC/1973 deve ocorrer por meio da ação prevista no art. 486 do CPC/1973, cumpre verificar que, nos termos deste dispositivo, "Os atos judiciais, que não dependem de sentença, ou em que esta for meramente homologatória, podem ser rescindidos, como os atos jurídicos em geral, nos termos da lei civil". Nesse contexto, é esclarecedor o entendimento doutrinário no sentido de que, embora o legislador tenha denominado *atos judiciais*, trata-se de *atos das partes*, pois apenas estes independem de sentença ou podem ser sujeitos à *processualização com homologação*. Do exame do dispositivo, verifica-se, ainda, que a anulação dos atos processuais deve ocorrer "como os atos jurídicos em geral, nos termos da lei civil". Na linha de lição doutrinária, "a referência à 'lei civil' foi feita *brevitatis causa*: entenda-se 'lei material', porque o ato jurídico inserto no processo, ou tomado por termo, pode ser regido pelo direito público, ou pelo direito comercial, ou, até, por direito estrangeiro». Nessa conjuntura, em se tratando de ação anulatória proposta contra a Fazenda Pública, o prazo decadencial é regido pelo art. 1º do Decreto 20.910/1932, de acordo com o qual «As dívidas passivas da União, dos Estados e dos Municípios, bem assim todo e qualquer direito ou ação contra a Fazenda federal, estadual ou municipal, seja qual for a sua natureza, prescrevem em cinco anos contados da data do ato ou fato do qual se originarem". Isso porque este preceito legal é aplicável em relação a todo e qualquer direito ou ação contra a Fazenda Pública (federal, estadual ou municipal), seja qual for a sua natureza. Quanto ao termo inicial, por força do aludido art. 1º do Decreto 20.910/1932, o prazo quinquenal é contado "da data do ato ou fato" do qual se originar o direito (e não da data da decisão judicial homologatória). Além disso, não se mostra lógico, ao admitir que o meio adequado para o desfazimento do acordo é a ação anulatória (e não a ação rescisória), tomar como termo inicial para o prazo decadencial a data em que foi proferida a decisão homologatória. Ora, no mesmo sentido de precedente antigo do STF (RE 100.466-SP, Segunda Turma, DJ 28/2/1986), a ação que objetiva a anulação de transação "não é contra a sentença, que se restringe a homologar ato de vontade das partes, em que não há um conteúdo decisório do Juiz", a ação é "contra o que foi objeto da manifestação de vontade das partes, a própria transação [...] o que se objetiva rescindir, ou melhor, anular, não é a sentença homologatória, que não faz coisa julgada material, mas a transação celebrada pelos litigantes, a relação jurídico-material efetuada pelas partes", sendo que "apenas para efeito processual é que a homologação judicial se torna indispensável". Conforme entendimento doutrinário, o objeto da ação anulatória, nessa hipótese, não é o ato praticado pelo juízo (homologação), mas o próprio negócio firmado pelas partes. Esse mesmo critério, ademais, foi adotado pelo legislador do CC/2002 (e também do CC/1916) no que se refere à anulação do negócio jurídico em virtude da existência de defeito (erro, dolo, fraude contra credores, estado de perigo ou lesão), hipótese na qual o prazo decadencial é contado do dia em que se realizou o negócio jurídico (art. 178, II, do CC/2002; e art. 178, § 9º, V, *b*, do CC/1916). REsp 866.197-RS, Rel. Min. Mauro Campbell Marques, julgado em 18/2/2016, DJe 13/4/2016.

18 O prazo prescricional para a execução individual no direito processual civil, de acordo com o STJ, é contado do trânsito em julgado da sentença coletiva, sendo desnecessária a providência de que trata o art. 94 da Lei n. 8.078/1990 (edital).[2]

Gabarito: **Certo**

▼ INFORMATIVO 579

DIREITO PROCESSUAL CIVIL. TERMO A QUO DO PRAZO PRESCRICIONAL DAS EXECUÇÕES INDIVIDUAIS DE SENTENÇA COLETIVA. RECURSO REPETITIVO (ART. 543-C DO CPC/1973 E RES. STJ N. 8/2008). TEMA 877.

2. *Art. 94. Proposta a ação, será publicado edital no órgão oficial, a fim de que os interessados possam intervir no processo como litisconsortes, sem prejuízo de ampla divulgação pelos meios de comunicação social por parte dos órgãos de defesa do consumidor.*

O prazo prescricional para a execução individual é contado do trânsito em julgado da sentença coletiva, sendo desnecessária a providência de que trata o art. 94 da Lei n. 8.078/1990. O art. 94 do CDC dispõe que, "Proposta a ação, será publicado edital no órgão oficial, a fim de que os interessados possam intervir no processo como litisconsortes, sem prejuízo de ampla divulgação pelos meios de comunicação social por parte dos órgãos de defesa do consumidor». Realmente, essa providência (de ampla divulgação midiática) é desnecessária em relação ao trânsito em julgado de sentença coletiva. Isso porque o referido dispositivo disciplina a hipótese de divulgação da notícia da propositura da ação coletiva, para que eventuais interessados possam intervir no processo ou acompanhar seu trâmite, nada estabelecendo, porém, quanto à divulgação do resultado do julgamento. Diante disso, o marco inicial do prazo prescricional aplicável às execuções individuais de sentença prolatada em processo coletivo é contado, ante a inaplicabilidade do art. 94 do CDC, a partir do trânsito em julgado da sentença coletiva. Note-se, ainda, que o art. 96 do CDC, segundo o qual "Transitada em julgado a sentença condenatória, será publicado edital, observado o disposto no art. 93", foi objeto de veto pela Presidência da República, o que torna infrutífero o esforço de interpretação analógica para aplicar a providência prevista no art. 94 com o fim de promover a ampla divulgação midiática do teor da sentença coletiva transitada em julgado, ante a impossibilidade de o Poder Judiciário, qual legislador ordinário, derrubar o veto presidencial ou, eventualmente, corrigir erro formal porventura existente na norma. Assim, em que pese o caráter social que se busca tutelar nas ações coletivas, não se afigura possível suprir a ausência de previsão legal quanto à ampla divulgação midiática do teor da sentença, sem romper a harmonia entre os Poderes. Ressalte-se que, embora essa questão não tenha sido o tema do REsp 1.273.643-PR (Segunda Seção, DJe 4/4/2013, julgado no regime dos recursos repetitivos) - no qual se definiu que, "No âmbito do Direito Privado, é de cinco anos o prazo prescricional para ajuizamento da execução individual em pedido de cumprimento de sentença proferida em Ação Civil Pública" -, percebe-se que a desnecessidade da providência de que trata o art. 94 da Lei n. 8.078/1990 foi a premissa do julgamento do caso concreto no referido recurso, haja vista que, ao definir se aquela pretensão executória havia prescrito, considerou-se o termo *a quo* do prazo prescricional como a data do trânsito em julgado da sentença coletiva. Precedentes citados: AgRg no AgRg no REsp 1.169.126-RS, Quinta Turma, DJe 11/2/2015; AgRg no REsp 1.175.018-RS, Sexta Turma, DJe 1º/7/2014; AgRg no REsp 1.199.601-AP, Primeira Turma, DJe 4/2/2014; e EDcl no REsp 1.313.062-PR, Terceira Turma, DJe 5/9/2013). REsp 1.388.000-PR, Rel. Min. Napoleão Nunes Maia Filho, Rel. para acórdão Min. Og Fernandes, Primeira Seção, julgado em 26/8/2015, DJe 12/4/2016.

19 Associação não tem legitimidade ativa para defender os interesses dos associados que vierem a se agregar somente após o ajuizamento da ação de conhecimento, de acordo com recente julgado do STJ.

Gabarito: **Certo**

▼ INFORMATIVO 578

DIREITO PROCESSUAL CIVIL. LEGITIMIDADE ATIVA DE ASSOCIAÇÃO PARA DEFENDER OS INTERESSES DE SEUS FILIADOS.

Associação não tem legitimidade ativa para defender os interesses dos associados que vierem a se agregar somente após o ajuizamento da ação de conhecimento. Por ocasião do julgamento do RE 573.232-SC (Tribunal Pleno, DJe 19/9/2014), sob o regime do art. 543-B, do CPC/1973, o STF decidiu que as "balizas subjetivas do título judicial, formalizado em ação proposta por associação, é definida pela representação no processo de conhecimento, presente a autorização expressa dos associados e a lista destes juntada à inicial». Registre-se, por oportuno, que não se desconhece a existência de precedentes do STF, posteriores ao entendimento proferido no RE 573.232-SC, que reconhecem a ausência de repercussão geral do debate acerca da ilegitimidade ativa de servidores e trabalhadores para executar sentença condenatória, quando há previsão expressa no título executivo judicial de extensão dos efeitos da decisão a toda a categoria (ARE 901.963-SC, Tribunal Pleno, DJe 16/9/2015). Todavia, esses julgados não têm aplicabilidade ao caso em apreço. Primeiro, porque o presente processo cuida de ação ordinária (fase de conhecimento) proposta por associação em nome de atuais e futuros associados e não de execução individual de sentença proferida em ação civil pública. Segundo, porque o debate travado nas instâncias ordinárias não abarca a questão federal sobre limites da coisa julgada formada em sentença condenatória genérica proferida em processo de conhecimento, matéria de natureza infraconstitucional. Terceiro, porquanto o fundamento da legitimidade ativa da associação, no presente caso, não dispensa exame sobre a necessidade de autorização das associações para a representação de seus associados, matéria reconhecidamente de repercussão geral no RE 573.232-SC. REsp 1.468.734-SP, Rel. Min. Humberto Martins, julgado em 1º/3/2016, DJe 15/3/2016.

20 O particular que aceita exercer o múnus público de depositário judicial tem o direito de reter o depósito, no entendimento do STJ, até que sejam ressarcidas as despesas com armazenagem e conservação do bem guardado e pagos os seus honorários.

Gabarito: **Certo**

▼ INFORMATIVO 578

DIREITO CIVIL. POSSIBILIDADE DE O DEPOSITÁRIO JUDICIAL EXERCER DIREITO DE RETENÇÃO.

O particular que aceita exercer o múnus público de depositário judicial tem o direito de reter o depósito até que sejam ressarcidas as despesas com armazenagem e conservação do bem guardado e pagos os seus honorários. Não há dúvida de que a pessoa física ou jurídica que aceita o encargo de se tornar depositária de coisa ou bem apreendido em juízo tem o direito de ser ressarcida das despesas que efetuou, além de perceber uma remuneração pelo exercício do encargo público (honorários), nos precisos termos do art. 149 do CPC. Ademais, não há vedação à aplicação do direito de retenção previsto no art. 644 do CC também aos depósitos judiciais. Além disso, não obstante decorrer de ordem judiciária, é importante relembrar que o depositário deve anuir expressamente à nomeação ou, querendo, recusar o múnus (Súmula n. 319 do STJ: "O encargo de depositário de bens penhorados pode ser expressamente recusado") ou, para resguardar seu direito, requerer que lhe seja dada caução. Relembre-se que toda execução corre por conta do exequente. Aliás, como regra geral, o CPC estabelece que cabe às partes "prover as despesas dos atos que realizam ou requerem no processo, antecipando-lhes o pagamento desde o início até sentença final" (art. 19), bem como daqueles determinados pelo juízo (art. 19, § 2º). Nessa linha, não há dúvida alguma de que o particular que aceita exercer o múnus público de depositário judicial tem direito à remuneração pelo seu trabalho e ao ressarcimento das despesas que precisou efetuar para a guarda e conservação. Desse modo, quando não for prestada caução nem forem adiantadas quaisquer despesas, o depositário tem direito de reter parte do produto enquanto não for ressarcido, pois todas as regras acima devem ser analisadas em conjunto. REsp 1.300.584-MT, Rel. Min. João Otávio de Noronha, julgado em 3/3/2016, DJe 9/3/2016.

21 O Ministério Público Estadual (MP Estadual) não tem legitimidade para atuar diretamente no STJ nos processos em que figurar como parte. O MPF deve atuar em seu nome nesta instância.

Gabarito: **Errado**

DIREITO PROCESSUAL CIVIL. POSSIBILIDADE DE ATUAÇÃO DO MP ESTADUAL NO ÂMBITO DO STJ.

O Ministério Público Estadual (MP Estadual) tem legitimidade para atuar diretamente no STJ nos processos em que figurar como parte. O tema está pacificado no âmbito dos Tribunais Superiores. O STF (QO no RE 593.727-MG, Plenário, julgada em 21/6/2012), em inequívoca evolução jurisprudencial, proclamou a legitimidade do Ministério Público Estadual (MP Estadual) para atuar diretamente no âmbito da Corte Constitucional nos processos em que figurar como parte e estabeleceu, entre outras, as seguintes premissas: a) em matéria de regras gerais e diretrizes, o Procurador Geral da República (PGR) poderia desempenhar no STF dois papéis simultâneos, o de fiscal da lei e o de parte; b) nas hipóteses em que o Ministério Público da União (MPU) figurar como parte no processo, por qualquer de seus ramos, somente o PGR poderia oficiar perante o STF, o qual encarnaria os interesses confiados pela lei e pela Constituição ao referido órgão; c) nos demais casos, o Ministério Público Federal (MPF) exerceria, evidentemente, função de fiscal da lei e, nessa última condição, a sua manifestação não poderia pré-excluir a das partes, sob pena de ofensa ao contraditório; d) a LC federal n. 75/1993 somente teria incidência no âmbito do MPU, sob pena de cassar-se a autonomia dos MP Estadual, que estariam na dependência, para promover e defender interesse em juízo, da aprovação do MPF; e) a CF distinguiu «a Lei Orgânica do MPU (LC 75/93) - típica lei federal -, da Lei Orgânica Nacional (Lei 8.625/93), que se aplicaria em matéria de regras gerais e diretrizes, a todos os Ministérios Públicos estaduais»; f) a Res. STF n. 469/2011 determina a intimação pessoal do MP Estadual nos processos em que figurar como parte; g) não existiria subordinação jurídico-institucional que submetesse os MPs Estaduais à chefia do MPU, instituição cujo chefe é o PGR conforme definido pela CF; h) não são raras as hipóteses em que seriam possíveis situações processuais que estabelecessem posições antagônicas entre o MPU e o MP Estadual, e, em diversos momentos, o *Parquet* federal, por meio do PGR, teria se manifestado de maneira contrária ao recurso interposto pelo *Parquet* estadual; i) a privação do titular do *Parquet* estadual para figurar na causa e expor as razões de sua tese consubstanciaria exclusão de um dos sujeitos da relação processual; j) a tese firmada pelo STF «denotaria constructo que a própria práxis demonstrara necessário, uma vez que existiriam órgãos autônomos os quais traduziriam pretensões realmente independentes, de modo que poderia ocorrer eventual cúmulo de argumentos». Recentemente, a Corte Constitucional reafirmou seu entendimento (ACO 2.351 AgR, Primeira Turma, DJe 5/3/2015). A Corte Especial do STJ também reformulou seu entendimento (EREsp 1.327.573-RJ, Corte Especial, DJe 27/2/2015). Portanto, diante das premissas estabelecidas, é possível afirmar que: a) o MP

Estadual, somente nos casos em figurar como parte nos processos que tramitam no âmbito do STJ, poderá exercer todos os meios inerentes à defesa da sua pretensão (*v.g.*, interpor recursos, realizar sustentação oral e apresentar memoriais de julgamento); b) a função de fiscal da lei no âmbito deste Tribunal Superior será exercida exclusivamente pelo MPF, por meio dos Subprocuradores-Gerais da República designados pelo PGR. O Poder Judiciário tem como uma de suas principais funções a pacificação de conflitos. Assim, o reconhecimento da tese da legitimidade do MP Estadual para atuar no âmbito do STJ não objetiva gerar confronto entre o MPF e o MP Estadual, mas reconhecer a importância e imprescindibilidade de ambas as instituições no sistema judicial brasileiro e estabelecer os limites de atuação do Ministério Público brasileiro no âmbito das Cortes Superiores. Ademais, a plena atuação do MP Estadual na defesa de seus interesses, trará mais vantagens à coletividade e aos direitos defendidos pela referida instituição. EREsp 1.236.822-PR, Rel. Min. Mauro Campbell Marques, julgado em 16/12/2015, DJe 5/2/2016.

22 O art. 25 da Lei n. 12.016/2009, que estabelece regra de descabimento de condenação em honorários advocatícios no processo de mandado de segurança, afasta a incidência do regime do art. 85, § 11, do CPC/2015 (que trata de honorários no processo comum)[3].

Gabarito: **Certo**

▼ INFORMATIVO 592

O art. 25 da Lei n. 12.016/2009, que estabelece regra de descabimento de condenação em honorários advocatícios "no processo mandamental", afasta a incidência do regime do art. 85, § 11, do CPC/2015. RMS 52.024-RJ

Tratou-se de recurso ordinário interposto contra acórdão denegatório de mandado de segurança não conhecido porque entre a motivação utilizada como fundamento do julgamento e as razões do recurso que impugna tal decisão não houve relação de congruência. Pesou considerar que o recurso se orientou pela nova codificação processual, considerando que a publicação do acórdão da origem foi posterior a 18/3/2016, atraindo a aplicação do Enunciado Administrativo n. 3 do STJ. Isso imporia como consequência, na hipótese do seu desprovimento, a condenação da recorrente em honorários recursais, a teor do disposto no art. 85, § 11, do CPC/2015. No entanto, não é adequada a incidência desse regime ao feito tendo em conta o disposto no art. 25 da Lei n. 12.016/2009. A interpretação desse preceito sempre pontuou o julgamento da ação de mandado de segurança, isso sob um regime em que inexistia a conjectura dos honorários recursais. Tratando-se o recurso de um desdobramento da tramitação processual que se inicia com a petição inicial, não há lógica em que no processamento da ação propriamente dita inexista condenação em honorários, mas na fase recursal consequente isso seja possível. Além disso, o texto do art. 25 da Lei n. 12.016/2009

3. § 11. O tribunal, ao julgar recurso, majorará os honorários fixados anteriormente levando em conta o trabalho adicional realizado em grau recursal, observando, conforme o caso, o disposto nos §§ *20 a 60, sendo vedado ao tribunal, no cômputo geral da fixação de honorários devidos ao advogado do vencedor, ultrapassar os respectivos limites estabelecidos nos §§ 20 e 30 para a fase de conhecimento.*

é claro ao estabelecer que os honorários advocatícios não cabem no processo mandamental, expressão que reúne a ideia de ação e do procedimento subjacente, com a petição inicial, as informações da autoridade coatora, a intervenção do Ministério Público, a prolação de provimento judicial e, ainda, os recursos.

▼ DIREITO ADMINISTRATIVO

23 De acordo com o STF, a administração pública deve proceder ao desconto dos dias de paralisação decorrentes do exercício do direito de greve pelos servidores públicos, em virtude da suspensão do vínculo funcional que dela decorre, não sendo permitida compensação das horas não trabalhadas.

Gabarito: **Errado**

▼ INFORMATIVO 845

GREVE DE SERVIDOR PÚBLICO E DESCONTO DE DIAS NÃO TRABALHADOS

A administração pública deve proceder ao desconto dos dias de paralisação decorrentes do exercício do direito de greve pelos servidores públicos, em virtude da suspensão do vínculo funcional que dela decorre. É permitida a compensação em caso de acordo. O desconto será, contudo, incabível se ficar demonstrado que a greve foi provocada por conduta ilícita do Poder Público. RE 693456/RJ.

24 Editais de concurso público, conforme jurisprudência do STF, não podem estabelecer restrição a pessoas com tatuagem, salvo situações excepcionais em razão de conteúdo que viole valores constitucionais.

Gabarito: **Certo**

▼ INFORMATIVO 835

CONCURSO PÚBLICO E TATUAGEM.

Editais de concurso público não podem estabelecer restrição a pessoas com tatuagem, salvo situações excepcionais em razão de conteúdo que viole valores constitucionais. RE 898450/SP

25 É imprescritível, conforme recente julgado do STF, a ação de reparação de danos à Fazenda Pública decorrente de ilícito civil.

Gabarito: **Errado**

▼ INFORMATIVO 830

AÇÃO DE REPARAÇÃO DE DANOS À FAZENDA PÚBLICA. PRESCRITIBILIDADE.

É prescritível a ação de reparação de danos à Fazenda Pública decorrente de ilícito civil. RE 669069/MG

26 Em caso de inobservância do seu dever específico de proteção previsto no art. 5º, XLIX, da CF, o Estado é responsável pela morte de detento, conforme decidiu o STF.

Gabarito: **Certo**

▼ INFORMATIVO 819

MORTE DE DETENTO E RESPONSABILIDADE CIVIL DO ESTADO

Em caso de inobservância do seu dever específico de proteção previsto no art. 5º, XLIX, da CF, o Estado é responsável pela morte de detento. RE 841526/RS

27 Ainda que não haja dano ao erário, é possível a condenação por ato de improbidade administrativa que importe enriquecimento ilícito (art. 9º da Lei n. 8.429/1992), excluindo-se, contudo, a possibilidade de aplicação da pena de ressarcimento ao erário. Este é o entendimento do STJ.

Gabarito: **Certo**

▼ INFORMATIVO 580/STJ

DIREITO ADMINISTRATIVO. DESNECESSIDADE DE LESÃO AO PATRIMÔNIO PÚBLICO EM ATO DE IMPROBIDADE ADMINISTRATIVA QUE IMPORTA ENRIQUECIMENTO ILÍCITO.

Ainda que não haja dano ao erário, é possível a condenação por ato de improbidade administrativa que importe enriquecimento ilícito (art. 9º da Lei n. 8.429/1992), excluindo-se, contudo, a possibilidade de aplicação da pena de ressarcimento ao erário. Isso porque, comprovada a ilegalidade na conduta do agente, bem como a presença do dolo indispensável à configuração do ato de improbidade administrativa, a ausência de dano ao patrimônio público exclui tão-somente a possibilidade de condenação na pena de ressarcimento ao erário. As demais penalidades são, em tese, compatíveis com os atos de improbidade tipificados no art. 9º da LIA. REsp 1.412.214-PR, Rel. Min. Napoleão Nunes Maia Filho, Rel. para acórdão Min. Benedito Gonçalves, julgado em 8/3/2016, DJe 28/3/2016.

28 O prazo decadencial para impetrar mandado de segurança contra redução do valor de vantagem integrante de proventos ou de remuneração de servidor público renova-se mês a mês, de acordo com o STJ.

Gabarito: **Certo**

▼ INFORMATIVO 578/STJ

DIREITO ADMINISTRATIVO E PROCESSUAL CIVIL. PRAZO DECADENCIAL PARA IMPETRAR MANDADO DE SEGURANÇA CONTRA REDUÇÃO DE VANTAGEM DE SERVIDOR PÚBLICO.

O prazo decadencial para impetrar mandado de segurança contra redução do valor de vantagem integrante de proventos ou de remuneração de servidor público renova-se mês a mês. A citada redução, ao revés da supressão de vantagem, configura relação de trato sucessivo, pois não equivale à negação do próprio fundo de direito. Assim, o prazo decadencial para se impetrar a ação mandamental renova-se mês a mês. Precedente citado: AgRg no REsp 1.211.840-MS, Segunda Turma, DJe 6/2/2015. EREsp 1.164.514-AM, Rel. Min. Napoleão Nunes Maia Filho, julgado em 16/12/2015, DJe 25/2/2016.

29 Havendo erro operacional da Administração Pública e os proventos continuarem a ser depositados em conta de servidor público após o seu falecimento, entende o STJ que estes não precisam ser restituídos por seus herdeiros.

Gabarito: **Errado**

INFORMATIVO 579

DIREITO ADMINISTRATIVO. RESTITUIÇÃO À ADMINISTRAÇÃO PÚBLICA DE PROVENTOS DEPOSITADOS A SERVIDOR PÚBLICO FALECIDO.

Os herdeiros devem restituir os proventos que, por erro operacional da Administração Pública, continuaram sendo depositados em conta de servidor público após o seu falecimento. Dispõe o art. 884 do CC que "Aquele que, sem justa causa, se enriquecer a custa de outrem, será obrigado a restituir o indevidamente auferido, feita a atualização dos valores monetários", sob pena de enriquecimento ilícito. De mais a mais, em se tratando de verbas alimentares percebidas por servidores públicos, ou dependentes, o princípio da boa-fé objetiva sempre foi a pedra de toque na análise do tema pelo STJ, o qual, em seu viés cidadão, não se atém meramente ao plano normativo ao distribuir a Justiça. Diante disso, veja-se que as verbas alimentares percebidas por servidores de boa-fé não podem ser repetidas quando havidas por errônea interpretação de lei pela Administração Pública, em razão da falsa expectativa criada no servidor de que os valores recebidos são legais e definitivos (REsp 1.244.182-PB, Primeira Seção, DJe 19/10/2012, julgado no regime dos recursos repetitivos), o que decorre, em certo grau, pela presunção de validade e de legitimidade do ato administrativo que ordenou a despesa. No caso, de fato, a Administração Pública não deu a merecida atenção à informada morte do servidor (erro) e continuou efetuando depósitos de aposentadoria (verba alimentar) na conta que pertencia a ele, os quais foram levantados pelos herdeiros (de boa-fé) sub-rogados nos direitos do servidor. Assim, levando-se em consideração a realidade do direito sucessório e, em especial, o princípio da *saisine*, tem-se que, com a transferência imediata da titularidade da conta do falecido aos herdeiros, os valores nela depositados (por erro) não teriam mais qualquer destinação alimentar. Logo, por não se estar diante de verbas de natureza alimentar, é dispensada a análise da boa-fé dos herdeiros, o que afasta, por analogia, a aplicação do precedente anteriormente citado, que excepciona o dever de restituição dos valores indevidamente auferidos (art. 884 do CC). **AgRg no REsp 1.387.971-DF, Rel. Min. Mauro Campbell Marques, julgado em 15/3/2016, DJe 21/3/2016.**

30 Conforme a jurisprudência do STJ, no caso de condenação pela prática de ato de improbidade administrativa que atenta contra os princípios da administração pública, as penalidades de suspensão dos direitos políticos e de proibição de contratar com o Poder Público ou receber benefícios ou incentivos fiscais ou creditícios podem ser fixadas aquém do mínimo previsto no art. 12, III, da Lei n. 8.429/1992.

Gabarito: **Errado**

▼ INFORMATIVO 581

DIREITO ADMINISTRATIVO. INAPLICABILIDADE DAS SANÇÕES POR ATO DE IMPROBIDADE ADMINISTRATIVA ABAIXO DO MÍNIMO LEGAL.

No caso de condenação pela prática de ato de improbidade administrativa que atenta contra os princípios da administração pública, as penalidades de suspensão dos direitos políticos e de proibição de contratar com o Poder Público ou receber benefícios ou incentivos fiscais ou creditícios não podem ser fixadas aquém do mínimo previsto no art. 12, III, da Lei n. 8.429/1992. Isso porque é manifesta a ausência de previsão legal. REsp 1.582.014-CE, Rel. Min. Humberto Martins, julgado em 7/4/2016, DJe 15/4/2016.

31 Entendeu o STJ que as informações obtidas por monitoramento de e-mail corporativo de servidor público não configuram prova ilícita quando atinentes a aspectos não pessoais e de interesse da Administração Pública e da própria coletividade, sobretudo quando exista, nas disposições normativas acerca do seu uso, expressa menção da sua destinação somente para assuntos e matérias afetas ao serviço, bem como advertência sobre monitoramento e acesso ao conteúdo das comunicações dos usuários para cumprir disposições legais ou instruir procedimento administrativo.

Gabarito: **Certo**

▼ **INFORMATIVO 576**

DIREITO ADMINISTRATIVO. MONITORAMENTO DE E-MAIL CORPORATIVO DE SERVIDOR PÚBLICO.

As informações obtidas por monitoramento de e-mail corporativo de servidor público não configuram prova ilícita quando atinentes a aspectos não pessoais e de interesse da Administração Pública e da própria coletividade, sobretudo quando exista, nas disposições normativas acerca do seu uso, expressa menção da sua destinação somente para assuntos e matérias afetas ao serviço, bem como advertência sobre monitoramento e acesso ao conteúdo das comunicações dos usuários para cumprir disposições legais ou instruir procedimento administrativo. No que diz respeito à quebra do sigilo das comunicações telemáticas, saliente-se que os dados são objeto de proteção jurídica. A quebra do sigilo de dados telemáticos é vista como medida extrema, pois restritiva de direitos consagrados no art. 5º, X e XII, da CF e nos arts. 11 e 21 do CC. Não obstante, a intimidade e a privacidade das pessoas, protegidas no que diz respeito aos dados já transmitidos, não constituem direitos absolutos, podendo sofrer restrições, assim como quaisquer outros direitos fundamentais, os quais, embora formalmente ilimitados - isto é, desprovidos de reserva -, podem ser restringidos caso isso se revele imprescindível à garantia de outros direitos constitucionais. No caso, não há de se falar em indevida violação de dados telemáticos, tendo em vista o uso de e-mail corporativo para cometimento de ilícitos. A reserva da intimidade, no âmbito laboral, público ou privado, limita-se às informações familiares, da vida privada, política, religiosa e sindical, não servindo para acobertar ilícitos. Ressalte-se que, no âmbito do TST, a temática já foi inúmeras vezes enfrentada (TST, RR 613/2000-013-10-0, DJe 10/6/2005). **RMS 48.665-SP, Rel. Min. Og Fernandes, julgado em 15/9/2015, DJe 5/2/2016.**

32 Segundo o STF, é inconstitucional o exercício do direito de greve por parte de policiais civis e demais servidores públicos que atuem diretamente na área de segurança pública.

Gabarito: Correto

Por maioria de votos, o Plenário do Supremo Tribunal Federal (STF) reafirmou entendimento no sentido de que é inconstitucional o exercício do direito de greve por parte de policiais civis e demais servidores públicos que atuem diretamente na área de segurança pública. A decisão foi tomada na manhã desta quarta-feira (5), no julgamento do Recurso Extraordinário com Agravo (ARE) 654432, com repercussão geral reconhecida.

A tese aprovada pelo STF para fins de repercussão geral aponta que "(1) o exercício do direito de greve, sob qualquer forma ou modalidade, é vedado aos policiais civis e a todos os servidores públicos que atuem diretamente na área de segurança pública. (2) É obrigatória a participação do Poder Público em mediação instaurada pelos órgãos classistas das carreiras de segurança pública, nos termos do artigo 165 do Código de Processo Civil, para vocalização dos interesses da categoria".

O recurso foi interposto pelo Estado de Goiás contra decisão do Tribunal de Justiça local (TJ-GO) que, na análise de ação apresentada naquela instância pelo Estado contra o Sindicato dos Policiais Civis de Goiás (Sinpol- GO), garantiu o direito de greve à categoria por entender que a vedação por completo da greve aos policiais civis não foi feita porque esta não foi a escolha do legislador, e que não compete ao Judiciário, agindo como legislador originário, restringir tal direito.

O representante do sindicato salientou, durante o julgamento no Supremo, que os policiais civis de Goiás permaneceram cinco anos – entre 2005 e 2010 – sem a recomposição inflacionária de seus vencimentos, e que só conseguiram perceber devidamente a recomposição após greve realizada em 2014, o que mostra que a greve é o principal instrumento de reivindicação à disposição dos servidores públicos.

Segundo o advogado, retirar o direito de greve desses servidores significa deixá-los à total mercê do arbítrio dos governadores de estado. Quanto à vedação do exercício do direito de greve previsto constitucionalmente aos militares, o representante do sindicato defendeu que não se pode dar interpretação extensiva a normas restritivas presentes no texto constitucional.

A advogada-geral da União citou, em sua manifestação, greves realizadas recentemente por policiais civis nos estados de Goiás, no Distrito Federal e no Rio de Janeiro, ocasiões em que houve um grande número de mandados de prisão não cumpridos e sensível aumento da criminalidade. Para ela, esses fatos revelam que a paralisação de policiais civis atinge a essência, a própria razão de ser do Estado, que é a garantia da ordem pública, inserido no artigo 144 do texto constitucional como valor elevado.

Os serviços e atividades realizados pelos policiais civis, inclusive porque análogos à dos policiais militares, devem ser preservadas e praticadas em sua totalidade, não se revelando possível o direito de greve, concluiu, citando precedentes nesse sentido do próprio Supremo. Ela citou precedentes do Supremo nesse sentido, como a Reclamação 6568 e o Mandado de Injunção (MI) 670.

O mesmo entendimento foi manifestado em Plenário pelo vice-procurador-geral da República. Para ele, algumas atividades estatais não podem parar, por serem a própria representação do Estado. E entre essas atividades, se incluem as atividades de segurança pública, tanto interna quanto externa - ARE 654432.

33 Segundo o STJ, o requisito da idade mínima de 18 anos previsto em edital de concurso público não pode ser flexibilizado para o cargo de auxiliar de biblioteca, ainda que a atividade desse cargo seja plenamente compatível com a idade de 17 anos e 10 meses do candidato e este já tenha sido emancipado por seus pais.

Gabarito: ERRADO

▼ INFORMATIVO 576

DIREITO ADMINISTRATIVO. POSSE EM CARGO PÚBLICO POR MENOR DE IDADE.

Ainda que o requisito da idade mínima de 18 anos conste em lei e no edital de concurso público, é possível que o candidato menor de idade aprovado no concurso tome posse no cargo de auxiliar de biblioteca no caso em que ele, possuindo 17 anos e 10 meses na data da sua posse, já havia sido emancipado voluntariamente por seus pais há 4 meses. De fato, o STF consolidou sua jurisprudência quanto à constitucionalidade de limites etários na Súmula n. 683, segundo a qual "O limite de idade para a inscrição em concurso público só se legitima em face do art. 7º, XXX, da Constituição, quando possa ser justificado pela natureza das atribuições do cargo a ser preenchido". No caso em análise, o requisito da idade mínima de 18 anos deve ser flexibilizado pela natureza das atribuições do cargo de auxiliar de biblioteca, tendo em vista que a atividade desse cargo é plenamente compatível com a idade de 17 anos e 10 meses do candidato que já havia sido emancipado voluntariamente por seus pais há 4 meses. Além disso, o art. 5º, parágrafo único, do CC, ao dispor sobre as hipóteses de cessação da incapacidade para os menores de 18 anos - entre elas, a emancipação voluntária concedida pelos pais (caso em análise) e o exercício de emprego público efetivo -, permite o acesso do menor de 18 anos ao emprego público efetivo. **REsp 1.462.659-RS, Rel. Min. Herman Benjamin, julgado em 1º/12/2015, DJe 4/2/2016.**

▼ DIREITO CONSTITUCIONAL

34 Tribunais de Justiça podem exercer controle abstrato de constitucionalidade de leis municipais utilizando como parâmetro normas da Constituição Federal, desde que se trate de normas de reprodução obrigatória pelos Estados.

Gabarito: Certo

Informativo 852/STF - ADI estadual e subsídio

Tribunais de Justiça podem exercer controle abstrato de constitucionalidade de leis municipais utilizando como parâmetro normas da Constituição Federal, desde que se trate de normas de reprodução obrigatória pelos Estados. RE 650898/RS

35 Os prazos da licença-adotante não podem ser inferiores aos prazos da licença-gestante, o mesmo valendo para as respectivas prorrogações. Em relação à licença-adotante, não é possível fixar prazos diversos em função da idade da criança adotada. Este foi um recente entendimento do STF.

Gabarito: **Certo**

▼ INFORMATIVO 817/STF

Licença-maternidade e discriminação entre gestação e adoção

Os prazos da licença-adotante não podem ser inferiores aos prazos da licença-gestante, o mesmo valendo para as respectivas prorrogações. Em relação à licença-adotante, não é possível fixar prazos diversos em função da idade da criança adotada. Com base nessa orientação, o Plenário, por maioria, deu provimento a recurso extraordinário em que discutida a possibilidade de lei instituir prazos diferenciados para a concessão de licença-maternidade às servidoras gestantes e às adotantes. Reconheceu o direito da recorrente, servidora pública, ao prazo remanescente da licença parental, a fim de que o tempo total de fruição do benefício, computado o período já gozado, seja de 180 dias de afastamento remunerado, correspondentes aos 120 dias de licença, previstos no art. 7º, XVIII, da CF, acrescidos dos 60 dias de prorrogação, nos termos da lei. De início, o Colegiado afirmou que a Constituição trouxera inovações a respeito do tema. Uma delas, a superação da ideia de família tradicional, hierarquizada, liderada pelo homem, chefe da sociedade conjugal. Fora criada uma noção de família mais igualitária, que não apenas resulta do casamento. Além disso, ela não é mais voltada para proteger o patrimônio, mas para cultivar e manter laços afetivos. Outra mudança diz respeito à igualdade entre os filhos, que tinham regime jurídico diferenciado, a depender de suas origens. Por fim, fora estabelecido, no art. 7º, XVIII, da CF, a licença à gestante como um direito social. No que se refere à legislação infraconstitucional, o Tribunal explicou sua evolução até o quadro atual, em que há duas situações distintas: para servidoras públicas, regidas de acordo com a Lei 8.112/1990, a licença-maternidade, para gestantes, é de 120 dias. Para adotantes, a licença-maternidade é de 90 dias, para crianças menores de 1 ano, e de 30 dias, para maiores de 1 ano. Por outro lado, para trabalhadoras da iniciativa privada, regidas de acordo com a CLT, a licença-gestante é equiparada à licença-adotante, e não há diferenciação em virtude da idade da criança adotada. Com o advento da Lei 11.770/2008, passara a ser previsto o direito de prorrogação da licença-maternidade em até 50%, tanto para servidoras públicas quanto para trabalhadoras do setor privado. RE 778889/PE, rel. Min. Roberto Barroso, 10.3.2016. (RE-778889)

36 Seguindo o princípio do equilíbrio orçamentário, o Governador do Estado pode, consoante o STF, reduzir a proposta orçamentária elaborada pela Defensoria Pública e que estava de acordo com a LDO ao encaminhar para a Assembleia Legislativa o projeto de lei.

Gabarito: **Errado**

▼ INFORMATIVO 826

É inconstitucional a redução unilateral pelo Poder Executivo dos orçamentos propostos pelos outros Poderes e por órgãos constitucionalmente autônomos, como o Ministério Público e a Defensoria Pública, na fase de consolidação do projeto de lei orçamentária anual, quando tenham sido elaborados em obediência às leis de diretrizes orçamentárias e enviados conforme o art. 99, § 2º, da CF, cabendo-lhe apenas pleitear ao Poder Legislativo a redução pretendida, visto que a fase de apreciação legislativa é o momento constitucionalmente correto para o debate de possíveis alterações no projeto de lei orçamentária. Preliminarmente, por decisão majoritária, o Tribunal afastou questão atinente à eventual prejudicialidade do pedido, tendo em conta o exaurimento da eficácia da LOA para o exercício financeiro de 2015. Entendeu que a impugnação fora feita em tempo adequado, a ação fora incluída em pauta e o julgamento fora iniciado antes do aludido exaurimento de eficácia. Além disso, é necessário pacificar a controvérsia para fins de fixação de precedente, mesmo porque toda LOA possui eficácia exígua. Portanto, condicionar o enfrentamento do tema à eficácia da norma, nessas hipóteses, pode implicar o esvaziamento da possibilidade de controle de constitucionalidade. Vencidos, no tocante à preliminar, os Ministros Edson Fachin, Cármen Lúcia, Marco Aurélio e Ricardo Lewandowski (Presidente), que julgavam o pedido prejudicado, tendo em conta a perda superveniente de objeto. No mérito, o Colegiado, inicialmente, reportou-se aos fundamentos do caso anterior. Acrescentou que as Defensorias Públicas têm a prerrogativa de elaborar e apresentar suas propostas orçamentárias, as quais devem, posteriormente, ser encaminhadas ao Executivo. Há apenas dois requisitos para tanto: a) a proposta orçamentária deve ser elaborada em consonância com o que previsto na respectiva LDO; e b) a proposta deve ser encaminhada em conformidade com a previsão do art. 99, § 2º, da CF. A apreciação das leis orçamentárias deve se dar perante o órgão legislativo correspondente, ao qual cabe deliberar sobre a proposta apresentada, fazendo-lhe as modificações que julgue necessárias. Ressaltou, no ponto, o art. 166 da CF. Na espécie, assinalou que, no momento da consolidação da proposta orçamentária a ser encaminhada à assembleia estadual, o governador reduzira unilateralmente os valores das propostas apresentadas pelo Judiciário, Legislativo, Ministério Público, Tribunal de Contas e Defensoria Pública, apesar de as propostas estarem em conformidade com a LDO, o que afronta a Constituição. Vencido o Ministro Marco Aurélio, que julgava improcedente o pedido. **ADI 5286/AP, rel. Min. Luiz Fux, 18.5.2016. (ADI-5286)**

---

37 Compete ao Supremo Tribunal Federal (STF) apreciar originariamente pronunciamento do Conselho Nacional de Justiça (CNJ) que tenha julgado improcedente pedido de cassação de ato normativo editado por vara judicial.

Gabarito: **Errado**

▼ INFORMATIVO 840

DELIBERAÇÃO NEGATIVA DO CNJ E COMPETÊNCIA DO STF

Não compete ao Supremo Tribunal Federal (STF) apreciar originariamente pronunciamento do Conselho Nacional de Justiça (CNJ) que tenha julgado improcedente pedido de cassação de ato normativo editado por vara judicial. MS 33085/DF

---

38 Compete ao PGR, na condição de órgão nacional do Ministério Público, dirimir conflitos de atribuições entre membros do MPF e de Ministérios Públicos estaduais.

Gabarito: **Certo**

▼ INFORMATIVO 826

CONFLITO DE ATRIBUIÇÕES E SUPERFATURAMENTO EM CONSTRUÇÃO DE CONJUNTOS HABITACIONAIS.

Compete ao PGR, na condição de órgão nacional do Ministério Público, dirimir conflitos de atribuições entre membros do MPF e de Ministérios Públicos estaduais. ACO 924/PR

39 As associações que representam fração de categoria profissional são legitimadas para instaurar controle concentrado de constitucionalidade de norma que extrapole o universo de seus representados, decidiu o STF, reiterando sua jurisprudência sobre o tema no ano de 2016.

Gabarito: **Errado**

▼ INFORMATIVO 826

ADPF: ASSOCIAÇÃO E LEGITIMIDADE ATIVA

As associações que representam fração de categoria profissional não são legitimadas para instaurar controle concentrado de constitucionalidade de norma que extrapole o universo de seus representados. ADPF 254 AgR/DF

40 São constitucionais o art. 28, § 1º e o art. 30 da Lei nº 13.146/2015, os quais determinam que escolas privadas ofereçam atendimento educacional adequado e inclusivo às pessoas com deficiência sem que possam cobrar valores adicionais de qualquer natureza em suas mensalidades, anuidades e matrículas para cumprimento dessa obrigação.

Gabarito: **Certo**

▼ INFORMATIVO 829

PESSOAS COM DEFICIÊNCIA. ESCOLAS PRIVADAS. LEI Nº 13.146/2015.

São constitucionais o art. 28, § 1º e o art. 30 da Lei nº 13.146/2015, os quais determinam que escolas privadas ofereçam atendimento educacional adequado e inclusivo às pessoas com deficiência sem que possam cobrar valores adicionais de qualquer natureza em suas mensalidades, anuidades e matrículas para cumprimento dessa obrigação. ADI 5357

41 É possível conceder extradição para brasileiro naturalizado, conforme entendimento do STF.

Gabarito: **Certo**

▼ INFORMATIVO 834

EXTRADIÇÃO E BRASILEIRO NATURALIZADO.

É possível conceder extradição para brasileiro naturalizado envolvido em tráfico de droga (art. 5º, LI, da CF/88). Ext 1244/República Francesa

42 A comprovação do triênio de atividade jurídica exigida para o ingresso no cargo de juiz substituto, nos termos do art. 93, I, da CF, deve ocorrer no momento da posse e não da inscrição definitiva no concurso público, conforme entende o STF.

Gabarito: **Errado**

▼ INFORMATIVO 821

MAGISTRATURA: TRIÊNIO PARA INGRESSO NA CARREIRA E MOMENTO DE COMPROVAÇÃO

A comprovação do triênio de atividade jurídica exigida para o ingresso no cargo de juiz substituto, nos termos do art. 93, I, da CF, deve ocorrer no momento da inscrição definitiva no concurso público. RE 655265/DF

43 Desde que compatíveis com sua função, membros do Ministério Público podem ocupar outros cargos públicos, fora do âmbito da instituição, além dos cargos de professor e funções de magistério.

Gabarito: **Errado**

▼ INFORMATIVO 817

Membros do Ministério Público não podem ocupar cargos públicos, fora do âmbito da instituição, salvo cargo de professor e funções de magistério. Com base nesse entendimento, o Plenário julgou parcialmente procedente o pedido formulado em arguição de descumprimento de preceito fundamental para declarar a inconstitucionalidade da Resolução 72/2011, do CNMP, e determinar a exoneração dos ocupantes de cargos em desconformidade com a interpretação fixada, no prazo de até 20 dias após a publicação da ata do julgamento. No caso, o descumprimento de preceitos fundamentais teria ocorrido por atos normativos e atos concretos. No plano normativo, por ato do CNMP, que derrogara resolução que tratava das vedações ao exercício de cargo ou função pública por membro do Ministério Público. No plano concreto, por atos de nomeação de membros do Ministério Público para ocupar cargos fora da instituição e, em especial, a nomeação de procurador de justiça para o cargo de Ministro de Estado da Justiça. Inicialmente, o Tribunal, por maioria, conheceu da arguição. O pedido estaria ancorado em suposta violação a preceitos fundamentais da independência dos Poderes (CF, art. 2º e art. 60, §4º, III) e da independência funcional do Ministério Público (CF, art. 127, §1º) consubstanciados na vedação aos promotores e procuradores de exercerem "qualquer outra função pública, salvo uma de magistério" (CF, art. 128, §5º, II, "d"). Além disso, tendo em vista o caráter acentuadamente objetivo da arguição de descumprimento de preceito fundamental, o juízo de subsidiariedade levaria em conta, especialmente, os demais processos objetivos já consolidados no sistema constitucional. Assim, ante a inexistência de processo de índole objetiva apto a solver, de uma vez por todas, a controvérsia constitucional, não haveria como deixar de reconhecer a admissibilidade da arguição de descumprimento de preceito fundamental. Isso porque as ações originárias e o recurso extraordinário não seriam capazes de resolver a controvérsia constitucional de forma geral, definitiva e imediata. ADPF 388/DF, rel. Min. Gilmar Mendes, 9.3.2016. (ADPF-388)

44 Compete à União explorar os serviços de telecomunicações, bem como legislar privativamente sobre essa matéria (CF, artigos 21, XI e 22, IV), conforme reiterada jurisprudência do STF.

Gabarito: **Certo**

▼ INFORMATIVO 822

COMPETÊNCIA DA UNIÃO EM TELEFONIA

Compete à União explorar os serviços de telecomunicações, bem como legislar privativamente sobre essa matéria (CF, artigos 21, XI e 22, IV). Com base nessa orientação, o Plenário reafirmou sua reiterada jurisprudência sobre o tema e julgou procedente pedido formulado em ação direta de inconstitucionalidade ajuizada em face da Lei 12.239/2006 do Estado de São Paulo. A norma estadual declarada inconstitucional dispõe sobre a instituição de cadastro com os números das linhas telefônicas dos assinantes do serviço de telefonia interessados no sistema de venda por via telefônica. ADI 3959/SP

45 Não é possível, ao Poder Judiciário, obrigar Município a fornecer vaga em creche à criança de até 5 anos de idade por se tratar de política pública de competência restrita à municipalidade, conforme entendeu o STF.

Gabarito: **Errado**

▼ INFORMATIVO 826

DIREITO À EDUCAÇÃO. VAGA EM CRECHE.

É possível, ao Poder Judiciário, obrigar Município a fornecer vaga em creche à criança de até 5 anos de idade. RE 956475

46 O Ministério Público, no exercício do controle externo da atividade policial, pode ter acesso a ordens de missão policial, conforme o STJ.

Gabarito: **Certo**

▼ INFORMATIVO 590

CONTROLE EXTERNO DA ATIVIDADE POLICIAL PELO MINISTÉRIO PÚBLICO.

O Ministério Público, no exercício do controle externo da atividade policial, pode ter acesso a ordens de missão policial. REsp 1.365.910-RS

47 **A expropriação prevista no art. 243 da CF pode ser afastada, desde que o proprietário comprove que não incorreu em culpa, ainda que "in vigilando" ou "in elegendo".**

Gabarito: CERTO

▼ EXPROPRIAÇÃO/STF

Expropriação. Cultivo ilegal de plantas psicotrópicas: expropriação e responsabilidade do proprietário

A expropriação prevista no art. 243 da CF pode ser afastada, desde que o proprietário comprove que não incorreu em culpa, ainda que "in vigilando" ou "in elegendo". Com essa orientação, o Plenário negou provimento a recurso extraordinário em que se discutia a natureza jurídica da responsabilidade do proprietário de terras nas quais localizada cultura ilegal de plantas psicotrópicas. • RE 635336/PE (Info 851).

▼ DIREITO PENAL

48 Configura, conforme o STJ, crime de contrabando a importação de colete à prova de balas sem prévia autorização do Comando do Exército.

Gabarito: **Certo**

▼ INFORMATIVO 577

Configura crime de contrabando a importação de colete à prova de balas sem prévia autorização do Comando do Exército. RHC 62.851-PR, Rel. Min. Sebastião Reis Júnior, julgado em 16/2/2016, DJe 26/2/2016.

49 No crime de tráfico de drogas, entende o STF que a falta de laudo pericial conduz, necessariamente, à inexistência de prova da materialidade de crime que deixa vestígios, a qual não pode ser demonstrada, nem em casos excepcionais, por outros elementos probatórios constante dos autos da ação penal (CPP, art. 167).

Gabarito: **Errado**

▼ INFORMATIVO 831

Tráfico de drogas - a falta de laudo pericial não conduz, necessariamente, à inexistência de prova da materialidade de crime que deixa vestígios, a qual pode ser demonstrada, em casos excepcionais, por outros elementos probatórios constante dos autos da ação penal (CPP, art. 167). (HC 130.265-DF, Relator Min. Teori Zavascki).

50 O tráfico ilícito de drogas na sua forma privilegiada (art. 33, § 4º, da Lei n. 11.343/2006) não é crime equiparado a hediondo.

Gabarito: Certo

▼ INFORMATIVO 595/STJ

TRÁFICO ILÍCITO DE DROGAS NA SUA FORMA PRIVILEGIADA. ART. 33, § 4º, DA LEI N. 11.343/2006. CRIME NÃO EQUIPARADO A HEDIONDO. ENTENDIMENTO RECENTE DO SUPREMO TRIBUNAL FEDERAL, NO JULGAMENTO DO HC 118.533-MS. REVISÃO DO TEMA ANALISADO PELA TERCEIRA SEÇÃO SOB O RITO DOS RECURSOS REPETITIVOS.

STJ O tráfico ilícito de drogas na sua forma privilegiada (art. 33, § 4º, da Lei n. 11.343/2006) não é crime equiparado a hediondo e, por conseguinte, deve ser cancelado o Enunciado 512 da Súmula do Superior Tribunal de Justiça. •Pet 11.796-DF. 2017.

51 A participação do menor não pode ser considerada, conforme jurisprudência do STJ, para configurar o crime de associação para o tráfico (art. 35) e, ao mesmo tempo, para agravar a pena como causa de aumento do art. 40, VI, da Lei n. 11.343/2006.

Gabarito: **Errado**

▼ INFORMATIVO 576

A participação do menor pode ser considerada para configurar o crime de associação para o tráfico (art. 35) e, ao mesmo tempo, para agravar a pena como causa de aumento do art. 40, VI, da Lei n. 11.343/2006. HC 250.455-RJ, Rel. Min. Nefi Cordeiro, julgado em 17/12/2015, DJe 5/2/2016.

52 O fato de o empregador obrigar seu empregado a portar arma de fogo durante o exercício das atribuições de vigia não caracteriza coação moral irresistível (art. 22 do CP) capaz de excluir a culpabilidade do crime de "porte ilegal de arma de fogo de uso permitido" (art. 14 da Lei n. 10.826/2003) atribuído ao empregado que tenha sido flagrado portando , em via pública, arma de fogo, após o término do expediente laboral, no percurso entre o trabalho e a sua residência.

Gabarito: **Certo**

▼ INFORMATIVO 581

O fato de o empregador obrigar seu empregado a portar arma de fogo durante o exercício das atribuições de vigia não caracteriza coação moral irresistível (art. 22 do CP) capaz de excluir a culpabilidade do crime de "porte ilegal de arma de fogo de uso permitido" (art. 14 da Lei n. 10.826/2003) atribuído ao empregado que tenha sido flagrado portando, em via pública, arma de fogo, após o término do expediente laboral, no percurso entre o trabalho e a sua residência. REsp 1.456.633-RS, Rel. Min. Reynaldo Soares da Fonseca, julgado em 5/4/2016, DJe 13/4/2016.

53 Para a configuração do delito de violação de direito autoral e a comprovação de sua materialidade, a perícia realizada por amostragem do produto apreendido, nos aspectos externos do material não se mostra suficiente para o STJ, sendo necessária, também, a identificação dos titulares dos direitos autorais violados ou daqueles que os representem.

Gabarito: **Errado**

▼ SÚMULA 574/STJ

Para a configuração do delito de violação de direito autoral e a comprovação de sua materialidade, é suficiente a perícia realizada por amostragem do produto apreendido, nos aspectos externos do material, e é desnecessária a identificação dos titulares dos direitos autorais violados ou daqueles que os representem. (Terceira Seção, aprovada em 22/06/2016)

54 Constitui crime, para o STJ, a conduta de permitir, confiar ou entregar a direção de veículo automotor a pessoa que não seja habilitada, ou que se encontre em qualquer das situações previstas no art. 310 do CTB, independentemente da ocorrência de lesão ou de perigo de dano concreto na condução do veículo.

Gabarito: **Certo**

▼ SÚMULA 575/STJ

Constitui crime a conduta de permitir, confiar ou entregar a direção de veículo automotor a pessoa que não seja habilitada, ou que se encontre em qualquer das situações previstas no art. 310 do CTB, independentemente da ocorrência de lesão ou de perigo de dano concreto na condução do veículo. (Terceira Seção, aprovada em 22/06/2016)

55 Para o STF, a prescrição da pretensão punitiva de condenado com mais de 70 anos se consuma com a prolação da sentença e não com o trânsito em julgado, conforme estatui o art. 115 do CP.

Gabarito: **Certo**

▼ INFORMATIVO 822

Prescrição: condenado com mais de 70 anos e sentença condenatória. A prescrição da pretensão punitiva de condenado com mais de 70 anos se consuma com a prolação da sentença e não com o trânsito em julgado, conforme estatui o art. 115 do CP." HC 129696/SP, rel. Min. Dias Toffoli, 19.4.2016. (HC-129696)

56 Para o STJ, o fato de o autor de homicídio culposo na direção de veículo automotor estar com a CNH vencida justifica a aplicação da causa especial de aumento de pena descrita no § 1º, I, do art. 302 do CTB.

Gabarito: **Errado**

▼ INFORMATIVO 581

INAPLICABILIDADE DA CAUSA DE AUMENTO DESCRITA NO ART. 302, § 1º, I, DO CTB EM VIRTUDE DE CNH VENCIDA.

O fato de o autor de homicídio culposo na direção de veículo automotor estar com a CNH vencida não justifica a aplicação da causa especial de aumento de pena descrita no § 1º, I, do art. 302 do CTB. HC 226.128-TO

57 Conforme jurisprudência do STF, a contagem do prazo do benefício de saída temporária de preso é feita em dias e não em horas.

Gabarito: **Certo**

▼ INFORMATIVO 828

SAÍDA TEMPORÁRIA. CONTAGEM.

A contagem do prazo do benefício de saída temporária de preso é feita em dias e não em horas. HC 130883/SC

58 É legítima a fixação de regime inicial semiaberto, tendo em conta a quantidade e a natureza do entorpecente, na hipótese em que ao condenado por tráfico de entorpecentes tenha sido aplicada pena inferior a 4 anos de reclusão, conforme o STF.

Gabarito: **Certo**

▼ INFORMATIVO 819

REGIME INICIAL E TRÁFICO DE DROGAS.

É legítima a fixação de regime inicial semiaberto, tendo em conta a quantidade e a natureza do entorpecente, na hipótese em que ao condenado por tráfico de entorpecentes tenha sido aplicada pena inferior a 4 anos de reclusão. HC 131887/SC

59 Como regra geral, entende o STF que a simples existência de inquéritos ou processos penais em curso já é suficiente para autorizar a eliminação prévia de candidatos em concursos públicos. Tal valoração negativa é justificável diante da idoneidade exigida em relação a todos os servidores públicos.

Gabarito: **Errado**

▼ INFORMATIVO 828

PRESUNÇÃO DE INOCÊNCIA E ELIMINAÇÃO DE CONCURSO PÚBLICO. REPERCUSSÃO GERAL.

Como regra geral, a simples existência de inquéritos ou processos penais em curso não autoriza a eliminação de candidatos em concursos públicos, o que pressupõe: (i) condenação por órgão colegiado ou definitiva; e (ii) relação de incompatibilidade entre a natureza do crime em questão e as atribuições do cargo concretamente pretendido, a ser demonstrada de forma motivada por decisão da autoridade competente. A lei pode instituir, no entanto, requisitos mais rigorosos para determinados cargos, em razão da relevância das atribuições envolvidas, como é o caso, por exemplo, das carreiras da magistratura, das funções essenciais à justiça e da segurança pública (CRFB/1988, art. 144), sendo vedada, em qualquer caso, a valoração negativa de simples processo em andamento, salvo situações excepcionalíssimas e de indiscutível gravidade. As duas proposições acima correspondem às teses do presente julgado, para fins de repercussão geral. Por se tratar de mudança de jurisprudência, a orientação ora firmada não se aplica a certames já realizados e que não tenham sido objeto de impugnação até a data do presente julgamento. HC - 130883

60 Entende o STJ que **não incide a qualificadora de motivo fútil (art. 121, § 2°, II, do CP), na hipótese de homicídio supostamente praticado por agente que disputava "racha", quando o veículo por ele conduzido - em razão de choque com outro automóvel também participante do "racha" - tenha atingido o veículo da vítima, terceiro estranho à disputa automobilística.**

Gabarito: **Certo**

▼ INFORMATIVO 583

HIPÓTESE DE INEXISTÊNCIA DE MOTIVO FÚTIL EM HOMÍCIDIO DECORRENTE DA PRÁTICA DE "RACHA".

Não incide a qualificadora de motivo fútil (art. 121, § 2°, II, do CP), na hipótese de homicídio supostamente praticado por agente que disputava "racha", quando o veículo por ele conduzido - em razão de choque com outro automóvel também participante do "racha" - tenha atingido o veículo da vítima, terceiro estranho à disputa automobilística. HC 307.617-SP

61 Não se consuma o crime de roubo com a inversão da posse do bem mediante emprego de violência ou grave ameaça, ainda que por breve tempo e em seguida à perseguição imediata ao agente e recuperação da coisa roubada, sendo imprescindível a posse mansa e pacífica ou desvigiada.

Gabarito: **Errada**

▼ SÚMULA 582/STJ

Consuma-se o crime de roubo com a inversão da posse do bem mediante emprego de violência ou grave ameaça, ainda que por breve tempo e em seguida à perseguição imediata ao agente e recuperação da coisa roubada, sendo prescindível a posse mansa e pacífica ou desvigiada.

▼ DIREITO PROCESSUAL PENAL

62 Entendeu o STJ que sem prévia autorização judicial, são nulas as provas obtidas pela polícia por meio da extração de dados e de conversas registradas no *whatsapp* presentes no celular do suposto autor de fato delituoso, ainda que o aparelho tenha sido apreendido no momento da prisão em flagrante.

Gabarito: **Certo**

▼ INFORMATIVO 583

EXTRAÇÃO SEM PRÉVIA AUTORIZAÇÃO JUDICIAL DE DADOS E DE CONVERSAS REGISTRADAS NO WHATSAPP.

Sem **prévia autorização judicial, são nulas as provas obtidas pela polícia por meio da extração de dados e de conversas registradas no** *whatsapp* **presentes no celular do suposto autor de fato delituoso, ainda que o aparelho tenha sido apreendido no momento da prisão em flagrante.** RHC 51.531-RO

63 No âmbito do STJ, após a vigência do CPC/2015, em controvérsias que versem sobre matéria penal ou processual penal, a contagem do prazo para interposição de agravo contra decisão monocrática de relator não será feita de forma contínua (art. 798 do CPP), mas sim em dias úteis (art. 219 do CPC/2015).

Gabarito: **Errado**

▼ INFORMATIVO 585

FORMA DE CONTAGEM DE PRAZO PARA INTERPOSIÇÃO DE AGRAVO CONTRA DECISÃO MONOCRÁTICA DE MINISTRO RELATOR DO STJ.

No âmbito do STJ, mesmo após a vigência do CPC/2015, em controvérsias que versem sobre matéria penal ou processual penal, a contagem do prazo para interposição de agravo contra decisão monocrática de relator continua sendo feita de forma contínua (art. 798 do CPP), e não somente em dias úteis (art. 219 do CPC/2015). AgRg nos EDcl nos EAREsp 316.129-SC

64 De acordo com reiterada jurisprudência do STF, é incabível a anulação de processo penal em razão de suposta irregularidade verificada em inquérito policial.

Gabarito: **Certo**

▼ INFORMATIVO 824

Investigação Preliminar Vício em inquérito policial e nulidade de ação penal

É incabível a anulação de processo penal em razão de suposta irregularidade verificada em inquérito policial. Esse o entendimento da Segunda Turma, que, ao reafirmar a jurisprudência assentada na matéria, negou provimento a recurso ordinário em "habeas corpus" em que se pleiteava a anulação de atos praticados em inquérito policial presidido por delegado alegadamente suspeito. Precedentes citados: RHC 43.878/SP (DJU de 5.4.1967) e HC 73.271/SP (DJU de 4.10.1996).

65 Segundo entendimento do STF, o fato de o delito ter sido cometido por brasileiro no exterior, por si só, não atrai a competência da justiça federal, porquanto não teria ofendido bens, serviço ou interesse da União (CF, art. 109, IV).

Gabarito: **Certo**

▼ INFORMATIVO 819

1ª Turma HC 105461/SP, rel. Min. Marco Aurélio, 29.3.2016. Competência e crime cometido no estrangeiro por brasileiro

O fato de o delito ter sido cometido por brasileiro no exterior, por si só, não atrai a competência da justiça federal, porquanto não teria ofendido bens, serviço ou interesse da União (CF, art. 109, IV).

66 Pendente o trânsito em julgado do acórdão condenatório apenas pela interposição de recurso de natureza extraordinária, ainda assim, não é possível a execução de pena, conforme STJ.

Gabarito: **Errado**

▼ INFORMATIVO 582

Corte Especial DIREITO PROCESSUAL PENAL. EXECUÇÃO PROVISÓRIA DE PENA. STJ

Pendente o trânsito em julgado do acórdão condenatório apenas pela interposição de recurso de natureza extraordinária, é possível a execução de pena. Numa mudança vertiginosa de paradigma, o STF, no julgamento do HC 126.292-SP (Tribunal Pleno, DJe 17/5/2016), mudou sua orientação para permitir, sob o status de cumprimento provisório da pena, a expedição de mandado de prisão depois de exaurido o duplo grau de jurisdição.

67 É possível a remição de parte do tempo de execução da pena quando o condenado, em regime fechado ou semiaberto, desempenha atividade laborativa, ainda que extramuros.

Gabarito: **Certo**

▼ SÚMULA N. 562/STJ

É possível a remição de parte do tempo de execução da pena quando o condenado, em regime fechado ou semiaberto, desempenha atividade laborativa, ainda que extramuros. Terceira Seção, aprovada em 24/2/2016, DJe 29/2/2016.

68 Ainda que o incidente de insanidade mental seja prova pericial constituída em favor da defesa, é possível determiná-lo compulsoriamente na hipótese em que a defesa se oponha à sua realização.

Gabarito: **Errado**

▼ INFORMATIVO 838

INCIDENTE DE INSANIDADE MENTAL. PROVA DA DEFESA.

Por ser, o incidente de insanidade mental, prova pericial constituída em favor da defesa, não é possível determiná-lo compulsoriamente na hipótese em que a defesa se oponha à sua realização. HC 133.078/RJ

69 Para o STF, execução provisória de acórdão penal condenatório proferido em julgamento de apelação, ainda que sujeita a recurso especial ou extraordinário, compromete o princípio constitucional da presunção de inocência.

Gabarito: **Errado**

▼ INFORMATIVO 814

PRESUNÇÃO DE INOCÊNCIA E EXECUÇÃO PROVISÓRIA DE CONDENAÇÃO CRIMINAL

A execução provisória de acórdão penal condenatório proferido em julgamento de apelação, ainda que sujeito a recurso especial ou extraordinário, não compromete o princípio constitucional da presunção de inocência. HC 126292/SP

70 Para o STF, o fato de o delito ter sido cometido por brasileiro no exterior, por si só, não atrai a competência da justiça federal, porquanto não teria ofendido bens, serviço ou interesse da União (CF, art. 109, IV).

Gabarito: **Certo**

▼ INFORMATIVO 819

COMPETÊNCIA E CRIME COMETIDO NO ESTRANGEIRO POR BRASILEIRO

O fato de o delito ter sido cometido por brasileiro no exterior, por si só, não atrai a competência da justiça federal, porquanto não teria ofendido bens, serviço ou interesse da União (CF, art. 109, IV). HC 105461/SP

71 Para o STJ, no processo penal, o fato de o suposto autor do crime já ter se envolvido em ato infracional não constitui fundamento idôneo à decretação de prisão preventiva.

Gabarito: **Certo**

▼ **INFORMATIVO 576/STJ**

No processo penal, o fato de o suposto autor do crime já ter se envolvido em ato infracional não constitui fundamento idôneo à decretação de prisão preventiva. Isso porque a vida na época da menoridade não pode ser levada em consideração pelo Direito Penal para nenhum fim. Atos infracionais não configuram crimes e, por isso, não é possível considerá-los como maus antecedentes nem como reincidência, até porque fatos ocorridos ainda na adolescência estão acobertados por sigilo e estão sujeitos a medidas judiciais exclusivamente voltadas à proteção do jovem. Por conseguinte, a prática de atos infracionais não serve de lastro para a análise de uma pretensa personalidade voltada à prática de crimes hábil a justificar ameaça a garantia da ordem pública. Portanto, o cometimento de atos infracionais somente terão efeito na apuração de outros atos infracionais, amparando, *v.g.*, a internação (art. 122, II, do ECA), e não a prisão preventiva em processo criminal. **HC 338.936-SP, Rel. Min. Nefi Cordeiro, julgado em 17/12/2015, DJe 5/2/2016.**

72 É incabível a anulação de processo penal em razão de suposta irregularidade verificada em inquérito policial.

Gabarito: **Certo**

▼ INFORMATIVO 824/STF

VÍCIO EM INQUÉRITO POLICIAL E NULIDADE DE AÇÃO PENAL.

É incabível a anulação de processo penal em razão de suposta irregularidade verificada em inquérito policial. RHC 131450/DF

73 Conforme o STF, cabe habeas corpus contra decisão que negou direito de familiar de preso internado em unidade prisional de com ele ter encontro direto, autorizando apenas a visita por meio do parlatório.

Gabarito: **Errado**

▼ INFORMATIVO 830

HABEAS CORPUS. CABIMENTO.

Não cabe habeas corpus contra decisão que negou direito de familiar de preso internado em unidade prisional de com ele ter encontro direto, autorizando apenas a visita por meio do parlatório. HC 133305/SP

▼ DIREITO TRIBUTÁRIO

74 De acordo com o STF, a imunidade tributária constante do art. 150, VI, "d", da Constituição Federal (CF), aplica-se ao livro eletrônico ("e-book"), inclusive aos suportes exclusivamente utilizados para fixá-lo.

Gabarito: Correto

▼ INFORMATIVO 856/STF

Componentes eletrônicos que acompanham livro e imunidade tributária

A imunidade tributária constante do art. 150, VI, "d", da Constituição Federal (CF), aplica-se ao livro eletrônico ("e-book"), inclusive aos suportes exclusivamente utilizados para fixá-lo.

A imunidade tributária da alínea "d" do inciso VI do art. 150 da CF alcança componentes eletrônicos destinados exclusivamente a integrar unidade didática com fascículos.

Com base nessas orientações, o Plenário, em conclusão, negou provimento a dois recursos extraordinários, julgados em conjunto, nos quais discutido o alcance da imunidade prevista no art. 150, VI, "d", da CF, de modo a abarcar tanto componentes eletrônicos que acompanham e complementam material didático impresso, utilizados em curso prático de montagem de computadores, quanto livros eletrônicos — v. Informativo 753.

Em relação ao RE 330.817/RJ, o Tribunal assentou que o art. 150, VI, "d", da CF não se refere apenas ao método gutenberguiano de produção de livros e que o vocábulo "papel" não é essencial ao conceito desse bem final. Consignou que o suporte das publicações é apenas o continente ("corpus mechanicum") que abrange o conteúdo ("corpus misticum") das obras e, portanto, não é o essencial ou o condicionante para o gozo da imunidade. Asseverou que os diversos tipos de suporte (tangível ou intangível) que um livro pode ter apontam para a direção de que eles somente podem ser considerados como elemento acidental no conceito de livro. Ressaltou que o livro não precisa ter o formato de códice para ser considerado como tal. Reputou, de igual modo, dispensável, para o enquadramento do livro na imunidade em questão, que seu destinatário (consumidor) tenha necessariamente que passar sua visão pelo texto e decifrar os signos da escrita. Dessa forma, a imunidade alcança o denominado "audio book", ou audiolivro (livros gravados em áudio, seja no suporte CD-Rom, seja em qualquer outro). Essa conclusão é harmônica com a teleologia da norma e está intimamente ligada à liberdade de ser informado, à democratização e à difusão da cultura, bem como à livre formação da opinião pública.

Acrescentou que, relativamente aos livros eletrônicos, sua maior capacidade de interação com o leitor/usuário (a partir de uma máquina), em comparação com os livros contidos nos códices, não cria empecilho para o reconhecimento da imunidade tributária ao bem final. O aumento da interação parece estar associado ao processo evolutivo da cultura escrita, ou seja, atualmente os livros eletrônicos permitem uma busca quase que imediata de qualquer palavra no texto escrito e, até mesmo, o aumento ou redução do tamanho de sua fonte. É possível, ainda, o compartilhamento de seu conteúdo com uma infinidade de leitores, com um simples toque de botão (e acesso à internet). Portanto, é inegável a maior facilidade de transporte e armazenamento do "e-book".

O avanço na cultura escrita apontou para o advento de novas tecnologias relativas ao suporte dos livros, como o papel eletrônico ("e-paper") e o aparelho eletrônico (como o "e-reader") especializados na leitura de obras digitais, os quais têm justamente a intenção de imitar a leitura em papel físico. Eles estão igualmente abrangidos pela imunidade em discussão, por equipararem-se aos tradicionais corpos mecânicos dos livros físicos, mesmo que acompanhados de funcionalidades acessórias ou rudimentares, como acesso à internet para "download" de livros digitais, dicionários, possibilidade de alteração de tipo e tamanho da fonte, marcadores, espaçamento, iluminação do texto etc.

O argumento de que a vontade do legislador histórico foi restringir a imunidade ao livro editado em papel não se sustenta em face da própria interpretação histórica e teleológica do instituto. Ainda que se partisse da premissa de que o objetivo do legislador constituinte de 1988 tivesse sido restringir a imunidade, seria de se invocar, ainda, a interpretação evolutiva, método interpretativo específico das normas constitucionais. Os fundamentos racionais que levaram à edição do art. 150, VI, "d", da CF continuam a existir mesmo quando levados em consideração os livros eletrônicos, inequívocas manifestações do avanço tecnológico que a cultura escrita tem experimentado. Consoante a interpretação evolutiva da norma, eles estão inseridos no âmbito dessa imunidade tributária.

Em suma, o Plenário entendeu que a imunidade de que trata o art. 150, VI, "d", da CF alcança o livro digital ("e-book"). De igual modo, as mudanças históricas e os fatores políticos e sociais da atualidade, seja em razão do avanço tecnológico, seja em decorrência da preocupação ambiental, justificam a equiparação do "papel", numa visão panorâmica da realidade e da norma, aos suportes utilizados para a publicação dos livros. Nesse contexto moderno, portanto, a teleologia da regra de imunidade igualmente alcança os aparelhos leitores de livros eletrônicos ("e-readers") confeccionados exclusivamente para esse fim, ainda que eventualmente equipados com funcionalidades acessórias ou rudimentares que auxiliam a leitura digital, tais como dicionário de sinônimos, marcadores, escolha do tipo e tamanho da fonte e outros. Apesar de não se confundirem com os livros digitais propriamente ditos, esses aparelhos funcionam como o papel dos livros tradicionais impressos, e o propósito seria justamente mimetizá-lo. Estão enquadrados, portanto, no conceito de suporte abrangido pela norma imunizante. Entretanto, esse entendimento não é aplicável aos aparelhos multifuncionais, como "tablets", "smartphones" e "laptops", os quais são muito além de meros equipamentos utilizados para a leitura de livros digitais. No caso concreto, o CD-Rom é apenas um corpo mecânico ou suporte e aquilo que está nele fixado (seu conteúdo textual) é o livro, ambos abarcados pela imunidade do citado dispositivo constitucional.

Nessa mesma linha foi a conclusão do julgamento do RE 595.676/RJ, nos termos do voto do ministro Marco Aurélio (relator). Em aditamento ao voto proferido na sessão do dia 6.8.2014, o ministro Marco Aurélio consignou que, tratando-se de apreciação de recurso sob o ângulo da repercussão geral, implicando a observância da extensão do pronunciamento por juízes e tribunais do País, cabe ressaltar que a imunidade não alcança a aquisição dos elementos eletrônicos se verificado – em um primeiro momento, pelas autoridades fiscais competentes, e, se instaurado litígio, pelas instâncias judiciais ordinárias, soberanas no exame das provas – o dissimulado propósito final de produção de bens para consumo próprio ou ulterior comercialização. **RE 330817/RJ, rel. Min. Dias Toffoli, julgamento em 8.3.2017. (RE-330817) RE 595676/RJ, rel. Min. Marco Aurélio, julgamento em 8.3.2017. (RE-595676)**

75 A imunidade tributária subjetiva aplica-se a seus beneficiários na posição de contribuinte de direito, mas não na de simples contribuinte de fato, sendo irrelevante, para a verificação da existência do beneplácito constitucional, a repercussão econômica do tributo envolvido.

Gabarito: Correto

Imunidade tributária e contribuinte de fato – Informativo 855/STF

A imunidade tributária subjetiva aplica-se a seus beneficiários na posição de contribuinte de direito, mas não na de simples contribuinte de fato, sendo irrelevante, para a verificação da existência do beneplácito constitucional, a repercussão econômica do tributo envolvido.

Com base nessa orientação, o Tribunal deu provimento a recurso extraordinário no qual se pretendia a não aplicação da imunidade tributária constante do art. 150, VI, "c", da CF relativamente ao ICMS incidente na aquisição de insumos, medicamentos e serviços adquiridos por entidade de assistência social na qualidade de consumidora (contribuinte de fato).

Na espécie, o Tribunal de origem afastou a exigência do recolhimento do ICMS nas operações de aquisição, por entidade de assistência social (na qualidade de consumidor final), de medicamentos, máquinas e equipamentos necessários à execução de suas finalidades filantrópicas, ante a configuração da imunidade tributária prevista no art. 150, VI, "c", da CF.

Para o recorrente, a aquisição de insumos e produtos no mercado interno na qualidade de contribuinte de fato não estaria albergada pela imunidade tributária prevista no art. 150, VI e § 4º, da CF. Sustentava, ainda, que a relevância das atividades prestadas pelas entidades de assistência social não poderia conferir aos fornecedores particulares, não abrangidos pela regra imunizante, a não incidência do ICMS na venda de mercadorias e serviços.

O Colegiado rememorou que prevalece no STF o entendimento de que a imunidade tributária subjetiva se aplica a seus beneficiários na posição de contribuinte de direito, mas não àqueles na condição de simples contribuinte de fato, bem como de que é irrelevante, para a verificação da incidência ou não da imunidade constitucional, a discussão acerca da repercussão econômica do tributo envolvido.

Ressaltou, também, que a jurisprudência do STF vem se posicionando pela impossibilidade de se estender ao particular vendedor (contribuinte de direito) a imunidade tributária subjetiva que detém o adquirente de mercadoria (contribuinte de fato).

Assim, o beneficiário da imunidade tributária subjetiva na posição de simples contribuinte de fato, embora possa arcar com os ônus financeiros dos impostos envolvidos nas compras de mercadorias, caso tenham sido transladados pelo vendedor contribuinte de direito, desembolsa importe que juridicamente não se qualifica como tributo, mas sim preço, decorrente de uma relação contratual.

Destacou a impossibilidade de, no contexto do exercício das atividades econômicas, ter-se certeza da efetiva transferência do encargo financeiro dos tributos, em razão de o lucro não ser tabelado. Ademais, quanto à regra contida no art. 150, § 5º, da CF ("§ 5º A lei determinará medidas para que os consumidores sejam esclarecidos acerca dos impostos que incidam sobre mercadorias e serviços"), asseverou não haver transformação dos contribuintes finais em contribuintes de direito dos impostos incidentes sobre mercadorias e serviços que repercutem economicamente, mas sim existir o reconhecimento de que "o consumidor ou usuário não é contribuinte, tanto assim que precisa ser informado a respeito dos tributos que oneram mercadorias e serviços".

Pontuou, igualmente, que a temática da repercussão econômica tributária está na área de formação dos preços e que, apenas com substancioso estudo dos fatores e das circunstâncias (como condições de tempo, lugar e conjectura econômica), seria possível verificar, num juízo de relativa previsibilidade, a provável repercussão econômica do tributo. Ponderou, dessa forma, ser desaconselhável considerar a denominada repercussão econômica do tributo para verificar a existência ou não da imunidade tributária. Essa orientação, a propósito, alinha-se aos precedentes da Corte no sentido de ser a imunidade tributária subjetiva constante do art. 150, VI, "c", da CF aplicável à hipótese de importação de mercadorias pelas entidades de assistência social para uso ou consumo próprio. Com efeito, essas entidades ostentam, nessa situação, a posição de contribuintes de direito, o que é suficiente para o reconhecimento da imunidade. O fato de também serem apontadas, costumeira e concomitantemente, como contribuintes de fato é irrelevante para a análise da controvérsia, portanto.

Asseverou, por fim, que a tese firmada não prejudica o entendimento adotado, em sede de recursos repetitivos, pelo STJ no julgamento do REsp 1.299.303/SC (DJE de 14.8.2012), no sentido de que o consumidor de energia elétrica tem legitimidade para propor ação declaratória com pedido de repetição de indébito a fim de afastar, no tocante ao fornecimento de energia elétrica, a incidência do ICMS sobre demanda contratada e não utilizada. Essa situação, além de peculiar, está inserida no contexto da concessão de serviço público e tem regime jurídico próprio. **RE 608872/MG, rel. Min. Dias Toffoli, julgamento em 22 e 23.2.2017. (RE-608872)**

76 Entendeu o STF ser devida a restituição da diferença do Imposto sobre Circulação de Mercadorias e Serviços (ICMS) pago a mais, no regime de substituição tributária para a frente, se a base de cálculo efetiva da operação for inferior à presumida.

Gabarito: **Certo**

▼ INFORMATIVO 844

SUBSTITUIÇÃO TRIBUTÁRIA E RESTITUIÇÃO

É devida a restituição da diferença do Imposto sobre Circulação de Mercadorias e Serviços (ICMS) pago a mais, no regime de substituição tributária para a frente, se a base de cálculo efetiva da operação for inferior à presumida. ADI 2675/PE

77 O Imposto sobre Circulação de Mercadorias e Serviços (ICMS) compõe a base de cálculo para a incidência da contribuição para o PIS e da COFINS.

Gabarito: ERRADO

O Imposto sobre Circulação de Mercadorias e Serviços (ICMS) não compõe a base de cálculo para a incidência da contribuição para o PIS e da COFINS. Com essa orientação, o Tribunal, por maioria, deu provimento a recurso extraordinário no qual se discutia a possibilidade de inclusão do montante do ICMS gerado na circulação de mercadoria ou prestação de serviço no conceito de faturamento para fins de incidência da contribuição para o PIS e da COFINS.

Prevaleceu o voto da ministra Cármen Lúcia (Presidente e relatora). Consignou que a inclusão do ICMS na base de cálculo das referidas contribuições sociais leva ao inaceitável entendimento de que os sujeitos passivos desses tributos faturariam ICMS, o que não ocorre. Assim, enquanto o montante de ICMS circula por suas contabilidades, os sujeitos passivos das contribuições apenas obtêm ingresso de caixa de valores que não lhes pertencem. Em outras palavras, o montante de ICMS, nessas situações, não se incorpora ao patrimônio dos sujeitos passivos das contribuições, até porque tais valores são destinados aos cofres públicos dos Estados-Membros ou do Distrito Federal.

Ponderou, igualmente, que a parcela correspondente ao ICMS pago não tem natureza de faturamento (nem mesmo de receita), mas de simples ingresso de caixa. Por essa razão, não pode compor a base de cálculo da contribuição para o PIS ou da COFINS.

Asseverou que tanto a análise jurídica quanto a contábil do ICMS — ambas pautadas em sua não cumulatividade, principal característica desse tributo — revelam não ser possível incluir o ICMS na base de cálculo da contribuição para o PIS e da COFINS, nem também excluí-lo totalmente. Isso porque, enquanto parte do montante do ICMS é entregue diretamente ao Estado, parte dele mantém-se no patrimônio do contribuinte até a realização de nova operação. A análise jurídica do princípio da não cumulatividade aplicado ao ICMS, entretanto, leva em consideração apenas o conteúdo normativo do art. 155, § 2º, I, da CF1.

Sobre esse aspecto, também com fundamento na doutrina, pontuou que a Constituição, no tocante à compensação, consagrou a ideia de que a quantia a ser desembolsada pelo contribuinte a título de ICMS é o resultado de uma subtração em que o minuendo é o montante de imposto devido e o subtraendo é o montante de imposto anteriormente cobrado ou cobrável. O realizador da operação ou prestação tem o direito constitucional subjetivo de abater do montante do ICMS a recolher os valores cobrados, a esse título, nas operações ou prestações anteriores. O contribuinte, se for o caso, apenas recolhe aos cofres públicos a diferença resultante dessa operação matemática.

Assim, nem todo montante de ICMS é recolhido pelos contribuintes posicionados no meio da cadeia (distribuidor e comerciante), ou seja, parte do valor do ICMS destacado na fatura é aproveitada pelo contribuinte para compensar com o montante do imposto gerado na operação anterior. Em algum momento, ainda que não exatamente o mesmo, ele será recolhido e, por isso, não constitui receita do contribuinte. Logo, ainda que contabilmente escriturado, não guarda expressa definição constitucional de faturamento para fins de apuração da base de cálculo da contribuição para o PIS e da COFINS, pois o valor do ICMS tem como destino fiscal a Fazenda Pública.

Ademais, por ser inviável a apuração do ICMS, considerando-se cada mercadoria ou serviço e a correspondente cadeia, adota-se o sistema de apuração contábil ou escritural do imposto. Nesse sentido, o montante de ICMS a recolher é apurado mês a mês, com base no total de créditos decorrentes de aquisições e no total de débitos gerados nas saídas de mercadorias ou serviços. Em suma, o princípio da não cumulatividade operacionaliza-se por meio da compensação entre débitos e créditos na escrituração fiscal.

Para a relatora, o regime da não cumulatividade impõe concluir que, embora se tenha a escrituração da parcela do ICMS ainda a se compensar, o montante integral não se inclui na definição de faturamento adotada pelo Supremo Tribunal Federal, motivo por que ele não pode compor a base de cálculo da contribuição para o PIS e da COFINS.

Enfatizou que, embora o ICMS incida sobre todo o valor da operação, o regime de compensação importa na possibilidade de, em algum momento da cadeia de operações, haver saldo a pagar do tributo, se a venda for realizada em montante superior ao da aquisição e na medida desse aumento do valor. Em outras palavras, o valor do ICMS é indeterminável até se efetivar a operação subsequente. Afasta-se, pois, da composição do custo e deve, por conseguinte, ser excluído da base de cálculo das mencionadas contribuições.

Por fim, verificou que o recolhimento do ICMS na condição de substituto tributário (Lei 9.718/1998, art. 3º, § 2º, I, "in fine") importa transferência integral às Fazendas Públicas estaduais do montante recolhido, sem a necessidade de compensação e, portanto, de identificação de saldo a pagar, pois não há recolhimentos posteriores pelos demais contribuintes substituídos.

Se a norma exclui o ICMS transferido integralmente para os Estados-Membros da base de cálculo das mencionadas contribuições sociais, também deve ser excluída a transferência parcial decorrente do regime de não cumulatividade.

Vencidos os ministros Edson Fachin, Roberto Barroso, Dias Toffoli e Gilmar Mendes, que negavam provimento ao recurso.

1. CF, art. 155, § 2º, I: "Art. 155...§ 2º O imposto previsto no inciso II atenderá ao seguinte: I – será não cumulativo, compensando-se o que for devido em cada operação relativa à circulação de mercadorias ou prestação de serviços com o montante cobrado nas anteriores pelo mesmo ou outro Estado ou pelo Distrito Federal". **RE 574706/PR, rel. Min. Cármen Lúcia, julgamento em 15.3.2017. (RE-574706) – Informativo 853**

---

78 O depósito judicial integral do débito tributário e dos respectivos juros de mora, antes de qualquer procedimento do Fisco tendente à sua exigência, configura denúncia espontânea (art. 138 do CTN).

Gabarito: **Errado**

▼ INFORMATIVO 576

DEPÓSITO JUDICIAL INTEGRAL DOS TRIBUTOS DEVIDOS E DENÚNCIA ESPONTÂNEA.

O depósito judicial integral do débito tributário e dos respectivos juros de mora, mesmo antes de qualquer procedimento do Fisco tendente à sua exigência, não configura denúncia espontânea (art. 138 do CTN). EREsp 1.131.090-RJ

79 O protesto das Certidões de Dívida Ativa (CDA) constitui mecanismo inconstitucional e ilegítimo, por restringir de forma desproporcional alguns direitos fundamentais garantidos aos contribuintes e, assim, constituir sanção política.

Gabarito: **Errado**

PROTESTO DE CDA E SANÇÃO POLÍTICA.

O protesto das Certidões de Dívida Ativa (CDA) constitui mecanismo constitucional e legítimo, por não restringir de forma desproporcional quaisquer direitos fundamentais garantidos aos contribuintes e, assim, não constituir sanção política. ADI 5135/DF

80 O Imposto sobre Circulação de Mercadorias e Serviços (ICMS) incide sobre a tarifa de assinatura básica mensal cobrada pelas prestadoras de serviço de telefonia, independentemente da franquia de minutos concedida ou não ao usuário.

Gabarito: **Certo**

▼ INFORMATIVO 843

TARIFA DE ASSINATURA BÁSICA E ICMS

O Imposto sobre Circulação de Mercadorias e Serviços (ICMS) incide sobre a tarifa de assinatura básica mensal cobrada pelas prestadoras de serviço de telefonia, independentemente da franquia de minutos concedida ou não ao usuário. RE 912888/SP

81 Decidiu o STF, que incide o Imposto de Produtos Industrializados - IPI na importação de veículo automotor por pessoa natural, ainda que não desempenhe atividade empresarial e o faça para uso próprio.

Gabarito: **Certo**

IPI E IMPORTAÇÃO DE AUTOMÓVEIS PARA USO PRÓPRIO.

Incide o Imposto de Produtos Industrializados - IPI na importação de veículo automotor por pessoa natural, ainda que não desempenhe atividade empresarial e o faça para uso próprio. RE 723651/PR

82 A notificação do contribuinte para o recolhimento do IPVA perfectibiliza a constituição definitiva do crédito tributário, iniciando-se o prazo prescricional para a execução fiscal no dia seguinte à data estipulada para o vencimento da exação.

Gabarito: **Certo**

▼ INFORMATIVO 588

TERMO INICIAL DO PRAZO PRESCRICIONAL PARA COBRANÇA DE IPVA. RECURSO REPETITIVO.

A notificação do contribuinte para o recolhimento do IPVA perfectibiliza a constituição definitiva do crédito tributário, iniciando-se o prazo prescricional para a execução fiscal no dia seguinte à data estipulada para o vencimento da exação. REsp 1.320.825-RJ

83 Entende o STJ que a base de cálculo do IPI na *venda a prazo* **é o preço "normal" da mercadoria** (preço de venda à vista) sem os eventuais acréscimos decorrentes do parcelamento.

Gabarito: **Errado**

▼ INFORMATIVO 584

BASE DE CÁLCULO DO IPI NAS VENDAS A PRAZO.

A base de cálculo do IPI na *venda a prazo* **é o preço "normal" da mercadoria (preço de venda à vista) mais os eventuais acréscimos decorrentes do parcelamento.** REsp 1.586.158-SP

84 Súmula do STJ determina que na importação, é devida a exigência de nova certidão negativa de débito no desembaraço aduaneiro, ainda que já apresentada a comprovação da quitação de tributos federais quando da concessão do benefício relativo ao regime de drawback.

Gabarito: **Errado**

▼ SÚMULA N. 569

Na importação, é indevida a exigência de nova certidão negativa de débito no desembaraço aduaneiro, se já apresentada a comprovação da quitação de tributos federais quando da concessão do benefício relativo ao regime de drawback.

85 Para o STF, o art. 6º da LC 105/2001 não ofende o direito ao sigilo bancário, porque realiza a igualdade em relação aos cidadãos, por meio do princípio da capacidade contributiva, bem como estabelece requisitos objetivos e o translado do dever de sigilo da esfera bancária para a fiscal. Por sua vez, a Lei 10.174/2001 não atrai a aplicação do princípio da irretroatividade das leis tributárias, tendo em vista o caráter instrumental da norma, nos termos do artigo 144, §1º, do CTN.

Gabarito: **Certo**

▼ PRIMEIRA SEÇÃO, APROVADA EM 27/4/2016, DJE 2/5/2016 (INFORMATIVO N. 581).

FORNECIMENTO DE INFORMAÇÕES FINANCEIRAS AO FISCO SEM AUTORIZAÇÃO JUDICIAL

O art. 6º da LC 105/2001 não ofende o direito ao sigilo bancário, porque realiza a igualdade em relação aos cidadãos, por meio do princípio da capacidade contributiva, bem como estabelece requisitos objetivos e o translado do dever de sigilo da esfera bancária para a fiscal. Por sua vez, a Lei 10.174/2001 não atrai a aplicação do princípio da irretroatividade das leis tributárias, tendo em vista o caráter instrumental da norma, nos termos do artigo 144, §1º, do CTN. RE 601314/SP

86 As operadoras de planos privados de assistência à saúde (plano de saúde e seguro-saúde) prestam serviço sujeito ao Imposto Sobre Serviços de Qualquer Natureza (ISSQN), previsto no art. 156, III, da CF.

Gabarito: **Certo**

▼ INFORMATIVO 841/STF

ADMINISTRAÇÃO DE PLANOS DE SAÚDE E INCIDÊNCIA DE ISSQN

As operadoras de planos privados de assistência à saúde (plano de saúde e seguro-saúde) prestam serviço sujeito ao Imposto Sobre Serviços de Qualquer Natureza (ISSQN), previsto no art. 156, III, da CF. RE 651703/PR

▼ DIREITO EMPRESARIAL

87 Para efetuar o registro e o arquivamento de alteração contratual, a fim de promover a transformação de sociedade civil em empresária, entende o STJ, que **é exigível a apresentação de certidões negativas de débitos com o FGTS e com a União, exigindo-se,** ainda, certidão negativa de débito com o INSS.

Gabarito: **Errado**

▼ INFORMATIVO 574/STJ

CERTIDÕES NEGATIVAS E TRANSFORMAÇÃO DE SOCIEDADE SIMPLES EM EMPRESARIAL.

Para efetuar o registro e o arquivamento de alteração contratual, a fim de promover a transformação de sociedade civil em empresária, não é exigível a apresentação de certidões negativas de débitos com o FGTS e com a União, exigindo-se, contudo, certidão negativa de débito com o INSS. REsp 1.393.724-PR

88 Em qualquer ação utilizada pelo portador para cobrança de cheque, a correção monetária incide a partir da data de emissão estampada na cártula, e os juros de mora a contar da primeira apresentação à instituição financeira sacada ou câmara de compensação, conforme jurisprudência do STJ.

Gabarito: **Certo**

▼ INFORMATIVO 587

TERMO INICIAL DE CORREÇÃO MONETÁRIA E DE JUROS DE MORA EM COBRANÇA DE CHEQUE. RECURSO REPETITIVO.

Em qualquer ação utilizada pelo portador para cobrança de cheque, a correção monetária incide a partir da data de emissão estampada na cártula, e os juros de mora a contar da primeira apresentação à instituição financeira sacada ou câmara de compensação. REsp 1.556.834-SP

89 Entende o STJ que a pactuação da pós-datação de cheque, para que seja hábil a ampliar o prazo de apresentação à instituição financeira sacada, deve espelhar a data de emissão estampada no campo específico da cártula.

Gabarito: **Certo**

▼ INFORMATIVO 584

CHEQUE PRÉ-DATADO E O SEU PRAZO DE APRESENTAÇÃO PARA PAGAMENTO. RECURSO REPETITIVO.

A pactuação da pós-datação de cheque, para que seja hábil a ampliar o prazo de apresentação à instituição financeira sacada, deve espelhar a data de emissão estampada no campo específico da cártula. REsp 1.423.464-SC

90 O aceite lançado em separado da duplicata mercantil imprime eficácia cambiária ao título, conforme o STJ.

Gabarito: **Errado**

▼ INFORMATIVO 580

DUPLICATA MERCANTIL E ACEITE LANÇADO EM SEPARADO.

O aceite lançado em separado da duplicata mercantil não imprime eficácia cambiária ao título. REsp 1.334.464-RS

91 **É abusiva, para o STJ,** a mera previsão contratual que estabelece a duplicação do valor do aluguel no mês de dezembro em contrato de locação de espaço em shopping center.

Gabarito: **Errado**

▼ INFORMATIVO 582

VALIDADE DA CLÁUSULA DE 13º ALUGUEL EM CONTRATO DE LOCAÇÃO DE ESPAÇO EM SHOPPING CENTER.

Não é abusiva a mera previsão contratual que estabelece a duplicação do valor do aluguel no mês de dezembro em contrato de locação de espaço em shopping center. REsp 1.409.849-PR

▼ DIREITO AMBIENTAL

92 Decidiu o STF que a lei cearense que regulamenta a vaquejada como prática desportiva e cultural no estado é inconstitucional.

Gabarito: **Certo**

▼ INFORMATIVO 842

ADI. PRÁTICA DA VAQUEJADA.

A lei 15.299/2013, do estado do ceará, que regulamenta a vaquejada como prática desportiva e cultural no estado é inconstitucional. O sentido da expressão "crueldade" constante no inciso vii do parágrafo 1º do artigo 225 da constituição federal alcança a tortura e os maus-tratos infringidos aos bois durante a prática da vaquejada. Assim, revela-se intolerável a conduta humana autorizada pela norma estadual atacada. ADI 4983

93 Compete à Justiça Estadual processar e julgar o crime ambiental de caráter transnacional que envolva animais silvestres, ameaçados de extinção e espécimes exóticas ou protegidas por compromissos internacionais assumidos pelo Brasil.

Gabarito: ERRADO

INFORMATIVO 853/STF

Compete à Justiça Federal processar e julgar o crime ambiental de caráter transnacional que envolva animais silvestres, ameaçados de extinção e espécimes exóticas ou protegidas por compromissos internacionais assumidos pelo Brasil. Com base nesse entendimento, o Plenário deu provimento ao recurso extraordinário em que se discutia a justiça competente para processar e julgar crimes ambientais transnacionais.

O Tribunal afirmou que as florestas, a fauna e a flora estão protegidas, no ordenamento jurídico inaugurado pela Constituição de 1988, como poder-dever comum da União, dos Estados, do Distrito Federal e dos Municípios (CF/1988, art. 23, VII).

Ressaltou que a Carta Magna dispõe que "todos têm direito ao meio ambiente ecologicamente equilibrado, bem de uso comum do povo e essencial à sadia qualidade de vida, impondo-se ao Poder Público e à coletividade o dever de defendê-lo e preservá-lo para as presentes e futuras gerações" (CF/1988, art. 225, "caput"), incumbindo ao Poder Público "proteger a fauna e a flora, vedadas, na forma da lei, as práticas que coloquem em risco sua função ecológica, provoquem a extinção de espécies ou submetam os animais a crueldade" (CF/1988, art. 225, § 1º, VII).

Asseverou que a competência da Justiça estadual é residual, em confronto com a Justiça Federal, à luz da Constituição Federal e da jurisprudência do Supremo Tribunal Federal.

Consignou que a competência da Justiça Federal aplica-se aos seguintes crimes ambientais, que também se enquadram nas hipóteses previstas na Constituição, quando: a) atentarem contra bens, serviços ou interesses diretos e específicos da União ou de suas entidades autárquicas; b) previstos tanto no direito interno quanto em tratado ou convenção internacional, tiverem a execução iniciada no País, mas o resultado tenha ou devesse ter ocorrido no estrangeiro, ou na hipótese inversa; c) tiverem sido cometidos a bordo de navios ou aeronaves; d) houver grave violação de direitos humanos; ou ainda e) guardarem conexão ou continência com outro crime de competência federal, ressalvada a competência da Justiça Militar e da Justiça Eleitoral, conforme previsão expressa da Constituição.

A razão de ser das normas consagradas no direito interno e no direito convencional conduz à conclusão de que a transnacionalidade do crime ambiental de exportação de animais silvestres atinge interesse direto, específico e imediato da União, voltado à garantia da segurança ambiental no plano internacional, em atuação conjunta com a comunidade das nações.

Portanto, o envio clandestino de animais silvestres ao exterior reclama interesse direto da União no controle de entrada e saída de animais do território nacional, bem como na observância dos compromissos do Estado brasileiro com a comunidade internacional, para a garantia conjunta de concretização do que estabelecido nos acordos internacionais de proteção do direito fundamental à segurança ambiental. Assim, a natureza transnacional do delito ambiental de exportação de animais silvestres atrai a competência da Justiça Federal, nos termos do art. 109, IV, da CF/1988. **RE 835558/SP, rel. Min. Luiz Fux, julgamento em 9.2.2017. (RE-835558)• RE 835558/SP.**

94 No atual estágio do conhecimento científico, que indica ser incerta a existência de efeitos nocivos da exposição ocupacional e da população em geral a campos elétricos, magnéticos e eletromagnéticos gerados por sistemas de energia elétrica, entende o STJ não existem impedimentos, por ora, a que sejam adotados os parâmetros propostos pela Organização Mundial de Saúde (OMS), conforme estabelece a Lei 11.934/2009.

Gabarito: **Certo**

▼ INFORMATIVO 829

PRINCÍPIO DA PRECAUÇÃO E CAMPO ELETROMAGNÉTICO. REPERCUSSÃO GERAL.

No atual estágio do conhecimento científico, que indica ser incerta a existência de efeitos nocivos da exposição ocupacional e da população em geral a campos elétricos, magnéticos e eletromagnéticos gerados por sistemas de energia elétrica, não existem impedimentos, por ora, a que sejam adotados os parâmetros propostos pela Organização Mundial de Saúde (OMS), conforme estabelece a Lei 11.934/2009. RE 627189/SP

95 A jurisprudência do STF caminha no sentido da inaplicabilidade do princípio da insignificância aos crimes ambientais, tanto com relação aos casos de perigo concreto – em que há dano efetivo ao bem jurídico tutelado –, quanto aos de perigo abstrato, como no art. 34, "caput", da Lei 9.605/1998.

Gabarito: **Errado**

Crime ambiental e dano efetivo ao bem jurídico tutelado

A Segunda Turma, em conclusão de julgamento, reputou improcedente acusação formulada contra deputado federal pela suposta prática do crime previsto no art. 34, "caput", da Lei 9.605/1998 ("Pescar em período no qual a pesca seja proibida ou em lugares interditados por órgão competente: Pena - detenção de um ano a três anos ou multa, ou ambas as penas cumulativamente") – v. Informativo 791. No caso, de acordo com o relatório de fiscalização, a autoridade ambiental abordara o deputado e outras duas pessoas em embarcação fundeada em área marítima pertencente à unidade de conservação federal de proteção integral. A Turma, de início, afastou a preliminar de inépcia da denúncia. Observou que essa peça processual descreveria de forma detalhada a ação empreendida, com menção ao dia, ao local e às circunstâncias do ato tido por criminoso, a possibilitar o pleno exercício da ampla defesa e do contraditório. Em seguida, reputou não existir, no caso concreto, o requisito da justa causa a propiciar o prosseguimento da açao penal, especialmente pela mínima ofensividade da conduta do agente, pela ausência de periculosidade social da ação, pelo reduzido grau de reprovabilidade do comportamento e pela inexpressividade da lesão jurídica provocada. Assim, apesar de a conduta do denunciado amoldar-se à tipicidade formal e subjetiva, não haveria a tipicidade material, consistente na relevância penal da conduta e no resultado típico, em razão da insignificância da lesão produzida no bem jurídico tutelado. A jurisprudência seria no sentido da aplicabilidade do princípio da insignificância aos crimes ambientais, tanto com relação aos de perigo concreto — em que haveria dano efetivo ao bem jurídico tutelado —, quanto aos de perigo abstrato, como no art. 34, "caput", da Lei 9.605/1998. No processo em exame, não se produzira prova material de qualquer dano efetivo ao meio ambiente. Ademais, mesmo diante de crime de perigo abstrato, não seria possível dispensar a verificação "in concreto" do perigo real ou mesmo potencial da conduta praticada pelo acusado com relação ao bem jurídico tutelado. Esse perigo real não se verificaria na espécie vertente. Portanto, seria imperioso assentar a atipicidade material da conduta, pela completa ausência de ofensividade ao bem jurídico tutelado pela norma penal. O acusado estaria em pequena embarcação quando teria sido surpreendido em contexto de pesca rústica, com vara de pescar, linha e anzol. Não estaria em barco grande, munido de redes, arrasto nem com instrumentos de maior potencialidade lesiva ao meio ambiente. Inq 3788/DF, rel. Min. Cármen **Lúcia,** 1°.3.2016. (Inq-3788)

▼ DIREITO DO TRABALHO

96 Conforme decisão do STF, no âmbito do Regime Geral de Previdência Social - RGPS, somente lei pode criar benefícios e vantagens previdenciárias, não havendo, por ora, previsão legal do direito à "desaposentação", sendo constitucional a regra do art. 18, § 2º, da Lei 8.213/1991.

Gabarito: **Certo**

▼ INFORMATIVO 845

REPERCUSSÃO GERAL - Art. 18, § 2º, da Lei 8.213/1991 e "desaposentação"

No âmbito do Regime Geral de Previdência Social - RGPS, somente lei pode criar benefícios e vantagens previdenciárias, não havendo, por ora, previsão legal do direito à "desaposentação", sendo constitucional a regra do art. 18, § 2º, da Lei 8.213/1991.

Com base nessa orientação, o Tribunal concluiu o julgamento conjunto de recursos extraordinários em que se discutia a possibilidade de reconhecimento da "desaposentação", consistente na renúncia a benefício de aposentadoria, com a utilização do tempo de serviço ou contribuição que fundamentara a prestação previdenciária originária, para a obtenção de benefício mais vantajoso em nova aposentadoria — v. Informativos 600, 762 e 765.

Prevaleceu o entendimento da divergência iniciada com o voto do ministro Dias Toffoli no recurso relatado pelo ministro Marco Aurélio e com o voto do ministro Teori Zavascki nos recursos de relatoria do ministro Roberto Barroso. RE 381367/RS«2016»

97 Para o STF, a receita auferida pelas cooperativas de trabalho decorrentes dos atos (negócios jurídicos) firmados com terceiros não se insere na materialidade da contribuição ao PIS/PASEP.

Gabarito: **Errado**

▼ INFORMATIVO 835

Cooperativas de trabalho, terceiros e contribuição ao PIS/Pasep

A receita auferida pelas cooperativas de trabalho decorrente dos atos (negócios jurídicos) firmados com terceiros se insere na materialidade da contribuição ao PIS/Pasep.

Com base nessa orientação, o Plenário acolheu embargos de declaração para prestar esclarecimentos, sem efeitos infringentes. Na espécie, a embargante – cooperativa prestadora de serviço com terceiros tomadores de serviço – apontou que o recurso extraordinário teria tratado apenas de ato externo das cooperativas de trabalho (v. Informativo 766). Portanto, quando realizassem atos com terceiros, deveriam ser tributadas pelo PIS. O Plenário reafirmou que a norma do art. 146, III, "c", da Constituição, que assegura o adequado tratamento tributário do ato cooperativo, seria dirigida, objetivamente, ao ato cooperativo, e não, subjetivamente, à cooperativa. Elucidou que a questão da incidência da contribuição ao PIS não deveria levar em consideração se o ato do qual a receita ou o faturamento se origina seria qualificado como cooperativo ou não. Mas sim, se a sociedade tributada teria praticado o fato gerador dessa exação, se teria auferido receita ou faturamento, tendo em conta suas atividades econômicas e seus objetos sociais. Assim, a partir da exegese constitucional do que seja o "adequado tratamento tributário do ato cooperativo", a Corte, para o caso concreto, firmou o entendimento de que a receita ou o faturamento auferidos pelas cooperativas de trabalho decorrentes dos negócios jurídicos praticados com terceiros se inseririam na materialidade da contribuição ao PIS/Pasep. Por fim, registrou que o tema do adequado tratamento tributário do ato cooperativo será retomado pelo Plenário para dirimir controvérsia acerca da cobrança de contribuições sociais destinadas à seguridade social incidentes, também, sobre outras materialidades, como o lucro, por ocasião do julgamento do RE 672.215/CE, de relatoria do Ministro Roberto Barroso, com repercussão geral reconhecida. RE 599362/RJ, rel. Min. Dias Toffoli, 18.8.2016. (RE-599362)

▼ DIREITO DO CONSUMIDOR

98 Para o STJ, a inscrição indevida comandada pelo credor em cadastro de proteção ao crédito, quando preexistente legítima inscrição, enseja indenização por dano moral, bem como o direito ao cancelamento.

Gabarito: **Errado**

▼ INFORMATIVO 583

HIPÓTESE EM QUE A INSCRIÇÃO INDEVIDA EM CADASTRO DE INADIMPLENTES NÃO ENSEJA INDENIZAÇÃO POR DANO MORAL. RECURSO REPETITIVO.

A inscrição indevida comandada pelo credor em cadastro de proteção ao crédito, quando preexistente legítima inscrição, não enseja indenização por dano moral, ressalvado o direito ao cancelamento. REsp 1.386.424-MG

99 Há dano moral quando o provedor de busca, mesmo após cientificado pelo consumidor, exibe associação indevida entre o argumento de pesquisa (o nome desse consumidor) e o resultado de busca (o sítio eletrônico cujo conteúdo nocivo ao consumidor já tenha sido corrigido pelo responsável da página eletrônica).

Gabarito: **Errado**

▼ INFORMATIVO 583

RESPONSABILIDADE CIVIL DOS PROVEDORES DE BUSCA.

Não há dano moral quando o provedor de busca, mesmo após cientificado pelo consumidor, exibe associação indevida entre o argumento de pesquisa (o nome desse consumidor) e o resultado de busca (o sítio eletrônico cujo conteúdo nocivo ao consumidor já tenha sido corrigido pelo responsável da página eletrônica). REsp 1.582.981-RJ«2016» (Info 583)

100 Para o STJ, quando o contrato de plano de saúde incluir atendimento obstétrico, a operadora não tem o dever de prestar assistência ao recém-nascido durante os primeiros trinta dias após o parto (art. 12, III, "a", da Lei n. 9.656/1998), ainda que a operadora tenha autorizado a efetivação da cobertura, ter ou não custeado o parto, tampouco de inscrição do neonato como dependente nos trinta dias seguintes ao nascimento.

Gabarito: **Errado**

▼ INFORMATIVO 584

DEVER DE ASSISTÊNCIA AO NEONATO DURANTE OS TRINTA PRIMEIROS DIAS APÓS O SEU NASCIMENTO.

Quando o contrato de plano de saúde incluir atendimento obstétrico, a operadora tem o dever de prestar assistência ao recém-nascido durante os primeiros trinta dias após o parto (art. 12, III, "a", da Lei n. 9.656/1998), independentemente de a operadora ter autorizado a efetivação da cobertura, ter ou não custeado o parto, tampouco de inscrição do neonato como dependente nos trinta dias seguintes ao nascimento. REsp 1.269.757-MG

101 Conforme o STJ, **é válida a cláusula inserta por operadora de plano privado de assistência à saúde em formulário de Declaração de Doenças ou Lesões Preexistentes (Declaração de Saúde) prevendo a renúncia pelo consumidor contratante à entrevista qualificada orientada por um médico, seguida apenas de espaço para aposição de assinatura, sem qualquer menção ao fato de tal entrevista se tratar de faculdade do beneficiário.**

Gabarito: **Errado**

▼ INFORMATIVO 578

NULIDADE DE CLÁUSULA DE RENÚNCIA À ENTREVISTA QUALIFICADA PARA CONTRATAR PLANO DE SAÚDE.

É nula a cláusula inserta por operadora de plano privado de assistência à saúde em formulário de Declaração de Doenças ou Lesões Preexistentes (Declaração de Saúde)

prevendo a renúncia pelo consumidor contratante à entrevista qualificada orientada por um médico, seguida apenas de espaço para aposição de assinatura, sem qualquer menção ao fato de tal entrevista se tratar de faculdade do beneficiário. REsp 1.554.448-PE

102 O denominado "desconto de pontualidade", concedido pela instituição de ensino aos alunos que efetuarem o pagamento das mensalidades até a data do vencimento ajustada, não configura prática comercial abusiva.

Gabarito: **Certo**

▼ INFORMATIVO 591

VALIDADE DO DESCONTO DE PONTUALIDADE INSERIDO EM CONTRATO DE PRESTAÇÃO DE SERVIÇOS EDUCACIONAIS.

O denominado "desconto de pontualidade", concedido pela instituição de ensino aos alunos que efetuarem o pagamento das mensalidades até a data do vencimento ajustada, não configura prática comercial abusiva. REsp 1.424.814-SP

▼ DIREITO PREVIDENCIÁRIO

103 No âmbito do Regime Geral de Previdência Social - RGPS, somente lei pode criar benefícios e vantagens previdenciárias, não havendo, por ora, previsão legal do direito à "desaposentação", sendo constitucional a regra do art. 18, § 2º, da Lei 8.213/1991.

Gabarito: **Certo**

▼ INFORMATIVO 845/STF

ART. 18, § 2º, DA LEI 8.213/1991 E "DESAPOSENTAÇÃO"

No âmbito do Regime Geral de Previdência Social - RGPS, somente lei pode criar benefícios e vantagens previdenciárias, não havendo, por ora, previsão legal do direito à "desaposentação", sendo constitucional a regra do art. 18, § 2º, da Lei 8.213/1991. RE 381367/RS

104 Consoante o STJ, não é possível impor ao consumidor sua prévia filiação à entidade aberta de previdência complementar como condição para contratar com ela empréstimo financeiro.

Gabarito: **Errado**

▼ INFORMATIVO 581/STJ

NECESSIDADE DE FILIAÇÃO à ENTIDADE ABERTA DE PREVIDÊNCIA COMPLEMENTAR PARA CONTRATAR EMPRÉSTIMO.

É possível impor ao consumidor sua prévia filiação à entidade aberta de previdência complementar como condição para contratar com ela empréstimo financeiro. REsp 861.830-RS

▼ DIREITO DA CRIANÇA E ADOLESCENTE

105 Para o STF, o ato de internação do menor surge excepcional, apenas cabível quando atendidos os requisitos do art. 122 da Lei 8.069/1990 ("Art. 122. A medida de internação só poderá ser aplicada quando: I - tratar-se de ato infracional cometido mediante grave ameaça ou violência à pessoa; II - por reiteração no cometimento de outras infrações graves; III - por descumprimento reiterado e injustificável da medida anteriormente imposta").

Gabarito: **Certo**

▼ INFORMATIVO 818

MENOR INFRATOR E MEDIDA SOCIOEDUCATIVA.

O ato de internação do menor surge excepcional, apenas cabível quando atendidos os requisitos do art. 122 da Lei 8.069/1990 ("Art. 122. A medida de internação só poderá ser aplicada quando: I - tratar-se de ato infracional cometido mediante grave ameaça ou violência à pessoa; II - por reiteração no cometimento de outras infrações graves; III - por descumprimento reiterado e injustificável da medida anteriormente imposta"). HC 125016/SP

106 É constitucional a expressão "em horário diverso do autorizado" contida no art. 254 do ECA. O Poder Público pode apenas recomendar os horários adequados. A classificação dos programas é obrigatória e não indicativa.

Gabarito: Errado

▼ INFORMATIVO 837

ECA: CLASSIFICAÇÃO INDICATIVA E LIBERDADE DE EXPRESSÃO.

É inconstitucional a expressão "em horário diverso do autorizado" contida no art. 254 do ECA. O Poder Público pode apenas recomendar os horários adequados. A classificação dos programas é indicativa (e não obrigatória). ADI 2404/DF

107 O simples fato de não haver vaga para o cumprimento de medida de privação da liberdade em unidade próxima da residência do adolescente infrator não impõe a sua inclusão em programa de meio aberto, devendo-se considerar o que foi verificado durante o processo de apuração da prática do ato infracional, bem como os relatórios técnicos profissionais.

Gabarito: **Certo**

▼ INFORMATIVO 576

DIREITO DA CRIANÇA E DO ADOLESCENTE. RELATIVIZAÇÃO DA REGRA PREVISTA NO ART. 49, II, DO SINASE.

O simples fato de não haver vaga para o cumprimento de medida de privação da liberdade em unidade próxima da residência do adolescente infrator não impõe a sua inclusão em programa de meio aberto, devendo-se considerar o que foi verificado durante o processo de apuração da prática do ato infracional, bem como os relatórios técnicos profissionais. **HC 338.517**

▼ DIREITO ELEITORAL

108 Para o STF, candidatos que têm participação assegurada em debate eleitoral não podem deliberar pela exclusão de participantes convidados por emissoras de rádio e televisão, cuja presença seja facultativa.

Gabarito: **Certo**

▼ INFORMATIVO 836

Minirreforma eleitoral: participação de minorias em debate e propaganda eleitoral

O Plenário, por maioria e em julgamento conjunto, reputou improcedentes pedidos formulados em ações diretas que questionavam os artigos 46, "caput", e 47, § 2º, I e II, da Lei 9.504/1997, com a redação dada pela Lei 13.165/2015 e, por arrastamento, o art. 32, § 2º, da Resolução 23.457/2015 do Tribunal Superior Eleitoral [Lei 9.504/1997: "Art. 46. Independentemente da veiculação de propaganda eleitoral gratuita no horário definido nesta Lei, é facultada a transmissão por emissora de rádio ou televisão de debates sobre as eleições majoritária ou proporcional, sendo assegurada a participação de candidatos dos partidos com representação superior a nove Deputados, e facultada a dos demais, observado o seguinte: ... Art. 47. As emissoras de rádio e de televisão e os canais de televisão por assinatura mencionados no art. 57 reservarão, nos trinta e cinco dias anteriores à antevéspera das eleições, horário destinado à divulgação, em rede, da propaganda eleitoral gratuita, na forma estabelecida neste artigo. ... § 2° Os horários reservados à propaganda de cada eleição, nos termos do § 1º, serão distribuídos entre todos os partidos e coligações que tenham candidato, observados os seguintes critérios: I - 90% (noventa por cento) distribuídos proporcionalmente ao número de representantes na Câmara dos Deputados, considerados, no caso de coligação para eleições majoritárias, o resultado da soma do número de representantes dos seis maiores partidos que a integrem e, nos casos de coligações para eleições proporcionais, o resultado da soma do número de representantes de todos os partidos que a integrem; II - 10% (dez por cento) distribuídos igualitariamente" e Resolução 23.457/2015 do TSE: "Art. 32. Os debates, transmitidos por emissora de rádio ou de televisão, serão realizados segundo as regras estabelecidas em acordo celebrado entre os partidos políticos e a pessoa jurídica interessada na realização do evento, dando-se ciência à Justiça Eleitoral (Lei nº 9.504/1997, art. 46, § 4º) ... § 2º São considerados aptos, para os fins previstos no § 1º, os candidatos filiados a partido político com representação superior a nove parlamentares na Câmara dos Deputados e que tenham requerido o registro de candidatura na Justiça Eleitoral (Lei nº 9.504/1997, art. 46)"]. ADI 5423/DF

109 A condenação pela Justiça Eleitoral ao pagamento de multa por infringência às disposições contidas na Lei n. 9.504/1997 (Lei das Eleições) impede a imposição de algumas das sanções previstas na Lei n. 8.429/1992 (Lei de Improbidade Administrativa - LIA), inclusive da multa civil, pelo ato de improbidade decorrente da mesma conduta.

Gabarito: **Errado**

▼ INFORMATIVO 576

APLICAÇÃO DE MULTA ELEITORAL E SANÇÃO POR ATO DE IMPROBIDADE ADMINISTRATIVA.

A condenação pela Justiça Eleitoral ao pagamento de multa por infringência às disposições contidas na Lei n. 9.504/1997 (Lei das Eleições) não impede a imposição de nenhuma das sanções previstas na Lei n. 8.429/1992 (Lei de Improbidade Administrativa - LIA), inclusive da multa civil, pelo ato de improbidade decorrente da mesma conduta. AgRg no AREsp 606.352-SP

110 A condenação pela Justiça Eleitoral ao pagamento de multa por infringência às disposições contidas na Lei n. 9.504/1997 (Lei das Eleições) impede a imposição da multa civil, pelo ato de improbidade decorrente da mesma conduta (bis in idem).

Gabarito: ERRADO

▼ **INFORMATIVO 576/STJ:**

DIREITO ADMINISTRATIVO. APLICAÇÃO DE MULTA ELEITORAL E SANÇÃO POR ATO DE IMPROBIDADE ADMINISTRATIVA.

A condenação pela Justiça Eleitoral ao pagamento de multa por infringência às disposições contidas na Lei n. 9.504/1997 (Lei das Eleições) não impede a imposição de nenhuma das sanções previstas na Lei n. 8.429/1992 (Lei de Improbidade Administrativa - LIA), inclusive da multa civil, pelo ato de improbidade decorrente da mesma conduta. Por expressa disposição legal (art. 12 da LIA), as penalidades impostas pela prática de ato de improbidade administrativa independem das demais sanções penais, civis e administrativas previstas em legislação específica. Desse modo, o fato de o agente ímprobo ter sido condenado pela Justiça Eleitoral ao pagamento de multa por infringência às disposições contidas na Lei das Eleições não impede sua condenação em quaisquer das sanções previstas na LIA, não havendo falar em *bis in idem*. **AgRg no AREsp 606.352-SP, Rel. Min. Assusete Magalhães, julgado em 15/12/2015, DJe 10/2/2016.**